Die

Preußische Konkursordnung

herausgegeben

mit Kommentar,

unter

Benutzung der Materialien und Einschaltung der Ministerial-Instruktion an den betreffenden Stellen,

von

Dr. C. F. Koch.

Zweite vermehrte und verbesserte Ausgabe.

Berlin,
Verlag von J. Guttentag.
1867.

Vorwort.

Bei der jetzt veranstalteten neuen Auflage der Prozeßordnung, in welche an Stelle der aufgehobenen Titel 47—50 und theilweise 51 die neue Konkursordnung vom 8. Mai 1855 eingereihet worden ist, hat der Verleger mit besonderer Rücksicht auf die Inhaber der vorigen Ausgaben der Prozeßordnung einen besonderen Abdruck von der Konkursordnung veranstaltet. Dieses neue Gesetz ist mit gehöriger Beachtung der Motive des Entwurfs, der Berichte der Kammer-Kommissionen, der Kammer-Verhandlungen und der Ministerial-Instruktion vom 6. August 1855 (J. M. Bl. Nr. 36), in der landrechtlichen Manier, ausführlicher als die übrigen Titel der Prozeßordnung, behandelt, um dem für die Preußische Praxis ganz neuen System mehr Verständniß zu verschaffen und möglichst Bahn für die Anwendung machen zu helfen.

Blumenthal, im November 1855.

Dr. C. F. Koch.

Zur zweiten Ausgabe.

Diese neue Ausgabe ist mit dem gegenwärtigen Stande der fortgeschrittenen Gesetzgebung und Praxis in Uebereinstimmung gebracht, auch ist der erklärende Bestandtheil des Werks durch verschiedene, von der Erfahrung veranlaßte, kritisirende und deducirende Zusätze beziehungsweise Nachträge vermehrt worden.

Neisse, im September 1867.

Dr. C. F. Koch.

Inhalt.

Erster Titel.
Von den Rechtsverhältnissen im Konkurse.

Zweiter Titel.
Von dem Verfahren im kaufmännischen Konkurse.

Dritter Titel.

Von dem Verfahren im gemeinen Konkurse.

Vierter Titel.

Fünfter Titel.

Von dem Prioritätsverfahren in der Exekutionsinstanz.

Sechster Titel.

Von der gerichtlichen Zahlungsstundung und von der Rechtswohlthat der Kompetenz.

I. Gesetz,

betreffend die Einführung der Konkursordnung in den Landestheilen, in welchen das Allgemeine Landrecht und die Allgemeine Gerichtsordnung Gesetzeskraft haben. Vom 8. Mai 1855.

(G.S. S. 317.)

Wir ꝛc. verordnen für diejenigen Landestheile, in welchen das Allg. Landrecht und die Allg. Gerichtsordnung Gesetzeskraft haben, unter Zustimmung der Kammern, was folgt:

Art. I. Die Konkursordnung tritt in den Landestheilen, in welchen das Allg. Landrecht und die Allgemeine Gerichtsordnung Gesetzeskraft haben, mit dem 1. Oktober 1855 in Kraft.

Art. II. Mit diesem Zeitpunkte (Art. I) werden außer Wirksamkeit gesetzt: alle der Konkursordnung entgegenstehende Bestimmungen, sie mögen in allgemeinen Landesgesetzen und Verordnungen, oder in besonderen Gesetzen enthalten sein*).

Dahin gehören namentlich die Titel 47, 48, 49 u. 50, sowie der zweite Abschnitt des Titel 51, Theil I der Allg. Gerichtsordnung nebst allen ergänzenden, abändernden und erläuternden Bestimmungen.

Art. III. Wo in irgend einem Gesetze auf die hiernach (Art. II) außer Wirksamkeit gesetzten Vorschriften verwiesen wird, treten die Vorschriften der Konkursordnung an deren Stelle**).

Insbesondere sind in den Fällen, in welchen die Gesetze wegen Beurtheilung der Zulänglichkeit einer Sicherheitsbestellung auf die Bestimmungen der §§. 16 bis 23, Titel 47, Theil I der Allgem. Gerichtsordnung Bezug nehmen, an deren Stelle die in dem §. 429 der Konkursordnung enthaltenen Vorschriften maßgebend.

---

*) (2. A.) Durch diesen Art. II und die §§. 88—90 der Konk.-Ordn. sind für gewöhnliche Vindikations- oder Interventionsprozesse (außerhalb des formellen Konkurses) die bisherigen materiellen Vorschriften über die Rechte der Ehefrau nicht verändert. Erk. des Obertr. vom 29. Januar 1858 (Archiv f. Rechtsfälle Bd. XXVII, S. 261).

**) (2. A.) Dieser Art. muß mit der Einschränkung aufgefaßt werden, die ihn mit der durch das Konkursverfahren und dessen verwandte Materien nicht berührten älteren Gesetzgebung in Einklang erhält. Es müssen hiernach die im dritten und vierten Abschnitt des Tit. 51 der Proz.-Ordn. in Bezug genommenen Vorschriften des Tit. 50 als nothwendige Bestandtheile der Bestimmungen über das Aufgebotsverfahren (Tit. 51) ferner in Anwendung gebracht werden. Verf. des J.M. v. 28. Oktober 1857 (J.M.Bl. S. 418).

Art. IV. Wenn vor dem 1. Oktober 1855 ein Konkurs- oder erbschaftlicher Liquidationsprozeß bereits eröffnet, oder ein Prioritätsverfahren eingeleitet ist, so kommen in demselben die Bestimmungen der Konkursordnung nicht zur Anwendung; vielmehr ist das Verfahren lediglich nach den bisherigen Vorschriften fortzuführen und zu beendigen.

Dasselbe findet bei nothwendigen Subhastationen statt, wenn der Erlaß des Subhastationspatents vor dem 1. Oktober 1855 verfügt worden ist.

Bei dem Prioritätsverfahren über Besoldungen und andere an die Person des Schuldners gebundene fortlaufende Einkünfte bleiben die bisherigen Vorschriften nur noch für die Vertheilung der Einkünfte des Jahres 1855 in Kraft.

Art. V. Wird ein Konkurs- oder Prioritätsverfahren erst am 1. Oktober 1855 oder nach diesem Tage eröffnet, so treten in demselben die Bestimmungen der Konkursordnung auch insofern ein, als es sich darum handelt, zu entscheiden, ob und welches Vorrecht den schon vorher entstandenen Forderungen gebührt.

Art. VI. Die Frist, binnen welcher die Forderungen der Kinder und der Pflegebefohlenen des Gemeinschuldners behufs Erhaltung des Vorzugsrechts derselben gerichtlich geltend gemacht werden müssen (§. 81 der Konkursordnung), wird erst vom 1. Oktober 1855 an gerechnet, wenn der Zeitpunkt, mit welchem der Lauf der Frist nach den Bestimmungen der Konkursordnung beginnt, schon früher eingetreten ist.

Art. VII. Die bisherigen gesetzlichen Bestimmungen über die Vindikationsansprüche und Vorzugsrechte der Ehefrau des Gemeinschuldners im Konkurse bleiben noch während der Dauer eines Jahres, von dem 1. Okt. 1855 an gerechnet, in Kraft und in jedem Konkurs- oder Prioritätsverfahren maßgebend, welches innerhalb dieses einjährigen Zeitraums eröffnet wird.

Zugleich ist die Ehefrau eines Handelsmannes, Schiffsrheders oder Fabrikbesitzers bis zum Ablaufe des einjährigen Zeitraums berechtigt, wegen ihres vor dem 1. Okt. 1855 gesetzlich in die Verwaltung des Mannes gekommenen Vermögens, auch ohne den Nachweis der Wahrscheinlichkeit eines bevorstehenden Verlustes, von dem Manne besondere Sicherheitsbestellung zu verlangen, oder nach ihrer Wahl dasselbe zur eigenen Verwaltung zurückzufordern.

Art. VIII. Die Bestimmungen in den §§. 261 bis 265, Tit. 1, Th. II des A. L.R. über die Rechte der Ehefrau an dem aus dem Konkurse ihres Mannes geretteten eingebrachten Vermögen bleiben in Kraft, wogegen die §§. 266—268 a. a. O. aufgehoben werden.

Art. IX. Die in den §§. 500—506, Tit. 16, Th. I des A. L.R. enthaltenen Bestimmungen über das Absonderungsrecht der Erbschaftsgläubiger in dem Konkurse über das Vermögen des Erben finden auch auf Legatare Anwendung.

Art. X. Unter den im §. 49 der Konk.-O. genannten gemeinen Lasten sind nur die im §. 48, Tit. 1 der Hyp.-O. vom 20. Dez. 1783 bezeichneten zu verstehen*).

*) Diese Bestimmung ist deshalb in das Einführungsgesetz verwiesen, weil

Art. XI. Außer den in dem A. L.R. und in anderen Gültigkeit behaltenden Gesetzen aufgeführten gesetzlichen Titeln zum Pfandrecht bleiben nur noch folgende ferner in Kraft:

1) für den Fiskus und die mit fiskalischen Rechten versehenen Anstalten, in dem Vermögen ihrer Schuldner wegen aller Ansprüche an dieselben, mit Ausnahme der Geldstrafen;
2) für die Gemeinde-, Kreis- und Provinzialverbände, die landschaftlichen Kreditverbände, die Domkapitel, Kollegiatstifter, Klöster, Kirchen, Schulen und milden Stiftungen, in dem Vermögen ihrer verwaltenden Beamten wegen der Ansprüche aus der Verwaltung, ingleichen in dem Vermögen ihrer Mitkontrahenten wegen der Ansprüche aus den mit denselben geschlossenen Kontrakten;
3) für die Dienstherrschaften in dem Vermögen ihrer Hausoffizianten und Dienstboten wegen der denselben zum Behuf ihrer Dienstverrichtungen anvertrauten Gelder und Effekten;
4) für die Konkursmassen in dem Vermögen der dieselben verwaltenden Personen wegen der Ansprüche aus der Verwaltung.

Art. XII. Der gesetzliche Titel zum Pfandrecht, welcher der Ehefrau in dem Vermögen ihres Ehemannes zusteht, ist vom 1. Okt. 1855 an dahin beschränkt, daß die Ehefrau nur die Befugniß hat, ihre Ansprüche wegen des gesetzlich in die Verwaltung des Mannes gekommenen Vermögens innerhalb eines Jahres nach dem Beginn der Verwaltung des Mannes in das Hypothekenbuch über die Grundstücke desselben eintragen zu lassen.

Erwirbt der Ehemann erst nach dem Beginn seiner Verwaltung des Vermögens der Ehefrau Grundstücke, so kann die Ehefrau noch binnen Jahresfrist seit der Erwerbung der Grundstücke ihre Ansprüche in das Hypothekenbuch derselben eintragen lassen.

Hat jedoch die Ehefrau einen gesetzlichen Titel zum Pfandrecht schon vor dem 1. Okt. 1855 erworben, so kann sie von demselben noch während der Dauer eines Jahres, von dem gedachten Tage an gerechnet, nach Maßgabe der bisherigen Vorschriften Gebrauch machen*).

Art. XIII. In der Stadt Danzig und deren ehemaligem Gebiete kann fortan ein Pfandrecht nur nach den geltenden allgemeinen Vorschriften bestellt werden.

Die entgegenstehenden Bestimmungen des Statutarrechts, namentlich

---

es vermieden werden sollte, ein nur im Gebiet des A. L.R. geltendes Gesetz in Bezug zu nehmen, um die Einführung der Konkursordnung auch in anderen Rechtsgebieten zu erleichtern. Bericht der Kommission der II. K., S. 32.

*) (2. A.) Dieser Art. bezieht sich nur auf den, der Frau im §. 254, Th. II, Tit. 1 des A. L.R. gegebenen, in der Ausübung lediglich ihrem Belieben anheim gegebenen Titel zum Pfandrechte, nicht auf die Fälle, wo die Frau nach den §§. 255—258 ebend. besonders berechtigt ist, Sicherstellung zu fordern. Vgl. Konk.-Ordn. §. 103, Nr. 4. Ein besonderes Verfahren auf Sicherstellung ist nicht erforderlich; es genügt, daß die Voraussetzung des §. 255 erwiesen wird, um die Anfechtung der bestellten Sicherheit abzuwehren. Erk. des Obertr. vom 27. März 1860 (Entsch. Bd. XLIII, S. 435). Auf Konventionalhypotheken der Ehefrauen bezieht sich der Art. XII nicht. Erk. dess. vom 20. Dezember 1861 (Arch. f. Rechtsf. Bd. XLIII, S. 302).

des Jus Culmense ex ultima revisione Buch 4, Titel 4, Kapitel 4 und 8, werden aufgehoben.

Art. XIV. Zu den Kaufleuten **) sind nicht zu rechnen: Gutsbesitzer, welche ein Handelsgeschäft nur als landwirthschaftliches Nebengewerbe betreiben.

Art. XV. In den besonderen Rechten und Privilegien der bestehenden Kreditverbände bei der Sequestration und Subhastation der zu denselben gehörigen Güter wird durch die Bestimmungen der Konkursordnung nichts geändert.

Art. XVI. Bei der nothwendigen Subhastation von Schiffen [1]) ist nach folgenden Bestimmungen zu verfahren:

1) Das Subhastationspatent muß durch dreimalige Einrückung in den Anzeiger des Regierungs-Amtsblattes dergestalt bekannt gemacht werden, daß von der letzten Einrückung an bis zum Verkaufstermin eine volle Woche frei bleibt. Außerdem ist das Subhastationspatent durch Anschlag an dem gewöhnlichen Versammlungsorte der Kaufleute und Schiffsrheder, sowie durch Anschlag in benachbarten Häfen und Seeplätzen [2]) bekannt zu machen. Ob noch anderweite Bekanntmachungen, insbesondere durch inländische oder ausländische Zeitungen, stattfinden sollen, hat das Gericht nach den Umständen zu ermessen.

2) Die Frist zur nothwendigen Subhastation beträgt vierzehn Tage bis drei Monate, je nach dem Ermessen des Gerichts in den einzelnen Fällen. Die Frist wird von dem Tage an gerechnet, wo die Bekanntmachung des Subhastationspatents zum ersten Mal in dem Anzeiger des Regierungs-Amtsblattes erscheint [3]).

3) Während des Laufs der Subhastationsfrist muß das Schiff der Regel nach im Hafen liegen bleiben. Wenn es jedoch die Handelskonjunktur und das Beste der Interessenten rathsam erscheinen läßt, daß das Schiff in dieser Zwischenzeit eine neue Fahrt antritt, so kann solches auf den Antrag der Interessenten von dem Gericht gestattet, es muß jedoch alsdann für eine gehörige Versicherung des Schiffs und des Frachtgeldes gesorgt werden [4]).

**) (2. A.) In dem Einführungsgesetz heißt es: „Fabrikbesitzern". Das Einführungsgesetz zum A. D. H.G.B. vom 24. Juni 1861, Art. 31 (G.S. S. 461) verordnet aber: „der Art. XIV des Gesetzes vom 8. Mai 1855, betreffend die Einführung der Konkursordnung, bleibt dahin in Geltung, daß die darin bezeichneten Gutsbesitzer in Bezug auf die Anwendung der Vorschriften der Konkursordnung nicht zu den Kaufleuten zu rechnen sind."

1) Und Stromfahrzeugen, welche zur Frachtschifffahrt auf Flüssen gebraucht werden. Vergl. Anh. z. A. G.O. (I, 50, §. 230) §. 347; A. L.R. I, 20, §. 300 und V. II vom 4. März 1834, §. 1, Nr. 3; auch Tit. 1, Abschn. 7 der Konkursordnung.

2) Unverändert aufgenommen aus dem §. 343 des Anh. z. A. G.O., aber unanwendbar bei Stromfahrzeugen. Es bewendet daher bei der bisherigen Praxis, wonach das Patent an solchen Orten ausgehängt wird, in welchen sich nach ihrer Lage unweit des Stromes, welchen das Schiff befährt, Käufer desselben erwarten lassen. R. v. 6. Juni 1815 (Jahrb. Bd. V, S. 34).

3) Der zweite Satz wiederholt den §. 345 des Anh. z. A. G.O.

4) Die Nr. 3 enthält im Wesentlichen die Bestimmung des §. 342 des Anh. z. A. G.O.

Art. XVII. Die Rechtswohlthat der Güterabtretung findet in der Folge nicht statt [5]).

Art. XVIII. Die Bestimmungen über die Ermäßigung der im Konkurse und im erbschaftlichen Liquidationsprozeß nach den Gesetzen vom 10. Mai 1851 und 9. Mai 1854 zu erhebenden Gerichtskosten werden durch königl. Verordnung getroffen.

Vor Ablauf von drei Jahren wird dieselbe den Kammern zur verfassungsmäßigen Genehmigung vorgelegt [6]).

II. Gesetz,

betreffend die im Konkurse und erbschaftlichen Liquidationsverfahren zu erhebenden Gerichtskosten. Vom 15. März 1858.

(G.S. S. 69.)

Wir 2c. verordnen, unter Zustimmung beider Häuser des Landtages unserer Monarchie, was folgt:

Art. I. Im Konkurse und im erbschaftlichen Liquidationsverfahren werden in den Fällen, in welchen die Konkursordnung vom 8. Mai 1855 zur Anwendung kommt, die Gerichtskosten nach folgenden Sätzen erhoben:

A. im Konkurse:

1) für die Zurückweisung des Antrages auf Eröffnung des Konkurses nach Artikel 5, A des Gesetzes vom 9. Mai 1854 (G.S. S. 273);

2) für die den Betheiligten auf ihr Verlangen zuzustellenden Abschriften des Beschlusses über die Konkurseröffnung und über den Tag des Eintritts der Zahlungseinstellung nach §. 63 des Gerichtskosten-Tarifs vom 10. Mai 1851 (G.S. S. 632);

3) für das Prozeßverfahren wegen Wiederaufhebung des Konkurses oder anderweiter Bestimmung des Tages der Zahlungseinstellung nach §. 9 des Tarifs vom 10. Mai 1851 in den höheren Instanzen, wie im gewöhnlichen Prozeß;

Anmerkung. Der Streitgegenstand ist in diesen Fällen als unschätzbar anzunehmen [7]).

4) für die Konstituirung der Aktivmasse, einschließlich der Depositalverwaltung und der Eintragung des Vermerkes über die Konkurseröffnung, sowie dessen Löschung im Hypothekenbuche und einschließlich der Distri-

5) S. unten, Anm. 78 zu §. 280 der Konk.-Ordn.

6) (2. A.) Dies ist geschehen und es ist darauf an Stelle der auf Grund des Art. XVIII Abs. 1 erlassenen Verordnung v. 4. Juni 1855 (G.S. S. 434) das nachstehende Gesetz ergangen.

7) (2. A.) Diese Bestimmung bezieht sich nur auf die unter Nr. 3 u. 8 genannten Fälle des Prozeßverfahrens, nicht auch auf die unter den vorhergehenden Nummern bezeichneten Fälle. Allg. Verf. des J.M. vom 1. April 1858 (J.M.Bl. S. 106).

bution, jedoch ausschließlich der besonderen Kosten der Auktion und Sequestration nach dem Betrage der Aktivmasse [8]):

a. von dem Betrage bis zu 1000 Thlrn. von je 10 Thlrn.: 15 Sgr.,
b. von dem Mehrbetrage bis 2000 Thlr. von je 100 Thlrn.: 2½ Thlr.,
c. von dem Mehrbetrage bis 20,000 Thlr. von je 100 Thlrn.: 1 Thlr.,
d. von dem Mehrbetrage von je 100 Thlrn.: 15 Sgr.;

5) für die Berufung der Konkursgläubiger und Prüfung der Ansprüche derselben die Hälfte der vorstehenden Sätze, ebenfalls nach dem Betrage der Aktivmasse [9]);

6) wenn der Konkurs durch Akkord oder Vergleich aufgehoben wird, die Hälfte des Satzes Nr. 4 und der volle Satz Nr. 5;

Anmerkung. Bei der Ausmittelung des Betrages der Masse werden diejenigen Gegenstände, welche bereits veräußert oder eingezogen sind, nach dem Betrage des Erlöses, die noch unveräußerten Gegenstände nach dem Betrage des Taxwerthes berechnet. Von den vorhandenen Aktivforderungen kommen Kreditpapiere, Fonds und Effekten zu dem Tageskurse am Tage der Festsetzung der Kosten, andere Außenstände zu dem Nominalwerthe in Ansatz; uneinziehbare Forderungen werden außer Berechnung gelassen. Die zur Konkursmasse gehörigen Immobilien sind nur insoweit in Betracht zu ziehen, als die Kaufgelder, nach Befriedigung der Realgläubiger, zur Masse fließen.

7) für die nach Ablauf der bestimmten Fristen erfolgte Anmeldung einer Forderung nach Artikel 5, A des Gesetzes vom 9. Mai 1854, und ebenso für die Prüfung derselben, für Rechnung des Gläubigers;

8) für das Verfahren in den höheren Instanzen, wenn gegen das Erkenntniß über die Bestätigung des Akkordes Rechtsmittel eingelegt sind, wie im gewöhnlichen Prozeß;

Anmerkung. Der Streitgegenstand ist in diesen Fällen als unschätzbar anzunehmen [10]). Wird das Erkenntniß zweiter Instanz vernichtet, so kommt in Ansehung des Kostenpunktes der §. 17 der Verordnung vom 14. Dezember 1833 (G.S. S. 302) und der Artikel 2 des Gesetzes vom 9. Mai 1854 zur Anwendung.

9) für die Feststellung der streitigen Forderungen der Konkursgläubiger, wie im gewöhnlichen Prozeß;

Anmerkung. Wird nur über das Vorrecht bei dem Konkursgerichte gestritten und entschieden, so ist der Streitgegenstand, sofern die Forderung den Betrag von 60 Thlrn. übersteigt, als unschätzbar anzunehmen.

---

8) (2. A.) Diese Anordnung, sowie die Anordnung Nr. 5 setzt voraus, daß die Aktivmasse von der Passivmasse übersteigen wird. Ist dies nicht der Fall, so ist bei der Kostenberechnung nur derjenige Theil der Aktivmasse zum Grunde zu legen, welcher von den Gläubigern ihrer Befriedigung wegen in Anspruch genommen wird. Allg. Verf. des J.M. vom 1. April 1858 (J.M.Bl. S. 106).

9) S. die vor. Anm. 8.

10) S. die vor. Anm. 7.

10) für das Verfahren auf Wiedereinsetzung des Gemeinschuldners in den vorigen Stand, nach §. 9 des Tarifs vom 10. Mai 1851;

B. im erbschaftlichen Liquidationsverfahren:

1) für die Zurückweisung des Antrages auf Eröffnung des erbschaftlichen Liquidationsverfahrens nach Artikel 5, A des Gesetzes vom 9. Mai 1854 (G.S. S. 273);

2) für das ganze Verfahren, jedoch mit Ausschluß der gerichtlichen Inventur, nach §. 9 des Tarifs vom 10. Mai 1851, wie für Aufgebots- und Amortisationssachen [11]). Für die gerichtliche Inventur werden die Kosten nach dem Tarif vom 10. Mai 1851 angesetzt [12]);

3) wenn vor Beendigung des erbschaftlichen Liquidationsverfahrens der Konkurs über den Nachlaß eröffnet wird, so kommen nur die unter A bestimmten Sätze in Ansatz;

4) wird der Konkurs über den Nachlaß erst nach Beendigung des erbschaftlichen Liquidationsverfahrens eröffnet, so kommen neben den unter B angeordneten Sätzen die unter A bestimmten Sätze zum Ansatz;

5) für die Restitution gegen das Präklusionserkenntniß ist der Satz Art. 5, A des Gesetzes vom 9. Mai 1854 um die Hälfte erhöht und ohne Beschränkung auf ein Minimum, für Rechnung des Restitutionssuchers, anzusetzen.

Art. II. Außer den im Artikel I bestimmten Sätzen sind die Nebenkosten nach den §§. 61 und folg. des Tarifs vom 10. Mai 1851 und den Artikeln 20 und 21 des Gesetzes vom 9. Mai 1854 zu erheben [13]). Auch ist der in der Vorbemerkung III zum Tarif vom 10. Mai 1851 angeordnete Zuschlag von sechs Silbergroschen zu jedem vollen Thaler des zu erhebenden Kostenbetrags in Ansatz zu bringen.

---

11) (2. A.) Im erbschaftlichen Liquidationsverfahren sind die Kosten den im §. 9 des Gerichtskostentarifs v. 10. Mai 1851 für Aufgebotssachen bestimmten Sätzen gleichgestellt. Demgemäß ist bei Berechnung der Kosten sowohl für die Zurückweisung des Antrages auf Eröffnung des erbschaftlichen Liquidationsverfahrens, als auch für das ganze Verfahren der Betrag der Nachlaßmasse, wenn dieser 100 Thlr. nicht übersteigt, zum Grunde zu legen, wogegen bei größeren Massen der Kostenansatz wie bei unschätzbaren Gegenständen zu bewirken ist. — Da jedoch das erbschaftliche Liquidationsverfahren meistentheils zu umfangreicheren Verhandlungen, als das gewöhnliche Aufgebotsverfahren führt, so ist bei Bestimmung des Objekts, wonach die Kosten zu berechnen sind, hierauf angemessene Rücksicht zu nehmen. Die Kosten sind daher bei einer Nachlaßmasse von mehr als 100 Thlrn. bis zu 400 Thlr., wenn nicht der Betrag der angemeldeten Ansprüche ganz unbedeutend ist, ohne Rücksicht auf die Bestimmung unter 46 der Instruktion vom 1. Juni 1854, in der Regel wie bei einem Gegenstande von 400 Thlrn., bei einem bedeutenderen Betrage der Nachlaßmasse und der Schulden aber wie bei einem Gegenstande von 1000 bis 5000 Thlrn. anzusetzen. Allg. Verf. des J.M. v. 1. April 1858, Nr. 3. (J.M.Bl. S. 106.)

12) (2. A.) Trägt der Erbe auf die gerichtliche Inventur des Nachlasses an, so sind die Kosten dafür, wie für einen Akt der freiwilligen Gerichtsbarkeit, nach den §§. 16 und 24 des Tarifs vom 10. Mai 1851, ohne Zuschlag, jedoch mit Hinzurechnung des gesetzlichen Stempelbetrages, in Ansatz zu bringen. Bei der Berechnung ist der Werth der im Inventarium verzeichneten Vermögensstücke zum Grunde zu legen. Dieselbe Verf. Nr. 4.

13) (2. A.) Für die Berechnung und Erhebung der Kosten sind die Vorbemerkungen I und II zum Tarif vom 10. Mai 1851 ebenfalls maßgebend. Dieselbe Verf. Nr. 5.

Art. III. Der §. 12 des Gerichtskosten-Tarifs vom 10. Mai 1851 und der Artikel 13 des Gesetzes vom 9. Mai 1854, insoweit die vorstehenden Bestimmungen zur Anwendung kommen, desgleichen die in Gemäßheit des Artikels XVIII des Gesetzes über die Einführung der Konkursordnung vom 8. Mai 1855 erlassene Verordnung vom 4. Juni 1855, werden außer Kraft gesetzt.

Dagegen bewendet es in Ansehung des Kostenansatzes im Prioritätsverfahren in der Exekutionsinstanz (Titel V der Konkursordnung), sowie im Verfahren über die gerichtliche Zahlungsstundung (Spezial-Moratorium) bei den bestehenden Vorschriften.

Für das Verfahren über die Bewilligung der Kompetenz sind die Kosten nach §. 9 des Tarifs vom 10. Mai 1851 anzusetzen [14]).

III. Allgemeine Verfügung des Justizministers vom 20. Mai 1857, — die Gebühren der Rechtsanwalte in Konkurssachen betreffend.

(J. M. Bl. S. 198.)

Von mehreren Seiten ist die Frage aufgeworfen worden:

nach welchen Normen die Gebühren der Rechtsanwalte als Vertreter der Gläubiger in dem nach der Konkursordnung vom 8. Mai 1855 eingeführten Verfahren zu liquidiren seien?

Den Gerichtsbehörden und Rechtsanwalten wird in dieser Beziehung Folgendes eröffnet:

Bei Beantwortung der vorstehenden Frage ist davon auszugehen, daß das neue Konkursverfahren kein Prozeß ist, indem dasselbe keine richterliche Entscheidung streitiger Ansprüche zum Ziele hat. Jedes bestrittene Liquidat wird nicht im Konkurse, sondern in einer besondern Klage nach den Vorschriften für den ordentlichen Prozeß gegen den Massen-Verwalter oder die bestreitenden Gläubiger in besonderen Prozessen erörtert und entschieden; überhaupt müssen alle beim Konkurse hervortretenden prozessualischen Streitigkeiten unabhängig von dem Konkursverfahren, und ohne dasselbe zu unterbrechen, außerhalb des letzteren oder neben demselben verhandelt und zur Entscheidung gebracht werden.

Die Vorschrift §. 5, Nr. 4 des Gebühren-Tarifs vom 12. Mai 1851, wonach

in Konkursprozessen für die Feststellung der einzelnen Liquidate die daselbst bestimmten Gebühren angesetzt, für die außerdem zu besorgenden Geschäfte der von den Gläubigern bestellten Mandatare aber

14) (2. A.) Dieser Zuschlag von 6 Sgr. wird für Akte der nicht streitigen Gerichtsbarkeit und für Requisitionssachen vom 1. Januar 1867 ab zum halben Betrage, vom 1. Juli 1867 ab überhaupt nicht mehr erhoben. In gleicher Weise fällt derselbe für Akte der streitigen Gerichtsbarkeit und für Untersuchungssachen vom 1. Juli 1868 ab zur Hälfte, vom 1. Juli 1869 ab ganz fort. Gesetz vom 22. Dezember 1866 (G.S. S. 811).

die in den §§. 12 bis 20 des Tarifs angeordneten Sätze erhoben werden können,

hat daher mit der Einführung der neuen Konkursordnung ihre Bedeutung verloren.

Geht man auf die einzelnen Bestimmungen der Konkursordnung näher ein, so ergiebt sich:

1) daß in allen Prozessen außerhalb des Konkurses, in welchen Vindikationsansprüche, Anträge auf abgesonderte Befriedigung, oder Forderungen der Massegläubiger, der Real- und Pfandgläubiger geltend gemacht werden (§§. 20 ff., 31 ff., 40 ff. der Konkursordnung), das ordentliche Konkursverfahren stattfindet,

2) daß dasselbe bei Feststellung der streitigen Forderungen der Konkursgläubiger hinsichtlich der Verität, der Höhe und der Vorzugsrechte (§. 227 a. a. O.), bei Anstellung und Verfolgung der Klage auf Nichtigkeit des Akkords (§. 202), und von denjenigen besonderen Prozessen gilt, in welchen die Streitpunkte bei Einwendungen gegen den Theilungsplan in Betreff der angelegten Spezialmassen erörtert und entschieden werden.

Daß in allen diesen Fällen die Gebühren der Rechtsanwalte wie in anderen ordentlichen Prozessen anzusetzen sind, kann keinem Zweifel unterliegen.

Außerdem kommen aber noch einige besondere Prozesse vor, bei welchen der Ansatz der Gebühren anderen Normen unterliegt. Dieses sind:

1) die im schleunigen Prozeßverfahren zu verhandelnde Klage des Gemeinschuldners auf Wiederaufhebung des Konkurses, gerichtet gegen den Verwalter der Konkursmasse, gegen die Gläubiger, welche die Konkurseröffnung betrieben haben, und gegen andere Betheiligte, welche dem Prozesse als Intervenienten beigetreten sind,

2) die Klage auf anderweitige Bestimmung des Tages der Zahlungseinstellung (§. 125 a. a. O.),

3) das Akkordverfahren (§. 181 ff. a. a. O.). Der Akkord ist ein Vergleich, welcher zwischen den Konkursgläubigern und dem Gemeinschuldner zum Zweck der Wiederaufhebung des Konkurses geschlossen wird; seinen Formen nach aber ist das Verfahren ein prozessualisches, indem über die Bestätigung, deren Versagung resp. über den Einspruch, durch Erkenntniß entschieden werden muß.

In allen diesen drei Fällen liegen besondere Prozeßarten vor, auf welche der §. 8 des Gebührentarifs vom 12. Mai 1851 anzuwenden ist, der auf die im §. 9 des Gerichtskostentarifs bezeichneten besonderen Prozeßarten verweist. — Der Streitgegenstand ist in den beiden ersteren Fällen nach Art. I, A, Nr. 3 der Verordnung vom 4. Juni 1855 (jetzt Gesetz vom 15. März 1858), in Verbindung mit §. 2 des Gesetzes vom 12. Mai 1851, als unschätzbar anzunehmen.

Für die Wahrnehmung der Rechte der Gläubiger bei dem Konkursverfahren selbst können sodann nicht mehr gemäß §. 5, Nr. 4 des Gebührentarifs die im §. 4 desselben unter A bestimmten Sätze liquidirt werden. Die Voraussetzung für die Anwendung dieser Sätze ist, daß nach erfolgter Anmeldung der Liquidate diese zur Instruktion gezogen und im Klassifikationserkenntnisse festgestellt werden. Ein solches Verfahren findet nach der Konkursordnung vom 8. Mai 1855 nicht mehr statt. Dieselbe hat die Prüfungstermine eingeführt (§§. 164 bis 180 a. a. O.). Die Vertreter der Konkursgläubiger haben die Anmeldungen der Forderungen unter Angabe oder Beifügung der Beweismittel und des Vorrechts vorher einzureichen (§. 169). Der Liquidationsbericht ist keine Prozeßschrift (§. 229), der Prüfungstermin kein Akt des prozessualischen Verfahrens, welcher eine richterliche Festsetzung oder Entscheidung bezweckt. Der richterliche Kommissar hat die angemeldeten Forderungen Post für Post mit den erschienenen Gläubigern durchzugehen, und in der vorgeschriebenen Nachweisung bei jeder Post zu vermerken, ob und inwieweit die Richtigkeit und das Vorrecht derselben unstreitig ist, oder ob, durch wen und in welchem Umfange die Richtigkeit oder das Vorrecht bestritten worden ist (§. 171).

Für die Mühwaltungen bei Anfertigung der Liquidationsberichte und Wahrnehmung der Prüfungstermine, sowie für die einzelnen Geschäfte, welche in dem Konkursverfahren und neben demselben zu besorgen sind, können die Gebühren nur nach den §§. 12 bis 20 des Tarifs vom 12. Mai 1851 angesetzt werden, welche für die Liquidation ausreichende Normen an die Hand geben.

Nach den vorstehenden Andeutungen lassen sich die Grundsätze, von welchen bei dem Ansatze der Gebühren der Rechtsanwalte im Konkurse auszugehen sein wird, dahin zusammenfassen:

I. In allen beim Konkursverfahren nach dem Gesetz vom 8. Mai 1855 entstehenden Prozessen, welche die Feststellung der streitigen Liquidate, die Nichtigkeitserklärung des Akkords oder die Erledigung der Einwendungen gegen den Theilungsplan in Betreff der angelegten Spezialmassen zum Gegenstande haben, erhält der Rechtsanwalt als Vertreter der Konkursgläubiger die im §. 4 des Tarifs enthaltenen Pauschsätze.

II. Bei den besonderen Prozeßarten:

Wiederaufhebung des Konkurses oder anderweite Bestimmung des Tages der Zahlungseinstellung, sowie für das Akkordverfahren,

hat derselbe als Vertreter der Konkursgläubiger resp. der Intervenienten nach §. 8 des Tarifs, in Verbindung mit §. 9 des Gerichtskostentarifs vom 10. Mai 1851, zu liquidiren.

Der Streitgegenstand ist in diesen Fällen nach den betreffenden Bestimmungen in der Verordnung vom 4. Juni 1855 (jetzt Gesetz vom 15. März 1858) zu berechnen.

III. Für alle außerdem im Konkursverfahren für die Konkursgläubiger zu besorgenden Geschäfte, einschließlich der Anfertigung der Liquidationsberichte und Wahrnehmung der Prüfungstermine, gelten die Vorschriften sub II des erwähnten Abschnitts des Tarifs (§§. 12 bis 20).

IV. Gesetz,

betreffend die Einführung der Konkursordnung vom 8. Mai 1855 und des Gesetzes über die Befugniß der Gläubiger zur Anfechtung der Rechtshandlungen zahlungsunfähiger Schuldner außerhalb des Konkurses, vom 9. Mai 1855, in die Hohenzollernschen Lande[15]). Vom 31. Mai 1860.

(G.S. S. 214.)

Wir ꝛc. verordnen, mit Zustimmung beider Häuser des Landtages der Monarchie, was folgt:

Art. I. Die Konkursordnung vom 8. Mai 1855 und das Gesetz betreffend die Befugniß der Gläubiger zur Anfechtung der Rechtshandlungen zahlungsunfähiger Schuldner außerhalb des Konkurses, vom 9. Mai 1855, treten in den Hohenzollernschen Landen mit dem 1. Oktober 1860 in Kraft[16]).

Art. II. Mit diesem Zeitpunkt (Art. I) werden außer Wirksamkeit gesetzt: alle der Konkursordnung und dem Gesetz vom 9. Mai 1855 entgegenstehenden Bestimmungen, sie mögen in allgemeinen Landesgesetzen und Verordnungen, oder in provinzialrechtlichen und statutarischen Vorschriften enthalten, oder durch Gewohnheitsrecht begründet sein.

Dahin gehören namentlich: alle Bestimmungen des gemeinen deutschen Rechts über Materien, auf welche die Konkursordnung und das Gesetz vom 9. Mai 1855 sich beziehen, ingleichen die Verordnung über das Gantverfahren vom 5. Juli 1833 für das Fürstenthum Hohenzollern-Sigmaringen, endlich die Bestimmungen im §. 4, Absatz 2 des Gesetzes zur Verbesserung des Unterpfandswesens in den Hohenzollernschen Landen vom 24. April 1854.

Art. III. Wo in irgend einem Gesetze auf die hiernach (Art. II) außer Wirksamkeit gesetzten Vorschriften verwiesen wird, treten die Vorschrif-

15) (2. A.) Die Konkursordnung und das Anfechtungsgesetz waren auch für die Landestheile des Gemeinen Rechts berechnet, konnten aber in dieselben nicht gleichzeitig eingeführt werden, weil es noch an der Voraussetzung dazu, nämlich an einem auf zureichender allgemeiner Erkennbarkeit beruhenden Pfand- und Hypothekenrechte fehlte. Deshalb wurde die Einführung in diese Landestheile im §. 440 der Konkursordnung durch besondere Patente vorbehalten. Dem §. 440 entsprechend wird durch das vorliegende Gesetz mit solcher Einführung der Anfang gemacht, nachdem jener Mangel der Voraussetzung für die Hohenzollernschen Lande durch das Gesetz vom 24. April 1854 (G.S. S. 198) gehoben worden. — Das vorliegende Gesetz enthält nur solche Spezialbestimmungen, welche den Uebergang von dem bisher geltenden Rechte zu dem für die Zukunft beabsichtigten Rechtszustande bezwecken, da die hierdurch eingeführten Gesetze die Abweichungen des Gemeinen Rechts von den Grundsätzen des Allgemeinen Landrechts berücksichtigen, indem dabei nur auf die bestehenden Rechtsgrundsätze verwiesen wird, wodurch die betreffenden Vorschriften auch im Gebiete des Gemeinen Rechts anwendbar werden. Vergl. z. B. §§. 19 u. 37 der Konkursordnung. (Motive zu diesem Gesetze.)

16) (2. A.) Durch diese lange Vacatio sollte den Gerichten und dem Publikum Zeit gelassen werden, sich mit den das bisherige Rechtssystem vielfach abändernden Vorschriften bekannt zu machen.

ten der Konkursordnung und des Gesetzes vom 9. Mai 1855 an deren Stelle.

Art. IV. Wenn ein Konkurs- oder Prioritätsverfahren bereits vor dem 1. Oktober 1860 eröffnet ist, so kommen in demselben die Bestimmungen der Konkursordnung nicht zur Anwendung; vielmehr ist das Verfahren lediglich nach den bisherigen Vorschriften fortzuführen und zu beendigen.

Dasselbe findet bei nothwendigen Subhastationen statt, wenn der Erlaß des Subhastationspatents vor dem 1. Oktober 1860 verfügt worden ist.

Bei dem Prioritätsverfahren über Besoldungen und andere, an die Person des Schuldners gebundene, fortlaufende Einkünfte, bleiben die bisherigen Vorschriften nur noch für die Vertheilung des Jahres 1860 in Kraft.

Art. V. Wird ein Konkurs- oder Prioritätsverfahren erst am 1. Oktober 1860 oder nach diesem Tage eröffnet, so treten in demselben die Bestimmungen der Konkursordnung auch in sofern ein, als es sich darum handelt, zu entscheiden, ob und welches Vorrecht den schon vorher entstandenen Forderungen gebührt.

Art. VI. General- und Spezial-Hypotheken, welche vor dem 1. Oktober 1854 erworben und bei Immobilien später nicht eingetragen sind, gewähren in den Fällen, in welchen das Konkurs- oder Prioritätsverfahren erst am 1. Oktober 1860 oder nach diesem Tage eröffnet wird, keinen Anspruch auf abgesonderte Befriedigung aus dem Pfande, sondern nur ein Vorzugsrecht in der gemeinschaftlichen Masse bis auf Höhe desjenigen Betrages, welcher aus dem Pfande zur Masse gekommen ist.

Das Vorzugsrecht bestimmt sich nach den bisherigen Vorschriften, sowohl unter diesen ältern Hypotheken, als unter ihnen und den §§. 73 bis 81 der Konkursordnung aufgeführten Konkursgläubigern.

Art. VII. Gesetzliche General- und Spezial-Hypotheken, welche nach dem 1. Oktober 1854 erworben sind, oder noch erworben werden, gewähren in Ansehung des beweglichen Vermögens weder ein Pfandrecht, noch ein Vorzugsrecht.

Ein Pfandrecht an beweglichen Sachen findet von dem gedachten Tage an nur nach Maßgabe der Bestimmungen in den §§. 32—34 der Konkursordnung statt.

Das richterliche Pfandrecht auf Grund der Exekutionsvollstreckung (pignus judiciale) ist abgeschafft.

Art. VIII. Aufgespeicherte oder niedergelegte Waaren oder Erzeugnisse, sofern dieselben im Handelsverkehr befindlich sind, ingleichen eingehende oder ausgehende, auf dem Transport befindliche Waaren, können auch ohne körperliche Uebergabe an den Gläubiger verpfändet werden.

Zu einer solchen Verpfändung ist jedoch erforderlich, daß sie ausdrücklich und schriftlich geschieht, und daß dabei zugleich Maßregeln genommen werden, aus welchen für jeden Dritten, ohne dessen eigenes grobes Versehen (culpa lata), die eingetretene Beschränkung des Verpfänders in der freien Verfügung über die verpfändete Sache ersichtlich ist.

Art. IX. Bei der Vertheilung der Kaufgelder eines Grrundstücks unter die Realgläubiger (Tit. I, Abschnitt 6 der Konkursordnung) treten die nachstehenden Bestimmungen ein:

1) Die in das Hypothekenbuch nicht eingetragenen Realgläubiger werden nach Maßgabe des Gesetzes zur Verbesserung des Unterpfandswesens vom 24. April 1854, §. 5, Nr. 1, 2, und der Konkursordnung §§. 46—50 befriedigt.

2) Die im §. 51 der Konkursordnung aufgeführten Reallasten erhalten ihre Befriedigung an dieser Stelle auch dann, wenn dieselben oder das Rechtsverhältniß, aus welchem sie entspringen, in das Hypothekenbuch nicht eingetragen sind.

3) Bei Bestimmung der Rangordnung der nicht zu den öffentlichen oder gemeinen Abgaben und Leistungen gehörenden Reallasten, sowie der Hypothekenforderungen (§§. 51, 53, 55 der Konkursordnung), kommen die Vorschriften im §. 13 des Gesetzes vom 24. April 1854 zur Anwendung.

4) Zu den Hypothekenforderungen (§. 55) gehören auch die in Folge des für das ehemalige Fürstenthum Hohenzollern-Sigmaringen ergangenen Ablösungsgesetzes vom 6. September 1848 §. 2 zu entrichtenden Tilgungsrenten, wenn dieselben zur Eintragung in das Hypothekenbuch angemeldet sind.

Ist diese Anmeldung innerhalb der Präklusivfrist (§. 7 des Gesetzes vom 24. April 1854) erfolgt, so steht denselben die Priorität zu, welche nach den bisherigen Gesetzen den durch das Gesetz vom 6. September 1848 aufgehobenen Lasten und Abgaben gebühren würde.

Die Priorität der fällig gewordenen Tilgungsrenten wird nach der folgenden Nummer 5 beurtheilt.

5) In Ansehung der Berechnung und Berichtigung der laufenden Zinsen und Prästationen, sowie der Rückstände derselben (§. 14 des Gesetzes vom 24. April 1854), sind fortan lediglich die Vorschriften der Konkursordnung maßgebend.

Art. X. Der Fürstlich Hohenzollernschen Hofkammer kommt in Ansehung der Forderungen der Fürstlichen Familiengüter das Vorrecht der Hofkammer der königlichen Familiengüter, §. 78, Nr. 1 der Konkursordnung, zu.

Art. XI. Die Frist, binnen welcher die Forderungen der Kinder und der Pflegebefohlenen des Gemeinschuldners, behufs Erhaltung des Vorzugsrechts derselben, gerichtlich geltend gemacht werden müssen (§. 81 der Konkursordnung), wird erst vom 1. Oktober 1860 an gerechnet, wenn der Zeitpunkt, mit welchem der Lauf der Frist nach den Bestimmungen der Konkursordnung beginnt, schon früher eingetreten ist.

Art. XII. Die bisherigen gesetzlichen Bestimmungen über Vindikationsansprüche und Vorzugsrechte der Ehefrau des Gemeinschuldners im Konkurse bleiben noch während der Dauer eines Jahres, von dem 1. Oktober 1860 an gerechnet, in Kraft und in jedem Konkurs- oder Prioritätsverfahren maßgebend, welches innerhalb dieses einjährigen Zeitraumes eröffnet wird.

Zugleich ist die Ehefrau eines Kaufmanns (Art. 4 des Allg. Deutschen Handelsgesetzbuchs) bis zum Ablaufe des einjährigen Zeitraums berechtigt, wegen ihres vor dem 1. Oktober 1860 gesetzlich in die Verwaltung des Mannes gekommenen Vermögens von dem Manne besondere Sicherheitsbestellung zu verlangen, oder dasselbe nach ihrer Wahl zur eigenen Verwaltung zurückzufordern.

Art. XIII. Die Wirkung des gesetzlichen Pfandrechts, welches der Ehefrau nach den bisherigen Vorschriften in dem Vermögen ihres Ehemannes zusteht, ist vom 1. Oktober 1860 an dahin beschränkt, daß die Ehefrau nur die Befugniß hat, ihre Ansprüche wegen des gesetzlich in die Verwaltung des Mannes gekommenen Vermögens innerhalb eines Jahres nach dem Beginn der Verwaltung des Mannes in das Hypothekenbuch über die Grundstücke desselben eintragen zu lassen.

Erwirbt der Ehemann erst nach dem Beginn seiner Verwaltung des Vermögens der Ehefrau Grundstücke, so kann die Ehefrau noch binnen Jahresfrist seit der Erwerbung der Grundstücke ihre Ansprüche in das Hypothekenbuch derselben eintragen lassen.

Hat jedoch die Ehefrau das gesetzliche Pfandrecht schon vor dem 1. Oktober 1860 erworben, so kann sie von demselben noch während der Dauer eines Jahres, von dem gedachten Tage an gerechnet, nach Maßgabe der bisherigen Vorschriften Gebrauch machen.

Art. XIV. Separationsrechte finden vom 1. Oktober 1860 an, nur insoweit statt, als die Konkursordnung dieselben zuläßt.

Art. XV. Das Recht des besseren Pfandgläubigers, dem Verkaufe des Pfandes auf Antrag eines Mitberechtigten zu widersprechen, wird für den Fall des nothwendigen gerichtlichen Verkaufs aufgehoben.

Art. XVI. In Ansehung der zur Zeit der Konkurseröffnung bestehenden Mieth- und Pachtkontrakte des Gemeinschuldners, sowie der Vermiethungen und Verpachtungen desselben, findet der §. 18 der Konkursordnung keine Anwendung, vielmehr bewendet es in dieser Beziehung bei den Bestimmungen der §§. 19 und 20 a. a. O.

Art. XVII. Wenn bei einem Nachlasse mehrere Erben betheiligt sind, so ist die Eröffnung des gemeinen Konkurses oder des erbschaftlichen Liquidationsverfahrens nicht über den ganzen Nachlaß, sondern nur über die den einzelnen Miterben zugefallenen Antheile zulässig [17]), insofern bei denselben die gesetzlichen Erfordernisse dazu vorhanden sind (Konkursordnung §. 322, §. 323 Nr. 3—5, §§. 324, 342, 357).

Art. XVIII. Zu den Kaufleuten [18]) sind nicht zu rechnen: Gutsbesitzer, welche ein Handelsgeschäft oder Fabrikgeschäft nur als wirthschaftliches Nebengewerbe betreiben.

Art. XIX. Die Rechtswohlthat der Güterabtretung findet in der Folge nicht statt.

Art. XX. Die gerichtlichen Kosten im Konkurse und erbschaftlichen

17) (2. A.) Weil gemeinrechtlich die Erbschaftsschulden unter den Erben, nach Maßgabe der Erbquoten, ipso jure getheilt sind, womit es sich nach den Grundsätzen des A. L.R. anders verhält. Vergl. unten Art. 342, Abs. 2 u. die Anm. 3 dazu.

18) (2. A.) Vergl. oben die Anm. ** zu Art. XIV des Einf.-G. vom 8. Mai 1855.

Liquidationsverfahren, sowie im Prioritätsverfahren in der Exekutionsinstanz, im Verfahren über die gerichtliche Zahlungsstundung und die Bewilligung der Kompetenz sind in den Fällen, in welchen die Konkursordnung zur Anwendung kommt, nach den Vorschriften des Gesetzes vom 15. März 1858 (G.S. S. 69 und oben Nr. II) anzusetzen und zu erheben.

V. Gesetz,

betreffend die Einführung der Konkursordnung, vom 8. Mai 1855, und des Gesetzes über die Befugniß der Gläubiger zur Anfechtung der Rechtshandlungen zahlungsunfähiger Schuldner außerhalb des Konkurses, vom 9. Mai 1855, in den Bezirk des Justizsenats zu Ehrenbreitstein [19]). Vom 3. Februar 1864.

(G.S. S. 40.)

Wir ꝛc. verordnen, unter Zustimmung der beiden Häuser des Landtages unserer Monarchie, für den Bezirk des Justizsenats zu Ehrenbreitstein, was folgt:

Art. I. Die Konkursordnung vom 8. Mai 1855 und das Gesetz, betreffend die Befugniß der Gläubiger zur Anfechtung der Rechtshandlungen zahlungsunfähiger Schuldner außerhalb des Konkurses, vom 9. Mai 1855, sowie die Artt. 28 bis 32 des Einführungsgesetzes zum Allg. Deutschen Handelsgesetzbuche vom 24. Juni 1861, treten in dem Bezirke des Justizsenats zu Ehrenbreitstein mit dem 1. Oktober 1864 in Kraft.

Art. II. Mit diesem Zeitpunkte (Art. I) werden alle bisherigen Bestimmungen über die Materien, auf welche die Konkursordnung und das Gesetz vom 9. Mai 1855 sich beziehen, außer Wirksamkeit gesetzt, sie mögen im gemeinen Recht, oder in partikularrechtlichen Vorschriften enthalten, oder durch Gewohnheitsrecht begründet sein.

Ingleichen tritt der Art. 36 des Einführungsgesetzes zum Allgemeinen Deutschen Handelsgesetzbuche außer Anwendung.

Art. III. Wo in irgend einem Gesetze auf die hiernach (Art. II) außer Wirksamkeit gesetzten Vorschriften verwiesen wird, treten die Vorschriften der Konkursordnung und des Gesetzes vom 9. Mai 1855 an deren Stelle.

Art. IV. Wenn ein Konkurs- oder Prioritätsverfahren bereits vor dem 1. Oktober 1864 eröffnet ist, so kommen in demselben die Bestimmungen der Konkursordnung nicht zur Anwendung; vielmehr ist das Verfahren lediglich nach den bisherigen Vorschriften fortzuführen und zu beendigen.

Dasselbe findet bei nothwendigen Subhastationen statt, wenn der Erlaß des Subhastationspatents vor dem 1. Oktober 1864 verfügt worden ist.

---

19) Die Gründe, welche hier der Einführung bisher entgegen standen (vergl. oben, Anm. 15), sind durch das gleichzeitig erlassene Gesetz zur Verbesserung des Kontrakten- und Hypothekenwesens im Bezirke des Justizsenats zu Ehrenbreitstein, vom 2. Februar 1864 (G.S. S. 34), beseitigt worden.

Bei dem Prioritätsverfahren über Besoldungen und andere, an die Person des Schuldners gebundene, fortlaufende Einkünfte, bleiben die bisherigen Vorschriften nur noch für die Vertheilung des Jahres 1864 in Kraft.

Art. V. Wird ein Konkurs- oder Prioritätsverfahren erst am 1. Oktober 1864 oder nach diesem Tage eröffnet, oder wird in einer nothwendigen Subhastation der Erlaß des Subhastationspatents erst am 1. Oktober 1864 oder nach diesem Tage verfügt, so treten in dem Verfahren die Bestimmungen der Konkursordnung auch insofern ein, als es sich darum handelt, zu entscheiden, ob und welches Vorrecht den schon vorher entstandenen Forderungen gebührt.

Art. VI. Hypotheken, welche vor dem 1. Oktober 1864 erworben und bei Immobilien als Spezialhypotheken weder seit dem 1. Januar 1853 vor dem Richter der belegenen Sache errichtet, noch nach Maßgabe der §§. 12 bis 15 des Gesetzes zur Verbesserung des Kontrakten- und Hypothekenwesens vom 2. Februar 1864 eingetragen sind, gewähren in den Fällen, in denen das Konkurs- oder Prioritätsverfahren erst am 1. Oktober 1864 oder nach diesem Tage eröffnet wird, keinen Anspruch auf abgesonderte Befriedigung aus dem Pfande, sondern nur ein Vorzugsrecht in der gemeinschaftlichen Masse bis auf Höhe desjenigen Betrages, welcher aus dem Pfande zur Masse gekommen ist.

Das Vorzugsrecht bestimmt sich nach den bisherigen Vorschriften sowohl unter diesen älteren Hypotheken, als unter ihnen und den §§. 73—81 der Konkursordnung aufgeführten Konkursgläubigern.

Art. VII. Gesetzliche General- oder Spezialhypotheken, welche nach dem 1. Oktober 1864 erworben werden, gewähren in Ansehung des beweglichen Vermögens weder ein Pfandrecht, noch ein Vorzugsrecht.

Ein Pfandrecht an beweglichen Sachen wird von dem gedachten Tage an, selbst wenn es nach den bisherigen Bestimmungen gültig erworben ist, auch außerhalb des Konkurses nur insofern anerkannt, als dem Gläubiger nach §§. 32 u. 33 der Konkursordnung und Art. 28 des Einführungsgesetzes zum Allg. Deutschen Handelsgesetzbuch im Fall des Konkurses kein Anspruch auf abgesonderte Befriedigung zusteht.

Das richterliche Pfandrecht auf Grund der Exekutionsvollstreckung (pignus judiciale) ist abgeschafft.

Art. VIII. Aufgespeicherte oder niedergelegte Waaren oder Erzeugnisse, sofern dieselben im Handelsverkehr befindlich sind, ingleichen eingehende oder ausgehende, auf dem Transport befindliche Waaren, zur Frachtschifffahrt bestimmte Schiffsgefäße, sowie Aktivforderungen, können auch ohne körperliche Uebergabe an den Gläubiger verpfändet werden.

Zu einer solchen Verpfändung ist jedoch erforderlich, daß sie ausdrücklich und schriftlich geschieht, und daß dabei zugleich Maßregeln genommen werden, aus welchen für jeden Dritten, ohne dessen eigenes grobes Versehen (culpa lata), die eingetretene Beschränkung des Verpfänders in der freien Verfügung über die verpfändete Sache ersichtlich ist.

Art. IX. Die im §. 51 der Konkursordnung aufgeführten Reallasten erhalten ihre Befriedigung an der dort angegebenen Stelle auch dann, wenn dieselben oder das Rechtsverhältniß, aus welchem sie entspringen, in das Hypothekenbuch nicht eingetragen sind.

Ihre Rangordnung richtet sich, sowohl unter sich, als den Hypothekengläubigern gegenüber, nach den bisherigen Vorschriften.

Art. X. Die Frist, binnen welcher die Forderungen der Kinder und der Pflegebefohlenen des Gemeinschuldners, behufs Erhaltung des Vorzugsrechts derselben, gerichtlich geltend gemacht werden müssen (§. 81 der Konkursordnung), wird erst vom 1. Oktober 1864 an gerechnet, wenn der Zeitpunkt, mit welchem der Lauf der Frist nach den Bestimmungen der Konkursordnung beginnt, schon früher eingetreten ist.

Art. XI. Die bisherigen gesetzlichen Bestimmungen über die Vindikationsansprüche und Vorzugsrechte der Ehefrau des Gemeinschuldners im Konkurse bleiben noch während der Dauer eines Jahres, vom 1. Oktober 1864 an gerechnet, in Kraft, und in jedem Konkurs- oder Prioritätsverfahren maßgebend, welches innerhalb dieses einjährigen Zeitraums eröffnet wird.

Zugleich ist die Ehefrau eines Kaufmannes (Art. 4 des Allgemeinen Deutschen Handelsgesetzbuchs) bis zum Ablauf des einjährigen Zeitraums berechtigt, wegen ihres vor dem 1. Oktober 1864 gesetzlich in die Verwaltung des Mannes gekommenen Vermögens von dem Manne besondere Sicherheitsbestellung zu verlangen, oder dasselbe nach ihrer Wahl zur eigenen Verwaltung zurückzufordern.

Art. XII. Die Wirkung des gesetzlichen Pfandrechts, welches der Ehefrau nach den bisherigen Vorschriften in dem Vermögen ihres Mannes zusteht, ist vom 1. Oktober 1864 an dahin beschränkt, daß die Ehefrau nur die Befugniß hat, ihre Ansprüche wegen des gesetzlich in die Verwaltung des Mannes gekommenen Vermögens innerhalb eines Jahres, nach dem Beginne der Verwaltung des Mannes, auf die Grundstücke desselben eintragen zu lassen.

Erwirbt der Mann erst nach dem Beginne seiner Verwaltung des Vermögens der Ehefrau Grundstücke, so kann die Ehefrau noch binnen Jahresfrist seit der Erwerbung der Grundstücke ihre Ansprüche auf dieselben eintragen lassen.

Hat jedoch die Ehefrau das gesetzliche Pfandrecht schon vor dem 1. Oktober 1864 erworben, so kann sie von demselben noch während der Dauer eines Jahres, von dem gedachten Tage an gerechnet, in dem bisherigen weiteren Umfange Gebrauch machen, vorbehaltlich jedoch der allgemeinen Anordnung für die Inhaber gesetzlicher Pfandrechte, in §§. 12 ff. des Gesetzes zur Verbesserung des Kontrakten- und Hypothekenwesens vom 2. Febr. 1864.

Art. XIII. Separationsrechte im Konkurse finden, vom 1. Oktober 1864 an, nur insoweit statt, als die Konkursordnung dieselben zuläßt.

Art. XIV. Das Recht des bessern Pfandgläubigers, dem Verkaufe des Pfandes auf Antrag eines Minderberechtigten zu widersprechen, wird für den Fall des nothwendigen gerichtlichen Verkaufs aufgehoben.

Art. XV. Bei den nothwendigen Subhastationen von Immobilien (§. 1 des Gesetzes zur Verbesserung des Kontrakten- und Hypothekenwesens vom 2. Februar 1864) ist nach folgenden Vorschriften zu verfahren:

1) Die Einleitung der Subhastation ist dem Subhastaten, sowie gleichzeitig der das Hypothekenbuch führenden Behörde mitzutheilen. Alle nach der Zustellung dieser Mittheilung an den Subhastaten erfolgenden Dispositionen über die zur Subhastation gestellten Immobilien sind dem Subhastationsextrahenten, sowie den Hypotheken- und Realgläubigern, deren dingliches Recht vor jener Zustellung entstanden ist, unnachtheilig [20]).

2) Das Subhastationspatent muß, außer der im §. 384 der Konkursordnung vorgeschriebenen, die unbekannten Realgläubiger betreffenden Bekanntmachung, in allen Fällen auch eine öffentliche Aufforderung aller derjenigen unbekannten Interessenten, welche an den zu subhastirenden Gegenständen ein Eigenthumsrecht oder ein Vorkaufsrecht, oder ein anderes, auf einem privatrechtlichen Titel beruhendes dingliches Recht, mit Ausnahme von Realservituten, in Anspruch nehmen, zur Anmeldung ihrer Rechte vor oder spätestens in dem Lizitationstermine unter der Warnung enthalten, daß die sich nicht Meldenden ihrer Realrechte auf das Grundstück verlustig werden und einen Anspruch nur noch auf die Kaufgelder bis zu deren Vertheilung geltend machen können.

3) Wenn vor dem Abschlusse des Lizitationstermins ein begründeter Widerspruch gegen die Ertheilung des Zuschlags nicht eingelegt, bei dem Verfahren auch eine wesentliche Förmlichkeit nicht versäumt ist, so muß der Zuschlag durch ein Erkenntniß ertheilt werden, welches in allen Fällen das Kreisgericht zu erlassen hat [21]), und in welchem die Präklusion der unbekannten Eigenthums- und Realprätendenten nach dem unter Nr. 2 ausgedrückten Präjudiz ausgesprochen werden muß.

---

20) (2. A.) Diese Vorschrift soll in dem Bereiche des vorliegenden Gesetzes den Subhastationsvermerk ersetzen, welcher nach §. 3 der Verordnung II vom 4. März 1834 in das Hypothekenbuch einzutragen ist. Beiderlei Schreiberei ist das sehr ungenügende Surrogat der früheren Immission.

21) (2. A.) Die Worte: „welches in allen Fällen das Kreisgericht zu erlassen hat", sind von dem Herrenhause eingelegt worden, um damit anzudeuten, daß die Ertheilung des Zuschlages, weil dabei zugleich nicht nur über den dagegen erhobenen Widerspruch zu entscheiden, sondern zugleich die Präklusion der unbekannten Eigenthums- und Realprätendenten auszusprechen, als Handlung der Gerichtsbarkeit in Streitsachen anzusehen sei. Dadurch hat an den Reglementarvorschriften darüber, in welchen Fällen das Erkenntniß von einem Gerichtskommissar als Einzelnrichter abgefaßt werden dürfe, oder von dem Kollegium ausgehen müsse, nichts geändert werden sollen. Die Kommission hat es indeß für hinreichend gehalten, wenn dies zur Verhütung eines möglichen Mißverständnisses in dem Berichte niedergelegt werde. Bericht vom 11. Februar 1863 (Drucksachen des Herrenhauses Nr. 20) S. 3. — Hierin liegt eine Hauptverbesserung des Rechtszustandes. Bisher wurde in diesem Landestheile die Subhastation wie ein gerichtlicher Verkauf aus freier Hand behandelt, wobei der Subhastationsrichter nur instrumentirend, beglaubigend mitwirkte. Dem Verfahren fehlte ein bestimmter formeller Abschluß; man war darüber im Ungewissen und Streite: w a n n das Kaufgeschäft perfekt geworden; ob und wie lange der Bieter an sein Gebot gebunden, und ob und wie lange noch Nachgebote zugelassen werden dürften. Die Form der Beurkundung des Kaufgeschäfts war die Ausfertigung eines Kaufbriefes für den Meistbietenden. Die Stelle des Verkäufers versah hierbei der Richter in Vertretung des Extrahenten der Subhastation und resp. des Subhastaten; zugleich war er der instrumentirende Beamte. Es waren die gewöhnlichen civilrechtlichen Anfechtungsklagen dagegen 30 Jahre lang zulässig. Diesen Uebelständen wird durch die Bestimmungen Nr. 3, 5, 6, 8 zweckmäßig ein Ende gemacht.

4) **Der Zuschlag darf nicht aus dem Grunde beanstandet werden, weil das Meistgebot den durch Abschätzung oder auf andere Art ermittelten Werth des subhastirten Immobile oder eine bestimmte Quote des Werths nicht erreicht** [22]).

Auch dem Gläubiger darf nur als Bieter der Zuschlag ertheilt werden [23]).

22) (2. A.) Von dieser Bestimmung verspricht man sich eine baldige und dauernde Hebung des gesunkenen Realkredits in diesem Landestheile. Es heißt in den Motiven (Drucksachen des Herrenhauses 1862/63 Nr. 11) S. 12 hierüber wie folgt: „Diese Bestimmung (des §. 90 der Verordnung vom 21. Juli 1849, daß die Subhastation ohne vorgängige Immission stattfinde) hat sehr wohlthätig gewirkt; sie hat die Mängel des früheren Rechts aber noch nicht gründlich geheilt. Es gestatten nämlich weder das gemeine Recht, noch die Partikulargesetzgebungen, daß das subhastirte Immobile zu jedem Preise dem Meistbietenden zugeschlagen wird; der Zuschlag darf vielmehr nur ertheilt werden, wenn die Taxe oder eine gewisse Quote der Taxe geboten wird; wenn dies im ersten Lizitationstermin nicht geschieht, so müssen weitere Lizitationstermine abgehalten werden, um höhere Gebote zu erzielen, eventualissime muß die Adjudikation an den Gläubiger, auch wider dessen Willen, für den Betrag der Forderung oder für den Taxwerth erfolgen. Die Partikulargesetzgebung ist sehr reichhaltig in Betreff dieses Grundsatzes. Wo sie nicht spezielle Bestimmungen darüber enthielt, zu welchem Theile der Taxe der Zuschlag erfolgen könne, da sind, weil in L. 2 C. si in causa judicati (VIII, 23) nur von einem dignum pretium ohne nähere Bestimmung die Rede ist, in der Praxis vielfache Zweifel entstanden. Es ist durch Praxis und Herkommen eine verschiedene Quote der Taxe ($^1/_2$, $^2/_3$, $^3/_4$) festgestellt worden, zu welcher der Zuschlag ertheilt wird. Dieses Herkommen und dessen Gültigkeit ist wiederum mehrfach Gegenstand von Prozessen geworden. Vom Justizsenat wird bemerkt, daß der fragliche Grundsatz sehr wesentlich zur Vernichtung des Kredits und zur Verarmung der Bevölkerung beigetragen habe, und daß deshalb die Aufhebung desselben eine Lebensfrage sei. Bei Subhastationen sowohl als bei Mobiliarversteigerungen, wo derselbe Grundsatz gilt, bietet mit seltenen Ausnahmen Niemand außer den Mitgliedern der betreffenden Gemeinde. Bei nothwendigen Versteigerungen bietet aber aus erklärlicher Abneigung fast Niemand, kein Gemeindemitglied will seinem Nachbar, Verwandten oder Bekannten dadurch, daß er durch ein Gebot das eingeleitete Zwangsverfahren unterstützt, zu nahe treten; Jeder weiß, daß nach dem Gesetze das Grundstück doch nicht unter dem Preise losgeschlagen werden darf. So hat in den meisten Fällen der Gläubiger nur den trostlosen Ausweg, sich das Grundstück pro taxato adjudiziren zu lassen; er erhält statt baaren Geldes ein Immobile, welches er nicht gebrauchen kann, welches aus den angegebenen Rücksichten auch kein Mitglied der betreffenden Gemeinde von ihm pachtet. Das Ende des Verfahrens ist dann gewöhnlich, daß der Gläubiger dem Subhastaten eine nochmalige freiwillige Versteigerung freistellt, welche von besserem Erfolge zu sein pflegt. Bezeichnend ist es, daß mehrere Partikulargesetze für den Kreis Wetzlar jedem Gemeindemitgliede bei Strafe zur Pflicht machen, bei öffentlichen Versteigerungen zu erscheinen, und eventuell die Adjudikation an die Gemeinde pro taxato anordnen. Ein ganz entgegengesetztes Resultat wird sich herausstellen, wenn das Gesetz, wie dies im Art. XV, Nr. 4 und dem Art. XVI vorgeschlagen worden, den Zuschlag à tout prix anordnet. In diesem Falle werden die Mitglieder der betreffenden Gemeinde durch dieselbe Rücksicht, welche sie bisher vom Bieten abgehalten hat, zum Bieten veranlaßt werden, damit nicht die Grundstücke dem Gläubiger oder einem Dritten zu einem Spottpreise zugeschlagen werden."

23) (2. A.) Hierdurch ist die impetratio dominii aufgehoben, die dem Extrahenten im Falle eines ermangelnden annehmbaren Gebots aus der L. 3 C. si in causa judicati (VIII, 23) zustand. Die Fassung des Satzes lautete in der Regierungsvorlage: „Eine Adjudikation an den Gläubiger findet nur statt, wenn derselbe bei der Lizitation Meistbietender geblieben ist." Die Fassung schien der

5) Das Zuschlagserkenntniß wird dem Adjudikatar in Ausfertigung, den übrigen Subhastationsinteressenten, nämlich dem Extrahenten, dem Subhastaten, beziehungsweise dem Verwalter der Konkursmasse und den Hypotheken- und Realgläubigern, sofern ihr Aufenthalt bekannt ist, in Abschrift zugestellt, den überhaupt oder ihrem Aufenthalte nach unbekannten Interessenten durch Aushang, nach Maßgabe der Verordnung vom 5. Mai 1838, publizirt.

6) Gegen das Zuschlagserkenntniß steht, nach Maßgabe der §§. 59 bis 66 der Verordnung vom 21. Juli 1849 (G.S. S. 307), jedem durch eine begangene Nichtigkeit beeinträchtigten Interessenten das Rechtsmittel der Nichtigkeitsbeschwerde, beziehungsweise des Rekurses zu.

Diese Rechtsmittel sind binnen 10 Tagen nach der Zustellung, beziehungsweise nach Ablauf der für den Aushang bestimmten 14tägigen Frist bei dem Gerichte, welches das Zuschlagserkenntniß ertheilt hat [24]), anzumelden. Die Anmeldung muß zugleich bei Verlust des Rechtsmittels die bestimmte Angabe der Beschwerdepunkte enthalten.

Für das weitere Verfahren über die Nichtigkeitsbeschwerde sind die Bestimmungen im §. 77, Nr. 3 u. 4 der Verordnung vom 21. Juli 1849 maßgebend. — Andere Rechtsmittel finden nicht statt.

7) Bei dem Richter der belegenen Sache für nicht streitige Angelegenheiten [25]) ist der Zuschlag von Amtswegen durch Uebersendung einer Ausfertigung des Erkenntnisses anzumelden. Mit dem Zeitpunkt der Anmeldung geht das Eigenthum des zugeschlagenen Immobile auf den Adjudikatar nach Maßgabe der §§. 3 u. 4 des Gesetzes zur Verbesserung des Kontrakten- und Hypothekenwesens vom 2. Februar 1864 über.

Der Adjudikatar ist zur Anstellung der Vindikationsklage gegen jeden Besitzer berechtigt und gegen alle Eigenthumsansprüche, sowie gegen Vorkaufsrechte und gegen alle auf privatrechtlichem Titel beruhenden dinglichen Ansprüche dritter Personen, deren Uebernahme ihm nicht in den Bedingungen der Lizitation ausdrücklich auferlegt worden, mit Ausnahme der Realservituten [26]), gesichert.

Kommission des Herrenhauses zu enge, da der Zuschlag an den Gläubiger nicht bloß gestattet werden solle, wenn er der Höchstbietende geblieben, sondern auch, wenn er allein ein Gebot abgegeben habe, wogegen nur das sog. jus impetrandi dominii habe ausgeschlossen werden sollen. Hieraus wird der Sinn der vorgeschlagenen und angenommenen Fassung klar. Bericht S. 3. Die Lage des Schuldners ist dadurch verschlechtert. Bei dem jus impetrandi dominii wird er liberirt, bei dem Zuschlag für ein Gebot muß er den Ausfall nachzahlen.

24) (2. A.) In der Regierungsvorlage hieß es „Gericht erster Instanz". Dieser Ausdruck wurde von dem Herrenhause in denjenigen der jetzt vorliegenden Fassung geändert, um Irrungen zuvorzukommen, weil für nicht streitige Sachen nach der Instruktion vom 15. Dezember 1853 die Schöffengerichte die erste Instanz bilden. Bericht ꝛc. S. 4.

25) (2. A.) Die Worte: „für nicht streitige Angelegenheiten", welche in dem Entwurfe fehlten, sind von dem Herrenhause eingeschoben, weil unter dem „Richter der belegenen Sache" sowohl die Gerichte für Streitsachen als die Voluntärgerichte begriffen sind, doch aber hier in Nr. 7 ebenso wie in Nr. 1 das betreffende Voluntärgericht gemeint ist.

26) (2. A.) Die Vorschrift im Absatz der Nr. 7 schließt sich im Wesentlichen dem §. 400 der Konkursordnung an. Dadurch werden die Folgen des bisherigen

Den Hypothekengläubigern und denjenigen Realberechtigten, welche aus den Kaufgeldern Befriedigung suchen, bleiben jedoch ihre Ansprüche an die Kaufgelder vorbehalten.

8) Dem Subhastaten steht weder das Recht der Wiedereinlösung der zugeschlagenen Sache, noch aus irgend einem Grunde eine Wiedereinsetzung in den vorigen Stand, noch eine Klage auf Aufhebung des Zuschlags wegen Verletzung über die Hälfte, oder aus irgend einem anderen Rechtsgrunde zu. Ebenso wenig steht irgend einem anderen Subhastationsinteressenten eine Klage auf Wiederaufhebung des Zuschlags zu.

Art. XVI. Die Bestimmungen Art. XV, Nr. 4 finden auch auf die im Wege der Exekution erfolgenden nothwendigen Versteigerungen von beweglichen Sachen Anwendung.

Dem Schuldner steht auch weder eine Anfechtung des Zuschlags wegen Verletzung über die Hälfte, noch ein Wiedereinlösungsrecht zu; auch findet eine Wiedereinsetzung desselben in den vorigen Stand nicht statt.

Art. XVII. In Ansehung der zur Zeit der Konkurseröffnung bestehenden Mieths- und Pachtkontrakte des Gemeinschuldners, sowie der Vermiethungen und Verpachtungen desselben, findet der §. 18 der Konkursordnung keine Anwendung; vielmehr bewendet es in dieser Beziehung bei den Bestimmungen der §§. 19 u. 20 a. a. O.

Art. XVIII. Wenn bei einem Nachlasse mehrere Erben betheiligt sind, so ist die Eröffnung des gemeinen Konkurses oder des erbschaftlichen Liquidationsverfahrens nicht über den ganzen Nachlaß, sondern nur über die den einzelnen Miterben zugefallenen Antheile zuläffig [27]), insofern bei denselben die gesetzlichen Erfordernisse dazu vorhanden sind. (Konkursordnung §. 322, §. 323, Nr. 2—5, §§. 324, 342, 357.)

Art. XIX. Zu den Kaufleuten sind nicht zu rechnen: Gutsbesitzer, welche ein Handelsgeschäft nur als landwirthschaftliches Nebengewerbe betreiben.

Art. XX. Die Rechtswohlthat der Güterabtretung findet in der Folge nicht statt.

Grundsatzes, daß der Zuschlag nur wie ein gewöhnlicher Privatverkauf angesehen wurde, welche Folgen darin bestanden, daß der Adjudikatar keine weiteren Rechte erlangte, als der Subhastat hatte, daß der Adjudikatar also gegen Eigenthumsansprüche und gegen dingliche Rechte gar nicht, gegen Hypothekenansprüche nur ungenügend gesichert war, und daß er gegen einen dritten Detentor die Vindikation nur unter denselben Bedingungen anstellen konnte, unter welchen dies der Subhastat gekonnt hätte, — beseitigt. Die Fassung wird hier jedoch eine andere Rechtspraxis (Jurisprudenz) zur Folge haben als der §. 400 der Konkursordnung in Verbindung mit den Grundsätzen des Allg. Landrechts. Denn die einzige „Ausnahme der Realservituten" schließt den Uebergang aller Personalservituten und Reallasten aus einem privatrechtlichen Titel, namentlich also auch des Auszugs oder Altentheils, aus, während im Bereiche des Allg. Landrechts der Uebergang dieser Lasten, wenn nicht das Gegentheil bei der Lizitation festgesetzt worden, als Rechtsgrundsatz angenommen ist. Vielleicht wäre es zweckmäßiger gewesen, bei Gelegenheit der vorliegenden Neubildung des Rechts „nach dem Vorbilde der altländischen Gesetzgebung" (Motive, S. 13), eine Gleichförmigkeit der Rechtsnormen herzustellen.

27) (2. A.) M. s. oben die Anmerkung 17.

Art. XXI. Die gerichtlichen Kosten im Konkurse und erbschaftlichen Liquidationsverfahren, sowie im Prioritätsverfahren in der Exekutionsinstanz, im Verfahren über gerichtliche Zahlungsstundung und die Bewilligung der Kompetenz sind in Fällen, in welchen die Konkursordnung zur Anwendung kommt, nach den Vorschriften des Gesetzes vom 15. März 1858 (oben Nr. II) anzusetzen und zu erheben.

VI. Konkurs-Ordnung.

Vom 8. Mai 1855.

(G.S. S. 321.)

Wir ꝛc. verordnen, unter Zustimmung der Kammern, was folgt:

Erster Titel.
Von den Rechtsverhältnissen im Konkurse [1]).

Erster Abschnitt.
Gegenstand und Wirkungen des Konkurses im Allgemeinen.

§. 1. Der Konkurs erstreckt sich auf das gesammte, der Exekution un-

1) Der Konkursprozeß ist ein Inbegriff von Verwaltungs- und Prozeßhandlungen. Kein Rechtsverfahren greift so tief ein in das allgemeine Wohl wie der Konkursprozeß; er ist daher ein sehr wichtiger Gegenstand der Gesetzgebung. Zwei Anforderungen sind es, welche, neben einer den Verkehrsverhältnissen entsprechenden Vorrechtsordnung, der öffentliche Verkehr an ein zweckmäßiges Konkursverfahren macht: die rechtzeitige Eröffnung, und die schnelle und wohlfeile Durchführung. Die rechtzeitige Eröffnung setzt weder ein zu frühes noch ein zu spätes Einschreiten voraus. Die voreilige, leichtfertige Konkurserkennung vernichtet die bürgerliche Existenz eines redlichen Mannes, welcher, vielleicht durch unglückliches Zusammentreffen ungünstiger Umstände in augenblickliche Verlegenheit gebracht, sich wol noch aufgeholfen haben würde, wenn sein Geschäftsbetrieb nicht gar zu hastig und schonungslos gestört worden wäre; zu nachsichtiges und langsames Vorgehen bringt wieder die Gläubiger um die Mittel ihrer Befriedigung und unterstützt die Ränke böswilliger Schuldner. Jahrelange Dauer vermindert die noch vorhandenen Mittel durch die Kosten; Verwahrlosung der Güter und andere Einflüsse vergrößern die Verluste der Gläubiger durch lange Vorenthaltung dessen, was noch für sie übrig ist, und ermüdet die Gläubiger in der Verfolgung ihrer Rechte, vieler andern Nachtheile nicht zu gedenken. Die zweite Anforderung, die schleunige Durchführung des Verfahrens, hat in dem gemeinen deutschen Konkursprozeß, wie er sich unter dem Einflusse des Röm. Rechts und der Rechtsgelehrten durch den Gerichtsgebrauch gebildet hatte, nicht die mindeste Beachtung gefunden. Die Ursache war der Grundsatz, daß jede Handlung in diesem zusammengesetzten Verfahren von dem Richter ausgehen und verrichtet (Salgado de Somaza, labyrinth. cred., cap. XIII), und daß Alles und Jedes prozeßmäßig bei Gericht verhandelt werden müsse. Der preuß. Konkursprozeß, wie ihn die A. G.O. abhandelt und vorschreibt, war wesentlich nichts weiter als jener gemeinrechtliche „labyrinthus creditorum" in einem neuen Gewande. Die Zweckwidrigkeit dieses Verfahrens hat schon seit einem halben Jahrhunderte denkende Köpfe auf Besserung zu sinnen veranlaßt, und man hat dabei seine Augen auf das französische System über Konkursprozeß geworfen, welches allerdings nicht die Nachtheile einer langen Verschleppung und der richterlichen Geschäftsführung zur Folge hat. Das französische System ist eigenthümlich, dem gemeinen deutschen und früheren preußischen unähnlich. Der Konkursprozeß im deutschen und preußischen Sinne als ein ge-

meiner Prozeß, welcher auf jeden zahlungsunfähigen Schuldner anwendbar war, ist dem französischen Rechte unbekannt. Nur gegen einen zahlungsunfähigen Kaufmann tritt ein universelles Konkursverfahren ein, welches dem deutschen Konkursprozesse ähnlich ist, aber sich von demselben durch zwei Stücke sehr wesentlich unterscheidet: einmal dadurch, daß das Verfahren dem Gerichte entzogen und in die Hände der Kreditoren gelegt ist, unter Beistand und Leitung eines aus dem Kollegium des Gerichts dazu, schon in dem Eröffnungsdekret ernannten, richterlichen Abgeordneten (juge-commissaire); nur die entstehenden Streitfragen werden durch denselben dem Gerichte zur Entscheidung vorgetragen (daher die deutsche Uebersetzung „Berichterstatter"); zum andern dadurch, daß die durch die Flüssigmachung der Vermögensmasse erzielten Gelder nicht an das Gericht abgeliefert und von diesem erst zum Schluß des Verfahrens, nachdem sie dort mit erheblichen Kosten Jahrelang verwahrt worden sind, auf Einmal vertheilt werden, sondern vielmehr, daß die Vertheilung sogleich und so oft geschieht als eine angemessene Summe zusammengekommen ist, und daß die Aufbewahrung der Gelder bis dahin eine Privatsache der Gläubiger ist. Darnach ist der Konkurs kein Prozeß, sondern ein Regulirungs- und Theilungsverfahren. — Daß dieses Verfahren besser geeignet ist, den Gläubigern die noch vorhandenen Befriedigungsmittel ihres Schuldners rascher und mit ungleich geringeren Verlusten auf Kosten zukommen zu lassen, als das langwierige und kostspielige Gerichtsverfahren des gemeinen und preußischen Konkurses, leuchtet ein; es dringt sich daher von selbst auf. Daher ist es von mir schon in dem Entwurf einer Civil-Prozeß-Ordn. v. J. 1848 (Berlin 1849) vorgeschlagen und in den §§. 1007 ff., in seinen Grundzügen aufgezeichnet; gegenwärtig ist es denn wirklich zur Geltung gekommen. Bei der Aufnahme des französischen Systems trifft man auf eine schon lange verhandelte Frage, auf die nämlich: ob der universelle Konkursprozeß nur auf Kaufleute eingeschränkt oder, wie im bisherigen Recht, auf jeden zahlungsunfähigen Schuldner angewendet werden soll. Der praktische Unterschied liegt darin, daß durch die förmliche Konkurserkennung eine Gemeinschaft aller Gläubiger eintritt, folglich alle Gläubiger, die Unbekannten durch öffentliche Vorladung, zur Theilnahme zugezogen werden müssen, während bei dem gewöhnlichen Exekutionsverfahren, wie es nach franz. Recht gegen einen „en déconfiture" gefallenen Nichtkaufmann nur zuläßig ist, andern Gläubigern nur gestattet ist, sich dem Exekutionssucher anzuschließen, bei welchem Verfahren alle entfernten Gläubiger augenscheinlich im Nachtheil sind. Auf den ersten Blick erscheint diese Beschränkung des förmlichen Konkursverfahrens auf die Kaufleute als eine Unbilligkeit gegen die Gläubiger anderer Schuldner, die, wenngleich nicht Kaufmann, doch einen ausgebreiteteren Verkehr gehabt haben können als mancher Kaufmann. Indeß hat die Beschränkung doch ihren vernünftigen Grund; denn sie hängt zusammen mit der französischen Hypothekeneinrichtung und mit der Gerichtsverfassung, nach welcher die Gerichte, außer der Entscheidung von Rechtsstreitigkeiten, mit andern Geschäften, namentlich mit der Exekution und mit Verwaltungsgeschäften, nichts zu thun haben. Nach G.R. hingegen macht der Mangel an Hypothekenbüchern und die große Zahl unbekannter und äußerlich nicht erkennbarer Vorrechte und Universal- wie Spezialhypotheken die Zusammenrufung aller Gläubiger eines zahlungsunfähigen Schuldners nothwendig, um eben die nicht erkennbaren Vorrechte und Hypotheken auszufinden und eine Theilung der in eine einzige Masse zusammengeflossenen, weil nicht erkennbar verpfändeten Mittel zu ermöglichen. Es beruhet mithin sowohl die franz. Beschränktheit wie die deutsche Allgemeinheit des Konkursprozesses auf erheblichen und gültigen Gründen. Bei der Frage also: ob diese oder jene stattfinden soll, muß zuvor das vorhandene Hypotheken-System und die bestehende Einrichtung des Gerichtswesens in Betracht gezogen werden. In Preußen hätte die Allgemeinheit mit Nutzen ausgeschlossen sein können. Hat doch schon vor 50 Jahren, selbst bei den damaligen Zuständen, das französische System an Goßler, in den juristischen Miscellen, Berlin 1810, I. Heft, S. 26 ff., einen Vertheidiger gefunden, und wenn auch damals die Bedenklichkeiten dagegen bei den vielen Vorrechten vor und neben den Hypotheken noch sehr erheblich waren, so stand doch bei der Neugestaltung der Gerichtseinrichtung und anderer Rechtszustände im Jahre 1848 und 1849 der Aufnahme des französischen Systems mit seiner Beschränkung nichts im Wege. Deshalb findet sich in

terliegende[1 a]) Vermögen, welches der Gemeinschuldner zur Zeit der Eröffnung des Konkurses besitzt oder während der Dauer des Konkurses erlangt [2]).

meinem Entwurfe §. 1007 der förmliche Konkurs auf Kaufleute, Buch- und Kunsthändler, Schiffsrheder, Stromschifffahrer, Fabrikinhaber eingeschränkt. Die Redaktoren des neuen Gesetzes haben das Gegentheil, nämlich die allgemeine Anwendbarkeit des universellen Konkursverfahrens auf jeden zahlungsunfähigen Schuldner beibehalten und mit dem französischen System in Verbindung gebracht. Darin haben sie eine ältere Nachbildung des französischen Prozesses, den Codice di procedura des Canton Tessin (Art. 625), zum Vorgänger gehabt. Einer Anforderung aber haben sie dabei doch nicht ausweichen können. Auch Diejenigen nämlich, welche für die allgemeine Anwendbarkeit des universellen Konkursverfahrens stimmen, fordern doch meistens eine Unterscheidung zwischen Kaufleuten und Nichtkaufleuten hinsichtlich des Verfahrens. (Vergl. Mittermaier, der gem. deutsche bürgerliche Prozeß. Dritter Beitrag [Bonn 1823] S. 199.) Hinsichtlich der Eröffnung des Konkurses macht schon die A. G.O. Tit. 50, §§. 4 u. 5 diesen Unterschied, aber nicht im weiteren Verfahren. Dieser Anforderung war in dem Entwurfe des neuen Gesetzes durchgängig Rechnung getragen (Tit. 2 u. Tit. 3); die Kammern haben daran manches wieder rückgängig gemacht. Einige andere Prinzipienfragen werden gehörigen Orts hervorgehoben werden.

1 a) Die Worte „der Exekution unterliegende" sind von den Kommissionen der Kammern der größern Deutlichkeit wegen eingeschaltet, um anzudeuten, daß es mehrere Vermögensobjekte giebt, welche dem Gemeinschuldner belassen werden müssen, weil in solche eine Exekutionsvollstreckung nicht zulässig ist, z. B. in Gegenstände, welche dem Gemeinschuldner von Dritten mit dem Vorbehalte zugewendet worden sind, daß sich seine Gläubiger daran nicht halten dürfen; so wie Gegenstände, welche die K.O. v. 28. Dezbr. 1840 (G.S. 1841 S. 52) und der Anh. z. A. G.O. §. 155 näher bezeichnet. Das wäre auch ohne diese Verdeutlichung nicht zweifelhaft gewesen, schon nach §. 143. (2. A.) Der Exekution unterliegt auch nicht ein Miethes- oder Wohnungsrecht, weil dieses nach §. 309, I, 21 des A. L.R. an die Person des Miethers geknüpft und von ihm nicht willkürlich an dritte Personen übertragbar ist. Daher hängt die Geltendmachung eines nach Eröffnung des Konkurses erworbenen Miethsrechts seitens des Gemeinschuldners nicht von dem Beitritte der Konkursgläubiger ab. Erk. des Obertr. vom 21. Juni 1861 (Arch. f. Rechtsf. Bd. XLI, S. 361). Aus gleichem Grunde, aus welchem in diesem Falle dem Gemeinschuldner eine Klage auf Erfüllung gestattet worden, ist auch in einem andern Fall, wo der Kridar ein Grundstück nach eröffnetem Konkurse gepachtet hatte, dem Verpächter eine Klage auf Erfüllung des Pachtvertrages gegen den Kridar als Pächter gestattet worden. Erk. dess. vom 14. November 1862 (Arch. f. Rechtsf. Bd. XLVII, S. 162). — Ebenso wenig bildet die dem pflichttheilsberechtigten Erben zustehende Wahl: ob er mit den testamentarischen Anordnungen seines Erblassers zufrieden und die ihm erst künftig zugedachte volle Intestatportion erwarten, oder sofort den bloßen Pflichttheil fordern wolle, einen Gegenstand des „der Exekution unterliegenden" Vermögens. Unten, Anm. 70 zu §. 262.

2) Das „erlangt", welches keine technische Bedeutung hat, wird wol nur statt des technischen „erwirbt" gebraucht sein; ich weiß nicht warum. Das „oder während der Dauer des Konkurses erlangt", ist ein ganz neuer, das bisherige Recht (§§. 33, 34, 38, 145, Tit. 50 der Pr.O.) abändernder Rechtssatz, welcher in seiner Allgemeinheit bisher noch nirgendwo in Deutschland vorgekommen und von keinem deutschen Rechtsgelehrten behauptet worden ist. Zwar sind die Rechtsgelehrten über das Recht, welches der Gemeinschuldner an dem Vermögen, das er während der Dauer des Konkurses erwirbt, hat, nicht einerlei Meinung, vielmehr halten Einige (Dabelow, Konkurs S. 538; Schweppe, Konkurs §. 35; Gönner, Th. IV, Nr. LXXXII. §. 11) aus unerweislichen Gründen des R.R. dafür, daß es zur Konkursmasse gezogen worden sei, man kann also die Frage mit Bayer §. 26 für eine bestrittene ansehen. Allein weder die missio in bona, noch die cessio bonorum (röm. Eröffnungsarten des Konkurses) konnte an die Gläubiger Vermögensgegenstände übertragen, welche nicht vorhanden waren; und die zum

Ein Konkurs, welcher sich auf einen Theil des Vermögens des Gemein-

Beweise herbeigezogene unverständliche Novelle 135, wonach die Gläubiger, wenn dem Schuldner gewisse Rechte an Sachen durch Erbschaft oder Schenkung von Verwandten gesetzlich zustehen und er sich noch nicht im Besitze dieser Sachen befindet, die Befugniß haben sollen, solche Klagen sich zuzueignen, und im Namen ihres Schuldners anzustellen, indem die Gläubiger in Bezug auf eine solche Klage die Stelle des Schuldners vertreten sollen, — begründet gleichfalls jene Annahme nicht, weil der Fall, auf welchen sich diese ohnehin unglossirte Novelle bezieht, unklar ist. Selbst wenn man, mit einigen Andern, der Gläubigerschaft ein Eigenthum an dem Gesammtvermögen des Schuldners zuschreibt, so folgt auch hieraus nicht ein Recht auf Vermögensstücke, welche der Schuldner erst nach der Zeit, wo jener Vermögensinbegriff an die Gläubiger überging, erwarb. Dagegen finden sich Partikularrechte, welche den Gläubigern ein solches Recht zuschreiben, aber überall ist dieses Recht, wie in der Nov. 135, auf das beschränkt, was dem Schuldner durch Erbschaft oder schenkungsweise zufällt, z. B. in Sachsen, Decis. 25 v. J. 1746, was auch die Redaktoren der A. G.O. im Sinne gehabt haben mögen, als sie in dem inkonsequenten §. 41 Satz 3 den Kurator der Konkursmasse zur Entsagung einer erst nach eröffnetem Konkurse dem Schuldner angefallenen überschuldeten Erbschaft beriefen. Und auch dieses auf Erbschaften und Schenkungen beschränkte Recht der Gläubiger ist immer nur eine positive Singularität, leidet deshalb nicht die mindeste ausgedehnte oder analoge Anwendung. Dies gilt auch von der neuen Satzung des §. 1, wenngleich sie in einer noch nie dagewesenen Allgemeinheit vorschreibt, daß das gesammte Vermögen, welches der Gemeinschuldner während der Dauer des Konkurses erlangt, zur Konkursmasse gehöre. Die Verf. haben nicht vermocht, diese prinziplose Singularität durch einen juristischen Gedanken oder Begriff zu begründen; sie berufen sich lediglich auf die französische Gesetzgebung und theilen geschichtlich mit, daß das rheinische Handelsgesetzbuch keine ausdrückliche Bestimmung darüber enthalte, die Frage werde jedoch mit Rücksicht auf Art. 442 desselben sowie auf Artikel 1270 u. 2092 des Civilgesetzbuchs bejaht, wobei Boulay-Paly, traité des faillites et banqueroutes §. 66 S. 63 angerufen ist (Andere verneinen die Frage mit bessern Gründen); und das neue französische Fallissementsgesetz v. 28. Mai 1838 habe dies im Art. 443 ausdrücklich bestätigt, womit auch das belgische Fallissementsgesetz v. 18. April 1851 Art. 444 übereinstimme. Dazu tritt ein Angriff auf den Grundsatz der A. G.O. Derselbe widerspreche dem Zwecke des Konkurses (eine leere Behauptung), wenn dem Gemeinschuldner, ungeachtet der Beschlagnahme seines gesammten Vermögens, gleichwohl die rechtliche Möglichkeit eines Erwerbs bleiben solle (das entspricht den allgemeinen bürgerlichen Rechten, denn der Gemeinschuldner bleibt Person und wird nicht Sklave), der als ein für sich bestehendes Vermögen gedacht werde, eximirt von der Beschlagnahme, so lange dieselbe nicht mittelst eines besondern neuen Verfahrens ausgebracht werde; die Befriedigung der Gläubiger werde hierdurch erschwert und verzögert (bloße Einbildung), ihre Verluste würden durch Vervielfältigung der Kosten noch erhöht (nicht wahrscheinlich, und wenn ja, so liegt die Ursache auf einer andern Seite), und dem Gemeinschuldner würden die Mittel zu betrüglichen Begünstigungen und sonstigen Machinationen in die Hände gegeben (ist geschichtlich unnachweisbar); nach §. 41 der A. G.O. könne über den neuen Erwerb ein neuer Konkurs entstehen (ist kein Unglück, aber vielleicht nicht Einmal vorgekommen), in welchem nicht nur die im ersten Konkurse leer ausgehenden oder präkludirten, sondern auch die neuen Gläubiger des Gemeinschuldners berechtigt seien (das ist nicht bloß billig, sondern auch gerecht), mithin eine neue Klassifikation vorgenommen werden müsse. Der Grund hiervon liege in dem allgemeinen Pfandrechte, welches der §. 33 ebd. als Wirkung des Konkurses annehme; dieser theoretische Grund falle indeß von selbst weg, wenn, wie es im §. 2 geschehe (nämlich mit Worten aber nicht in der Wirklichkeit), die Idee eines allgemeinen Pfandrechts der Gläubigerschaft aufgegeben werde. Es hätten sich auch nur wenige Stimmen dagegen erhoben, welche hauptsächlich geltend gemacht, daß die Vorschrift die neuen Gläubiger gefährde. Aber auf diese könne gar keine Rücksicht genommen werden (und warum nicht?), „da es lediglich ihre Schuld ist, wenn sie dem Gemeinschuldner Kredit geben (nun, so thun wir den Gemeinschuldner ab, fort mit ihm!), obgleich sie wußten oder doch wissen mußten, daß aller

schuldners beschränkt (Partikular-Konkurs), kann nur in den durch das gegenwärtige Gesetz ausdrücklich bestimmten Fällen [2a]) eintreten.

Erwerb desselben während des Konkurses zur Konkursmasse gehört" (was thut das? ein Sklave erwirbt auch nur seinem Herrn und doch muß der Herr die das Pekulium betreffenden Schulden gelten lassen; die Theorie der neuen Gesetzgeber führt folgerecht ganz wo anders hin als sie sich haben denken können). (Motive S. 17.) So viel sind Worte. Der Bericht der Kommission der I. Kammer (der der II. Kammer enthält über die Frage erstaunlich viel Worte, aber weder einen neuen noch überhaupt einen juristischen Gedanken) hat die juristische Begründung der neuen Satzung übernommen; indem der Charakter eines Grundsatzes dafür in Anspruch genommen wird: das bisher bestandene Recht beruhe auf dem Grundsatze, daß durch die Konkurseröffnung nur ein allgemeines Pfandrecht auf das vorhandene Vermögen des Gemeinschuldners erlangt werde, während der Gesetz-Entwurf (der neuen K.O.) mit der Konkurseröffnung ein Exekutionsrecht an das gesammte Vermögen des Gemeinschuldners zu Gunsten aller Gläubiger einzuführen bezwecke, und folgerecht auch das nach der Konkurseröffnung erlangte Vermögen des Gemeinschuldners von dieser Exekution nicht ausschließe. (S. 2.) Das ist inhaltsleer: die Exekution ist keine Rechtsform (Rechtsverhältniß), sondern ein Verfahren (eine Prozedur); es ist mithin durch diese Betrachtung ein Rechtsgrundsatz durchaus nicht gewonnen (vergl. unten Anm. 10 zu §. 4); folglich ist auch der Folgesatz unerwiesen, und vollends unbegründet bleibt die Ausschließung der neuen Gläubiger. Die Satzung ist nichts weiter als eine willkürliche Singularität, d. h. eine Satzung ohne inneren Zusammenhang mit dem Rechtsgebäude, und als eine solche Abnormität ist sie weiter nicht bildungsfähig, vielmehr eingeschränkt anzuwenden. Diese einschränkende Auslegung ist erheblich für die neuen Gläubiger. Da diese von der Theilnahme an der Konkursmasse ausgeschlossen sind (§§. 2, 280) und kein Rechtsverständiger behaupten kann, daß die Konkursgläubiger sich auf Kosten der neuen Gläubiger bezahlt machen dürfen; so kann hier unter dem „Vermögen" nur das Aktivvermögen, wie im §. 1 selbst, d. h. der Ueberschuß nach Abzug der neuen Schulden, verstanden werden. (Vergl. §. 19 des Anh. z. A. L.R. I, 11, §. 646.) Die Verf. des neuen Gesetzes haben es so freilich nicht gedacht, indem sie auf die neuen Gläubiger gar keine Rücksicht genommen wissen wollen. Doch ist mit ihrer nicht auf den Grund gehenden Betrachtung, wenngleich jene ausländischen Gesetze die in Rede stehende Singularität festsetzen, für unsere dort nicht berührte Frage gar nichts bewiesen. Die Ausführung derselben im Sinne der Verfasser würde nicht allein eine, nach unstreitigen Rechtsgrundsätzen schreiende Ungerechtigkeit sein, sie würde eine Unsittlichkeit, ja eine Unmenschlichkeit heiligen, indem sie dem Gemeinschuldner die Möglichkeit, irgend etwas zu unternehmen, wozu er Kredit gebrauchte, abschnitte. Darum muß z. B., wenn einem in Krida verfallenen Künstler Jemand die Mittel zur Anschaffung des Materials zu einem Unternehmen und zu seinem Unterhalte während der Schaffung herleiht, dieser von dem Kaufpreise des Kunstwerks vorweg befriedigt und nur der Ueberschuß kann zur Konkursmasse eingezogen werden; man hätte es ja auch auf dem Umwege eines Vorschusses von dem Abnehmer erlangen können. Der juristische Grund aber ist dieser: Die besprochene Singularität macht den Gemeinschuldner zum gezwungenen Geschäftsführer der Gläubigerschaft: was er schafft und wirkt, gehört den Gläubigern als seinen Geschäftsherren; aber dieses Verhältniß sichert ihm unfehlbar die Entlastung von den dabei eingegangenen Verbindlichkeiten, wenn sie sich den Vortheil aneignen wollen. Das Prinzip ist im §. 43 anerkannt. (2. A.) Auch das Obertr. ist dieser Meinung, indem es sagt: „Zur Konkursmasse gehört zwar auch dasjenige der Exekution unterliegende Vermögen, welches der Gemeinschuldner während der Dauer des Konkurses erlangt hat. Hierzu gehört aber nur das Vermögen, welches ohne eine fortdauernde Gegenleistung auf den Gemeinschuldner gekommen ist, oder der reine Gewinn aus einem zweiseitigen Geschäfte." Erk. vom 14. November 1862 (Arch. f. Rechtsf. Bd. XLVII, S. 164).

2a) Als die hier angedeuteten Fälle werden in den Motiven aufgezählt: 1. Das Verfahren zur Befriedigung der absonderungsberechtigten Erbschaftsgläu-

§. 2. Die Konkursmasse (§. 1) hat die Bestimmung, zur Befriedigung aller zur Zeit der Konkurseröffnung [3]) vorhandenen Gläubiger des Gemeinschuldners zu dienen.

Die Forderungen der Gläubiger, welchen ein Absonderungsrecht in Ansehung einzelner Theile der Konkursmasse zusteht, werden abgesondert erörtert und befriedigt [4]).

In das Konkursverfahren haben sich nur die persönlichen [5]) Gläubiger

---

biger und Legatarien, sowie der absonderungsberechtigten eigenen Gläubiger des Gemeinschuldners (Tit. 2, Abschn. 12); 2. das Verfahren zur abgesonderten Befriedigung der Realgläubiger (Tit. 2, Abschn. 13); 3. bei der Zahlungseinstellung einer Handelsgesellschaft die gesonderten Konkurse über das Gesellschaftsvermögen und über das Privatvermögen der einzelnen Gesellschafter (§. 287); 4. der Partikularkonkurs über das inländische Vermögen eines ausländischen Gemeinschuldners (§. 292); 5. das Prioritätsverfahren in der Exekutionsinstanz (Tit. 5), heißt es, läßt sich ebenfalls als ein Partikularkonkurs auffassen. (Motive, S. 19.) In diesem Verzeichnisse fehlt der Fall des §. 206, nämlich das im neuen Konkurse, nach eingetretener Vernichtung des Akkords, vorgeschriebene Verfahren zur abgesonderten Befriedigung der alten Gläubiger aus der durch den eingetragenen Vermerk der Konkurseröffnung entstandenen Hypothek (§. 200) und aus den zur Sicherung der Erfüllung des Akkords etwa eingelegten Pfändern.

3) Jüngere Gläubiger sind mithin von der Gemeinschaft, in welche die Konkursgläubiger durch die Konkurseröffnung treten, ausgeschlossen, wenn sie auch mit Bezug auf neue Erwerbungen Kredit gegeben haben. Vergl. §. 280. Dagegen haben sie besondere Befriedigung aus diesen Erwerbungen zu fordern. Vergl. oben die Anm. 2 a. E. — (2. A.) Die Ausschließung trifft nicht Gläubiger aus Rechtsgeschäften, welche von Seiten des Gemeinschuldners noch bei freiem Verfügungsrechte ausgeführt wurden und demnächst ohne jede weitere Konkurrenz desselben zur Perfektion gelangen; denn diese Perfektion hat dann nicht ihren Grund in einer dem Gemeinschuldner nicht mehr zustehenden, die Masse (§. 1) berührenden Disposition desselben, sondern sie vollzieht sich ohne Mitwirkung des Gemeinschuldners. Im Wechselverkehr z. B. kommt der Acceptationsvertrag zur Perfektion durch die vom Blanketsempfänger in der Eigenschaft als Trassanten geleistete Unterschrift des das Accept des Trassaten tragenden Wechselformulars. Hat also der Gemeinschuldner als Trassat noch bei voller Verfügungsfähigkeit ein Blankoaccept ertheilt, so verliert dasselbe die rechtliche Wirksamkeit durch die spätere Konkurseröffnung nicht, vielmehr besteht es wirksam fort, folglich lassen sich die aus dem Acceptationsvertrage in dessen ursprünglichem Umfange sich entwickelnden Forderungen nicht als neue im Sinne des §. 2 charakterisiren und demnach der Berechtigte sich nicht von dem Kreise der Konkursgläubiger ausschließen. Erk. des Obertr. vom 12. Dezember 1865 (Arch. f. Rechtsf. Bd. LX, S. 294).

(2. A.) Auch Kriminalkosten können gegen die Konkursmasse nicht liquidirt werden, wenn der Gemeinschuldner während des Konkurses wegen eines vor dem Konkurse begangenen Verbrechens zur Untersuchung gezogen und bestraft worden ist. — Dies gilt namentlich von den Kosten des Bankerottirprozesses. Erk. dess. vom 15. Dezember 1859 (Entsch. Bd. XLIII, S. 475).

4) Der Satz ist altes Recht und auch der für die Satzbildung ungenaue Ausdruck „befriedigen" ist aus §. 273 der Konk. O. beibehalten. Befriedigt wird der Gläubiger, die Forderung aber muß berichtigt (bezahlt) werden.

5) Daß nur die persönlichen Gläubiger Theilnehmer an der Gemeinschaft sein sollen, ist ein sachgemäßer Fortschritt, welcher in seiner Vollendung zur Beseitigung des formellen Konkurses führt. Denn die Gemeinschaft der Gläubiger und die dadurch gebotene Ediktalcitation der Unbekannten beruhet auf den stillschweigenden und äußerlich nicht erkennbaren dinglichen Rechten am Vermögen des Schuldners oder Titeln dazu. Wenn solche erst ganz beseitigt sein werden, hat das Bedürfniß des förmlichen Konkurses aufgehört. Der Satz, daß nur die persönlichen Gläubiger sich in den Konkursprozeß einzulassen hätten, ist nicht

des Gemeinschuldners einzulassen, welche ihre Befriedigung aus der gemeinschaftlichen Konkursmasse suchen (Konkursgläubiger).

§. 3. Ein Unterschied zwischen inländischen und ausländischen Gläubigern findet nicht statt [5a]).

Wenn jedoch in dem Staate, welchem ein ausländischer Gläubiger angehört, in gleichen Fällen den diesseitigen Unterthanen nicht gleiches Recht, wie den Angehörigen jenes Staates gewährt wird, so tritt die Retorsion ein [6]). Dieselbe trifft auch Inländer, welchen ausländische Gläubiger ihre Forderungen erst zu einer Zeit cedirt haben, in welcher bereits von dem Gemeinschuldner die Zahlungen eingestellt waren, oder in welcher bereits der Gemeinschuldner die Unzulänglichkeit seines Vermögens bei dem Gericht angezeigt oder ein Gläubiger desselben die Konkurseröffnung beantragt hatte [7]).

§. 4. Mit dem Zeitpunkte [8]) der Konkurseröffnung verliert der Gemeinschuldner von Rechtswegen die Befugniß, sein, zur Konkursmasse gehörendes [8a]) Vermögen zu verwalten und über dasselbe zu verfügen [9]).

---

ganz genau richtig; denn die meisten Bevorrechtigten im Abschnitte 8 haben einen Titel zum Pfandrechte im Sinne des A. L.R., d. h. ein stillschweigendes Universal-Pfandrecht im Sinne des Gem. R., sind also keineswegs bloße persönliche Gläubiger im engern Sinne. Wir sind daher noch nicht am Ziele. Uebrigens sind mit den Worten „Konkursmasse", „Konkursgläubiger", „Gläubigerschaft" die alten bekannten Begriffe verbunden.

5a) Aus §. 379 des Anh. z. A. G.O. Die Rechtsgleichheit sichert schon das A. L.R. Einl. §§. 34, 35, 41 zu.

6) Altes Recht entnommen aus §. 162, Satz 2, Tit. 50 der Pr.O. Das „gleiche Recht" fordert insonderheit auch dasselbe Vorrecht, was den Forderungen der Einheimischen von völlig gleicher Qualität nach der dortigen Rangordnung der Gläubiger zusteht. Ob der Fall der Retorsion vorhanden, ist in Ermangelung von Staatsverträgen durch Anfrage bei dem Justizministerium festzustellen. Vergl. §. 295, 296.

7) Aus §. 45 der Einl. z. A. L.R. und §. 665, Tit. 50 der Pr.O., nur ist im §. 665, gemäß dem Grundsatze der alten Konk.-O. §§. 33 ff., die Eröffnung des Konkurses als der kritische Zeitpunkt vorgeschrieben. Der §. 665 macht noch auf die Zulässigkeit des Einwandes der Simulation gegen ein älteres Datum der Cession aufmerksam; prozeßgrundsätzlich richtiger aber ist es, dem Datum einer Privatcession nur den Werth eines scripti proprii gegen einen Dritten (die Gläubigerschaft) beizulegen.

8) Dieser Zeitpunkt ist in dem §. 121 festgesetzt; bisher galt der Tag der Konkurseröffnung als untheilbarer Zeittheil. §. 34, Tit. 50. — Vergl. C. de c. Art. 442: — „à compter du jour de la faillite." Die Genauigkeit des neuen Rechts entspricht dem Bedürfnisse, auch ist es recht, daß erst mit der wirklichen Konkurseröffnung, nicht schon — wie nach dem älteren franz. R. des C. de c. Artt. 441 u. 442 — mit der Zahlungseinstellung die Verfügungsunfähigkeit eintreten soll.

(2. A.) Der Gemeinschuldner bleibt nach der Konkurseröffnung dispositionsfähig in Ansehung desjenigen, bei der Konkurseröffnung schon vorhandenen Vermögens, welches der Exekution nicht unterliegt, sowie in Ansehung des nach der Konkursbeendigung zu erwerbenden Vermögens (§. 280). Er kann überhaupt während des Konkurses rechtsgültig Verträge schließen und neuen Gläubigern sich verpflichten; nur können diese neuen Gläubiger während des Konkurses aus der Konkursmasse keine Befriedigung fordern. Erk. des Obertr. vom 25. Juni 1863 (Arch. f. Rechtsf. Bd. LII, S. 7).

8a) Die Worte: „zur Konkursmasse gehörendes" sind von den Kammerkommissionen in Folge der „Verdeutlichung" des §. 1 (Anm. 1a), eingeschaltet.

9) Den Satz enthält schon der §. 34, Tit. 50; die Fassung ist aber dem

Das Verwaltungs- und Verfügungsrecht wird durch die Gesammtheit der Konkursgläubiger (Gläubigerschaft) an Stelle des Gemeinschuldners ausgeübt[10]). Zu diesem Behuf erfolgt die Bestellung eines Verwalters der Konkursmasse.

Art. 442 des C. de c. nachgebildet; einer Verfügung, welche im franz. Recht erst 1807 als das Hauptmittel zur Sicherung der Gläubiger neu eingeführt wurde. Ségur sagte davon bei der Vorlegung des Entwurfs zum Gesetze über faillites et banqueroutes, v. 12. September 1807 (Tit. III des C. de c.) in seiner Rede: „cette disposition seule, Ms., suffirait déjà pour mettre un frein au scandale, qui vous a le plus frappés dans les faillites (bei den laxen Vorschriften der alten Ordonnanz v. 1673 Tit. 13 nämlich), et pour offrir aux créanciers une juste espérance de ne plus voir disparaître ce que le malheur ou l'inconduite ont pu leur laisser."

10) Diese Satzung setzt scheinbar eine neue Theorie an die Stelle der bisherigen. Bekanntlich ist eine vielfache Meinungsverschiedenheit über den Titel, unter welchem nach Gem. R. das Vermögen des Gemeinschuldners auf die Gläubigerschaft übergehe, folglich auch über das Rechtsverhältniß der Gläubigerschaft zur Vermögensmasse. Die älteste für beseitigt zu haltende Meinung ist die von einer Universalsuccession. Unter den Neuern sind zwei Hauptmeinungen im Kampf: Einige nehmen eine Singularsuccession an, Andere leugnen alle Succession. Jene zerfallen wieder über den Titel der Succession. Ein Theil (Kind, Quaest. IV, c. 18 und die dort genannten Anhänger dieser Meinung) begründet den Uebergang titulo pignoris praetorii; Einzelne, z. B. Kori Bd. I, Th. 1, §. 49, sehen darin eine Succession in das Eigenthum, vermöge einer datio in solutum. Diese, welche sowohl ein Pfandrecht wie ein Eigenthumsrecht leugnen, nehmen ein unbeschränktes Verfügungsrecht der Gläubiger an (Bayer §. 29; Schenk in Linde's &c. Zeitschrift Bd. XIII, S. 67 ff.), dessen Natur und Rechtsgrund Schweppe §. 59 näher als eine Repräsentation des Gemeinschuldners zu ihrem, der Gläubiger, eigenen Vortheil und zum Zwecke ihrer Befriedigung bezeichnet. — Nach dieser allgemeinen Uebersicht wenden wir uns zur Gesetzgebung. 1. Die A. G.O. hat im §. 33 das altrömische Prinzip aufgenommen und ausdrücklich ausgesprochen: „Durch die Konkurseröffnung erlangen die Gläubiger, zusammen genommen, ein allgemeines Pfandrecht auf den ganzen Inbegriff des Vermögens, welches der Gemeinschuldner alsdann besitzt." Der Konkurseröffnung wird mithin die Wirkung der röm. missio in bona beigelegt. Von Anhängern der Eigenthumstheorie ist gesagt worden, daß dieser Satz schon an sich auf den preuß. Konkurs nicht gut passe, da an demselben nicht bloß, wie in Rom, die Chirographarier, sondern auch diejenigen Gläubiger, die schon ein Pfand oder eine Hypothek haben, Antheil nehmen müßten, was sich weit eher aus der Ansicht eines Eigenthumsrechts der Gläubiger an der Masse als aus dem Wesen des Pfandrechts erklären lasse. (Günther in Weiske's Rechtslexikon, Bd. II, S. 813.) Der Schluß ist jedoch nicht richtig. Das Pfandrecht hindert nach R. R. nicht an der Bestellung eines weiteren Pfandrechts an derselben Sache. Wenn Mehreren ein Pfandrecht an derselben Sache zusteht, so haben sie alle ein Theilnahmerecht bei der Verwendung des Pfandstücks behufs Bezahlung der Pfandschulden; das Eigenthum ist ihnen dazu durchaus nicht nothwendig, ihre Berechtigung zur Theilnahme folgt ganz allein aus ihrem Pfandrechte. Wird nun durch die Konkurseröffnung allen Gläubigern ein allgemeines Pfandrecht gegeben, wie es der §. 33 der Pr.O. sagt; so ist das Recht aller Gläubiger, der Chirographarier wie der älteren Pfandgläubiger, gleichartig; Jene verhalten sich zu Diesen wie jüngere zu älteren Pfandgläubigern und beziehlich wie allgemeine zu besonderen (Spezial-) Pfandgläubigern. Der Satz des §. 33 paßt mithin zu dem Konkurs der A. G.O. sehr gut. 2. Das franz. Gesetz unterläßt es mit gewohntem Takt, das Prinzip auszusprechen und das auf die Gläubigerschaft übergegangene Recht begrifflich zu bestimmen. Dieses zu thun ist allerdings Sache der Wissenschaft; der Gesetzgeber hat zu wissenschaftlichen Aussprüchen und Entscheidungen keinen Beruf. Hat er seine Aufgabe richtig aufgefaßt, so wird er bei seinen praktischen Bestimmungen sich von einer gewissen Grundansicht leiten lassen, unter

§. 5. **Alle Verfügungen und Rechtshandlungen, welche der Gemeinschuldner nach der Konkurseröffnung vornimmt, sind in Beziehung auf die**

---

deren Voraussetzung die einzelnen Sätze als ein zusammenhängendes Ganze erscheinen; und dieses darzulegen ist eben die Aufgabe der Wissenschaft. Der franz. Gesetzgeber spricht nichts weiter aus, als daß der Gemeinschuldner von Rechts wegen der Verwaltnng aller seiner Güter enthoben sei (Art. 442); daß diese Verwaltung auf die Gläubiger übergegangen sei, sagt er nicht ausdrücklich, es versteht sich von selbst und alle weiteren Bestimmungen sind darauf berechnet. Den Titel dieses Ueberganges, wie ihn der Gesetzgeber angeblich gedacht hat, giebt Ségur in seiner Rede bei der Vorlegung des Gesetzentwurfs zu erkennen: „Dans tous les cas, le failli ne doit plus disposer de l'administration de ses biens; ils sont le gage et la propriété de ses créanciers." Man sieht, der Gedanke ist nicht abgeklärt; zwei einander ausschließende Begriffe, Pfand und Eigenthum, werden neben einander gestellt. Diese Unklarheit in den technischen Begriffen ist aber ohne schädlichen Einfluß auf die einzelnen Bestimmungen gewesen, und dies kommt daher, daß die eigentliche praktische Voraussetzung, aus welcher sich alle Bestimmungen erklären lassen, die allgemeine Exekution in alle Güter des Schuldners war. Die Folge davon ergiebt sich von selbst, wie wir gleich sehen werden. 3. Die Verfasser des neuen preußischen Gesetzes erklären für ihren leitenden Grundgedanken die hier im §. 4, Satz 2 ausgesprochene Bestimmung; sie geben der Gläubigerschaft die Ausübung des Verwaltungs- und Verfügungsrechts an Stelle des Gemeinschuldners; sie bedienen sich damit der Ausdrucksweise Justinian's in der Nov. 135 und folgen augenscheinlich der Schweppe'schen Ansicht von der Repräsentation des Gemeinschuldners durch die Gläubigerschaft. Aber jede Repräsentation (Stellvertretung) muß doch ihren Rechtsgrund (Titel) haben; wir stehen mithin noch auf der alten Stelle und fragen nach dem Titel. Daß nicht von dem Eigenthume Rede sein kann, darf ohne Weiteres angenommen werden, denn das Gesetz läßt nicht das Verwaltungs- und Verfügungsrecht des Schuldners, der Substanz nach, auf die Gläubiger übergehen, sondern nur die Ausübung desselben, und nennt das zu verwaltende Vermögen sein Vermögen. Ob das Recht der Gläubiger als allgemeines Pfandrecht aufzufassen sei, mag vorläufig dahin gestellt bleiben; aber einen oder den andern Grund der Stellvertretung muß es nothwendig geben. Dieser liegt klar vor Augen, wenn der Konkurs als ein allgemeines Exekutionsverfahren, was er doch in der Wirklichkeit auch ist, aufgefaßt wird. Der Exekutionssucher macht vermöge seines Exekutionsrechts die Mittel seines Schuldners zu Gelde, indem er aus eigenem Rechte den Schuldner bei den Veräußerungen vertritt. Nach röm. Rechtsansicht ist der Rechtsgrund dieser Stellvertretung das durch die Beschlagnahme entstehende prätorische Pfandrecht. Was von dem einzelnen Exekutionssucher gilt, das gilt von mehreren, das gilt von sämmtlichen gemeinschaftlich andringenden Gläubigern. Mag man nun den Titel der Repräsentation ein Pfandrecht oder das Exekutionsrecht (das doch selbst keine Rechtsform ist, sondern nur die Befugniß zur Besitzergreifung [Beschlagnahme] giebt, mithin erst noch ein Titel zu jenem prätorischen Pfandrecht ist) nennen, so ist das in der hier in Rede stehenden Beziehung völlig einerlei; das Eine erzeugt das Andere, und so erscheint doch als unmittelbarer Titel der Repräsentation in der Ausübung des Verfügungsrechts des Schuldners jenes durch die exekutorische Beschlagnahme entstehende Pfandrecht. Diese Betrachtung ergiebt, daß der §. 4 keine von dem §. 33 der A. G.O. in der Wirklichkeit verschiedene Theorie einführt; nur die Singularität betreffs des nachher erworbenen Vermögens ist angehängt. Die Verfasser des neuen Gesetzes meinen zwar nach ihren Motiven (S. 18), daß sie etwas ganz Neues ersonnen haben, indem sie sagen: „Dieser theoretische Grund (des allgemeinen Pfandrechts) fällt von selbst hinweg, wenn, wie es im §. 2 geschieht, die Idee eines allgemeinen Pfandrechts der Gläubigerschaft aufgegeben wird." Aber was sie da an die Stelle des allgemeinen Pfandrechts gesetzt haben (das Verfügungsrecht), ist ja nur eine Folge oder Wirkung, welche verschiedene Rechtsprinzipe mit einander gemein haben; die Verfasser aber haben sich ein aussprechbares Prinzip, aus welchem das Verfügungsrecht entspringt, nicht gedacht; die Wissen-

Gläubigerschaft nichtig [11]), namentlich alle eingegangene Verbindlichkeiten, alle geleistete Zahlungen, alle den einzelnen Gläubigern eingeräumte Pfandrechte und Hypothekenrechte, alle vorgenommene Veräußerungen, Verschreibungen, Befreiungen und Entsagungen.

Dasjenige, was der Gemeinschuldner in Folge solcher Geschäfte geleistet

---

schaft hat mithin freies Feld; und der leitend gewesene Grundgedanke ist nicht jenes anerkannte Repräsentationsrecht — das für sich gar nichts erklärt —, sondern in Wirklichkeit ist es der ebendaselbst (S. 21) ausgesprochene Gedanke gewesen, daß die Repräsentation sich auf den Zweck des Konkurses beschränke, daß sich die Verwaltung der Masse und die Verfügung darüber auf solche Handlungen zu beschränken habe, welche die Sicherung und Befriedigung der Gläubiger herbeizuführen oder zu fördern geeignet sind, d. h. also mit juristischen Begriffen ausgedrückt: allgemeine Auspfändung, allgemeines Exekutionsverfahren (Universal-Exekution). Dabei ist aber gar keine Repräsentation des Gemeinschuldners nöthig, ja nicht einmal denkbar, da doch im Ernste, wenigstens mit juristischen Gründen, Niemand behaupten wird, der Exequende pfände sich selbst (durch den ihn repräsentirenden Exekutor) aus. Dazu bedarf der Gläubiger keines Andern Recht, das Recht zur Auspfändung ist sein eigenes. Aber wenn er nun ausgepfändet hat, und er das Pfandstück zu Gelde machen will, da ist ihm das Recht des Gemeinschuldners nöthig, um ein gültiges Verkaufsgeschäft zu schließen: bei dieser Verfügung über das Pfandstück repräsentirt er also den Schuldner. Der Rechtsgrund dieser Repräsentation ist nichts anderes als das aus der Pfändung entstandene Pfandrecht; mithin ist gar nichts Neues im Prinzip gegeben: der Grundgedanke der Verf. der Konk.-O. hat keinen anderen Grund und Boden als das gemeine Pfandrecht aus der allgemeinen Auspfändung. — (2. A.) Oben habe ich gesagt: „Dieser (der Grund der Stellvertretung des Kridars durch die Gläubigerschaft) liegt klar vor Augen, wenn der Konkurs als ein allgemeines Exekutionsverfahren, was er doch in der Wirklichkeit auch ist, aufgefaßt wird." Das Obertr. sagt dasselbe in einem Erk. vom 22. Oktober 1863 (Arch. f. Rechtsf. Bd. L, S. 347) mit den Worten: „Der Konkurs stellt ein allgemeines Exekutionsverfahren für alle Gläubiger dar." Und in einem späteren Erk. vom 1. Dezember 1864 (Arch. f. Rechtsf. Bd. LV, S. 329) weiset es die Quelle nach, aus welcher dieser Gedanke geschöpft ist, indem gesagt wird: „Und in der That, die neue Konkursordnung geht von dem Grundgedanken aus, daß der Konkurs nur ein großer Akt der Exekutionsvollstreckung ist." Es gereicht zur Genugthuung der Anhänger dieses Prinzips, und es ist wünschenswerth für die Rechtsentwickelung, wenn die Praxis dasselbe anerkennt und festhält; aber zum Ausdruck ist dieser juristisch richtige Gedanke weder in den Bestimmungen des Gesetzes, noch in den Motiven gekommen, auch ist er nicht konsequent durchgeführt, wie ich vorhin gezeigt habe. Vergl. dazu die Anm. 2.

11) Nicht etwa weil das Eigenthum auf die Gläubigerschaft übergegangen wäre, da vielmehr der Gemeinschuldner nach wie vor Eigenthümer seiner Güter geblieben ist (vor. Anm.); sondern weil der Gemeinschuldner in Beziehung auf dieselben verfügungsunfähig geworden ist. (§. 4.) Hieraus erklärt sich diese Bestimmung besser als aus der Annahme eines auf die Gläubiger übergegangenen Eigenthums der Güter des Gemeinschuldners; der hieraus geschöpfte Beweisgrund der Anhänger der Eigenthumstheorie, welche dafür halten, daß man die absolute Nichtigkeit der erst nach der Konkurseröffnung unternommenen Verfügungen des Gemeinschuldners nicht anders als aus dem Uebergang des Eigenthums auf die Gläubiger erklären könne (Günther a. a. O. S. 812), — verschwindet damit gänzlich. Der §. 5 reproducirt den §. 35 der A. G.O. Die in Ansehung des an andern Orten befindlichen Vermögens (der Kommanditen) von der A. G.O. §. 37 getroffene besondere Bestimmung ist nicht erneuert; es kommen nun die Grundsätze des Auftragsverhältnisses (A. L.R. I, 13, §. 200; Code civ. Art. 2009) zur Anwendung.

hat [11a]), kann zur Konkursmasse zurückgefordert werden [12]); jedoch bleiben dem dritten redlichen Besitzer die aus dem redlichen Besitze entspringenden Rechte vorbehalten.

§. 6. Von allen Verfügungen und Rechtshandlungen des Gemeinschuldners, welche an dem Tage der Konkurseröffnung vorgenommen sind, gilt bis zum Beweise des Gegentheils die Vermuthung [12a]), daß sie erst nach der Konkurseröffnung vorgenommen worden sind [13]).

§. 7. Zahlungen oder Aushändigungen, welche nach der Konkurseröffnung an den Gemeinschuldner erfolgt sind, werden als nicht geschehen angesehen [13a]).

Wer jedoch die Zahlung oder Aushändigung noch an dem Tage der Konkurseröffnung oder an einem der beiden nächstfolgenden Tage [13b]) bewirkt

11a) Die Phrase: „was der Gemeinschuldner in Folge solcher Rechtsgeschäfte geleistet hat", wird in dem Berichte der II. Kammer, als nicht ganz korrekt, bemäkelt, weil eben das Leisten der Zahlung das Rechtsgeschäft ausmache. Zu diesem Tadel ist kein Grund, der Berichterstatter weiß auch, wie er selbst sagt, nichts besseres vorzuschlagen. Der Gedanke des Gesetzes ist ganz logisch, und auch zutreffend ausgedrückt; denn wenn im zweiten Satze von Leistungen in Folge solcher Rechtsgeschäfte Rede ist, so versteht Jeder, daß dieses sich nicht auf Zahlungen, welche neben „solchen Rechtsgeschäften" genannt sind, bezieht. Wenn man gegen die Fassung des zweiten Satzes des §. 5 etwas einwenden wollte, so wäre es das, daß er überhaupt vorhanden. Denn der erste Theil versteht sich als bloße Folge des ersten Satzes ganz von selbst und ist daher völlig überflüssig; der zweite Theil dient auch nur dazu, um die Anwendung eines unstreitigen Grundsatzes über die Rechte des redlichen Besitzers hier außer Frage zu stellen, wozu auch gerade kein Bedürfniß war. Man vergl. übrigens den §. 200, Tit. 13, Th. I des A. L.R., welcher durch den §. 5 der Konk.=O. nicht berührt wird.

12) Das ist die praktische Folge der Nichtigkeit von Rechtswegen; es bedarf nicht erst einer Rescission der Rechtshandlungen durch die Paulianische Klage, vielmehr kommt die Eigenthumsklage, beziehlich die condictio sine causa ohne Weiteres zur Anwendung.

12a) Der Entwurf hatte vor „Vermuthung" das Wort „gesetzliche", welches auf den Antrag der Kommission der II. Kammer gestrichen worden ist, aber aus einem dem Rechtsverständigen sonderbar scheinenden Grunde. Nämlich nicht darum, weil das Wort überflüssig ist, sondern „weil nur von einer praesumtio facti die Rede ist." Der Grund kann nicht von einem Rechtsverständigen herkommen, da den Juristen jede in einem Gesetze gegründete oder anerkannte Vermuthung eben deshalb eine gesetzliche, d. h. ein Rechtssatz ist, welcher für den vorausgesetzten Fall die Regel über die Beweislast ändert, während man unter einer praesumtio facti s. hominis nur Umstände versteht, aus welchen der Richter Beweisgründe für seine Ueberzeugung (Indizien) entnimmt.

13) Diese Bestimmung macht zum Vortheile der Gläubiger eine Ausnahme von dem allgemeinen Grundsatze, daß, wer eine Thatsache behauptet, aus welcher er einen Anspruch für sich gegen einen Andern herleitet, den Beweis seiner Behauptung führen muß. Die Erfahrung über das unredliche Verhalten sehr vieler Handelsleute gegen ihre Gläubiger und die Verdächtigkeit der erst am Eröffnungstage vollzogenen Handlungen rechtfertigt die Ausnahme.

13a) Dieser Satz ist eine Wiederholung des Grundsatzes §. 5 in Anwendung auf Zahlungen ꝛc., welche der Gemeinschuldner von seinen Schuldnern empfangen hat; sie hat den Zweck, eine Ausnahme in Beziehung auf diese Rechtsgeschäfte daran zu knüpfen, worüber sich der zweite Absatz verhält (Anm. 13b).

13b) Die Worte: „oder an einem der beiden zunächst folgenden Tage" befanden sich nicht im Entwurfe; sie sind erst von den Kammern auf den übereinstimmenden

hat, ist dadurch gegen die Konkursmasse befreit, wenn ihm nicht Umstände nachgewiesen werden [14]), aus welchen sich entnehmen läßt, daß ihm damals die Konkurseröffnung bereits bekannt gewesen ist.

Vorschlag der Kommissionen beider Kammern hinzugefügt, um den Schutz des redlichen Zahlers hinlänglich zu verstärken. Der neu angenommene Grundsatz der §§. 4 u. 5 und des ersten Absatzes dieses Paragraphen ist der entgegengesetzte des bisher bestandenen Rechts (A. G.O. I, 50, §. 38), wonach der redliche Zahler, vermöge seines guten Glaubens, durch die seinem Gläubiger geleistete Zahlung befreit wird. Diesen Grundsatz kennt das franz. Recht gar nicht; mehrseitig wurde gewünscht, sich auch hierin dem franz. Recht anzuschließen und es lediglich bei der Regel des §. 5 ohne Ausnahme bewenden zu lassen. Indeß fand doch das bisherige einheimische Recht in Betreff der Wirkung des guten Glaubens Berücksichtigung und zwar mit Anerkennung der Regel über die Beweislast, wonach die angreifende Gläubigerschaft dem Zahler die Unredlichkeit (die Wissenschaft von der Konkurseröffnung) zu beweisen hat. (A. G.O. a. a. O. §. 38.) Nun kam es auf eine Zeitbestimmung darüber an, wie lange nach der Konkurseröffnung der gute Glaube noch die Befreiung des zahlenden Schuldners sollte wirken können. Bei der Abfassung des Entwurfs ging man davon aus, daß der dem redlichen Zahler im Sinne der A. G.O. ausnahmsweise zu gewährende besondere Schutz nicht weiter ausgedehnt werden dürfe, als es das dringendste Bedürfniß erheische. Dazu genügte dem Entwurfe die Zeit bis zum Schlusse des Tages, an welchem die Konkurseröffnung ausgesprochen worden ist, weil noch im Laufe dieses Tages die sichernden Maßregeln sämmtlich oder doch größtentheils in Ausführung gebracht sein müßten, so daß also Jeder, welcher die gehörige Aufmerksamkeit anwendet, hinlängliche Veranlassung zur gehörigen Vorsicht finde. Der Vorschlag der Mehrheit der Begutachtungskommission, die erste öffentliche Bekanntmachung der Konkurseröffnung als den entscheidenden Zeitpunkt festzusetzen, fand keine Beistimmung, weil dieser Zeitpunkt kein hinlänglich bestimmter ist und leicht Zweifel veranlassen würde. (Motive S. 23.) Die Kammern haben diese Ansicht getheilt und nur durch Hinzufügung von zwei Tagen den in Rede stehenden Zeitpunkt weiter hinausgerückt. Der Sinn der Bestimmung des zweiten Absatzes ist nun dieser: Von dem Grundsatze, daß Zahlungen und Aushändigungen, welche nach der Konkurseröffnung an den Gemeinschuldner erfolgt, ohne Unterschied des guten oder des bösen Glaubens des Zahlers, in Beziehung auf die Gläubigerschaft ungültig sind (Absatz 1 des §. 7), gilt eine Ausnahme in Ansehung derjenigen Zahlungen 2c., welche noch am Tage der Konkurseröffnung, oder an einem der beiden nächstfolgenden Tage bewirkt sind, wenn der Zahler in gutem Glauben gehandelt (nichts von der Konkurseröffnung gewußt) hat. Später geleistete Zahlungen 2c. sind ungültig, wenngleich der Zahler in der That noch keine Kenntniß von der Konkurseröffnung hatte: der Einwand der Redlichkeit ist in diesem Falle unstatthaft, mithin der darüber von dem Zahler angetretene Beweis unerheblich.

14) Es müssen Umstände nachgewiesen werden, aus welchen die Wissenschaft des Zahlers oder Gebers über die Konkurseröffnung zu schließen ist, wenn zuvor der zahlende Schuldner die Leistung der Zahlung 2c. durch andere Mittel als die Quittung oder das Zugeständniß des Gemeinschuldners bewiesen hat (§. 5). Diese Bestimmung enthält zweierlei: die Vermuthung des §. 6 tritt in den Fällen des §. 7 nicht ein; und der Beweis der Wissenschaft kann nicht direkt geführt werden, weshalb die Eideszuschiebung darüber: daß der Delat es gewußt habe 2c., unzulässig ist. Das hat Grund. Das Wissen ist etwas Inneres, für einen Andern Unwahrnehmbares. Soll Eideszuschiebung ein passendes Beweismittel sein, so müssen beide Theile von der streitigen Thatsache Wissenschaft haben können, so daß der Eid, zurückgeschoben, mit ebenderselben Ueberzeugung von dem Deferenten wie von dem Delaten geleistet werden kann. Würde ein über die Thatsache des Wissens des Delaten zugeschobener Eid zurückgeschoben, so wäre der Deferent doch ganz außer Stande, zu schwören, daß der Andere gewußt habe, er könnte nur behaupten, daß er etwas gesehen oder gehört, wodurch er die Wissenschaft des Andern in Erfahrung gebracht habe. Ob diese Erfahrung mit der Wahrheit

§. 8. Nach der Konkurseröffnung kann ein Verfahren zur Geltendmachung von Ansprüchen, welche sich auf das zur Konkursmasse gehörende Vermögen beziehen [15]), nicht mehr gegen den Gemeinschuldner gerichtet oder fort-

---

übereinstimmte: das wäre die Frage; der Beweisführer schließt vielleicht ganz fehlerhaft und giebt seinen Fehlschluß für den Beweisgrund. Deshalb ist es natürlich: daß das Gesehene und Gehörte (die Umstände) als indirekte Beweismittel dem Richter vorgebracht und dargethan werden muß.

15) Der Entwurf lautete: „Nach der Konkurseröffnung kann ein Verfahren zur Geltendmachung vermögensrechtlicher Ansprüche" ꝛc. Der Berichterstatter der II. Kammer befindet, daß dies nicht ganz richtig sei, denn wie schon zu §. 1 erwähnt worden, würden gewisse Theile des Vermögens des Gemeinschuldners von dem Konkurse nicht berührt. Deshalb schlage die Kommission vor, den Worten: „vermögensrechtliche Ansprüche" die Worte zu substituiren: „von Ansprüchen, welche sich auf das zur Konkursmasse gehörende Vermögen beziehen". (Bericht, S. 13.) Der Bericht der Kommission der I. Kammer erwähnt nur kurz, daß zur Erwägung und Anerkennung gekommen sei, wie nur Ansprüche, welche sich auf das zur Konkursmasse gehörende Vermögen des Gemeinschuldners beziehen (cfr. §§. 1, 4), nach der Konkurseröffnung gegen den Gemeinschuldner selbst, nicht mehr verfolgt werden dürften. (Bericht, S. 3.) Durch diese Verbesserung ist ein ganz fremder Sinn in das Gesetz gebracht worden. Die Verfasser des Entwurfs wollten und konnten durch ihren Vorschlag in der Fassung des §. 8 des Entwurfs nicht die Ansprüche gegenständlich nach den verschiedenen Bestandtheilen des Vermögens des Gemeinschuldners unterscheiden, sondern sie wollten bestimmen: was für Gläubiger nach dem Entstehungsgrunde und der Beschaffenheit ihrer Forderungsrechte an sich zu den Konkursgläubigern gehören. Die allgemeinste Bezeichnung derselben ist die der vermögensrechtlichen Ansprüche und die Gelehrten haben sich viel Mühe gegeben, dieselben näher zu präcisiren. Das ist dem Berichterstatter wahrscheinlich nicht bekannt gewesen; denn das Punktum bleibt ganz unberührt. Die von den Redaktoren des Entwurfs vorgeschriebene Fassung drückt daher den Sinn des Gesetzes ohne allen Vergleich viel besser aus, als die vermeintliche Verbesserung. Aber auch der Ausdruck „vermögensrechtliche Ansprüche" bedarf einer näheren Bestimmung nach zwei Seiten, um nicht einen unpraktikabeln Rechtsstand an die Stelle des sich bewährten bisherigen zu setzen, was doch nach den Motiven, S. 20, nicht in der Absicht gelegen hat, indem man sich auf den §. 61 der A. G.O. bezieht; und jedenfalls nicht ohne deutliche und ausdrückliche Vorschrift anzunehmen ist. Einerseits muß der „vermögensrechtliche" Charakter auf den Grund des Anspruchs bezogen werden, so daß Ansprüche aus einem vermögensrechtlichen Grunde zu verstehen und diejenigen Ansprüche, welche aus einem Statusverhältnisse entstehen, ausgeschlossen sind, ungeachtet das Statusverhältniß schon zur Zeit der Konkurseröffnung besteht und der darauf gegründete Anspruch ein „vermögensrechtlicher Anspruch" ist. Dergleichen sind z. B. die fortlaufenden Unterhaltskosten (Alimente) der Ehefrau und Kinder des Gemeinschuldners nach dem Grundsatze: concursus non alit infantes, insofern lediglich das Statusverhältniß der Grund des Anspruchs ist. Nach den oberflächlichen Motiven, worin diese tiefer liegende Verschiedenheit ganz übergangen ist, hat man dies nicht erwogen oder nicht bedacht. Andrerseits muß der Anspruch ein auf das Vermögen, im Gegensatze von der Person des Schuldners, gerichteter fungibler Anspruch, ein Geldanspruch sein, um zur Theilnahme am Konkurse zu berechtigen. Ein vertragsmäßiger Anspruch auf persönliche Leistungen des Schuldners ist gewiß ein „vermögensrechtlicher", er ist selbst ein Anspruch aus einem vermögensrechtlichen Grunde, aus einer wahren Obligation; aber er berechtigt doch nicht zur Liquidation im Konkurse, weil die Vermögensmasse für die persönlichen Leistungen des Schuldners nicht aufzukommen hat, insofern nicht bereits vor der Konkurseröffnung der Anspruch auf persönliche Leistung in einen Geld- (Entschädigungs-) Anspruch verwandelt worden ist. Der §. 61 der A. G.O. spricht das Prinzip ganz richtig in den Worten aus: „Aus eben dieser Eigenschaft der Gläubiger, als Pfandinhaber, folgt, daß sie Verbindlichkeiten, welche nur der Person

gesetzt werden [16]).

---

des Gemeinschuldners, ohne Beziehung auf sein Vermögen, ankleben, oder ein Interesse deshalb zu leisten, nicht gehalten sind." Dieses Prinzip ist nicht abgeschafft, im Gegentheil, man hat sich darauf bezogen (Motive, S. 20), mithin sind unter den „vermögensrechtlichen Ansprüchen" Geldansprüche aus einem vermögensrechtlichen Grunde zu verstehen.

16) Neque agere, neque condemnari potest. L. 17 pr. D. de receptis arb. (IV, 8). — Bei der Vorschrift hat man, nach den Motiven, S. 23, hauptsächlich an die Zuziehung des Gemeinschuldners in der Eigenschaft als Litiskonsorten oder Intervenienten, wegen seines persönlichen Interesses bei der Sache, gedacht. Diese Rücksicht ist von geringerer Bedeutung; die Vorschrift reicht in ihrer Fassung weiter: sie trifft auch die Verfügungen des Gemeinschuldners in Beziehung auf die nach der Konkurseröffnung von demselben eingegangenen Rechtsgeschäfte und daraus entspringenden Rechtshändel (oben Anm. 2), und insbesondere die Verfolgung der Ansprüche der Gläubiger gegen die Person des Gemeinschuldners außerhalb des Konkurses. Hierüber hatte das bisherige Recht keine ausdrückliche Bestimmung, man konnte den Satz nur als vorausgesetzt annehmen. Schon das R. R. ist darüber unklar. Als Regel findet sich zwar anerkannt, daß der Schuldner, nachdem er in Konkurs verfallen war, von den Gläubigern wegen ihres Ausfalles, mochten sie sich bei dem Konkurse gemeldet haben oder nicht (L. 4, §. 1 D. de cess. bonor.), nicht weiter verfolgt werden konnte, wenn er nicht wiederum etwas Bedeutendes erworben hatte; und daß er auch in diesem Falle nur in quantum facere poterat verurtheilt werden durfte. (L. 4 pr. D. eodem.) Aber unklar ist es, ob dies auch außer dem Falle der cessio bonorum galt. Zweifellos scheint nur, daß die jüngeren Gläubiger, d. h. solche, welche erst nach der Konkurseröffnung mit ihm in ein Schuldverhältniß getreten waren, ihn unbedingt belangen konnten (L. 3 C. de bonis auct. jud. VII, 72); doch ist auch dies nicht ganz unstreitig. (Thibaut, civil. Abhandl., S. 349.) — Das bisherige preußische Recht stimmte im Falle der cessio bonorum mit dem R. R. überein (A. G.O. Tit. 48, §§. 3, 32, 37, 34); für den entgegengesetzten Fall aber finden sich nur indirekte Bestimmungen. Die Feststellung der Forderungen sämmtlicher Gläubiger soll dem Konkursgerichte gebühren und alle Spezialprozesse sollen sistirt und an dasselbe Gericht gewiesen werden (Tit. 50, §§. 26, 27). Dazu kommt der §. 319 des Anh. zur A. G.O., der den Besch. d. J.M. v. 15. Dezbr. 1800 (N. Arch. II, S. 11; Rabe VI, S. 380), worin nur davon, in wiefern durch die Liquidation im Konkurse die Wechselkraft erhalten, Rede ist, die vorliegende Frage aber nicht berührt wird, zur Quelle hat: „Wechselprozesse können nach der Konkurseröffnung fortgesetzt, und neue eingeleitet werden, insofern der Gemeinschuldner nicht zu der Rechtswohlthat der Vermögensabtretung verstattet ist." Darnach war argumento e contrario anzunehmen, daß andere Ansprüche nicht verfolgbar gegen die Person des Gemeinschuldners sein sollten. Es giebt dafür aber auch einen sachlichen Grund. Schon in der zweiten Ausg. der Pr.-O., Anm. 25ᵃ zum §. 319 d. Anh., habe ich den Satz behauptet: „Andere Ansprüche können nicht gegen die Person des Kridars nach der Konkurseröffnung verfolgt werden, wenn auch der Kridar nicht bonis cedirt hat; vielmehr muß der Erfolg des allgemeinen Exekutionsverfahrens (des Konkurses) so weit abgewartet werden, bis sich übersehen läßt, daß der Gläubiger, welcher die Person verfolgen will, ganz oder zu welchem Theile mit der Forderung ausfällt, weil die Personalexekution nicht zulässig, so lange noch die Realexekution möglich ist. Auch ein willkürlicher Verzicht auf die Konkursmasse giebt nicht das Recht, auf Personalarrest anzutragen." Dieser Satz ist mit durch den §. 8 anerkannt, und in dem folgenden §. 9, Satz 1 noch besonders ausgesprochen, was nicht nöthig gewesen wäre. Hiernach machen auch Wechselprozesse keine Ausnahme mehr. Das Ende des Konkurses muß nun von Jedem ohne Ausnahme abgewartet werden, weil Alles, was der Gemeinschuldner während dessen Dauer erwirbt, zur Masse gezogen wird, mithin das Vorgehen mit Arrest gegen die Person des Gemeinschuldners völlig zwecklos sein würde. Darum versagt auch der C. de com. Art. 455, Satz 2 die Verfolgung derselben in dieser Zeit. (2. A.) Auch eine

Anhängige Rechtsstreitigkeiten gehen auf die Gläubigerschaft in der Lage über, in welcher sie sich zur Zeit der Konkurseröffnung befinden [17]).

Klage gegen den Kridar aus einem Wechsel mit dem Antrage: ihn zur Zahlung nach beendigtem Konkurse zu verurtheilen, ist während der Dauer des Konkurses unzuläßig. Erk. des Obertr. vom 5. Juli 1856 (Arch. f. Rechtsf. Bd. XXI, S. 341).

Nach der Beendigung können sich die alten Gläubiger, wie die neuen, an das neu erworbene Vermögen halten, nur kann wegen der alten Forderungen, wenn der Gemeinschuldner entschuldbar ist (der Fall der cessio bonorum im alten Rechte), nicht Personalarrest stattfinden. §. 280. (2. A.) Die Klagverjährung muß folgerecht während der Dauer des Konkurses ruhen, denn der Konkurs hindert die Rechtsverfolgung gegen die Person des Schuldners. Das gilt auch von Wechselklagen gegen den Gemeinschuldner, wie das Obertr. zutreffend dargelegt hat in den Gründen des Erk. vom 7. Juli 1856 (Entsch. Bd. XXXIII, S. 187). Dieses Alles hindert aber nicht, daß der Inhaber eines nach der Konkurseröffnung fällig werdenden Wechsels, zur Erhaltung seines Regresses, bei dem Gemeinschuldner selbst den Wechsel präsentire und gegen dessen Person den Protest wegen Nichtzahlung erhebe. Der Verwalter ist dazu nicht die rechte Person. Vergl. A. D. W.O. Art. 29. — Die Liquidation des Anspruchs im Konkurse ist aber nicht Bedingung der Ruhe der Verjährung der Wechselklage gegen den Gemeinschuldner während des Konkurses. Erk. des Obertr. vom 14. Dezember 1858 (Arch. f. Rechtsf. Bd. XXXI, S. 344 u. Entsch. Bd. XL, S. 266). Denn der Konkurs für sich allein ist seinem Wesen und seiner Wirkung nach als ein die Verfolgung der Wechselklage gegen den Gemeinschuldner und folgeweise auch deren Verjährung ausschließendes Hinderniß im Sinne der §§. 516, 529, I, 9 des A. L.R. anzusehen. Erk. dess. vom 18. Dezember 1858 (Arch. a. a. O. S. 350). — Deshalb kann die wechselrechtliche Verjährung auch der Masse gegenüber während der Dauer des Konkurses nicht eintreten, und der Massenverwalter aus ihr keinen Einwand geltend machen. Erk. dess. v. 26. Juni 1860 (Arch. f. Rechtsf. Bd. XXXVIII, S. 77).

17) Man nennt dies die Anziehungskraft (vis attractiva) des Konkurses, ein Satz, welcher seinen Ursprung in dem Deutschen Gerichtsgebrauch hat; das R. R. weiß davon nichts, der C. de c. Art. 494 hat etwas Aehnliches. Die Fassung des Satzes im §. 8 ist aber viel zu allgemein, der Satz bedarf einer mehrfachen näheren Bestimmung. Nicht alle „anhängige Rechtsstreitigkeiten" des Gemeinschuldners können auf die Gläubiger übergehen. Daß darunter nur die Rechtsstreitigkeiten aus einem vermögensrechtlichen Grunde zu verstehen sind, darf als sich von selbst verstehend vorausgesetzt werden. Aber auch bei diesen Rechtsstreitigkeiten ist zu unterscheiden: In Ansehung der Aktivprozesse dieser Kategorie ist der Uebergang so zu verstehen, daß die Gläubigerschaft zwar befugt, aber nicht verpflichtet ist, in die Stelle des Klägers zu treten. Findet sie die Uebernahme des Prozesses nicht in ihrem Interesse, so kann sie die Sache fahren lassen, in welchem Falle es dem Gemeinschuldner unbenommen bleibt, den Prozeß für sich selbst fortzusetzen. Der Gegner steht dann einem Armen gegenüber und wird, wenn der Kläger (Gemeinschuldner) unterliegt, wegen seiner Schäden und Kosten ein neuer Gläubiger desselben, welcher nicht in die Reihe der Konkursgläubiger mehr eintreten kann. Von den Passivprozessen der in Rede stehenden Kategorie, d. h. denjenigen, in welchen der Gemeinschuldner als Beklagter erscheint, müssen solche, in welchen der Kläger Befriedigung aus der Vermögensmasse bezweckt, unterschieden werden von solchen, in welchen es sich um individuelle, persönliche Leistungen des Gemeinschuldners handelt. Die letzteren gehen nicht über. (Anm. 15.) Nur in Beziehung auf die ersteren gilt die Regel: concursus sistit processus, nämlich in erster Instanz; in den folgenden Instanzen muß die Gläubigerschaft durch ihren Repräsentanten eintreten und die Sache in der Lage übernehmen, in welcher sie sich befindet. (Anh. z. A. G.O. §. 318.) Aber auch von diesen Prozessen machen diejenigen eine Ausnahme, welche der Kläger, unter Verzichtleistung auf die Konkursmasse, gegen den Gemeinschuldner zu dem Zwecke fortsetzen will, um seinen Anspruch, behufs künftiger Befriedigung aus dem nach

Gegen jede Entscheidung, welche vor der Konkurseröffnung ergangen ist, kann die Gläubigerschaft die zur Zeit der Konkurseröffnung noch zulässigen Rechtsmittel einlegen [17a]). Dabei kommt, wenn der Verwalter der Masse innerhalb der dem Gemeinschuldner noch laufenden Frist die Konkurs-

der Beendigung des Konkurses neu erworbenen Vermögen, oder zum Zwecke des Rückgriffs auf einen Dritten, mit dem Gemeinschuldner auszutragen, was ihm nicht zu verwehren ist. Er kann selbst nicht verhindert werden, sich mit dem solchergestalt durchgesetzten Anspruche, wenn die Sache noch vor der letzten Vertheilung rechtskräftig entschieden wird, nachträglich im Konkurse zu melden; nur versteht sich dabei, einestheils, daß er sich eine neue Prüfung in Beziehung auf die Mitgläubiger auf seine Kosten gefallen lassen muß, und anderntheils, daß er sich mit der Theilnahme an dem noch vorhandenen Reste der Masse begnügen muß. (2. A.) Ob er seine Forderung anmelden will, hängt von ihm ab, ihn treffen die Nachtheile etwaiger Versäumnisse; er kann aber nicht genöthigt werden, seine Forderung anzumelden, oder bis dahin den Prozeß sistiren zu lassen. Erk. des Obertr. vom 24. Oktober 1865 (Arch. f. Rechtsf. Bd. LX, S. 227).

Der Satz entscheidet zugleich eine, in der A. G.O. übergangene (der §. 318 des Anh. spricht auch nur von den höheren Instanzen) Frage, über welche unter den gemeinrechtlichen Juristen Streit ist, nämlich die Frage: in wiefern die Gläubigerschaft, als ein Dritter, gegen welchen nunmehr der Kläger seinen Anspruch zu verfolgen hat, die bisherigen Prozeßhandlungen des Gemeinschuldners in dem noch unentschiedenen Prozesse zu ihrem Nachtheile gegen sich gelten lassen, z. B. sich gefallen lassen muß, daß der Kläger den Eid, welchen er dem Gemeinschuldner über den Klaggrund zugeschoben hatte und von diesem zurückgeschoben erhalten, aber vor der Konkurseröffnung noch nicht geleistet hat, ableiste, ohne zu einer andern Beweisführung, der Gläubigerschaft gegenüber, gehalten zu sein. Der §. 8 verordnet, daß der Prozeß *in der Lage, in welcher er sich befindet*, zu übernehmen sei. Zufolge dieses Grundsatzes muß sich die Gläubigerschaft auch die Agnitionsresolutionen, welche auf Zugeständnissen des Schuldners vor der Konkurseröffnung beruhen, sowie die Kontumazialerkenntnisse, welche der Gemeinschuldner durch sein Ausbleiben vor diesem Zeitpunkt verursacht hat, gefallen lassen; das Obertr. hat schon auf Grund des §. 321 des Anh. zur A. G.O., daß rechtskräftige, vor der Konkurseröffnung gegen den Gemeinschuldner ergangene Erkenntnisse unter dem Vorwande neuer Einwendungen nicht anfechtbar seitens der Gläubigerschaft sein sollten, durch das Pr. 1145 b, vom 21. Mai 1842 (Entsch. Bd. IX, S. 464) ausgesprochen, daß hierbei kein Unterschied zwischen den kontradiktorisch ergangenen Erkenntnissen, Kontumazialbescheiden und Agnitionsresolutionen zu machen sei. Die, im Widerspruche mit dem §. 260, Tit. 1, Th. II des A. L.R. geschehene, Anwendung dieses Rechtssatzes auf Eheleute (Beurtheilung der Entsch. S. 665 ff. und Anm. 44 zu Tit. 50 der Pr.-O.) veranlaßte mich, in dieser Beziehung eine Ausnahme vorzuschlagen. (Entwurf der Pr.-O. §. 1029, Satz 3.) Der §. 103, Nr. 5 hat dieselbe jetzt wirklich angeordnet. — Uebrigens ist nach den Grundsätzen der Paulianischen Klage eine jede rechtskräftige Entscheidung von Seiten der Gläubiger anfechtbar. §. 103, Nr. 2. Ebenso stehen der Gläubigerschaft alle Mittel, welche der Gemeinschuldner selbst gegen eine ihm ungünstige rechtskräftige Entscheidung würde haben einwenden können, zu Diensten, z. B. vorbehaltene Einwendungen, namentlich die im Mandatsprozesse nach §. 3 der Verf. vom 1. Juni 1833 ad separatum verwiesenen: diese können von der Gläubigerschaft wieder aufgenommen werden. Pr. des Obertr. 1591, vom 18. Juli 1845. (Entsch. Bd. XI, S. 457.)

17a) (2. A.) Hieraus folgt nicht, daß ein Rechtsmittel, welches der Gemeinschuldner noch *vor* der Konkurseröffnung angemeldet und *nach* der Konkurseröffnung eingeführt hat, für die Gläubigerschaft bloß darum ohne rechtliche Wirkung bleiben solle, weil es vom Verwalter der Masse nicht eingeführt, sondern nur durch weitere Verfolgung des Rechtsmittels nachträglich genehmigt worden. Erk. dess. vom 16. November 1858 (Arch. f. Rechtsf. Bd. XXXI, S. 150 u. Entsch. Bd. XL, S. 373).

eröffnung bei der Behörde, bei welcher das Rechtsmittel einzulegen ist, zu den Prozeßakten anzeigt, der Gläubigerschaft die volle gesetzliche Frist so zu statten, als ob die Insinuation der Entscheidung erst am Tage der Konkurseröffnung stattgefunden hätte [18]).

§. 9. Exekutionen gegen den Gemeinschuldner, welche auf Vollstreckung des Personalarrestes gerichtet sind, können nach der Konkurseröffnung behufs der Befriedigung einzelner Gläubiger weder fortgesetzt noch eingeleitet werden [19]).

Dasselbe gilt von Exekutionen in das Vermögen [20]) des Gemeinschuld-

---

18) Hierbei treffen wir gleichfalls auf eine eben nicht glückliche Korrektion des Entwurfs durch die Kammern. Die zweite Periode des dritten Absatzes lautete im Entwurfe: „Es kommt ihr dabei die volle" u. s. w. Dem Vertreter der Gläubigerschaft sollte damit Zeit gelassen werden, sich von dem Dasein und dem Stande des Rechtsstreits zu unterrichten und seinen Entschluß danach zu fassen. (Motive, S. 24.) Für die Restitution gegen Kontumazialerkenntnisse und in schleunigen Sachen war das noch nicht hinlänglich. Zwar meinen die Verf. a. a. O., daß die Dauer der Frist, welche dem Gemeinschuldner selbst gewährt ist, den natürlichsten Maßstab darbiete. Das wäre anzuerkennen, wenn dem Verwalter der Masse die Sache ebenso bekannt wäre wie dem Gemeinschuldner; aber der Verwalter weiß nichts davon. Der Rechtfertigungsgrund führt dahin, daß das Fatale von dem Tage der erlangten Kenntniß des Verwalters über die Lage der Sache den Gläubigern zu laufen beginnt; und das würde in der That der Billigkeit mehr entsprechen. In einem mir vorgekommenen Falle hatte sich der Gemeinschuldner auf eine Wechselklage in contumaciam verurtheilen lassen; das Erkenntniß war ihm einige Tage vor der Konkurseröffnung insinuirt worden; der Kurator erfuhr davon erst etwas durch die Anmeldung der Forderung im Konkurse, wo die Restitutionsfrist sammt der Appellationsfrist längst verstrichen war. Der Kurator brachte erhebliche und gültige Einreden gegen den Grund der Forderung vor, aber das Erkenntniß war einmal rechtskräftig. Deshalb sollte der Lauf des Fatale bis dahin ruhen, wo die Sache dem Verwalter bekannt geworden. Durch die Kammerverbesserung wird die Absicht der Verfasser des Gesetzes in der Hauptsache vereitelt. Kennt der Verwalter erst das Vorhandensein des Prozesses, so ist es leicht, das Fatale zu beobachten. Aber die Verbesserung fingirt die Wissenschaft, zu deren Erwerbung dem Verwalter Zeit gelassen werden sollte; und sie fordert daher als Bedingung die Anzeige in einer Sache, von welcher dem Verwalter noch gar nichts bekannt ist. Der Grund dieser neutralisirenden Verbesserung ist nach dem Bericht der Kommission der II. K.: „weil der Grundsatz des Entwurfs dahin führen würde, daß die Gerichte nicht wissen würden, wenn (heißt das: ob? oder wann?) eine ergangene Entscheidung rechtskräftig geworden ist (das wäre gar kein Unglück), sie würden sich nicht in der Lage befinden, ein Rechtskraft-Attest ertheilen zu können." (Warum nicht? Dergleichen Atteste sind nicht unumstößlich; es können mancherlei Ursachen eintreten, welche die Rechtskraft aussetzen und dem attestirenden Gericht unbekannt sind.)

19) Der Satz ist schon im §. 8 enthalten. Anm. 16. (2. A.) Er bezieht sich nur auf solche Gläubiger, deren Forderungen aus der Zeit vor der Konkurseröffnung herstammen. Erk. des Obertr. vom 20. Oktober 1859 (Arch. f. Rechtsf. Bd. XXXIV, S. 329, und vom 23. März 1865 (Arch. f. Rechtsf. Bd. LVII, S. 268). Vergl. Gesetz vom 27. Mai 1863, Art. I, Nr. 2, lit. f, verb. „wegen der früher entstandenen Forderungen". (G.S. S. 357.)

20) Das versteht sich von selbst als nothwendige Folge der eingetretenen Beschlagnahme des ganzen Vermögens für alle Gläubiger; die Ausführung der bereits vorher auf Antrag eines Einzelnen verfügten aber noch nicht vollstreckten Exekution würde ein Arrestbruch sein, der schon nach allgemeinen Grundsätzen kein Recht verschaffen kann. Vergl. §. 60 der A. G.O. (2. A.) Das Verbot bezieht sich, sagt das Obertr. in dem Erk. vom 24. Februar 1862 (Entsch. Bd. XLVII, S. 387), auf Exekutionen, welche die Herausnahme eines Vermö-

ners, sofern sie nicht zur Ausübung eines Pfandrechts oder Hypothekenrechts, oder eines Rückforderungsrechts [20a]) betrieben werden.

War jedoch der Termin zu einem Zwangsverkauf behufs der Befriedigung eines persönlichen Gläubigers bereits vor der Konkurseröffnung bestimmt, so ist der Verkauf in Ausführung zu bringen, wenn der Verwalter der Masse die Aussetzung desselben nicht beantragt; der Verkauf geschieht alsdann für Rechnung der Gläubigerschaft [21]).

---

genstückes aus der Konkursmasse behufs Tilgung einer zur Exekution stehenden Forderung bezwecken. Richtig. Das kommt eben daher, daß ein General-Exekutionsverfahren eingetreten ist (oben Note 16), welches die Spezialexekutionen ausschließt, und zwar zum Vortheil der sämmtlichen Gläubiger, nicht etwa des Gemeinschuldners, daher dieser sich darauf nach wiederaufgehobenem Konkurse nicht berufen kann.

(2. A.) Wenn in der Exekutionsinstanz von dem Gerichte eine die Einleitung oder die Fortsetzung der Exekution betreffende Verfügung erlassen worden, deren Dekretur zwar von einem früheren Tage als demjenigen Tage datirt ist, an welchem über das Vermögen des Exequendus der Konkurs eröffnet worden, deren Insinuation aber erst nach der Konkurseröffnung stattgefunden hat, z. B. die Ueberweisung einer Forderung des Exequendus im Wege der Exekution: so ist darin ein gerichtlicher Akt anzutreffen, durch welchen erst nach der Konkurseröffnung gegen den Kridar die Exekution eingeleitet oder fortgesetzt worden ist. Eine solche Verfügung stellt sich als ganz wirkungslos, der Gläubigerschaft gegenüber, dar. Erk. des Obertr. vom 7. Oktober 1862 (Entsch. Bd. XLIX, S. 373 und Arch. f. Rechtsf. Bd. XLVI, S. 257.) Denn es ist als ein feststehender Grundsatz anzusehen, daß eine gerichtliche Entscheidung oder Verfügung nur erst durch den Akt der Publikation oder der Insinuation an die betreffenden Interessenten auf eine öffentlich erkennbare Weise zur Existenz und dadurch zugleich zu ihrer rechtlichen Bedeutung und Wirkung gelangt. Bis zu jenem Akt ist es dem Richter zu jeder Zeit unbenommen, die Entscheidung oder Verfügung noch abzuändern und selbst ganz zurückzunehmen. Dass. Erk. a. a. O. Vergl. Erk. dess. vom 20. Juni 1864 (Arch. f. Rechtsf. Bd. LV, S. 161).

(2. A.) Gläubigern, für welche eine Forderung ihres Schuldners exekutionsweise mit Beschlag belegt und ad depositum gezahlt ist, steht kein dingliches Recht auf die deponirten Gelder zu, denn das prätorische Pfandrecht hat keine Geltung mehr im Konkurse. Daher haben diese Gläubiger kein Recht auf abgesonderte Befriedigung aus der Depositalmasse, wenn vor der Vertheilung derselben der Konkurs über das Vermögen ihres Schuldners eröffnet ist. Erk. dess. vom 4. Januar 1862 (Entsch. Bd. XLIX, S. 363).

20a) Die Worte: „oder eines Rückforderungsrechts", sind erst durch die Kammern auf Vorschlag ihrer Kommissionen eingeschaltet, ebenfalls eine Verbesserung von zweifelhaftem Werthe in dem allgemeinen Sinne des Wortes, welche, um sie auf ihre richtige Bedeutung zurückzuführen, auf individuelle Sachen bezogen werden muß. Denn die Kondiktionen sind auch Rückforderungsklagen, können aber nicht gemeint sein. Man hat darunter ohne Zweifel die Vindikationsklage gemeint und sich der Terminologie des dritten Abschnitts angeschlossen. Anm. 40 zu §. 22.

21) Diese Ausnahme ist, nach dem Vorbilde des Art. 772 des holländischen Handelsgesetzbuches v. 10. April 1838, zum Vortheil der Gläubigerschaft gemacht, indem die Vorschrift zur Abkürzung des Konkursverfahrens dient. Die Gläubigerschaft eignet sich das auf fremde Kosten eingeleitete Verfahren an, wobei der Extrahent, der die Vorschüsse hergegeben, aber den Vortheil — der ihm andern Falles noch entgehen würde — hat, daß er seinen Subhastationskosten-Vorschuß bei der Kaufgelderbelegung erstattet erhält. Deshalb ist es unklar, was der Verf. in den Motiven S. 25 damit sagen will, daß die Vorschrift außer der Abkürzung des Konkursverfahrens auch zur Ersparung der Kosten, welche der Masse durch die, im Falle der Hemmung des Verkaufs später nothwendig wieder-

§. 10. Pfandrechte und Hypothekenrechte an dem zur Konkursmasse gehörigen Vermögen, welche von den einzelnen Gläubigern erst nach [21a]) der Konkurseröffnung erlangt werden, können von denselben zum Nachtheil anderer Gläubiger nicht geltend gemacht werden, wenn ihnen auch die Befugniß, die Einräumung eines Pfandrechts oder Hypothekenrechts zu fordern, schon vor der Konkurseröffnung zustand [22]).

§. 11. Wenn Jemand nach der Konkurseröffnung die Forderung eines Gläubigers ganz oder zum Theil befriedigt, so tritt er insoweit von Rechtswegen an dessen Stelle; er erlangt auch ohne Cession das mit der Forderung [22a]) verbundene Vorrecht, Pfandrecht oder Hypothekenrecht.

Ist die Befriedigung des Gläubigers vor der Konkurseröffnung erfolgt,

---

holte Einleitung desselben erwachsen würden, diene. Die Masse kann dabei in keinem Falle etwas gewinnen, die Einleitungskosten müssen ihr immer entgehen: tritt sie in das Verfahren ein, so empfängt der Extrahent seinen Vorschuß bei der Kaufgelderbelegung zurück; läßt sie es fallen, so verliert der Extrahent seinen Vorschuß und die Masse bestreitet später den Kostenvorschuß bei der wiederholten Einleitung.

(2. A.) In keinem Falle entsteht durch gerichtliche oder administrative Exekution in Mobilien für den Extrahenten derselben ein Pfandrecht auf die in Beschlag genommenen Gegenstände, zu dessen Ausübung der Verkauf dieser Gegenstände auch nach demnächst erfolgter Eröffnung des Konkurses über das Vermögen des Schuldners behufs der abgesonderten Befriedigung des Gläubigers erfolgen darf. Erk. des Obertr. vom 4. Dezember 1860 (Entsch. Bd. XLIV, S. 248). Vergl. Anm. 20, Abs. 3.

21a) (2. A.) Ueber den Moment, mit welchem die Eintragung als vollendet anzusehen, s. m. die Anm. 48a zu §. 411, Tit. 20, Th. I des A. L.R. Vergl. auch das Erk. des Obertr. vom 24. Februar 1862 (Entsch. Bd. XLVII, S. 381). Dort ist als der entscheidende Zeitpunkt der Augenblick der Präsentation des Eintragungsgesuchs angenommen, wenn darauf die Eintragung wirklich erfolgt.

22) Die Vorschrift setzt den Fall des §. 15 voraus, und gilt nicht für den Fall, wo das wechselseitige Rechtsgeschäft von beiden Seiten noch gar nicht oder noch nicht vollständig erfüllt worden ist; hier kommt der §. 16, Satz 2 zur Anwendung. Das ist altes hier nur beibehaltenes weil unabweisbares Recht, wovon das Obertr. in dem Pr. 1187, vom 10. September 1842 eine Anwendung macht: „Wenn eine Konkursmasse die Umschreibung des Besitztitels eines von dem Gemeinschuldner schon vor der Konkurseröffnung erworbenen, aber noch nicht auf seinen Namen gebrachten Grundstücks nach der Eröffnung bewirken lassen will, so ist sie auch schuldig, die Eintragung der dem Verkäufer für das kreditirte Kaufgeld stipulirten Hypothek mit geschehen zu lassen; einer solchen Operation stehet der Grundsatz: daß durch die Konkurseröffnung die Gesammtheit der Gläubiger ein allgemeines Pfandrecht erworben habe, nicht entgegen." (Entsch. Bd. VIII, S. 468.) Natürlich. Die Erwerbung des Gemeinschuldners geht eben nicht weiter und die Gläubiger haben nicht mehr überkommen, als der Schuldner schon hatte; gefällt ihnen das Geschäft so nicht, so mögen sie es fahren lassen. §. 16. (2. A.) Hieran ändert der Umstand, daß es auch nach der Konkurseröffnung weder zur wirklichen Berichtigung des Besitztitels für den Gemeinschuldner, noch zur wirklichen Eintragung der Kaufgelder gekommen ist, vielmehr der Konkursverwalter ohne vorherige Berichtigung des Besitztitels das fragliche Grundstück zur nothwendigen Subhastation gebracht hat, nichts. Erk. des Obertr. vom 27. November 1863 (Arch. f. Rechtsf. Bd. LII, S. 132).

22a) Also das privilegium causae, nicht aber das privilegium personae. Vergl. unten, Anm. 38 zu §. 75 u. Anm. 42 zu §. 76. Doch ist es wol schwerlich so gemeint, und es ist wol nicht beabsichtigt worden, hierin von dem bisherigen Rechte abzugehen. Die Fassung muß deshalb als nicht treffend angesehen werden.

so bestimmt sich das Eintrittsrecht nach den allgemeinen gesetzlichen Vorschriften [23]).

§. 12. Die Konkurseröffnung hemmt zu Gunsten der Konkursmasse [23a]) den Lauf der Zinsen einer jeden Forderung, welche nicht mit Pfand oder Hypothek versehen ist [24]).

---

23) Das Neue in der Bestimmung des §. 11 ist die Unterscheidung der Zeit der Abfindung eines Gläubigers durch einen Dritten. Die A. G.O. §. 161 und Anh. §. 331 behandelte die Abfindungen vor oder nach der Konkurseröffnung gleich, und der deklarirende §. 331 des Anh. ist sogar durch einen Fall veranlaßt, wo Jemand für den unvermögenden Schuldner, vor dem Konkurse, die öffentlichen Abgaben vorgestreckt hatte. K.O. v. 5. März 1808 (Rabe, Bd. XIII, S. 765). Dieser Fall machte, als Steuervorschußleistung, zwar von Alters eine Ausnahme, die auch in dieser Konk.Ordn. §. 73 beibehalten ist. Vergl. die Anm. 36 dazu. Allein diese Ausnahme wurde in Folge der gedachten K.O. und des §. 331 des Anh. zur Regel. Das wird durch den §. 11 geändert. Nach dem zweiten Satze bestimmt sich, bei Befriedigungen vor der Konkurseröffnung, das Eintrittsrecht (jus subintrandi, succedendi) lediglich nach den allgemeinen, gesetzlichen Vorschriften, d. h. in den Fällen, wo nach dem A. L.R. I, 16, §. 46 ff. der Zahlende nicht in die Vorrechte oder accessorischen Sicherheitsrechte des bezahlten Gläubigers eintritt, da wird diese Wirkung auch nicht nachträglich durch die Eröffnung des Konkurses hervorgebracht. Die Bestimmung vereinfacht die Sache so sehr, daß das Eintrittsrecht vielleicht nur noch nominell ist. Denn der Fall, daß Jemand während des Konkurses einen Liquidanten auszahlen oder dem Gemeinschuldner Geld zur Auszahlung eines Gläubigers geben wird, möchte sich doch schwerlich zutragen. Die in der A. G.O. hervorgehobenen einzelnen Fälle einer mittelbaren Befriedigung sind in das neue Gesetz nicht aufgenommen, weil sie sich nach den Grundsätzen über die unmittelbare Abfindung von selbst bestimmen. Diese Spezialfälle sind: 1) wenn Jemand dem Gemeinschuldner Geld unter der ausdrücklichen Bedingung geliehen hat, daß ein anderer Kreditor damit bezahlt werden soll, und die Bezahlung desselben wirklich erfolgt ist (§. 161); 2) wenn der Gemeinschuldner vor der Konkurseröffnung auf ein ererbtes Grundstück einen seiner eigenen Gläubiger hat eintragen lassen und den Gläubigern der Erbschaft, zu welchen das Grundstück gehört, noch das Separationsrecht zusteht, so treten die Erbschaftsgläubiger an die Stelle des aus dem Grundstücke befriedigten eigenen Gläubigers da ein, wo er befriedigt worden sein würde, wenn er nicht eingetragen gewesen wäre. (§. 282.) (2. A.) Dieser Fall ist durch den Grundsatz des §. 11, Satz 1 aufrecht erhalten, indem er die Befriedigung des eingetragenen Gläubigers in dem Separatverfahren während des Konkurses voraussetzt.

Das jus subintrandi findet auch in den Partikularkonkursen, außer dem Falle des Universalkonkurses, namentlich im Verfahren über die Vertheilung unzureichender Kaufgelder, Platz. Das Nähere darüber im Recht der Forderungen, 2. Ausg. (Berlin 1858), Bd. I, §. 56, Nr. V. M. s. auch Entscheidungen des Obertr., Bd. XXX, S. 440.

Uebrigens ist zur Erwerbung des Eintrittsrechts die bewußte Absicht der Abfindung des Gläubigers erforderlich, die zufällige Befriedigung desselben mit unserm Gelde ist dazu nicht dienlich. (L. 3 D. quae res pignor. oblig. poss. XX, 3; L 3, 7 C. de privil. fisci VII, 73.)

23a) Nicht aber, wie von Manchen behauptet worden ist, zu Gunsten des Gemeinschuldners. Vergl. unten Anm. 59 zu §. 84.

24) Ist altes bestehendes (A. G.O. §. 152), durch den Landtagsrezeß von 1653 Art. 33 eingeführtes Recht. Dem R. R. ist der Rechtssatz fremd. L. 3, §. 1, L. 12, §. 6, L. 18 D. qui potiores in pignore (XX, 4). Viele andere Partikulargesetzgebungen haben ähnliche, dem Gem. R. fremde, Bestimmungen, z. B. in Sachsen, wo gleichfalls die im Konkurse laufenden Zinsen von Personalforderungen erst nach Befriedigung sämmtlicher Gläubiger hinsichtlich des Kapitals zur Berichtigung gelangen. Torgauisches Ausschreiben v. J. 1583, Titel vom Wucher, §. Jedoch wenn eines Schuldners Güter ꝛc. (Codex August. Tom. I,

Ist eine Forderung mit Pfand oder Hypothek versehen, so können die seit der Konkurseröffnung laufenden Zinsen nur aus dem zur Sicherheit dienenden Vermögensstücke gefordert werden [25]).

p. 144.) Für diese ganze positive Bestimmung kann kein anderer Grund vorgebracht werden als die Nützlichkeit, daß das Vertheilungsverfahren dadurch erleichtert werde. Man trifft aber doch auch auf Rechtsgelehrte des vor. Jahrhunderts, welche aus Rechtsgründen die Hemmung des Zinsenlaufs durch die Konkurseröffnung, wiewohl nur im Falle der cessio bonorum, behauptet haben, die aber gleichzeitig wieder darüber zerfielen: ob die Hemmung hinsichtlich der Gläubiger oder des Gemeinschuldners eintreten solle. M. s. u. A. Mevius, Dec. P. VII, dec. 245; Leyser, Medit. Spec. 474, m. 11, 12 (Vol. VII).

25) Wenn also der Erlös zur vollständigen Befriedigung des Gläubigers nicht hinreicht, und der Ausfall aus der Gemeinmasse gefordert wird, so kommt nicht die unten im §. 54 vorgeschriebene Reihenfolge der einzelnen Bestandtheile der Forderung zur Anwendung, vielmehr bedingt der §. 12 für diesen Fall folgende Reihenfolge: 1. die Liquidationskosten x.; 2. die Rückstände von Zinsen bis zur Konkurseröffnung; 3. das Kapital; 4. die seit der Konkurseröffnung laufenden Zinsen. Was von den letztern unberichtigt bleibt, kommt post ommes zur Hebung, aber dort ist dieser Zinsen, im §. 84, nicht gedacht; eine dem §. 477 b der A. G.O. entsprechende Bestimmung ist nicht aufgenommen. Tritt der Fall ein, daß ein Ueberschuß der Masse für den Gemeinschuldner verbleibt, so wird derselbe nicht im Konkursverfahren auf diese zurückgestellten Forderungen vertheilt, sondern es entsteht ein besonderes Prioritätsverfahren, wenn die Gläubiger den Ueberschuß in Beschlag nehmen. Dieses ist es, was man in den Kammern beabsichtigte, als man dem Eingange des §. 84: „Die nachstehenden Forderungen können nicht zum Nachtheil der übrigen Ansprüche geltend gemacht werden," seine gegenwärtige Fassung gab. II. Kammerkommiss.-Bericht S. 44. — (2. A.) Die dem §. 12 hier gegebene Deutung würde den Konkursgläubigern gehörige Rechnung tragen, indem sonst diesen Gläubigern die Summe der laufenden Zinsen des ausgefallenen Hypothekenkapitals entgehen würde, wenn der gewesene Hypothekarius aus seinem Unterpfande nicht mehr erhoben hätte, als diese laufenden Zinsen etwa betrügen; im Uebrigen nun aber mit seiner Forderung als ein persönlicher Konkursgläubiger einträte. Wie sollen die Konkursgläubiger dazu kommen, sich diese vielleicht beträchtliche Summe entziehen zu lassen, bloß deshalb, weil Jener sich eine werthlose Hypothek hat verschreiben lassen? Wäre er von Anfang unter den Personalgläubigern geblieben, so würde jene Summe als ein Ueberschuß zur Konkursmasse geflossen sein. Diese Auffassung des §. 12 findet auch eine Stütze in dem §. 39, welcher bestimmt, daß auf die absonderungsberechtigten Gläubiger, welche auf die Konkursmasse zurückgehen, alle Bestimmungen Anwendung finden, welche in Ansehung der Konkursgläubiger gegeben sind. Jene müssen daher ihre Liquidation so wie ein jeder andere Konkursgläubiger machen, d. h. die laufenden Zinsen außer Ansatz lassen und das, was sie aus der Separatmasse erhoben haben, wie eine Abschlagszahlung in Abzug bringen. Die im Separatverfahren gemachte Verfügung ist bei dem allgemeinen Konkurse nicht zulässig. Der §. 12 ist nach seiner Fassung freilich so zu verstehen, daß es genüge, soviel aus dem Unterpfande zu beziehen, wie die laufenden Zinsen betragen, um sagen zu können, dieselben würden auch nur aus dem Unterpfande gefordert. Man könnte für diese Auffassung des §. 12 auch noch sagen, daß der Gläubiger dasjenige, was er abschläglich erhält, auf diejenige Post oder denjenigen Theil der Post abrechnen kann, in Ansehung dessen er die wenigste Sicherheit hat. (A. L.R. I, 16, §. 156.) Das trifft jedoch bei Theilzahlungen aus einer Konkursmasse auf Konkursforderungen nicht zu, und überdies sind die laufenden Zinsen für die Konkursmasse gar nicht vorhanden. Den Ausschlag giebt endlich die Betrachtung, daß die Bestimmung des §. 12 ohne die hier vertretene Auffassung bedeutungslos sein würde. Die laufenden Zinsen sollen nur aus dem Unterpfande gefordert werden können. Sollte das bloß heißen, daß ein sogar mit diesen Zinsen ausfallender Hypothekarius bei der Geltendmachung seines persönlichen Forderungsrechts die laufenden Zinsen aus der Gemeinmasse nicht fordern könne, so wäre das eine inhaltsleere Bestimmung, da

§. 13. Der Tod des Gemeinschuldners bewirkt keine Unterbrechung des Konkurses.

Selbst dadurch, daß der Erbe des Gemeinschuldners die Erbschaft ohne Vorbehalt der Rechtswohlthat des Inventars antritt, wird der Fortgang des Konkurses nicht gehemmt, so lange der Erbe die Gläubiger nicht befriedigt [26]).

§. 14. Wenn der Gemeinschuldner während des Konkurses verstorben ist (§. 13), oder wenn der Konkurs erst nach dem Tode des Gemeinschuldners über seinen Nachlaß eröffnet worden ist, so findet Alles, was in Betreff des Gemeinschuldners vorgeschrieben ist, auch auf den Erben Anwendung.

Jedoch treffen den Erben die Folgen der Handlungen und Unterlassungen seines Erblassers nur insoweit, als nach allgemeinen Grundsätzen die Rechte und Verbindlichkeiten eines Erblassers auf seinen Erben übergehen [27]).

---

noch niemals Jemand bezweifelt hat, daß aus der gemeinschaftlichen Konkursmasse laufende Zinsen nicht gezahlt werden. Die Bestimmung muß also etwas anderes sagen sollen, und dieses Andere kann nur sein, daß der auf die Gemeinmasse zurückgehende Pfandgläubiger dort die laufenden Zinsen in seiner Liquidation gar nicht aufführen darf. §. 39, Satz 2.

26) Sätze, welche sich von selbst verstehen und nie bestritten worden sind, da sie eine Folge des den Gläubigern erworbenen Rechts, sei dies Eigenthums-, sei dies Pfandrecht, ist. Die Verf. sagen gleichfalls in ihren Motiven S. 29, daß die Sätze aus dem Rechte auf das Vermögen und den Nachlaß des Gemeinschuldners, welches die Gläubigerschaft durch die Beschlagnahme erworben habe, folgen; aber sie vermögen nicht die Natur eines solchen Rechts, welches diese Folge hätte, zu bezeichnen: aus der Stellvertretung des Gemeinschuldners in der Ausübung der Verwaltung und Verfügung, die selbst nur Folge eines bestimmten Rechts ist, folgen diese Sätze gewiß nicht; wir müssen den Rechtsgrund der Vertretung kennen. Vergl. oben §. 4 und Anm. 10 dazu.

27) Die Vorschrift dieses Paragraphen soll den allgemeinen rechtlichen Gesichtspunkt angeben, nach welchem der Eintritt des Erben in die Stelle des Gemeinschuldners zu beurtheilen. Der Erbe sei im Allgemeinen als Gemeinschuldner zu behandeln; es müßten seine Verfügungen über die Konkursmasse nichtig sein; er sei in allen Fällen zuzuziehen und zu hören, in welchen die Zuziehung und Anhörung des Gemeinschuldners vorgeschrieben sei u. s. w.; dagegen sei die Frage: in wiefern ihn die Folgen der Handlungen und Unterlassungen des Erblassers treffen, lediglich nach den allgemeinen Regeln von dem Uebergange der Rechte und Verbindlichkeiten eines Erblassers auf seinen Erben zu beurtheilen (A. L.R. I, 9, §. 360 ff.), wonach namentlich die Vorschriften, welche von der Person des Erblassers untrennbar, wie z. E. die Bestimmungen über die Verhaftung, ingleichen die Bestimmungen über die Folgen des Konkurses in Beziehung auf die Person des Gemeinschuldners (Pr.O. Tit. 2, Abschn. 18), auf den Erben keine Anwendung finden. (Motive, S. 29.) Weder diese Begründung, noch die Fassung der Sätze selbst erschöpft das Verhältniß des Erben zur Gläubigerschaft, vielmehr führt die Idee, daß er im Allgemeinen als Gemeinschuldner zu behandeln, irre, indem sie Zweifel über die Verfügungsfähigkeit des Erben während der Dauer des Konkurses veranlassen kann, da die Bestimmungen darüber zu keiner der beiden Kategorien (Satz 1 und Satz 2) gehören, von welchen die eine auf den Erben Anwendung finden soll, die andere nicht. Der Erbe ist nicht Gemeinschuldner und kann auch nicht als solcher behandelt werden; diese Idee ist nicht dazu geeignet, um sich damit zurecht zu finden. Es macht keinen Unterschied, ob der Erbe ohne Vorbehalt angetreten hat, oder ob er Benefizialerbe ist. Hat er unbedingt angetreten, so behält gleichwohl das Konkursverfahren auf den Namen des Verstorbenen seinen unveränderten Fortgang (§. 13) und die Gläubiger gewinnen an dem Erben nur einen neuen persönlichen Schuldner, über dessen Vermögen ein

Zweiter Abschnitt.

Wirkung der Konkurseröffnung auf die vor derselben von dem Gemeinschuldner eingegangenen Rechtsgeschäfte [28]).

§. 15. Wenn ein Rechtsgeschäft, welches auf gegenseitige Leistungen der Kontrahenten gerichtet ist, zur Zeit der Konkurseröffnung von dem Ge=

---

neuer, besonderer Konkurs eröffnet werden kann, wenn er zahlungsunfähig ist; und erst dadurch wird seine Person von den nachtheiligen Wirkungen des Konkurses betroffen.

28) Die Wirkungen, welche die Konkurseröffnung in Beziehung auf Dritte hat, erklären sich nach allgemeinen civilrechtlichen Grundsätzen daraus, daß die Gläubigerschaft gemeinschaftlich das gesammte Vermögen des Schuldners in der Lage, in welcher es sich alsdann befindet, behufs ihrer Befriedigung exekutivisch in Beschlag nimmt. Auch die Verf. erinnern hier bestimmter daran, daß hauptsächlich festzuhalten, daß das gesammte Vermögen des Gemeinschuldners das gemeinschaftliche Exekutionsobjekt der Gläubiger geworden und daß die Gläubigerschaft dem Gemeinschuldner nicht succedire, sondern ihn nur zu dem Zwecke repräsentirte, um ihre Befriedigung aus jenem Vermögen zu verwirklichen. (Motive, S. 30.) Dieses Rechtsverhältniß der Gläubigerschaft, d. i. dasjenige Verhältniß, in welches ein Exekutionssucher durch die Beschlagnahme, in Beziehung auf den in Beschlag genommenen Gegenstand, tritt, führt durch alle Zweifel. Einerseits muß die Gläubigerschaft das Vermögen genau in der Lage, in welcher es sich eben befindet, nehmen; sie hat mithin nicht mehr und nicht weniger Recht als er selbst. Dieser Satz entscheidet die Frage in Beziehung auf wechselseitige Rechtsgeschäfte, welche noch nicht vollständig zur Ausführung gekommen waren. Denn da die Leistung auf jeder Seite nur eine bedingte ist, so kann nur unter Erfüllung der Bedingung (Gegenleistung) gefordert werden, d. h. die rückständige Leistung, welche der Gemeinschuldner unter einer gewissen Gegenleistung fordern konnte, ist qualitativ und quantitativ nicht mehr werth, als die daran zu setzende Gegenleistung übrig läßt, folglich haben die Gläubiger nicht mehr zu fordern. Wollen sie also das Geschäft ihrerseits vollständig ausgeführt wissen und die noch rückständige Leistung einfordern, so müssen sie dasjenige daransetzen, was die Bedingung der Hebung ist. (§. 42, Nr. 2.) Andererseits haften die Gläubiger nicht für den Schuldner; sie wollen nur dessen Vermögensstücke in Beschlag nehmen. Finden sie also bei einem solchen Geschäfte, daß daran für sie nichts mehr übrig ist, so lassen sie es fahren; sie nehmen es nicht in Beschlag, was ihnen wie jedem andern Exekutionssucher völlig freisteht. In diesem Falle wird die Erfüllung auf Seiten des Gemeinschuldners rechtlich und zugleich thatsächlich unmöglich, rechtlich hinsichtlich der Gläubigerschaft und physisch bei dem Gemeinschuldner. Ganz zutreffend sagt das Obertr. in dem Erk. vom 23. Mai 1827 — auf die Konkursmasse bezogen: nicht auf die physische Unmöglichkeit der Erfüllung kommt es an, sondern es werden solche Verträge hier gemeint, wodurch der eine Kontrahent vor der Konkurseröffnung noch kein dingliches Recht erworben hat, oder durch deren Erfüllung der Zustand der Masse zum Nachtheil der Gesammtheit der Gläubiger verändert werden würde. Daher kann z. B. ein Gläubiger, dem der Gemeinschuldner vor der Konkurseröffnung die Cession eines Aktivums versprochen, die Erfüllung dieses Vertrages, nach der Eröffnung des Kreditverfahrens von dem Kurator nicht verlangen. (Simon, Rechtsspr. Bd. II, S. 67.) Die Sache ist klar. Hierdurch wird der andere Kontrahent keinesweges preisgegeben. Einmal behält er seinen Anspruch aus dem zur Zeit nicht ausführbaren Rechtsgeschäft an seinen Kontrahenten, den Gemeinschuldner, bis zu bessern Zeiten. Zum Andern kann er aber auch davon zurücktreten, und weil solches der Gemeinschuldner verschuldet hat, sich wegen seiner Schadloshaltung für die ausbleibende Gegenleistung zu dessen Gläubiger machen und in die Gemeinschaft der Konkursgläubiger eintreten, wodurch er nicht schlechter gestellt ist, wie jeder andere Gläubiger. — Die von einer Seite bereits vollständig erfüllten Rechtsgeschäfte machen gar keine Schwierigkeit: hatte der Gemeinschuldner erfüllt, so fordert die Gläubigerschaft die Gegen=

meinschuldner bereits erfüllt ist [28a]), so geht das Geschäft auf die Gläubigerschaft über, und es kann dieselbe von dem Mitkontrahenten des Gemeinschuldners die rückständige Gegenleistung fordern.

Ist das Geschäft zur Zeit der Konkurseröffnung von dem Mitkontrahenten, nicht aber von dem Gemeinschuldner erfüllt, so hat der Mitkontrahent seinen Anspruch auf die rückständige Gegenleistung als Konkursgläubiger geltend zu machen, sofern er nicht durch ein Pfandrecht oder Hypothekenrecht gedeckt ist.

Besteht die rückständige Gegenleistung des Gemeinschuldners nicht in einer Geldzahlung, so kann der Mitkontrahent die Erfüllung nicht fordern, sondern es findet nur ein Anspruch auf Entschädigung statt [29]).

§. 16. Wenn ein Rechtsgeschäft, welches auf gegenseitige Leistung gerichtet ist, zur Zeit der Konkurseröffnung von beiden Theilen noch überhaupt nicht oder noch nicht vollständig erfüllt ist, so hat die Gläubigerschaft das Recht, aber nicht die Verpflichtung, an Stelle des Gemeinschuldners das Geschäft zu übernehmen [29a]).

Will die Gläubigerschaft das Geschäft übernehmen, so muß dasselbe von beiden Theilen vollständig erfüllt werden, sofern nicht etwa der Mitkontrahent des Gemeinschuldners wegen der durch die Konkurseröffnung eingetre-

---

leistung wie eine ausstehende Forderung ein; hatte der andere Theil erfüllt, so tritt dieser wegen der auf Geld zu reducirenden Gegenleistung in die Reihe der Konkursgläubiger. — Hieraus ersieht man, daß die Verweisung der A. G.O. §. 39 auf die Vorschriften der Gesetze von Erfüllung der Verträge, bei richtiger Auffassung des Rechtsverhältnisses der Gläubigerschaft zur Konkursmasse, ausreichte. Die Verf. des neuen Gesetzes haben ein Uebriges gethan und in den §§. 15—21 besondere Vorschriften gegeben, welche im Wesentlichen nichts Neues bringen und nur den Zweck haben, die richtige Auffassung des mit der Konkurseröffnung eingetretenen Rechtsverhältnisses zu sichern. (Motive, S. 30.)

28a) (2. A.) Bei einem Kaufkontrakte ist die bloße Ausstellung von Wechseln für das Kaufgeld, welche demnächst nicht eingelöst worden sind, der Zahlung der Kaufschuld, also der Erfüllung des Kontraktes seitens des Gemeinschuldners, nicht gleich zu achten. Erk. des Obertr. vom 11. Februar 1862 (Arch. f. Rechtsf. Bd. XLIV, S. 204).

29) Ganz natürlich, er würde sonst Massegläubiger und nicht Konkursgläubiger sein; er kann mithin z. B. die gekaufte, wenngleich bezahlte doch noch nicht übergebene Sache oder noch nicht wirklich cedirte Forderung, obschon sie in der Masse noch vorhanden, nicht fordern, sondern nur sein Interesse wegen Nichterfüllung seitens des Gemeinschuldners liquidiren. S. die vor. Anm. 28.

29a) (2. A.) Dieses Wahlrecht wird der Gläubigerschaft weder dadurch, daß die Erfüllung von der einen oder der anderen Seite bereits theilweise erfolgt ist, noch dadurch entzogen, daß die Klage auf Erfüllung bereits vor Eröffnung des Konkurses angebracht war. Erk. des Obertr. vom 20. November 1860 (Arch. f. Rechtsf. Bd. XXXIX, S. 319). Die Erklärung des Konkursverwalters, in ein Rechtsgeschäft des Gemeinschuldners eintreten zu wollen, bedarf zu ihrer Wirksamkeit der Genehmigung des Konkurskommissars. Erk. dess. vom 8. Oktober 1863 (Entsch. Bd. LI, S. 434).

Der Anspruch des Gläubigers ist davon nicht abhängig, daß er den Konkursverwalter zuvor zur Erklärung auffordere, ob er das Geschäft zu übernehmen, d. h. z. B. bei einem Kaufe dem Verkäufer, gegen Uebernahme der Sache, den Rest des Kaufgeldes zu zahlen gesonnen sei. Erk. des Obertr. vom 11. Februar 1862 (Arch. f. Rechtsf. Bd. XLIV, S. 205).

tenen Veränderung der Umstände befugt ist, auf Grund der allgemeinen gesetzlichen Bestimmungen das Geschäft aufzuheben [30]).

Tritt die Gläubigerschaft in das Geschäft nicht ein, so muß dem Mitkontrahenten des Gemeinschuldners das von ihm Geleistete, so weit es in der Konkursmasse noch vorhanden ist [30a]), zurückgegeben werden; im Uebrigen steht ihm nur ein Anspruch auf Entschädigung zu [31]).

Das Konkursgericht hat auf Anrufen des Mitkontrahenten die Frist zu bestimmen, innerhalb welcher der Verwalter der Masse die Erklärung über den Eintritt in das Geschäft abgegeben hat. Erfolgt die Erklärung innerhalb der bestimmten Frist nicht, so wird angenommen, daß die Gläubigerschaft in das Geschäft nicht eintreten will [31a]).

---

30) Der Fall möchte doch, unter der gemachten Voraussetzung, bei den durch einmalige Leistung erfüllbaren Geschäften schwerlich eintreten können; denn es wird die vollständige Erfüllung von Seiten der Gläubigerschaft Namens des Gemeinschuldners bevorwortet; weiter hat der Andere nichts zu fordern. Wollen oder können die Gläubiger aber die Leistungen des Gemeinschuldners nicht ebenso gut wie er selbst gewähren, so versteht sich die Folge von selbst, und diese tritt ein bei allen dauernden Rechtsverhältnissen, wo auf die Persönlichkeit gesehen wird, z. B. Erwerbsgesellschaften, Pachtungen u. dergl. Das „sofern" ist mithin ein überflüssiger Anhang.

30a) Doch wol nur insoweit, als es unterscheidbar vorhanden ist.

31) Der ganze Paragraph entsprach in der Fassung des Entwurfs, wo der zweite Absatz lautete: „Tritt die Gläubigerschaft u. s. w. nicht ein, so steht dem Mitkontrahenten des Gemeinschuldners nur ein Anspruch auf Entschädigung zu," — dem Rechtsverhältnisse. Anm. 28. Eine Anwendung o. Anm. 22. Die Bemerkung in den Motiven, S. 31, daß in dem Falle des Nichteintretens die Verpflichtung zur gegenseitigen Rückgabe des bereits Geleisteten — sich nach den allgemeinen Regeln richte (§§. 360 ff., Tit. 5, Th. I A. L.R.), ist nicht genau richtig und verdunkelt den klaren Sinn der vorgeschlagenen Bestimmung: der andere Kontrahent kann danach nicht das bereits Geleistete vindiciren oder kondiciren, er hat „nur einen Anspruch auf Entschädigung", und damit tritt er in die Gemeinschaft der Konkursgläubiger. — Eine wesentliche Veränderung hat aber die Bestimmung durch den von den Kammern auf den Vorschlag der Kommissionen gemachten Zusatz: „das von ihm Geleistete, soweit es in der Konkursmasse noch vorhanden ist, zurückgegeben werden; im Uebrigen steht ihm" — erfahren. Dieser Satz ist aus allgemeinen Rechtsgrundsätzen nicht zu begründen, allenfalls aus Billigkeit. — Zur Begründung dient in dem Berichte der Kommiss. der II. K. die unerwiesene Behauptung: „Tritt die Gläubigerschaft nicht ein, so muß die Sache möglichst in die Lage gebracht werden, in der sich das Rechtsgeschäft überhaupt vor der begonnenen Erfüllung befand." Diese Behauptung hat den unbestrittenen und im ersten Satz dieses §. anerkannten Rechtsgrundsatz: daß die Gläubigerschaft das ganze Aktivvermögen in seiner dermaligen Lage wegnimmt und alle dazu gehörigen Forderungsrechte, nach Maßgabe ihrer rechtlichen Beschaffenheit ausübt, ohne in irgend eine nicht mit einem Forderungsrechte als Bedingung verbundene Verpflichtung des Gemeinschuldners einzutreten, — gegen sich. Vermöge desselben steht die Konkursgläubigerschaft mit einem oder mehreren Exekutionssuchern auf gleicher Linie hinsichtlich der Interventionsansprüche. Die Sachen, welche der Mitkontrahent abschläglich auf einen Verkauf- oder Lieferungskontrakt an den Exequendus (Gemeinschuldner) auf Kredit übergeben hat, sind dessen unwiderrufliches Eigenthum geworden, und der intervenirende Lieferant kann gegen die Gläubiger nicht vindiciren, wenn auch der Schuldner zahlungsunfähig ist. Man hat sich hier, nach der Begründung der nicht passenden Verbesserung zu urtheilen, völlig verirrt. Die Bestimmung steht auch mit dem Grundsatze des §. 26 in geradem Widerspruch.

31a) Dieser formale Zusatz war nützlich bei der angebrachten Verbesserung des dritten Alinea.

§. 17. Wenn von dem Gemeinschuldner Kauf- oder Lieferungsgeschäfte über fungible Sachen, welche einen marktgängigen Preis haben, oder über geldwerthe Papiere dergestalt geschlossen worden sind, daß sie erst nach der Konkurseröffnung zur Erfüllung kommen sollen, so kann weder von der Gläubigerschaft, noch von dem Mitkontrahenten des Gemeinschuldners Erfüllung gefordert werden, sondern es findet aus dem Geschäft nur ein Anspruch auf Entschädigung statt [31 b]). Dieser Anspruch bestimmt sich nach der Differenz, welche an dem kontraktlichen Erfüllungstage zwischen dem Kontraktspreise und dem Marktpreise oder dem Börsenkurse sich ergiebt [32]).

§. 18. Bestehende Miethkontrakte des Gemeinschuldners gehen auf die Gläubigerschaft über; dieselbe ist jedoch berechtigt, die Kontrakte noch vor dem Ablaufe der festgesetzten Miethzeit aufzukündigen. Bei der Aufkündigung ist die gesetzliche Frist zu beobachten; ist kontraktlich eine kürzere Frist bestimmt, so kommt diese zur Anwendung [33]).

(2. A.) Soll durch Umschaffung eines Wechsels in eine hypothekarische Schuld dem zum Grunde liegenden Anspruch bessere Sicherheit verschafft werden und die Wechselforderung dadurch als solche wegfallen, so gehört ein solches auf einem Vergleich beruhendes Abkommen unter die Rechtsgeschäfte, von welchen der §. 16 spricht. Erk. des Obertr. vom 9. Dezember 1864 (Arch. f. Rechtsf. Bd. LV, S. 337).

31 b) Eine willkürliche Bestimmung. Warum soll die Gläubigerschaft nicht die Lieferung fordern dürfen, wenn sie sofort bezahlen will?

(2. A.) Die Wirkung dieser Bestimmung wird durch die in Folge eines Akkords eintretende Beendigung des Konkurses nicht beseitigt. Erk. des Obertr. vom 9. Oktober 1860 (Arch. f. Rechtsf. Bd. XXXVIII, S. 285).

Für die Frage: ob und in welchem Umfange die Liquidanten rücksichts ihres Anspruchs bei vorausgesetzter Verifikation desselben, zur Theilnahme an der Vertheilung der Konkursmasse befugt seien, sind die am Orte des Konkurses geltenden Gesetze maßgebend. Pr. des Obertr. v. 16. Febr. 1858 (Entsch. Bd. XXXVIII, S. 1).

32) Diese Bestimmung wird als eine vermeintliche Singularität, dem Antrage der Begutachtungskommission gemäß, eingeführt. (Motive, S. 32.) Die Praxis ist jedoch bereits mit Hülfe der allgemeinen Grundsätze zu ebendemselben Rechtssatz gekommen, welchen das Obertr. in der Entscheidung vom 27. Oktober 1847 dahin formulirt hat: „Das Recht der Kontrahenten, die Erfüllung durch Uebergabe und Abnahme der Papiere gegen Zahlung des festgesetzten Preises, oder Erlegung der Differenzsumme zwischen dem Preise und dem Tageskurse der Papiere zu fordern, ist auf den verabredeten Erfüllungstag beschränkt. Wird an diesem Tage die Erfüllung nicht geleistet, so kann später nur Entschädigung und als solche auch nur die Differenzsumme zwischen dem festgesetzten Preise und dem Kurse der Papiere von dem verabredeten Erfüllungstage gefordert werden." (Entsch. Bd. XV, S. 460.)

33) Wendet man die aus dem Rechtsverhältnisse der Gläubigerschaft zur Konkursmasse folgenden Grundsätze (Anm. 28) auf Miethungen des Gemeinschuldners an, so ergiebt sich Folgendes: Zu unterscheiden sind die Miethungen für die Person und Familie des Gemeinschuldners von solchen, welche er zum Zwecke seines Geschäftsbetriebes geschlossen hat. Die ersteren gehen die Gläubiger gar nichts an; die Gläubiger treten nicht ein; der Vermiether kann die bis zur Konkurseröffnung laufende oder rückständige Miethe nur als Konkursgläubiger zur Geltung bringen; nach der Konkurseröffnung hat er es nur mit seinem Abmiether, dem Gemeinschuldner, zu schaffen, insoweit die Gläubigerschaft von den gemietheten Räumen nicht etwa zur Aufbewahrung des in Beschlag genommenen Mobiliarvermögens Gebrauch macht, in welchem Falle der Vermiether insoweit ein Massegläubiger wird. Miethungen von Geschäftslokalien hingegen sind Rechtsverhältnisse, welche einen Bestandtheil der Vermögensmasse ausmachen, in welche also die Gläubiger-

Eine Pachtung des Gemeinschuldners wird von der Gläubigerschaft fortgesetzt; jedoch kann nach dem Ablaufe des Wirthschaftsjahres, in welches die Konkurseröffnung fällt, sowohl die Gläubigerschaft, als der Verpächter von dem Kontrakt unter Beobachtung der gesetzlichen Aufkündigungsfrist zurücktreten [34]).

Bei Vermiethungen und Verpachtungen des Gemeinschuldners tritt die Gläubigerschaft lediglich an die Stelle desselben. Eine Aufkündigung des Kontrakts ist nur nach Maßgabe der allgemeinen gesetzlichen Bestimmungen zulässig [35]);

---

schaft nothwendig eintritt, bis sie die Auflösung herbeiführt. Dieser Verschiedenheit der Miethungen trägt die Bestimmung keine Rechnung; die Gläubigerschaft soll in den Miethskontrakt des Gemeinschuldners über seine Familienwohnung, über seine Sommervilla, über seinen Lustgarten u. dergl. eintreten, bloß in Betrachtnahme „der Lage des Gemeinschuldners — der nicht sogleich bei der Konkurseröffnung aus dem Besitz zu setzen — sowie des Interesses des Vermiethers". (Motive, S. 33.) Mit gleichem Rechte könnte die Gläubigerschaft verpflichtet werden, in den Miethskontrakt des Gemeinschuldners mit seinen Bedienten, mit seiner Gesellschaftsdame, mit der Gouvernante seiner Kinder und seinem Haushofmeister zu treten. Was gehen die Luxusgegenstände des Gemeinschuldners die Gläubiger an? Sie haben nicht in seine persönliche Verbindlichkeiten einzutreten. Wo aber ist der Unterschied zwischen den Kontrakten mit diesen Vermiethern und Jenen, welche dem Gemeinschuldner eine Prachtwohnung, ein Landhaus, eine Loge in der Oper, eine Galla-Equipage auf bestimmte Zeit u. dergl. zum Gebrauch für seine Person und Gäste vermiethet haben? Das Argument von der Unthunlichkeit der sofortigen Besitzentsetzung des Gemeinschuldners aus der für seine Person gemietheten Wohnung ist unstatthaft, da die Besitzentsetzung rechtlich unmöglich ist. Nichts steht der Fortsetzung des Miethsverhältnisses im Wege, da die Gläubiger die Wohnung für sich nicht gebrauchen und die Verfügungsunfähigkeit des Gemeinschuldners sich nur auf seine Vermögensmasse bezieht; für seine persönlichen Bedürfnisse kann er nach wie vor kaufen und miethen, er mag also auch den Miethskontrakt über seine Wohnung fortsetzen. Der Vermiether kann ihm den Kontrakt nicht brechen, so lange er seinen Miethzins bezahlt erhält. Die Bestimmung entspricht mithin nicht den Verkehrsverhältnissen und den bestehenden Rechtsgrundsätzen; auch ist kein Bedürfniß für ihre Abnormität, zumal die Masse ja schon verpflichtet ist, dem Gemeinschuldner seinen Unterhalt, also die Mittel zu seinen persönlichen Bedürfnissen, wozu die Wohnung gehört, zu gewähren. (§. 162.)

Vermiethungen nehmen nach den Grundsätzen über Zwangsverkauf ihr Ende. §. 18, Satz 3. Vergl. A. G.O. §. 259 und A. L.R. I, 21, §§. 353—355.

34) Pachtungen des Gemeinschuldners gehen zwar als Nutzungsrechte auf die Gläubigerschaft über, doch sind sie, nach der Regel (Anm. 28), nicht verpflichtet, einzutreten, in welchem Falle der Kontrakt zum Ablaufe des Wirthschaftsjahres gekündigt werden kann. Der Verpächter mag seinen Schaden im Konkurse liquidiren, wie er überhaupt wegen seiner, vor der Konkurseröffnung entstandenen Forderungen in die Gemeinschaft der Konkursgläubiger eintreten muß, insoweit er nicht durch Pfand oder Hypothek gesichert ist.

35) Das bestehende Recht bleibt mithin unverändert. Hiernach gehen Verpachtungen auf die Gläubigerschaft über und werden nach den Grundsätzen über Zwangsverkauf behandelt. Das bestehende Recht stimmt hierin mit dem richtig verstandenen R.R. überein. Die L. 8, §. 1 D. de reb. auct. jud. poss. (XLII, 5) hat eine Meinungsverschiedenheit veranlaßt, indem Einige (z. B. Günther, Konkurs, S. 51 ff. u. in Weiske's Rechtslexikon, Bd. II, S. 812 u. die von ihm Genannten) dafür halten, daß darin den immittirten Gläubigern die Aufhebung des Pachtverhältnisses untersagt sei. Eine solche ganz abnorme Bestimmung enthält die Stelle keineswegs, vielmehr verordnet sie nur, daß, wenn ein Grundstück durch Verpachtung genutzt oder durch Verkauf ins Geld gesetzt werden könne, solches geschehen möge; wenn aber der Gemeinschuldner selbst den Verkauf oder beziehungsweise die Verpachtung schon abgeschlossen habe, es dabei bewenden solle,

hierbei kommen in dem Falle einer freiwilligen [36]) Veräußerung der vermietheten oder verpachteten Sache die Vorschriften zur Anwendung, welche für den Fall einer nothwendigen Veräußerung gelten.

§. 19. Inwiefern andere Rechtsgeschäfte, welche von dem Gemeinschuldner vor der Konkurseröffnung eingegangen sind, nach diesem Zeitpunkte der Gläubigerschaft gegenüber fortbestehen oder eine Wirkung äußern, ist nach den allgemeinen Grundsätzen über Erfüllung der Verträge und Verbindlichkeiten, unter Würdigung des Zwecks des Konkurses, sowie der durch den Konkurs in der Person und in dem Vermögen des Gemeinschuldners eingetretenen Veränderung zu entscheiden [37]).

§. 20. Die Bestimmungen der §§. 15, 16 und 19 kommen nur insoweit zur Anwendung, als nicht in Beziehung auf einzelne Rechtsgeschäfte und Rechtsverhältnisse besondere gesetzliche Vorschriften über die Wirksamkeit derselben für den Fall bestehen, daß sie zur Zeit der Konkurseröffnung noch nicht erfüllt oder beendigt sind [38]).

---

wenn nicht etwa nach den Grundsätzen der Paulianischen Klage das Rechtsgeschäft anfechtbar sei. Hiernach soll also bei einem Grundstücke, welches entweder überhaupt oder doch vorläufig nur durch Verpachtung nutzbar zu machen ist, das bereits vom Gemeinschuldner eingegangene Pachtverhältniß nicht zu dem bloßen Zwecke, um eine neue Verpachtung vorzunehmen, umgestoßen werden; die Frage hingegen: in wiefern die Gläubiger ohne Rücksicht auf das bestehende Pachtverhältniß mit dem Zwangsverkauf vorzugehen berechtigt sind, bleibt ganz unberührt. Ganz so die A. G.O. §§. 252, 254. Ist das Grundstück verkäuflich, so können die Gläubiger damit, ungeachtet der Verpachtung, ganz so verfahren, wie im Falle der gewöhnlichen Exekution durch Zwangsverkauf; bis dieser ausgeführt ist, bleibt der Pächter sitzen und will man, daß er alsdann räume, so muß ihm gekündigt werden. §. 255 a. a. O. u. A. L.R. I, 21, §§. 350 ff. Die Jurisprudenz hat dies näher dahin bestimmt, daß der Konkurskurator zwar befugt ist, dem Pächter eines zum öffentlichen Verkauf zu stellenden Grundstücks die Pachtung zu kündigen; daß der Antrag auf Räumung der Pacht aber erst nach erfolgter Adjudikation zulässig. Pr. des Obertr. 648, v. 13. April 1839 (Präj.-Samml. 1, S. 125).

36) Damit ist der Verkauf aus freier Hand oder in der Form einer freiwilligen Subhastation gemeint. (Motive, S. 35.) Dies ist das Neue in dem ganzen §. 18.

37) Diese Satzung ist mir unklar. Entweder soll sie sagen, was sich nach den bestehenden Grundsätzen von selbst versteht: dann ist sie müßig. Oder sie soll etwas mehr sagen: dann ist sie nicht faßbar. Denn die Besonderheiten sind noch außerdem durch den folgenden §. 20 aufrecht erhalten. (2. A.) Vergl. indeß oben, die Anm. 1 zum Einf.-Ges. vom 31. Mai 1860 am Ende, wonach im §. 19 die Landestheile des Gemeinen Rechts berücksichtigt sein sollen. M. s. auch Art. XVI des Einf.-Gesetzes für Hohenzollern, vom 31. Mai 1860, u. Art. XVII des Einf.-Ges. für den Bezirk des Justizsenats zu Ehrenbreitstein, vom 3. Februar 1864.

(2. A.) Das Obertr. sagt: ob und inwieweit die von dem Gemeinschuldner vor der Konkurseröffnung geschlossenen, seine Person betreffenden Rechtsgeschäfte, z. B. der Vertrag mit dem Hausarzte, gegen ihn selbst fortbestehen, oder eine Wirkung äußern, kann nicht aus der Konkursordnung, namentlich nicht aus den §§. 16 u. 19 entnommen, sondern muß nach den allgemeinen Grundsätzen über Erfüllung der Verträge und Verbindlichkeiten, unter Würdigung der in dem Vermögen des Gemeinschuldners eingetretenen Veränderung entschieden werden. Ein Rechtsgrundsatz, daß ein solcher Vertrag durch die Konkurseröffnung, in Beziehung auf die Person des Gemeinschuldners, von selbst aufgehoben werde, ist aus der Konkursordnung nicht abzuleiten. Erk. vom 25. Juni 1863 (Archiv für Rechtsf. Bd. LII, S. 9).

38) In den Motiven, S. 35, werden als solche aufgezählt: 1) die Gesinde-

§. 21. In den Fällen, in welchen ein Rechtsgeschäft durch die Konkurseröffnung aufgehoben wird (§§. 15, 16, 17, 19, 20), hat der Mitkontrahent des Gemeinschuldners die ihm deshalb zustehenden Entschädigungsansprüche als Konkursgläubiger geltend zu machen, sofern er nicht durch ein Pfandrecht oder Hypothekenrecht gedeckt ist[39]).

Bei Beurtheilung dieser Entschädigungsansprüche ist die Annahme zum Grunde zu legen, daß die Nichterfüllung durch eine Veränderung der Umstände herbeigeführt worden ist, welche sich in der Person des Gemeinschuldners ereignet hat[39a]).

Dritter Abschnitt.

Vindikations-Ansprüche.

§. 22. Wenn in der Konkursmasse Sachen sich befinden, welche dem Gemeinschuldner nicht eigenthümlich gehören, so findet die Rückforderung derselben nach den allgemeinen gesetzlichen Vorschriften statt[40]).

---

ordnung v. 8. November 1810, §§. 107, 108, hinsichtlich des Gesinde-Dienstverhältnisses; 2) A. L.R. I, 11, §§. 520, 521, betreffend den Trödelkontrakt; 3) §. 657 a. a. O., betreffend das Darlehnsversprechen; 4) §§. 975—977, 980 a. a. O., betreffend Verträge über ein verdungenes Werk; 5) A. L.R. I, 13, §§. 197—200, das Mandatsverhältniß betreffend; 6) A. L.R. I, 14, §§. 248, 300—305, 395 in Beziehung auf Bürgschaften; 7) A. L.R. II, 1, §. 421, betreffs der ehelichen Gütergemeinschaft; 8) A. L.R. II, 2, §§. 206 ff., 268, betreffend das Verwaltungs- und Nießbrauchsrecht des Gemeinschuldners an dem Vermögen seiner Kinder; 9) A. L.R. II, 8, §. 667 hinsichtlich der Handelsgesellschaften; u. 10) §§. 2012—2015 a. a. O., Versicherungen betreffend. — Eine besondere Vorschrift enthält das A. L.R. auch noch II, 1, §§. 261 ff. in Beziehung auf das ehemännliche Verwaltungs- und Nießbrauchsrecht. Hierüber trifft die Konk-O. unten in dem §. 93 nähere Bestimmung.

39) Eine folgerechte Regel. Anm. 28. In den Fällen, wo die Gläubigerschaft in das Rechtsverhältniß eintritt und nur von der Befugniß, dasselbe vor Ablauf der kontraktlichen Zeit aufzukündigen, Gebrauch macht, wie bei Miethungen und Pachtungen, hat der andere Theil gar nichts zu fordern, „vielmehr ist der andere Theil durch die Gewährung der kontraktlichen Leistungen, welche ihm für die Zeit bis zur Auflösung des Verhältnisses gebühren, vollständig abgefunden." (Motive, S. 36). In Beziehung auf die Konkursmasse und die Gläubigerschaft ist dies vollkommen richtig, nicht hinsichtlich des Gemeinschuldners. Ist dieser nicht entschuldbar, so muß er, wenn er zu bessern Umständen gelangt, nach allgemeinen civilrechtlichen Grundsätzen, den Andern wegen seines Interesses für die noch übrige Kontraktszeit völlig schadlos halten. A. L.R. I, 5, §§. 379, 384. Diese Schadloshaltung kann der Mitkontrahent auch als Konkursgläubiger aus der Masse fordern. Dies ist es, was in dem folgenden, von den Kammern passend hinzugefügten zweiten Absatz außer Zweifel gesetzt wird.

39a) S. die vor. Anm. a. E.

40) Die Aufzählung der einzelnen Fälle, oder Angabe der Kategorien, wie sie die A. G.O. §§. 296 ff. bietet, ist mit Vorbedacht vermieden. In den folgenden §§. 23 ff. sind nur einige Verhältnisse im Interesse der Sicherheit des Handelsverkehrs durch Spezialbestimmungen regulirt. (Motive, S. 37.) (2. A.) Die in Kommission gekauften Waaren sind Eigenthum des Kommittenten und können gleichfalls abgefordert werden. Anm. 43 zu §. 25.

Hinsichtlich der Terminologie ist zu bemerken, daß die Verdeutschung des Wortes „Vindikation" in „Rückforderung" nicht für alle Vindikationsfälle paßt, da der Vindikant sehr oft oder meistens nicht derjenige ist, von welchem der Ge-

§. 23. Sind fremde Sachen vor der Konkurseröffnung durch den Gemeinschuldner verkauft worden, so kann an deren Stelle die Uebereignung des Kaufpreises gefordert werden, soweit derselbe noch aussteht [41]).

§. 24. Wechsel, Handelspapiere und andere Urkunden über Forderungen, welche dem Gemeinschuldner nur behufs der Realisirung oder mit der ausdrücklichen Bestimmung übermacht worden sind, daß sie zur Deckung gewisser, bei der Uebermachung bezeichneter künftiger Zahlungen dienen sollen, können zurückgefordert werden, wenn sie zur Zeit der Konkurseröffnung noch unbezahlt bei dem Gemeinschuldner oder bei einem Dritten vorhanden sind, welcher sie für den Gemeinschuldner besitzt [42]).

---

genstand an den Beklagten gekommen ist und eine „Rückforderung" ausgehen könnte. Die Vindikation ist eine absolute Abforderung.

41) Der Grundsatz, nach welchem hier die zweifelhafte Regel: pretium succedit in locum rei, Anwendung finden soll, ist aus dem §. 354 der A. G.O. aufgenommen, unter Ausdehnung auf den Fall, wo der Verkauf schon durch den Schuldner geschehen war. (2. A. Davon handelte der §. 300 nur in Beziehung auf die Verkaufskommission; der Fall, worüber der §. 23 des Textes Bestimmung trifft, war im älteren Rechte nicht vorgesehen.) Der Fall, wo das Kaufgeld zur Masse eingezogen wurde, war im Entwurf gleichfalls hier in diesem §. behandelt, ist aber von den Kammern zu einem besonderen Paragraphen (§. 28) verwiesen worden. In den Motiven zum Entwurf, S. 37, wird bevorwortet, daß, da hierdurch dem Eigenthümer nur eine Befugniß gegeben werde, diese Bestimmung dem Vindikationsrechte desselben, wenn ihm ein solches nach der Beschaffenheit des Falles gebühre, nicht entgegen stehe. Die dabei entstehende Frage nach der Gewährsleistung ist nicht berücksichtigt. Nach allgemeinen Grundsätzen des Röm. Civilrechts sind die verkaufenden Pfandgläubiger, als Vertreter des Schuldners beim Verkaufe, zur Eviktionsleistung nicht verpflichtet: der Käufer hat sich an den Schuldner als den eigentlichen Geschäftsherrn zu halten. L. 10 D. de distract. pignor. (XX, 5); L. 38, 50, 74, §. 1 D. de evict. (XXI, 2); L. 13 C. eod. (VIII, 45). Da die Gläubigerschaft nach preuß. Konkursrechte dieselbe Stellung hat (§. 4 u. Anm. 10), so müßte folgerecht hier das Gleiche gelten. Das preuß. Recht geht aber, wie manche andere deutsche Partikularrechte, z. B. in Sachsen (Kori, System, 2. A., §. 109 u. Anm. 711), in diesem Punkte, im Interesse der Sicherheit des Verkehrs ab und verpflichtet die Masse zur Eviktionsleistung in dem Falle, wenn das Kaufgeld zur Masse geflossen ist. Das Prinzip liegt schon in der singulären Bestimmung des §. 23 u. 28; es findet sich aber auch ausdrücklich ausgesprochen im §. 12, Tit. 52 der Pr.-O. — Ist das Kaufgeld nicht zur Masse geflossen und die Eviktionsforderung schon vor Ausbruch des Konkurses entstanden, so muß der Eviktionsforderer in die Gemeinschaft der Gläubiger eintreten und seine Forderung liquidiren.

Der §. 23 enthielt im Entwurfe auch die Bestimmung über den Fall, wo die in Rede stehenden Sachen, Wechsel 2c. (§. 24) erst nach der Konkurseröffnung verkauft, beziehlich eingezogen worden sind. Dieselbe ist hier gestrichen und zu einem besonderen Paragraphen (unten §. 44) verwiesen worden.

(2. A.) Vergl. unten, Anm. 45, Abs. 2 zu §. 25.

42) Diese neue Bestimmung ist dem Art. 583 des Code de comm., Art. 574 des franz. Fallissementsgesetzes v. J. 1838 entnommen, und beruht auf der Voraussetzung, daß das Geschäft, mit Rücksicht auf welches die Uebermachung der Papiere an den Gemeinschuldner stattgefunden hat, vermöge der durch die Konkurseröffnung eingetretenen Veränderungen in den Verhältnissen des Gemeinschuldners nicht zur Ausführung kommen könne. Denn sie setzt voraus, daß die Uebertragung der Papiere, wenn gleich in der äußern Form der Eigenthumsübertragung, doch nicht unter einem Eigenthumstitel und in der Absicht, den Gemeinschuldner zum Eigenthümer zu machen, sondern nur zu dem Zwecke geschehen sei, um ihn in die Lage zu bringen, darüber nach den Absichten des Eigenthümers zu verfügen oder nach Erfüllung einer Bedingung Eigenthümer zu werden. Z. B. wenn

§. 25. Waaren und andere Gegenstände, welche dem Gemeinschuldner zum Verkauf [43]) in Kommission gegeben sind, können zurückgefordert werden, sofern dieselben zur Zeit der Konkurseröffnung bei dem Gemeinschuldner oder bei einem Dritten, welcher sie für den Gemeinschuldner besitzt, in Natur unterscheidbar [44]) vorhanden sind.

Hat der Gemeinschuldner die zum Verkauf in Kommission erhaltenen Waaren und anderen Gegenstände bereits veräußert, so kann an deren Stelle die Uebereignung des Kaufpreises gefordert werden, soweit derselbe nicht durch Zahlung oder Hingabe an Zahlungsstatt, oder durch Kompensation in laufender Rechnung, oder in anderer Weise vor der Konkurseröffnung zwischen dem Käufer und dem Gemeinschuldner berichtigt worden ist [45]).

Jemand einen Wechsel oder eine andere Forderung durch den Gemeinschuldner einziehen lassen will und zu diesem Behuf an ihn den Wechsel girirt oder die Forderung, an Stelle einer Bevollmächtigung, cedirt; oder wenn Jemand, der von dem Gemeinschuldner etwas kaufen will oder ihn mit dem Ankauf von Waaren beauftragt, ihm zur Deckung für das Kaufgeld ein Wechselaccept im Voraus übersendet. (Motive, S. 37.) Der Rechtssatz ist durchaus folgerichtig; in allen solchen Fällen ist der Uebersender, bis zur Ausführung, noch Eigenthümer des Papiers und kann es vindiciren. Der Berichterstatter der Kommission der II. K. lehrt zwar in seinem Berichte S. 20, daß „man von einem Vindiciren von Wechseln, Handelspapieren und anderen Urkunden nicht wohl sprechen kann." Warum denn aber nicht? Urkunden sind ja körperliche, von andern unterscheidbare Sachen. Aber die praktische Schwierigkeit der Anwendung liegt in der Beweisführung. Hierüber ist nichts bestimmt, es bleiben mithin alle sonst zulässigen Beweismittel anwendbar.

43) Nur die Verkaufs-Kommission, wovon die A. G.O. im §. 300 handelt, ist hier berücksichtigt, indem man sich dem franz. C. de comm. Art. 581 und Fallissementsgesetz Art. 575, womit auch das Holländische Handelsgesetzbuch Art. 240 übereinstimmt, angeschlossen hat. Die Bestimmungen über die Einkaufskommission (A. G.O. §§. 302—304) hat man, als der Natur des Verhältnisses nicht entsprechend, hier fallen lassen und unter die Fälle des gesetzlichen Pfandrechts (§. 33, Nr. 8) verwiesen. Dabei ist aber ausdrücklich der Fall gesetzt, daß der Kommissionär auf seinen eigenen Namen gehandelt und gekauft habe. Denn alsdann wird er, ungeachtet des Auftrags, für seine Person Eigenthümer. Pl.-Beschl. (Pr. 2052) des Obertr. v. 2. Oktbr. 1848. (Entsch. Bd. XVII, S. 19.) „Hat der Gemeinschuldner den Einkauf im Namen des Kommittenten besorgt, so erlangt der Letztere, nach den Grundsätzen über das Mandatsverhältniß, schon unmittelbar durch die Uebergabe der gekauften Gegenstände an den Gemeinschuldner das Eigenthum derselben; es genügen auch in diesem Falle die allgemeinen Vorschriften über die Vindikation" (Motive, S. 38). Dabei macht der Umstand, daß der Kommittent zur Bezahlung des Kaufgeldes keine Mittel angewiesen hat, keinen Unterschied; die Gläubigerschaft ist wegen ihrer Forderungen an Vorschüssen und Auslagen, sowie wegen der eingegangenen Verbindlichkeit gegen die Verkäufer durch das Zurückhaltungsrecht (§. 29) und durch das gesetzliche Pfandrecht der kaufmännischen Kommissionäre (§. 33, Nr. 8) gesichert.

44) Hierauf kommt es besonders an, aber es genügt auch der Nachweis der Identität zur Abforderung; den Beweis seines Eigenthums hat der Kommittent zu führen nicht nöthig (Motive, S. 38). Denn entweder hat er für sich kaufen und übergeben lassen: dann kann er von der Publicianischen Klage unmittelbar Gebrauch machen; oder er hat selbst nur für einen Andern gehandelt: dann macht er in gleicher Eigenschaft von derselben Klage Anwendung.

45) Also die noch ausstehende Kaufgelderforderung ist gemeint. Die umständliche Aufzählung der möglichen Tilgungsarten bezweckt nur, festzusetzen, daß es lediglich auf die Ausgleichung zwischen dem Käufer und dem Kommissionär ankomme, nicht aber darauf: was der Kommittent etwa noch zu erhalten habe,

§. 26. Wer Waaren an den Gemeinschuldner verkauft und abgesendet hat, kann dieselben zurückfordern, wenn sie nicht schon vor der Konkurseröffnung in das Waarenlager oder in einen anderen Aufbewahrungsort des Gemeinschuldners oder eines Dritten abgeliefert sind, welcher den Auftrag hat, sie zur Verfügung des Gemeinschuldners zu halten [46]).

§. 27. Das Recht der Rückforderung der an den Gemeinschuldner verkauften und abgesendeten Waaren (§. 26) ist ausgeschlossen:

1) wenn der Kaufpreis vor der Konkurseröffnung bereits vollständig berichtigt ist;
2) wenn die Gläubigerschaft in das Kaufgeschäft eintritt und die Verbindlichkeiten des Gemeinschuldners aus demselben erfüllt;
3) wenn die Waaren vor der Konkurseröffnung durch einen Dritten in gutem Glauben auf Grund des Konnossements oder des Frachtbriefs gekauft worden sind [47]). Hat ein Dritter vor der Konkurseröffnung

---

gesehen werden solle. — Die weitere Bestimmung im §. 300 der A. G.O., daß die Abforderung des Kaufgeldes aus der Masse auch dann zulässig sei, wenn dasselbe bei dem Gemeinschuldner besonders bezeichnet und verwahrt vorgefunden werde, — hat man, als für den gewöhnlichen Verkehr unpraktisch und als ein Mittel für den unredlichen Gemeinschuldner zu betrüglichen Begünstigungen Einzelner, wegfallen lassen. (Motive, S. 38.)

(2. A.) Ein Kaufmann hatte Waaren an einen Anderen gesendet, mit dem Auftrage, dieselben an einen Dritten gegen baare Zahlung von 354 Thlr. 19 Sgr. auszuhändigen. Der Andere händigte dem Dritten die Waaren aus, aber nicht gegen baare Zahlung, sondern gegen Empfang zweier Wechsel, die auf seinen, des Anderen (des Beauftragten), Namen ausgestellt waren. Darauf gerieth der Beauftragte in Konkurs und die Wechsel fielen in seine Konkursmasse. Der Auftraggeber verlangte gegen die Konkursmasse die Uebereignung der Wechsel als der ihm gebührenden noch ausstehenden Kaufgelderforderung. Vor dem Austrage der Sache wurde der Konkurs durch Akkord beendet und dem Gemeinschuldner wurden die Wechsel ausgehändigt. Er realisirte sie als ihm zustehend. Der Auftraggeber, der sich auch bei dem Akkord betheiligt und eine Akkordrate angenommen hatte, verklagte nun den beauftragt gewesenen ehemaligen Gemeinschuldner, auf Grund des §. 62, I, 13 des A. L.R. und der §§. 23 u. 25 der Konkursordnung, auf Herausgabe der durch Realisirung der Wechsel eingehobenen Kaufgelder. Die Instanzrichter wiesen ihn ab, weil keiner der in den §§. 22—26 der Konkursordnung aufgeführten Fälle vorliege. Das Obertr. kassirte das Appellationsurtheil und erkannte zu Gunsten des Klägers, gemäß dem Grundsatze des §. 62, I, 13 des A. L.R. und nach Analogie der §§. 23 u. 25 der Konkursordnung. Dabei sprach es den Grundsatz aus: daß die Rechte der bevorzugten Gläubiger, zu welchen es den Kläger rechnete, mit Recht, durch den Akkord nicht getroffen werden, und daß dieselben daher ihres Vorzugs- und Uebereignungsrechts durch die Annahme einer Akkordrate nicht verlustig gehen. Erk. v. 15. Mai 1862 (Arch. f. Rechtsf. Bd. XLV, S. 235). Die Ausführung ist klassisch.

46) Diese Bestimmung ist dem Art. 576 ff. des C. de c. entnommen und an die Stelle der §§. 305, 309 b der A. G.O. gesetzt; sie dient zur Sicherung des kaufmännischen Verkehrs besser als die A. G.O., wonach die Rückforderung auch dann, wenn die Waaren bereits vor der Konkurseröffnung, aber nicht früher als 3 Tage vorher an den Gemeinschuldner abgeliefert worden waren, noch zulässig sein sollte, was zu den Grundsätzen über die Erwerbung des Eigenthums durch Uebergabe unter Abwesenden noch weniger paßte als die Bestimmung in ihrer neuen Fassung: sie bleibt eine zu Gunsten des Handelsverkehrs getroffene Singularität. Vergl. A. L.R. I, 11, §§. 128 ff.

47) Bis hierher ist die Nr. 3 eine Uebersetzung des Art. 578 des C. de c. u. des Art. 576 des franz. Fallissementsgesetzes v. 1838, wodurch die für den

ein Pfandrecht an den Waaren erworben, so findet die Rückforderung nur gegen Bezahlung der Pfandschuld statt [48]).

§. 28. Sind die in den §§. 22, 25, 26 erwähnten Sachen in dem Konkurse verkauft worden, so kann an deren Stelle die Uebereignung des Kaufpreises gefordert werden, soweit derselbe noch aussteht [48 a]).

§. 29. Wenn dem Gemeinschuldner oder der Konkursmasse in Beziehung auf zurückgeforderte Sachen Gegenforderungen wegen Auslagen, Verwendungen, Abschlagszahlungen, oder aus einem andern Grunde [49]) zustehen, so kann die Herausgabe nur gegen Befriedigung der Gegenforderungen verlangt werden.

§. 30. Das Rückforderungsrecht wird in allen Fällen unabhängig von dem Konkursverfahren gegen den Verwalter der Masse geltend gemacht [50]).

Vierter Abschnitt.

Ansprüche der Gläubiger auf abgesonderte Befriedigung [51]).

§. 31. Unbewegliches Eigenthum, Berg- und Hütteneigenthum, so-

hier in Rede stehenden Fall von der A. G.O. in den §§. 305, 308, 309 b gegebenen Bestimmungen ersetzt werden. Der Art. 578 l. c. sagt: „sur factures et connaissements ou lettres de voitures," womit das A. L.R. I, 20, §. 367 übereinstimmt. Die „Faktur" ist hier im §. 27 weggelassen, wol deshalb, weil deren Uebergabe unwesentlich ist, und auf Grund derselben allein keine Uebertragung oder Verpfändung endgültig vermittelt werden kann. Vergl. A. L.R. I, 20, §§. 369—371.

48) Dieser Zusatz ist dem holländischen Handelsgesetzbuche Art. 237 entlehnt und ebenso unbedenklich, wie der vorhergehende Grundsatz über die Eigenthumserwerbung seitens eines Dritten.

48 a) Oben, Anm. 41 zu §. 23.

49) Namentlich noch wegen für die Sachen gemachter Schulden, denn auch davon muß der Rückforderer den Gemeinschuldner, beziehlich die Konkursmasse, befreien. Der Art. 579, von welchem der §. 29 eine Nachbildung ist, enthält auch noch: „et de payer les sommes dues pour mêmes causes, si elles n'ont pas été acquittées." Das versteht sich als Folge der Aufhebung des Geschäfts von selbst, da der frühere Zustand hergestellt, d. h. der Gemeinschuldner und die Masse in die Lage gesetzt werden muß, als wenn die Waaren nicht gekauft und abgesendet worden wären.

50) Damit ist die erste Klasse der Konkursgläubiger beseitigt. Der Grundsatz entspricht dem neuen Konkurssystem völlig, er hätte sich schon nach der A. G.O. §. 527 begründen lassen, denn es ist ein Fehlgriff der A. G.O., die Vindikanten zu den Konkursgläubigern zu zählen und zur Liquidation zu verweisen, während sie doch gar keine Gläubiger sind, nichts zu liquidiren haben und die Ausscheidung fremden Eigenthums aus der Konkursmasse ein zur Feststellung der Aktivmasse gehöriges Geschäft ist. Schon im gemeinrechtlichen Konkurse werden die Ansprüche der Vindikanten so angesehen und behandelt.

51) Der Abschnitt handelt von den s. g. separantes jure crediti, im Gegensatze zu den separantes jure dominii (vindicantes), wovon im vorhergehenden Abschnitt die Rede war. Althergebrachter Rechtsgrundsatz ist, daß zu den Konkursgläubigern (Liquidanten) nicht diejenigen gehören, deren Anspruch auf einem dinglichen Rechte beruhen. Deshalb hatten bei den Römern auch die Pfand- und Hypothekengläubiger, wenn sie lediglich ihr dingliches Recht geltend machen wollten, nicht nöthig, sich in den Konkurs einzulassen. Die gemeine Gerichtspraxis brachte, wegen des Ueberschusses, der in die Masse fließen mußte, den Grundsatz auf, daß die Pfandstücke zur Masse gezogen, für Rechnung derselben ins Geld gesetzt

wie Seeschiffe und andere zur Frachtschifffahrt bestimmte Schiffsgefäße dienen zur abgesonderten Befriedigung der Gläubiger, welchen ein Realrecht an denselben zusteht [52]).

§. 32. Gläubiger, welchen zur Sicherung ihrer Forderung ein Pfandrecht an beweglichen Sachen durch körperliche oder symbolische Uebergabe ertheilt ist (Faustpfandgläubiger) [52a]), erhalten soweit, als das Pfand reicht und haftet, abgesonderte Befriedigung aus demselben.

---

werden, und die Pfand- und Hypothekengläubiger ihre Befriedigung aus der Masse, wenn schon vorzüglich aus dem Erlös für ihr Unterpfand, erwarten mußten. Dieses System ist auch das der A. G.O. Diesen rechtsverletzenden Abweg hat bereits die V. v. 28. Dezember 1840 (G.S. 1841, S. 4) in der Hauptsache abgestellt. Die §§. 31 und 32 bringen das Prinzip der abgesonderten Befriedigung der Realgläubiger wieder zur vollständigen Geltung, indem die in jener Verordnung §. 2 noch aufrecht erhaltene Verpflichtung zur Ablieferung des Unterpfandes (A. G.O. §. 206), gemäß dem civilrechtlichen Grundsatze §§. 159, 163 ff., Tit. 20, Th. I des A. L.R., beseitigt und die dort gleichfalls noch festgehaltene Beschränkung des Unterpfandsrechts rücksichtlich der Beitreibungskosten, welche die Realgläubiger nicht sollten aus dem Unterpfande entnehmen dürfen (A. G.O. §§. 381, 527, 528), aufgehoben worden ist. (§. 32, Satz 2.) Die Pfandinhaber sind, bei Verlust ihres Rechts, nur gehalten, von den in ihrem Besitze befindlichen Pfandstücken Anzeige zu machen (§§. 146 u. 147), und der Verwalter der Konkursmasse ist nur befugt, zu jeder Zeit entweder die Verwerthung der Pfandstücke zu fordern, oder dieselben durch Bezahlung der vollen Pfandschuld für die Masse einzulösen. (§. 264.) — Wie die Unterpfandsgläubiger auf einzelne bestimmte Sachen ein besonderes Recht haben, so kommen auch ganze Inbegriffe in manchen Konkursmassen vor, welche als ein für sich bestehendes Vermögen, wegen der darin enthaltenen Passiva, behandelt werden. Man nennt die Gläubiger eines solchen Sonderguts Separanten im eigentlichen Sinne, welche gleichsam Realgläubiger dieses Sonderguts sind. Das R. R. kennt nur ein solches Separatvermögen in dem Vermögen eines Gemeinschuldners: eine ihm angefallene, mit dem eigenen Vermögen noch nicht vermischte Erbschaft. Diese wurde auf Verlangen der Erbschaftsgläubiger völlig getrennt von der Konkursmasse gehalten und ausschließlich zur Befriedigung der Erbschaftsgläubiger verwendet; nur der Ueberschuß floß zur gemeinen Masse. (Tit. D. de separationibus, XLII, 6.) Dieses Separationsrecht der Erbschaftsgläubiger findet sich im A. L.R. I, 16, §§. 500—512 und A. G.O. I, 50, §§. 272—286 wieder und ist hier in den §§. 37—39 behandelt. — Die Römer machten von dem Prinzip noch eine analoge Anwendung auf die Pekulien der Haussöhne und der Sklaven, daher man deren Gläubiger Quasiseparanten nannte. Das Institut der Pekulien kommt in Deutschland nicht vor, Quasiseparanten im röm. Rechtssinne kennt daher das Deutsche Recht nicht; aber eine Nachbildung desselben sind die Grundsätze über Handlungssocietäten, welche sich in den §§. 35, 36, 286—291 befinden und im gem. Rechte streitig sind. — Lehns- und Fideikommiß-Absonderungen gehören nicht hierher. (A.L.R. I, 18, §§. 508 ff.; II, 4, §§. 206 ff.)

52) Dieser §. hatte im Entwurfe noch den Satz, daß das Gleiche auch von den Versicherungsgeldern für solche Gegenstände gelten sollte. Dieser, allgemeinen Rechtsgrundsätzen und auch der Praxis des höchsten Gerichtshofes widersprechende Satz ist von den Kammern gestrichen. — Das den persönlichen Baugläubigern in der A. G.O. §. 336 beigelegte Separationsrecht auf Feuerentschädigungs- und Bauhülfsgelder ist, als durch das Bedürfniß nicht geboten, übergangen und damit aufgehoben.

52a) (2. A.) Ist das Pfandrecht an einer Privatobligation bestellt, so ist die Gültigkeit des Pfandrechts und somit das Privilegium aus dem §. 32 durch die Schriftlichkeit der Pfandbestellung bedingt. A. L.R. I, 11, §§. 394 ff.; I, 20, §§. 1 u. 94; Verordnung vom 9. Dezember 1809 §. 1 (Rabe, Samml. Bd. X, S. 217). Vergl. Erk. des Obertr. vom 22. Jannar 1861 (Arch. f. Rechtsf. Bd. XLII, S. 5).

Sie sind berechtigt, die Pfandlosung zunächst auf die Kosten, sodann auf die laufenden Zinsen und demnächst auf die sämmtlichen rückständigen noch nicht verjährten Zinsen in Anrechnung zu bringen [53]).

§. 33. Mit den Faustpfandgläubigern haben gleiche Rechte [54]):

1) der Fiskus und die Gemeinden wegen Zölle und Steuern, in Ansehung der zurückgehaltenen oder mit Beschlag belegten zoll- und steuerpflichtigen Gegenstände [55]), soweit nicht etwa durch Konfiskation das Eigenthum derselben an den Fiskus oder die Gemeinden übergegangen ist;

2) der Fiskus wegen Vorschüsse, welche zur Ausrüstung einer Militärperson in der gesetzlich vorgeschriebenen Form gegeben worden sind, in Ansehung sämmtlicher Ausrüstungsgegenstände [56]);

3) diejenigen, welchen eine Kaution bestellt worden ist, wegen der Ansprüche, für welche die Kaution haftet, in Ansehung des Gegenstandes der letztern [57]);

4) Vermiether und Verpächter wegen des Zinses und anderer Forderungen aus dem Mieth- oder Pachtverhältnisse, in Ansehung der von dem Miether oder Pächter eingebrachten Sachen, welche ihm selbst gehören oder welche er ohne Einwilligung des Eigenthümers zu verpfänden befugt ist, soweit der Vermiether oder Verpächter das ihm zustehende Zurückbehaltungsrecht an denselben ausübt [58]); ingleichen in Anse-

53) Die §§. 31 und 32 sind der V. v. 28. Dezember 1840 (G.S. 1841, S. 4) entnommen unter Abänderung des §. 2 hinsichtlich der Beitreibungskosten. Anm. 51. Die erst in den Kammern im Absatz 2 besonders präcisirte Rangordnung ist auf den Fall berechnet, daß der Pfandgläubiger auch als Konkursgläubiger auftritt. Für diesen Fall aber ist dieselbe unrichtig, vielmehr müssen die laufenden Zinsen, den übrigen Gläubigern gegenüber, außer Ansatz bleiben und das, was der Pfandgläubiger aus dem Erlös seines Pfandes erhalten hat, muß zunächst auf Kosten, dann auf Kapital und hiernächst auf rückständige Zinsen gerechnet werden; die laufenden Zinsen kommen erst post omnes zur Hebung. Vergl. oben §. 12 und die Anm. 25 dazu. Diese Konsequenz wird durch die Verbesserung der Kammer gestört.

54) Nach der Absicht der Verf. soll in den nachstehend genannten Fällen das Pfandrecht selbst, ein gesetzliches Faustpfandrecht, stattfinden. (Motive, S. 41.) (2. A.) Dies ist ein Widerspruch in sich. Ein Pfandrecht ohne Besitz ist eben kein Faustpfand, es ist eine Hypothek, folglich kann dasselbe auch Mehreren an demselben Gegenstande zustehen, wobei denn wieder eine Klassifikation nothwendig wird. §. 34.

55) Aus §. 16 des Zollgesetzes vom 23. Januar 1838 (G.S. S. 36). Die Zusammenstellung der Gemeinden mit dem Fiskus, in soweit ihnen das Recht auf Steuern gesetzlich eingeräumt ist, ist neu, wird jedoch im §. 34 auch wieder aufgehoben.

56) In dieses Pfandrecht ist das Privilegium ante omnes, welches der §. 353 des Anh. z. A. G.O. den Darlehnen aus den Regiments- und Bataillonskassen an Offiziere zur Anschaffung der Equipage gab, verwandelt.

(2. A.) Bei diesen Gegenständen kann ebenfalls eine Konkurrenz vorkommen, nämlich die Konkurrenz des Schneiders auf Grund der Bestimmung Nr. 9.

57) Dieser Fall ist ein ausdrücklich bestelltes Faustpfand oder, nach Beschaffenheit des Gegenstandes und der Form, eine Hypothek; der Kautionsnehmer hat ein gesetzliches Pfandrecht nicht nöthig.

58) Bis hierher ist die Bestimmung dem A. L.R. I, 21, §. 395, der A.

hung der noch nicht abgesonderten [59]) Früchte der verpachteten Grundstücke;

5) Gastwirthe wegen Forderungen für Wohnung und Bewirthung in Ansehung der eingebrachten und zurückbehaltenen Sachen des Gastes [60]), welche diesem selbst gehören, oder welche er ohne Einwilligung des Eigenthümers zu verpfänden befugt ist [61]);

6 bis 8. Fallen weg. An deren Stelle tritt:

Einführungs-Gesetz zum Handelsgesetzbuch vom 24. Juni 1861, Art. 28 (G.S. S. 460):

Der §. 32 der Konkursordnung vom 8. Mai 1855 findet auch auf

G.O. §. 382a und der Dekl. vom 21. Juli 1846 (G.S. S. 326) entnommen. Die angehängte Ausdehnung dieses Pfandrechts auf die Früchte ist schon von der Praxis in weiterem Maße, als hier geschieht, gemacht, indem das Obertr. den Grundsatz angenommen hat, daß das gesetzliche Pfandrecht des Verpächters sich auch auf die im Pachtgrundstücke erzeugten, noch auf dem Halme stehenden oder schon eingeernteten Früchte erstreckte (Pr. 885a, vom 18. April 1840); und dieser Satz wird aus dem R. R. und aus der Absicht des A. L.R. begründet. (Entsch. Bd. VI, S. 92.) Was sich gegen diese Begründung sagen läßt, darüber s. m. die Anm. 6 zu §. 395, Tit. 21, Th. I des A. L.R. Die hier im §. 33, Nr. 4 getroffene Bestimmung schränkt diesen von der Praxis aufgestellten Grundsatz scheinbar auf die noch unabgesonderten Früchte ein. Dieses Pfandrecht an den Früchten aber erscheint den Verf. als zulässig, „indem die Früchte, so lange sie noch mit dem Grundstücke organisch zusammenhängen, der Einwirkung des Verpächters nicht entzogen sind." (Motive, S. 42.) Doch ist die Einschränkung in der That nur scheinbar. Denn bei dieser Erwägung hat man Verpachtungen einzelner Landparzellen vor Augen gehabt, bei welchen sich namentlich das Bedürfniß der Ausdehnung auf die noch unabgesonderten Früchte herausgestellt hat, da der Verpächter sonst, weil der Pächter nichts einbringt, jeder Sicherheit entbehrt. Die Erwägung also, daß die Früchte — so lange sie noch mit dem Grundstücke organisch zusammenhängen, der Einwirkung des Verpächters nicht entzogen sind, hat bei solchen leeren Ackerparzellen Sinn, indem der Verpächter den eingeernteten Früchten in ein fremdes Grundstück nicht nachfolgen darf. Aus dieser Betrachtung ergiebt sich nun zweierlei: Erstens, daß jener von der Praxis gewonnene Grundsatz hinsichtlich der eingeernteten Früchte, in soweit sie sich noch in dem verpachteten Grundstücke befinden, keine Abänderung erlitten hat; denn solche Früchte gehören zu den invectis et illatis, sie sind ganz eigentlich eingefahren und dem Verpächter ist auf sie dieselbe Einwirkung rechtlich möglich, wie auf alle andere inferirte Sachen, so lange sie im Grundstücke vorhanden sind. Zweitens ist bei Verpachtungen einzelner Ackerstücke nicht die Absonderung in der Bedeutung der Trennung vom Boden die entscheidende Handlung, wodurch dem Verpächter die Einwirkung auf die Früchte und damit sein Pfandrecht entzogen wird; sondern erst die Abführung von dem Pachtgrundstücke. Denn so lange sich die Früchte, wenngleich im vom Boden getrennten Zustande, noch auf seinem Grundstücke befinden, kann der Verpächter noch darauf einwirken. Unter der Absonderung ist also in dieser Beziehung die Wegschaffung zu verstehen.

59) „Noch nicht abgesonderten" heißt hier: „noch nicht weggeschafften, abgefahrenen". S. die vor. Anm. a. E. Der Berichterstatter der Kommission der II. K. sagt in dem Berichte S. 24: „Die Ausdehnung auf die noch nicht abgesonderten Früchte ist allerdings neu." Es war also seinen Studien entgangen, daß der Rechtssatz alt ist.

60) Aus dem A. L.R. II, 8, §. 455 und A. G.O. Anh. §. 359.

61) Die nähere Bestimmung „welche ꝛc." ist erst von den Kammern hinzugefügt; ich halte sie für einen Fehlgriff. Es ist ein anderes mit dem Rezeptum eines Reisenden, den ein Gastwirth aufzunehmen verpflichtet ist, ohne ihn zu

diejenigen Gläubiger Anwendung, welchen das Handelsgesetzbuch in den Artikeln 374 [62]), 382, 409, 624, 629, 675, und rücksichtlich der Ladung des Schiffs [63]) in den Artikeln 680, 697, 727, 753, 781 ein Pfandrecht beilegt.

Diese Bestimmung tritt an die Stelle der Vorschriften unter Ziffer 6, 7, 8 im §. 33 der Konkursordnung.

9) Werkmeister, Handwerker und Arbeiter wegen ihrer Forderungen für Arbeit und Auslagen, in Ansehung der von ihnen gefertigten oder ausgebesserten und noch in ihrer Gewahrsam befindlichen Sachen [64]);

10) diejenigen, welchen das Zurückbehaltungsrecht an einer körperlichen beweglichen Sache auf Grund einer zum Nutzen der Sache geschehenen Verwendung zusteht, wegen ihrer Forderungen aus dieser Verwendung, soweit der Vortheil derselben noch wirklich vorhanden ist, in Ansehung der zurückbehaltenen Sache [65]).

§. 34. Das Pfandrecht des Fiskus und der Gemeinden (§. 33) hat den Vorzug vor den übrigen Pfandrechten; das Pfandrecht des Fiskus geht dem Pfandrecht der Gemeinden vor [66]).

---

kennen, als mit dem Miethskontrakt eines Wohnungsvermiethers, der sich mit seinem Abmiether bekannt machen kann, wenn er es noch nicht ist. Ueberdies wird für die mitgeführten Sachen das Rezeptum mitgeschlossen, daher der Gastwirth für die Unterbringung geliehener oder gemietheter Equipagen an Pferd und Wagen nicht weniger als an eigenthümlichen Gegenständen des Reisenden nach allgemein und überall gültigem Rechte sich zu halten berechtigt ist. In dieser Hinsicht ist zwischen dem Rezeptum des Gastwirths und dem des Schiffers gar kein Unterschied, man hätte mithin, um logisch zu verbessern, bei der folgenden Ziffer 6 dieses Paragraphen ganz dieselbe Einschränkung machen müssen.

62) (2. A.) Eine Nachbildung des Art. 93 des C. de comm. im Interesse des kaufmännischen Verkehrs. Bisher hatte der Kommissionär nur ein im Konkurse unwirksames Retentionsrecht. A. L.R. I, 13, §. 83. Vergl. oben, Anm. 43 zu §. 25.

Auch für „Forderungen aus laufender Rechnung in Kommissionsgeschäften" ist es eine wesentliche Voraussetzung, daß sie in Ansehung der dem Kommissionär oder Spediteur in Ausübung ihres Kommissions- oder Speditionsgeschäfts anvertrauten oder von ihnen angekauften oder besorgten Güter, Fonds und Effekten des Gemeinschuldners entstanden sein müssen. Erk. des Obertr. vom 9. Juli 1861 (Arch. f. Rechtsf. Bd. XLII, S. 252).

63) (2. A.) Das dem Schiffer rc. wegen der Fracht und der Auslagen an dem Ladungsgute zustehende Pfandrecht gebührt ihm vom Empfange der Ladung an, und ist namentlich nicht dadurch bedingt, daß der Transport wirklich begonnen hat. Pr. des Obertr. 1702, vom 13. Febr. 1846 (Präj.-Samml. I, S. 204).

64) Hierdurch ist das Retentionsrecht des Werkmeisters (A. L.R. I, 11, §. 974) in ein Pfandrecht verwandelt und wegen Gleichheit des Grundes generalisirt, wie es die Fassung der Bestimmung besagt.

65) Dem Retentionsrechte wegen nützlicher Verwendung legt bereits das A. L.R. I, 20, §§. 547 ff. dingliche Wirkung bei, mithin ist hier, im §. 33, Nr. 10, nur die entsprechende Benennung gegeben.

66) Das Zusammentreffen mehrerer Pfandrechte kann z. B. in Fällen des §. 33, Nr. 1, 6, 7 u. 8 vorkommen. Das Alter ist ohne Einfluß auf den Vorzug; Schiffer und Frachtfuhrleute stehen mithin dem Fiskus und den Kommunen im Falle der Nr. 1 immer nach. — (2. A.) Daß der §. 34 durch die Bestimmung des Art. 441 u. 781 des Handelsgesetzbuchs über die Rangordnung mehrerer auf demselben Gute haftenden Pfandrechte keine Abänderung erleidet, versteht sich von selbst. (Motive zum Einführungsgesetz vom 24. Juni 1861, S. 49.)

§. 35. Die Gläubiger einer unter gemeinschaftlicher Firma bestehenden Handelsgesellschaft sind berechtigt, aus dem gemeinschaftlichen Vermögen der Gesellschafter (Gesellschaftsvermögen) ihre abgesonderte Befriedigung zu suchen [67].

§. 36. Die Theilnehmer an einer mit dem Gemeinschuldner bestehenden Gesellschaft oder andern Gemeinschaft [68]) werden wegen ihrer Forderungen, welche aus diesem Verhältnisse entspringen [68 a]), zunächst im Wege der Auseinandersetzung [68 b]) abgesondert befriedigt, soweit der Antheil des Gemeinschuldners reicht [69]).

---

67) Auf einem Umwege erreichten die Gesellschaftsgläubiger schon immer ihre abgesonderte Befriedigung aus dem Gesellschaftsvermögen dadurch, daß die Handlungsgesellschafter des Gemeinschuldners bei der Auseinandersetzung die Gesellschaftsschulden in Abzug zu bringen berechtigt und nur den Antheil des Gemeinschuldners an dem reinen Ueberschusse herauszugeben verpflichtet waren. A. G.O. §. 289; A. L.R. II, 8, §. 667. In der Praxis hatte sich auch schon die Meinung Geltung verschafft, daß die Societätsgläubiger ebenfalls befugt seien, abgesonderte Befriedigung aus dem Societätsvermögen zu fordern und die Konkursmasse nur den nach deren Befriedigung bleibenden Ueberschuß verlangen könne. M. vergl. Schles. Arch. Bd. I, S. 575 und Pr. des Obertr. 2026, v. 29. Mai 1848. Die Idee von der juristischen Persönlichkeit einer Handelsgesellschaft liegt schon den Bestimmungen des A. L.R. I, 17, §§. 300 ff. zum Grunde, denn Suarez geht davon aus, daß den Handelsgläubigern der Handelsfonds besonders verhaftet sei, und „es offenbar eine Verletzung der wohlerworbenen Rechte eines Societätsgläubigers enthalten würde, wenn ihm durch das stillschweigende Ausscheiden eines Socii nicht nur ein ihm wirklich schon verhafteter Debitor, sondern auch ein Theil des Fonds, aus welchem er seine Befriedigung zu fordern hat, ohne sein Wissen und Willen entzogen werden könnte. Ueberdem ist die Praxis, besonders bei Handlungsgeschäften, diesen Vorschriften schon jetzt gemäß.“ (Jahrb. Bd. XLI, S. 57.) Die Gesetzgebung hat daher in der Bestimmung des §. 35 und in der Anordnung eines Partikularkonkurses über das Gesellschaftsvermögen (§§. 286 ff.) nichts weiter gethan, als den bisherigen Hintergedanken bewußten Ausdruck gegeben und sich den herrschenden Rechtsansichten der Verkehrswelt angeschlossen. Man darf jedoch auch hiernach die Handelsgesellschaften keinesweges für wahre juristische Personen im eigentlichen Rechtssinne halten: das würde zu ganz unrichtigen Ergebnissen führen. Hierüber s. unten, Anm. 83 a zu §. 288.

68) Dahin gehört namentlich das Verhältniß mehrerer Schiffsrheder zu einander. Handelsgesetzbuch Art. 472.

68 a) (2. A.) Der §. 36 giebt den Theilnehmern an einer Gemeinschaft ein Recht auf abgesonderte Befriedigung im Wege der Auseinandersetzung nicht bloß wegen dinglicher Ansprüche, sondern wegen aller ihrer Forderungen, welche aus diesem Verhältnisse entspringen. Erk. des Obertr. vom 17. März 1864 (Arch. f. Rechtsf. Bd. LII, S. 339).

68 b) (2. A.) Hinsichtlich des Geschäftsbetriebes während des Auseinandersetzungsverfahrens kommen die Vorschriften der §§. 293 ff., Th. I, Tit. 17 des A. L.R. zur Anwendung. Erk. des Obertr. v. 30. März 1858 (Arch. f. Rechtsf. Bd. XXVIII, S. 221).

69) Vergl. die Anm. 67 und unten §. 291. — (2. A.) Das Rechtsverhältniß des Mitgliedes eines Aktienvereins ist durch die Eröffnung des Konkurses über sein Vermögen nicht ohne Weiteres für aufgehoben zu erachten. Ist daher nach eröffnetem Konkurse über das Vermögen eines Aktionärs weder die Gläubigerschaft desselben in das Rechtsgeschäft eingetreten, noch auch das Rechtsverhältniß selbst zwischen den übrigen Theilnehmern der Aktiengesellschaft und dem Kridar durch Auseinandersetzung zur Auflösung gebracht, und deshalb die Umgestaltung seines Rechtsverhältnisses zu dem Aktienverein in einer Art, durch welche

Ebenso findet hinsichtlich der Ansprüche des Verpächters oder des Pächters wegen des dem Letzteren übergebenen Inventars, ingleichen zwischen dem Lehns- oder Fideikommißfolger und den Allodialerben des Gemeinschuldners zunächst abgesonderte Auseinandersetzung und Berechnung nach den darüber bestehenden besonderen Vorschriften [70]) statt.

§. 37. Hat der Gemeinschuldner, vor [71]) der Eröffnung des Konkurses über sein Vermögen, eine Erbschaft übernommen, so muß deren Absonderung von dem eigenthümlichen Vermögen des Gemeinschuldners erfolgen:

1) wenn die Erbschaftsgläubiger und Legatare von dem Absonderungsrecht Gebrauch machen, welches ihnen nach den darüber geltenden gesetzlichen Bestimmungen [72]) zusteht;
2) wenn die eigenen Gläubiger des Gemeinschuldners das ihnen in den bestehenden Gesetzen ertheilte Absonderungsrecht ausüben, oder von der Rechtswohlthat des Inventars Gebrauch machen. Das Letztere ist zulässig, soweit der Gemeinschuldner selbst, wenn kein Konkurs eröffnet wäre, auf die Rechtswohlthat des Inventars sich zu berufen berechtigt sein würde [73]).

§. 38. Nur das, was von einer abgesonderten Masse nach Befriedigung der absonderungsberechtigten Gläubiger übrig bleibt, fließt zur gemeinschaftlichen Konkursmasse.

§. 39. Die absonderungsberechtigten Gläubiger können ihre Forderungen, wenn ihnen deshalb ein persönlicher Anspruch gegen den Gemeinschuldner zusteht, auch gegen die gemeinschaftliche Konkursmasse geltend machen [74]).

Jedoch finden hierbei auf dieselben alle Bestimmungen Anwendung, welche in Ansehung der Konkursgläubiger gegeben sind.

Fünfter Abschnitt.
Ansprüche der Massegläubiger [75]).

§. 40. Von der gemeinschaftlichen Konkursmasse, sowie von jeder ab-

dasselbe erst der Wirkung des hiernächst geschlossenen Akkords unterworfen worden, nicht erfolgt; so ist eine Aenderung in den gegenseitigen Rechten und Pflichten des gewesenen Kridars und des Aktienvereins in Folge des eröffneten und wieder aufgehobenen Konkurses nicht eingetreten. Erk. des Obertr. vom 16. Juli 1863 (Arch. f. Rechtsf. Bd. L, S. 210).

70) A. L.R. I, 21, §§. 601 ff.; I, 18, §§. 508 ff.; II, 4, §§. 206 ff.

71) Ueber den Fall, wenn dem Gemeinschuldner nach Eröffnung des Konkurses eine Erbschaft zufällt: unten, Tit. 2, Abschn. 12, §. 262.

72) A. L.R. I, 16, §§. 500—512.

73) Bestehendes Recht, aus §. 285 b der A. G.O.

74) Die §§. 38 u. 39 erhalten nur das bestehende Recht aufrecht. Vergl. Verordnung vom 28. Dezember 1840, §§. 12—15 (G.S. 1841, S. 4); A. G.O. §§. 277, 278, 679, 680, 688, 689.

75) Die Massegläubiger gehören nicht zu den Konkursgläubigern (§. 2, Satz 3), nehmen daher an der Gemeinschaft derselben nicht Theil, stehen ihnen vielmehr in dem Verhältnisse eines Gläubigers zu seinem Schuldner gegenüber und müssen aus den bereiten Mitteln der Masse vollständig befriedigt werden, ehe ein Konkursgläubiger das Mindeste erhalten kann.

gesonderten Masse sind die in Beziehung auf dieselbe entstandenen Kommunkosten in Abzug zu bringen [76]).

§. 41. Als Kommunkosten sind zu betrachten:

1) alle Kosten, welche behufs der Eröffnung des Konkurses, sowie behufs der Ermittelung, Sicherstellung, Einziehung, Zahlbarmachung und Vertheilung der Masse, ingleichen behufs der Ermittelung und Feststellung der Anrechte der Gläubiger erwachsen [77]), soweit sie nicht von den einzelnen Gläubigern getragen werden müssen [78]);

2) alle Ausgaben, welche bei der Verwaltung der Masse entstehen, insbesondere alle Ausgaben zur Bestreitung der aus der Grundstücksmasse zu entrichtenden laufenden öffentlichen und gemeinen Abgaben und Leistungen, sowie der Verwaltungs- und Wirthschaftskosten, ingleichen alle Ausgaben zur Erhaltung und nöthigen Verbesserung der in Beschlag genommenen Sachen, sowie zur Erstattung der deshalb etwa geleisteten Vorschüsse [79]).

§. 42. Außer den Kommunkosten sind als Schulden der Masse anzusehen und aus derselben vollständig zu befriedigen:

---

76) Der §. 40 wechselt einen Grundsatz. Unter den gemeinrechtlichen Juristen und Praktikern ist über die Aufbringung und Berichtigung der Konkurskosten Streit. Ein Theil derselben will, daß die Kosten schlechthin aus der Masse vorweg genommen werden und nur die übrigbleibende Summe zur Vertheilung gelange. Manche (z. B. Pufendorf, Obs. jur. univ., Tom. IV, obs. 249; Leyser, Med., sp. 581, m. 4, 5; Nettelbladt in einer besondern Abhandlung de sumtibus concursus creditorum, Halae 1754 u. A.) streiten für den Grundsatz, daß die Kosten auf sämmtliche zur Hebung gelangende Gläubiger pro rata percepti zu vertheilen. Diesen Grundsatz hatte die A. G.O. §§. 163, 529 aufgenommen. In neuerer Zeit hat sich die Meinung der gemeinrechtlichen Juristen und Praktiker mehr dem andern Prinzip zugewendet. In Folge dessen ist selbst in manchen Ländern, wo durch Partikulargesetzgebung der Vertheilungsmodus pro rata vorgeschrieben war, wie z. B. in den sächsischen (Kori, Bd. I, Th. 3, §. 124), durch neuere Gesetzgebung der andere Grundsatz eingeführt worden, z. B. in Sachsen durch G. v. 25. Juni 1840; Würtemberg durch das Prioritätsgesetz v. 15. April 1825; auch das franz. R. hat diesen Grundsatz (Code de c. Art. 558; C. c. Art. 2101, 2105); und selbst in Preußen hat derselbe in Ansehung der Immobiliarmasse immer Anwendung gefunden. A. G.O. §§. 496, 498, 511. Durch die nun getroffene Bestimmung des §. 40 ist die Zweiheit im Prinzip beseitigt, und durch die Verminderung der Privilegien wird die darin liegende Härte zum Theil ausgeglichen. Der zur Rechtfertigung der beliebten Aenderung sonst noch hervorgehobene „praktische Vortheil einer erheblichen Erleichterung bei Berechnung und Vertheilung der Masse" (Motive, S. 45) ist an sich gewichtlos und führt überdies weit über das Ziel hinaus.

77) Man theilt die Konkurskosten in Konkursprozeßkosten und in sumtus oeconomici. Unter dieser Ziffer zählt der §. 41 die zur ersten Klasse gehörigen Kosten auf. Daß die Gebühren des Verwalters dazu gehören, versteht sich von selbst.

78) Diese Kosten, welche gleichfalls zu den Konkursprozeßkosten (vor. Anm.) im weiteren Sinne gehören, nennt man Separatkosten, welche die einzelnen Konkursgläubiger auf die Verfolgung oder Vertheidigung ihrer Gerechtsame verwendet haben. Es findet keine Erstattung aus der Masse statt. Auf die Kosten der Massegläubiger findet dies nicht Anwendung. Anm. 80 a. E.

79) Sumtus oeconomici. (Anm. 77.) Die Unterstützung des Gemeinschuldners (§§. 162 u. 224) gehört gleichfalls hierher. C. de c. Art. 558. Der §. 41 enthält nur bestehendes Recht. Vergl. A. G.O. §§. 269—271, 496, 511, 530.

1) alle Ansprüche gegen die Masse, welche aus rechtsverbindlichen Geschäften oder Handlungen des Verwalters derselben entstanden sind;
2) alle Ansprüche aus den zur Zeit der Konkurseröffnung noch nicht erfüllten Rechtsgeschäften des Gemeinschuldners, in welche die Gläubigerschaft an Stelle desselben eingetreten ist (§§. 16, 19, 20, 27, Nr. 2);
3) alle Ansprüche aus den zur Zeit der Konkurseröffnung noch nicht beendigten Rechtsgeschäften und Rechtsverhältnissen des Gemeinschuldners, welche für die Gläubigerschaft über den Zeitpunkt der Konkurseröffnung hinaus verbindlich sind (§§. 18 bis 20), sofern die Ansprüche in Forderungen für die Zeit nach der Konkurseröffnung bestehen [80].

§. 43. Wenn der Gemeinschuldner nach der Konkurseröffnung Verfügungen oder Rechtshandlungen vorgenommen hat, welche in Beziehung auf die Gläubigerschaft nichtig sind (§. 5), so muß dem anderen Theile die Gegenleistung insoweit vollständig erstattet werden, als die Masse dadurch reicher geworden ist [81].

---

80) Z. B. Pacht- und Miethsverhältnisse. Es gehören aber auch hierher die Ansprüche solcher Personen, mit welchen der Verwalter als solcher in Konflikt kommt, z. B. 1. wenn der Verwalter die Forderung eines Dritten zur Kreditmasse einzieht, so kann der Eigenthümer derselben deren Betrag an Kapital und Zinsen ante omnes aus der Masse erstattet verlangen. Pr. des Obertr. 224 a, v. 11. März 1837; 2. wenn ein Verwalter für die Konkursmasse ohne rechtlichen Grund den Besitz einer fremden Sache ergriffen hat, und deren Rückgabe verweigert, so wird dadurch die Konkursmasse, nach dem Grade des Versehens ihres Verwalters, dem Eigenthümer der Sache auch für den Schaden verantwortlich, ohne daß dieser mit seiner Entschädigungsforderung sich in den Konkurs einzulassen braucht. Pr. des Obertr. 2223, vom 5. Juli 1850 (Entsch. Bd. XIX, S. 488). Der Satz ist freilich, nach den allgemeinen Grundsätzen über nothwendige Stellvertretung unfähiger Personen, welche durch die Versehen ihres Vertreters, außer dem Falle eines für sie eingegangenen Rechtsgeschäfts, nicht verbindlich gemacht werden können, zweifelhaft. 3. Wenn Grundstücke des Gemeinschuldners schon vor der Konkurseröffnung sequestrirt wurden und zur Fortstellung der Sequestration Vorschüsse oder Darlehne von Seiten des Sequesters gemacht worden sind, so kann der Sequester deren Erstattung aus der Masse ante omnes fordern. Erk. des Obertr. vom 3. Septbr. 1817 und vom 9. März 1825 (Simon, Rechtsspr., Bd. I, S. 233 u. 265). 4. Wenn nach eröffnetem erbschaftlichen Liquidationsprozesse der Benefizialerbe Verträge, die Masse angehend, schließt, so tritt der andere Kontrahent in das Verhältniß solcher Personen, die mit der Masse kontrahirt haben. Pr. des Obertr. 963, vom 12. Dezbr. 1840. An den Rechtsgrundsätzen (§§. 269, 370 der A. G.O.), auf welchen diese Rechtsanwendungen beruhen, hat sich nichts geändert. 5. Die vor der Konkurseröffnung rücksichtlich eines zur Masse gehörigen Gutes aufgelaufenen Kosten der Auseinandersetzung insofern, als diese Kosten nach der Eröffnung des Konkurses oder des Liquidationsprozesses festgesetzt sind, vorausgesetzt, daß die Auseinandersetzung vor der Eröffnung des Konkurses oder Liquidationsprozesses durch Bestätigung des Rezesses noch nicht geschlossen ist. V. v. 30. Juni 1834, §. 66 (G.S. S. 117). Diese Vorschrift ist nicht für eine Deklaration des §. 269 a. a. O. zu erachten, sondern enthält eine neue Festsetzung, welcher eine rückwirkende Kraft nicht beigelegt worden ist. Pr. des Obertr. 446, vom 17. März 1838. Dieselbe wird durch den §. 42 der neuen K.O. nicht berührt, und bleibt daneben bestehen. — Die Prozesse, welche in den Fällen des §. 42 geführt werden, sind alle außerhalb des Liquidationsverfahrens besonders mit dem Verwalter zu verhandeln (§. 45) und die Masse muß dem sieghaften Gegner auch die außergerichtlichen Kosten erstatten. §. 236. Vergl. oben Anm. 78.

81) Diese Bestimmung entspricht den §§. 36, 294 der A. G.O. Vergl. oben, Anm. 2 a. E. zu §. 1.

Wird das, was der Gemeinschuldner in Folge eines nichtigen Geschäfts geleistet hat, gegen einen dritten redlichen Besitzer zurückgefordert, so muß derselbe wegen aller Gegenanspüche, welche ihm auf Grund seines redlichen Besitzes zustehen, aus der Masse vollständig befriedigt werden [82]).

§. 44. Sind nach der Konkurseröffnung die in den §§. 22, 25, 26 erwähnten Sachen verkauft, oder die in dem §. 24 erwähnten Wechsel, Handelspapiere und andere Urkunden über Forderungen realisirt worden, so muß dem Rückforderungsberechtigten der Erlös insoweit vollständig herausgegeben werden, als derselbe zur Konkursmasse eingezogen worden ist.

Dasselbe gilt auch in dem Falle, wenn fremde Sachen bereits vor der Konkurseröffnung durch den Gemeinschuldner verkauft worden sind und der Kaufpreis zur Konkursmasse eingezogen ist [82a])

§. 45. Die Ansprüche der Massegläubiger sind unabhängig von dem im Konkurse stattfindenden Anmeldungs- und Vertheilungsverfahren geltend zu machen und zu befriedigen [83]).

Die Befriedigung erfolgt, sobald die Ansprüche feststehen und fällig sind [84]).

Sechster Abschnitt.

Rangordnung der Realgläubiger in Beziehung auf Immobilien [85]).

§. 46. Bei der Vertheilung der Kaufgelder eines Grundstücks unter

---

82) In Ansehung der als ungültig anfechtbaren Rechtsgeschäfte findet sich die Bestimmung unten im §. 107.

82a) Oben, Anm. 41, Satz 2 zu §. 23.

83) Oben, Anm. 80 a. E.

84) Die Frage nach der Rangordnung ist nicht eingefallen und doch muß sie beantwortet werden. Denn es ereignet sich, daß die baare Masse nicht hinreicht zur Befriedigung der Massegläubiger; mir ist der Fall vorgekommen, daß die Salarienkasse und der Kurator sich über den Vorrang wegen ihrer Gebühren stritten, indem die erstere den absoluten Vorzug, der andere aber gleiches Recht, d. h. verhältnißmäßige Vertheilung des Geldvorraths forderte. Das Gericht erhielt, wegen des fiskalischen Privilegiums, den Vorzug der Kasse aufrecht und der Kurator ging leer aus. Als Grundsatz muß auch hier gelten, daß die Massegläubiger, welche gleichzeitig andringen — wer bereits bezahlt ist, behält natürlich das Seine — nach der für die Konkursgläubiger vorgeschriebenen Ordnung befriedigt werden; es ist gleichsam ein Konkurs im Konkurse.

85) Nach dem bisherigen Rechte (A. G.O. §. 393 und G. v. 28. Januar 1848, §§. 9 u. 18) haben aus der Grundstücksmasse, vor den Hypothekengläubigern, nur 6 Posten Bezahlung zu erwarten: 1. rückständige Deichlasten; 2. ein zweijähriger Rückstand der von dem Grundstücke zu entrichtenden Landessteuern; 3. ein gleicher Rückstand der auf dem Grundstücke ruhenden Kommunal- (Gemeinen-) Abgaben; 4. die aus den letzten zwei Jahren rückständigen Beiträge zu den Feuer- und anderen Versicherungssocietäten; 5. zweijähriges Lietlohn; 6. ein einjähriger Rückstand des Pflüger- und Drescherlohns. Alle diese Forderungen stehen in einer besonderen rechtlichen Beziehung zum Grundstück; bloße persönliche Forderungen, selbst die fiskalischen Abgaben von der Person, sind folgerecht von der Grundstücksmasse ausgeschlossen (§. 393, Nr. 1 a. a. O.), und daran ist auch durch die Dekl. v. 3. April 1838 (G.S. S. 254) nichts geändert, indem diese nicht über die Dinglichkeit, sondern nur über den Rang gewisser persönlicher Gemeinabgaben in der II. Klasse Bestimmung trifft. — Der Grundsatz der Ding-

die Realgläubiger kommen, nach Berichtigung der Masseschulden [85*]), die Forderungen in der Reihenfolge und in dem Umfange zur Hebung, welche nachstehend festgesetzt sind:

§. 47. I. Rückstände [85 a]) der zur Erfüllung der Deichpflicht erforderlichen Beiträge und Leistungen [85 b]) aus den beiden letzten Jahren.

Es macht hierbei keinen Unterschied, ob die Beiträge und Leistungen von der Regierung ausgeschrieben sind, oder aus der auf einem Deichverbande beruhenden Deichpflicht entspringen (§§. 9, 18 des Gesetzes über das Deichwesen v. 28. Jan. 1848, G.S. S. 54).

§. 48. II. Rückstände direkter [86]), auf dem Grundstück lastender Abgaben, welche zu den Staatskassen fließen, aus den beiden letzten Jahren.

Hierher gehören auch die an die Rentenbank und beziehungsweise an die Tilgungskassen abgetretenen Renten, sowie gleichmäßig die an den Domänenfiskus zu entrichtenden Ablösungsrenten (§§. 7, 18, 58, 64 des Gesetzes vom 2. März 1850, G.S. S. 112).

§. 49. III. Rückstände aus den beiden letzten Jahren von den auf dem Grundstücke haftenden gemeinen [86 a]) Lasten.

Hierher gehören namentlich alle nach Gesetz oder Verfassung [87]) auf dem Grundstücke haftenden Abgaben und Leistungen, welche aus dem Kom-

---

lichkeit bei der Ausscheidung und abgesonderten Befriedigung der Ansprüche ist im Wesentlichen festgehalten worden; wir finden nur jene 6 Posten (Nr. 6 fällt unter den Grundsatz des §. 51) wieder aufgeführt. (§§. 47—51.)

85*) (2. A.) Und nach Vorwegnahme des Kapitalwerths eines auf den Ersteher nicht übertragenen selbstständigen Realrechts, z. B. eines Altentheils. Wenn das Grundstück frei davon verkauft worden ist, so kann der Werth dieses Realrechts bei der Kaufgeldervertheilung mit dem Vorzugsrechte vor den jüngeren Hypothekenforderungen auch dann liquidirt werden, wenn dasselbe zur Zeit der Eintragung der letzteren noch nicht eingetragen stand, aber doch schon bestellt war. Erk. des Obertr. vom 8. April 1861 (Entsch. Bd. XLVI, S. 372).

85 a) Rückstände von Reallasten, sowohl von verfassungsmäßigen, keiner Eintragung in das Hypothekenbuch bedürfenden, als den auf besonderen Rechtstiteln beruhenden und hypothekarisch eingetragenen, haben, insoweit sie nicht verjährt sind, die Natur eines objektiv dinglichen, gegen jeden dritten Besitzer verfolgbaren Rechts. Eine Beschränkung dieser Verfolgbarkeit auf zweijährige Rückstände findet, abgesehen von dem Fall der Unzulänglichkeit der Kaufgelder des belasteten Grundstücks oder des Konkurses, nicht statt. Pr. des Obertr. 2288, vom 10. April 1851 (Entsch. Bd. XXI, S. 44).

85 b) (2. A.) Auch die Vergütigungen für solche Geldvorschüsse und Leistungen, welche die Mitglieder einer Damm-Societät, auf Anordnung der Obrigkeit, zur Wiederherstellung durchbrochener Dämme, und der zur Abmahlung des Wassers erforderlichen Mühlen, für die augenblicklich unvermögenden oder abwesenden Mitglieder dieser Societät übernommen haben, und durch Atteste der vorgesetzten Behörden nachweisen. K.O. v. 15. August 1814 (G.S. S. 73).

86) Nicht auch der indirekten Steuern. Gutachten des Obertr. vom 6. Septbr. 1841 und R. v. 21. März 1842 (J.M.Bl. 1842, S. 138). Vergl. A. L.R. II, 14, §. 65 und A. G.O. §§. 356 u. 393, Nr. 1.

86 a) Darunter sind nur die im §. 48, Tit. 1 der Hyp.-O. bezeichneten zu verstehen. Einführungsgesetz vom 8. Mai 1855, Art. X.

87) Im Gegensatze von solchen Abgaben oder Leistungen, welche aus einem besonderen Titel entstanden und auf Grund desselben eingetragen sind: diese haben ihren Rang unter den Hypotheken nach der Ordnung der Eintragung. (§. 53.)

munal-, Kreis- und Provinzialverbande, oder aus dem Kirchen-, Pfarr- und Schulverbande entspringen, oder an Kirchen, Pfarren und Schulen, oder an Kirchen- und Schulbediente zu entrichten sind; oder welche aus der Verpflichtung zu öffentlichen Wege-, Wasser- oder Uferbauten entstehen [88]); oder welche an Meliorationsgenossenschaften oder andere gemeinnützige, unter der Autorität des preußischen Staats bestehende Institute, namentlich an Vereine behufs gemeinschaftlicher Uebertragung der durch Brand, Hagelschlag oder Viehsterben entstandenen Schäden zu gewähren sind [89]).

§. 50. IV. Rückstände [89a]) aus dem letzten [90]) Jahre [91]) an Lohn, Kostgeld und anderen Emolumenten des Gesindes, sofern dasselbe zur Bewirthschaftung des Grundstücks gehalten wird [92]) und das Grundstück ein zur Landwirthschaft bestimmtes Gut ist [93]).

Mit denselben Einschränkungen gehören hierher auch die Forderungen der Wirthschafts- und Forstbeamten und aller übrigen zur Verwaltung des

88) Bis hierher entspricht die Bestimmung den §§. 357 u. 358 der A. G.O.

89) Die Bestimmung, herübergenommen aus dem §. 359 der A. G.O., hat eine entsprechendere Fassung als der §. 359, so daß darüber, daß einer Privat-Brandversicherungsanstalt dieses dingliche Vorrecht nicht gebührt (Pr. des Obertr. 23, vom 11. Juni 1833), kein Zweifel aufkommen kann. — (2. A.) Dagegen gehören Feuersozietätsbeiträge, wenn der Eigenthümer des Grundstücks gesetzlich verpflichtet ist, der Feuersozietät beizutreten, zu den auf dem Grundstücke ruhenden Lasten. Erk. des Obertr. v. 20. Novbr. 1857 (Arch. f. Rechtsf. Bd. XXVIII, S. 101).

89a) (2. A.) Nur Rückstände haben den Vorzug vor den Hypothekengläubigern, aber nicht Forderungen an Lohn ꝛc., welche aus einer Zeit, die nach dem Zeitpunkt der eingeleiteten Sequestration liegt, herrühren. Aus den Materialien zu §. 50 und aus dem daselbst in Bezug genommenen Erk. des Obertr. vom 1. März 1844 (Entsch. Bd. IX, S. 461) ergiebt sich, daß nur ebenso, wie nach §. 370, Tit. 50 der Prozeßordnung, diejenigen, welche ihre Thätigkeit für das Grundstück verwendet haben, dafür eine vorzugsweise Befriedigung erhalten sollen; daß dagegen dem Anspruche eines vor Ablauf seines Kontraktes von der Sequestrationsbehörde entlassenen Gutsliedlöhners auf Entschädigung wegen Nichterfüllung des Kontraktes kein Vorzug vor den eingetragenen Gläubigern gebührt. Erk. des Obertr. vom 10. Januar 1862 (Entsch. Bd. XLIX, S. 396).

90) Man hat den zweijährigen Rückstand, welchen der §. 370 der A. G.O. bevorzugt, auf den Rückstand aus dem letzten Jahre in der Erwägung eingeschränkt, daß, wenn längere Rückstände, gegen die Wahrscheinlichkeit, dennoch vorkommen sollten, solche lediglich als freiwilliger persönlicher Kredit anzusehen seien, der keinen Anspruch auf Bevorzugung habe. (Mot. S. 48.)

91) Vom Tage der Konkurseröffnung zurückgerechnet. A. G.O. §. 370.

92) Daß das Gesinde ausschließlich zur Bewirthschaftung gehalten werde, ist nicht Bedingung der Dinglichkeit; es ändert nichts, wenn die Dienste theilweise zu persönlichen und häuslichen Verrichtungen verwendet werden. Vergl. Mot. S. 47. Eine strenge Sonderung der Dienstleistungen in dieser Hinsicht ließe sich auch nicht durchführen.

93) In diesem Falle wird nach der herrschenden Rechtsansicht ein Rechtsverhältniß der Gutszugehörigkeit, ein subjektiv-dingliches Miethsverhältniß angenommen. Vergl. A. L.R. I, 2, §. 128 und Anm. 103 dazu; und A. G.O. §. 393, Nr. 5: „— Personen, welche zum Gute und nicht zu der Person oder dem anderweitigen Gewerbe des Gemeinschuldners gehören." — (2. A.) Bedingung dieses Vorrechts aber ist, daß das Dienstverhältniß zur Zeit der Konkurseröffnung oder der Einleitung der Subhastation noch besteht, oder, falls es schon vorher aufgelöst worden, daß wegen des Lohnes bereits geklagt und der Prozeß oder die

Grundstücks oder der damit verbundenen Rechte[94]), oder zum Betriebe der damit verbundenen ländlichen Nebengewerbe[95]) in dauerndem[96]) Dienst-

---

Exekution ununterbrochen fortgesetzt worden ist. Vergl. §. 77. Erk. des Obertr. vom 10. Juni 1864 (Arch. f. Rechtsf. Bd. LIV, S. 235 und Entsch. Bd. LII, S. 466).

94) Z. B. der Polizei. Der Polizeiverwalter gehört jetzt so gut wie ehemals der Gerichtsverwalter zu den Gutsbeamten dieser Kategorie.

95) Der Entwurf enthielt in einem dritten Alinea dieses Paragraphen die entgegengesetzte Bestimmung, welche schon der §. 393, Nr. 5 der A. G.O. in den oben in der Anmerkung 93 angegebenen Worten vorschrieb. Die Praxis hatte dies näher dahin bestimmt, daß das Vorrecht auf Personen, deren Dienste nicht landwirthschaftlichen Zwecken gewidmet waren, keine Anwendung finde. Pr. des Obertr. 2025, vom 14. Juni 1848. Nach der positiven Fassung im Entwurfe waren unzweifelhaft nicht bloß Brauer, Brenner, Zuckersieder und dergleichen Arbeiter in Anlagen, die nicht durch einen landwirthschaftlichen Grundbesitz bedingt sind, sondern auch Ziegler, Torfgräber, Steinbrecher, Kalkbrenner u. dergl., welche den Boden ohne landwirthschaftliche Zwecke ausbeuten, ausgeschlossen, was zu weit ging, wenn man den heutigen Zustand der landwirthschaftlichen Geschäfte und die vorgeschrittenen Boden-Ausnutzungsarten nicht ganz und gar unbeachtet lassen zu dürfen sich für berechtigt hält. Dies ist von den Kammern auf den Vorschlag ihrer Kommissionen abgeändert, wegen der veränderten Art der Bewirthschaftung größerer Landgüter, aber eben nicht auf eine glückliche Weise. Der Berichterstatter der Kommissionen der II. K. entwickelt zunächst seine landwirthschaftlichen Kenntnisse und theilt geschichtlich mit, daß die Besitzer größerer Landgüter vielfach ein sich sehr verschiedenartig gestaltendes Gewerbe nebenbei betrieben — es dürfe nur an die vielen Zuckerrüben-Fabriken (Fabriken, die Zuckerrüben machen, giebt es nicht), an die größeren und kleineren Brennereien und Brauereien erinnert werden. Nun sei wieder, theils nach dem Umfange der Güter, theils nach dem Umfange der zum Betrieb dieser Gewerbe gemachten Anlagen das Verhältniß sehr verschieden. Bald könne man und müsse man annehmen, daß das Gewerbe mit in die Bewirthschaftung des Guts gerechnet werden könne, namentlich dann, wenn der Umfang desselben nur der Art ist, daß der Betrieb sich wesentlich auf die Produktion des Guts stütze. Bald seien wieder auf Gütern gewerbliche Anlagen, Fabriken von solchem Umfange eingerichtet, daß der Betrieb außer allem Verhältnisse mit der Produktion des Guts stehe. Namentlich seien dahin zu rechnen die an vielen Orten errichteten großen Zuckerfabriken, die ihr Material nur zum kleinsten Theile aus der Produktion des Grundstücks bezögen, auf dem sie errichtet, dasselbe vielmehr durch Ankauf oder durch Pachtung anderer Grundstücke oder doch von Gütern beschafften, die abgesonderte Realitäten bildeten. Nach dieser Erzählung heißt es: „Was die letzteren anlangt, so kann man selbstredend nicht sagen, daß die in der Fabrik oder Anlage beschäftigten Arbeiter ihre Kräfte und Arbeiten in das Gut verwenden, auf dem die Fabrik steht; sie verwenden sie für die Fabrik, die ohne innern nothwendigen Zusammenhang mit dem Grundstück, auf dem sie errichtet ist, steht. (Das ist mit jeder Fabrik auf einem Landgute der Fall, mag sie groß oder klein sein.) Es liegt also kein Grund vor, diesen Arbeitern ein Vorrecht an die Kaufgelder des Grundstückes, auf dem mehr zufällig (zufällig allemal) — die Fabrik steht, einzuräumen. Ganz anders verhält es sich mit den gewerblichen Anlagen, der ersteren Art (?). Die Arbeiter in solchen Anlagen verwenden ihre Arbeit und ihre Kräfte dazu, daß die Produkte des Gutes so verwerthet werden, wie es der Besitzer für das vortheilhafteste hält; bei ihnen trifft also alles dasjenige zu, was oben in Beziehung auf diejenigen Arbeiter gesagt ist, die unmittelbar für die Bewirthschaftung des Grundstücks gehalten werden, und es erfordert eine richtige Auffassung des Verhältnisses (soll vielleicht heißen: und eine richtige Auffassung des Verhältnisses fordert u. s. w.), jenen auch dasselbe Vorrecht einzuräumen, welches den letzteren eingeräumt ist. Es würde z. B., wenn auf einem Gute eine Brennerei besteht und ein Arbeiter dazu gehalten wird, um den Acker zu bestellen, der Andere dazu, um das auf dem Acker gewonnene Getreide zu verbren-

oder Arbeitsverhältnisse zum Besitzer stehenden Personen wegen ihrer Dienstleistungen [96 a]).

nen, schwer sein, diesen Arbeitern begreiflich zu machen (das ist auch nicht die Aufgabe des Rechts), warum der Erstere und nicht auch der Letztere ein Vorrecht an die Kaufgelder des Grundstücks haben soll. Aus diesen Gründen schlägt die Kommission vor, der ländlichen Nebengewerbe näher zu gedenken. Sie glaubt insbesondere durch den Ausdruck „Nebengewerbe" genügend erkennbar bezeichnet zu haben, welche Art von gewerblichen Anlagen sie zu denjenigen rechnet, deren Arbeiter dies Vorrecht erhalten sollen." (Bericht S. 30.) Soviel dient zur Verständigung des Ausdrucks „Nebengewerbe". Dieses neue Recht schafft einen unsicheren Rechtszustand, weil mit dem sehr unbestimmten Begriff von Nebengewerben praktisch nichts auszurichten ist, zumal in der Unterscheidung, welche man sich, gleichfalls unklar und nicht in Uebereinstimmung mit den landwirthschaftlichen Zuständen, gedacht hat. Als Hauptmerkmal der Anlagen, bei welchen die Arbeiter das Vorrecht erhalten sollen, wird — so scheint es — die Verarbeitung der eigenen Gutsprodukte angegeben. Wenn also ein großer Gutsbesitzer, statt sein Getreide zu verkaufen, eine Mühle und eine Bäckerei anlegt, und Brot und Semmel, in großen Mengen und im Einzelnen, verkauft, so haben der Müller, der Bäcker und der Ladendiener das Vorrecht. Wenn ebenderselbe Gutsbesitzer auch eine Oelpresse hat und zur vollständigen Beschäftigung derselben Oelfrüchte auch noch ankauft, so hat der Oelschläger und seine Arbeiter das Vorrecht nicht. Wird es nicht „schwer sein, diesen Arbeitern begreiflich zu machen, warum die Ersteren und nicht auch die Letzteren ein Vorrecht an die Kaufgelder des Grundstücks haben sollen?" Weiter. Es giebt nicht bloß die zwei Kategorien von Landwirthschaften, welche sich der Berichterstatter gedacht hat; vielmehr ist in der Wirklichkeit noch eine dritte vorhanden, nämlich solche, auf welchen der Wirthschaftsbetrieb und Ackerbau wesentlich auf einer gewerblichen Anlage beruhet, „deren Betrieb außer allem Verhältnisse mit der Produktion des Guts steht," weil die in der Anlage verarbeitet werdenden Rohprodukte auf dem Gute gar nicht erzeugt werden. Bei der Unterhaltung dieser Anlage ist es dem Gutsbesitzer möglich, jährlich einige 100 Morgen mehr mit Weizen und Raps zu bebauen, während er ohne dieselbe, aus Mangel an Dungmitteln, diesen Acker brache liegen lassen und eine ganz andere viel weniger einträgliche Feldwirthschaft führen müßte. Warum sollten die bei einer solchen Anlage beschäftigten Leute, obwohl sie recht eigentlich „ihre Arbeit und ihre Kräfte dazu verwenden, daß das Gut so verwerthet wird, wie es der Besitzer für das vortheilhafteste hält," und „für die Bewirthschaftung des Grundstücks gehalten werden," — das Vorrecht nicht haben? Hier ist das Verhältniß, was der Herr Berichterstatter als das maßgebende sich gedacht hat, nämlich, „daß der Betrieb sich wesentlich auf die eigene Produktion des Gutes stützt," das gerade umgekehrte: die Bewirthschaftung des Gutes stützt sich auf die Anlage. Noch mehr. Auf großen Gütern, „auf welchen gewerbliche Anlagen, Fabriken von solchem Umfange eingerichtet sind, daß der Betrieb außer allem Verhältniß mit der Produktion des Guts steht," werden die Arbeiter nicht immer ausschließlich in den gewerblichen Anlagen, sondern nach den Umständen, bald dort, bald zu den Feld- und Wirthschaftsarbeiten verwendet. Sollen solche Arbeiter das Vorrecht ganz oder nur theilweise haben? und welches ist das Sonderungsprinzip? Die ganze Satzung ist für die Rechtsanwendung unpraktisch.

96) Dies ist das Charakteristische des Verhältnisses: die Personen müssen auf eine gewisse bestimmte Zeit oder auf Kündigung gemiethet sein. Ob dann der Lohn nach der Zeit, oder nach gewissen Verhältnissen der Leistungen, oder nach gewissen Prozenten von Erträgnissen bestimmt worden (vergl. A. G.O. §. 372), oder theils in baarem Gelde und theils in Naturalien besteht, oder ob die Personen im eigentlichen Gesindeverhältnisse stehen oder eine selbstständige Haushaltung führen, ohne der hausherrlichen Gewalt unterworfen zu sein, wie z. B. die auf manchen Gütern kontraktlich auf Zeit angesetzten Arbeiterfamilien, — ist gleichgültig.

96a) (2. A.) **Der zweite Absatz des §. 50 ist dem Erk. des Obertr. vom** 1. März 1844 entnommen, wo ausgeführt ist, daß (nach §. 370 der A. G.O.)

§. 51. V. **Alle nicht zu den öffentlichen und gemeinen Abgaben und Leistungen (§§. 47—49) gehörenden Reallasten, wenn dieselben oder die Rechtsverhältnisse, aus welchen sie entspringen [97]), in dem Hypothekenbuche eingetragen sind [98]).**

---

das Privilegium der zweiten Klasse für die Liedlöhner sich nicht auf solche Personen beschränke, welche im gesetzlichen Sinne für Hausoffizianten oder Gesinde zu erachten sind, sondern auch für Bedienstete anderer Art — Handlungsgehülfen, Handwerksgesellen, Wirthschaftsbeamte — wofern nur sonst die Bedingungen des §. 370 vorhanden, anerkannt werden müsse. (Entsch. Bd. IX, S. 461.)

97) Der Ausdruck ist aus dem Hypothekengesetz v. 24. Mai 1853 entnommen, wonach die Eintragung nur des Rechtsverhältnisses genügt, ohne daß es einer Verzeichnung alles dessen, womit dadurch das Grundstück belastet ist, bedarf. Dahin gehören namentlich Auszüge (Altentheile) als Ganzes. Die Frage, in wiefern die Last des Auszuges bei einem Zwangsverkaufe im allgemeinen oder Partikularkonkurse auf den Ersteher übergeht, oder durch Kapital aus der Masse zu sichern ist (A. G.O. §. 154 d. T.), wird durch die gegenwärtige K.O. nicht betroffen. §§. 52, 62 und Motive, S. 51.

98) Die Bestimmung betrifft die Reallasten aus privatrechtlichen Titeln und meint namentlich diejenigen, welche der §. 48, Tit. I der Hyp.-O. eingetragen wissen will. (Einführungsgesetz Art. X.) Wo also die Hypothekenordnung vom 20. Dezember 1783 nicht eingeführt oder noch nicht durchgeführt ist, können Reallasten, zu deren Begründung und Erwerbung die Eintragung in das Hypothekenbuch erforderlich ist, so wenig wie Hypothekenforderungen (§. 53) vorkommen.

Diejenigen Reallasten aus privatrechtlichen Verhältnissen, welche zu ihrer Begründung der Eintragung nicht bedürfen, werden im Konkurse und beim Zwangsverkaufe nicht berücksichtigt. Der Entwurf schlug im §. 49 u. 50 das Gegentheil vor; die Kammern haben dies geändert. Man legte sich hier die Frage vor: ob es außer den in den §§. 45—47 der Hyp.-O. aufgeführten beständigen Lasten, die der Eintragung nicht bedürfen, noch andere Reallasten gebe, die nicht in das Hypothekenbuch eingetragen zu werden brauchen; und man bejahte die Frage. (Bericht der Kommission der II. K. S. 31.) Darin hat sich die Mehrheit allerdings der Wirklichkeit angeschlossen. Denn dergleichen Lasten sind z. B.: 1. das Pflüger- und Drescherlohn (A. G.O. §. 375 und §. 393, Nr. 6), sofern dasselbe auf Grund eines subjektiv und objektiv dinglichen Dienstverhältnisses in der Vergütung besteht, welche von dem Gutsherrn an dienstpflichtige Stellen für die geleisteten Dienste gewährt werden muß (Motive, S. 49); 2. Reallasten, welche sich als Ausfluß und korrespondirende Gegenverpflichtung eines Rechts verhalten, wie Patronatslasten, die von einem Gute zu tragen sind, mit welchem das Patronat subjektiv-dinglich verbunden ist. Pr. des Obertr. 1318, vom 26. Juni 1843 und Erk. des Obertr. v. 29. November 1849, Nr. 5 (Entsch. Bd. XVIII, S. 317). — Allein hier fragte man sich weiter: ob es Reallasten gebe, die der Eintragung nicht bedürfen, um ein Vorrecht oder gleiches Recht mit den Hypothekengläubigern beanspruchen zu können; und diese Frage verneinte man auf Grund der §§. 47 ff., Tit. I der Hyp.-O. (Bericht a. a. O.) Hiernach und nach Art. X des Einf.-G. haben dann die Rückstände der gedachten Reallasten im Falle eines Konkurses oder Zwangsverkaufs kein dingliches Recht oder Vorrecht, wenn man sie nicht unter die öffentlichen oder verfassungsmäßigen g e m e i n e n Lasten stellen kann.

Der §. 358 der A. G.O. giebt auch denjenigen fortlaufenden Lasten und Pflichten, welche nach der Verfassung eines jeden Orts oder Kreises oder einer Provinz von dem Gemeinschuldner an die G u t s h e r r s c h a f t zu entrichten sind, einen Vorzug; und es ist die Frage: 1. ob darunter auch solche zu verstehen sind, die sich nur auf p r i v a t r e c h t l i c h e Verhältnisse beziehen; 2. ob ungeachtet der Ablösungsgesetze noch solche g e m e i n e Lasten d i e s e r Art bestehen, die der Hypothekengläubiger vermuthen muß. Diese Fragen ließ man unentschieden, indem man an dem bestehenden Rechte nichts ändern wollte und darin einverstanden war, daß, wenn außer den Lasten, die in den §§. 47—49 der K.O. bezeichnet

Unter dieser Voraussetzung gehören hierher auch die aus dem aufgehobenen Obereigenthum des Lehnsherrn, Grundherrn und Erbzinsherrn [99]), sowie die aus dem aufgehobenen Eigenthum des Erbverpächters entsprungenen und fortbestehenden Reallasten (§. 5 des Gesetzes vom 2. März 1850, G.S. S. 82).

Unter mehreren eingetragenen Lasten bestimmt sich die Rangordnung derselben nach der Eintragung in das Hypothekenbuch [100]).

§. 52. An der Stelle, an welcher eine Last (§. 51) anzusetzen ist, kommen in der nachstehenden Reihenfolge zur Hebung:

1) die noch unberichtigten laufenden Prästationen;

2) die Rückstände von Prästationen aus den beiden letzten Jahren [1]);

---

sind, noch andere bestehen, welche keiner Eintragung bedürfen, um ein Vorrecht zu haben, ihnen auch das Vorrecht der II. Klasse zustehe, so daß sie allen Hypothekengläubigern vorgehen. Deshalb und um über die Kontroverse nicht zu entscheiden, hat man dem §. 51 seine gegenwärtige Fassung gegeben, und, um jedes Mißverständniß abzuschneiden, noch ausdrücklich gesagt (Einf.-G. Art. X), daß unter den im §. 51 erwähnten nur diejenigen gemeint sind, die nach §. 48, Tit I der Hyp.-O. in das Hypothekenbuch eingetragen werden sollen. (Bericht S. 31.) Also sind diejenigen dieser Kategorie, die gleichwohl keiner Eintragung bedürfen, hierdurch nicht ausgeschlossen, vielmehr auch da, wo die Hypothekenordnung gilt, ohne Eintragung von dinglicher Natur. R. v. 10. März 1803 (N. A. Bd. III, S. 188). Wegen der Rangordnung der Reallasten von der Art des §. 51 und der Hypotheken s. unten §. 55. Die nicht eintragungsbedürftigen reihen sich nach der Entstehungszeit ein.

99) Die Eintragung der Laudemialqualität im Allgemeinen begründet nicht das Vorzugsrecht für die rückständig gebliebenen Laudemialgelder. Pr. des Obertr. 204, vom 8. April 1837 (Schles. Arch. Bd. I, S. 391 und Entsch. des Obertr. Bd. XXIV, S. 349).

100) Wegen der Konkurrenz dieser Reallasten mit den Hypotheken: unten, §. 55.

1) Nach früherem Rechte wurde dieser Grundsatz in Beziehung auf eingetragene fortdauernde jährliche Abgaben von einem Grundstücke bestritten, indem eine Meinung denselben auf die Zinsen eingetragener Kapitalien (A. G.O. §. 151 d. T.) beschränken wollte, gegen welche das Pr. des Obertr. 2449, v. 26. Mai 1853 gerichtet ist. — Das dingliche Recht der älteren Rückstände ist nur den Nebengläubigern gegenüber außer Kraft gesetzt. „Gegen den dritten Besitzer haben die Rückstände, soweit sie nicht verjährt sind, die Natur eines objektiv-dinglichen, gegen Jeden verfolgbaren Rechts; diese Verfolgbarkeit ist nicht auf einen zweijährigen Rückstand eingeschränkt." Pr. des Obertr. 2288, v. 10. April 1851 (Entsch. Bd. XXI, S. 44).

An den Ausdruck „Prästationen" knüpft sich noch eine Bemerkung des Berichterstatters der Kommission der II. K., welche zu berichtigen ist. Der Ausdruck, heißt es, „soll Alles umfassen, was außer Hypotheken auf ein Grundstück eingetragen werden kann. Es gehören also z. B. hierher die Auszüge, die Wohnungs- und Nutzungsrechte, die auf speziellen Titeln beruhenden Onera. Man wird im Allgemeinen sagen können: alle Belastungen des Grundstücks, die im Falle der nothwendigen Subhastation nur dann auf dem Grundstücke haften bleiben, wenn sie der Ersteher ausdrücklich übernommen hat." (Bericht S. 32.) Dieses Sagen im Allgemeinen ist ein error juris: von dem aufgezählten Auszuge, Wohnungs- und Nutzungsrechte gilt das gerade Gegentheil: sie bleiben auf dem Grundstücke haften, wenn nicht ausdrücklich die Nichtübernahme ausgemacht worden ist. M. s. unter Andern den Pl.-Beschl. des Obertr. (Pr. 2593), vom 8. Januar 1855 (Entsch. Bd. XXIX, S. 301).

(2. A.) Der zweijährige Zeitraum, der keine Art der Verjährung ist, wird

3) das Kapital, welches zur Ablösung der Last in dem Falle erforderlich ist, wenn der Ersteher des Grundstücks die Last nicht übernimmt [1a]).

§. 53. VI. Die auf dem Grundstücke hypothekarisch versicherten Forderungen in der Rangordnung [2]), welche durch die Eintragung in das Hypothekenbuch bestimmt wird.

§. 54. An der Stelle, an welcher eine Hypothekenforderung (§. 53) anzusetzen ist, werden in der nachstehenden Reihenfolge [2a]) berichtigt:

1) die Kosten der Liquidation [3]), Kündigung, Ausklagung und Beitreibung [4]); ingleichen sonstige Kosten, insofern die Hypothek dafür haftet;

---

dadurch nicht verlängert, daß der Berechtigte an dem Gebrauche und der Verfolgung seines Rechtes ohne eigene Säumniß gehindert gewesen. Die Beschränkung des Vorrechtes auf zweijährige Rückstände ist absolut, ohne Rücksicht auf den Berechtigten, nur im Interesse des Realkredits festgesetzt worden. Vergl. A. L.R. I, 20, §. 504 und Erk. des Obertr. vom 8. März 1861 (Entsch. Bd. XLVI, S. 388).

1a) (2. A.) Vergl. unten §. 400 u. die Anm. 47 dazu. Die eingetragenen Altentheile muß der Adjudikatar allemal übernehmen, wenn im Zuschlagsbescheide nicht das Gegentheil festgestellt ist. Erk. dess. vom 30. September 1862 (Entsch. Bd. XLIX, S. 407).

Der §. 52 findet auch dann Anwendung, wenn ein Grundstück frei von solchen auf demselben ruhenden Reallasten, welche zu den öffentlichen und gemeinen Abgaben und Leistungen gehören, in nothwendiger Subhastation verkauft wird, und es also bei der Kaufgelder-Vertheilung auf die Befriedigung dieser Realgläubiger ankommt. Erk. des Obertr. vom 22. April 1864 (Entsch. Bd. LI, S. 432).

2) Unter dieser Rangordnung wird die Reihenfolge der Einträge, ohne Rücksicht auf das Datum der Eintragungsverfügung, verstanden. Anm. 26 zu §. 500 und Anm. 28 zu §. 501, Tit. 20, Th. I des A. L.R. Der §. 53 enthält nur bereits bestehendes Recht.

2a) (2. A.) Die Reihenfolge ist die alte, wie sie durch die Deklaration v. 20. Januar 1820 (G.S. S. 34) außer Zweifel gesetzt worden ist. Vorher hatte sich in Ansehung der laufenden Zinsen, in Folge einer unrichtigen Auffassung des §. 152, Tit. 50, der erst in §§. 512, 513 seine Ergänzung findet, die abweichende Meinung geltend gemacht, daß diejenigen laufenden Zinsen, welche aus den Revenüen nicht berichtigt werden können, aus der Substanz nicht gefordert werden könnten. Diese Meinung kann nach der Fassung des §. 54 nicht aufkommen.

In dieser Reihenfolge kommen auch, wenn die einzelnen Bestandtheile der Forderung sich in verschiedenen Händen befinden, z. B. Einer als Cessionar der Zinsen, ein Anderer als Cessionar des Kapitals rc. auftritt, die verschiedenen Inhaber der Theilforderungen zur Hebung, wenn die Masse nicht für das Ganze zureicht. Pl.-Beschl. (Pr. 733) des Obertr. v. 14. Oktober 1839 (Entsch. Bd. V, S. 79).

Die gesetzlichen Bestimmungen über die Art, wie die Verrechnung der den Gläubigern aus den Kaufgeldern und resp. den Revenüen des ihnen verpfändeten Grundstücks geleisteten Zahlungen bei insuffizienter Masse geschehen soll, sind nur unter den Gläubigern selbst maßgebend. Sie stehen an sich ebenso wenig, wie die im Konkurse oder Kaufgeldervertheilungs-Verfahren wirklich erfolgte Verrechnung, dem Gläubiger entgegen, der wegen des dort erlittenen Ausfalls den Schuldner persönlich belangt, oder den Bürgen in Anspruch nimmt; vielmehr kann er hierbei, insofern er sich nicht mit dem Schuldner oder dem Bürgen selbst anderweit geeinigt hat, die geleistete Zahlung zunächst auf die verfallenen Zinsen verrechnen. Pr. des Obertr. 1966, v. 21. Dezember 1847. (Entsch. Bd. XVI, S. 181.)

3) Hiernach ist der §. 510, Tit. 20, Th. I des A. L.R. aufgehoben.

4) Gemäß §. 29 des G. v. 24. Mai 1853, betr. einige Abänderungen der

2) die noch unberichtigten laufenden Hypothekenzinsen [5]), oder anderen Prästationen;

3) die Rückstände von Hypothekenzinsen oder anderen Prästationen aus den beiden [5 a]) letzten Jahren;

4) das Kapital der Forderung.

§. 55. Die Rangordnung zwischen Reallasten (§. 51) und Hypothekenforderungen (§. 53) wird durch die Eintragung in das Hypothekenbuch bestimmt [6]).

§. 56. Wenn eine Forderung ungetheilt auf mehreren zur Konkursmasse gehörigen Grundstücken haftet, so ist bei Vertheilung der Kaufgelder nach folgenden Grundsätzen [7]) zu verfahren:

1) Der Gläubiger ist berechtigt, sich an die Kaufgelder jedes einzelnen Grundstücks wegen seiner ganzen Forderung zu halten [8]).

Hypothekenordnung (G.S. S. 530). — (2. A.) Zu den Beitreibungskosten, welche hier zum Ansatz kommen sollen, sind diejenigen nicht zu rechnen, welche lediglich durch einen zurückgenommenen Subhastationsantrag entstanden sind. Erk. des Obertr. vom 29. April 1864 (Entsch. Bd. LI, S. 432).

5) Wenn nämlich der Erlös zur vollständigen Befriedigung des Gläubigers hinreicht; sonst kommt der Grundsatz des §. 12 zur Anwendung. Anm. 25 dazu. (2. A.) Uebrigens leidet die Bestimmung keine Aenderung durch eine zufällige Hemmung des Verfahrens. In Grävell's Kreditgesetzen Bd. II, S. 68 (Beil. 18) ist ein Obertribunalsurtel v. 15. Februar 1812 mitgetheilt, wonach die Substanz für den Ausfall an laufenden Zinsen in solchem Falle nicht haften soll, indem deren Erstattung aus der Substanz die fortgesetzte Betreibung des Konkursverfahrens voraussetze, damit die Aufschwellung der Zinsenrückstände verhindert werde. Diese Unterscheidung hat nirgend eine Stütze.

5 a) (2. A.) A. L.R. I, 20, §. 504 und die Anm. 31 dazu. Vergl. auch unten, Anm. 33, Alin. 2 zu §. 390.

6) Was bei Eintragungen von demselben Tage in dem Falle, wo die Einträge in verschiedenen Rubriken (II und III) stehen und mithin die Reihenfolge nicht entscheiden kann, anzunehmen, darüber: Anm. 26, lit. a zu §. 500, Tit. 20, Th. I des A. L.R. — Bei nicht eintragungsbedürftigen Privatlasten kommt es auf die Entstehungszeit an. Oben, Anm. 98 zu §. 51.

7) Diese sind aus der A.G.O. §§. 521—523 und §. 9 der V. vom 28. Dezember 1840 übernommen; sie finden auch außer dem Falle des Konkurses Anwendung (unten, §. 383), was die Praxis schon nach dem vorigen Rechte angenommen hatte. Pr. des Obertr. 2570, v. 9. Novbr. 1854 (Entsch. Bd. XVIII, S. 473).

(2. A.) Vergl. über die richtige Auffassung des Verhältnisses m. Anm. 185 zu §. 159, Tit. II der Hypothekenordnung.

8) Darum kann, wenn einem Hypothekengläubiger mehrere Grundstücke konjunktim verpfändet sind, und derselbe auf Befriedigung aus der Kaufgeldermasse des einen mitverpfändeten und subhastirten Grundstücks verzichtet, demnächst aber seine ganze Forderung gegen den Besitzer eines andern mitverpfändeten Grundstücks geltend macht, — der Letztere dem Anspruche nicht den Einwand entgegensetzen, daß er nur nach Verhältniß des Werths seines Grundstücks zu dem Werthe des subhastirten Grundstücks zur Zahlung verpflichtet sei. Es macht hierbei keinen Unterschied, wenn auch der klagende Gläubiger das erstgedachte mit verpfändet gewesene Grundstück in der Subhastation erworben und die Kaufgelder auf postlocirte, auf dem subhastirten Grundstücke ausschließlich für ihn haftende Posten verrechnet hat. Pr. des Obertr. 2405, v. 1. Oktober 1852. (Entsch. Bd. XXIV, S. 100.) Das folgt unwiderlegbar aus dem passiven Korrealverhältniß; der Gläubiger kann sich halten an wen von seinen Schuldnern er will, und alle

2) Kommen die Kaufgelder aller oder einiger Grundstücke gleichzeitig zur Vertheilung, so müssen von der Masse eines jeden dieser Grundstücke die der Forderung vorgehenden Posten abgerechnet und die verbleibenden Reste der einzelnen Massen zusammengerechnet werden; nach dem Verhältniß dieser Summe zu den einzelnen Masseresten ist alsdann die Forderung aus den einzelnen Massen antheilig zu berichtigen [9]). Sind die Grundstücke nur nach einem Gesammtgebote zugeschlagen, so werden die Taxwerthe der einzelnen Grundstücke der Berechnung zum Grunde gelegt [10]).

3) Erfolgt die Vertheilung der Kaufgelder eines oder einiger Grundstücke früher, als die der übrigen, so wird von den Kaufgeldern der letzteren soviel auf die Forderung vertheilt, als daraus bei gleichzeitiger Vertheilung der Kaufgelder sämmtlicher verkauften Grundstücke auf die Forderung gefallen sein würde (Nr. 2). Der ermittelte Antheil kommt nach Befriedigung der Forderung den Gläubigern zu gut, welche auf den Grundstücken, deren Kaufgelder früher vertheilt worden sind, hinter der Forderung eingetragen

---

Uebrigen freilassen, denn Jeder ist, ihm gegenüber, Solidarschuldner. (2. A.) Daß bei mehreren für eine Forderung solidarisch verpfändeten Grundstücken ein der passiven Korrealobligation analoges Verhältniß vorliege, hat das Obertr. gegen die Meinung des Appellationsgerichts zu Münster, welches diese Ansicht für unbegründet erklärt, wiederholt aufrecht gehalten. Erk. v. 17. Juni 1863 (Arch. f. Rechtsf. Bd. L, S. 121).

Anders ist es, wenn der Besitzer des einen von mehreren für eine und dieselbe Forderung solidarisch verpfändeten Grundstücken den gemeinschaftlichen Gläubiger befriedigt und nun den Besitzer des andern belangt: dann kommt die Regel zur Anwendung, wonach mehrere Korrealverpflichtete unter sich auch ohne besonderen Vertrag zur Befriedigung des Gläubigers einen verhältnißmäßigen Beitrag zu leisten haben. Diese Regel erleidet dadurch keine Aenderung, daß Einer der Korrealverpflichteten den Gläubiger gegen jura cessa befriedigt hat; auch der Cession ungeachtet muß er sich, wenn er den Andern in Anspruch nimmt, seinen eigenen Antheil in Abzug bringen lassen. Pr. des Obertr. 1649, vom 18. Oktbr. und 12. Dezbr. 1845 (Entsch. Bd. XII, S. 168). Der Grund ist, weil kein Schuldner sich von seiner Verbindlichkeit willkürlich freizumachen vermag, folglich auch der Gemeinschuldner eines Schuldverhältnisses sich seiner Theilnahme an der Aufbringung nicht einseitig entziehen und das Ganze seinem Genossen aufbürden kann.

9) Die Bestimmung ist aus dem §. 521 der A. G.O. übernommen, wo folgendes Beispiel gegeben ist. „Wenn also z. B. die Forderung eines solchen Gläubigers 5000 Thlr. beträgt, und von den Kaufgeldern des ersten Guts, worauf diese Forderung eingetragen ist, nach Abzug der vorstehenden Posten 20,000 Thlr., von dem zweiten aber nur 5000 Thlr., folglich zusammen 25,000 Thlr. übrig bleiben; so wird dieser Kreditor aus den Kaufgeldern des ersten Gutes mit 4000 Thlrn. und aus denen des zweiten nur mit 1000 Thlrn. befriedigt."

10) Entscheidung einer Meinungsverschiedenheit. Zu vergl. der Rechtsfall in der Jur. Wochenschrift 1844, S. 697 ff. Der Grundsatz ist nicht in allen Fällen anwendbar. Es kommt vor, daß verschiedene kleine Grundstücke bei den Auseinandersetzungen zusammen geworfen, und der Eigenthümer für den Gesammtbetrag durch ein einziges zusammenhängendes, an einer ganz andern Stelle belegenes Stück abgefunden wird, was überdies noch, je nach der Beschaffenheit, bald einen größeren, bald einen kleineren Flächeninhalt hat als die eingeworfenen Stücke. Hier ist weder eine getrennte Taxe noch ein Ausbieten einzelner Theile möglich; vielmehr ist nur das eine Mittel anwendbar: das Stück als ein Ganzes auszubieten und die verschiedenen Gläubiger nach dem Verhältnisse der letzten Erwerbspreise zu befriedigen.

waren und einen Ausfall erlitten haben [11]). Dieser Anspruch der ausgefallenen Gläubiger ist sogleich nach jeder früheren Kaufgeldervertheilung in das Hypothekenbuch der übrigen Grundstücke bei der Forderung von Amtswegen einzutragen [11a]).

---

11) Aus §. 522 der A. G.O. Die Praxis hat im Allgemeinen das hier vorbehaltene Recht nicht bloß den eingetragenen, sondern auch den persönlichen Gläubigern zu Statten kommen lassen, welche durch Hergabe jener Vorschüsse einen Ausfall erleiden. Pr. des Obertr. 11, 1 a, vom 25. April 1833. — (2. A.) Es ist vorgekommen, daß letzteingetragene Gläubiger zur Deckung ihrer Forderung diejenigen voreingetragenen Hypotheken, welche aus dem Subhastationserlöse der früher verkauften Grundstücke bezahlt worden waren, sich auf Grund des §. 52 des Anh. zum A. L.R. und der Dekl. vom 3. April 1824 richterlich haben überweisen lassen, um dadurch bei der Vertheilung der Kaufgelder der zuletzt subhastirten Grundstücke, gegen die Reihenfolge des Hypothekenbuchs, ein Vorrecht vor der noch unbezahlten vorstehenden zu erlangen. Diese Ueberweisung ist für wirkungslos erklärt worden, weil das Recht der nachfolgenden, theilweise oder ganz ausgefallenen Gläubiger des erstverkauften Grundstücks, auf eine gewisse Quote der Kaufgelder des zweiten, kein dem Eigenthümer des Grundstücks zustehendes Recht sei und nie dahin führen könne, daß unter den nachfolgenden Gläubigern selbst die Reihenfolge des Hypothekenbuchs zum Schaden der nach demselben Berechtigten verändert werde. Erk. des Obertr. vom 5. Mai 1857 (Entscheidung Bd. XXXVI, S. 114). Dieser Grund ist jedoch unzutreffend; er beweist keineswegs die Unwirksamkeit der Ueberweisung der aus den Kaufgeldern der zuerst verkauften Grundstücke ganz oder theilweise bezahlten älteren Hypotheken; vielmehr hängt die Entscheidung dieser Frage davon ab: ob durch eine solche, aus dem Gegenstande der Hypothek mittelst dessen Verwerthung von dem Gläubiger selbst (durch den Richter) entnommene Zahlung auf den Hypothekenschuldner zufolge des §. 52 des Anh. zum A. L.R. und der Dekl. vom 3. April 1824 die bezahlte Hypothek übergeht. Denn wäre das der Fall, so könnte jeder Gläubiger, also auch der zuletzt eingetragene Hypothekarius, wenn er einen exekutorischen Titel hat, sich die bezahlte ältere Post überweisen lassen und dadurch allerdings die Reihenfolge des Hypothekenbuchs zu seinem Vortheile und zum Schaden der Nachstehenden ändern. Allein jener Uebergang auf den Schuldner findet in dem in Rede stehenden Falle nicht statt, weil der Schuldner zur Zeit der Befriedigung der Gläubiger aus den Kaufgeldern nicht mehr Besitzer des bereits subhastirten Grundstücks ist und weil eine auf mehrere Grundstücke konjunktim eingetragene Forderung durch Cession oder Ueberweisung der Post bei dem einen oder anderen Grundstücke vervielfältigt werden und dadurch die nachstehenden Gläubiger faktisch aus ihrer Hypothek gedrängt werden könnten, was rechtlich unmöglich ist.

11a) Diese Vorschrift ist neu; sie vermehrt ohne Bedürfniß die Friktion im Betriebe des Verfahrens und die Zahl der Fälle, wo der Richter von Amts wegen handeln und für Unterlassungen verantwortlich werden soll, und füllt ganz unnöthig die Hypothekenbücher. „Die Eintragung des Anspruchs der ausgefallenen Gläubiger in das Hypothekenbuch über die unverkauften Grundstücke dient zur Sicherung dieser Gläubiger und zur Darlegung des wirklichen Hypothekenzustandes," wird gesagt. (Motive, S. 49.) Die Gläubiger sind jedoch völlig gesichert, da die Post auf den unverkauften Grundstücken nicht gelöscht wird; und der wirkliche Hypothekenzustand doch fast auf keinem Folium ersichtlich ist, weil Abschlagszahlungen und Cessionen meistens unvermerkt bleiben; überhaupt aber dieser Zustand für die kurze Dauer des Konkurses ganz gleichgültig ist, indem das Hypothekenbuch nicht die Bestimmung eines Kassen- oder Kontobuchs hat. Bisher hat sich auch ein Bedürfniß zu einer derartigen formalen Gesetzgebung nicht gezeigt; die Praxis ist ohne Zweifel und Schwierigkeiten fertig geworden.

Der Eintrag, welcher in der Kolonne der Cessionen zu bewirken, muß die Namen der ausgefallenen Gläubiger angeben, damit dem Richter bei der spätern Subhastation des Grundstücks ersichtlich sei, wer dabei zuzuziehen. Für diesen Eintrag ist folgende Formel vorgeschlagen:

4) Verlangt der Gläubiger, vermöge des ihm nach Nr. 1 zustehenden Rechts, eine andere als die ihm unter Nr. 2 und 3 vorgeschriebene antheilige Befriedigung aus einer oder der anderen Masse, so wird dadurch gleichwohl in dem Beitragsverhältnisse der einzelnen Massen unter sich nichts geändert, und es muß den Massen, welche zur Befriedigung des Gläubigers über ihren Antheil hergegeben haben, dieser Mehrbetrag aus den Massen, welche gar nichts oder weniger als ihren vollen Antheil hergegeben haben, verhältnißmäßig erstattet werden [11 b]).

§. 57. Aus den Revenüen [12]) des Grundstücks werden zunächst die laufenden öffentlichen und gemeinen Abgaben und Leistungen, die Verwaltungsausgaben und die in Bezug auf die Revenüenmasse erwachsenen sonstigen Kommunkosten bestritten.

Demnächst werden die laufenden [12 a]) Hypothekenzinsen und anderen auf dem Grundstück haftenden laufenden Prästationen [13]) nach der Rangordnung der Realrechte (§§. 51, 53, 55) an den Fälligkeitsterminen berichtigt, soweit die jedesmaligen Revenüenbestände hinreichen.

„Nebenstehende Thlr. sind zwar bei dem Verkaufe des mitverpfändeten Grundstücks vollständig berichtigt worden. Es sind aber von den auf diesem Grundstücke postintabulirten Gläubigern
1. der A mit Thlr.,
2. der B mit Thlr.
ausgefallen und ist daher der Anspruch dieser Gläubiger auf Befriedigung an der Stelle der nebenstehenden Post nach Maßgabe des §. 54 der Konkursordnung hier vermerkt worden.“

Bericht der Kommission der II. Kammer, S. 36. Die Bezugnahme auf den §. 54 der Konk.-O. ist ganz unnöthig.

11 b) Dieser sich ganz von selbst verstehende Rechtssatz ist erst von den Kammern hinzugefügt worden. Tritt der vorausgesetzte Fall ein, so kann die letztendliche Berechnung zur Ausgleichung erst nach erfolgtem Verkaufe sämmtlicher solidarisch belasteten Grundstücke angelegt werden, weil die Positionen der Verhältnißrechnung eher nicht bekannt sind. Die Berechnung selbst, womit sich der II. Kammerkommiss.-Bericht zwei Folioseiten beschäftigt, kann Jeder machen, welcher die fünf Spezies der gemeinen Rechenkunst in der Elementarschule gelernt hat.

(2. A.) Der §. 56 ist nicht auf den Fall des Konkurses beschränkt; er ist nicht minder für den Fall einer bloßen Subhastation anzuwenden, und zwar sowohl dann, wenn die korrealiter haftenden Grundstücke demselben Eigenthümer, wie in dem Falle, wenn sie verschiedenen Eigenthümern gehören. Ebenso wenig ist die gleichzeitige Subhastation der betheiligten Grundstücke ein gesetzliches Erforderniß. (§. 395.) Erk. des Obertr. v. 8. Okt. 1861 (Arch. f. Rechtsf. Bd. XLI, S. 29).

12) Was in Ansehung der Realgläubiger zur Revenüenmasse zu ziehen ist, bestimmt unten der §. 261.

12 a) Konkurriren mehrere Gläubiger und werden die Zinsen des Vorstehenden später als die des Folgenden fällig, so werden bei der Zahlung der Zinsen an den Letzteren die bis zu diesem Zeitpunkte zu berechnenden Zinsen des Vorstehenden zurückgelegt. R. v. 2. Mai 1834 (Jahrb. Bd. XLIII, S. 492). Sämmtliche laufende Zinsen werden als ein Ganzes angesehen und nicht nach den einzelnen Jahren getrennt, dergestalt, daß die in dem Einen Jahre verbliebenen Reste in dem folgenden Jahre als Rückstände angesehen werden könnten. R. v. 15. Mai 1835 (Jahrb. Bd. XLV, S. 443).

13) Der §. 57 enthält im Wesentlichen die Vorschriften des §. 25 der V. v. 4. März 1834 über die Exekutionen, und des §. 5 der V. v. 28. Dezember 1840, nur mit der Ausdehnung „auch auf sonstige, den Gläubigern (z. B. den Auszugsberechtigten) gebührende laufende Prästationen“, wegen Gleichheit des Grundes. (Motive, S. 50.)

Hierbei sind in Ansehung der Forderungen, welche ungetheilt auf mehreren zur Konkursmasse gehörigen Grundstücken haften, die Revenüen eines jeden Jahres nach den Grundsätzen zu vertheilen, welche bei der Kaufgeldervertheilung zur Anwendung kommen (§. 56, Nr. 1, 2 und 4).

Der etwa verbleibende Revenüenüberschuß fließt zur Kaufgeldermasse.

§. 58. Wenn Hypothekengläubiger wegen der Zinsen und Kapitalien ihre Befriedigung lediglich aus den Revenüen zu fordern haben, so muß deren Vertheilung in der Weise geschehen, daß solche Gläubiger auch wegen der Rückstände und der Kapitalien in dem für die Vertheilung der Kaufgelder bestimmten Umfange (§. 54) befriedigt werden, bevor ein ihnen nachstehender Gläubiger auf laufende Zinsen etwas erhalten kann [14]).

§. 59. Die laufenden Abgaben, Lasten, Hypothekenzinsen und anderen Prästationen nehmen von dem letztverflossenen Fälligkeitstermin [15]) vor der Beschlagnahme der Revenüen oder der Einleitung der Sequestration ihren Anfang. Hat aber die Beschlagnahme der Revenüen, oder die Einleitung der Sequestration vorher nicht stattgefunden, so beginnen sie mit dem letztverflossenen Fälligkeitstermin vor der Konkurseröffuung oder vor dem früheren Tage der verfügten nothwendigen Subhastation.

Die Rückstände (§§. 47 bis 50, 52, 54) werden von denselben Zeitpunkten zurückgerechnet.

§. 60. In einem größeren, als dem vorstehend festgesetzten Umfange haben die Forderungen der Realgläubiger [16]) keinen Anspruch auf abgeson-

---

14) Der Satz ist durch die Praxis gewonnen und dem Pr. des Obertr. 11, 2, v. 25. April 1833 entnommen. Eine Anwendung davon macht das jüngere Erk. des Obertr. vom 31. Mai 1845 auf einen andern Fall. Sind nämlich die Forderungen nicht alle auf die Substanz, sondern zum Theil nur auf die Revenüen eingetragen, so kann der Revenüengläubiger verlangen, daß die nach Befriedigung der voreingetragenen Substanzgläubiger verbleibenden Kaufgelder so lange im Deposito des Gerichts zurückbleiben und verwaltet werden, bis er aus den gewonnenen Zinsen an Kapital und laufenden sowie privilegirten Zinsen befriedigt worden, und die hinter ihm eingetragenen Substanzgläubiger können früher keinen Anspruch auf Befriedigung machen. (Entsch. Bd. XI, S. 316.) War der Besitz des Schuldners nur an seine Lebenszeit gebunden oder sonst bedingt, so können die nachstehenden Substanzgläubiger ihre Befriedigung aus der Kaufgeldermasse fordern, sobald das Nutzungsrecht des Schuldners erloschen sein würde, wenn er bis dahin im Besitze des Grundstücks geblieben wäre.

15) Einer jeden Forderung nämlich. Die V. v. 4. März 1834 über Exekutionen, §. 25, und die V. v. 4. März 1834 über Subhastationen, §. 18, zwang allen Gläubigern ganz willkürlich einen andern Fälligkeitstermin, nämlich den 1. Juli auf, wobei man das Wirthschaftsjahr im Sinne hatte. Sehr weise läßt das neue Gesetz dem kontraktlichen Rechte sein Recht widerfahren. Durch jene Willkür war Keinem geholfen und Allen Zwang angethan, wo nicht geschadet.

16) Dazu gehören, außer den bisher Genannten, auch die Auseinandersetzungsbehörden wegen der Kosten in Auseinandersetzungs- und Ablösungssachen eines später subhastirten Grundstücks. Dieser Rechtssatz ist durch das, durch die V. v. 4. März 1834 eingeführte Kaufgelder-Belegungsverfahren nicht aufgehoben; es tritt aber jetzt als entscheidende Zeitbestimmung an die Stelle der Eröffnung des Liquidationsprozesses die Verhängung der Sequestration, oder, falls keine vorhergegangen, der Tag der verfügten Subhastation (und wenn auch diese nicht vorher verfügt worden ist, der Tag der Konkurseröffnung. §. 59). Erk. des Obertr. vom 18. Dezember 1851 (Entsch. Bd. XXII, S. 89).

derte Befriedigung aus der Grundstücksmasse [17]).

§. 61. Mehrere an derselben Stelle anzusetzende Forderungen werden, wenn die Masse zu ihrer vollständigen Tilgung nicht hinreicht, nach Verhältniß ihrer festgestellten Beträge gleichmäßig berichtigt [18]).

§. 62. Besteht eine Forderung in dem Anspruche auf fortlaufende Hebungen, so kann der Betrag der künftigen Hebungen für den ganzen Zeitraum ihrer Dauer [18a]) behufs der Sicherstellung durch Auswerfung eines Kapitals liquidirt werden.

Fortlaufende Hebungen von unbestimmter Dauer werden nach dem Satze zu vier vom Hundert zu Kapital gerechnet [19]).

§. 63. Die Vorschriften des gegenwärtigen Abschnitts finden auch bei der Vertheilung der Kaufgelder und Revenüen von solchen [19a]) Schiffsmühlen und Gerechtigkeiten Anwendung, welche die Eigenschaft unbeweglicher Sachen haben.

Ein Gleiches gilt bei nicht verliehenem Berg- und Hütteneigenthum.

Dagegen behält es in Ansehung des verliehenen Berg- und Hütteneigenthums bei den über die Theilnahmerechte der Berggläubiger bestehenden besonderen Vorschriften [20]) sein Bewenden.

Siebenter Abschnitt.

Rangordnung der Realgläubiger in Beziehung auf Seeschiffe [20a]) und andere zur Frachtschifffahrt bestimmte Schiffsgefäße.

§. 64. Zu der Masse, welche zur abgesonderten Befriedigung der

---

17) Entspricht dem §. 10 der Verordnung vom 28. Dezember 1840 und dem bestehenden Rechte.

18) Nach der Regel: aus der Gleichzeitigkeit entsteht Konkurrenz, aus der Ungleichzeitigkeit Priorität. A. L.R. I, 20, §§. 500, 501; Hyp.-O. II, §. 30; A. G.O. I, Tit. 50, §§. 387—392.

18a) Eine z. B. auf 20 Jahre bestimmte jährliche Rente von 100 Thlrn. kommt mit 2000 Thlrn. zum Ansatz. Mit den zu gewinnenden Zinsen wird verfahren, wie mit dem überschießenden Kapitale einer fortlaufenden Hebung von unbestimmter Dauer. §. 278.

19) Der §. 62 hat die Grundsätze der A. G.O. §§. 154 u. 155 aufgenommen und näher bestimmt. Vergl. o. die Anm. 98 zu §. 51. Die weiteren Vorschriften über die Ausführung dieser Grundsätze finden sich unten in den §§. 245, 272, 393.

19a) Das Wort „solchen" stand im Entwurf nicht vor Schiffsmühlen, sondern vor Gerechtigkeiten. Die Veränderung in der Weise, daß auch die Schiffsmühlen von der Unterscheidung betroffen würden, haben die Kammern beliebt, „weil nicht darüber präjudizirt werden soll, ob alle Schiffsmühlen den Immobilien gleich geachtet werden." II. Kammerkommiss.-B. S. 38. Schiffsmühlen sind freilich von Natur beweglich und erhalten ihre rechtliche Beschaffenheit durch ihr Privilegium.

20) Diese befinden sich in den Provinzial-Bergordnungen und subsidiarisch im A. L.R. II, 16, §. 343. An die Stelle des A. L.R. und der Provinzial-Bergordnungen ist inzwischen das allgemeine Berggesetz vom 24. Juni 1865 (G.S. Stück 30) getreten. Das Verfahren ist unten, im §. 271 vorgeschrieben, welcher sich an den Bescheid des Obertr. vom 4. März 1852 (J.M.Bl. S. 199) anschließt.

20a) (2. A.) Welche Forderungen die Rechte eines Schiffsgläubigers gewäh-

Schiffsgläubiger dient, gehören: das Schiff selbst nebst Zubehör [21]), so wie die für das Schiff gezeichnete Versicherung und die von demselben verdienten Frachtgelder [22]).

Die Forderungen der Schiffsgläubiger kommen daraus in nachstehender Reihenfolge [23]) zur Hebung:

§. 65. I. Die Bergegelder; ingleichen die Kosten zur Verwahrung des Schiffes nebst Zubehör seit der letzten Einbringung in den Hafen.

§. 66. II. Lootsen-, Tonnen-, Hafen- und andere Ungelder zur letzten Einbringung des Schiffes in den Hafen [24]).

§. 67. III. Die Heuer des Schiffers und des Schiffsvolks von der letzten Reise.

§. 68. IV. Die nachstehenden Forderungen mit der Maßgabe, daß die später entstandene Forderung der früher entstandenen vorgeht:

1) der Beitrag des Schiffes zu der auf der letzten Reise vorgefallenen großen Haverei;

2) die kreditirten Lieferungen und Leistungen, welche dem Schiffer während der Dauer der letzten Reise zur Anschaffung von Lebensmitteln [25])

---

ren, wie weit das dingliche Recht der Schiffsgläubiger sich erstreckt, und in welcher Reihenfolge dieselben zur Hebung kommen, bestimmt sich in Betreff der Seeschiffe nicht mehr nach den Vorschriften der §§. 64—71 der Konkursordnung, sondern nach den Vorschriften des zehnten Titels des fünften Buchs des Handelsgesetzbuchs, Artt. 757 u. flg. Einf.-Ges. vom 24. Juni 1861, Art. 29 (G.S. S. 460). Eine gänzliche Aufhebung der §§. 64—71 hat nicht erfolgen können, da sie zugleich für andere zur Frachtschifffahrt bestimmten Schiffsgefäße, worüber das Handelsgesetzbuch keine Bestimmungen enthält, erlassen sind. Vergl. oben §. 31. (Motive zum Einf.-Ges. vom 24. Juni 1861, S. 49.)

21) Wozu in diesem Falle (nicht im Falle des freien Verkaufs, A. L.R. II, 8, §. 1400) auch das Boot gehört. A. G.O. §. 684 d. T.; A. L.R. I, 2, §. 91; II, 8, §. 1398, und Handelsgesetzbuch Art. 443.

22) Ist bestehendes Recht. A. G.O. §. 684 d. T. — Gehört nicht das ganze Schiff zur Konkursmasse, d. h. ist der Gemeinschuldner nur Mitrheder, so erfolgt die gewöhnliche Auseinandersetzung der Schiffspartner.

23) Bei der Rangordnung der Schiffsgläubiger ist der Grundsatz des Seerechts leitend, daß in der Regel (Ausnahmen kommen bei Verpfändungen vor) der Jüngere dem Aeltern vorgeht, wenn die Forderung aus einem nothwendigen Aufwande zur Erhaltung, Rettung und Zurückführung und Einbringung des Schiffs entstanden ist, weil ohne solchen Aufwand die übrigen (ältern) Gläubiger Alles verloren haben würden. Die Rangordnung, welche die A. G.O. §. 685 d. T., in Anschluß an die Vorschriften des A. L. R. I, 20, §§. 314—326 und II, 8, §§. 2445—2451 enthält, entspricht nicht durchgängig den Grundsätzen des Seerechts und entbehrt der erforderlichen Klarheit und Einfachheit. Deshalb hat man solche hier neu geregelt. Dabei hat man das bei der seit längerer Zeit im Werke begriffenen Revision des Seerechts gewonnene Material benutzt. (Motive, S. 55.)

24) Diese Ungelder werden in der A. G.O. und im A. L.R. nicht genannt, man hat sie zu den Bergegeldern gerechnet. Hier hat man sie zur Beseitigung der darüber entstandenen Zweifel besonders aufgeführt, aber den Bergegeldern nachgesetzt, weil die Einbringung älter als die Aufbewahrung des Schiffs ist.

25) Die Gleichstellung der Vorschüsse zur Anschaffung der nöthigen Lebensmittel mit den Reparaturschulden ist neu aber wohlbegründet, weil die Erhaltnng der Mannschaft ebenso nothwendig zur Fortsetzung der Reise und Heimführung des Schiffes ist wie die Instandsetzung des Schiffskörpers.

oder zur Reparatur und Ausrüstung des Schiffes gewährt und zu diesen Zwecken wirklich verwendet worden sind;

3) die von dem Schiffer durch Darlehns- und Pfandverträge zur Fortsetzung der letzten Reise im Nothhafen gültig aufgenommenen Gelder, so wie die von dem Schiffer zu demselben Zweck im Nothhafen genommene Bodmerei (eigentliche Bodmerei), ingleichen der zu erstattende Werth der Waaren, welche vom Schiffer behufs der Fortsetzung der letzten Reise im Nothhafen von der Ladung gültig veräußert worden sind [26]).

Jedoch haben die unter Nr. 2 und 3 aufgeführten Forderungen nur dann einen Anspruch auf abgesonderte Befriedigung aus der Schiffsmasse, wenn sie binnen Jahresfrist [27]) gerichtlich geltend gemacht werden. Die Frist beginnt in Ansehung der kreditirten Lieferungen und Leistungen mit dem Ablauf des Tages, an welchem das Schiff in den Hafen zurückgekehrt ist, in Ansehung der aufgenommenen Gelder mit dem Ablauf des Rückzahlungstermins und in Ansehung der veräußerten Waaren mit dem Ablauf des Tages, an welchem die Löschung der Ladung erfolgt ist [28]).

§. 69. V. Die Forderungen, für welche das Schiff verpfändet worden ist, ohne daß die Bedingungen des §. 68, Nr. 3 vorliegen, in der Rangordnung, welche durch die Zeitfolge der einzelnen Verpfändungen bestimmt wird [29]).

Hierher gehören namentlich die mit einem gültigen [30]) Pfandrecht versehenen Bodmereischulden der Rheder (uneigentliche Bodmerei), sofern die

26) Das vorherige Recht gab nur der Bodmerei des Schiffers im Nothhafen (der eigentlichen Bodmerei), nicht auch andern Anleihen desselben im Nothhafen, und nicht dem Werthe der von dem Schiffer im Nothhafen angegriffenen Waaren diesen Vorzug. Die Ausdehnung gründet sich auf die Erwägung, daß dergleichen Aufwendungen, nach §§. 1499—1501, II, 8 des A. L.R., denselben Zweck haben wie die Bodmerei, und der Schiffer beim Mangel an Geld zur Fortsetzung der Reise sogar angewiesen ist, andere Darlehne, als Bodmerei, vorzugsweise zu suchen. (Motive, S. 56.)

27) Bestehendes, darin näher bestimmtes Recht, daß die Geltendmachung binnen Jahresfrist geschehen muß. Das A. L.R. I, 20, §§. 323, 324 ist ungenau; der Rechtssatz ergiebt sich erst aus II, 8, §. 2443 und A. G.O. Tit. 50, §. 367.

28) Das gleiche Vorrecht der Prämienforderung des Versicherers und der schon vor der letzten Reise entstandenen Reparaturschulden ist mit Bedacht nicht beibehalten. (Motive, S. 56.)

29) Die Reihenfolge ist hiernach folgende: 1) die auf den Original-Schiffsurkunden verzeichneten Verpfändungen und Bodmereien, nach dem Alter der Vermerke geordnet (A. L.R. I, 20, §§. 313, 315, 316; 2) die nicht verzeichneten Bodmereien, welche für Bau- und Reparaturvorschüsse bestellt worden sind (I, 20, §. 318); 3) alle übrigen nicht verzeichneten Bodmereien, ohne Unterschied des Alters, zu gleichen Rechten (I, 20, §. 317). — (2. A.) In Betreff der Seeschiffe enthalten über die Rangordnung solcher Gläubiger, welche nicht eigentliche Schiffsgläubiger im Sinne des Handelsgesetzbuchs sind, denen aber ein Pfandrecht am Schiffe bestellt ist, der Art. 779 des Handelsgesetzbuchs, und der Art. 59 des Einf.-Gesetzes vom 24. Juni 1861 die Vorschriften.

30) Die uneigentlichen Bodmereien, welche vorschriftsmäßig auf den Schiffsurkunden verzeichnet sind, ordnen sich also unter den übrigen Verpfändungen nach dem Alter des Vermerks. Ist aber die Form vernachlässigt, so treten sie hinter sämmtliche Verpfändungen zurück und werden zu gleichen Rechten aus dem Ueberrest der Schiffsmasse befriedigt. Vor. Anm. Nr. 2 und 3.

Forderungen binnen Jahresfrist nach eingetretenem Zahlungstermin gerichtlich geltend gemacht werden.

§. 70. Bei der Vertheilung der Masse werden die Kosten und sämmtliche[31]) noch nicht verjährte Zinsen am Orte des Kapitals angesetzt. Bei Bodmereiforderungen (§. 68, Nr. 3, §. 69) genießen jedoch Zinsrückstände nur aus dem letzten Jahre vor der Konkurseröffnung oder dem früheren Tage der verfügten nothwendigen Subhastation das Vorzugsrecht des Kapitals, ältere Zinsrückstände haben keinen Anspruch auf abgesonderte Befriedigung aus der Schiffsmasse.

§. 71. Mehrere an derselben Stelle[32]) anzusetzende Forderungen werden, wenn die Masse zu ihrer vollständigen Tilgung nicht hinreicht, nach Verhältniß ihrer festgestellten Beträge gbeichmäßig berichtigt[33]).

Achter Abschnitt.

Rangordnung der Konkursgläubiger[34]).

§. 72. Die Ansprüche der Konkursgläubiger kommen in nachstehender Reihenfolge zur Hebung:

---

31) Die bei den Realrechten auf Immobilien vorgeschriebene Einschränkung der Zinsenrückstände auf bestimmte Zeiträume gilt hier also nicht, weil die Gründe dafür bei Schiffen nicht zutreffen. Nur bei Bodmereien ist es anders, weil deren Realrecht überhaupt nur von einjähriger Dauer ist. A. L.R. I. 20, §. 323; II, 8, §. 2443. Das dingliche Recht erlischt gänzlich.

32) Darunter ist die Klasse (I, II, III,) zu verstehen. Wenn also in der I. Klasse mehrere Gläubiger auftreten, von welchen Einige Bergegelder, Andere Verwahrungskosten fordern, so haben die Bergegelder nicht vor den Verwahrungskosten, oder diese vor jenen den Vorzug, sondern diese Gläubiger der I. Klasse haben alle gleiche Rechte. Unter den Gläubiger der IV. u. V. Klasse kann dies kaum vorkommen, da sie unter sich eine besondere Ordnung haben.

33) Anwendung des Grundsatzes §. 61 auf die Schiffsmasse.

34) Hier haben wir an Stelle der alten sieben Rangklassen neun andere, die sich von den vorigen nur wie das Mindere vom Größern unterscheiden; das Wesen ist unverändert geblieben. Man kann sich von alten Vorurtheilen nicht freimachen. Zwar hat man die so oft gesagte Wahrheit nicht bestreiten können, vielmehr anerkennend an die Spitze der Begründung gestellt, daß, „faßt man die persönlichen Forderungsrechte in ihrer einfachen rechtlichen Bedeutung auf, an und für sich kein Grund vorhanden ist, das eine Forderungsrecht vor dem andern zu bevorzugen; allen wohnt die gleiche rechtliche Wirkung bei, das, worauf sie gerichtet sind, ungeschmälert von dem Schuldner zu verlangen; vom rein privatrechtlichen Standpunkte aus haben sie also sämmtlich gleiche Stärke und müssen demgemäß, bei eintretender Unzulänglichkeit der Befriedigungsmittel im Falle der Konkurrenz, je nach Verhältniß der Forderungsbeträge gleichmäßig berichtigt werden." (Motive, S. 57.) Dennoch soll dieser Satz nicht durchzuführen sein „aus überwiegenden Gründen". Aber sehen wir „diesen überwiegenden Gründen" auf den Grund, so findet sich darunter nicht ein einziger, welchem eine zwingende Natur inwohnte. Der allgemeine Grund ist das banale „öffentliche Wohl", das „Interesse der Rechtsordnung". Allein hier findet sich das Interesse des allgemeinen Besten gerade auf der entgegengesetzten Seite. Die Verf. selbst haben unbewußt unter dem Einfluß dieser Wahrheit gestanden, indem sie daraus einen Beweisgrund gegen ihre Anwendung des „öffentlichen Wohls" gemacht haben, ohne die Konsequenz zu erwägen. Es wird nämlich den fiskalischen Abgabenrückständen aus den letzten zwei Jahren, wie bisher, der Vorzug vor allen gegeben, weil derselbe, „zur Sicherheit der Staatskasse im öffentlichen Interesse nothwendig sei." (Motive, S. 59.)

§. 73. **I. Rückstände von direkten und indirekten Staatssteuern und anderen denselben gleichstehenden Abgaben, aus den beiden letzten Jahren**

Den zweiten Rang erhalten die gleichen Rückstände an Kommunalabgaben. Warum? Weil „ihnen die Rücksicht auf das öffentliche Wohl im Verhältniß zu den andern Gläubigern des Gemeinschuldners überwiegend zur Seite steht, und ein Vorrecht um so mehr begründet ist, als hier der Kreis der Verpflichteten kleiner, als bei den Staatslasten ist, daher — ein Verlust drückender empfunden wird.“ (Ebd.) Also deshalb! Das ist ein zutreffendes Wort; dieser Beweisgrund liegt in der That im richtig verstandenen Interesse des öffentlichen Wohls. Aber dieser Beweisgrund beweist ja das gerade Gegentheil von dem, was er beweisen soll! Je kleiner der Kreis ist, der den Verlust oder den Nachtheil tragen soll, je weniger ist ja das Vorrecht der größern Kreise im öffentlichen Interesse zu rechtfertigen. Darnach müßten die Kommunalabgaben vor den Landesabgaben den Vorzug haben, und weiter müßten alle andern Gläubiger, wenn nicht den Abgaben vorgehen, doch vermöge der Rechtsgleichheit gleichberechtigt sein. Denn 16 Millionen Personen werden doch wol einen zweijährigen Abgabenrückstand einer Person — wenn er ja vorkäme, was bei unserer geordneten Verwaltung unter hundert Fällen kaum einmal eintritt — unvergleichbar leichter tragen als 10 oder 15 nachsehende arme Schlucker von Gläubigern. Wie sollen diese also aus dem geltend gemachten Grunde dazu kommen, ganz allein den sie sehr drückenden Ausfall zu decken, der für 16 Millionen gar nicht fühlbar wäre? Gerade unter dieser Härte, welche wenige Einzelne trifft, leidet das öffentliche Wohl. Dieser „überwiegende Grund“ verschwindet mithin so gänzlich, daß er zum Gegengrunde wird. — Ein anderer Grund für das Privilegium anderer Gläubiger soll sein „besondere Schutzbedürftigkeit einzelner Rechtsverhältnisse im Interesse der Rechtsordnung“. Auch dies ist ein Scheingrund. Derselbe soll nämlich eintreten in Fällen, in welchen der Kredit theils ohne, theils sogar wider den Willen des Gläubigers entsteht, indem ihn das Gesetz zu Leistungen an den Schuldner oder für denselben nöthigt; sowie in Fällen, in welchen die Forderung des Gläubigers dadurch entsteht, daß sein Vermögen von Rechtswegen in den Besitz des Schuldners übergegangen ist. In diesem Falle sollen sich die Kinder mit ihren Pekulien, in jenem die Medizinalpersonen (Apotheker und Aerzte) befinden. (Motive, S. 58.) Allein was zunächst die Apotheker betrifft, so sind sie, eben mit Rücksicht auf die ihnen von dem Polizeistaat auferlegte Verpflichtung gegen das Publikum, für mögliche Ausfälle — welche ohnehin jeder andere Gewerbsmann mit ihnen gemein hat — überreichlich entschädigt durch ihr Monopol und durch ihren unverhältnißmäßig großen Gewinn. Der letztere erwächst ihnen nicht allein aus der freigebigen Taxe, sondern besonders in großem Maße aus dem sog. Handverkauf, durch welchen sie Summen Geldes im Einzelnen für Dinge einnehmen, welche ihnen kaum Bruchpfennige, oft gar nichts, kosten. Wenn also von zehn Rechnungen auch eine unbezahlt bleibt, so haben sie an den bezahlten reichlichen Ersatz und befinden sich vergleichsweise in einer viel besseren Lage als jeder andere Kaufmann. Es fehlt mithin jeder Billigkeitsgrund (von Rechtsgründen kann ohnehin nicht Rede sein), die Bezahlung der Arzneirechnung in Konkursen den übrigen Gläubigern aufzubürden. Von den Aerzten gilt das Gleiche, nicht aus den materiellen Gründen, welche gegen jede Bevorzugung der Apotheker streiten, sondern zumeist aus sittlichen Gründen, da jeder Arzt sich dem Dienste der leidenden Menschheit widmet und Keiner deshalb, weil er für den Rath, den er einem Armen giebt und der ihm nichts kostet, aus den Befriedigungsmitteln der schon vorhandenen älteren, vielleicht selbst armen Gläubiger nicht vorweg bezahlt wird, dem Leidenden seinen Rath versagen kann, wenn er nicht die Achtung des Publikums verlieren will. — Was das Pekulium der Kinder betrifft, so hängt dieses ganze Institut mit dem Polizeistaat zusammen, in welchem Vater und Kind gezweiet sind und die Oberaufsicht der Staatsgewalt zwischen Beide tritt, ohne daß diese doch in der Lage sich befindet, die sich aufgelegte Schutzpflicht zu erfüllen. Denn wenn sie es auch auf Kosten Anderer durchsetzt, daß das Vermögen, welches sie dem Kinde zuschreibt, diesem möglichst erhalten werde, so ist sie doch in der Hauptbeziehung des Kindes zum Vater völlig machtlos, wenn sie nicht soweit gehen will, das Naturband zwischen Vater und

von dem Tage der Konkurseröffnung oder, wenn der Gemeinschuldner schon vor der Konkurseröffnung verstorben ist, von dem Todestage des Gemeinschuldners zurückgerechnet [35]).

Es macht hierbei keinen Unterschied, ob der Steuererheber die Steuerrückstände bereits vorschußweise zur Kasse entrichtet hat oder nicht [36]).

§. 74. II. Rückstände von Abgaben und Leistungen, welche aus dem Gemeinde-, Kreis- oder Provinzialverbande, ingleichen aus dem Kirchen-, Pfarr- oder Schulverbande entspringen, oder welche an Kirchen, Pfarren und Schulen, oder an Kirchen- und Schulbediente, oder zu gemeinnützigen, unter der Autorität des Preußischen Staats bestehenden Instituten nach Gesetz oder Verfassung zu entrichten sind, aus den beiden letzten Jahren vor der Konkurseröffnung oder vor dem Ableben des Gemeinschuldners (§. 73) [37]).

Es macht hierbei keinen Unterschied, ob die Rückstände der an öffentliche Kassen [37a]) zu entrichtenden Abgaben von dem Erheber derselben bereits vorschußweise zur Kasse abgeführt worden sind oder nicht.

Kind ganz zu lösen und auch die Erziehung des Kindes zu besorgen. Da dies nicht ausführbar ist, so hat die Halbheit nur den Erfolg, daß in den, Dank der Sitte und dem Naturgesetz, doch nur vereinzelt vorkommenden Fällen der Gewissenlosigkeit eines unnatürlichen Vaters, das bei weitem geringere Uebel, nämlich die Durchbringung des Pekuliums, den Gläubigern des Vaters aufgebürdet wird, das größte Unglück aber, die schlechte Erziehung in ihren Folgen auf dem Kinde lasten bleibt. Nach Naturgesetz und bei gesundem Volksleben, auch nach Rechtsgesetz (älteres R. R.), sind Vater und Kind Eins, es giebt kein Sondergut des Kindes, welches der Befriedigung der Gläubiger des Vaters im Wege stehen könnte; die künstliche Zweiung des Vaters und Kindes nutzt dem Kinde im Ganzen gar nichts und ist Andern schädlich. Darum ist das Privilegium der Pekulien zum Nachtheil der Gläubiger nicht zu rechtfertigen. — Eine Post giebt es, welche bessere Gründe für sich zu haben scheint, und für welche gleichfalls das öffentliche Interesse geltend gemacht wird: die Begräbnißkosten. Das R. R. gab ihnen einen absoluten Vorzug, aus eigenthümlichen religiösen Gründen, welche bei uns nicht vorhanden sind. Heutzutage kommen also nur wirkliche staatsrechtliche Gründe in Betracht, und da stehen wir wieder bei dem „öffentlichen Interesse". Aber für dieses ist auch hier gesorgt, ohne daß den Gläubigern die Kosten der Beerdigung aufgebürdet werden müssen: der Gemeinschuldner ist ein Armer, soweit die Kosten nicht nach dem Prinzip der Rechtsgleichheit aus der Vermögensmasse gedeckt werden können; und der Kreis, welcher die ungedeckten Kosten aufzubringen hat, ist viel größer als der Kreis der Gläubiger, die sich solche sollen abziehen lassen.

35) Aufgenommen aus dem §. 356 der A. G.O., weil das Privilegium im öffentlichen Interesse nothwendig sei. S. die vor. Anm.

36) Vermöge des juris subintrandi. Vergl. das G. über die Klassen- und die klassificirte Einkommensteuer v. 1. Mai 1851 §. 13, lit. e (G.S. S. 198). (2. A.) Von Steuern ist der Grundsatz, daß der für einen Andern gemachte Vorschuß an Steuern als Kaufpreis für verkaufte Außenstände anzusehen und daher dem Zahler ebendasselbe Recht, welches der Steuerberechtigte selbst hatte, zuständig sei, sehr alt; er findet sich schon als altes Recht in der L. 5 pr. D. de censibus (L, 15) anerkannt.

37) Die Bestimmung soll den §§. 357, 359, Tit. 50 der A. G.O. und der K.O. v. 15. August 1814 (G.S. S. 73) entsprechen. Das Privilegium der ältern Rückstände (§. 404 a. a. O.) ist abgeschafft. In Beziehung auf die Rechtfertigung des Privilegiums der Rückstände aus den letzten zwei Jahren s. m. oben, Anm. 34.

37a) Auf Einsammler von Abgaben an Privatpersonen, z. B. Beauftragte des Pfarrers, soll die Vorschrift keine Anwendung finden. Deshalb ist in dieser

§. 75. III. Die auf das Begräbniß des Gemeinschuldners verwendeten Kosten, insoweit sie das nach den Lebensverhältnissen des Verstorbenen zu beurtheilende Bedürfniß nicht übersteigen[38]).

§. 76. IV. Die rückständigen Medizinalkosten seit dem Beginn des der Konkurseröffnung oder dem Ableben des Gemeinschuldners zunächst vorhergegangenen Kalenderjahres[39]).

Als Medizinalkosten sind anzusehen: alle den Aerzten, Wundärzten,

---

Fassung das Alinea 2 des vor. §. 73 zum Vortheil der von der Kommune ꝛc. angestellten Abgaben-Erheber von den Kammern hier wiederholt. II. Kammer-Kommiss.-Bericht S. 41.

38) Dieses Privilegium ist ein pr. causae und geht folglich auf den Cessionar über.

Die A. G.O. §. 363 setzt nach der Verschiedenheit des Standes ein bestimmtes Maximum fest. Das hat den Verf. nach den gegenwärtigen Verhältnissen nicht angemessen geschienen. Was als nothwendiger Aufwand zu betrachten, soll sich nach den individuellen und lokalen Umständen und Observanzen richten; das richterliche Ermessen werde hierin und in der Sitte hinlänglichen Anhalt finden. (Motive, S. 60.) Die hierdurch angedeuteten Anhaltspunkte haben mit der Nothdurft gar nichts zu thun. Wie kommen Nothdurft und Observanzen zusammen? Nur der Sitte ist insoweit ein Einfluß einzuräumen, als sie nicht zuläßt, den nackten Leichnam einzuscharren; was hierin also die Sitte vorschreibt, ist nothwendig. Dazu muß man auch bei einem christlichen Begräbniß die wesentlich erforderliche Amtsverrichtung des Geistlichen rechnen. Alles, was das Bedürfniß übersteigt, wird nicht mehr, wie sonst, nach der A. G.O. §. 478 post omnes, sondern mit den übrigen nicht bevorzugten Gläubigern berichtigt. M. vergl. übrigens in Betreff dieses Privilegiums oben die Anm. 34 a. E.

Was die Legitimation zur Sache bei der Liquidation der Begräbnißkosten betrifft, so kann nur derjenige, welcher im Auftrage des Gerichts oder der Polizei, oder ohne Auftrag als Geschäftsbesorger, das ganze Begräbniß besorgt hat, als Liquidant auftreten. Diejenigen, welche auf Jemandes Bestellung Etwas zum Begräbniß geliefert oder gethan haben, müssen sich an den Besteller halten, was auch von den Gebühren der Geistlichkeit gilt. Der Geschäftsbesorger hat das Ganze zu liquidiren; die einzelnen Lieferanten und Arbeiter müssen abgewiesen werden, da sie ihren Schuldner an dem Besteller haben und außerdem die zum Ermessen des Gerichts erforderliche Uebersicht abgehen würde.

Die aus einem Sterbeverein gezahlten Begräbnißgelder werden nicht zur Masse eingezogen, wogegen dann aber auch die Masse keine Begräbnißkosten zu tragen hat. Stengel's Beiträge, Bd. VI, S. 82.

39) Der Zeitraum für die privilegirten Rückstände ist hierdurch anders und theilweise weiter, als in der A. G.O. §§. 367 u. 468 bestimmt. Wenn z. B. der Konkurs am 31. Dezember 1855 eröffnet ist, so können die Rückstände aus der Zeit vom 1. Januar 1854 hier an dieser Stelle gefordert werden; und wenn die Konkurseröffnung vom 2. Januar 1855 datirt, so reicht der Zeitraum für die privilegirten Rückstände auch nicht weiter zurück als bis zum 1. Januar 1854. Dies hängt zusammen mit der Sitte, erst beim Beginn des neuen Kalenderjahres die Rechnungen zu schicken, und da man beabsichtigt hat, alle Rückstände zu privilegiren, welche ohne Schuld des Gläubigers noch uneingezogen sind, so konnte Vernachlässigung des Einziehungsgeschäfts füglich erst dann angenommen werden, wenn am Schlusse eines Jahres noch Forderungen aus dem vorigen Jahre rückständig sind, die im Laufe des neuen Kalenderjahres mit Hülfe des Mandatsprozesses (K.O. v. 19. Juni 1836) hätten beigetrieben werden können (Motive, S. 61).

Was von diesem Privilegium zu halten: darüber o. Anm. 34. Dem franz. und dem Gem. R. ist es nicht bekannt; nur die Kosten der letzten Krankheit des Gemeinschuldners passiren unter den Begräbnißkosten als ein Theil derselben.

Apothekern, Hebeammen und Krankenpflegern[40]) gegen den Gemeinschuldner[41]) zustehenden Forderungen wegen ihrer Gebührnisse[42]).

Die Forderungen müssen mit Angabe und Berechnung der einzelnen Dienstleistungen nach den zulässigen Sätzen aufgestellt werden[43]). War mit dem Gemeinschuldner ein Honorar in Pausch und Bogen verabredet, so tritt der Betrag desselben an die Stelle der einzelnen Gebührnisse, genießt aber deren Vorrecht nur insoweit, als es den Betrag derselben nicht übersteigt[44]).

§. 77. V. Die Forderungen der von dem Gemeinschuldner für seinen Haushalt oder für sein Gewerbe[45]) angenommenen, im Dienstverhältnisse zu demselben stehenden Personen, insbesondere der Erzieher, Hausoffizianten, Handlungsgehülfen, Handwerksgesellen und Dienstboten, an Honorar, Lohn, Kostgeld, und anderen Emolumenten, aus dem letzten Jahre vor der Konkurseröffnung oder vor dem Ableben des Gemeinschuldners (§. 73), oder vor Anstellung der Klage, sofern im letzteren Falle der Prozeß oder die Exekution ununterbrochen fortgesetzt worden ist[46]).

---

40) Die Krankenpfleger sind neu eingereiht; die A. G.O. ließ sie unberücksichtigt.

41) Mithin nicht bloß in Ansehung seiner Person, sondern auch derjenigen Personen, welchen er Unterhalt und Kur schuldig ist. Dies ist bestehendes Recht. A. G.O. §. 367,

42) Nur die rückständigen „Gebühren" oder Löhne der genannten Personen haben dieses Vorrecht; das Privilegium ist mithin ein privilegium personarum, was es bisher war, geblieben und nicht in ein privilegium causae verwandelt. Daraus folgt, einestheils, daß nicht noch andere Krankheitskosten, z. B. für Krankenkost, hier gefordert werden können, und anderentheils, daß Dritte, welche für bezahlte Medizinalkosten Ersatz von dem Gemeinschuldner zu fordern haben, das Privilegium der Medizinalpersonen nicht geltend machen können. Man hat beabsichtigt, dies durch die Fassung zu erkennen zu geben, indem man in der Meinung gestanden hat, daß die Fassung das Privilegium auch für die Forderungen in Ansehung solcher Personen zuläßt, für welche der Gemeinschuldner unmittelbar zu sorgen verbunden ist (wie Frau, Kinder ꝛc.), dagegen die Forderungen Dritter ausschließt, welche sich wegen bezahlter Medizinalkosten an den Schuldner bloß regressiren wollen. (Motive, S. 61.) Dabei läßt sich jedoch noch immer über die Berechtigung eines Cessionars solcher Personen streiten; aus der Fassung allein läßt sich der Zweifel nicht heben. Aller Zweifel aber verschwindet, wenn man über die rechtliche Natur des Privilegiums im Klaren ist; denn ist es ein privilegium personarum, so kann es durch Cession der Forderung nicht mit übertragen werden.

43) In wiefern die Forderungen durch Festsetzungsdekrete oder sonst prozeßmäßig festzustellen sind (A. G.O. §. 367 d. T. u. Anh. §. 358, wo es heißt: „Ist die Forderung unbeträchtlich, oder von dem Kontradiktor geradehin eingeräumt, so bedarf es keines Festsetzungsdekrets"), bestimmt sich nach den Regeln des Prozesses, sagen die Motive a. a. O. sachentsprechend; denn es ist gar kein Bedürfniß zu Spezialvorschriften hierüber.

44) Der Liquidant hat also, auch wenn er einen vertragsmäßigen Pauschsatz fordert, eine Berechnung der einzelnen Dienstleistungen nach den Taxsätzen aufzustellen, um damit das Privilegium für das geforderte Honorar zu begründen. Hierdurch soll das Vorrecht auf das gehörige Maß zurückgeführt werden. Die Aerzte dürfen daher auch dann, wenn sie durch ein jährliches Honorar belohnt werden, nicht unterlassen, ihre ärztlichen Besuche aufzuzeichnen.

45) Gemäß Pr. des Obertr. 1421 b, v. 1. März 1844 (Entsch. Bd. IX, S. 454).

46) Aus der A. G.O. §§. 370—373 beibehalten, mit einer Verkürzung des

§. 78. VI. Die nachstehenden Forderungen des Fiskus[46a]):

1) die Forderungen wegen der dem Gemeinschuldner zur Last fallenden Defekte aus einer von demselben geführten Kassenverwaltung oder sonstigen Vermögensverwaltung[47]); mit dem Fiskus haben die gerichtlichen Depositorien[48]) und die Hofkammer der Königl. Familiengüter gleiche Rechte;

2) die Forderungen aus den mit dem Gemeinschuldner geschlossenen Lieferungsverträgen[49]);

3) die Forderungen von Gebühren und Auslagen der Gerichte[50]) und Auseinandersetzungsbehörden.

§. 79. VII. Die Ansprüche der Kommunal-[50a]), Kreis- und Provinzialverbände, der landschaftlichen Kreditverbände, der Domkapitel, Kollegiatstifter, Klöster, Kirchen[50aa]), Schulen und milden Stiftungen[50b]) we-

---

Zeitraums auf Ein Jahr. Auch für dieses Privilegium giebt es keinen zwingenden Grund. Der Zweck ist, dem Bediensteten, weil ihm nicht zuzumuthen, sogleich nach der Fälligkeit gegen den Dienstherrn zu klagen, durch ein Vorrecht den nöthigen Schutz zu gewähren. (Motive, S. 61.) Obgleich man hiernach auf ein privilegium personarum schließen könnte, so ist es doch ein dem Leutelohn-Kontrakt, der Dienstmiethe, beigelegtes Vorrecht, also ein privilegium causae.

46a) (2. A.) Nämlich des inländischen Fiskus, wie sich von selbst versteht, da unsere Gesetze für Ausländer Privilegien nicht schaffen. Gleichwohl haben sich ausländische Staatskassen auf die fiskalischen Vorrechte der inländischen für sich berufen. Erk. des Obertr. v. 16. Juli 1857 (Archiv für Rechtsfälle Bd. XXVI, S. 131).

47) Ueber den Ungrund des fiskalischen Privilegiums: oben, Anm. 34. Hier fällt ein Grund mehr gegen das Privilegium in die Wagschale: die Möglichkeit der Sicherung durch Kautionen. (K.O. v. 14. Jan. 1813 u. v. 11. Febr. 1832.) Man sagt, es sei nicht möglich, von diesen Beamten eine so hohe Kaution zu fordern, daß dieselbe für alle Fälle ausreichen würde. Aber daraus folgt gar nicht, daß der kleine Kreis der Gläubiger den durch den Dieb oder Betrüger angerichteten Schaden zu tragen habe. Dieses von den römischen Gewalthabern (Imperatoren) ererbte Privilegium kennen andere Nationen, bei welchen das R. R. keine Aufnahme gefunden hat, und auch das franz. R., nicht.

48) Dieses Privilegium verliert allen auch nur scheinbaren Grund, sobald es der Staat aufgiebt, der allgemeine Depositarius sein zu wollen.

49) Nur den Forderungen aus Lieferungsverträgen hat man unter den fiskalischen Rechtsgeschäften das Privilegium bewahrt, weil sie eine Ausnahme davon machten, die Staatskasse im Voraus gegen Verluste zu decken, wie das bei andern privatrechtlichen Geschäften möglich sei. (Motive, S. 62.)

50) Der Unterschied zwischen Untersuchungskosten und andern Kosten fällt hiernach weg; ein Grund der Unterscheidung war niemals vorhanden, wenn einmal das Privilegium der Gerichtskosten ausgemacht ist. Die Beibehaltung desselben gründet sich auf die Analogie der Gerichtsgebühren mit den Steuern.

50a) (2. A.) Also jetzt auch die ländlichen Kommunalkassen, nicht bloß, wie nach §. 405 der A. G.O. a. a. O., die Kämmereikassen.

50aa) (2. A.) Unter dem Ausdrucke „Vermögen der Kirchen" ist auch das mit dazu gehörige Pfarrvermögen, sofern von dessen Substanz die Rede ist, mit begriffen. Erk. des Obertr. vom 4. Februar 1858 (Arch. f. Rechtsf. Bd. XXIX, S. 68).

50b) (2. A.) Welche Stiftung für eine milde gelten kann, ist in jedem einzelnen Falle nach dem Zwecke zu befinden. Der Zweck muß ein religiöser, oder ein mildthätiger und zwar ein allgemeiner, öffentlicher, d. h. zum Vortheil des Gemeinwesens sein. Eine Stiftung zum Kultus für ein Familienbegräbniß würde keine milde Stiftung im Sinne des Gesetzes sein. Ueber den Gegenstand handelt

gen der dem Gemeinschuldner zur Last fallenden Defekte [50bb]) aus einer von demselben geführten Verwaltung ihrer Kassen oder ihres sonstigen Vermögens [51]).

§. 80. VIII. Die Ansprüche der Kinder und der Pflegebefohlenen des Gemeinschuldners wegen ihres gesetzlich [52]) in die Verwaltung und Nutznie-

Hopfensack (Pr. J. H. Boehmer) de privilegiis legatorum piorum genuinis et spuriis, Halae 1716; in Boehmer Disp. Hal. Vol. II, No. XVIII.

50bb) (2. A.) Der rechnungsmäßige Ausdruck „Defekte" bedeutet nicht bloß eine vorhandene absichtliche Unterschlagung, sondern bezeichnet Alles, was ein Rechnungsleger verwaltungsmäßig zu gewähren hat, und was nicht gewährt worden ist, ohne Rücksicht auf die Art oder den Grund der dabei obwaltenden Verschuldung, auch wenn nicht ein bestimmtes corpus, sondern Sachen ejusdem generis nachzuweisen und zu restituiren sind. Erk. des Obertr. vom 4. Februar 1858 (Arch. f. Rechtsf. Bd. XXIX, S. 65). Vergl. A. G.O. Th. I, Tit. 45, §§. 15, 16 u. Verordnung vom 24. Januar 1844, §. 10 (G.S. S. 52).

51) Aufgenommen aus dem §. 405 der A. G.O. d. T. Die Grundlage des Privilegiums ist das Verwaltungsverhältniß des Gemeinschuldners zu den gedachten juristischen Personen. Wie die Defekte entstanden sind, ist gleichgültig, wenn er dafür nach Beschaffenheit des Falles einzustehen hat.

52) Das bisher bestandene Recht (A. G.O. §§. 417, 418 u. A. L.R. II, 2, §§. 176, 177) war darin präciser, daß es sich an feststehende Begriffe des ausgebildeten R. R. anschloß und das Vorrecht auf das Maternum und auf das übrige nicht freie Vermögen der Kinder beschränkte. Man hat dafür das Vorrecht dem gesetzlich in die Hände des Gemeinschuldners gekommenen Vermögen beigelegt, wonach auch der, in der A. G.O. nicht besonders erwähnte, bei der Ehescheidung den Kindern ausgesetzte Pflichttheil (A. L.R. II, 2, §§. 461—464) zu beurtheilen sein soll. (Motive, S. 63.) Die Praxis wird bei diesem unbestimmten Ausdrucke (was ist hier der Gegensatz von gesetzlich? Man hat dabei an die angemaßte Verwaltung — Protutel — gedacht, wo das Vorrecht sich im Gegentheile noch eher rechtfertigen ließe) erst wieder die neue Satzung praktikabel zu machen haben. Dem Pl.-Beschl. des Obertr. (Pr. 1129) v. 9. Mai 1842, wonach einer Schuldforderung an den Gemeinschuldner, welche durch Erbgangsrecht Eigenthum seiner Kinder geworden, das Vorrecht nicht zustand (Entsch. Bd. VIII, S. 209), scheint hierdurch der Boden genommen zu sein. (2. A. Das ist wirklich angenommen worden in dem Erk. des Obertr. vom 3. Mai 1865, Entsch. Bd. LV, S. 269. Im Striethorst'schen Arch. Bd. LXIII, S. 18 ist dasselbe vom 4. Mai 1865 datirt.) Denn wenn durch die Satzung jener Pflichttheil betroffen sein soll, der doch augenscheinlich nicht in die Hände des Vaters gekommen ist, so fällt darunter auch eine solche auf die Kinder vererbte Schuld des Vaters. Da hier nicht von feststehenden juristischen Begriffen die Rede ist, so sind wir in die pfadlose Prairie versetzt und es muß abgewartet werden, wohin die Buchstabenauslegung führen wird. Es kann möglich sein, daß, wenn ein Kind mit seinem Vater, oder der Vormund mit seinem Mündel, irgend einen Handel schließt, oder wenn ein Gläubiger des Vaters oder des Vormundes dem Kinde die Forderung cedirt, der Forderung des Kindes oder Mündels daraus dieses Vorrecht zugesprochen wird. Damit kommen wir auf das Bodenlose. Das „gesetzlich in die Verwaltung Kommen" ist kein juristisches Institut. Was soll man sich dabei denken? Um einen sichern Boden für die Rechtsanwendung zu haben, muß als Erforderniß des Privilegiums das „Empfangen aus einem andern Vermögen zur Verwaltung für die Kinder oder Pflegebefohlenen, vermöge des väterlichen oder vormundschaftlichen Verwaltungsrechts", angenommen werden. (2. A.) Eine Anwendung bringt das Archiv für Rechtsfälle in dem Bd. XXVI, S. 318 ff. mitgetheilten Erk. des Obertr. v. 29. Oktober 1857. Ein in väterlicher Gewalt stehendes Kind war Miterbe nach seinen Großeltern geworden und setzte sich mit seinen Miterben auseinander, wobei es von seinem Vater vertreten wurde. Dem Kinde wurde auf sein Erbtheil eine Erbschaftsforderung an den Vater von mehreren Tausend Thalern überwiesen, wodurch der Vater nunmehr Schuldner sei-

ßung, oder nur in die Verwaltung des Gemeinschuldners gekommenen Vermögens [53]).

nes Kindes geworden war. Das ist eben der Fall, wenn ein Kind von einem Fremden dessen Forderung an seinen Vater erbt oder geschenkt erhält, in welchem Falle jener Pl.-Beschl. v. 9. Mai 1842, dessen Gründe noch jetzt auch neben der neuen Konkursordnung von dem Obertr. für gültig anerkannt werden, das Vorrecht des Pekuliums abspricht. Jetzt hat das Obertr. anders erkannt. Die Instanzgerichte hatten sich widersprochen und das Obertr. sprach dem Kinde das Vorrecht aus dem §. 80 zu, weil in der Erbtheilung ein Verwaltungsakt im Sinne des §. 80 liege und es ebenso gut sei, als wenn der Vater den Betrag seiner Schuld, der seinem Kinde auf das Erbtheil angewiesen worden, baar aus der Erbschaftsmasse für sein Kind in Empfang genommen hätte; er habe sich durch die Annahme der Ueberweisung selbst zum Schuldner seines Kindes gemacht, so daß der Fall des §. 169, Tit. 2, Th. II des A. L.R. vorliege. Dort ist nämlich bestimmt, daß der Vater ausstehende Forderungen seines Kindes einziehen und sich selbst zum Schuldner dafür bestellen könne. Es fällt in die Augen, daß dies etwas ganz anderes ist, als wenn ein Kind die Schuldforderung eines Dritten an seinen Vater erbt und bei der Erbtheilung zum Alleineigenthum auf sein Erbtheil überwiesen erhält. Das Erk. ist vom 29. Oktober 1857. Der Rechtsfall ist auch abgedruckt in den Entsch. Bd. XXXVIII, S. 402. — Nach derselben Theorie und Buchstaben-Auslegung, wonach nicht auf das „gekommen", sondern auf das „gesetzlich" der Nachdruck gelegt werden soll, ist auch den Kindern einer verstorbenen Kaufmannsfrau, die selbst wegen ihrer Illaten kein Vorrecht hatte (§. 80, Abs. 2), das Vorrecht wegen der auf sie vererbten Illatenforderung ihrer Mutter zuerkannt. Erk. des Obertr. vom 3. Mai 1865 (Entsch. Bd. LV, S. 269, nach dem Arch. f. Rechtsf. Bd. LXIII, S. 18 ist es vom 4. Mai). Was jedoch nicht „gekommen" ist, das ist auch nicht „gesetzlich" gekommen. Durch eine solche Auslegung wird nichts nachgewiesen und kein Rechtsbegriff gewonnen, wol aber den Gläubigern ihre gesetzlich festgestellte Sicherheit gegen die sehr bedeutenden Illaten-Ansprüche der Frau im Handumdrehen, wie durch einen Zauberschlag, illusorisch gemacht. In jenem den entgegengesetzten Grundsatz feststellenden Pl.-Beschl. (Pr. 1129) vom 9. Mai 1849 ist von dem Obertr. der Satz ausgeführt, daß eine Verwaltung von Schuldforderungen durch den Schuldner selbst rechtlich und thatsächlich unmöglich sei, und daß daher auch die durch Vererbung auf dessen Kinder gediehenen Schuldforderungen Dritter an den Vater selbst nicht als in seine gesetzliche Verwaltung gelangt gelten können. Dazu sagt jetzt dasselbe Obertr. (S. 276 a. a. O.), „daß der Pl.-Beschl. mit der Aufhebung der alten Konkursordnung seine Basis verloren habe und damit auch seine Motive nicht mehr überall maßgebend für die Auffassung des §. 80 der neuen Konkursordnung erscheinen." Also ist das „faktisch Unmögliche" durch den §. 80 faktisch möglich und wirklich gemacht? Bisher hat noch kein Mensch zu behaupten vermocht, daß ein Gesetz etwas faktisch Unmögliches möglich und wirklich machen könne. Das thut auch der §. 80 nicht. — Ein von der Anordnung des §. 80 unzweifelhaft getroffener Fall ist z. B. der, wenn Jemand den Kindern eines Mannes, soviel deren bei dessen Tode vorhanden sein würden, also auch allen denen, welche noch nach der Testamentserrichtung und dem Tode des Zuwenders geboren werden möchten, Etwas mit der Bestimmung vermacht, daß der Vater von der Verwaltung ausgeschlossen sein solle, und demnächst, wenn dieser Mann, nachdem die bei dem Tode des Testators vorhandenen Kinder desselben und auch seine Frau verstorben sind, von dem Pupillenkollegium in den Besitz des Vermögens seiner verstorbenen Kinder gesetzt wird, wieder heirathet, Kinder erzeugt und dann verschuldet stirbt. Diese Kinder haben das Vorzugsrecht aus dem §. 80 nicht; das Pupillenkollegium hat ihm aus Versehen das Vermögen der Kinder, welche bei dessen Tode vorhanden sein würden, ausgeantwortet, mithin ist er nicht gesetzlich in die Verwaltung gekommen. Erk. des Obertr. vom 19. Juni 1860 (Arch. f. Rechtsf. Bd. XXXVIII, S. 54).

53) Ueber den Werth dieses Privilegiums: oben Anm. 34. Bei der vormundschaftlichen Verwaltung, welche hier mit der väterlichen zusammengeworfen ist,

Der Ehefrau des Gemeinschuldners, mit Ausnahme [53 a]) der Ehefrauen von Handelsleuten, Schiffsrhedern und Fabrikbesitzern [53 b]), gebührt wegen ihres gesetzlich [53 bb]) in die Verwaltung und Nutznießung des Ehemannes gekommenen Vermögens, soweit sie nicht vermöge ihres Rückforderungs- oder Pfandrechts befriedigt wird, ein gleiches Vorrecht mit demjenigen der Kinder und Pflegebefohlenen [53 c]).

---

kann dem Bedürfnisse durch vormundschaftliche Kautionen abgeholfen werden; und gegen die Eingriffe der staatlichen Vormundschaftsbehörden, für welche der als bloßes Organ behandelte Vormund nicht haftet, ist der Pflegebefohlene doch nicht sicher gestellt; diese Eingriffe aber sind schädlicher als die dadurch völlig paralysirten Handlungen des Vormundes; da der Vormund ja eigentlich gar nicht selbstständig verwaltet. (2. A.) Für die Beibehaltung dieses Vorrechts geben die Verfasser in den Motiven zu den §§. 78, 79, S. 63 Folgendes an: „Man hat die Aufhebung dieses Vorrechts verlangt, weil die Pflegebefohlenen durch die Oberaufsicht der Behörde, durch zu erfordernde Kautionen und durch den gesetzlichen Pfandtitel hinlänglich gedeckt seien. Allein erfahrungsmäßig reicht die obervormundschaftliche Aufsicht nicht hin, um Defekte des Vormundes zu verhüten; die vormundschaftliche Kaution aber ist nicht von sonderlichem Belange (cfr. A. L.R. Th. II, Tit. 18, §§. 427, 428), oft gar nicht realisirbar, oder erlassen (cfr. §§. 433, 434 ibid.). Auch hier bedarf daher, ähnlich wie bei den Kindern, der Anspruch auf das, was in Gemäßheit der Gesetze aus dem Vermögen der Pflegebefohlenen in die Hände der Vormünder und Kuratoren gelangt, des besonderen gesetzlichen Schutzes durch ein Vorrecht. Durch diese Begrenzung des Privilegiums bleibt der Fall einer bloß angemaßten Vermögensverwaltung ausgeschlossen; soweit der Schaden, welcher dem zu Bevormundenden daraus erwächst, nicht von denjenigen, durch deren Schuld seine gesetzmäßige Bevormundung unterbleibt, zu ersetzen ist, trifft ihn derselbe ebenso, wie jeder andere Zufall und wie die Beschädigung seines Vermögens durch sonstige unerlaubte Handlungen Dritter." Hieraus erhellet, daß das Vorrecht der Pflegebefohlenen in dem Vermögen des Protutors abgeschafft worden ist. Warum? weiß man nicht.

53 a) (2. A.) Diese Ausnahme wird dadurch, daß über das Vermögen des Gemeinschuldners der kaufmännische Konkurs eröffnet worden, für sich allein noch nicht festgestellt, vielmehr kann die Ehefrau die Frage über die Vorbedingung der Ausschließung ihres Vorrechts, nämlich ob der Ehemann als ein Handelsmann zu betrachten, zur besonderen Verhandlung und richterlichen Prüfung bringen. Erk. des Obertr. vom 11. Januar 1859 (Entsch. Bd. XL, S. 377).

53 b) (2. A.) S. unten, Anm. 1 zu §. 113.

Unter der Bezeichnung „Handelsleute, Schiffsrheder und Fabrikanten" in den §§. 80, 113, 114, 116, 308, 310, 319, 432 der Konkursordnung, sind fortan diejenigen Personen zu verstehen, welche nach der Bestimmung des Art. 4 des Handelsgesetzbuchs als Kaufleute anzusehen sind. Einführungsgesetz zum Handelsgesetzbuch vom 24. Juni 1861, Art. 31 (G.S. S. 461).

53 bb) (2. A.) Das soll hier (vergl. Anm. 52) heißen „von Rechts wegen", im Gegensatze einer „besonderen Uebertragung". S. unten, Anm. 1, Abs. 3 zu §. 88.

53 c) Das zweite Alinea ist von den Kammern, ohne Vorschlag ihrer Kommissionen, hinzugethan. Dabei hat man übersehen, die Dauer des Privilegiums nach Auflösung der Ehe zu bestimmen, wie es hinsichtlich des Vermögens der Kinder und Pflegebefohlenen geschehen ist (§. 81). Im Falle der Scheidung läßt sich wegen der Worte: „ein gleiches Vorrecht", allenfalls die im §. 81 bestimmte Dauer behaupten, so wie auch, wenn die Ehe durch den Tod des Mannes aufgelöst wird. Aber wenn die Ehefrau stirbt, so muß das Privilegium für erloschen angesehen werden, weil deren Erben dasselbe nicht gegeben ist.

(2. A.) Mit dieser Satzung ist auch die Frage nach dem Vorrecht der Ehefrau in Ansehung der während der Ehe ererbten oder cedirt erhaltenen Aktiv-Forderungen, von welchen der Ehemann Schuldner ist, stehen geblieben. Diese Frage muß nach den Worten: „so weit sie nicht vermöge ihres Rückforderungsrechts befriedigt

§. 81. Das Vorrecht der Kinder und der Pflegebefohlenen (§. 80) erlischt, wenn die Forderungen nicht binnen zwei Jahren nach Beendigung der gesetzlichen Vermögensverwaltung des Gemeinschuldners im Wege der Klage geltend gemacht und bis zur Konkurseröffnung ununterbrochen verfolgt worden sind [54]).

In Ansehung der Kinder, welche zur Zeit der Beendigung der väterlichen Vermögensverwaltung minderjährig sind, beginnt die zweijährige Frist erst mit dem Tage, an welchem diese Beendigung der vormundschaftlichen Behörde angezeigt worden ist [54 a]).

§. 82. IX. Alle übrigen Ansprüche [54 b]) zu gleichen Rechten [55]).

§. 83. Mit den Kapitalsforderungen, sie mögen bevorzugt sein oder nicht, kommen an gleicher Stelle zum Ansatz:

1) die Kosten, welche dem Gläubiger bereits vor der Konkurseröffnung erwachsen und dem Gemeinschuldner zur Last gelegt sind [56]);

---

wird", ebenso wie nach dem früheren Rechte (§. 406, Tit. 50) entschieden werden, wenn die Forderungen noch in ihrer ursprünglichen Beschaffenheit bestehen und von der Rechtsnachfolgerin des ursprünglichen Gläubigers an dessen Stelle liquidirt werden können; denn als Eingebrachtes hat sie nur diese Forderungen in Natur zurückzunehmen und dann als solche geltend zu machen, gleich den Kindern und Pflegebefohlenen in gleichem Falle, nach dem Pl.-Beschl. des Obertr. vom 9. Mai 1842 (oben, Anm. 52). Diesen Grundsatz stellt das Obertr. fest durch das Pr. 2623, vom 8. Mai 1855: „Erwirbt eine Ehefrau in stehender Ehe durch Erbgang oder Cession ein einem Dritten gegen ihren Ehemann zustehendes Aktivum, so hat sie, wenn mit diesem Aktivum keine Veränderung vor sich gegangen ist, wegen desselben im Konkurse des Ehemannes nicht das Vorrecht des §. 406, Th. I, Tit. 50 der A. G.O. (der IV. Klasse)." (Entsch. Bd. XXX, S. 452.)

54) Die Frist für die Dauer des Vorrechts, von derselben rechtlichen Natur wie die Fristen bei den übrigen Privilegien, ist hier neu eingeführt, um das Vorrecht nur auf so lange zuzugestehen, als es das Bedürfniß erfordert. Auf zwei Jahre hat man die Frist mit Beachtung der Rücksicht auf die kindliche Ehrfurcht gestellt, damit die Kinder nicht zur gerichtlichen Geltendmachung ihrer Ansprüche getrieben würden, bevor die Mittel zur Herbeiführung eines Privatarrangements erschöpft seien. (Motive, S. 63.) — Wegen der analogen Anwendung auf die Ehefrau s. die vorige Anm. 53 c.

54 a) Wenn also z. B. ein Vater durch kriminalrechtliche Verurtheilung seine väterliche Gewalt verliert, so läuft die Frist von dem Tage an, wo die Benachrichtigung davon dem Vormundschaftsgerichte zugegangen ist.

54 b) (2. A.) Zu diesen gehören die Forderungen des Fiskus an Geldstrafen nicht. Erk. des Obertr. vom 26. Februar 1861 (Arch. f. Rechtsf. Bd. XL, S. 309). Vergl. §. 84. Die Folge ist, daß der Fiskus dieserhalb nicht zum Akkordverfahren zuzuziehen und dem Akkord nicht unterworfen ist. §. 197.

55) Auch Auspfändung und Immission geben ein Vorrecht nicht mehr; wird vor der Vertheilung des Erlöses aus den abgepfändeten Sachen der Konkurs eröffnet, so fällt die beigetriebene Summe in die gemeine Konkursmasse und die Exekutionssucher treten in die hier vorgeschriebene Rangordnung der Konkursgläubiger. Vergl. §. 9. — Nur bei der Beschlagnahme von Besoldungen und anderen jährlichen Hebungen im Falle des Prioritätsverfahrens in der Exekutionsinstanz gilt eine Ausnahme. §. 339.

56) Bestehendes, mit dem Gem. R. übereinstimmendes Recht. A. G.O. §. 153. Die hier gemeinten Kosten sind solche, welche in einem vor der Konkurseröffnung bereits rechtskräftig beendigten Prozesse entstanden sind. Denn wenn der Prozeß erst in Erster Instanz entschieden und das Erkenntniß noch nicht rechtskräftig ist, so wird dieser Prozeß in den Konkurs gezogen und die Kosten der Ersten Instanz

2) die Konventionalstrafe[57]), ingleichen die sämmtlichen[58]) rückständigen noch nicht verjährten Zinsen bis zum Tage der Konkurseröffnung (§. 12).

§. 84. Es stehen allen anderen[59]) Forderungen nach und können im Konkursverfahren überhaupt nicht geltend gemacht werden:

1) die von dem Gemeinschuldner zu entrichtenden Geldstrafen[60]);

2) die Kosten, welche den Gläubigern durch ihre Theilnahme an dem Konkursverfahren erwachsen (Liquidationskosten)[61]);

3) die Forderungen, welche aus der Freigebigkeit des Gemeinschuldners entspringen[62]);

4) die Forderungen, welche Zuwendungen auf den Todesfall zum Gegenstande haben, sie mögen in Eheverträgen, Erbverträgen oder anderen letztwilligen Verfügungen des Gemeinschuldners enthalten sein[63]). Hat jedoch der auf den Todesfall Bedachte für eine solche Zuwendung dem Gemeinschuldner etwas gegeben, überlassen oder eine sonstige Gegenlei-

---

gehören zu den Liquidationskosten, welche der Gläubiger tragen muß. Anh. z. A. G.O. §. 330, u. unten §. 84, Nr. 2. — (2. A.) So klar das ist, hat das Gesetz doch eine entgegengesetzte Auslegung gefunden, wenn die Forderung selbst von dem Verwalter der Konkursmasse für richtig anerkannt worden ist. Das Obertr. hat dies für Richtigkeit erklärt. Erk. vom 15. Juni 1858 (Arch. f. Rechtsf. Bd. XXVIII, S. 331, u. Entsch. Bd. XL, S. 385).

57) Konventionalstrafen vertreten die Stelle des Interesse und sind daher eine Accession der Hauptforderung so gut wie die Zinsen. A. L.R. I. 9, §. 366.

58) Hierdurch ist die alte, der A. G.O. §§. 150 und 376a eigenthümliche Beschränkung der Zinsenrückstände aus den letzten beiden Jahren aufgehoben.

59) Diese anderen Ansprüche sind eben die im §. 82 bezeichneten, von welchen die hier im §. 84 aufgezählten ausgenommen und zurückgestellt sind. Die während des Konkurses laufenden Zinsen befinden sich gar nicht unter den „anderen Forderungen", also auch nicht unter den davon hier zurückgestellten, woraus nicht folgt, daß sie nicht zu allerletzt gegen den für den Gemeinschuldner verbleibenden Ueberrest der Masse geltend gemacht werden könnten, nur muß dies in einem besonderen Prioritätsverfahren geschehen. Vergl. o. Anm. 25 zu §. 12.

60) Bestehendes Recht, herübergenommen aus dem §. 476, Nr. 1 A. G.O. Tit. 50 u. §. 67, Tit. 14, Th. II des A. L.R., welches aus der L. 17 u. L. 48, p. 1 D. de jure fisci (XLIX, 14); L. un. C. poenis fiscalibus creditores praef. (X, 7) herkommt. Wer zum Empfange der Geldstrafe berechtigt sei, ist gleichgültig; es kommt dabei allein darauf an, daß die Strafe nicht als Schadensersatz angesehen werden kann. Vergl. Anm. 57 zu §. 83.

61) Aus §. 153 a. E. der A. G.O. Ist auch gemeinrechtlich. Vergl. oben, Anm. 56 zu §. 83.

62) Forderungen aus Schenkungsversprechen, wozu auch der Ersatz der von den Gläubigern zurückgeforderten Geschenke (§. 102) gehört. Der Satz ist aus der A. G.O. §. 479 aufgenommen.

(2. A.) Das Versprechen des Gemeinschuldners, seinem Sohne, außer einer standesmäßigen Naturalaussteuer und häuslichen Einrichtung, eine bestimmte Summe als baare Mitgift mitzugeben, ist als aus Freigebigkeit im Sinne des §. 84, Nr. 3 entspringend anzusehen. Erk. des Obertr. vom 7. September 1858 (Arch. f. Rechtsf. Bd. XXX, S. 207).

63) Aus §. 481 der A. G.O. — Selbstverständlich hat auch das den Legatarien zustehende gesetzliche Pfandrecht gegen die Gläubiger gar keine Wirkung. Vergl. L. 114, §. 14 D. de leg. I; L. 15 C. de legat. (VI, 37); L. 1 C. debit. vend. pign. imped. n. posse (VIII, 29); L. 22, §. 5 C. de jure delib. (VI, 30).

stung gemacht, so kann er diese Gegenleistung oder deren Werth, jedoch niemals mehr als den Betrag jener Zuwendung fordern [64]).

§. 85. Hinsichtlich der Berichtigung mehrerer an derselben Stelle anzusetzenden Forderungen, sowie hinsichtlich der Ansetzung der Ansprüche auf fortlaufende Hebungen kommen die bei Vertheilung der Grundstücksmasse geltenden Vorschriften (§§. 61, 62) zur Anwendung [65]).

§. 86. Mitschuldner oder Bürgen des Gemeinschuldners können wegen der Zahlungen, welche sie auf die Forderung des Gläubigers geleistet haben, einen Anspruch auf Ersatz in dem Konkurse geltend machen [66]), soweit [67]) ihnen der Rückgriff gegen den Gemeinschuldner zusteht.

Dagegen können sie insoweit, als die Forderung noch unbezahlt ist, keinen Anspruch auf Ersatz der von ihnen für den Gemeinschuldner auf die Forderung künftig noch zu leistenden Zahlungen liquidiren [68]); vielmehr sind

64). Der eigentliche Gegenstand der Forderung der Ehefrau in diesem Falle findet seine nähere Bestimmung in den Vorschriften des A. L.R. II, 1, §§. 461, 466—468, 465, u. der A. G.O. I, 50, §§. 408, 434.

65) Eine hiervon abweichende Bestimmung kommt bei dem Prioritätsverfahren in der Exekutionsinstanz zur Anwendung, §. 368.

66) Mittelst des Eintrittsrechts (§. 11), sagen die Verf. in den Mot. S. 73. Aber das Eintrittsrecht ist dem Mitschuldner wie dem Bürgen völlig entbehrlich, jeder von ihnen hat ein eigenthümliches Klagerecht. Das Eintrittsrecht ist nur dazu nützlich, das etwaige Vorrecht des Gläubigers zu benutzen. Der Satz ist übrigens dem Art. 538 des C. de c. entnommen.

67) Das „soweit" hat nur Bedeutung in Beziehung auf Mitschuldner; Bürgen haben immer Ersatz zu fordern. Unter Mitschuldnern bestimmt sich das Maß des Rückgriffs nach dem unter ihnen bestehenden Rechtsverhältnisse. Wenn z. B. der Gemeinschuldner und A. gemeinschaftlich an B. 1000 Thlr. schuldig sind und unter sich zu gleichen Antheilen haften, B. aber von dem Gemeinschuldner vor der Konkurseröffnung 300 Thlr. gezahlt erhalten hat und den ganzen Rest mit 700 Thlrn. von A. einzieht; so kann A. im Konkurse seines Mitschuldners nur 200 Thlr. zur Erstattung liquidiren, ohne daß ihm ein Eintrittsrecht oder eine Cession zu einem Mehreren verhelfen könnte. Vergl. Anm. 66. — (2. A.) Hat Jemand Gefälligkeitswechsel trassirt, die der Trassat acceptirt und dann zu seinem Nutzen diskontirt, demnächst aber nicht eingelöst, sondern Konkurs gemacht, und verfällt darauf der Gefälligkeitstrassant gleichfalls in Konkurs, so hat dessen Konkursmasse soviel, wie sie dem Wechselinhaber hat zahlen müssen oder noch zu zahlen hat, aus der Konkursmasse jenes Trassaten zu fordern. Vergl. Erk. des Obertr. vom 11. Juni 1861 (Entsch. Bd. XLVI, S. 325).

(2. A.) Aus der Konkurseröffnung folgt nicht, daß das Rechtsverhältniß, welches der Kridar durch Ausstellung des Wechsels eingegangen ist, für erloschen, und der Inhaber desselben für verpflichtet gelten müsse, unter Aufhebung seines Wechselrechts seinen Anspruch lediglich aus dem dem Wechsel zum Grunde liegenden Sach- und Rechtsverhältnisse herzuleiten. Aber aus Deckungswechseln kann der Inhaber in keinem Falle ein Mehreres beanspruchen, als was er an die Gläubiger der Hauptwechsel auf Grund seiner Accepte resp. Giri zahlte. Nur der Betrag dieser Zahlungen bildet die Summe, welche zur Konkursmasse liquidirt werden darf, und giebt den Maßstab für die Feststellung des künftigen Perzipiendi bei der Vertheilung oder dem Akkorde. Erk. des Obertr. vom 11. Oktbr. 1860 (Arch. f. Rechtsf. Bd. XXXVIII, S. 295).

68) Der Satz würde allgemeinen Rechtsgrundsätzen widersprechen, und für den Fall, wo der Gläubiger als Liquidant nicht auftritt, nicht gerecht sein, wenn er bezweckte, den beauftragten Bürgen vor der Befriedigung des Gläubigers durch ihn unbedingt auszuschließen. Gerechtfertigt soll die Satzung damit werden, daß der Gläubiger das Recht habe, die Forderung im Konkurse zu liquidiren; daß

sie nur berechtigt, mittelst Befriedigung des Gläubigers in dessen Rechte gegen die Masse einzutreten [68a]).

§. 87. Wenn über das Vermögen mehrerer Personen, welche für eine Forderung solidarisch haften, der Konkurs eröffnet worden ist, so kann der Gläubiger in jedem einzelnen Konkurse den ganzen Betrag seiner Forderung [68b]) geltend machen [69]).

---

also nicht gleichzeitig ein eventueller Regreßanspruch wegen desselben Betrags gegen die Masse geltend gemacht werden könne, weil sonst dieselbe Forderung doppelt gegen die Masse liquidirt würde, was nicht zulässig. (Motive, S. 73.) Aber auf diesen Fall ist die Bestimmung nicht beschränkt, und für den andern Fall, wo der Gläubiger nicht liquidirt, ist das Gesagte unpassend. Der beauftragte Bürge ist in diesem Falle wohl befugt, die Forderung des Gläubigers zu liquidiren, weil er Befreiung von der Bürgschaft, also Bezahlung des Gläubigers, oder Sicherstellung von dem Gemeinschuldner zu fordern berechtigt ist. A. L.R. I, 14, §. 357. Dies ist auch die nach Gem. R. allgemein gebilligte Meinung, und wird durch die Vorschrift des §. 86, Satz 2 keineswegs geändert; die Vorschrift sagt nur, daß der Bürge keinen Anspruch auf Ersatz der von ihm auf die Forderung künftig noch zu leistenden Zahlungen liquidiren könne, sehr natürlich, weil er selbst künftig vielleicht gar nicht Zahlung leistet und von Ersatz so lange nicht Rede sein kann, als noch kein Vorschuß gemacht worden ist; die Vorschrift sagt ferner nur, daß der Bürge in die Rechte des Gläubigers gegen die Masse nur mittelst Befriedigung desselben eintreten könne, was gleichfalls anzuerkennen ist. Aber daß der Bürge diejenigen Geldansprüche, welche er vermöge eigenen Rechts aus dem Bürgschaftsverhältnisse schon vor der Befriedigung des Gläubigers gegen den Schuldner geltend zu machen befugt ist, in dem Konkurse des Schuldners liquidire, verbietet diese Vorschrift nicht. Der Bürge darf hiernach die Forderung des Gläubigers, zur Zahlung an denselben, zu seiner eigenen Sicherung, wol liquidiren, wenn der Gläubiger solches unterläßt. Der Art. 538 des C. de c., die Quelle des §. 86, berührt die Frage nicht. (2. A.) Diese Frage ist auch in dem Erk. des Obertr. vom 28. Mai 1861 (Entsch. Bd. XLV, S. 133), wodurch dem Bürgen das ihm im §. 357, Tit. 14, Th. I des A. L.R. beigelegte Recht, Befreiung von der Bürgschaft oder Sicherheitsbestellung von dem in Konkurs verfallenen Hauptschuldner zu fordern, abgesprochen wird, unberührt geblieben. Vergl. die Anm. 66a zu §. 357, Tit. 14, Th. I des A. L.R.

Das Verhältniß der Mitschuldner unter sich steht dem Verhältnisse zwischen dem Bürgen und dem Hauptschuldner nicht gleich. Ob also Mitschuldner den auf den Gemeinschuldner treffenden Antheil der gemeinschaftlichen Schuld liquidiren können, ist dadurch bedingt: ob sie gegenseitig Befreiung oder Sicherstellung zu fordern haben.

68a) (2. A.) Die Vorschrift des Art. 86 bezieht sich auf die Rechte desjenigen, welcher aus Gefälligkeit gegen den Acceptanten Wechsel auf denselben gezogen hat, falls die Wechsel von dem in Konkurs verfallenen Acceptanten nicht eingelöst werden, sondern auf den Trassanten zurückgehen und von ihm honorirt werden müssen; dieser kann bei der Konkursmasse des Acceptanten das fordern, was er den Wechselgläubigern gewähren wird. Erk. des Obertr. vom 11. Juni 1861 (Arch. f. Rechtsf. Bd. XLI, S. 329).

Dem Anspruch des Gefälligkeitsacceptanten auf Deckung kann der Umstand, daß der Bekl. in Folge des bestätigten Akkords durch Zahlung der Akkordrate dem Wechselgläubiger gegenüber liberirt ist, in keiner Weise entgegengesetzt werden. Erk. dess. vom 17. Oktober 1861 (Arch. f. Rechtsf. Bd. XLIII, S. 150).

68b) (2. A.) Mit dem Betrage, welcher ihm nach Empfang einer Theilzahlung, die ihm von einem anderen Wechselschuldner auf den Wechsel bereits geleistet worden ist, noch gebührt. Vergl. Erk. des Oberappellationsgerichts zu Dresden vom 8. Mai 1862 (Siebenhaar, Archiv, Bd. XII, S. 96). Anders jedoch nach der Praxis des Berliner Obertribunals. S. Anm. 69, Abs. 2.

69) Selbst wenn sie aus einem Konkurse bereits eine Perzeptionsrate erhal-

Dasjenige, was bei der Vertheilung der einzelnen Massen auf diesen Betrag fällt, wird an den Gläubiger gezahlt, bis derselbe wegen der Forderung vollständig befriedigt ist [70]).

Die Konkursmassen haben in einem solchen Falle wegen der an den Gläubiger geleisteten Zahlungen keinen Rückgriff gegen einander [70a]), wenn

ten haben. Vergl. meine Anm. 89, Satz 2 im A. L.R. II, 8 zu Art. 51 der Allg. Deutschen Wechselordnung. — Der Art. 534 des C. de commerce enthält denselben Grundsatz.

(2. A.) Auf Grund dieser Bestimmung, sowie des Art. 81 der A. D. W.O. und des §. 437, Tit. 5, Th. I des A. L.R., ist angenommen worden, daß eine von dem Acceptanten geleistete Theilzahlung nicht die Wirkung habe, daß die ihm von dem Indossanten, über dessen Vermögen Konkurs ausgebrochen, auf Grund des geschlossenen Akkordes zu gewährenden Prozente nur von dem nach Abzug jener Theilzahlung verbleibenden Reste zu berechnen seien, daß vielmehr die zu gewährenden Prozente von der ganzen verschriebenen Summe zu zahlen, nur daß der Gläubiger zusammen nicht mehr als die verschriebene Summe erhalten dürfe. Erk. des Obertr. vom 6. September 1859 (Entsch. Bd. XLIII, S. 448), und vom 30. Oktober 1860 (Arch. f. Rechtsf. Bd. XXXIX, S. 128). Vgl. Anm. 68b.

70) Dieser Satz erledigt eine Meinungsverschiedenheit. Daß, wie der erste Satz verordnet, der Gläubiger seine ganze Forderung gleichzeitig bei jeder Konkursmasse seiner mehreren Solidarschuldner zu liquidiren berechtigt sei, wird ebensowenig bezweifelt, wie das Klagerecht auf das Ganze gegen Jeden. Aber darüber sind die Meinungen verschieden: welcher Betrag bei der Distribution der später zur Vertheilung kommenden Massen zur verhältnißmäßigen Betheiligung zum Ansatz kommen soll, nachdem die Forderung bei der zuerst vertheilten Masse bereits zur theilweisen Hebung gekommen. Z. B. Jemand hätte 3000 Thlr. von drei Schuldnern A., B. und C. zu fordern und alle drei fallen in Konkurs. Die Masse A. kommt zuerst zur Ausschüttung, und zahlt 30 Prozent, so daß der Gläubiger hier mit 2100 Thlrn. ausfällt. Darauf kommt die Masse B. zur Vertheilung, aus welcher 50 Prozent entfallen. Nach einer Meinung soll hier die Dividende nicht nach dem ganzen Betrage der ursprünglichen Forderung von 3000 Thlr., sondern nur im Verhältniß des Rückstandes der 2100 Thlr. zugetheilt werden, wonach also der Gläubiger 1050 Thlr. empfängt, und noch 550 Thlr. zu fordern behält. Die zuletzt vertheilte Masse C. leistet 20 Prozent, und der Gläubiger empfängt seine Dividende, zufolge dieser Meinung, nach Verhältniß seiner Restforderung, also 110 Thlr. Wiewohl nun alle drei Massen zusammen 100 Prozent gezahlt haben, so hat der Gläubiger doch nur 68 erhalten und ist mit beinahe einem Drittel seiner Forderung, nämlich mit 940 Thlrn. ausgefallen. Diese augenscheinlich fehlgehende Meinung verwirft der §. 87, indem er verordnet, daß die Dividende aus jeder Masse nach Verhältniß des ganzen Betrages der ursprünglichen Forderung zugetheilt werden soll. So ist es Recht. Dabei muß jedoch dafür gesorgt werden, daß die zuletzt zur Ausschüttung gelangenden Massen von den Vorhebungen aus den schon vertheilten Massen Kenntniß erhalten, damit der Gläubiger nicht zuviel erhebe, falls die Dividende aus der letztvertheilten Masse eine größere Summe ergiebt, als er noch zur vollständigen Befriedigung zu fordern hat. Manche Partikulargesetzgebungen machen ihm deshalb die Anzeige des aus den andern Massen Empfangenen zur Pflicht. Vergl. meine Anm. 89, Satz 2 im A. L.R. II, 8 zu Art. 51 der A. D. W.O. (2. A.) Dieselben Grundsätze, welche bei der Vertheilung der Masse maßgebend sind, bleiben es auch für die Feststellung des Betrages der Liquidate, auf deren Grund die Abstimmung zum Akkorde erfolgt. Daher muß eine liquidirte und festgestellte Forderung zu ihrem vollen Betrage als stimmberechtigt beim Akkorde gelten, wenn auch davon ein Theil aus einer anderen Konkursmasse eines Mitschuldners erhoben ist, dieser erhobene Betrag mit dem Betrage der Akkordrate zusammen den ganzen Betrag der Forderung aber nicht übersteigt. Erk. des Obertr. vom 16. Februar 1860 (Entsch. Bd. XLIV, S. 254).

70a) (2. A.) Wenn nämlich der Rückgriff sich auf das solidarische Haftbar-

der Gesammtbetrag der Summen, welche aus den sämmtlichen Massen auf die Forderung des Gläubigers vertheilt werden, den Betrag nicht übersteigt, welcher dem Gläubiger gebührt [71]).

Ergiebt sich dagegen bei den Vertheilungen, nach der Befriedigung des Gläubigers, ein Ueberschuß, so findet auf Höhe desselben der Rückgriff nach dem Verhältnisse statt, in welchem die einzelnen Gemeinschuldner unter sich zur Berichtigung der Forderung verpflichtet sind [72]).

Neunter Abschnitt *).

Ansprüche der Ehefrau des Gemeinschuldners [1]).

§. 88. Die Ehefrau des Gemeinschuldners kann, der Gläubigerschaft

---

keitsverhältniß mehrerer Wechselverpflichteten stützt. Wenn aber derselbe sich auf ein besonderes Abkommen, kraft welches der Wechsel nur aus Gefälligkeit und gegen das Versprechen, daß der Zieher denselben zur Verfallzeit einlösen, oder den Acceptanten vorher mit der erforderlichen Deckung versehen werde, acceptirt worden ist, findet diese Vorschrift keine Anwendung. Erk. des Obertr. v. 24. April 1860 (Arch. f. Rechtsf. Bd. XXXVII, S. 195).

71) Richtig, sonst würde die Masse, welche an die andere Etwas erstatten soll, zum Nachtheil der übrigen Gläubiger die Dividende von einer höheren Summe, als die Schuld beträgt, zahlen müssen. Anders steht es unter den Gemeinschuldnern, wenn sie einmal wieder zahlungsfähig werden; diese mögen sich ausgleichen.

72) Wären also in dem Beispiele Anm. 70 die drei Gemeinschuldner unter sich zu gleichen Theilen verbunden und es ergäbe die Masse A. 60 Prozent oder 1800 Thlr., die Masse B. 50 Prozent oder 1500 Thlr., die Masse C. 40 Prozent oder 1200 Thlr.; so würde von den überschießenden 50 Prozent oder 1500 Thlr. jede Masse ⅓ mit 500 Thlr. erhalten.

(2. A.) Wenn nach dem Verhältnisse, in welchem die mehreren Gemeinschuldner unter sich stehen, der Eine dem Andern regreßpflichtig ist, z. B. wenn über das Vermögen des Acceptanten und über jenes des Ausstellers Konkurs eröffnet ist, so erhält die Masse des Ausstellers den Ueberschuß. A. D. W.O. Art. 23, Abs. 2 und Art. 51. Vergl. Erk. des österreichschen obersten Gerichtshofes, vom 11. Mai 1859 (Siebenhaar, Archiv, Bd. X, S. 65).

Der ganze Betrag des Wechsels, auf welchen der Wechselinhaber von einem anderen Mitschuldner eine Abschlagszahlung erhalten hat, muß bei der Berechnung des dem Gläubiger aus der unzureichenden Konkursmasse gebührenden Theils auch dann zum Grunde gelegt werden, wenn von dem Konkurse jenes anderen Mitschuldners nichts konstirt. Denn der Grundsatz des §. 87 besteht eben darin, daß es den übrigen Konkursgläubigern nicht zu Gute kommen soll, wenn ein Gläubiger mehrere correi debendi hat, daß also der Gläubiger zwar im Ganzen nie mehr zu erheben hat, als den Betrag seiner Forderung, daß aber, hiervon abgesehen, das antheilige Verhältniß, nach welchem er aus der Masse des Einen correus zu befriedigen, nach dem Verhältnisse der ganzen Forderung zu berechnen ist, ohne Rücksicht auf eine Theilzahlung eines anderen correi. Erk. des Obertr. vom 30. Oktober 1860 (Entsch. Bd. XLIV, S. 307).

*) (2. A.) Die Vorschriften dieses Abschnitts kommen nur im formellen Konkurse, nicht auch für gewöhnliche Vindikations- oder Interventionsprozesse der Ehefrau zur Anwendung. Erk. des Obertr. vom 29. Januar 1859 (Arch. f. Rechtsf. Bd. XXVII, S. 261).

1) Dieser Abschnitt ist eine Nachbildung des chap. IX, Sect. 3, Liv. III, tit. 1 (Art. 544 seq.) des Code de commerce; die daraus entlehnten Grundgedanken sind nur in der Ausführung nach eigenthümlichen Ansichten modifizirt; sie haben eine so erhebliche Beziehung auf den durch dieses neue Gesetz geschaffenen Rechtszustand betreffs der Rechte der Ehefrauen, daß es lohnt, sie in ihrer Ur-

gegenüber, als ihr Eigenthum nur in Anspruch nehmen:

quelle aufzusuchen. Der franz. Staatsrath Treilhard hat, bei der Vorlegung des Entwurfs, vor dem gesetzgebenden Körper die Motive desselben in einem besonderen Discours entwickelt. Nachdem er die Zerrüttung der Kreditverhältnisse und die Ursachen davon dargelegt hat, fährt er fort: „Voilà cependant le mal dont il faut chercher le remède: et quel moyen plus efficace d'y parvenir, que de faire concourir à la bonne conduite du mari l'intérêt même de la femme, d'appeler au secours des mœurs l'influence d'un sexe, qui n'en aura jamais une trop grande quand il ne méconnaîtra pas les vertus qui sont aussi ses charmes les plus durables! — C'est dans cet esprit qu'ont été médités les articles sur les droits des femmes. Trop souvent un commerçant a reconnu, en se mariant, une forte dot qu'il ne touchait pas; soit qu'il voulût faire illusion par l'annonce d'un actif supposé, soit qu'il préparât de loin un moyen de soustraire un jour sa fortune à ses créanciers légitimes. Le mari faisait à sa femme des avantages proportionnés à une dot qu'il ne devait pas recevoir. Souvent aussi il acquérait, sous le nom de sa femme, des immeubles qu'il payait de ses propres deniers, ou plutôt des deniers de ses créanciers. — Enfin, par des séparations frauduleuses et des actes simulés, les meubles, les bijoux, argenterie, tout passait dans la propriété de la femme, et au moment d'une catastrophe, souvent méditée de longue main, la femme, avec sa dot factice, ses avantages matrimoniaux, ses indemnités pour des dettes qu'elle n'avait pas payées, et ses acquisitions prétendues, absorboit toute la fortune de son mari. — Les malheureux créanciers étaient condamnés à passer leurs jours dans les privations et dans les larmes, pendant que la femme coulait des jours tranquilles dans la mollesse et dans l'oisiveté. Tous les arts concouraient pour décorer le palais qu'elle habitait; une cour nombreuse prévenait ses désirs et flattait ses goûts, et lorsqu'elle daignait faire tomber quelques faibles secours sur un petit nombre de malheureux, non par bienfaisance, car la bienfaisance n'habite pas avec le vol, mais dans l'espoir que les bénédictions de quelques infortunés étoufferaient les malédictions de la multitude, ces actes prétendus d'humanité étaient encore proclamés avec éclat par des écrivains officieux jusque dans les cours étrangères. — Il est temps enfin de poser un terme à ces scandales. Eh! dans quel moment a-t-on pu se flatter de les arrêter avec plus de succès? — Lorsque le souverain donne lui-même, dans sa vie privée, l'exemple de toutes les vertus sociales et domestiques, lorsqu'il veille sans cesse pour établir un ordre rigoureux dans toutes les parties d'une administration immense, n'est-il pas en droit d'attendre que les particuliers, ramenés aux pratiques des vertus modestes et à l'habitude d'une vie réglée, rassureront la société alarmée, en préparant en même temps pour eux-mêmes et pour leur famille des jouissances durables, parcequ'elles seront fondées sur des calculs sages et purs, parcequ'elles seront sans remords? — Je reviens aux dispositions relatives aux droits des femmes. — La femme du failli retirera ce qu'elle aura réellement apporté; elle ne pourra rien prétendre au-delà. — Voilà la base des articles qui vous sont proposés. — Ainsi, tous les immeubles dont la femme aura été dotée, ou qui lui seront échus par succession ou donation, seront par elles repris; il en sera de même des bijoux, diamans et vaisselle qu'elle justifiera lui avoir été donnés par contrat de mariage, ou lui être avenus par succession; mais elle devra établir sa propriété par des états légalement dressés et par de bons et loyaux inventaires; encore son action en reprise ne pourra, comme de raison, être exercée qu'à la charge des hypothèques dont les biens seront grevés, soit qu'elle se soit volontairement obligée, soit qu'elle ait été judiciairement condamnée. — Sous quelque régime que le mariage ait été formé, la loi présume que tous les meubles, sans exception, appartiennent au mari, et nous ne verrons plus les vrais créanciers repoussés par la représentation d'actes frauduleusement fabriqués pour transmettre à la femme une propriété qu'elle ne doit pas avoir. — Vainement aussi la femme réclamerait une indemnité pour les prétendues dettes payées en l'acquit de son mari, si elle ne justifiait pas, par des pièces légales, l'origine des deniers qu'elle prétendrait avoir employés à cet usage. Ne serait-il pas également honteux, et pour la femme et pour le mari, qu'elle réclamât des deniers dont la source serait inconnue? — Par les mêmes motifs, toutes les prétendues acquisitions de la femme sont réputées faites par le mari et payées de ses deniers. — Avec quel scandale des femmes mariées sans fortune et sans dot réelle, sont-elles, à l'ombre d'acquisitions prétendues, actuellement en possession de toute la fortune d'un mari reliquataire de plusieurs millions envers ses créanciers! — Enfin, Messieurs, la femme d'un commerçant qui prétendra avoir été dotée en argent ou en effets mobiliers, ou qui réclamera, soit le remploi de ses propres aliénés pendant le mariage, soit l'indemnité des dettes qu'elle aura contractées avec son mari, n'aura d'hypothèque pour tous ces objects que sur les immeubles appartenant en effet au mari à l'époque du mariage. — Tout ce que le mari a acquis depuis, n'a pu l'être qu'aux dépens et avec les deniers de ses créanciers; il serait révoltant que la femme du banqueroutier vint enlever ces gages, et sortir triomphante d'une catastrophe dont elle fut souvent la première cause. — Vous pensez bien, Messieurs, que les avantages faits à la femme par son mari ne peuvent pas être réclamés par elle dans la faillite; c'était encore là un des grands moyens de préparer la ruine des créanciers, voyant avec désespoir une femme que tout le monde avait connue sans fortune, jouir tranquillement des biens immenses dont ils étaient dépouillés. — Ce que nous avons dit pour les femmes mariées dans le commerce, s'applique également aux femmes qui auront épousé des fils de négociants, n'ayant à l'époque de leur mariage aucun état, ni profession déterminée, et qui deviendraient eux-mêmes négociants. — Il est sensible que pour échapper à la sévère justice des règles que nous avons établies, ces fils de négociants se marieraient sans annoncer dans leur contrat une profession que cependant ils auraient le désir de prendre, et qu'ils prendraient en effet dans la suite. — Cette réflexion ne s'applique pas à la femme dont le mari avait, à l'époque du mariage, une profession déterminée, autre que celle de négociant; elle doit jouir dans ce cas de tous les droits hypothécaires accordés par le Code Napoléon; elle n'avait pas pris un mari dans le commerce, et son union était formée sous une autre loi. — On a dû prévoir cependant qu'on pourrait encore abuser de cette exception; aussi déclare-t-on que la femme n'en pourra réclamer l'avantage, qu'autant que son mari n'aura pas fait le commerce dans l'année qui suivra le mariage." (Pariser Stereotypausgabe des C. de c. von D'Herhan 1809, S. 83.)

Diesen Grundsätzen hatten sich die Verfasser des Entwurfs im Wesentlichen angeschlossen. Um eine vollständige Uebersicht der Entstehungsgeschichte dieses im weiteren Verlauf sehr veränderten Abschnitts zu geben, folgen hier die Motive zum Entwurfe. Es heißt zu den §§. 86—89 (entsprechend den §§. 88—94 des Ges.) S. 75 ff. der Motive:

„Nach den Bestimmungen der A. G.O. Th. I, Tit. 50, §§. 312 ff. steht der Ehefrau des Gemeinschuldners das Vindikationsrecht zu in Ansehung der bei der Verheirathung eingebrachten Sachen und der während der Ehe ererbten oder durch gültige Geschenke erworbenen Effekten, einschließlich der Hochzeitsgeschenke, des Brautgeschenks und der Morgengabe. Von demjenigen, was der Mann der Frau zum standesmäßigen Unterhalte an Kleidern oder anderen Sachen gegeben hat, muß ihr die nach ihrem Stande unentbehrliche Kleidung und Leibwäsche, nebst den Betten für ihre Person, gelassen werden; Juwelen, Gold und was sonst zur Pracht dient, sind jedoch nicht darunter zu rechnen. Hat die Frau ein besonderes Gewerbe betrieben, so kann sie die dazu gehörenden Werkzeuge vindiziren. — Immobilien ist die Frau nur dann eigenthümlich zu fordern berechtigt, wenn dieselben im Hypothekenbuche auf ihren Namen eingetragen stehen und von ihr entweder schon vor der Verheirathung besessen oder während der Ehe aus einem nicht anfechtbaren Rechtstitel erworben worden sind. Steht das Grundstück auf den Namen des Mannes eingetragen, so kann die Frau das Eigenthum selbst dann nicht in Anspruch nehmen, wenn das Grundstück aus ihren Ehegeldern angekauft worden ist. — Soweit die Vindikation nicht eintreten kann, gebührt der Frau in Ansehung ihres Eingebrachten, der Morgengabe und gültiger Geschenke das Vorrecht der vierten Klasse, in Ansehung ihres vorbehaltenen Vermögens und der auf den Todesfall des Mannes ihr vor oder bei der Verheirathung vertragsmäßig ausgesetzten Vortheile das Vorrecht der fünften Klasse (A. G.O. l. c. §§. 406 ff., 433 ff.); nur in den Fällen der geführten üblen Wirthschaft, der Verschwendung, der zur Zeit der Aussetzung jener Vortheile erweislich schon vorhanden gewesenen Ueberschuldung des Mannes und in Ansehung der erst nach geschlossener Ehe bewilligten Vortheile soll die Frau allen übrigen Gläubigern des Mannes nachstehen (§§. 410, 412, 437—439 l. c.). Diese Vorrechte stammen aus dem R. R. her, welches der dos eine privilegirte gesetzliche, und dem Paraphernalvermögen ebenfalls eine gesetzliche, aber nicht privilegirte Generalhypothek giebt. — Untersucht man nun, ob die Vorrechte der Frau, wie sie gegenwärtig bestehen, neben dem gesetzlichen Pfandtitel und dem Anspruche auf besondere Sicherheitsstellung oder Rückgabe für den Fall der Gefahr (vergl. A. L.R. Th. II, Tit. 1, §§. 254, 255, 258, 269, 465), noch fernerhin erforderlich sind, so ist zunächst unzweifelhaft, daß den ihr ausgesetzten Vortheilen, selbst wenn sie auf einem unwiderruflichen Rechtsgrunde beruhen, kein Vorrecht gebührt; es müssen hier die Bestimmungen im §. 82, Nr. 3 u. 4 des Entwurfs zur Anwendung kommen. — Was die übrigen Ansprüche der Ehefrau betrifft, so besteht in gewisser Beziehung ein Unterschied, jenachdem das Vermögen derselben von Rechtswegen in den Besitz des Mannes übergegangen, oder nur durch besondere Uebertragung in seine Hände gelangt ist. — Wenn die Frau ihr Vermögen, insoweit dessen Verwaltung dem Manne nicht gesetzlich gebührt, dennoch an ihn freiwillig verabfolgt, so läßt sich nur annehmen, daß sie, insofern sie sich deshalb nicht besondere Sicherheit verschafft, ebenso lediglich der Persönlichkeit des Mannes vertraut habe, wie jeder andere Gläubiger, der nur dem Personalkredit gefolgt ist. Es dürfte hier um so weniger Veranlassung vorhanden sein, sie vor anderen persönlichen Gläubigern zu bevorzugen, als ihr in der Regel eine genaue Kenntniß der Vermögenslage ihres Mannes zu Gebote stehen wird, vermöge deren es ihr bei einiger Aufmerksamkeit vorzugsweise möglich ist, sich in Zeiten zu sichern. — Etwas anders liegt die Sache, wenn es sich von solchem Vermögen der Frau handelt, welches durch die Eheschließung von Rechtswegen in den Besitz und die Verwaltung des Mannes übergeht, wie dies bei dem Eingebrachten nach deutschrechtlichen Grundsätzen eintritt (cfr. §§. 205—210, Th. II, Tit. 1 A. L.R.). — Indessen hat sich, namentlich in dem Falle, wenn der Gemeinschuldner Handelsmann ist, die Bevorzugung der Frau in hohem Maße nachtheilig erwiesen und eine Aenderung der Gesetzgebung als ein dringendes Bedürfniß herausgestellt. Der Handel erfordert nothwendig Personalkredit; eine genaue Nachforschung über die Vermögensverhältnisse des Schuldners und eine besondere Deckung bei jedem einzelnen Geschäft würde mit der Natur des Handelsverkehrs durchaus unverträglich sein; der Handelskredit kann vielmehr, soweit er auf Kenntniß der Vermögensverhältnisse beruht, nur im Allgemeinen die Fonds berücksichtigen, mit denen der Schuldner arbeitet. Hat nun die Frau die Verwendung ihres Vermögens in die Handelsgeschäfte des Mannes geschehen lassen, so ist natürlich auf die Fonds, welche sich der Mann auf diese Weise geschafft hat, sein Kredit mit gegründet. Wenn daher die Frau befugt ist, ihr Vermögen, mit welchem der Mann sein Handelsgeschäft betrieben hat, im Falle der Insolvenz wieder vorrechtlich an sich zu ziehen, so enthält dies eine Ungerechtigkeit gegen die übrigen Gläubiger, von welchen der Schuldner mit Hülfe jenes Vermögens Kredit erlangt hat. Die vielfach gestellte Forderung, das Vorrecht der Ehefrau eines Handelsmannes in Wegfall zu bringen, ist hiernach vollkommen begründet. — Aber auch in dem Falle, wenn der Ehemann nicht als Handelsmann anzusehen ist, sprechen sehr gewichtige Gründe für die Gleichstellung der Ehefrau mit den übrigen Gläubigern. — Die strenge Scheidung des Handelsgewerbes von den übrigen Berufsarten, wie dieselbe wol in früherer Zeit vorhanden war, ist gegenwärtig verschwunden. Kommerzielle und industrielle Bestrebungen und Unternehmungen sind jetzt, bei dem so außerordentlich gesteigerten Verkehr, bei der erhöhten Betriebsamkeit und bei der eingetretenen Vermehrung des Mobiliarvermögens nicht mehr auf den Handelsstand beschränkt, sondern über alle Klassen der Bevölkerung, ohne Unterschied der Berufsarten, verbreitet. Viele Handwerker treiden, obwohl sie nur auf Bestellung arbeiten, ihr Geschäft doch so schwunghaft, daß sie eines bedeutenden Kredits bedürfen. Handel und Industrie sind in allen Lebensverhältnissen anzutreffen. — Eine Verschiedenheit in den Rechten der Ehefrauen von Handelsleuten und der Ehefrauen anderer Schuldner hat insofern praktische Nachtheile, als es nicht selten zweifelhaft sein wird, ob der Ehemann als Handelsmann anzusehen ist oder nicht; diese Frage würde im Falle einer Bevorzugung der Ehefrauen von Nichthandeltreibenden gewiß die Quelle vieler Streitigkeiten werden; nicht minder würde in dem Falle, wenn der Mann das Handelsgeschäft erst nach der Verheirathung beginnt, oder dasselbe wieder aufgiebt, die damit verbundene Aenderung in den Rechten der Ehefrau eine bedenkliche Rechtsunsicherheit herbeiführen. — Es läßt sich nicht behaupten, daß die Abschaffung des Vorrechts eine Ungerechtigkeit gegen die Ehefrau enthält. In dem Wesen des ehelichen Verhältnisses liegt es tief begründet, daß die Frau das Schicksal des Mannes zu theilen hat. Dies Verhältniß findet in der deutschen Gütergemeinschaft seinen vollsten Ausdruck. Hat auch die Aufnahme des römischen Dotalrechts das Institut der Gütergemeinschaft in vielen Provinzen verdrängt oder modifizirt, so ist doch das Wesen der Ehe dasselbe geblieben. Auch im Dotalverhältnisse nimmt die Frau an den Vortheilen und dem Genusse des beiderseitigen Vermögens unmittelbar Theil; sie muß daher ebenmäßig die Nachtheile und widrigen Schicksale des Mannes mittragen. Es liegt nach dieser Auffassung schon eine Begünstigung der Frau darin, daß sie überhaupt in die Kategorie der Gläubiger des Mannes gestellt und mit denselben für gleichberechtigt erklärt wird. — Der gesetzliche Uebergang des Vermögens der Frau in die Hände des Mannes ist hier nicht von der Bedeutung, wie in anderen Fällen, z. B. bei dem Vermögen der Kinder. Die Ehe wird nach völlig freier Entschließung eingegangen, die vermögensrechtlichen Folgen davon sind im Voraus bekannt und es sind der Frau Mittel gegeben, dieselben bei Eingehung der Ehe durch Vertrag auszuschließen. Von einem unfreiwilligen Kredit kann unter solchen Umständen in der That nicht die Rede sein. Die bestehenden Vorrechte der Ehefrauen verletzen denn auch das natürliche Rechtsgefühl; sie führen zu Mißbräuchen, leisten namentlich betrüglichen Operationen Vorschub und sind deshalb ein Gegenstand der allgemeinsten Klage. — Alle diese Erwägungen erscheinen so gewichtig, daß der Entwurf im §. 89 das Vorrecht der Ehefrau aufhebt. Die Begutachtungskommission hat sich für eine solche Aufhebung einstimmig und entschieden erklärt; von den übrigen Gutachten haben mehrere eine Beschränkung des Vorrechts, namentlich die Aufhebung desselben für Ehefrauen von Handelsleuten, als nothwendig erachtet, die überwiegende Mehrzahl dagegen die völlige Aufhebung befürwortet. — Da die Vorrechte erst mit dem Konkurse zur Existenz gelangen und bis dahin nicht zu den wohlerworbenen Rechten gehören (ist nicht richtig), so findet die vorstehende Aenderung der Gesetzgebung auch auf die bestehenden Ehen Anwendung. Inzwischen würde es eine Härte gegen die Frau sein, die Aufhebung der Vorrechte, in Rücksicht deren sie vielleicht von anderweiten Sicherungsmitteln bei Eingehung der Ehe keinen Gebrauch gemacht hat, sofort und unter Umständen eintreten zu lassen, welche die Frau nach den bestehenden Gesetzen zur Absonderung ihres Vermögens mittelst Rückforderung desselben nicht berechtigten. Billiger Weise muß daher unter solchen veränderten Umständen der Frau die Zeit und ein Mittel gewährt werden, ihre Vermögensverhältnisse anderweit zu ordnen und zu sichern, und es muß ihr zu diesem Behuf gestattet sein, ihr Vermögen ebenso, als würde die Ehe jetzt erst eingegangen, oder als stände der Verlust ihres Vermögens bevor, der Verwaltung des Mannes zu entziehen. Der Entwurf des Einführungsgesetzes Art. VII bewilligt hierzu eine einjährige Frist, binnen welcher eine anderweite Sicherung der Frau regulirt sein kann. — Soll aber der Zweck der Versagung des Vorrechts erreicht werden, so darf dem Ehemanne auch nicht gestattet sein, seine Ehefrau wegen ihres eingebrachten Vermögens schon zu einer Zeit zu befriedigen oder besonders sicher zu stellen, wo dieselbe auf Befriedigung oder Sicherheitsbestellung noch keinen gesetzlichen Anspruch hat; eine solche Befugniß würde dem unredlichen Schuldner ein Mittel an die Hand geben, das Gesetz zu umgehen und seine Gläubiger zu benachtheiligen. Deshalb muß der Erwerb auf den Namen der Ehefrau den Gläubigern des Mannes gegenüber als ungültig angesehen werden, wenn derselbe mit dem eingebrachten Vermögen in der Art bewirkt worden ist, daß die Frau vor der Fälligkeit ihres Anspruchs durch Beschaffung des Eigenthums an bestimmten Sachen befriedigt wird und somit ihr Eingebrachtes durch Verwandlung desselben in abgesondertes Eigenthum willkürlich zurückzieht. Die Gläubiger bedürfen hierbei eines besonders wirksamen Schutzes, der am angemessensten durch Aufstellung der gesetzlichen Vermuthung: daß aller von der Frau während der Ehe mit ihrem Vermögen gemachte Eigenthumserwerb aus dem eingebrachten Vermögen herrührt, sowie durch die Ausschließung der Vindikation eines solchen Eigenthums gewährt wird. Der persönliche Anspruch der Frau auf das Eingebrachte bleibt ihr alsdann immer vorbehalten. Von diesem Gesichtspunkte ist bei Aufstellung des Entwurfs §§. 86, 87 ausgegangen. Ist der Erwerb mit dem vorbehaltenen Vermögen geschehen, so kann es der Frau nicht schwer fallen, sich den Beweis darüber in Zeiten zu sichern. — Die Bestimmungen im §. 88 des Entwurfs dienen dazu, die Herbeiziehung der auf den Namen der Frau erworbenen Gegenstände zur Konkursmasse und die Realisirung für Rechnung derselben formell herbeizuführen und ausführbar zu machen, sowie die Rechte derjenigen zu schützen, welche sich in gutem Glauben, namentlich im Vertrauen auf den Inhalt des Hypothekenbuchs, mit der Ehefrau des Gemeinschuldners in Rechtsgeschäfte eingelassen haben. Die Eigenthumsrechte der Ehefrau aber, welche zur Zeit des Eintritts der Gesetzeskraft der neuen Konkursordnung bereits bestehen, bleiben nach Art. VII des Entwurfs zum Einführungsgesetze unverändert. — Im Falle der Besitztitel eines Grundstücks auf den Namen beider Eheleute eingetragen ist, müssen die allgemeinen Regeln über das Verhältniß der Miteigenthümer entscheiden, soweit überhaupt die Ehefrau das Eigenthumsrecht geltend machen kann; die singulären Bestimmungen, welche die A. G.O. Th. I, Tit. 50, §§. 322—324 für einen solchen Fall aufstellt, sind unklar und unhaltbar. — Endlich erschien es nothwendig, mit den übrigen Reformen in den Rechten der Ehefrau auch eine Beschränkung des gesetzlichen Pfandtitels derselben eintreten zu lassen. Wenn der Mann das Vermögen der Frau dazu benutzt, um seinen Kredit zu heben, so darf dies nicht hinterher in eine Täuschung seiner Gläubiger dadurch ausschlagen, daß die Frau sich Realsicherheit und so das stärkste Vorrecht verschafft. Der Art. IX des Entwurfs zum Einführungsgesetze enthält hierüber die erforderlichen Bestimmungen; die Festsetzung einer einjährigen Frist für die Frau macht es den Gläubigern des Mannes bei gehöriger Vorsicht möglich, sich gegen Täuschungen der erwähnten Art zu schützen. — Durch die Grundsätze des Entwurfs erledigen sich übrigens zugleich die bisherigen besonderen Vorschriften über das Vorrecht in Ansehung der geschiedenen Ehefrauen (A. G.O. Th. I, Tit. 50, §§. 415, 432, 433) und der Erben oder Cessionarien der Ehefrauen (§§. 413, 432, 433 l. c.), sowie die in der A. G.O. übergangenen Vorrechte der Frau hinsichtlich des Erbschatzes (A. L.R. Th. II, Tit. 1, §. 303), bei einer Ehe zur linken Hand (ibid. §. 880) und bei nichtigen oder ungültigen Ehen (ibid. §§. 970, 986)." (Durch die Abänderung dieser Grundsätze und Aufrechthaltung des Privilegiums ist die Verwirklichung dieser Voraussicht verhindert worden, ohne daß man Bestimmung über diese Fragen getroffen hat. Vergl. §. 80, Satz 2 und Anm. 53ª dazu.)

Schon in den Kommissionen der Kammern wurde das Prinzip des Entwurfs dadurch untergraben, daß man ihm auch die beweglichen Sachen, mit Einschluß der auf den Inhaber lautenden Geldpapiere, und zwar auch diejenigen, welche während der Ehe an die Stelle der eingebrachten getreten sind, unterworfen hat, während der Entwurf (§. 87), sich hierin dem franz. Prinzip anschließend, nur die eingebrachten, soweit sie noch in den ursprünglichen Stücken vorhanden, und die ihr während der Ehe zugewendeten, zum persönlichen Gebrauch bestimmten Betten, Kleider und Leibwäsche, zu vindiziren gestattete, und keine Substitution zuließ. Dadurch ist man sogar noch hinter das bestehende Recht zurückgegangen, indem die A. G.O. §. 319 und A. L.R. II, 1, §§. 559 ff. die während der Ehe neu angeschafften Stücke als Eigenthum in Anspruch zu nehmen nicht gestattete, sondern wegen der eingebrachten, nicht mehr in Natur vorhandenen Gegenstände nur einen Geldanspruch in der vierten Klasse gab. In der I. Kammer-Kommission wurde zwar zutreffend darauf hingewiesen, daß die gestattete Vindikation der auf den In=

1) die beweglichen [1 a]) und unbeweglichen Sachen, einschließlich der ausstehenden Forderungen und der auf den Inhaber lautenden Papiere, welche die Ehefrau schon vor Eingehung der Ehe eigenthümlich besaß, oder während der Ehe durch gültige Schenkung, durch Erbschaft oder durch Glücksfälle, oder mit ihrem vorbehaltenen Vermögen erworben hat [2]);

2) die beweglichen und unbeweglichen Sachen, einschließlich der ausstehenden Forderungen und auf den Inhaber lautenden Papiere, welche an die Stelle der vorbezeichneten (Nr. 1) dadurch getreten sind, daß sie von der Ehefrau [3]) entweder unmittelbar gegen dieselben eingetauscht, oder

---

haber lautenden Papiere und der substituirten Sachen zu betrüglichen Begünstigungen der Ehefrauen der Gemeinschuldner das leichteste Mittel darbiete. (Ber. S. 13.) In der Kommission der II. Kammer rechtfertigte man jedoch dieses Vindikationsprinzip mit der Schwierigkeit der Beweisführung, so daß die Gläubiger durch dasselbe, im Vergleich zu dem bisherigen Rechte, wonach bloß die Thatsache des Einbringens zur Ansetzung der Forderung in der vierten Klasse zu beweisen gewesen sei, noch in Vortheil kämen. (Ber. S. 52 und 54). Aber das Privilegium hat die Ehefrau nun ebenfalls behalten. §. 80, Satz 2.

In der I. Kammer fand der Entwurf auch nach dieser Paralysirung des Prinzips bei einer Partei Anfechtung, deren erheblichster Erfolg die Aufrechterhaltung des alten Privilegiums der Ehefrauen, mit Ausnahme der Ehefrauen der Handelsleute 2c., gewesen ist. §. 80, Satz 2. Der nun geschaffene Rechtsstand ist für den Verkehr und die Kreditverhältnisse ungünstiger als das A. L.R. und die A. G.O. war.

1 a) (2. A.) „Unter die allgemeine Rubrik beweglicher Sachen gehört auch das baare Geld (§. 6, I, 2 des A. L.R.)", sagt das Obertr. in dem Erk. vom 3. November 1864 (Arch. f. Rechtsf. Bd. LVII, S. 61). Das ist an sich selbstverständlich, aber das Obertr. tritt mit dieser einfachen Rechtswahrheit der irrigen Meinung des Appellationsgerichts entgegen, daß baares Geld, welches die Frau bei Eingehung der Ehe besaß, in das Eigenthum des Mannes übergehe, wenn auch die Frau dasselbe in ihrem Gewahrsam behalte, daß sie folglich solches oder die dafür auf ihren Namen angekauften Sachen (A. L.R. II, 1, §. 240 u. Nr. 2 des §. 88) nicht als ihr Eigenthum, der Masse gegenüber, geltend machen könne; und deshalb ist der unzweifelhafte Rechtssatz auch hier an die Spitze gestellt. Denn das Obertr. führt sehr richtig aus, daß, weil baares Geld zu den beweglichen Sachen gehöre, es auch unter der Bestimmung Nr. 1 stehe, falls solches abgesondert von der Verwaltung des Ehemannes in der Gewahrsam der Frau geblieben, d. h. unterscheidbar von dem Gelde des Mannes vorhanden sei. Dabei komme es gar nicht darauf an, daß das nicht in die Verwaltung des Mannes gekommene, abgesondert von der Frau verwahrte Geld derselben dennoch im gesetzlichen Sinne nicht zum vorbehaltenen Vermögen gehörte. — Ganz richtig. Der Vorbehalt bezieht sich nicht auf das Eigenthum der Frau an dem vorbehaltenen Vermögen derselben, sondern schließt nur Nießbrauch und Verwaltung des Mannes aus; und das Eingebrachte bleibt ebenso im vollkommenen Eigenthume der Frau, wie das Vorbehaltene, nur ist es belastet mit dem Nießbrauche des Mannes. Das Eigenthum der Frau an dem unter ihrem Eingebrachten befindlichen Gelde geht nicht durch die Einbringung in die Ehe, sondern erst durch Vermischung mit dem Gelde des Mannes oder durch Verbrauch unter, und erst daraus entsteht an Stelle des Eigenthums ein Forderungsrecht der Frau an den Mann.

2) Der Entwurf bediente sich des Ausdrucks: Die Ehefrau kann 2c. in Anspruch nehmen: die Immobilien und Forderungen, hinsichtlich welcher sie beweist. Diese Fassung hat man deshalb geändert, weil man besorgte, es könnte in den Worten: „hinsichtlich welcher sie beweist", eine von der Regel abweichende Vorschrift über die Beweisführung gefunden werden, obgleich man daran nichts ändern wollte.

3) Die Worte: „von der Ehefrau", sind erst von den Kommissionen der Kam-

mit Geldern erworben worden sind, welche aus der Veräußerung oder Einziehung derselben herrühren. Ein Gleiches gilt bei weiteren Veräußerungen und Erwerbungen dieser Art;

3) die der Ehefrau von dem Gemeinschuldner während der Ehe zugewendeten, zu ihrem persönlichen Gebrauch bestimmten Betten, Kleidungsstücke und Leibwäsche.

§. 89. An Immobilien und Forderungen, welche im Hypothekenbuche auf den Namen des Gemeinschuldners eingetragen sind, oder auf dessen Namen ausstehen, kann ein Eigenthumsanspruch der Ehefrau, der Gläubigerschaft gegenüber, nicht geltend gemacht werden.

Die Rechte des durch Vertrag vorbehaltenen Vermögens kann die Ehefrau im Konkurse nur in soweit geltend machen, als der Vertrag entweder vor Eingehung der Ehe, oder wenn er Gegenstände betrifft, welche die Ehefrau während der Ehe durch gültige Schenkung, durch Erbschaft, oder durch Glücksfälle erworben hat, innerhalb eines Jahres seit deren Erwerbung geschlossen worden ist [4]).

§. 90. Sachen und Forderungen, welche von der Ehefrau des Gemeinschuldners erworben oder auf den Namen derselben geschrieben worden sind, gehören gleichwohl zur Konkursmasse, sofern nicht das Eigenthum der Ehefrau nach Maßgabe der vorstehenden Bestimmungen (§§. 88, 89) erwiesen wird [5]).

---

mern hineingebracht. Man scheint das Ueberflüssige gefühlt zu haben, indem man sich gegen die vermeintlich irrthümliche Folgerung, die Frau müßte den Umtausch oder die Erwerbung in eigener Person vornehmen, verwahrte, mit dem Anhange: sie könne dies nach allgemeinen Rechtsregeln entweder selbst oder auch durch einen Mandatar verhandeln, und es stehe auch dem nichts entgegen, daß sie den Ehemann mit diesem Geschäfte beauftragen könne. Erfülle der Mann den Auftrag und gebe ihr dann die erworbene Sache als Mandatar zurück (eine Phantasie; im gewöhnlichen Ehe- und Familienleben beobachtet man kein Tempo), so unterliege diese Ausantwortung auch keiner Anfechtung aus §. 100 (103) Nr. 4, weil die Frau das Recht auf Ausantwortung gegen ihren Mann zwar nicht aus dem ehelichen, aber aus dem Mandatsverhältnisse hätte. (II. K.-Kommiss.-Ber. S. 55.)

4) Diese Fristbestimmung ist zur Sicherung der Gläubigerschaft von den Kammern auf Vorschlag ihrer Kommissionen eingeschaltet worden und hat auf das Verhältniß unter den Eheleuten selbst keinen Einfluß.

5) Die Bestimmung setzt den Fall voraus, daß die fraglichen Gegenstände sich in Gewahrsam des Gemeinschuldners bei der Beschlagnahme befinden. Hat ein Anderer solche hinter sich und verweigert er die Herausgabe zur Konkursmasse, so kommen keinesweges die Bestimmungen Abs. 2 u. 3 zur Anwendung, vielmehr muß der Verwalter gegen den Besitzer klagend auftreten. Der Inhalt dieser Bestimmung ist: der Umstand, daß Sachen oder Forderungen, welche in Gewahrsam (in der Vermögensmasse) des Gemeinschuldners befindlich sind, auf den Namen der Ehefrau geschrieben stehen, beweiset für deren Eigenthum nichts; macht sie darauf Eigenthumsansprüche, so muß sie ihr Eigenthum beweisen. Man bemerke, daß der ganze Gedanke auf „Forderungen" nicht paßt. Im Entwurfe lautete der Anfang dieses Paragraphen: „Alle übrigen Gegenstände, welche" u. s. w. Man glaubte jedoch eine Fassungsverbesserung gewonnen zu haben, als man dafür schrieb: „Sachen und Forderungen". Indem man sich dabei dachte, daß die Bestimmungen im 2. u. 3. Absatz nur dann zur Anwendung kommen sollten, wenn die „Sachen und Forderungen" in Gewahrsam des Gemeinschuldners gefunden werden (II. Kammer-Kommiss.-Ber. S. 55), ist man sich der Natur der Forderungen nicht bewußt gewesen. Wie soll eine Forderung, welche auf den Namen

Die Ueberweisung solcher Sachen und Forderungen an die Konkursmasse erfolgt auf den Antrag des Verwalters durch Beschluß des Konkursgerichts, nachdem der Antrag vier Wochen vorher der Ehefrau zur Erklärung mitgetheilt worden ist[6]). Wird binnen dieser Frist von der Ehefrau Widerspruch erhoben, so muß dieselbe ihre Rechte im besonderen Verfahren ausführen.

Ist von der Ehefrau nicht rechtzeitig Widerspruch erhoben worden, oder ist der von ihr erhobene Anspruch rechtskräftig verworfen, so können die Sachen und Forderungen für Rechnung der Konkursmasse veräußert und eingezogen werden. Die nothwendige Subhastation der Grundstücke muß auf den Antrag des Verwalters der Konkursmasse auch dann stattfinden, wenn der Besitztitel in dem Hypothekenbuch auf den Namen der Ehefrau eingetragen steht.

Erfolgt die Veräußerung oder Einziehung deshalb, weil die Ehefrau sich nicht innerhalb der vierwöchentlichen Frist erklärt hat, so geht dieselbe dadurch allein ihres etwanigen Anspruchs auf den Erlös (§§. 28, 44) nicht verlustig [7]).

Durch die gegenwärtigen Bestimmungen wird in den bestehenden gesetzlichen Vorschriften über die Rechte dritter Personen nichts geändert.

§. 91. Soweit die Ehefrau des Gemeinschuldners nicht mittelst des Rückforderungsrechts oder Pfandrechts befriedigt wird, steht derselben wegen ihres in die Verwaltung des Gemeinschuldners gekommenen Vermögens ein Anspruch als Konkursgläubigerin zu.

Die Ansetzung dieses Anspruchs, sowie etwaniger anderer persönli-

---

der Frau geschrieben steht, als in Gewahrsam des Mannes gedacht werden können? Was man hat sagen wollen, ist dieses: Wenn sich Forderungen vorfinden, welche auf den Namen der Ehefrau geschrieben stehen und nicht solche sind, die schon vor Eingehung der Ehe vorhanden waren oder während der Ehe durch Erbrecht oder Schenkung an die Frau gefallen sind; so werden sie als zur Konkursmasse gehörig betrachtet, und es ist von der Frau die Erwerbung solcher Forderungen zu beweisen. Vergl. die folg. Anm. 6.

6) Nur ein formales Hinderniß in der Verfügung des Verwalters über dergleichen Gegenstände wird durch den Beschluß beseitigt: der Beschluß ist nichts weiter als eine Ermächtigung zum Verkaufe der Sachen und zur Einhebung der Forderungen (Absatz 3) mit Vorbehalt der Eigenthumsrechte Dritter (Absatz 4). — (2. A.) Damit harmonirt die Ausführung des Obertr.: „Die Ueberweisung zur Masse, welche der §. 90 anordnet, ist nur eine formelle Maßregel, welche die Ehefrau zur Rolle der Klägerin nöthigt, ohne auf das materielle Recht Einfluß zu üben. Es sind daher auch bei der Klage der Ehefrau nicht die Grundsätze des Tit. 15, Th. I des A. L.R., betreffend die Vindikation einer Sache gegen einen unredlichen oder redlichen Besitzer, zur Anwendung zu bringen; vielmehr wird vermöge der zu Gunsten der Gläubiger gegebenen Ausnahmebestimmungen die titulirte Besitzerin zur gerichtlichen Geltendmachung ihres Eigenthums durch Klage gegen die Gläubigerschaft des Mannes genöthigt, ein Anspruch, der nur nach den allgemeinen und den Spezialgesetzen (§§. 88, 89) entschieden werden kann." Erk. vom 3. November 1864 (Arch. f. Rechtsf. Bd. LVII, S. 60). Vergl. oben Anm. 1a.

7) Mittelst Einfügung dieses Alinea seitens der Kammer-Kommission hat man bloß außer Zweifel stellen wollen, daß die Ehefrau ebendieselben Rechte habe, welche jedem fremden Eigenthümer, dessen Sachen von dem Verwalter veräußert worden sind, nach §§. 28 u. 44 zustehen.

cher Forderungen der Ehefrau erfolgt nach den Vorschriften des achten Abschnitts [8]).

§. 92. Wenn die Ehefrau während der Ehe Zahlungen für den Gemeinschuldner geleistet hat, so gilt die Vermuthung [9]), daß dieselben aus dem Vermögen des Gemeinschuldners geleistet worden sind.

Will die Ehefrau wegen solcher Zahlungen einen Anspruch machen, so muß sie den Beweis [10]) führen, daß die Zahlungen aus ihrem Vermögen (§§. 88, 89, 91) geleistet worden sind.

§. 93. Das dem Nießbrauch des Gemeinschuldners unterworfene Vermögen seiner Ehefrau wird, so lange das Nießbrauchsrecht des Gemeinschuldners während des Konkurses dauert, für Rechnung der Konkursmasse verwaltet [10a]): die Nutzungen fließen zur Konkursmasse, soweit sie nicht zum standesmäßigen Unterhalt der Frau und der Kinder [11]), sowie zur Erziehung der Letzteren verwendet werden müssen [12]).

---

8) Insbesondere nach der Vorschrift des §. 80, Absatz 2.

9) Vor dem Worte „Vermuthung" hatte der Entwurf das Bestimmungswort „gesetzliche". Dieses ist von den Kommissionen „als zu weit gehend" gestrichen, „weil es nur eine praesumtio facti und nicht eine praesumtio juris et de jure sein soll". (I. Kammer-Kommiss.-Ber. S. 14; II. K.-K.-Ber. S. 56.) Eitel Begriffs- und Sprachverwirrung! Jede Vermuthung, welche das Gesetz begründet, ist eben deshalb eine gesetzliche, im Gegensatz der bloß faktischen Vermuthung, welche ihrer Natur nach ein bloßer Beweisgrund, ein Indizium ist. Was die Schule mit dem Namen „praesumtio juris et de jure" bezeichnet, ist nicht bloße „gesetzliche Vermuthung", sondern eine Fiktion, gegen welche kein Beweis zulässig ist: das Gesetz nimmt das an, mag es im einzelnen Falle thatsächlich wahr sein oder nicht. Ob das Gesetz also verfüge, muß mehr aus dem Zusammenhange der Bestimmungen und aus der rechtlichen Natur des Instituts, von welchem die Rede ist, als aus dem gerade gebrauchten Ausdrucke entnommen werden.

10) In dem Entwurfe hieß es ganz richtig „Gegenbeweis", weil die gesetzliche Vermuthung an die Stelle des Beweises tritt. Der §. 92 ist eine Uebersetzung des Art. 550 des C. de c.: „En cas que la femme ait payé des dettes pour son mari, la présomption légale est, qu'elle l'a fait des deniers de son mari; et elle ne pourra, en consequence, exercer aucune action dans la faillite, sauf la preuve contraire, comme il est dit à l'article 547." Dort ist von den während der Ehe seitens der Frau erworbenen Vermögensstücken die Rede, welche zur Konkursmasse sollen gezogen werden dürfen, „sauf à la femme à fournir la preuve du contraire", daß nämlich diese Gegenstände nicht „sont payés de ses (sc. du mari) deniers". Dies ist der Grundsatz, welchen der §. 90 behandelt. Die im §. 92 aufgenommene gesetzliche Vermuthung schließt sich der im §. 544, Th. II, Tit. 1 des A. L.R. enthaltenen an.

10a) (2. A.) Die Bestimmung bezieht sich nicht auf solche eingebrachte Sachen, welche sich zur Zeit der Konkurseröffnung im Besitze der Ehefrau befanden und zur Masse nicht gezogen worden sind. Erk. des Obertr. vom 25. Januar 1859 (Entsch. Bd. XL, S. 381).

11) Wessen Kinder? Doch wol nur die Kinder der Frau, da die Kinder des Mannes von einer andern Frau gar keinen Anspruch an die Ehefrau des Gemeinschuldners und folglich auf Ernährung und Erziehung aus deren Vermögen haben. Vergl. A. L.R. Th. II, Tit. 1, §. 262.

12) Der §. 93 fand sich im Entwurfe in dem zweiten Titel Abschnitt 5 betr. die Ausmittelung der Aktivmasse unter Nr. 155 in einer Fassung, nach welcher die Einkünfte aus dem Nießbrauche auch nach beendigtem Konkurse zur Befriedigung der Gläubiger dienen sollten, so lange die Ehe bestehen würde. Dadurch würden die §§. 261 bis 265, Th. II, Tit. 1 des A. L.R. aufgehoben worden sein,

§. 94. Wenn die Ehefrau mit dem Gemeinschuldner in ehelicher Gütergemeinschaft lebt, so hat dieselbe wegen Rückgewähr ihres Vermögens nur in soweit einen Anspruch, als jenes Verhältniß, nach den für die Ehefrau geltenden Rechten, eine Verhaftung ihres oder des gemeinschaftlichen Vermögens für die von dem Ehemanne gemachten Schulden nicht begründet.

Dasselbe gilt in Ansehung der Kinder, welche mit dem Gemeinschuldner in prorogirter, provinzieller oder statutarischer Gütergemeinschaft leben.

Zehnter Abschnitt.

Kompensation.

§. 95. Wer die Befugniß hat, zu kompensiren, kann seine Forderung soweit unverkürzt in Anrechnung bringen, als die Gegenforderung reicht; er ist nicht verpflichtet, sich deshalb in das Konkursverfahren einzulassen [1]).

---

welche bestimmen, daß der Nießbrauch von demjenigen Vermögen, welches die Frau aus dem Konkurse des Mannes rettet, an die Frau übergeht. Dabei wollten die Kommissionen der Kammern stehen bleiben und schlugen die Veränderungen des Entwurfs in der Fassung, in welcher sich die Bestimmung gegenwärtig im Gesetze an dieser Stelle vorfindet, so wie die Aufhebung der §§. 266 u. 267, Th. II, Tit. 1 A. L.R. vor, welche Aufhebung dann auch noch auf den §. 268 ausgedehnt worden ist. Einf.-Ges. Art. VIII. Man wollte, wie gesagt, bei den materiellen Bestimmungen der §§. 261, 262 stehen bleiben. Gleichwohl sind dieselben durch die neue Bestimmung unseres §. 93 hier wesentlich geändert, indem die Fortdauer der Verwaltung und des Nießbrauchs des Mannes angenommen wird, und die Gläubigerschaft auch darin an dessen Stelle tritt, welche Stellvertretung erst mit der Beendigung des Konkurses aufhört, wenn der Mann nicht schon früher diesen Nießbrauch verliert; wogegen nach den §§. 261, 262 des A. L.R. die Frau in die Verwaltung trat, sobald sie nach dem Laufe des Konkursverfahrens ihre Befriedigung erhalten konnte. Der §. 93 entzieht auch dem Manne den Unterhalt, den er nach §. 262 des A. L.R. mit von der Frau aus den Erträgen ihres zurückgezogenen Vermögens erhalten sollte. Die Frau muß nun auf Grund des §. 256 und 258 gegen ihren Ehemann auf Entziehung der Verwaltung und des Nießbrauchs besonders klagen, worauf dann, wenn die Klage Erfolg hat, die Konkursmasse sofort ihre Verwaltung einzustellen und das Vermögen der Frau auszuliefern hat. Die Klage wird mit gegen den Verwalter der Konkursmasse zu richten sein; denn dieser hat aus dem Rechte des Mannes, auf Grund des §. 256 und 258, den Einwand, daß er seine Verbindlichkeit erfülle; die Klage wird daher nur dann Erfolg haben, wenn das, was die Frau von dem Verwalter aus den Einkünften erhält, ihren und ihrer Kinder standesmäßigen Unterhalt nicht deckt.

1) Uebernommen aus dem §. 288 der A. G.O. Die Bestimmung beseitigt den nach Gemeinem Rechte erhobenen Zweifel, ob nicht die Gegenforderung im Liquidationstermine angemeldet werden müsse, um nicht präkludirt zu werden. Im heutigen preußischen Konkurssystem findet sich gar kein Anlaß zu solchem Zweifel. Nach diesem Grundsatze kann der Schuldner der Masse, wenn er seine Schuld, wegen Mangels der Liquidität seiner Gegenforderungen, zur Masse mit Vorbehalt seiner Gegenforderungen gezahlt und hinterdrein dieselbe liquide gemacht hat, insoweit als Massegläubiger die Zahlung zurückfordern. Vergl. A. L.A. I, 16, §. 361. (2. A.) Dies ist in den §§. 293 ff. der alten Konkursordnung auf Grund des §. 360 und 361 des A. L.R. a. a. O. ausführlich vorgeschrieben. Diese Vorschriften sind zwar nicht wörtlich wiederholt, es sind aber die Prinzipien der §§. 292, 293 der alten Konkursordnung und der §. 361 des A. L.R. a. a. O. als ferner maßgebende ausdrücklich anerkannt worden, Motive zu §. 92 S. 79, wo es heißt: „Nach §. 288 (Th. I, Tit. 50 der A. G.O.) regulirt sich zugleich das

§. 96. Die Kompensation findet unter Voraussetzung der allgemeinen gesetzlichen Erfordernisse [1a]) statt:

1) wenn Jemand nach der Konkurseröffnung Gläubiger und Schuldner der Masse geworden ist [2]);

2) wenn Jemand dem Gemeinschuldner vor der Konkurseröffnung etwas schuldig war und nachher ein Gläubiger der Masse geworden ist [3]);

3) wenn gegenseitige Forderungen zwischen dem Gemeinschuldner und dem Gläubiger desselben schon vor der Konkurseröffnung bestanden haben [4]), die Forderungen mögen zur Zeit der Konkurseröffnung bereits fällig sein oder erst später fällig werden [5]). Ist die noch nicht fällige For=

Recht des Gläubigers, aus einer von ihm deponirten oder zur Masse gezahlten Summe, wegen seiner streitigen Gegenansprüche, abgesonderte Befriedigung zu verlangen, wenn demnächst diese Gegenansprüche liquid gemacht sind (A. G.O. l. c. §§. 292, 293), indem die letzteren alsdann nach §. 361, I, 16 des A. L.R. die Kompensation noch begründen und in Folge dessen insoweit die deponirte oder zur Masse gezahlte Summe zurückgefordert werden kann." Der §. 361 wirkt also fort, wenn auch die §§. 292, 293 nicht wörtlich übertragen sind.

1a) (2. A.) Also auch unter Voraussetzung der Liquidität. Erk. d. Obertr. vom 8. Januar 1861 (Arch. f. Rechtsf. Bd. XLI, S. 8). Aber der beklagte Schuldner, dessen illiquide Gegenforderung ad separatum zu verweisen ist, kann nach §. 360, I, 16 des A. L.R. deponiren, ohne daß er, um auf die Deposition Anspruch zu haben, zuvor beim Konkursgericht seine Gegenforderung, soweit es zur Arrestanlage oder Retention erforderlich, zu bescheinigen braucht. (Ebd., und Entsch. Bd. XLVI, S. 329.)

2) Der Fall des §. 318, Tit. 16, Th. I des A. L.R.

3) Der Fall des §. 319 a. a. O.

4) Aus dem §. 317 a. a. O.

5) Aus den §§. 353, 354 u. 355 a. a. O., u. A. G.O. §. 158 d. T.

(2. A.) Ein aus Auftrag des Hauptschuldners, welcher demnächst in Konkurs verfällt, eingetretener Bürge ist berechtigt, 1. dasjenige, was er an den Gläubiger, wenn auch erst nach der Konkurseröffnung, bezahlt, oder sonst, z. B. durch Ausstellung einer Schuldurkunde, aus seinem Vermögen hingegeben hat, auf seine liquide Schuld an die Konkursmasse zu kompensiren, und es findet auf diesen Fall nicht der §. 97, Nr. 2 Anwendung; 2. wegen dessen, was er an den Gläubiger aus der Bürgschaft noch schuldig ist, den Rest seiner Schuld an die Konkursmasse, zur Wahrung der Wirkung seiner Kompensation mit seiner noch nicht fälligen und dem Betrage nach noch nicht feststehenden Forderung, zu einer besonderen Masse zu deponiren, indem auch auf diese bereits vor der Konkurseröffnung begründete Gegenforderung der §. 97, Nr. 2 nicht anzuwenden ist. — Die Entsagung der Kompensation (A. L.R. I, 16, §. 372) verliert im Falle des demnächst ausbrechenden Konkurses über das Vermögen des Gläubigers alle Bedeutung. Erk. des Obertr. vom 25. November 1859 (Arch. f. Rechtsf. Bd. XXXV, S. 302). Ueberhaupt kommt es nur darauf an, daß der Rechtsgrund der Forderung und Gegenforderung bereits vor der Konkurseröffnung entstanden, wenn auch die Bedingung oder Fälligkeit erst nachher eingetreten ist. Erk. dess. vom 5. Januar 1860 (Arch. f. Rechtsf. Bd. XXXVI, S. 131).

(2. A.) Das dem Schuldner des Gemeinschuldners eingeräumte Recht, mit Gegenforderungen an denselben zu kompensiren, die zwar vor der Konkurseröffnung entstanden, aber noch nicht fällig sind, währt nur so lange wie der Konkurs selbst. Tritt derselbe mit Gegenforderungen erst hervor, nachdem der Konkurs über das Vermögen des Anderen schon wieder beendigt ist, so kann die im §. 96, Nr. 3 eben gedachte Ausnahme, daß die Kompensation zuzulassen, wenn auch die Gegenforderung noch nicht fällig, nicht mehr Statt finden. Erk. des Obertr. vom 11. April 1861 (Arch. f. Rechtsf. Bd. XLI, S. 154).

derung des Gläubigers unverzinslich, so findet der §. 249 Anwendung [6]).

§. 97. Die Kompensation ist nicht zulässig [6a]):

1) wenn Jemand vor oder nach der Konkurseröffnung eine Forderung an den Gemeinschuldner erlangt hat und erst nach der Konkurseröffnung dem Gemeinschuldner oder der Masse etwas schuldig geworden ist [7]);

2) wenn Jemand dem Gemeinschuldner vor der Konkurseröffnung etwas schuldig war und erst nach der Konkurseröffnung eine Forderung an denselben erlangt, es sei aus einem neuen Geschäft oder durch den Erwerb einer vor der Konkurseröffnung entstandenen Forderung eines anderen Gläubigers [8]);

(2. A.) Ein Aktionär einer Versicherungsgesellschaft kann, wenn er von der in Konkurs gefallenen Gesellschaft auf Zahlung von Einschußrückständen belangt wird, dagegen mit Ansprüchen aus einer von ihm bei der Gesellschaft genommenen Versicherung nicht kompensiren, weil die Voraussetzung der Kompensation, daß ein Schuldner der Gesellschaft zugleich Gläubiger derselben sei, nicht zutrifft. Denn der Aktionär ist Gesellschafter mit dem bestimmten Fonds (Mitschuldner der Gläubiger), nicht Schuldner gegenüber der Gesellschaft. Erk. des Obertr. vom 12. März 1863 (Entsch. Bd. XLIX, S. 380).

6) Eine Wiederholung des in dem §. 355 A. L.R. u. §. 159 der A. G.O. enthaltenen Rechtssatzes. Nur ist im §. 249 eine andere Berechnungsart eingeführt. Ist die noch nicht fällige Forderung verzinslich, aber zu einem geringeren als dem gesetzlichen Satze, so wird darauf nicht Rücksicht genommen. Der Entwurf wollte auch dies berücksichtigt wissen.

6a) (2. A.) Hierin wird durch die Beendigung des Konkurses im Wege des Akkords nichts geändert; daher erlangt ein Gläubiger, welchem nach §. 97 die Abrechnung seiner Forderung versagt ist, auch alsdann kein Recht, seine Forderung ihrem ganzen Betrage nach von seiner Schuld in Abzug zu bringen und dadurch seinen Ausfall zu decken, wenn inzwischen der Konkurs durch Akkord beendigt worden ist. Erk. des Obertr. vom 16. Februar 1860 (Arch. f. Rechtsf. Bd. XXXVI, S. 213 u. 217 ff., u. Entsch. Bd. XLIII, S. 440 ff.).

Nach geschlossenem und bestätigtem Akkorde kann der Klage des gewesenen Gemeinschuldners gegen einen Konkursgläubiger von diesem die Einrede der Kompensation dann nicht entgegengesetzt werden, wenn solche im Konkurse gegen die Klage des Massenverwalters nicht zulässig gewesen wäre. Erk. dess. vom 19. Juni 1860 (Entsch. Bd. XLIII, S. 454).

Die Vorschriften des §. 97 finden auch auf das Prioritätsverfahren über einzelne Vermögensobjekte des Schuldners Anwendung. Erk. dess. vom 4. November 1862 (Arch. f. Rechtsf. Bd. XLVI, S. 305).

7) Wiederholung des §. 321 des A. L.R. mit der Ausdehnung auf die erst nach der Konkurseröffnung an den Gemeinschuldner erlangten Forderungen, wegen der im §. 1 verordneten Ausdehnung. — Vergl. das. die Anm. 19. — Die Ausnahme, welche das A. L.R. §§. 322 ff. a. a. O. zu Gunsten des Pächters dahin macht, daß der Schuldner die Befugniß haben soll, das Kompensationsrecht vertragsmäßig einzuräumen, ist mit Bedacht übergangen, um dadurch die §§. 322 ff. aufzuheben. (Motive, S. 80).

8) Gleichfalls bloße Wiederholung des §. 320 a. a. O. — Man vergl. das. die Anm. 17 u. 18, und das Erk. des Obertr. vom 21. Februar 1857 (Entsch. Bd. XXXV, S. 204). Vergl. auch oben die Anm. 5 zu §. 96, Nr. 3.

(2. A.) Aus der erst nach Eröffnung des Konkurses über das Vermögen des Gläubigers erfolgten Einlösung des Wechsels seitens des Schuldners der Masse folgt für sich allein noch nicht, daß der aus dieser Einlösung begründete Gegenanspruch an den Kridar im Sinne des §. 97, Nr. 2 erst nach der Konkurseröffnung erlangt sei. Vielmehr ist in Ansehung jedes einzelnen Wechsels, auf wel-

3) wenn Jemand dem Gemeinschuldner vor der Konkurseröffnung etwas schuldig war und vor der Konkurseröffnung eine Forderung an denselben durch Cession, oder durch Befriedigung eines Gläubigers, oder aus einem neuen Geschäft erlangt, sofern ihm zur Zeit der Cession, oder der Befriedigung des Gläubigers, oder der Abschließung des neuen Geschäfts bekannt war, daß der Gemeinschuldner bereits seine Zahlungen eingestellt hatte, oder daß bereits von dem Gemeinschuldner die Unzulänglichkeit seines Vermögens bei dem Gericht angezeigt, oder von einem Gläubiger desselben die Konkurseröffnung beantragt war [9]).

§. 98. Was Jemand einer Handelsgesellschaft schuldet oder von ihr zu fordern hat, kann mit demjenigen, was derselbe nur von einzelnen Gesellschaftern zu fordern hat oder ihnen schuldet, in Ansehung des Gesellschaftsvermögens nicht kompensirt werden [10]).

Elfter Abschnitt.

Befugniß der Gläubiger zur Anfechtung der vor der Konkurseröffnung vorgefallenen Rechtshandlungen.

§. 99. Die Gläubigerschaft hat die Befugniß, Rechtshandlungen, welche vor der Konkurseröffnung vorgenommen sind, nach Maßgabe der folgenden näheren Bestimmungen als ungültig anzufechten [11]).

---

chen die Kompensationsforderung gestützt wird, zu erörtern: ob dieselbe nach den gegebenen Accepten und Indossamenten und den sonstigen konkreten Umständen bereits zu einer Zeit bestanden habe, daß sie zur Kompensation geeignet sich darstellt. Erk. des Obertr. v. 30. Okt. 1860 (Arch. f. Rechtsf. Bd. XXXIX, S. 138).

9) Eine Ausdehnung des Grundsatzes §. 320 A. L.R. (Nr. 2 dieses §. 97) bis zu den Zeitpunkten, wo der materielle Konkurs ausgebrochen, wegen Gleichheit der Verhältnisse schon zur Zeit des materiellen Konkurses, indem die Zwischenzeit bis zur Konkurseröffnung häufig zum Erwerbe von Forderungen an den Gemeinschuldner, die alsdann bereits zu geringen Preisen zu haben sind, benutzt wird, um damit gegen die Masse zu deren Nachtheil zu kompensiren. Motive zu §§. 93, 94 des Entwurfs, S. 80, Nr. 1.

10) Ist Folge des Grundsatzes §. 35.

11) So lange eine Person rechts- und handlungsfähig ist, sind ihre Rechtshandlungen bindend und gültig, es sei denn, daß ein besonderer Mangel dabei oder ein Nichtigkeitsgrund eingetreten wäre. Nach diesem Axiom versteht es sich ganz von selbst, nämlich nach der juristischen Logik versteht es sich von selbst, daß ein zahlungsunfähig gewordener Schuldner so lange handlungsfähig bleibt, als ihm nicht die Verwaltung und Verfügung über sein Vermögen entzogen ist. Selbst ein in der Absicht, den Gläubigern die noch vorhandenen Befriedigungsmittel vollends zu entziehen, vollzogenes Rechtsgeschäft ist nach tief in dem menschlichen Denkvermögen begründeten Gesetzen, welche jede Bodenlosigkeit und jede willkürliche folgewidrige (vernunftwidrige) Satz- und Schlußbildung zurückweisen, an und für sich nicht ungültig, weil es dazu an der wirkenden inneren Ursache gebricht. Es muß eine äußere Ursache, ein positives Rechtsmittel geschaffen werden, um die schädlichen Folgen eines solchen bösen Willens von den Gläubigern abzuwenden. Die Römer hatten ein solches Rechtsmittel in der sog. actio Pauliana den Gläubigern positiv gegeben; es ging auf Widerruf des an sich gültigen Rechtsgeschäfts; war es an sich aus irgend einem Grunde ungültig, so bedurfte es des besondern Widerrufs der Gläubiger nicht, sie konnten das Geschäft mit dem ordentlichen Rechtsmittel angreifen. Ganz dieselbe vernunftmäßige Auffassung der Rechtsverhältnisse hat die grundverständige Gesetzgebung der A. G.O.: diese geht von dem

§. 100. I. Alle Zahlungen und Rechtsgeschäfte des Gemeinschuldners unterliegen der Anfechtung, wenn der andere Theil bei dem Empfang der

---

Axiom aus, daß alle Verfügungen, welche der Gemeinschuldner vor eröffnetem Konkurse getroffen und vollzogen hat, an und für sich den Rechten nach gültig. §. 42. Sie folgt darin den röm. Rechtsansichten, daß nur eine betrügliche Entziehung der Befriedigungsmittel Abwehr und Widerruf erfordere. Damit aber blieb das große Feld der Gratifikationen an rechtmäßige Gläubiger frei: der Schuldner hatte es in seiner Hand, einzelne Gläubiger zur Benachtheiligung der Uebrigen zu befriedigen, eine Befugniß, unter welcher besonders die auswärtigen Gläubiger litten. Die Beseitigung dieser Befugniß ist schon lange als Verkehrsbedürfniß gefordert worden. Die franz. Gesetzgebung hat dem Anspruche zu allererst Rechnung getragen. (Code de comm. Art. 442.) Die preuß. Gesetzgebung folgt in dem vorliegenden Gesetze nach; sie stellt hier die Anfechtbarkeit der Rechtshandlungen, welche der Gemeinschuldner erst nach Eintritt des materiellen Konkurses vollzogen hat, als Regel an die Spitze und berücksichtigt nur bei den Erfordernissen dazu die Redlichkeit des anderen Kontrahenten (§. 100), um die aus dem franz. Rechtsgrundsatz (Art. 442) entstehenden Härten zu vermeiden.

Der §. 99 beseitigt einen andern Mißstand und Zweifel, welchen das bisher bestandene Recht in Beziehung auf die Legitimation zur Sache und zum Prozeß bei den in Rede stehenden Anfechtungen veranlaßt hatte, indem nicht in allen Fällen allen Gläubigern (der Gläubigerschaft) das Anfechtungsrecht eingeräumt war. Durch einen Pl.-Beschl. des Obertr. war der Satz festgestellt worden, daß der Konkurskurator als solcher und ohne Vollmacht derjenigen Gläubiger, welchen die Gesetze (§§. 1130 u. 1131, Tit. 11, Th. I A. L.R.; §. 74, Tit. 50, Th. I A. G.O. und §. 2, Nr. 3 des G. vom 26. April 1835) das Recht beilegen, Schenkungen zu widerrufen und lästige zwischen dem Gemeinschuldner und seinem Ehegatten und einem seiner oder seines noch lebenden oder bereits verstorbenen Ehegatten Verwandten in auf- oder absteigender Linie geschlossene Verträge anzufechten, nicht befugt, die Rechte solcher Gläubiger geltend zu machen. Pr. des Obertrib. 865 (Pl.-Beschl.) vom 2. Juni 1840. (J.M.Bl. S. 324 u. Entsch. Bd. V, S. 275.) — Dieser Plenarbeschluß bezog sich nicht auf solche Fälle, in denen der Kurator lästige Verträge oder Schenkungen zwischen dem Gemeinschuldner und einem Dritten anfocht, bei welchen sämmtliche Gläubiger, und nicht bloß die im §. 1131, Tit. 11, Th. I A. L.R. gedachten speziell interessirt waren. Pr. des Obertr. 1926, vom 19. Okt. 1847. — Hinsichtlich dieser Legitimation zur Sache und zum Prozesse unterschied man folgende Fälle:

a. Zum Widerrufe einer innerhalb des letzten Jahres vor der Konkurseröffnung oder an einen Ehegatten stattgefundenen Schenkung auf Grund des A. L.R. I, 11, §. 1129 und der Konkursordnung ist der Konkurskurator als solcher legitimirt, weil dergleichen Schenkungen ganz allgemein und lediglich auf Grund der Konkurseröffnung dem Widerrufe unterliegen, ohne daß es auf das Alter der Forderungen und den Nachweis, daß der Gemeinschuldner schon zur Zeit der Schenkung insolvent war, ankommt. Der Widerruf äußert sich daher als ein Recht aller Gläubiger, begründet durch die Konkurseröffnung, kraft einer praesumtio juris et de jure über die Insolvenz.

b. Ebenso verhält es sich mit der Befugniß des Konkurskurators zur Anfechtung eines lästigen Vertrags nach Vorschrift der §§. 49 ff., insbesondere der §§. 53 ff. der Konkursordnung. Dieser Fall ist von dem der Schenkung zu unterscheiden. Die Anfechtungsklage erfordert eine eigenthümliche Begründung. Es ist nachzuweisen, daß der dritte Kontrahent, zur Zeit der Abschließung des Geschäfts, die Insolvenz des Gemeinschuldners gewußt und sich dennoch auf das Geschäft eingelassen habe. Alsdann erscheint die Veräußerung, in Beziehung auf beide Kontrahenten, als eine, die Rechte der Gläubiger des Gemeinschuldners verletzende, fraudulöse Veräußerung, und sie unterliegt der Ungültigkeit. Alle Kreditoren können das Geschäft anfechten; dasselbe fällt zum Besten Aller dahin, und das Recht wird auch hier, wie bei dem Rechte zum Widerrufe einer jüngern Schenkung, durch die Konkurseröffnung begründet. Nicht deshalb allein ist die Gesammtheit der Gläubiger das berechtige Subjekt, sondern auch noch aus einem

Zahlung oder bei dem Abschlusse des Rechtsgeschäfts davon Kenntniß be-

andern Grunde. Weil nämlich der veräußerte Gegenstand in die Vermögensmasse zurückgezogen wird, so muß aus derselben dasjenige, was dafür in dieselbe geflossen, und noch vorhanden ist, zurückgegeben werden. §. 55 d. T. Es ist also gleichsam die Masse das berechtigte und verpflichtete Subjekt; denn kein einzelner Gläubiger ist in der Lage, den frühern Zustand durch Zurückgabe der Gegenleistung herzustellen, weil er nicht über die Masse verfügen und den zurückzugebenden Gegenstand nicht zu seinem Vortheile herausnehmen kann. Hier ist mithin nur der Kurator als solcher legitimirt.

c. Der Widerruf eines von dem Gemeinschuldner länger als ein Jahr vor der Konkurseröffnung gemachten Geschenks steht nur denjenigen Gläubigern zu, deren Forderungen älter sind. A. L.R. I, 11, §. 1131. Dieses Widerrufsrecht ist ein Singularrecht einzelner Gläubiger und kann deshalb nicht von der Gesammtheit der Gläubiger, folglich nicht durch den Konkurskurator als solchen ausgeübt werden. Der Widerruf einer solchen älteren Schenkung ist nur ein Beispielsfall. Es giebt andere einzelne Rechte der Gläubiger, die gelegentlich durch die Konkurseröffnung hervorgerufen, die aber durch sie kein Recht der Gemeinschaft der Kreditoren geworden, sondern nur für gewisse Gläubiger vorhanden sind. (Einen Fall s. unten Note 14.) Diese sind der ältern Schenkung analog zu beurtheilen.

d. Giebt man dem G. v. 26. April 1835 eine Ausdehnung auf den Konkurs, so verhält es sich mit der Ausübung der, durch dasselbe den einzelnen Gläubigern eingeräumten Rechte gerade ebenso, und noch mehr, als mit dem Rechte zum Widerrufe einer ältern Schenkung. Das Gesetz hat die Einschränkungen in Ansehung eines solchen Widerrufs für Schenkungen und Veräußerungen durch lästige Verträge im Falle einer fruchtlosen Exekution nicht bloß in sich aufgenommen, sondern sie theilweise noch verstärkt. Motive des Plenarbeschl. vom 2. Juni 1840. Plenum 3, 1840.

Alle diese Verschiedenheiten und Unterscheidungen der Fälle beseitigt der §. 99, indem er die Anfechtungsbefugniß, ohne Unterschied der Fälle, der Gläubigerschaft beilegt.

Die Frage: ob und in wiefern das zwischen der Gläubigerschaft und dem Kontrahenten des Gemeinschuldners erwirkte Urtheil in rem wirke und namentlich dem Nachfolger des ersten Erwerbers (dem dritten Besitzer) zum Vortheile gereiche, mit andern Worten: ob die zum Vortheil des andern Kontrahenten des Gemeinschuldners ausgefallene Entscheidung (die Abweisung der Gläubigerschaft) der Abforderungsklage der Gläubigerschaft gegen den dritten Besitzer der Sache präjudicirlich (praejudicium facit) — diese Frage ist nach allgemeinen Grundsätzen über die Wirkungen der res judicata zu entscheiden. Die Praxis hat nach dem bisher bestandenen Rechte in letzter Instanz angenommen, daß, wenn der Kurator einer Konkursmasse mit der, die Aufhebung eines zwischen dem Gemeinschuldner und einem Dritten vor eröffnetem Konkurse geschlossenen lästigen Vertrages bezweckenden, auf Grund des §. 55 d. T. der A. G.O. wider den Letztern erhobenen Klage rechtskräftig abgewiesen worden ist, diese Entscheidung auch demjenigen, der die veräußerte Sache von jenem Dritten erworben hat, dergestalt zu Statten kommt, daß er wegen Herausgabe derselben ebenfalls nicht weiter in Anspruch genommen werden kann. Pr. des Obertr. 2337 von 1852 (Entsch. Bd. XXII, S. 123). In den Grundsätzen bezüglich auf diese Frage ist durch die neue K.O. nichts geändert.

(2. A.) Es müssen Handlungen des Gemeinschuldners sein, nach dem alten Grundsatze der actio Pauliana. Deshalb findet im Konkurse die Anfechtung einer exekutivischen gerichtlichen Ueberweisung eines Aktivi in vim cessionis nicht statt, wenn die Ueberweisung vor Eröffnung des Konkurses, sei es auch nach dem feststehenden Zahlungs-Einstellungstage, erfolgt ist. Erk. des Obertr. v. 29. April 1858 (Entsch. Bd. XXXVIII, S. 408). Das Gleiche ist zutreffend in Beziehung auf die Anfechtung der, vor der Konkurseröffnung zur Vollstreckung eines, den Gemeinschuldner zur Sicherheitsbestellung verurtheilenden Erkenntnisses durch den Exekutionskommissar erfolgten Bestellung eines Pfandrechts an Vermögensstücken des Gemeinschuldners als einer vermeintlichen Rechtshandlung des Letzteren ausgesprochen worden. Erk. dess. vom 18. März 1858 (Entscheid. Bd. XXXVIII, S. 429).

saß [12]), daß bereits der Gemeinschuldner die Zahlungen eingestellt hatte, oder [13]) daß bereits der Gemeinschuldner die Unzulänglichkeit seines Vermögens bei dem Gericht angezeigt, oder ein Gläubiger desselben die Konkurseröffnung beantragt hatte [13a]).

Jedoch findet die Rückforderung der Zahlung eines von dem Gemeinschuldner ausgestellten indossirten eigenen Wechsels nur gegen den ersten Indossanten und die Rückforderung der Zahlung eines auf den Gemeinschuldner gezogenen Wechsels nur gegen denjenigen statt, für dessen Rechnung der Wechsel gezogen wurde, und auch gegen diesen nur dann, wenn der Erstere beim Indossiren, der Letztere bei Ausstellung oder Begebung des Wechsels davon Kenntniß besaß, daß bereits der Gemeinschuldner die Zahlung eingestellt hatte, oder daß bereits der Gemeinschuldner die Unzulänglichkeit seines Vermögens bei dem Gericht angezeigt, oder ein Gläubiger desselben die Konkurseröffnung beantragt hatte [14]).

---

12) Hierdurch ist eine Verbesserung des Vorbildes, nämlich des Code de comm. Art. 442, welcher die Rücksicht auf den guten Glauben nicht kennt, bezweckt. Das Fallissementsgesetz von 1838 ist im Art. 443 von der Strenge des C. de c. Art. 442 gleichfalls abgegangen, indem es die Wissenschaft des Andern zur Bedingung der Anfechtbarkeit macht. Ebenso das belgische Fallissementsgesetz Art. 446. Der Beweis ist schwierig.

13) Die Zahlungseinstellung als Anfangspunkt der Anfechtbarkeit der Rechtshandlungen bezieht sich lediglich auf den kaufmännischen Konkurs. Die beiden andern Thatsachen sind als Kennzeichen der Vermögensunzulänglichkeit im Falle des gemeinen Konkurses eingeführt; so lange der nichtkaufmännische Gemeinschuldner keine Anzeige von der Unzulänglichkeit seines Vermögens bei Gericht gemacht hat, oder ein Antrag eines Gläubigers auf Konkurseröffnung nicht eingegangen ist, bleibt die Disposition des Schuldners unbeschränkt, wenngleich in Wirklichkeit Vermögensunzulänglichkeit vorhanden ist. Damit sind die sonstigen Streitigkeiten über das Vorhandensein der Insufficienz und den Zeitpunkt des Eintritts derselben abgeschnitten.

13a) (2. A.) Auf die Wissenschaft eines Zahlungsempfängers von der bloßen Vermögensunzulänglichkeit des Zahlenden kommt es bei Anwendung des §. 100 nicht an; an die Kenntniß von der materiellen Vermögensunzulänglichkeit hat das Gesetz die Anfechtbarkeit der Zahlung nicht knüpfen wollen. Erk. des Obertr. vom 16. Februar 1858 (Entsch. Bd. XXXVIII, S. 426).

14) Der Entwurf hatte ein neues Recht erfunden, wodurch der Art. 449 des franz. Fallissementsgesetzes verbessert werden sollte. Dieser schreibt nämlich vor, daß, wenn der Gemeinschuldner einen gezogenen oder indossirten eigenen Wechsel bezahlt hat, die Zahlung nicht von dem Wechselinhaber, sondern von demjenigen, für dessen Rechnung der Wechsel gezogen war, beziehungsweise von dem ersten Indossanten des eigenen Wechsels, zurückgefordert werden möge. Der Grund davon ist, daß der Zahlungsempfänger (Wechselinhaber), wenn er die Zahlung zurückleisten sollte, den Regreß verloren haben würde, weil ihm der Protest Mangels Zahlung abgeht; denn da er Zahlung erhielt, konnte er keinen Protest erheben. Der Entwurf ließ es dessenungeachtet bei der Regel, daß der Zahlungsnehmer (Wechselinhaber) zurückzuzahlen habe, auch in diesem Falle bewenden, und wollte es dem Wechselinhaber nur möglich machen, Regreß Mangels Zahlung gegen seine Vormänner ohne jenen Protest zu nehmen. Dazu sollte die Aufforderung des Verwalters der Konkursmasse zur Zurückzahlung die Stelle des Protestes Mangels Zahlung vertreten; die Rückforderung sollte nur binnen drei Monaten nach der Konkurseröffnung zulässig sein. Die Kommissionen der Kammern erkannten jedoch diese Erfindung für ein ganz unmögliches Mittel im Wechselverkehr, zumal im Verkehr mit Ausländern, die sich dergleichen Experimente der preußischen Gesetzgebung nicht als Wechselrecht beibringen lassen; sie kehrten daher zu dem Art. 449 des franz. Fallissementsgesetzes zurück und schlugen für den Wechselver-

Bei einem trassirt eigenen Wechsel, welcher von dem ersten Indossatar[14 a]) weiter indossirt ist, findet die Rückforderung der Zahlung nur gegen den ersten Indossatar[14 b]) statt, und auch gegen diesen nur dann, wenn derselbe beim Weiterindossiren von den erwähnten Umständen Kenntniß gehabt hat.

§. **101.** II. **Rechtshandlungen des Gemeinschuldners, welche seit dem Tage der Zahlungseinstellung oder der Anzeige der Vermögensunzulänglichkeit oder des Antrags auf Konkurseröffnung (§. 100), oder innerhalb der nächstvorhergegangenen zehn Tage vorgenommen worden sind, unterliegen der Anfechtung, wenn sie eines der nachfolgenden Rechtsgeschäfte zum Gegenstande haben**[15]):

---

kehr die Ausnahme von der Regel vor, wie sie das zweite und dritte Alinea anordnen. Hiernach kann die Masse sich unmittelbar nur an denjenigen halten, welcher, unredlicherweise, zuerst als Geldempfänger aus dem fraglichen Wechselgeschäft aufgetreten ist.

14 a) (2. A.) Hr. Kreisgerichtsdirektor Junge in Jauer hat mich darauf aufmerksam gemacht, daß hier der §. 100 einer Anmerkung bedürfen möchte, da ein Redaktionsfehler vorzuliegen scheine und es statt „Indossatar" Indossanten heißen müßte. Die Bemerkung ist durchaus zutreffend; in dem Alinea 3 ist entweder ein Redaktionsfehler, oder ein Druckfehler. Der §. 100 ist erst in den Kommissionen der Landtagshäuser zu Stande gebracht. Der Regierungsentwurf hatte in dem entsprechenden §. 97 die Bestimmung, daß die Rückforderung gegen den Zahlungsempfänger stattfinden, und daß für diesen, zur Begründung seines Regresses, die Zahlungsaufforderung des Massenverwalters den fehlenden Protest Mangels Zahlung vertreten solle. Dies sollte eine Verbesserung des französischen Vorbildes sein. Das franz. Gesetz enthält im Art. 449 die Vorschrift, welche der §. 100 im Wesentlichen wiedergiebt. Diese beruht auf der Erwägung, daß der Zahlungsempfänger, eben deshalb, weil er die Zahlung erhält, nicht befugt ist, Protest Mangels Zahlung zu erheben, daß er also, wenn er das Empfangene wieder herausgeben müßte, zugleich den Regreß gegen seine Vormänner verloren haben würde, weil dieser ohne Protesterhebung nicht zulässig ist. Dem sollte durch die im Regierungsentwurf vorgeschlagene Bestimmung, daß der Rückforderung der Zahlung die Wirkung der Protesterhebung beigelegt werde, abgeholfen werden. Motive, S. 82. In den Kommissionen des Landtages fand dieser Vorschlag keinen Beifall, man ging auf die Vorschrift des franz. Rechts zurück und schlug statt des §. 97 des Reg.-Entwurfs in beiden Kommissionen übereinstimmend die Bestimmung vor, welche der §. 100 der K.O. enthält. Aber das letzte Alinea lautete dort: „Bei einem trassirt eigenen Wechsel, welcher von dem ersten Indossator u. s. w.", nicht Indossatar, und ebenso heißt es in der dritten Zeile: Indossator. (Berichte resp. S. 63 u. S. 16.) So drückt der Satz den Gedanken des Gesetzgebers richtig aus. In dem Gesetze steht jedoch „Indossatar". Wird angenommen, daß man bei der Abfassung des Alinea 3 an einen gewöhnlichen trassirt eigenen Wechsel, welcher eine andere Person als Remittenten nennt, gedacht habe, so liegt ein bloßer Druckfehler vor. Dann ist aber das ganze Alinea eine nutzlose Wiederholung der in den drei ersten Zeilen des Alinea 2 befindlichen Bestimmung, denn ein solcher trassirt eigener Wechsel ist wesentlich ein eigener Wechsel in Form einer Tratte. Da man jedoch einen trassirt eigenen Wechsel auch auf eigene Order ausstellen kann, so hat man bei der Bestimmung wahrscheinlich an einen Wechsel dieser Art gedacht, und dann hat die Bestimmung einen eigenthümlichen Gegenstand und leidet nicht an einem Druckfehler, sondern an einem Redaktionsfehler; denn es müssen hinter „Wechsel" in der ersten Zeile die Worte „auf eigene Order", eingeschaltet werden. In dieser korrekten Fassung findet sich die gleiche Bestimmung schon in dem Gesetz vom 9. Mai 1859, wegen Abänderung einiger Bestimmungen des rheinischen Handelsgesetzbuchs, Art. 445, Alinea 3 (G.S. S. 209), auf welche mich gleichfalls Junge aufmerksam gemacht hat.

14 b) (2. A.) S. die vor. Anm. 14 a.

15) Neues Recht, entlehnt den Artt. 443, 446 des C. de c., dem franz. Fal-

1) die Bestellung von Pfand oder Hypothek zur Sicherung von Verbindlichkeiten, die bereits vor der Einräumung des dinglichen Rechts entstanden sind, sofern die Pfand- oder Hypothekbestellung nicht sogleich bei Entstehung der Verbindlichkeit oder doch vor den oben erwähnten zehn Tagen ausbedungen[15*]) worden ist[15a]);

lissementsgesetz Art. 446, dem belgischen Ges. Art. 445. Die im §. 101 aufgezählten drei Fälle sind Ausnahmen von der Regel, daß die Gläubiger zur Begründung der Anfechtung eines Rechtsgeschäfts ihres Schuldners Umstände behaupten und beweisen müssen, welche ein Einverständniß der Kontrahenten zur Bevortheilung der Gläubiger erkennen lassen. Denn die bezeichneten drei Fälle sind für solche angesehen, in welchen, mit Rücksicht auf den Zeitraum, um den es sich handelt, wo der Gemeinschuldner das nahe Hereinbrechen des Konkurses bereits voraussehen konnte oder mußte, — eine Veräußerung des Gemeinschuldners, selbst ohne weitern Beweis die unlautere Absicht verräth, indem schon ihr Inhalt darauf hinweist, daß sie in Betracht des bedenklichen Vermögenszustandes des Gemeinschuldners und des bevorstehenden Konkurses unternommen worden ist, um dem andern Kontrahenten einen Vortheil zum Nachtheil der übrigen Gläubiger zu sichern. (Motive, S. 83.) Da der §. 101 nur Ausnahmefälle enthält, so kann seine Bestimmung auf keine anderen Fälle angewendet werden, vielmehr haben die Gläubiger den Beweis der fraudulösen Absicht nach allgemeinen Prozeßregeln zu führen.

Das bisherige Recht ist durch den §. 101 ganz ungeändert. Darnach konnte vor der Konkurseröffnung der insolvente Schuldner einem Gläubiger gültig zahlen, Sachen an Zahlungsstatt geben und abtreten, und Sicherheit durch Pfand- oder Hypothekenbestellung leisten oder die schon geleistete Sicherheit vermehren, ohne Unterschied, ob der Gläubiger die Insolvenz des Schuldners gekannt hatte oder nicht (A. G.O. §. 44; L. 6, §. 6, L. 24 verb. „quid ergo" D. quae in fraudem creditorum XLII, 8), und ohne Rücksicht darauf: ob der Gemeinschuldner den Gläubiger vor Andern hatte begünstigen wollen; denn die auf L. 6, §§. 1, 2 D. de rebus auctoritate jud. poss. (XLII, 5) und L. 24 D. quae in fraudem cred. beruhende sog. Gratifikationstheorie hatte in dieser Beziehung bei der preuß. Gesetzgebung keine Aufnahme gefunden, die Begünstigung (Gratifikation) Einzelner verursachte dem Schuldner nur die Versagung der Rechtswohlthat der Güterabtretung. (A. G.O. I, 49, §. 7, lit. c.) Jetzt hat die Gratifikationstheorie auf dem Umwege durch Frankreich und durch franz. Recht in die preuß. Gesetzgebung ihren Eingang gefunden. In der That ist aus dem Rechtsgrunde des Betruges, der hier als causa geltend gemacht und sogar vermuthet wird (Motive, S. 83), die Befriedigung eines richtig bezahlten Gläubigers, der nur das Seine erhalten hat, gar nicht anfechtbar; denn es fehlt in diesem Falle nicht mehr als jedes Merkmal eines Betruges.

15*) (2. A.) Unter dem gebrauchten Ausdruck „ausbedungen worden" ist ein jedes Ausbedingen, in welcher Form solches auch, ob mündlich oder schriftlich, geschehen sein mag, zu verstehen. Erk. des Obertr. vom 10. April 1862 (Arch. f. Rechtsf. Bd. XLV, S. 189). — Zu den anfechtbaren Rechtshandlungen des Gemeinschuldners, welche die Bestellung einer Hypothek zum Gegenstande haben, ist aber eine durch Eintragung einer rechtskräftig erstrittenen Forderung im Wege der Exekution erlangte Hypothek nicht zu rechnen. Erk. dess. vom 22. Juni 1863 (Entsch. Bd. LI, S. 417, und Arch. f. Rechtsf. Bd. XLIX, S. 294). Es liegt hier eben keine Rechtshandlung des Gemeinschuldners vor. Dennoch läßt sich über die Frage in dem Falle streiten, wenn der Gläubiger, vermöge seines Exekutionsrechtes in Vertretung des Schuldners, gerade so wie bei dem Zwangsverkauf durch Exekution, die fragliche Rechtshandlung, wissend, daß Zahlungseinstellung rc. stattgefunden hat, vollzieht. Das franz. Vorbild (§. 446 des Fallimentsgesetzes vom 28. Mai 1830, Abs. 3) sagt auch ganz folgerichtig: „toute hypothèque conventionelle ou judiciaire". Das ist juristisch korrekt.

15a) (2. A.) Die Bestimmung enthält eine Einschränkung und eine Erweiterung des bisherigen Rechts. Die Quelle ist die L. 10, §. 13 und die L. 22 D. quae in fraudem creditorum (XLII, 8). Die Einschränkung besteht darin,

Einf.-Ges. vom 24. Juni 1861, Art. 30 (G.S. S. 449).

Das nach Art. 313 bis 315 des Handelsgesetzbuchs begründete Zurückbehaltungsrecht kann im Konkurse über das Vermögen des Schuldners von der Gläubigerschaft unter den Voraussetzungen und nach Maßgabe der Vorschriften der §§. 100 und 101 Ziffer 1 der Konkursordnung angefochten werden; die Ueberlassung des Besitzes der Sache oder des Werthpapiers, durch welche das Zurückbehaltungsrecht begründet wird, steht hierbei der Bestellung eines Pfandes gleich.

2) die Zahlung einer noch nicht fälligen [15 aa]) Schuld [15 b]), es mag die

---

daß die Anfechtung auf solche Pfandbestellungen beschränkt ist, welche innerhalb der nächsten 10 Tage vor der Zahlungseinstellung &c. vorgenommen worden sind, wovon das frühere Recht nichts weiß. Die Ausdehnung liegt darin, daß hier zur Anfechtung nicht die Bedingung der Hintergehung der übrigen Gläubiger gemacht wird, während die Quelle keine Ausnahme macht und das Pfandrecht unangefochten sein läßt, „nisi id et in fraudem caeterorum creditorum factum sit, et ea via juris occurratur, qua creditorum fraudes rescindi solent." Die Bestimmung des §. 101, Nr. 1 fingirt die Hintergehung der übrigen Gläubiger.

Der §. 101, Nr. 1 findet überall da keine Anwendung, wo der Gläubiger ein Recht auf Bestellung der Hypothek bereits erworben hatte und der Schuldner nur im Gefolge der für ihn bestehenden Verbindlichkeit die Hypothek eingeräumt hat. Erk. des Obertr. vom 21. Dezember 1860 (Arch. f. Rechtsf. Bd. XL, S. 113). — Der Ausnahmefall „sofern" &c. setzt eine innerhalb der zehn Tage ganz neu entstandene Verbindlichkeit voraus, mit welcher sogleich die Pfand- oder Hypothekbestellung verbunden worden ist. Wird innerhalb der zehn Tage eine schon zuvor bestandene ältere Verbindlichkeit novirt, und für diese also novirte neue Verbindlichkeit, wenn auch sofort bei der Novation, von dem Gemeinschuldner ein Pfand oder eine Hypothek bestellt, so trifft jener Ausnahmefall nicht zu; es liegt vielmehr eine der Anfechtung unterworfene nachträgliche Pfand- oder Hypothekbestellung vor, weil die Bestellung des dinglichen Rechts nicht bei der Entstehung der Verbindlichkeit ausbedungen worden ist. Erk. des Obertr. vom 7. September 1865 (Arch. f. Rechtsf. Bd. LXI, S. 14). Diese Auffassung der in Rede stehenden Bestimmung ist im Sinne derselben richtig. Denn wenn sie will, daß die Sicherheitsbestellung in den zehn Tagen für eine schon vorher begründete Verbindlichkeit den Gläubigern gegenüber unwirksam sein soll, so ist dieselbe auch unwirksam in ihrer Verbindung mit der Novation einer alten unversicherten Verbindlichkeit, weil die Novation nur die Umgestaltung einer schon existenten Obligation in eine neue oder vielmehr andere Form, durchaus aber nicht eine ursprüngliche Begründungsart für Obligationen ist.

(2. A.) S. oben die Anm. 14 a zu §. 100.

15 aa) Unter „einer noch nicht fälligen Schuld" ist sowohl eine betagte als eine bedingte zu verstehen. Bisher war es unentschieden: wie es zu halten, wenn der Schuldner für eine solche Schuld Zahlung oder Sicherheit geleistet oder Etwas in Zahlung gegeben hatte. Zwar war der Rechtssatz, daß das zuviel Gezahlte zurückgefordert werden konnte, unstreitig (A. G.O. §. 46); aber bei bedingten und betagten Forderungen war die Anwendung desselben zweifelhaft, besonders waren die Meinungen darüber verschieden: ob die ganze Verfügung widerruflich sei, oder wegen der Worte: „quod sensi commodum in repraesentatione" in der L. 10, §. 12 u. L. 17, §. 2 D. quae in fraudem cred. (XLII, 8), nur das Interusurium gefordert werden könne, indem Einige unter diesen Worten das Interusurium, Andere aber den unzukömmlichen Vortheil überhaupt verstehen. Die gewichtigsten Gründe sind für die Widerruflichkeit des ganzen Rechtsgeschäfts: der Gläubiger hatte damals noch nichts zu fordern; ein Plus oder Minus ist in manchen Fällen, z. B. bei der Sicherheitsbestellung für eine bedingte Forderung, nicht findbar. Der §. 101, Nr. 2 entscheidet nun diese Rechtsfrage im Sinne der richtigen Meinung.

15 b) (2. A.) Unter der „Schuld" ist hier und in Nr. 3 eine Geldschuld,

Zahlung baar, durch Hingabe an Zahlungsstatt oder in anderer Weise erfolgt sein;

3) die Zahlung einer fälligen Schuld, welche nicht baar oder in Handelspapieren [15c]) bewirkt worden ist [15d]).

---

nicht eine zu leistende Handlung zu verstehen. Erk. des Obertr. vom 28. Mai 1861 (Arch. f. Rechtsf. Bd. XLI, S. 284).

15c) (2. A.) Wenn also ein später in Konkurs Verfallener Aktivforderungen cedirt, und die Valuta durch Aufrechnung von Gegenforderungen des Cessionars erhalten hat, so kann dieser Vertrag auf Grund des §. 101, Nr. 3 angefochten werden. So erkannt von dem Obertr. in dem Erk. vom 15. September 1859 (Entsch. Bd. XLIII, S. 460). Als Grund wird (S. 461) angegeben, daß außerdem (weil der Fall Nr. 2 des §. 101 vorhanden) auch die Eventualität der Richtigkeit Nr. 3 passe, indem die cedirten Obligationen „Handelspapiere" seien. Darin muß wol das Wort „keine" oder „nicht" fehlen, sonst würde die Eventualität Nr. 3 nicht zutreffen. — Den Begriff „Handelspapier" bestimmt weder die Konkursordnung, noch das Handelsgesetzbuch. Das Obertr. hat angenommen, daß als Handelspapiere im Sinne der Konkursordnung und des H.G.B. alle Papiere zu erachten, welche den Gegenstand von Handelsgeschäften zu bilden, oder als Zahlungsmittel bei deren Erfüllung verwendet zu werden pflegen, insbesondere auch Anweisungen und Zahlungsverpflichtungen der Kaufleute im Sinne des Art. 301 des H.G.B. Erk. vom 13. März 1866 (Entsch. Bd. LVI, S. 474). Das harmonirt nicht mit der Theorie des Obertr. von Wechseln, wonach ein Wechsel keinesweges ein Zahlungsmittel, sondern ein Formalakt sein soll; denn zu den Handelspapieren rechnet das Obertr. doch auch die Wechsel a. a. O. Vergl. auch Anm. 15d, Abs. 2.

(2. A.) Ist in einem mit dem Gemeinschuldner geschlossenen Kaufkontrakte vereinbart, daß die ihm zu zahlenden Kaufgelder berichtigt werden sollen und berichtigt seien durch Kompensation der Forderungen, die dem Käufer an den Verkäufer, den Gemeinschuldner, zustehen, und soll sonach auch die Berichtigung dieser Forderungen des Käufers vor sich gehen durch diese Aufrechnung der Kaufgelder; geschieht hier also die Zahlung der Forderungen nicht baar oder durch Handelspapiere, sondern durch Kompensation: so ist es diese Rechtshandlung (die Tilgungsart des Kaufgeldes), nicht die Kaufshandlung selbst, welche der Anfechtung unterliegt. Erk. dess. vom 2. März 1865 (Arch. f. Rechtsf. Bd. LVIII, S. 175). Die Entscheidung ist zweifelhaft. Das Rechtsgeschäft war nicht Kauf, sondern datio in solutum. Denn die Abrede ging ja auf Tilgung der Forderungen durch den Preis der Sache und dieser Werth oder Preis mußte doch verabredet werden (§§. 236—238, I, 16 des A. L.R.).

15d) Nach altem Rechte konnte die Gläubigerschaft die Zurückgabe des Gegebenen, wenn es zur Zeit der Konkurseröffnung bei dem befriedigten Gläubiger noch in Natur vorhanden, zur Masse zwar auch fordern, aber nur gegen vollständige Befriedigung des Gläubigers an Kapital, Zinsen und Kosten. (A. G.O. §. 47.) Nach Gem. R. streitet man über die Gültigkeit der datio in solutum in jedem Falle. (Franke, über die Zulässigkeit der actio Pauliana bei Zahlungen ꝛc., im Arch. für civilistische Praxis, Bd. XVI, Nr. V und X.) Der §. 101 entscheidet den Streit unter Abänderung des bisher bestandenen Rechts. Der Satz aber kann in seiner Fassung Zweifel bei der Anwendung veranlassen. Gemeint ist nichts Anderes als die datio in solutum. Die Fassung ist so allgemein gehalten, daß auch die Kompensation mit getroffen wird. Das aber ist doch gewiß nicht gemeint, da ja die Kompensation von Forderungen und Gegenforderungen, welche beide vor der Konkurseröffnung vorhanden sind, ausdrücklich zugestanden ist. §. 96, Nr. 3. Aber auch auf die Hingabe an Zahlungsstatt wird die Anwendung schwierig, wenn die gegebene Sache nicht mehr in Natur vorhanden ist. Um in diesem Falle den mißlichen Beweisführungen über den Werth zu entgehen, muß angenommen werden, daß der Gläubiger den vollen Betrag seiner Forderung empfangen und folglich zur Masse zurückzugeben hat, wenn er nicht einen Minderwerth der Sache beweisen kann. Vergl. §. 106.

§. 102. III. Rechtshandlungen, welche seit dem Tage der Zahlungseinstellung oder der Anzeige der Vermögensunzulänglichkeit oder des Antrags auf Konkurseröffnung, oder innerhalb der nächstvorhergegangenen zwei Jahre vorgenommen worden sind, unterliegen der Anfechtung [16]), wenn sie folgende Rechtsgeschäfte zum Gegenstande haben:

1) Verträge, durch welche der Gemeinschuldner Gegenstände seines Vermögens auf Leibrenten gegeben hat [17]);

2) freigebige Verfügungen [17a]) des Gemeinschuldners, insbesondere Schenkungen [18]), Erbes- oder Vermächtnißentsagungen [19]), ingleichen solche

---

(2. A.) Eine acceptirte Anweisung des Gemeinschuldners, welche nicht in der Absicht, dadurch eine Schuld des Kridars zu tilgen, erfolgt ist, ist an sich für ebenso gültig, wie der Acceptant an sein Accept dem Assignatar gegenüber für gebunden zu halten. Erk. des Obertr. v. 21. März 1861 (Entsch. Bd. XLVI, S. 343). Stimmt nicht mit der Entscheidung in der Note 15c, wonach kaufmännische Anweisungen als „Handelspapiere" auch zur Schuldentilgung gültig verwendet werden können.

16) Ohne daß die Absicht, die Gläubiger zu bevortheilen, zur Begründung erforderlich ist. Der §. 102 enthält im Wesentlichen bestehendes Recht.

17) Hiernach werden die Bestimmungen der §§. 640—642, I, 11 A. L.R. insofern abgeändert, als die vorgängige Protestation der Gläubiger gegen das Geschäft nicht mehr erforderlich und dagegen das Anfechtungsrecht auf einen zweijährigen Zeitraum festgestellt ist, während vorher ein unbestimmter Zeitraum von der Protestation bis zum wirklichen Angriff des Rentenkapitals verstreichen konnte.

17a) (2. A.) Unter den freigebigen Verfügungen dürfen nicht allein positive Rechtshandlungen, sondern es müssen auch absichtliche, auf die Benachtheiligung der Gläubiger berechnete Vernachlässigungen und Versäumungen von Rechten und Preisgebung von Sachen, wodurch das Vermögen des Schuldners vermindert und ein Anderer bereichert wird, verstanden werden. „Gesta fraudationis causa accipere debemus non solum ea, quae contrahens gesserit aliquis: verum etiam si forte data opera ad judicium non affuerit, vel litem mori patiatur (dieser Fall ist Gegenstand einer besonderen Bestimmung unten im §. 103, Nr. 2), vel a debitore non petat, ut tempore liberetur, aut usumfructum vel servitutem amittit." — „In fraudem facere videri etiam eum, qui non facit quod debet facere, intelligendum est, id est, si non utatur servitutibus." — „Sed etsi rem suam pro derelicto habuerit, ut quis eam suam faciat." L. 3, §. 1, L. 4, L. 5 D. quae in fraudem creditorum (XLII, 8). Auch die wissentlich geduldete Usukapion, damit der Besitzer das Eigenthum erwerbe, wird für eine Veräußerung im Sinne der actio Pauliana erklärt. L. 28 pr. D. de verbor. signif. (L, 16).

Das Anerkenntniß einer in der Minderjährigkeit kontrahirten Schuld von Seiten des großjährig gewordenen Schuldners ist keine anfechtbare Verfügung im Sinne des §. 102, Nr. 2. Erk. des Obertr. vom 10. März 1859 (Arch. f. Rechtsf. Bd. XXXIII, S. 38).

18) Die hier im Wesentlichen aufgenommenen Bestimmungen des bisherigen Rechts (A. L.R. I, 11, §§. 1129—1133) sind vereinfacht. Die Anfechtungsbefugniß, welche hinsichtlich der älteren Schenkungen nur den älteren Gläubigern, welche eine damals schon vorhandene Vermögensunzulänglichkeit des Schenkers nachweisen konnten, gegeben war, ist jetzt sämmtlichen Gläubigern ohne Unterschied zugestanden, aus dem Grunde, weil, wenn das Gesetz annehme, daß eine Schenkung, die innerhalb des letzten Jahres erfolgt ist, als eine Benachtheiligung der sämmtlichen, auch der späteren Gläubiger des Schenkers zu erachten, alsdann von früheren Schenkungen nicht füglich etwas Anderes gelten könne. (Motive, S. 85.) Die Folgerung scheint an sich schlüssig zu sein, geht aber, wie ein falsch gezielter Schuß, je weiter vor dem Ziele vorbei, je weiter hinaus das Ziel gesteckt ist. Man hat nämlich im A. L.R. bei dem Widerruf der Schenkungen

Verfügungen, welche zwar unter lästigem Titel vorgenommen, aber wegen des zwischen der Leistung des Gemeinschuldners und der Gegenleistung obwaltenden erheblichen Mißverhältnisses als freigebige Verfügungen des Gemeinschuldners zu erachten sind [20]);

3) Veräußerungen unter einem lästigen Titel [21]), welche der Gemeinschuldner

a) an seinen Ehegatten

---

das Prinzip der actio Pauliana, daß nur die wirklich benachtheiligten Gläubiger zu widerrufen berechtigt sind (L. 10, §. 1 D. quae in fraudem creditorum), im Interesse der Gläubigerschaft fallen lassen, um den Beweis und das Verfahren zu vereinfachen, ist aber doch nicht weiter davon abgegangen, als, in Betracht der Kürze des Zeitraums seit der Schenkung bis zum Konkurse, mit Wahrscheinlichkeit anzunehmen war, daß sämmtliche Konkursgläubiger benachtheiligt worden seien. Das ist der Grund, warum das A. L.R. diese Thatsache bei den jüngeren Schenkungen fingirt. Da aber diese Wahrscheinlichkeit mit Zunahme des Alters der Schenkung schwindet, so lenkten die Verf. des A.L.R. sehr weise wieder ein und stellten das Prinzip in Beziehung auf die älteren Schenkungen wieder her. Hieraus erhellet, daß jener Schluß der Verf. des Konk.-Ges. ein Fehlschluß ist und daß man von früheren Schenkungen sehr wohl etwas Anderes gelten lassen kann als von späteren, ohne mit sich in Widerspruch zu kommen. Der tiefer liegende Erklärungsgrund ist den Verf. der K.O. verborgen geblieben. Die gleichmachende Bestimmung des §. 102 ist dadurch etwas gemildert, daß der dreijährige Zeitraum des A. L.R. auf einen zweijährigen beschränkt ist.

19) Ist bestehendes Recht, aus der A. G.O. §. 50 d. T. Auf erbschaftliche Liquidationsprozesse, selbst wenn der Benefizialerbe sich der Administration der Masse begeben hat, findet diese Bestimmung so lange keine Anwendung, als nicht die Umwandlung des erbschaftlichen Liquidationsprozesses in einen förmlichen Konkurs erfolgt. Pr. des Obertr. 1547, vom 28. Februar 1845 (Entsch. Bd. X, S. 473). Vergl. Entsch. v. 28. Juni 1847 (Rechtsf. Bd. II, S. 7). Die Voraussetzung des Pr. 1547 fällt nach neuem R. ganz weg, paßt mithin nicht auf das heutige erbschaftliche Liquidationsverfahren.

20) Negotium mixtum. Bisher war der Fall nicht vorgesehen; hier wird er im Sinne des R. R. entschieden: das Geschäft wird ganz als Schenkung behandelt. L. 7 D. quae in fraudem creditorum (XLII, 8). Hinsichtlich der Erstattung des Geleisteten: unten §§. 106 u. 107. — (2. A.) Was auf Grund eines formlosen Abkommens über eine einzugehende Ehe, nachdem ein solches Abkommen durch Schließung der Ehe erzwingbar geworden, dem Versprechen gemäß gegeben worden ist, kann nicht als eine Freigebigkeit im Sinne der §. 102, Nr. 2 und im Gegensatze zu dem unter einem lästigen Titel Gegebenen angesehen werden. Erk. des Obertr. vom 14. Juli 1863 (Arch. f. Rechtsf. Bd. XLIX, S. 337).

21) Unter dieser Nr. sind die Grundsätze des Gesetzes v. 26. April 1835, mit den Modifikationen, welche bei Schenkungen als angemessen erachtet worden sind (Nr. 2), aufgenommen. Der allgemeine Ausdruck „Veräußerungen" verdient den Vorzug vor der Aufzählung der einzelnen Veräußerungsverträge im §. 2 jenes Gesetzes, wo „Kauf-, Tausch- und andere lästige Verträge", welche der Gemeinschuldner über ihm gehörige bewegliche oder unbewegliche Sachen, Gerechtigkeiten, Nießbrauchsrechte oder ausstehende Forderungen mit den dort genannten Verwandten geschlossen hat, für anfechtbar erklärt werden. Gemeint sind: 1) wirklich ernstlich verstandene Veräußerungsgeschäfte, folglich ist der Einwand des Beklagten, daß unter den Kontrahenten kein simulirtes, sondern ein wirkliches Rechtsgeschäft abgeschlossen worden sei, unerheblich (Pr. des Obertr. 1104, v. 11. Februar 1842); Veräußerungsrechte, welche der Gemeinschuldner und dessen Kontrahent ohne die Absicht, das Eigenthum zu übertragen, und lediglich zum Schein abgeschlossen hat, sind aus diesem Grunde auch außer den Fällen dieses Gesetzes von Seiten eines jeden Gläubigers anfechtbar, nur hat der Gläubiger

vor oder nach geschlossener Ehe, oder

b) an einen seiner eigenen nahen Verwandten, oder

c) an einen nahen Verwandten seines Ehegatten [22]), oder

d) an den Ehegatten einer der unter b und c erwähnten Personen vorgenommen hat; sofern der andere Theil nicht Umstände nachweist [23]), aus welchen zu entnehmen ist, daß er zur Zeit der Veräußerung um eine Absicht des Gemeinschuldners, seine Gläubiger durch die Veräußerung zu benachtheiligen, nicht gewußt hat.

Unter nahen Verwandten [24]) werden verstanden: die Verwandten in aufsteigender und absteigender Linie, sowie die vollbürtigen und halbbürtigen [25]) Geschwister [26]).

---

hier nach der allgemeinen Prozeßregel die Beweislast (Pr. des Obertr. 1513, v. 14. Dezbr. 1844, Entsch. Bd. X, S. 355); 2) wirkliche Veräußerungen. Unter diese fallen auch hypothekarische Schuldverschreibungen. Pr. des Obertr. 680, lit. b, vom 29. Mai 1839 (Samml. I, S. 403). (2. A.) Diese Auslegung hat das Obertr. wieder zurückgenommen, weil der weitere gemeinrechtliche Sinn des Worts „alienatio", in welchem es auf Verpfändungen ebenfalls paßt, in das A. L.R. nicht übergegangen sei. Erk. vom 1. November 1859 (Arch. f. Rechtsf. Bd. XXXV, S. 214, und Entsch. Bd. XLIII, S. 165).

(2. A.) Die Anfechtung eines Vertrages, wodurch der Gemeinschuldner behufs Deckung einer richtigen Forderung, zum Nennwerthe derselben, Aktiva statt Zahlung cedirt hat, kann, wenn die Voraussetzungen der Anfechtbarkeit von Zahlungen nach den §§. 100, 101 nicht vorliegen, nicht auf den §. 102, Nr. 3 u. §. 103 gegründet werden. Erk. dess. v. 16. Febr. 1858 (Entsch. Bd. XXXVIII, S. 423) u. Erk. vom 17. April 1863 (Entsch. Bd. XLIX, S. 371).

22) Der Entwurf hatte dafür den Ausdruck „Verschwägerten". Vergl. Anm. 24. Im §. 109, Nr. 2 ist der Ausdruck stehen geblieben.

23) Die direkte Beweisführung durch Eidesdelation ist also auch hier ausgeschlossen. Vergl. oben, Anm. 14 zu §. 7.

24) Die hier im Entwurfe befindlichen Worte „und Verschwägerten" sind in den Kammern gestrichen, weil man die „nahen Verschwägerten" unter c u. d näher bezeichnet hat. Mit der Aufnahme der Stief- und Schwiegerkinder in dieses Gesetz ist einem dringenden Bedürfnisse Genüge geleistet. Auf solche Schwiegerkinder, welche in ehelicher Gütergemeinschaft lebten, hatte die Praxis schon die Vorschrift des G. v. 26. April 1835, welche nur der Ehegatten und der Verwandten in gerader Linie, nicht der Verschwägerten gedachte, ausgedehnt, Pr. des Obertr. 680, v. 29. Mai 1839 (Entsch. Bd. XIII, S. 123), so wie dieselbe auch auf den Fall angewendet wurde, wenn der streitige Gegenstand an einen Descendenten und dessen Ehegatten als gemeinschaftliches Eigenthum veräußert worden war, und die Ehegatten auch nicht in ehelicher Gütergemeinschaft lebten. Pr. des Obertr. 1739, vom 21. März 1846 (Entsch. Bd. XIV, S. 190). Die Trennung der die Schwägerschaft begründenden Ehe macht die Vorschrift auf die Veräußerung an den verwittweten Schwiegersohn oder die verwittwete Schwiegertochter nicht unanwendbar, weil die Schwägerschaft durch die Ehetrennung nicht erlischt. Vergl. A. L.R. II, 1, §. 6. Dagegen macht die anderweite Verheirathung des Schwiegersohnes oder der Schwiegertochter in eine andere Familie die Anwendung doch zweifelhaft, indem der Grund der Ausdehnung der Vorschrift auf die Geschwister (für die Ausdehnung auf die Verschwägerten ist ein besonderer Grund nicht angegeben), nämlich „weil das nahe Verhältniß dieser Personen zu dem Gemeinschuldner und die Erfahrung eine gleiche Vermuthung, wie bei den genannten Blutsverwandten, rechtfertigen" (Motive, S. 86), nun nicht mehr zutrifft.

25) Hier folgte im Entwurfe „oder Stief". Man hat dies gestrichen in der Ersten Kammer, weil halbbürtig- und Stiefgeschwister im Sinne des Gesetzes

§. **103.** IV. Ohne Beschränkung auf einen bestimmten Zeitraum[26a]) unterliegen der Anfechtung:

1) alle Rechtshandlungen, welche der Gemeinschuldner in der dem anderen Theile bekannten Absicht vorgenommen hat, sie nur zum Schein[27]) vorzunehmen, oder die Gläubiger auf andere Weise zu bevortheilen[28]);

2) die gegen den Gemeinschuldner ergangenen Entscheidungen und Mandate, sowie die auf Grund solcher Titel vorgenommenen Rechtshandlungen, wenn dabei Umstände zum Grunde liegen, bei welchen eine gleiche Absicht (Nr. 1) erhellt[29]);

3) die freigebigen Verfügungen (§. 102, Nr. 2), welche der Gemeinschuld-

---

synonym seien (Ber. S. 17), in der Zweiten, weil das Landrecht diesen Begriff nicht kenne (Ber. S. 65). Der erste Grund ist ganz irrig, der andere nur in sofern richtig, als das A. L.R. für den Begriff nicht gerade den Ausdruck „Stiefgeschwister" gebraucht; aber der Begriff selbst ist ihm unter der andern sehr gewöhnlichen Bezeichnung „zusammengebrachte Kinder" sehr wohl bekannt. Th. II, Tit. 1, §. 752. Das Wesentliche hierbei ist die Frage: ob diese Stiefgeschwister noch durch die verbesserte Fassung des Gesetzes mit getroffen werden. Im Sinne der Ersten Kammer müßte man dies bejahen; was die Zweite Kammer davon gedacht hat, läßt sich nicht erkennen; nach dem Wortlaute des Gesetzes in seiner jetzigen Fassung aber muß die Frage verneint werden. Damit ist durch die Veränderung des Entwurfs wieder eine Lücke in das Gesetz gebracht; denn die Verbindungen zwischen den Stiefgeschwistern sind meistens so innig wie zwischen wahren Geschwistern. Der Praxis ist hier die Ergänzung durch analoge Anwendung überlassen.

26) Die Ausdehnung auf Geschwister entspricht den mehrfach eingegangenen Anträgen. Vergl. oben die Anm. 24.

26a) (2. A.) Innerhalb der, nach der Eigenthümlichkeit des einzelnen Falles stattfindenden Verjährung.

27) Vergl. oben die Anm. 21. (2. A.) Im Entwurf (§. 100) hatte die Bestimmung eine passendere Fassung. Dort lautete sie: „alle Rechtshandlungen, welche der Gemeinschuldner nur zum Schein oder in der dem andern Theile bekannten Absicht vorgenommen hat, die Gläubiger zu bevortheilen." Die Kommissionen der Kammern haben der Bestimmung die Fassung gegeben, welche sie hier im §. 103 hat, damit auch bei Scheinverträgen die Absicht, einen Scheinvertrag zu schließen, in den Vordergrund gestellt werde. Gedr. Bericht der Kommission der II. K. S. 66. Bei Scheinverträgen braucht die Absicht nicht bevorwortet zu werden, sie gehört zum Begriff der Scheinverträge, einen nicht beabsichtigten Scheinvertrag kann es nicht geben. Deshalb war die Fassung des Entwurfs ganz juristisch, was sich von der jetzigen nicht behaupten läßt. Ueberhaupt gehören Scheingeschäfte nicht hierher; zu deren Beseitigung ist das Rechtsprinzip, wovon hier die Rede ist, nicht erforderlich.

28) Der Satz ändert das bisher bestandene Recht. Der §. 55 d. T. der A. G.O. machte nur die Kenntniß des andern Theils von der Insolvenz des Gemeinschuldners zur Zeit der Veräußerung zur Bedingung der Anfechtung des Rechtsgeschäfts; hier wird die Kenntniß der betrüglichen Absicht des Gemeinschuldners gegen seine Gläubiger gefordert. (2. A.) Die Bedingung der Vermögensunzulänglichkeit bleibt unverändert stehen, da sonst eine Bevortheilung ausgeschlossen ist. Vergl. das Gesetz vom 9. Mai 1855, §. 2 (G.S. S. 429).

29) Hierdurch werden die Rechtssätze des §. 321 des Anh. z. A. G.O. weiter entwickelt. Die Quelle ist L. 3, §. 1 D. quae in fraudem credit. (XLII, 8): „Gesta fraudationis causa accipere debemus non solum ea, quae contrahens gesserit aliquis: verum etiam si forte data opera ad judicium non affuerit, vel litem mori patiatur —".

ner zum Vortheil seines Ehegatten nach geschlossener Ehe vorgenommen hat [30]);

4) die Rechtshandlungen, durch welche der Gemeinschuldner seiner Ehefrau oder deren Rechtsnachfolgern [30 a]), behufs Sicherstellung oder Abfindung wegen des in seine Verwaltung gekommenen Vermögens, in stehender Ehe ein Pfandrecht oder Hypothekenrecht bestellt oder auf irgend eine Weise Befriedigung gewährt hat, ohne daß ein Fall [30 b]) der gesetzlichen Verpflichtung der Sicherstellung der Ehefrau oder zur Herausgabe des Vermögens derselben vorlag;

5) Quittungen, Anerkenntnisse und Zugeständnisse, welche der Gemeinschuldner seinem Ehegatten gegenüber, vor oder nach geschlossener Ehe, ausdrücklich oder stillschweigend, insbesondere im Kontumazialverfahren, abgegeben hat; sofern nicht die Richtigkeit der Quittung, des Anerkenntnisses oder Zugeständnisses oder der im Kontumazialverfahren festgestellten Umstände anderweit nachgewiesen wird [31]).

§. 104. Die Anfechtung einer Rechtshandlung wird dadurch nicht ausgeschlossen, daß derselben ein vollstreckbarer Vergleich oder ein anderer vollstreckbarer Titel (§. 103, Nr. 2) hinzugetreten ist [32]). Vielmehr ist jeder

---

30) Durch diese, mit den §§. 88—91 zusammenhängende Vorschrift wird der §. 74 des Anh. z. A. L.R., wonach die Anfechtung auf die in den letzten drei Jahren vor der Konkurseröffnung vorgefallenen Schenkungen an den Ehegatten beschränkt ist, aufgehoben und der §. 312, II, 1 A. L.R. wieder hergestellt. Ein aus Schenkung und Kauf gemischtes Geschäft zwischen Eheleuten wird ganz so wie das mit einem Fremden geschlossene negotium mixtum, nämlich nach der Vorschrift §. 102, Nr. 2 behandelt. Nach den Grundsätzen des R. R. war es mit den gemischten Geschenken unter Eheleuten anders, nach L. 5, §§. 2 u. 5 D. de donat. inter vir. (XXIV, 1) aber nur in dem Falle, wenn bloß die Grundsätze über Schenkungen unter Eheleuten zur Anwendung kamen: man ließ dann das Rechtsgeschäft, soweit es ein lästiges war, bestehen und wendete die Theilungsklage an. Wenn dagegen die Voraussetzungen der Pauliana actio vorhanden waren, so konnten die Grundsätze dieses Instituts, wonach das Rechtsgeschäft ganz widerruflich war (L. 7 D. quae in fraudem creditorum, XLII, 8), auch auf die gemischten Schenkungen zwischen Eheleuten angewendet werden. Nach dem pr. R., welches Schenkungen unter Eheleuten wie unter Fremden gestattet, kommen dieselben nur hinsichtlich der Gläubiger in Betracht und unterliegen daher der Behandlung nach der Regel des §. 102, Nr. 2. Vergl. Anm. 20 dazu.

30 a) (2. A.) Unten, Anm. 37 a zu §. 393.

30 b) (2. A.) Nämlich ein Fall des §. 255, Tit. 1, Th. II des A. L.R. Erk. des Obertr. vom 27. März 1860 (Entsch. Bd. XLIII, S. 435).

Die Bestimmung Nr. 4 erinnert an die Anträge, welche bei der Gesetzrevisions-Kommission von 1830 von verschiedenen Seiten eingegangen waren. Ein von verschiedenen Seiten aufgestellter Antrag verlangte, die Kaufverträge unter Eheleuten in ähnlicher Weise, wie dies im Art. 1595 des Code civil geschehen, ausgenommen in gewissen Fällen, wie da sind Ehetrennung, Zahlung des Brautschatzes, Sicherstellung des Eingebrachten u. s. w., zu untersagen. Ein anderer Antrag ging dahin, um überhaupt den Gefährdungen der Gläubiger vorzubeugen, die Kaufverträge über das ganze Vermögen, insbesondere über das ganze Mobiliare für ungültig zu erklären. Die Revisoren gingen darüber hinweg. Motive zum Pensum XIV (Th. I, Tit. 11 des A. L.R.) S. 12.

31) Oben, Anm. 17 zu §. 8.

32) Dieser aus den Grundsätzen über die actio Pauliana folgende Satz hat bloß den Zweck, die Kontrahenten zu hindern, die Anfechtung einer Rechtshandlung dadurch zu erschweren, daß der Gemeinschuldner sich zur Erfüllung gericht-

einer anfechtbaren und für ungültig erklärten Rechtshandlung hinzugetretene vollstreckbare Titel, der Gläubigerschaft gegenüber, unwirksam, ohne daß es der besonderen Anfechtung desselben bedarf [33]).

§. 105. Die Bestimmungen wegen Anfechtung von Rechtshandlungen, welche vorstehend in Ansehung des Gemeinschuldners ertheilt sind, gelten auch von dem Erben hinsichtlich der Rechtshandlungen, welche derselbe seit dem Ableben des Gemeinschuldners bis zur Eröffnung des Konkurses über den Nachlaß in Betreff dieses letzteren vorgenommen hat [34]).

§. 106. Dasjenige, was durch eine anfechtbare Rechtshandlung von dem Gemeinschuldner aus seinem Vermögen oder von dem Erben aus dem Nachlasse (§. 105) weggegeben oder veräußert worden ist, kann die Gläubigerschaft von dem Erwerber [34 a]) zur Konkursmasse zurückfordern.

Bildet jedoch eine freigebige Verfügung des Gemeinschuldners (§. 102, Nr. 2) den Gegenstand der Anfechtung, so kann das Rückforderungsrecht, wenn nicht der Fall des §. 103, Nr. 1 vorliegt, nur insoweit ausgeübt werden, als der Erwerber zur Zeit der Anfechtung noch im Besitze der durch die freigebige Verfügung erlangten Sache sich befindet, oder durch den aus derselben gelösten Werth noch wirklich reicher ist [34 b]).

§. 107. Dem Erwerber muß seine Gegenleistung vollständig erstattet werden [35]).

Wenn jedoch dem Erwerber bekannt war, daß der Gemeinschuldner die Rechtshandlung nur zum Schein oder in der Absicht vorgenommen hat, die

---

lich zwingen läßt, und so dem andern Theile einen verstärkten Titel verschafft. (Motive, S. 87.)

33) Vermöge der Rechtsregel: res inter alios judicatae nullum aliis praejudicium faciunt. L. 63 D. de re jud. (XLII, 1); L. 1—4 C. quibus res judicata non nocet (VII, 56); A. G.O. Einl. §. 66 und Tit. 24, §. 5; ferner: Tit. 28, §. 14.

34) Zu vergl. oben §. 14. Das Prinzip enthält schon der §. 66, Tit. 51 der Pr.=O. — (2. A.) Darnach sind Rechtshandlungen des Erben des Kridars anfechtbar, nur wenn zugleich die Erfordernisse der Eingangsbestimmung des §. 101, betreffend die dort vorgezeichneten Fristen, vorliegen. Erk. des Obertr. vom 29. Septbr. 1863 (Arch. f. Rechtsf. Bd. L, S. 289, u. Bd. LII, S. 145). Das Urtheil ist in beiden Bänden, also doppelt mitgetheilt.

34 a) (2. A.) Unter diesem Erwerber ist der erste Erwerber der veräußerten Sache gemeint und es ist vorausgesetzt, daß er solche zur Zeit der Insinuation der Anfechtungsklage, beziehungsweise der Geltendmachung des Anfechtungsrechts im Wege der Einrede, noch besitzt. Erk. dess. vom 29. Mai 1866 (Arch. f. Rechtsf. Bd. LXII, S. 362).

34 b) Dieser erst von den Kammern hinzugefügte Zusatz hat nur den Zweck, mit dem §. 1165, Tit. 11, Th. I des A. L.R. in Uebereinstimmung zu bleiben.

35) Das Rechtsmittel der Gläubiger ist restitutorisch, folglich müssen die beiderseitigen Leistungen zurückgegeben werden, wenn der Erwerber in gutem Glauben war. Die Satzung weicht in diesem Falle von dem bisherigen Rechte ab: der redliche Erwerber war unangreifbar. L. 9 D. quae in fraudem creditorum (XLII, 8) Vergl. A. G.O. I, 50, §. 294.

(2. A.) Die Verpflichtung des Erwerbers in gutem Glauben geht daher nicht weiter, als dahin, gegen Erstattung alles dessen, was er seinerseits gegeben hat, dasjenige zurückzugeben, was er erhalten hat. Erk. des Obertr. v. 29. Mai 1866 (Arch. f. Rechtsf. Bd. LXII, S. 362).

Gläubiger zu bevortheilen, so kann er die Gegenleistung aus der Masse nur insoweit zurückfordern, als letztere dadurch reicher geworden ist [36]).

Die Ansprüche, welche dem Erwerber hiernach zustehen, kann derselbe als Massegläubiger geltend machen (§. 45).

§. 108. Wenn der Empfänger einer anfechtbaren Zahlung das Empfangene zurückgeben muß, so tritt seine Forderung wieder in Kraft und er kann dieselbe in dem Konkurse, jedoch nicht als Massegläubiger, geltend machen [36 a]).

§. 109. Gegen einen dritten Besitzer der aus dem Vermögen des Gemeinschuldners weggegebenen oder veräußerten Gegenstände oder der von dem Gemeinschuldner bestellten Pfandrechte oder Hypothekenrechte findet das in Beziehung auf den Vorbesitzer zulässige Anfechtungs- und Rückforderungsrecht [36 b]) statt:

---

36) Dies ist der Fall der L. 8 D. quae in fraudem cred. (XLII, 8), welchen schon die A. G.O. §. 55 aufgenommen hat. Die Zurückerstattung dessen, was in der Masse noch vorhanden, geschieht, „quia ea ratione nemo fraudetur", — aus Billigkeit.

Ob in diesem Falle der Erwerber sich wegen dessen, was nicht zur Masse geflossen oder darin nicht mehr vorhanden ist, an den Veräußerer zu halten berechtigt sei, ist die Frage. Die Verf. meinen, in einem solchen Falle könne sich der andere Theil wegen seiner etwaigen Gegenleistungen, welche nicht zur Konkursmasse gekommen, nur an den Gemeinschuldner selbst halten. (Motive, S. 87.) Diese Meinung, die nirgend zum Gesetz erhoben worden, ist als wissenschaftliche Ansicht in zweierlei Hinsicht nicht zu begründen. Vorausgesetzt zuerst, der Entschädigungsanspruch (Gewährleistungsanspruch) des Erwerbers sei begründet, so wäre kein Grund, warum der Erwerber nicht sollte als Konkursgläubiger auftreten, vielmehr sich nur an die Person des Gemeinschuldners halten dürfen. Dann aber hat der Rückgriff des Erwerbers überhaupt keinen rechtlichen Grund, wegen seiner wissentlichen Mitwirkung zur Hintergehung der Gläubiger: er kaufte auf seine Gefahr, indem er mit dem betrüglichen Gemeinschuldner im Einverständniß handelte. So wird auch im R. R. die Sache aufgefaßt. Vergl. die Glosse zu L. 7 D. quae in fraud. creditor. (XLII, 8), lit. p.

36 a) Versteht sich bei der restitutorischen Natur des den Gläubigern gestatteten Rechtsmittels ganz von selbst. Dieser erst in den Kammern hinzugekommene Paragraph ist unerheblich. Vergl. L. 10, §. 22 D. quae in fraudem creditorum (XLII, 8).

36 b) (2. A.) Diese Ungültigkeitserklärung hat, als ein erst nachträglich eintretendes Ereigniß, auf jenes Rechtsgeschäft selbst und dessen Gültigkeit und Rechtsverbindlichkeit an sich gar keinen Einfluß. Dieselbe muß allerdings durch richterlichen Ausspruch eingetreten sein, wenn gegen den dritten Besitzer der aus dem Vermögen des Gemeinschuldners in fraudem creditorum weggegebenen oder veräußerten Gegenstände die Rückforderungsklage zur Konkursmasse stattfinden soll. Mit dieser Klage ist es aber nicht aus dem Gesichtspunkte einer die Anfechtung des mit dem dritten Besitzer abgeschlossenen Rechtsgeschäftes bezweckenden Klage zu nehmen; vielmehr greift dieselbe nach dem §. 109 zur Geltendmachung des Eigenthums der Konkursmasse an den in fraudem creditorum ungültiger Weise weggegebenen oder veräußerten Gegenständen, und mithin gleichsam als eine Vindikation Platz. Dies ist wörtlich die Erläuterung, welche das Obertr. in dem Erk. vom 7. September 1865 (Arch. f. Rechtsf. Bd. LXI, S. 20) giebt. Wer den inneren juristischen Zusammenhang der Anfechtungsklage mit dem Rechtssysteme, und deren Rechtsgrund (causa) nicht schon kennt, wird ihn wol daraus sich nicht zum klaren Bewußtsein bringen. Diese Klage ist nichts anderes als das remedium restitutorium (vergl. Anm. 35), welches aus dem R. R. als actio Pauliana bekannt und beibehalten ist, und welches nach ganz positiver Anordnung den betrogenen Gläubigern gegeben ist. Dasselbe hat daher „auf jenes Rechtsgeschäft" allerdings insofern Einfluß, als die Gläubiger (nicht etwa der Gemein-

1) wenn der dritte Besitzer zur Zeit seiner Erwerbung davon Kenntniß gehabt hat [37]), daß die Rechtshandlung des Gemeinschuldners nur zum Schein oder in der Absicht vorgenommen ist, die Gläubiger zu bevortheilen;

2) wenn der dritte Besitzer der Ehegatte des Gemeinschuldners oder ein naher Verwandter oder Verschwägerter [37a]) (§. 102, Nr. 3) ist; sofern derselbe nicht Thatsachen nachweist [38]), aus welchen zu entnehmen ist, daß er zur Zeit seiner Erwerbung von den Umständen, welche das Recht zur Anfechtung und Rückforderung gegen den Vorbesitzer begründen, keine Kenntniß erhalten hat;

3) wenn der dritte Besitzer die Sache durch eine freigebige Verfügung erworben hat; jedoch unterliegt in diesem Falle das Rückforderungsrecht denselben Beschränkungen, welche für den Fall der Anfechtung einer freigebigen Verfügung des Gemeinschuldners zu Gunsten des ersten Erwerbers festgesetzt sind (§. 106) [38a]).

Gegen Erben findet das in Beziehung auf den Erblasser derselben begründete Anfechtungs- und Rückforderungsrecht ohne die vorstehenden Beschränkungen (Nr. 1 — 3) statt [39]).

---

schuldner) gegen dasselbe restituirt werden, d. h. daß sie dasselbe so behandeln können, als existirte es für sie nicht; daher sie die dadurch weiter veräußerten Gegenstände als noch zur Masse gehörig einziehen können, und zwar mit ebenderselben Klage, welche dem Gemeinschuldner zustehen würde, wenn er selbst keine Veräußerung vorgenommen hätte. War er also Eigenthümer, so greift die Klage nicht „gleichsam als eine Vindikation Platz", sondern es ist die wahre Vindikationsklage selbst; war er nur redlicher Besitzer, so ist es die bekannte Publicianische Klage u. s. w. Diese Rechtsmittel des Eigenthümers resp. Besitzers sind oder werden mit dem restitutorischen Rechtsmittel, welches der Gläubigerschaft aus eigenem Rechte zusteht, nämlich mit der Paulianischen Klage, kumulirt. So hängt die Sache zusammen.

37) Durch diese Bedingung der Rückforderung ist das bisher bestandene Recht, welches die unbedingte Abforderung von dem dritten Besitzer gestattete (§. 56 der A. G.O.), abgeändert. Außer dem Falle des Konkurses hatte schon das G. v. 26. April 1835, §. 9 das Erforderniß der Unredlichkeit in der Person des dritten Besitzers zur Zeit seiner Erwerbung vorgeschrieben. — Kann wegen des Mangels dieser Voraussetzung der veräußerte Gegenstand dem dritten Besitzer nicht abgefordert werden, so ist derjenige, welcher unredlicher Weise gekauft und an den arglosen Käufer weiter verkauft hat, für den ganzen Preis, den er für die Sache empfangen hat, der Gläubigerschaft gehalten. L. 9 D. quae in fraudem creditorum (XLII, 8).

37a) (2. A.) Dieser Ausdruck ist hier aus Versehen stehen geblieben. Anm. 22 u. 24 zu §. 102.

38) Oben, Anm. 23 zu §. 102. — Diese Bestimmung sichert erst den Erfolg des Gesetzes. Denn der Fall war bisher ganz gewöhnlich, daß der erste fremde Erwerber eine zwischengeschobene Person war, um das Gesetz zu umgehen und die eigentlichen wahren Erwerber, die Verwandten, gegen Anfechtungen der Gläubiger zu sichern.

38a) S. oben Anm. 34a zu §. 106.

39) Die Klage geht passiv auf die Erben unbedingt über; dies entspricht den allgemeinen Grundsätzen über die Vererbung der Klagen. A. L.R. I, 9, §. 362 und I, 6, §. 28. Der römische Grundsatz, daß gegen den Erben die Klage nur in id quod ad eum pervenit geht (L. 11 D. quae in fraudem creditorum, XLII, 8), gilt nicht. (2. A.) Auf die Erben des dritten Besitzers bezieht sich

§. 110. Das Recht der Anfechtung kann nicht nur im Wege der Klage, sondern auch im Wege der Einwendung ausgeübt werden [40]).

§. 111. Bei der Entscheidung über die Zulässigkeit einer Anfechtung bleiben die positiven Regeln über die Wirkungen der Beweise außer Anwendung. Der erkennende Richter hat, unter Erwägung aller vorliegenden Umstände und unter genauer Prüfung aller beigebrachten Beweise, nach seiner freien, aus dem Inbegriff der stattgehabten Verhandlungen geschöpften Ueberzeugung zu entscheiden, ob ein angetretener Beweis als geführt anzusehen sei oder nicht, oder ob es noch der Auferlegung eines nothwendigen Eides bedürfe [41]). Insbesondere bleibt auch dem Ermessen des Richters vorbehalten, ob und welches Gewicht dabei auf die im §. 103 unter Nr. 5 erwähnten Quittungen, Anerkenntnisse und Zugeständnisse gelegt werden kann [42]). Der Richter muß die Gründe, auf welchen seine Ueberzeugung beruht, in dem Urtheil vollständig anführen.

Jedoch behält es in Ansehung der Befugniß der Parteien zur Eideszuschiebung, sowie in Ansehung der Wirkung der geschehenen oder verweigerten Ableistung zugeschobener Eide bei den bestehenden gesetzlichen Vorschriften sein Bewenden.

§. 112. Wenn die Gläubigerschaft von dem Rechte der Anfechtung keinen Gebrauch machen will, so bleibt jedem einzelnen Konkursgläubiger überlassen, dieses Recht auf seine Kosten auszuüben.

Dasjenige, was ein Gläubiger in solcher Weise erstreitet, fließt zur Konkursmasse; jedoch sind dem Gläubiger aus dem erstrittenen Betrage die ihm durch den Prozeß erwachsenen Kosten vorweg zu erstatten [43]).

---

diese Bestimmung nicht; es sind die Erben des ersten Erwerbers gemeint. Vergl. das Ges. v. 26. April 1835, §. 9. Gegen die Erben des dritten Besitzers geht die Klage unter denselben Voraussetzungen wie gegen ihren Erblasser selbst.

40) Hierdurch wird ein früher öfter vorgekommener, obwohl ganz ungegründeter Zweifel beseitigt. Vergl. G. v. 26. April 1835, §. 10.

41) Die hier im Interesse der Gläubiger gemachte Ausnahme von den im Civilprozeß geltenden allgemeinen Beweisregeln wird durch das hervorgetretene Bedürfniß gerechtfertigt. Dabei ist übrigens nicht die Absicht gewesen, daß die thatsächlichen Feststellungen des ersten Richters für die höheren Instanzen maßgebend sein sollen; vielmehr ist jeder Instanzrichter, welcher über die Thatfrage zu entscheiden hat, in seiner Beurtheilung der ihm vollständig vorliegenden Beweisverhandlungen als selbstständig gedacht worden. Denn es ist vorausgesetzt, daß es einer Beweisaufnahme vor dem erkennenden Richter nicht bedürfe, und daß die Beweisverhandlungen vollständig niedergeschrieben werden, mithin dem Richter ausreichendes Material bieten. (Motive, S. 88.)

42) Der Satz „Insbesondere" 2c. ist von den Kammern eingefügt, um dem §. 103, Nr. 5 einen milderen Charakter zu geben. Dieser Insinuation bedurfte es nicht, wenn man dem Richter die freie Beurtheilung nach seiner Ueberzeugung überließ. Uebrigens enthält der ganze §. 111 nur die Anordnung einer Beweisregel und findet deshalb Anwendung auf vergangene Fälle. Pr. des Obertr. 135[b], vom 12. Novbr. 1835. (2. A.) Neuerdings jedoch hat das Obertr. über den §. 111 die entgegengesetzte Meinung ausgesprochen, ohne dieselbe durch Rechtsgründe zu rechtfertigen. Erk. v. 13. Oktober 1857 (Arch. f. Rechtsf. Bd. XXVI, S. 267).

43) Nach den Grundsätzen über Führung gemeinschaftlicher Geschäfte. Vergl. L. 9, §. 4 D. de rebus auct. judicis possidendis (XLII, 5). Der §. 112 tritt der Anzweiflung der Legitimation zur Prozeßführung entgegen. Wer hiervon

Zweiter Titel.

Von dem Verfahren im kaufmännischen Konkurse.

Erster Abschnitt.

Einleitende Bestimmungen.

§. 113. Der kaufmännische Konkurs findet statt, wenn ein Handelsmann, Schiffsrheder, oder Fabrikbesitzer [1]) seine Zahlungen einstellt [2]).

Gebrauch machen will, wird eine Erklärung des Verwalters, daß die Gläubigerschaft von ihrem Rechte keinen Gebrauch machen wolle, beizubringen haben.

1) Die Bezeichnung der Handelsleute wird hier in demselben Sinne gebraucht wie im §. 259 des Str.G.B. Vergl. die Anm. 46 daselbst und H.G.B. Artt. 4, 271—274. Das Einf.G. zählte im Entwurfe Art. XIV—XVI diejenigen Gewerbsleute auf, welche zu den Handelsleuten gehören sollten. Die Kommissionen der Kammern haben jedoch davon Abstand genommen, weil die Frage: wer als Handelsmann anzusehen, thatsächlicher, nicht rechtlicher Natur sei und deshalb nicht durch ein Gesetz entschieden werden könne. In der That ist es auch lediglich Sache der richterlichen Beurtheilung in jedem einzelnen Falle, ob der §. 113 auf den Gemeinschuldner Anwendung findet oder nicht, d. h. ob nur die Zahlungseinstellung oder auch die Vermögensunzulänglichkeit als Bedingung der Konkurseröffnung festzustellen sei. Die französische Gerichtspraxis, welche auf gleicher Gesetzesbestimmung ohne Aufzeichnung der verschiedenen Gewerbsleute, die zu den Handelsleuten zu zählen, beruhet, liefert eine reichhaltige Kasuistik über diese faktische Frage. Der Entwurf zum Einführungsgesetz hatte daraus geschöpft; deshalb und zugleich als wissenschaftliche Meinung der Verfasser sind die Vorschläge desselben nicht ohne Interesse und folgen hier: „Art. XIV. Als Handelsmann, Schiffsrheder oder Fabrikbesitzer ist anzusehen:

1. wer gewerbmäßig Waaren kauft oder in anderer Weise anschafft und dieselben, sei es in Natur oder verarbeitet, wieder veräußert oder vermiethet, wohin namentlich Kaufleute, Fabrikinhaber, Apotheker, Buch-, Kunst- oder Musikalienhändler, die Herausgeber von Zeitungen und Anzeigeblättern, ingleichen die Unternehmer von Möbelmagazinen, Gasthäusern, Kaffeehäusern und Restaurationen gehören;
2. wer gewerbmäßig die Bearbeitung oder Verarbeitung von Sachen für Andere zur demnächstigen Rückgabe an dieselben unternimmt; es gilt dies namentlich von Kattundruckereien, Färbereien *), Bleichereien, Webereien und anderen dergleichen Manufakturgeschäften **);
3. wer gewerbmäßig Lieferungen oder Bauten unternimmt;
4. wer gewerbmäßig Banquier-, Wechsel- oder Geldwechselgeschäfte betreibt, namentlich in Geld, Staatspapieren, Aktien, Wechseln oder anderen Werthpapieren Geschäfte macht, ingleichen Lotteriekollekteure;
5. wer gewerbmäßig Kommissions- oder Speditionshandel oder Frachtgeschäfte betreibt, wohin auch Droschken-, Omnibus- und andere dergleichen Unternehmungen zum Transport von Personen oder Sachen gehören;
6. wer gewerbmäßig Versicherungen gegen Prämie unternimmt;
7. wer gewerbmäßig Rhederei oder Bodmerei treibt;

---

*) (2. A.) Ueber die Frage: ob Färber als Kaufleute anzusehen, s. R. v. 22. März 1832 (Jahrb. Bd. XXXIX, S. 234).

**) Das paßt auch auf Müller, Schneider, Leineweber, Spinner und Spinnerinnen, Federschleißerinnen, Strickerinnen und dergl. Gegen diese Konsequenz sollte der Art. XVI sichern. (2. A.) Das Obertr. hat wirklich angenommen, daß Müller nicht unter die „Fabrikbesitzer" des §. 80 zu rechnen, und auch nicht zu den „Handelsleuten" im Sinne dieses Gesetzes, wenn sie auch selbstfabrizirtes Mehl oder selbstfabrizirte Oelkuchen auf ihrer Mühle verkaufen. Erk. vom 11. Januar 1859 (Arch. f. Rechtsf. Bd. XXXII, S. 115). Das gehört nun der Rechtsgeschichte an. Vergl. den Schlußabsatz der Anm. 1.

Die Zahlungseinstellung ist vorhanden, wenn der Gemeinschuldner seine Zahlungsunfähigkeit selbst erklärt, oder wegen Zahlungsunfähigkeit sein Geschäft schließt, oder wenn andere Umstände vorliegen, aus welchen erhellt, daß der Gemeinschuldner in dem Zustande der Zahlungsunfähigkeit sich befindet [3]).

---

8. wer Unternehmungen zur gewerbmäßigen Vermittelung von Geschäften zwischen anderen Personen errichtet oder hält;

9. wer gewerbmäßig Schauspiele veranstaltet.

Art. XV. Zu den Fabrikbesitzern sind nicht zu rechnen: Gutsbesitzer, welche ein Handelsgeschäft nur als landwirthschaftliches Nebengewerbe betreiben*).

Art. XVI. Zu den Handelsleuten und Fabrikbesitzern sind nicht zu rechnen: Handwerker, in sofern sie keinen offenen Laden zum Verkauf von Waaren halten; Lohnkutscher, Schiffer und Fuhrleute, gemeine Viktualienhändler, Hausirer und Trödler, sowie diejenigen, welche öffentliche Vorstellungen im Umherziehen geben."

(2. A.) In ein neues Stadium ist die Sache getreten durch das Handelsgesetzbuch. Oben, Anm. 53 b zu §. 80.

2) Die Thatsache der Zahlungseinstellung ist die ausschließliche Bedingung der Konkurseröffnung bei Handelsleuten, mag eine Vermögensunzulänglichkeit vorhanden oder nicht vorhanden sein. Vergl. Anm. 47 zu §. 259 des Str.G.B.

3) Die Thatsache der Zahlungseinstellung hat der Richter nach Beschaffenheit der Umstände festzustellen wie jede andere Thatsache. Der zweite Satz des §. 113 soll nichts weiter als ein Fingerzeig für den Richter sein. Die eigene Erklärung des Gemeinschuldners ist der beste Beweis, aber sie ist nicht die einzige Art der Feststellung. Das Gesetz nennt als weiteres Beispiel die Schließung des Geschäfts wegen Zahlungsunfähigkeit. Dieser Fall ist selten so zweifelsfrei wie jener. Die Schließung des Geschäftslokals ist freilich äußerlich wahrnehmbar, aber nicht die Ursache. Als Ursache der Geschäftsschließung schreibt die Bestimmung Zahlungsunfähigkeit vor. Das geht zu weit und macht die Herstellung des Beweismittels schwieriger als die Klarmachung der zu beweisenden Thatsache selbst. Ob der schließende Kaufmann zahlungsunfähig sei, kann der Richter nicht anders gründlich erfahren als durch eine Durchsuchung der Geldschränke; aber daß er nicht Zahlung leiste, ohne die Schuld zu bestreiten, das ist bald festgestellt. Eine einzelne Zahlungsverweigerung für sich allein, und ohne von Einwendungen gegen die Forderung begleitet zu sein, wird schwerlich als Zahlungseinstellung angesehen werden können; aber wenn sie mit andern bei einem Handelsmann ganz ungewöhnlichen Umständen zusammentrifft, z. B. mit dem Verschlossenhalten des Geschäftslokals während der Verkehrszeit, mit Unfindbarkeit der Person oder eines Stellvertreters: so ist sie so gut geeignet, die Ueberzeugung von der Zahlungseinstellung zu geben, wie das Zusammentreffen mehrerer vergeblicher Zahlungsaufforderungen. Das soll denn auch allerdings in Betracht kommen dürfen, indem die Generalklausel angehängt ist: „oder wenn andere Umstände vorliegen" rc. Dabei ist es lediglich dem richterlichen Ermessen anheimgestellt, in wiefern die Nichtzahlung solcher Schulden, welche keine Handelsschulden sind, für erheblich zu erachten; es ist denkbar, daß ein Handelsmann gerade dadurch, daß er die Zahlung der Nichthandelsschulden systematisch verweigert, sich lange Zeit in der Lage erhält, die Handelsgläubiger zu befriedigen. Deshalb kann gewiß nicht grundsätzlich der Begriff der Zahlungseinstellung auf die Handelsschulden beschränkt werden. In jedem Falle muß dem Richter bei der Feststellung einer Thatsache, wie die Zahlungseinstellung ist, ein freies Urtheil gelassen werden. Daher war der Antrag der Begutachtungskommission: eine Definition oder Umschreibung des Begriffs im Gesetze zu vermeiden und nach dem Vorgange der französischen und andern Gesetzgebungen Alles dem vernünftigen Ermessen des Richters zu überlassen, zumal der Begriff und die Bedeutung, welche mit jenem Ausdruck verbunden werden müsse, den Handeltreibenden geläufig sei, — weise. Man hat es jedoch weiser gefunden, „gerade mit

---

*) Diese Bestimmung hat Aufnahme in das Einführungsgesetz Art. XIV gefunden.

§. 114. Der kaufmännische Konkurs findet auch in dem Falle statt:

1) wenn ein Handelsmann, Schiffsrheder oder Fabrikbesitzer [3a]) sein Geschäft aufgegeben hat und von ihm noch während des Geschäftsbetriebes oder innerhalb eines Jahres seit der Aufgabe des Geschäfts die Zahlungen eingestellt worden sind [4]);

2) wenn ein Handelsmann, Schiffsrheder, oder Fabrikbesitzer verstorben ist und von ihm noch bei Lebzeiten die Zahlungen eingestellt worden sind. Die Eröffnung des Konkurses über den Nachlaß ist in diesem Falle auch während der dem Erben gestatteten Ueberlegungsfrist und selbst dann zulässig, wenn der Erbe die Erbschaft ohne Vorbehalt der Rechtswohlthat des Inventars angetreten hat [5]).

§. 115. Für die Eröffnung des Konkurses und das Konkursverfahren ist das Gericht kompetent, bei welchem der Gemeinschuldner seinen ordentlichen persönlichen Gerichtsstand hat [6]).

Besteht für den Ort, nach welchem dieser Gerichtsstand sich bestimmt, ein Handelsgericht, so gehört der Konkurs vor dasselbe [7]).

Unter mehreren zuständigen Gerichten gebührt demjenigen der Vorzug, welches die Eröffnung des Konkurses zuerst ausgesprochen hat [8]).

Rücksicht auf die möglichen Schwierigkeiten in der Rechtsanwendung der Praxis in dem Gesetz einen Fingerzeig zu geben, und dies um so mehr da, wo die Anwendung des Gesetzes Richtern anheim fällt, welche zu der Klasse der Handeltreibenden nicht gehören." (Motive, S. 89.)

(2. A.) Das Obertr. bemerkt, Zahlungsunfähigkeit sei bei dem kaufmännischen Konkurse nicht identisch mit „Vermögensunzulänglichkeit", sie sei vielmehr schon vorhanden bei der Unfähigkeit, die in dem Geschäfte erforderlichen Zahlungen zu leisten. Erk. vom 31. Mai 1856 (Arch. f. Rechtsf. Bd. XX, S. 361). Die Bemerkung ist gewiß richtig, für die Praxis aber nicht erheblich. Denn es handelt sich eben um die Feststellung der Zahlungs*unfähigkeit*, und diese Unfähigkeit wird dadurch allein, daß der Kaufmann gewisse Zahlungen nicht leistet, noch nicht festgestellt: die Nichtzahlung kann ihre Ursache in dem *Willen*, keinesweges in dem *Nichtkönnen* haben.

3a) (2. A.) Oben, Anm. 53b zu §. 80.

4) Diese Bestimmung hat den Zweck, zu verhindern, daß Schuldner, welche die Nothwendigkeit der Einstellung ihrer Zahlungen voraussehen, der Zahlungseinstellung durch die Aufgebung des Geschäfts zuvorkommen, um sich so den für den kaufmännischen Konkurs und dessen Folgen geltenden strengeren Vorschriften zu entziehen. Die einjährige Frist ist als der Zeitraum angesehen worden, in welchem in der Regel die Abwickelung der Angelegenheiten des aufgegebenen Geschäfts erfolgen und die Zahlungsunfähigkeit zum Vorschein kommen wird. (Motive, S. 90.) Die Satzung ist positiv.

5) Nach Analogie des §. 13.

6) Bestehendes Recht, aus §. 25 der A. G.O.

7) Die Kompetenz der Handelsgerichte gründet schon der §. 20 des G. v. 30. April 1847 über die Errichtung von Handelsgerichten (G.S. S. 120). Aber zur Zeit sind noch keine Handelsgerichte nach den Vorschriften dieses Gesetzes errichtet. Angeblich hat das bisherige verwickelte Konkursrecht der Ausführung des Gesetzes entgegengestanden. (Motive, S. 90.) Wenn das ein wahres Hinderniß gewesen ist, so wird es durch das neue Konkursrecht schwerlich aus dem Wege geräumt.

8) Aus dem §. 25 der A. G.O. aufgenommen, aber in einer Fassung, wodurch Verwirrung in die Praxis gebracht und ein doppeltes Vorverfahren veran-

Zweiter Abschnitt.

Von der Eröffnung des Konkurses.

§. 116. Jeder Handelsmann, Schiffsrheder, oder Fabrikbesitzer [8a]), welcher während seines Geschäftsbetriebes oder innerhalb eines Jahres seit der Aufgabe des Geschäfts seine Zahlungen einstellt, ist verpflichtet, davon binnen drei Tagen, den Tag der Zahlungseinstellung mitgerechnet, bei dem Gericht (§. 115) Anzeige zu machen [9]).

Bei der Anzeige hat der Gemeinschuldner seine Handelsbücher und eine Bilanz zu übergeben [9a]). Die Bilanz muß eine Aufstellung aller sei-

---

laßt werden kann. Der Entwurf hatte nämlich, ganz in Uebereinstimmung mit dem §. 25 der A. G.O., die Prävention als durch die erste einschreitende Verfügung des Gerichts begründet erklärt und sich des Ausdrucks der A. G.O. „zuerst verfahren ist (hat)", bedient. Die Kammerkommissionen „glaubten sich präziser auszudrücken, wenn sie den Beschluß des Gerichts, durch den die Eröffnung des Konkurses ausgesprochen wird, speziell als denjenigen Akt richterlicher Thätigkeit betrachteten, der die Prävention begründen soll." (II. Kammerkommissions-Ber. S. 71.) Dieser vermeintlich präzisere Ausdruck ist aber keinesweges eine bessere Fassung der in dem Entwurfe vorgeschlagenen alten Bestimmung, sondern enthält einen ganz neuen, aber unpraktischen Prozeßgrundsatz, indem, wie gesagt, darnach beide Gerichte zu den Vorverhandlungen kompetent sind.

Die Min.-Instr. v. 6. August 1855 giebt zu den §§. 115 u. 320 folgende Zugabe:

„§. 1. Durch die Bestimmungen der K.O. über die Kompetenz der Gerichte in Konkurssachen wird in den bestehenden Vorschriften über die Geschäftsorganisation der Stadt- und Kreisgerichte im Allgemeinen nichts geändert.

Die Konkurssachen gehören auch fernerhin zur Kompetenz der Abtheilung des Gerichts, vor welche dieselben bisher gehört haben; sie sind, soweit die kollegialische Bearbeitung erforderlich ist, bei dieser Abtheilung nach Maßgabe der bestehenden Geschäftseinrichtungen zu erledigen. (Geschäftsregulativ für die Gerichte erster Instanz v. 18. Juli 1850, §. 15; Geschäfts-Instruktion für die Civil-Abth. des Stadtgerichts zu Berlin v. 4. Oktober 1851).

Die Spezialprozesse, für welche das Konkursgericht kompetent ist (§§. 124, 125, 199, 204, 228, 245, 330 des Ges.), gehören vor die zuständigen Prozeßdeputationen oder beziehungsweise die Kommissarien für Bagatellsachen.

§. 2. Die in den Bezirken einzelner Kreisgerichte außerhalb des Sitzes derselben eingerichteten beständigen kollegialischen Gerichtsdeputationen haben die volle kreisgerichtliche Kompetenz zur Bearbeitung der Konkurssachen aus ihren Bezirken.

Dagegen steht den aus periodisch zusammentretenden Einzelrichtern gebildeten Deputationen die Bearbeitung von Konkurssachen nicht zu. Dasselbe gilt in Ansehung der Gerichtskommissionen."

8a) (2. A.) Oben, Anm. 53b zu §. 80.

9) Uebersetzung des C. de comm., Art. 440, Satz 1. Der den Gemeinschuldner treffende Nachtheil der Unterlassung dieser Anzeige oder der im zweiten Absatz vorgeschriebenen Uebergabe der Bilanz ist Verhaftung. §. 138.

9a) Kann er die Bücher wegen ihres zu großen Umfangs nicht mitbringen, so versteht sich, daß er sie in seinem Geschäftslokale unter die Sperre des Gerichts stellen muß. So äußerte man sich in der Kammerkommission gegen den Entwurf, daß das „Mitbringen der Bücher sich nicht immer thun lasse". Dies hat der J.M. in seiner Instruktion aufgefaßt. Anm. 10.

(2. A.) Der Art. 10 des H.G.B. ist hierbei für die Anwendung der §§. 116, 117 ohne Einfluß. Uebergeben muß jeder fallite Kaufmann die Geschäftsbücher, welche er geführt hat, mag er zur Führung von Handelsbüchern verpflichtet sein oder nicht; denn der §. 116 fordert ganz allgemein die Uebergabe seiner Han-

ner Forderungen, eine summarische Zusammenstellung der übrigen Vermögensstücke, die Angabe des Werths der verzeichneten Vermögensstücke und eine spezielle Aufführung aller Schulden unter Angabe des Wohnorts der Gläubiger, so wie einen das Verhältniß des Vermögens und der Schulden darstellenden Abschluß enthalten, auch mit der Versicherung der Richtigkeit, sowie mit dem Datum und der Unterschrift des Gemeinschuldners versehen sein [9b]). Ist der Gemeinschuldner außer Stande, diesen Erfordernissen zu genügen, so muß er bei der Anzeige die Gründe angeben, welche ihn daran hindern.

§. 117. Die Anzeige, sowie die Uebergabe der Bücher und der Bilanz (§. 116) geschieht vor einem hierzu ernannten Beamten des Gerichts [10]).

---

delsbücher; im Unterlassungsfalle unterliegt er den Nachtheilen des §. 138, selbst wenn er zur Buchführung nicht verpflichtet war. — Die ebenfalls ganz allgemein vorgeschriebene Uebergabe einer Bilanz ist auch unabhängig von dem Umstande, ob der Fallit in seinem Geschäftsbetriebe eine Bilanz aufzustellen hatte; die Konkursordnung giebt die Erfordernisse der im Falle der Zahlungseinstellung anzufertigenden Bilanz besonders und selbstständig an. Bei diesen Bestimmungen der Konkursordnung behält es daher ohne Ausnahme nach der erfolgten Einführung des H.G.B. sein Bewenden. (Motive zum Einf.-Ges. vom 24. Juni 1861, S. 50.)

9b) Alles wie es der Art. 471 des C. de commerce vorschreibt.

10) Dazu sollte nicht erst ein Termin ausgebracht werden müssen, was erforderlich ist, wenn der Beamte besonders ernannt sein soll; die Vorschrift ist eine Nachbildung der Verordnung des Art. 440 des C. de comm.: „tenu — d'en faire la declaration au greffe du tribunal." Man hat dabei wol berücksichtigt, daß die Supplikanten-Vernehmer bei unsern Gerichten (meistens Applikanten) nicht das Geschick haben, „die protokollarische Vernehmung und die Konstatirung des sichtbaren Zustandes der Geschäftsführung" (Motive, S. 90) im Sinne des §. 117 sachgemäß zu bewerkstelligen, so daß in den allermeisten Fällen doch erst noch ein Vernehmungstermin würde angesetzt werden müssen. — Der „Beamte" ist ein Subalternbeamte; denn die Mitglieder des Gerichts bilden eben das Gericht und sind nicht „Beamte des Gerichts"; der Deputirte braucht mithin nicht die richterliche Eigenschaft zu haben.

Das Verfahren scheinen sich die Verfasser der K.O. doch nicht klar gemacht zu haben. Die Anzeige soll vor einem hierzu ernannten Gerichtsbeamten geschehen. Ein Widerspruch; die Ernennung eines Beamten (Deputirten) setzt eine Anzeige oder einen Antrag voraus, folglich muß der Schuldner vorher anzeigen, daß er eine Anzeige von seiner Zahlungseinstellung machen wolle und auf Ernennung eines Beamten hierzu antrage. Damit ist aber schon die Zahlungseinstellung angezeigt. In den Motiven ist der Gedanke über den Gang des Verfahrens gleichfalls nicht zum klaren Ausdruck gekommen, wol deshalb, weil eben dieser Gedanke selbst nicht zur Klarheit gekommen ist. Es heißt: „Deshalb (weil dem Gemeinschuldner die Pflicht obliegt, das schleunige Einschreiten des Gerichts herbeizuführen) hat er dem Gericht die Zahlungseinstellung anzuzeigen und dabei eine möglichst genaue Uebersicht seiner Vermögenslage, so wie seiner Handlungsbücher einzureichen. Das Gericht hat sich unverzüglich seiner Erklärungen durch protokollarische Vernehmung zu vergewissern und den sichtbaren Zustand der Geschäftsführung zu konstatiren." (Motive, S. 90.) Der dem §. 117 entsprechende Gang des Verfahrens ist dieser: Auf die schriftliche oder protokollarische Anzeige des Gemeinschuldners, daß er wegen Einstellung seiner Zahlungen eine Erklärung machen wolle, ernennt der Vorsitzende des Gerichts zur Aufnahme dieser Erklärung einen Beamten (Deputirten) und der Gemeinschuldner wird auf der Stelle vor denselben beschieden, mündlich oder durch Herbeiholung, da die Vernehmung unverzüglich erfolgen muß. Der Beamte verfährt nach Anleitung des §. 117. Der J. M. giebt darüber, indem er sich den Kammer-Verhandlungen anschließt, in seiner Instruktion v. 6. August 1855 folgende nähere Anweisung:

Derselbe hat darüber ein Protokoll aufzunehmen, die Bücher unter Zuziehung des Gemeinschuldners durch Beifügung eines Vermerks zu schließen, den

„§. 6. Meldet sich ein Handelsmann, Schiffsrheder oder Fabrikbesitzer mündlich oder schriftlich mit der Anzeige der Zahlungseinstellung, so hat der Gerichtsvorstand die protokollarische Vernehmung desselben durch einen richterlichen oder einen geeigneten Subalternbeamten sofort zu veranlassen.

Bei der Verhandlung ist die Erklärung des Gemeinschuldners über die Zahlungseinstellung zu erfordern; es sind die Bilanz und die Handelsbücher entgegen zu nehmen, oder es ist, wenn deren Ueberreichung nicht erfolgt, die Erklärung des Gemeinschuldners über die Hinderungsgründe herbeizuführen; endlich ist in Ermangelung einer Bilanz der Gemeinschuldner über seine Vermögens- und Verkehrsverhältnisse im Allgemeinen zu vernehmen, sofern dies ohne Aufenthalt in der Sache geschehen kann.

Die Handelsbücher müssen in der Regel von dem Gemeinschuldner in dem Gerichtslokale vorgelegt und zur gerichtlichen Verwahrung übergeben werden. Ist jedoch die Zahl oder der Umfang der Bücher sehr erheblich, so kann die Uebergabe auch in der Weise stattfinden, daß der Gemeinschuldner dieselben in seinem Geschäftslokale zur Verfügung stellt und der Deputirte sie hier unter gerichtliche Sperre nimmt.

„§. 7. Bei der Uebergabe, Beschreibung und Schließung der Bücher handelt es sich nicht um eine genaue Durchsicht und Vergleichung oder um einen förmlichen Abschluß derselben; vielmehr kommt es nur darauf an, festzustellen, welche Bücher der Gemeinschuldner geführt und übergeben hat, in welchem Zustande die übergebenen Bücher ihrer äußeren Erscheinung nach sich befinden, sowie durch einen Vermerk am Schlusse der Bücher etwaige Nachtragungen zu verhindern. Der Vermerk wird unter die letzten Eintragungen gesetzt; es genügt, wenn derselbe dahin lautet:

„Geschlossen bei der gerichtlichen Uebergabe der Handelsbücher am . . . .

N. N., Deputirter."

Diese einfache Schließung findet bei allen Büchern statt. Der Schließung der einzelnen Konten des Hauptbuchs bedarf es nicht, vielmehr genügt der Schlußvermerk unter dem letzten Konto, und wenn das Hauptbuch aus mehreren Bänden besteht, unter dem letzten Konto eines jeden Bandes.

Die Beschreibung des äußeren Zustandes der Bücher hat sich auf Momente zu beschränken, welche sich bei der vorläufigen An- und Durchsicht ergeben und ohne genaue Prüfung der Bücher wahrzunehmen sind. Unter dieser Voraussetzung ist insbesondere zu vermerken, wenn die Bücher ohne die nöthige Akkuratesse geführt sind, wenn Blätter ausgeschnitten, ausgerissen oder verletzt, wenn Rasuren oder Korrekturen wahrzunehmen oder andere Unregelmäßigkeiten ersichtlich sind.

„§. 8. Das Protokoll über die Verhandlung muß hiernach enthalten:

1. die Erklärung des Gemeinschuldners über die Einstellung seiner Zahlungen;
2. die Angabe, ob der Gemeinschuldner eine Bilanz (§. 116 des Gesetzes) überreicht hat, oder wenn dies nicht der Fall ist, die Erklärung des Gemeinschuldners über die Hinderungsgründe, sowie die etwaigen Angaben über seine Vermögens- und Verkehrsverhältnisse im Allgemeinen;
3. die spezielle Benennung und Bezeichnung der vom Gemeinschuldner übergebenen Handelsbücher, ferner die Erklärung des Gemeinschuldners, ob und welche Bücher von ihm außerdem noch geführt worden sind und weshalb deren Uebergabe unterblieben ist, endlich die Bemerkung, auf welche Art die gerichtliche Beschlagnahme der im Geschäftslokale des Gemeinschuldners verbliebenen Bücher erfolgt ist;
4. die Beschreibung des äußeren Zustandes der Bücher, sowie den Vermerk über die erfolgte Schließung der Bücher und das dabei beobachtete Verfahren.

Enthält die vom Gemeinschuldner eingereichte oder bei der Vernehmung übergebene schriftliche Anzeige der Zahlungseinstellung vollständig und deutlich einzelne der vorstehend erwähnten Punkte, so bedarf es insoweit keiner protokollarischen

äußeren Zustand der Bücher im Protokolle zu beschreiben und dabei insbesondere anzugeben, ob Verletzungen derselben, Rasuren oder Korrekturen ersichtlich sind.

§. 118. Das Gericht hat den Konkurs zu eröffnen, sobald dasselbe von der Zahlungseinstellung durch die Anzeige des Gemeinschuldners, oder durch einen mit ausreichenden Beweisen unterstützten Antrag eines Gläubigers [10a]), oder auf eine andere zuverlässige Weise Kenntniß erhält [11]). Jedoch ist in dem letzten Falle der Konkurs nur dann zu eröffnen, wenn nach dem Ermessen des Gerichts aus der Aussetzung der Konkurseröffnung besondere Nachtheile für die Gläubiger erwachsen würden [11a]).

§. 119. Die Konkurseröffnung ist durch einen mit Gründen [12]) versehenen Beschluß auszusprechen.

Wiederholung der Angaben; es genügt, daß der Gemeinschuldner die schriftliche Anzeige anerkennt."

10a) (2. A.) Ist nach eröffnetem *gemeinen* Konkurse von einem Gläubiger ein selbstständiger Antrag auf Eröffnung des *kaufmännischen* Konkurses gestellt, derselbe aber von dem Konkursgerichte zurückgewiesen worden, so ist auf Beschwerde dieses Gläubigers das Appellationsgericht berechtigt, nach Befinden das Konkursgericht zur Eröffnung des kaufmännischen Konkurses anzuweisen. Erk. des Obertr. vom 18. Februar 1862 (Arch. f. Rechtsf. Bd. XLVI, S. 18). Vergl. *dagegen* die Erk. vom 11. Januar 1859 (Arch. f. Rechtsf. Bd. XXXII, S. 129), und vom 16. Juli 1859 (Arch. f. Rechtsf. Bd. XXXIII, S. 337).

11) Also in drei Fällen soll mit der Konkurseröffnung vorgegangen werden. In dem ersten und dritten Falle von Amts wegen. Dies ist schon bestehendes Recht (A. G.O. §. 4 und Anh. §. 311) und stimmt mit dem franz. R. (C. de comm. Art. 449 und Fallissementsgesetz v. 28. Mai 1838 Art. 440) überein, welchem der §. 118 nachgebildet ist.

11a) Der Schlußsatz ist von den Kammern beigefügt, um das Einschreiten des Gerichts von Amts wegen auf die Fälle zu beschränken, in welchen besondere Nachtheile für die (auswärtigen) Gläubiger erwachsen würden, wenn mit der Konkurseröffnung gezögert wird. (Ber. der K. der II. K. S. 72.)

12) Diese beschränken sich auf die Darlegung der Umstände, aus welchen das Gericht sich von der Thatsache der Zahlungseinstellung resp. der Vermögensunzulänglichkeit überzeugt hat, und warum der Gemeinschuldner zu den Handelsleuten zu rechnen, wenn dies nicht von selbst klar ist. Der C. de c. Art. 441 fordert keine Gründe.

Der J. M. kommt hierbei, in seiner Instr. v. 6. August 1855, noch mit einer Anweisung und mit einem Formular zu Hülfe, welche hier folgen:

a) Instr. v. 6. August 1855.

„§. 9. Das Protokoll über die Anzeige der Zahlungseinstellung (§. 8), sowie die Anträge auf Eröffnung des Konkurses sind dem Dirigenten der zuständigen Gerichtsabtheilung vorzulegen, welcher den unverzüglichen Vortrag zu veranlassen hat.

Die Beschlußnahme darüber, ob der Konkurs zu eröffnen ist, oder ob und welcher vorgängigen Ermittelungen oder vorläufigen Sicherungsmaßregeln es bedarf, erfolgt in einer Sitzung der Gerichtsabtheilung, an welcher mindestens drei Richter Theil nehmen müssen. Die Beschlußfassung muß wo möglich noch an dem Tage des Eingangs der betreffenden Piecen stattfinden. Auf keinen Fall darf der nächste gewöhnliche Sitzungstag abgewartet werden, wenn daraus ein Aufenthalt für die Sache entstehen würde; vielmehr sind alsdann die Mitglieder zu einer außerordentlichen Sitzung zu berufen.

§. 10. In dem Beschlusse, durch welchen die Konkurseröffnung ausgesprochen wird, sind die Gründe kurz, aber vollständig anzuführen.

Ergeht der Beschluß aus Veranlassung einer Beschwerde auf die Anweisung

Inwiefern zuvor noch Ermittelungen durch Vernehmung des Gemeinschuldners oder auf andere Weise anzustellen sind, hat das Gericht nach seinem Ermessen zu bestimmen.

§. 120. Wenn das Gericht die Konkurseröffnung nicht zulässig erachtet, so steht dem Gläubiger, welcher auf Konkurseröffnung angetragen

---

der höhern Instanz, so kann auf die Gründe dieses anweisenden Bescheides Bezug genommen werden.

Der Beschluß muß aussprechen, ob der kaufmännische oder der gemeine Konkurs stattfinden soll; er muß über den Zeitpunkt der Konkurseröffnung, sowie über den Tag der Zahlungseinstellung stets eine ausdrückliche Bestimmung enthalten; die Vorschrift des Gesetzes, welche für den Fall der unterbliebenen Festsetzung einen Zeitpunkt (Mittagsstunde, Tag der Konkurseröffnung, Todestag des Gemeinschuldners) bestimmt, hat nicht den Zweck, das Gericht von dieser Verpflichtung zu entbinden. Hierbei versteht sich von selbst, daß, wenn der Beschluß auf Anweisung der höheren Instanz ergeht, der Zeitpunkt der Konkurseröffnung gleichwohl erst auf die Stunde fällt, in welcher der Beschluß von dem Konkursgericht gefaßt worden ist. Dagegen wird in einem solchen Falle, mit Rücksicht auf das vorangegangene Verfahren, der Tag der Zahlungseinstellung in der Regel auf einen früheren Zeitpunkt festzusetzen sein.

Der Beschluß muß von denjenigen Richtern unterzeichnet sein, welche an der Fassung desselben Theil genommen haben."

b) Formular Nr. 1.

„Beschluß auf Eröffnung des kaufmännischen Konkurses.

(Konkursordnung §§. 119, 121, 122; Instr. §§. 10—14.)

Auf den Antrag des A..

in Erwägung, daß derselbe am . . . ., wegen einer Wechselforderung von . . . . Thlr., gegen den Kaufmann B. Protest, Mangels Zahlung, hat erheben lassen;

in Erwägung, daß gegen den B., nach Ausweis der Prozeßakten in Sachen des C. wider B., bereits am . . . . ., wegen einer judikatmäßigen Forderung des C. von . . . . Thlr., die Exekution vollstreckt und das gesammte Waarenlager des B. in Beschlag genommen worden ist;

in Erwägung, daß aus diesen Umständen hervorgeht, daß der B. sich im Zustande der Zahlungsunfähigkeit befindet und bereits am . . . . . (Tag der Exekutionsvollstreckung) sich in diesem Zustande befunden hat, hierdurch aber die Eröffnung des kaufmännischen Konkurses über das Vermögen desselben und, da er die gerichtliche Anzeige der Zahlungseinstellung unterlassen hat, zugleich seine Verhaftung gerechtfertigt ist (§§. 113, 118, 138 der Konkurs-Ordnung vom 8. Mai 1855),

hat das unterzeichnete Gericht in seiner heutigen Sitzung um . . . Uhr . . . mittags beschlossen:

1. daß über das Vermögen des B. der kaufmännische Konkurs zu eröffnen und der Tag der Zahlungseinstellung auf den . . . . . festzusetzen;
2. daß der N. N. zum einstweiligen Verwalter der Konkursmasse zu ernennen*);
3. daß die Bekanntmachung der Konkurseröffnung und des offenen Arrestes, in welchem die Frist zur Anzeige über den Besitz von Vermögensstücken des Gemeinschuldners bis zum . . . . . . zu bestimmen, durch Anschlag an der Gerichtsstelle, an der hiesigen Börse und . . . . ., sowie durch . . . malige Einrückungen in . . . . ., und zwar von . . . zu . . . Tagen **) zu veröffentlichen;
4. daß der B. zu verhaften und in das Schuldgefängniß abzuliefern.

N. N. den . . . .

Königliches Kreisgericht. Erste Abtheilung.

(Unterschriften.)"

---

*) „Kann die Ernennung nicht sofort erfolgen, so ist die Nr. 2 im Beschlusse fortzulassen, da die Abfassung des Beschlusses in Ansehung der übrigen Punkte durch die Ernennung nicht aufgehalten werden darf."

**) „Behufs schleuniger Herbeiführung der Publizität der Bekanntmachung wird es zweckmäßig sein, die Einrückungen schnell auf einander folgen zu lassen."

hat, binnen zehn Tagen, vom Tage der Zustellung des Beschlusses an gerechnet, die Beschwerde an die höhere Instanz offen [13]).

Wird die Beschwerde begründet gefunden, so ist das Konkursgericht zur Eröffnung des Konkurses anzuweisen.

§. 121. Der Zeitpunkt der Konkurseröffnung fällt auf die Stunde, in welcher der Beschluß gefaßt [14]) worden ist.

Diese Stunde muß in dem Beschlusse angegeben werden. Ist eine solche Angabe unterblieben, so gilt die Mittagsstunde des Tages, an welchem der Beschluß gefaßt worden ist, als der Zeitpunkt der Konkurseröffnung.

§. 122. Das Gericht hat zugleich den Tag des Eintritts der Zahlungseinstellung festzusetzen [15]).

Ist die Festsetzung des Tages der Zahlungseinstellung in dem Beschlusse nicht erfolgt, so wird der Tag der Konkurseröffnung, oder wenn der Gemeinschuldner früher verstorben ist, der Todestag desselben als der Tag der Zahlungseinstellung angenommen.

Auf den Grund neuer Ermittelungen kann der Tag der Zahlungseinstellung, so lange nicht über die Festsetzung desselben ein Prozeß eingeleitet ist (§. 125), durch Beschluß des Gerichts jederzeit von Amtswegen anderweit bestimmt werden [16]).

In keinem Falle darf der Tag der Zahlungseinstellung auf einen früheren Zeitpunkt, als sechs Monate [16a]) vor der Konkurseröffnung, festgesetzt oder angenommen werden.

Die Festsetzung des Tages der Zahlungseinstellung und die rechtskräftig festgestellten Abänderungen desselben (§. 125) sind bei Anfechtung der vor der Konkurseröffnung vorgefallenen Rechtshandlungen (Tit. 1, Abschn. 11) [16b]) für alle Betheiligten bindend [17]).

---

13) Von den Rechtsmitteln gegen den die Konkurseröffnung aussprechenden Beschluß handelt der §. 124. Der Entwurf schlug vor, jedem Gläubiger des Gemeinschuldners die Beschwerde zu gestatten. Die Abänderung dieses Vorschlags ist logisch. Wer die Konkurseröffnung verlangt, mag zuvor einen Antrag machen, ehe er Ursache hat sich zu beschweren.

14) Der Publikation (§. 123) wird kein Einfluß auf den Zeitpunkt der Konkurseröffnung gestattet, wie es der §. 22 der A. G.O. that. Wenn vorgeschrieben wäre, daß der Beschluß über die Konkurseröffnung, wie nach fr. R., in öffentlicher Gerichtssitzung ausgesprochen würde, so hätte die Bestimmung theoretischen Grund.

15) Wegen der Anfechtung der vor der Konkurseröffnung vorgefallenen Rechtshandlungen vergl. §§. 100 — 102.

16 Weil später noch andere Fälle, welche eine Zahlungseinstellung enthalten, zur Sprache kommen können. (Motive, S. 92.)

16a) Diese Zeitbestimmung ist rein willkürlich. Der Entwurf schlug Ein Jahr vor; der C. de c. bestimmt gar keine Zeit, überläßt mithin Alles dem richterlichen Ermessen; in Belgien sind 3 Monate, in Holland 6 Monate bestimmt.

16b) (2. A.) Also auch zur Anwendung des §. 100. Erk. des Obertr. vom 12. März 1863 (Arch. f. Rechtsf. Bd. XLVIII, S. 255).

17) Diese Festsetzung soll darum ein Präjudizium für alle Prozesse über Anfechtung von Rechtshandlungen sein, um ungleiche Entscheidungen verschiedener Gerichte darüber zu verhindern. Würde also zur Begründung einer Anfechtung die Zahlungseinstellung zu einer frühern als in dem Eröffnungsbeschlusse angenommenen Zeit behauptet, so müßte das Konkursgericht über die demselben vorzutra-

§. **123.** Die Konkurseröffnung und der Zeitpunkt derselben, sowie der festgesetzte Tag der Zahlungseinstellung sind durch das Konkursgericht sofort [18]) öffentlich bekannt zu machen.

Die öffentliche Bekanntmachung erfolgt durch eine oder mehrere Anzeigen in öffentlichen Blättern nach dem Ermessen [18a]) des Gerichts [19]), sowie durch öffentlichen Anschlag an der Gerichtsstelle und an anderen geeigne-

---

genden Umstände befinden und darnach anderweiten Beschluß über die Zeit der Zahlungseinstellung fassen; das Prozeßgericht würde dazu nicht kompetent sein.

18) „Sofort — bekannt machen" heißt hier: die öffentliche Bekanntmachung sogleich bei der Beschlußfassung verordnen und unverzüglich ausführen.

18a) (2. A.) Außerdem, in Konkursen über das Vermögen der Buch-, Musikalien- und Kunsthändler, auch durch das in Leipzig erscheinende Börsenblatt für den deutschen Buchhandel, wo diese Bekanntmachungen unentgeltlich aufgenommen werden. Die Zusendung geschieht unfrankirt, ohne Begleitschreiben an die „Redaktion des Börsenblattes für den deutschen Buchhandel ꝛc." zu Leipzig. Einer Beibringung der Belegsblätter über diese Insertion bedarf es nicht. Allg. V. des J. M. vom 5. November 1859 (J. M. Bl. S. 366).

19) Diese Bestimmung ist der sonst gewöhnlichen Bezeichnung bestimmter öffentlicher Blätter im Gesetze weit vorzuziehen, indem nun der Berücksichtigung der jedesmaligen örtlichen und Verkehrs-Verhältnisse Raum gegeben ist.

Der J. M. giebt hierzu noch folgende Unterweisung sammt Formular:

a) Instr. v. 6. August 1855.

„§. 11. Bei den wichtigen, mit der Konkurseröffnung verknüpften Folgen ist die öffentliche Bekanntmachung derselben vorzugsweise zu beschleunigen. Zu diesem Behuf ist über die Art der Bekanntmachung sogleich in dem Eröffnungsbeschlusse (§. 10) Bestimmung zu treffen. Die Ausführung muß dergestalt erfolgen, daß die Bekanntmachung mit den erforderlichen Verfügungen und Anschreiben noch an demselben Tage, an welchem der Beschluß gefaßt ist, zum Abgange befördert wird; auch ist dahin zu wirken, daß die Bekanntmachung noch vor Ablauf der beiden nächstfolgenden Tage (vergl. §. 7 des Gesetzes) zur Veröffentlichung gelangt. Zur Herbeiführung der nöthigen Beschleunigung wird den Gerichten empfohlen, für die Expeditionen und Reinschriften der Bekanntmachung gedruckte Formulare in Anwendung zu bringen.

In welche öffentliche Blätter, ob in eins oder in mehrere und wie oft die Bekanntmachung einzurücken ist, hat das Gericht nach den obwaltenden Umständen zu ermessen. Es ist dabei im Auge zu behalten, daß es darauf ankommt, die Konkurseröffnung schleunigst und mit möglichster Sicherheit in einem den Verhältnissen des Gemeinschuldners angemessenen Umfange zur Publizität zu bringen. Es sind daher hauptsächlich solche Blätter zu wählen, durch welche die Bekanntmachung eine schleunige und weite Verbreitung an den Orten oder in den Gegenden findet, wo der Gemeinschuldner wohnt oder sich aufhält, Vermögen besitzt oder bisher sein Geschäft betrieben hat. Jedoch muß eine unverhältnißmäßige Häufung der Kosten vermieden werden.

Nach gleichen Gesichtspunkten ist zu bestimmen, ob und in welcher Weise der öffentliche Anschlag der Bekanntmachung, außer an der Gerichtsstelle und der Börse, noch an anderen Orten erfolgen soll, an den für andere öffentliche Bekanntmachungen der Behörden bestimmten Stellen, an der bisherigen Wohnung oder dem Geschäftslokale des Gemeinschuldners, oder an Orten, wo zur Konkursmasse gehörige Vermögensstücke sich befinden.

Alle im weiteren Verlaufe des Konkursverfahrens zu erlassenden öffentlichen Bekanntmachungen sind, sofern nicht besondere Umstände eine Ausnahme begründen, durch dieselben öffentlichen Blätter zu bewirken, welche das Gericht für die Bekanntmachung der Konkurseröffnung gewählt hat, damit die Betheiligten nicht darüber in Ungewißheit sind, auf welche Blätter sie behufs Wahrnehmung ihrer Rechte während des Konkurses ihre Aufmerksamkeit zu richten haben."

ten Orten, insbesondere an der Börse, wenn solche im Gerichtsbezirke vorhanden ist.

Zugleich ist der Staatsanwaltschaft von der erfolgten Konkurseröffnung besondere Nachricht zu geben [20]).

Jeder Betheiligte kann auf seine Kosten eine Abschrift des Beschlusses (§§. 119, 120, 122) verlangen.

§. 124. Der Beschluß auf Eröffnung des Konkurses kann von dem Gemeinschuldner [21]) mittelst eines Antrags auf Wiederaufhebung des Konkurses angefochten werden.

---

b) Formular Nr. 2.

„Bekanntmachung der Konkurseröffnung und des offenen Arrestes.

(Konkursordnung §§. 123, 128, 148, 329; Instr. §§. 11—13.)

Konkurseröffnung.

Königliches Kreisgericht zu ......, Erste Abtheilung, den ....., ... mittags ... Uhr.*)

Ueber das Vermögen (den Nachlaß) des ..... zu ..... ist der kaufmännische (gemeine) Konkurs eröffnet und der Tag der Zahlungseinstellung auf den ...... festgesetzt worden.**)

Zum einstweiligen Verwalter der Masse ist der .... bestellt. Die Gläubiger des Gemeinschuldners werden aufgefordert, in dem auf den ...... vor dem Kommissar N. N. im Terminszimmer Nr. .. anberaumten Termine ihre Erklärungen und Vorschläge über die Beibehaltung dieses Verwalters oder die Bestellung eines anderen einstweiligen Verwalters abzugeben.***)

Allen, welche von dem Gemeinschuldner etwas an Geld, Papieren oder anderen Sachen in Besitz oder Gewahrsam haben, oder welche ihm etwas verschulden, wird aufgegeben, nichts an denselben zu verabfolgen oder zu zahlen, vielmehr von dem Besitz der Gegenstände bis zum .... einschließlich dem Gericht oder dem Verwalter der Masse Anzeige zu machen und Alles, mit Vorbehalt ihrer etwanigen Rechte, ebendahin zur Konkursmasse abzuliefern. Pfandinhaber und andere mit denselben gleichberechtigte Gläubiger des Gemeinschuldners haben von den in ihrem Besitz befindlichen Pfandstücken nur Anzeige zu machen."

20) Durch diese Bestimmung wird die Vorschrift des §. 313 des Anh. zur A. G.O. der heutigen Gerichtsverfassung angepaßt. Dem Staatsanwalt müssen auf Verlangen sofort die Akten vorgelegt werden; zweckmäßig ist es, die Einsicht der Akten zu verschieben, um der besseren Entwickelung der Schuldverhältnisse und des Verhaltens des Gemeinschuldners Zeit zu lassen; auch ist die Konkurssache dringlicher als der Bankerutierprozeß.

21) Der Entwurf wollte auch jedem andern Interessenten den Antrag auf Wiederaufhebung des Konkurses gestatten, z. B. solchen Personen, die eine Anfechtung ihrer mit dem Gemeinschuldner eingegangenen Rechtsgeschäfte zu befürchten haben. Der Gedanke ist juristisch. Die Kammerkommissionen haben dieses gestrichen und nur dem Gemeinschuldner dieses Recht gestatten wollen, „und zwar deshalb, weil es allerdings vorkommen kann, daß es einem einzelnen Interessenten wünschenswerther ist, daß nicht Konkurs eröffnet wird, weil aber doch das ganze Gesetz auf der Unterstellung beruht, daß der Konkurs nicht um des Gemeinschuldners, sondern um der Gläubiger willen eröffnet wird." (II. K. K. Ber. S. 76.) Ist unklar. Wenn jedem Betheiligten die Klage auf Abänderung der Bestimmung betreffend den Tag der Zahlungseinstellung gestattet wird und selbst der Gemeinschuldner als Intervenient beitreten darf, so reicht der Grund davon

---

*) „Datum und Stunde der Beschlußfassung."

**) „Im Falle des gemeinen Konkurses bleibt diese, den Tag der Zahlungseinstellung betreffende Stelle weg."

***) „Ist der einstweilige Verwalter zur Zeit des Erlasses der Bekanntmachung noch nicht ernannt, so fällt dieses Alinea hier fort."

Der Antrag muß den Erfordernissen einer Klage [22]) entsprechen; er muß binnen zehn Tagen [23]), vom Tage des Beschlusses an gerechnet [24]), bei dem Konkursgericht angebracht werden [25]).

Ueber den Antrag hat das Konkursgericht im schleunigen [25a]) Prozesse zu verhandeln und zu entscheiden.

Die Gegenpartei des Gemeinschuldners ist der Verwalter der Konkursmasse [26]) und der Gläubiger, welcher die Konkurseröffnung betrieben hat; andere Betheiligte sind dem Prozesse als Intervenienten beizutreten berechtigt.

Es finden nur die Rechtsmittel der Appellation und der Nichtigkeitsbeschwerde statt [27]).

---

auch so weit, daß ein Betheiligter für sich allein die Wiederaufhebung des Konkurses verlangen kann.

22) Diese Anfechtungsklage läßt sich nicht allein auf die Berichtigung etwaniger Irrthümer in den thatsächlichen Umständen oder Voraussetzungen, auf welche der Richter seine Ueberzeugung von der thatsächlich eingetretenen Zahlungseinstellung stützt, sondern auch auf irrige Qualificirung des Gemeinschuldners als Handelsmann rc. gründen. Wäre der Gemeinschuldner nicht als Handelsmann rc. zu betrachten, so müßte der Beschluß, durch welchen auf Grund der Zahlungseinstellung der Konkurs eröffnet worden, aufgehoben werden. §. 322. In Frankreich hat der Ausdruck commerçant und wer dafür zu halten, viel Prozesse verursacht; unser Ausdruck „Handelsmann" wird auch nicht unfruchtbar bleiben. Vergl. Anm. 1 zu §. 113. (2. A.) Einzelne Blüthen s. m. oben, Anm. 53 a zu §. 80 und Anm. 27 bb zu §. 125.

23) Die Restitutionsfrist, welche für den Gemeinschuldner für genügend erachtet ist, da er seine Verhältnisse kennen muß und deshalb keiner zeitraubenden Information zur Anstellung der Klage bedarf, was bei andern Betheiligten nicht zutrifft. (Motive S. 93.)

24) Die Berechnung geschieht wie bei den Restitutions- und Appellationsfristen.

25) Die bloße Anmeldung der Klage innerhalb der Zeit genügt mithin nicht. Würde also zwar eine sog. Anfechtungsklage rechtzeitig angebracht aber von dem Gerichte wegen Mangels wesentlicher Erfordernisse nicht annehmbar befunden, so dürfte das Gericht keinen Termin über die Fristen hinaus, behufs Aufnahme einer gehörig substantiirten Klage, ansetzen, sondern müßte, wenn die Mängel nicht noch innerhalb der Frist verbessert werden können, den Antrag per decretum zurückweisen. Auch in dem Falle, wo durch Beschwerde die Einleitung des Prozesses auf Grund einer unsubstantiirten Anfechtungsklage durchgesetzt wird, darf zur Ergänzung der Klage nichts mehr vorgebracht werden; sonst würde das Gesetz, daß der „den Erfordernissen einer Klage entsprechende Antrag" innerhalb der Fristen angebracht werden muß, umgangen. Die Fristen sind Fatalien.

25a) Der von dem Berichterstatter der Kommiss. der II. K. ausgehende Ausdruck ist unkorrekt; die Pr.-O. kennt keinen „schleunigen Prozeß" als besondere Art, sondern nur einen abgekürzten Prozeß in schleunigen Sachen. Wahrscheinlich meint man also diesen abgekürzten Prozeß. Vergl. u. Anm. 27 c, Abs. 2.

26) Dadurch kommt der Gemeinschuldner in die Lage, in allen Fällen, also auch in dem Falle, wo man ohne zulänglichen Grund sein Gewerbe gestört und sein Vermögen in Beschlag genommen hat, das Bad zu bezahlen: der Prozeß wird immer auf seine Kosten geführt, der Ausgang mag sein wie er will. Dies ist die Folge des Einschreitens des Richters von Amtswegen; es fehlt hier an einer Gegenpartei. Wo eine solche vorhanden ist, d. h. wo ein Gläubiger die Konkurseröffnung betrieben hat, sollte der Masseverwalter ganz aus dem Spiele gelassen werden.

27) Die Revision ist schon im §. 19 der A. G.O. ausgeschlossen. (2. A.) Vergl. Erk. d. Obertr. v. 18. Febr. 1862 (Arch. f. Rechtsf. Bd. XLVI, S. 18).

§. 125. Der Beschluß, durch welchen der Tag der Zahlungseinstellung bestimmt wird, kann von dem Verwalter der Masse [27 a]) und jedem Anderen, welcher ein Interesse bei der Sache hat [27 b]), mittelst eines Antrags auf anderweite Bestimmung des Tages der Zahlungseinstellung angefochten werden [27 bb]).

Der Antrag muß den Erfordernissen einer Klage entsprechen; er muß binnen drei Monaten, vom Tage des Beschlusses an gerechnet, bei dem Konkursgericht angebracht werden.

Ueber den Antrag hat das Konkursgericht im ordentlichen Prozesse zu verhandeln und zu entscheiden [27 c]).

Es finden nur die Rechtsmittel der Appellation und der Nichtigkeitsbeschwerde statt.

Die Einleitung mehrerer Prozesse über die Festsetzung des Tages der Zahlungseinstellung ist nicht zulässig. Vielmehr können, sobald ein Interessent auf anderweite Bestimmung dieses Tages angetragen hat, alle übrigen Interessenten, welche eine solche ebenfalls verlangen, nur dem über den ersten Antrag eingeleiteten Prozesse als Intervenienten beitreten. Jedoch sind dieselben bei ihren Anträgen in Ansehung des festzusetzenden Tages der Zahlungseinstellung an die Anträge der Hauptparteien nicht gebunden [27 d]).

(2. A.) Auch in den die Wiederaufhebung eines Konkurses betreffenden Prozessen muß die Anmeldung und Einführung der Appellation und Nichtigkeitsbeschwerde binnen drei Tagen nach Behändigung des angefochtenen Erkenntnisses bei dem Gerichte erster Instanz angebracht werden. Pr. des Obertr. 2698, vom 9. März 1858 (Entsch. Bd. XXXVII, S. 85 * u. Arch. f. Rechtsf. Bd. XXVII, S. 301). Vergl. unten, §. 330, Abs. 5.

27 a) Wenn dieser als Kläger auftritt, so ist der Gemeinschuldner die Gegenpartei.

27 b) Vergl. oben Anm. 21 zu §. 124. Die Gegner eines solchen Betheiligten sind der Gemeinschuldner und der Verwalter der Masse.

27 bb) (2. A.) Die Anfechtungsklage kann von einem Interessenten auch auf das Motiv gestützt werden, daß der Fall des kaufmännischen Konkurses überhaupt nicht vorliege, d. h. daß der Gemeinschuldner nicht als ein Handelsmann zu betrachten, und deshalb ein Zahlungseinstellungstag nicht hätte festgesetzt werden sollen. Erk. des Obertr. vom 16. Juli 1859 (Entsch. Bd. XLI, S. 453).

27 c) Wenn es nicht auf Grund der Vorschrift des §. 122, Alinea 3 in Folge erlangter Ueberzeugung von der Richtigkeit des Vortrages den Antrag ohne Weiteres bewilligt, was ihm vor der Einleitung des Prozesses freisteht.

Den ordentlichen Prozeß läßt man hier deshalb zur Anwendung kommen, weil „ein dringendes Bedürfniß, hierüber (über die Bestimmung des Tages der Zahlungseinstellung) so schnell als möglich zur definitiven Entscheidung zu gelangen, eben nicht vorliegt", wogegen, „wenn der Gemeinschuldner wegen Eröffnung des Konkurses Klage führt, in diesem Falle es im Interesse des Gemeinschuldners sowohl, als aller übrigen Betheiligten liegt, daß die rechtskräftige also endliche Entscheidung schnell erfolge, und darum beantragt die Kommission, diesen Prozeß im schleunigen (?) Prozeßverfahren erörtern und entscheiden zu lassen." (Bericht S. 77.) Mit dem *schleunigen* Prozeßverfahren meint der Berichterstatter wahrscheinlich den *abgekürzten* Prozeß; *schleunig* kann das Verfahren auch im ordentlichen Prozesse sein.

27 d) Zur Beifügung dieser Bestimmung (die beiden §§. 124 und 125 sind in den Kammerkommissionen umgearbeitet worden) ist man durch das Gefühl —

§. 126. Der Antrag auf Wiederaufhebung des Konkurses (§. 124) und der Antrag auf anderweite Bestimmung des Tages der Zahlungseinstellung (§. 125) hat in Betreff des angefochtenen Beschlusses keine aufschiebende Wirkung.

Das Konkursverfahren muß so lange auf Grund des angefochtenen Beschlusses fortgesetzt werden, als nicht etwas Anderes durch ein rechtskräftiges Erkenntniß festgestellt wird.

---

auszusprechen hat der Berichterstatter den zwingenden Grund der Universalität des Konkursprozesses nicht vermocht — der Universalität des Konkursverfahrens und der dadurch gegebenen Unmöglichkeit einer Mehrheit von Prozessen über die nämliche Hauptfrage zwischen einzelnen Gläubigern, gedrängt worden. Die Kommission, heißt es, habe sich klar gemacht, daß nur Ein Prozeß über die Bestimmung des Tages der Zahlungseinstellung zur Entscheidung gelangen könne. Offenbar würde, wenn die Möglichkeit, daß heute ein Interessent klage, dann, wo dieser Prozeß schon in einem weit vorgeschrittenen Stadium schwebe, ein Zweiter auch eine Klage, vielleicht auf andere Thatsachen gestützt, anbringe, später noch ein Dritter, Vierter, nachdem der erste Prozeß bereits in erster Instanz entschieden sei, noch mit einer dritten oder vierten Klage auftrete, — nicht abgeschnitten würde, die größte Verwirrung entstehen können. (Ber. der Kommiss. der II. K. S. 77.) So ist es. Deshalb ist eben der Konkursprozeß ein untheilbares judicium universale, nicht aus Einfall, sondern aus innerer Nothwendigkeit. Ist die Verhandlung über die Konkurseröffnung und folgeweise über die endgiltige Bestimmung des Tages der Zahlungseinstellung auf Antrag eines Betheiligten im Gange, so können alle übrigen Interessenten nur adhäriren, entweder der klagenden oder der die Stelle des Bekl. vertretenden Partei, je nachdem sie den Tag vorgerückt oder weiter zurückgestellt verlangen, wonach Jeder den Antrag des Klägers oder Beklagten erweitern oder beschränken kann. „Hat also z. B. das Gericht den Tag der Zahlungseinstellung auf den 1. März festgestellt, und ein Dritter, der da besorgt, daß eine von ihm mit dem Gemeinschuldner vorgenommene Rechtshandlung angefochten werden könnte — eine Rechtshandlung, die dann nicht mehr innerhalb des gesetzlichen Zeitraums der Anfechtbarkeit fiele, wenn der Tag der Zahlungseinstellung nicht auf den 1., sondern auf den 5. März festgesetzt wird — dahin Klage erhoben, daß der Tag der Zahlungseinstellung erst auf den 5. März festgestellt wird, so vertritt der Verwalter der Masse den 1. März als den richtigen Tag. Ist nun ein Gläubiger des Gemeinschuldners der Ansicht, daß der Tag der Zahlungseinstellung nicht auf den 1. März, sondern schon auf den 25. Februar hätte festgestellt werden sollen, und wünscht er die Abänderung der ersten Feststellung z. B. darum, weil er im Falle dieser Abänderung ein Rechtsgeschäft eines Vierten oder Fünften für anfechtbar erachtet, so wird er als accessorischer Intervenient dem verkl. Verwalter der Masse beizutreten haben, aber seinen Antrag dahin stellen können, nicht nur dem Antrage des Klägers stattzugeben, sondern sogar statt des 1. März den 25. Februar als den richtigen Tag zu bestimmen, wogegen irgend ein Anderer, der eine noch spätere Datirung des Tages, als sie der Kläger beantragt hat, seinem Interesse entsprechend findet, dem Kläger als accessorischer Intervenient beitreten muß, aber berechtigt ist, seinen weitergehenden Antrag zur richterlichen Entscheidung zu bringen." (Ber. S. 78.) Diese Beispiele habe ich nicht vorenthalten wollen. Die Sache ist einfach: jeder Betheiligte kann in diesem Prozesse auftreten und auf eigene Hand seine eigene Intention durchsetzen, ohne durch den Mangel der Uebereinstimmung mit einer der zuerst aufgetretenen Parteien in der Begründung und Beweisführung gehemmt zu sein; was er durchsetzt, hat Kraft für und gegen alle Konkursinteressenten.

(2. A.) Die Intervention kann auch erst durch selbstständige Einlegung der Appellation gegen das erste Urtel geschehen, obwohl der Intervenient seither dem Verfahren nicht beigetreten war und keine der bisherigen Parteien appellirt. Erk. des Obertr. vom 26. Januar 1860 (Entsch. Bd. XLIII, S. 472). Dies entspricht dem Grundsatze der Prozeßordnung Tit. 17, §. 31.

Die rechtskräftig festgestellten Abänderungen des Beschlusses sind in derselben Weise öffentlich bekannt zu machen, in welcher die Bekanntmachung des Beschlusses geschehen ist (§. 123).

Dritter Abschnitt.

Von dem gerichtlichen Kommissar und dem einstweiligen Verwalter der Masse.

§. 127. Nach der Eröffnung des Konkurses erfolgt die gerichtliche Bearbeitung desselben durch einen Kommissar des Gerichts, soweit nicht im gegenwärtigen Gesetze einzelne Geschäfte dem Gericht selbst vorbehalten sind, oder die Uebertragung einzelner Geschäfte an besondere Kommissarien gestattet ist[28]).

---

28) Dieser Paragraph enthält das System des neuen Verfahrens. Der deutsche Prozeß, der sich in der A. G.O. reproduzirt findet, kennt nur die Verhandlung des Konkurses als eines zusammenhängenden Prozesses bei Gericht und unter unmittelbarer Aufsicht und Genehmigung des Gerichts. Der französische Prozeß ist ein Gegensatz davon: er trennt das Gericht von dem eigentlichen Lenker und Verarbeiter des Konkurses, dem richterlichen Kommissar und verweist an das Gericht nur die eigentlichen Rechtsstreitigkeiten, während die eigentlichen Verwaltungsangelegenheiten (die Ausmittelung und Verwerthung des Aktivvermögens) besonderen Personen (den Agenten, Syndiken und Kuratoren) überlassen werden. Das neue Konkursgesetz hat das französische System angenommen (Anm. 1 zur Einl.), aber doch wieder nur in einer Weise, daß dem Gerichte nicht allzuviel entzogen wird: es ist etwas Halbes, die Trennung ist nicht durchgeführt.

Der Kommissarius nimmt keinesweges die Stellung des französischen zum Gerichte ein; gewisse Angelegenheiten und Maßregeln sind ihm ganz entzogen und in den ihm zugewiesenen Geschäften hat er auch nicht die Stellung der Einzelrichter (Gerichtskommissarien), vielmehr bildet das Gericht eine Instanz, bei welcher die Interessenten „Remedur nachsuchen können". Er ist also eigentlich nur ein beauftragter Agent des Gerichts. Die Verf. sagen in den Motiven, S. 93: „Soll aber die letztere (die kommissarische Bearbeitung) den erwarteten Nutzen bringen, so muß dem Kommissar eine möglichst selbstständige Stellung gegeben werden; er muß die bisherigen Funktionen des Decernenten und des Deputirten in sich vereinigen (dies thut es nicht; die Trennung oder Vereinigung dieser Funktionen ist etwas sehr Unwesentliches) und überhaupt ausschließlich das Organ sein (also doch nur ein Organ), durch welches die gerichtliche Einwirkung (nämlich die Einwirkung des Kollegiums; das Kollegium behält also die Direktion des Prozesses) auf den Konkurs ausgeübt wird. Nur für bestimmte Angelegenheiten, welche von besonderer Wichtigkeit sind (je nach den Meinungen), erscheint es nothwendig, die Mitwirkung des Kollegiums (d. h. ohne Benutzung des Organs) eintreten zu lassen. Außerdem versteht es sich von selbst, daß der Kommissar der gewöhnlichen Aufsicht des Gerichtsvorstandes unterworfen bleibt, sowie daß die Interessenten, welche sich durch die Verfügungen des Kommissars beschwert fühlen, bei dem Kollegium Remedur nachsuchen können." (Damit bleibt die Behandlung beim Alten, nur mit dem Unterschiede, daß eine Zwischeninstanz — ein Rad mehr, wodurch die Friktion vergrößert wird — ohne Nutzen, eingeschoben ist. Früher wurden die Verfügungen ebenfalls von dem Kommissar (Deputirten) und dem Decernenten, obwohl im Namen des Kollegiums, abgefaßt und die Remedur brauchte nicht erst noch bei demselben Gerichte gesucht zu werden.)

Die Ernennung des Kommissars, welche nach dem C. de comm. Art. 454 in dem Konkurseröffnungs-Beschluß erfolgt, geschieht im preuß. Verfahren durch den Vorsitzenden, entweder für jeden einzelnen Konkurs besonders, oder ein für allemal für sämmtliche Konkurssachen, je nach dem bestehenden Geschäftsregulativ. „Darauf wird indessen jedenfalls zu sehen sein" — heißt es in den Motiven S. 93, —

Auf Beschwerden über den Kommissar entscheidet zunächst das Konkursgericht [28a]).

§. 128. Bei der Konkurseröffnung hat das Gericht von Amtswegen [29]) einen einstweiligen Verwalter der Masse zu bestellen.

„daß der Kommissar ein erfahrener Praktiker ist und daß in den einzelnen Sachen ein Wechsel in der Person des Kommissars ohne dringende Veranlassung nicht eintritt, damit die Leitung der Sache möglichst in derselben Hand verbleibt."

Hierzu lehrt der Justizminister in seiner Instruktion vom 6. August 1855 weiter was folgt:

„§. 3. Der gerichtliche Kommissar für den Konkurs wird von dem Dirigenten der Gerichtsabtheilung oder der Deputation ernannt.

Bei der Wichtigkeit der Funktionen, welche dem Kommissar obliegen, ist es nothwendig, daß solche Richter dazu bestellt werden, welche durch ihre Erfahrung, Sachkenntniß und Geschäftsgewandtheit vorzugsweise geeignet erscheinen. Referendarien können, sofern ihnen nicht die Verwaltung einer Richterstelle übertragen ist, als Kommissarien nicht fungiren, sondern nur den richterlichen Kommissarien im gewöhnlichen Wege ihrer praktischen Ausbildung zur geeigneten Beschäftigung überwiesen werden.

Ein Wechsel in der Person des Kommissars während der Dauer des Konkurses erscheint nicht angemessen; er darf nur aus den dringendsten Gründen eintreten. Für den Fall einer nothwendig werdenden zeitweisen Stellvertretung sind die geeigneten interimistischen Anordnungen zu treffen.

§. 4. Der Kommissar hat alle auf das Konkursverfahren bezüglichen Angelegenheiten als Decernent und Deputirter zu bearbeiten. Er verfährt dabei selbstständig, soweit nicht die Konkursordnung eine Mitwirkung oder Genehmigung des Kollegiums (Gerichts) ausdrücklich vorschreibt. Jedoch bleibt er der Aufsicht des Gerichtsvorstandes, namentlich in Ansehung der Disziplin und des Geschäftsbetriebes im Allgemeinen, gleich andern selbstständigen Kommissarien des Gerichts unterworfen; über sachliche Beschwerden (§. 127 des Gesetzes) befindet zunächst das Kollegium gemäß §. 10, Nr. 7 des Geschäftsregulativs vom 18. Juli 1850, unbeschadet des in den bisherigen Gesetzen begründeten Instanzenzuges.

Der Kommissar ist befugt, die zu dem Gerichtsbezirke gehörigen Zweiggerichte mit der Erledigung einzelner Geschäfte zu beauftragen, sowie Requisitionen an andere Behörden zu erlassen.

Die von dem Kommissar in seiner selbstständigen Stellung erlassenen Verfügungen und ertheilten Ausfertigungen ergehen unter seinem Namen; er zeichnet dieselben: „Königliches Kreis- (Stadt-) Gericht.
Der Kommissar des Konkurses."

§. 5. Was diejenigen Angelegenheiten betrifft, welche zur Beschlußnahme des Kollegiums gelangen, so hat der Kommissar nicht nur in den Fällen den Vortrag zu halten, für welche dies in der Konkursordnung ausdrücklich vorgeschrieben ist, sondern auch in allen übrigen Fällen, sofern in diesen letzteren nicht der Dirigent den Vortrag einem anderen Gerichtsmitgliede zu übertragen oder den Vortrag selbst zu übernehmen für angemessen erachtet.

Der Kommissar nimmt an der Berathung und Abstimmung des Kollegiums Theil.

Alle zur Konkurssache gehörigen Protokolle, Eingaben, Verfügungen und anderen Schriftstücke unterliegen dem gewöhnlichen Geschäftsbetriebe in den gerichtlichen Büreau's. Dieselben gehen durch das Büreaujournal und gelangen zu den betreffenden gerichtlichen Akten. Der Kommissar führt keine besonderen Kommissionsakten."

28a) Dieses Alinea fehlte im Entwurf, weil sich die Sache von selbst versteht und das Gegentheil verordnet sein müßte, um die Kognition des Kollegiums auszuschließen; es ist auf Antrag der Kommission der II. K. hinzugethan.

29) Die Wahl des Verwalters steht an und für sich den Gläubigern zu. Da jedoch ein solcher schon von Anfang des Konkurses vorhanden sein muß, wo man noch nicht weiß, wer zu der als bereits vorhanden betrachteten universitas credi-

Der ernannte einstweilige Verwalter ist in der öffentlichen Bekanntmachung der Konkurseröffnung (§. 123), oder in einer schleunigen nachträglichen Bekanntmachung namhaft zu machen. Dabei sind zugleich die Gläubiger aufzufordern, in einem Termin, der nicht über vierzehn Tage hinausgesetzt werden darf, ihre Erklärungen und Vorschläge über die Beibehaltung des bestellten einstweiligen Verwalters oder die Bestellung eines anderen einstweiligen Verwalters abzugeben [30]).

Nach Abhaltung des Termins beschließt das Gericht über die Beibehaltung des bisherigen oder die Bestellung eines anderen einstweiligen Verwalters nach seinem Ermessen, unter Berücksichtigung der von den Gläubigern gemachten Erklärungen und Vorschläge, ohne jedoch an dieselben gebunden zu sein. Wird die Bestellung eines anderen einstweiligen Verwalters beschlossen, so ist dieselbe öffentlich bekannt zu machen (§. 123).

§. 129. Als einstweiliger Verwalter ist ein geschäftskundiger Mann [31])

---

torum, außer den etwa schon bekannten Gläubigern, noch gehört, so ist die einstweilige Vertretung der Gläubigerschaft in der Bestellung des Verwalters durch das Gericht nothwendig. Denn auch die schon bekannten Gläubiger sind dazu nicht geeignet, weil sie die Mitgliedschaft erst dadurch erwerben, daß sie als Liquidanten auftreten, was bei der Konkurseröffnung noch ungewiß ist. Dies ist der Grund dieser Vorschrift, die nur bereits bestehendes Recht enthält. A. G.O. §. 64.

30) Der §. 64 der A. G.O. forderte die Vernehmung der bereits bekannten und am Orte persönlich anwesenden oder durch einen Bevollmächtigten vertretenen Gläubiger vor der Ernennung des Interimskurators. In der Praxis wurde jedoch diese Vorschrift wegen Dringlichkeit der zu treffenden Maßregel selten beobachtet. Sollen daher die Gläubiger über den einstweiligen Verwalter nicht ungehört bleiben, so ist es zweckmäßiger, sie nachträglich zu vernehmen, wie es der §. 128 vorschreibt. Doch wäre dazu die Ansetzung eines besondern Termins nicht nothwendig; der Zweck würde vollständig durch die Aufforderung an die Gläubiger, ihre Erklärungen und Vorschläge binnen einer bestimmten Frist schriftlich einzureichen oder vor dem Supplikantenvernehmer abzugeben, erreicht. Das franz. R. läßt es bei der bloßen Bekanntmachung des Beschlusses, worin der Kommissarius und der einstweilige Agent ernannt ist, bewenden. C. de comm. Art. 457.

31) Rechtsanwälte sind nicht ausgeschlossen; für den kaufmännischen Konkurs sind jedoch Geschäftsmänner, welche praktische Kenntniß und Erfahrung in Handelsgeschäften und Verkehrsverhältnissen haben, vorzuziehen. Zur unverzüglichen Ernennung einer solchen Person ist dem Vorsitzenden des Gerichts Personalkenntniß nothwendig. Zweckmäßig ist es dazu, wie die Verf. in den Motiven S. 94 andeuten, daß die Gerichte darauf Bedacht nehmen mögen, sich mit den Kaufmannschaften, Handelskammern oder Ortsbehörden in Kommunikation zu setzen, um schon im Voraus die Personen zu ermitteln, welche zur Uebernahme der Verwaltung von Konkursmassen geeignet und bereit sind. Die Verpflichtung zur Uebernahme der Verwaltung hat, außer den Rechtsanwälten, Niemand. Anders nach dem C. de comm. Art. 456.

Hierzu erhalten übrigens die Gerichte von dem J.M. noch eine besondere hier folgende Anweisung nebst Formular:

a) Instr. v. 6. August 1855.

„§. 13. Der einstweilige Verwalter der Masse ist, wenn dies möglich, sogleich bei Abfassung des Beschlusses über die Konkurseröffnung zu ernennen.

Zuverlässigkeit und Geschäftskenntniß sind die Eigenschaften, auf welche bei der Auswahl hauptsächlich zu sehen ist; namentlich kommt es für den kaufmännischen Konkurs darauf an, daß der Verwalter eine praktische Bekanntschaft mit den Verhältnissen und Geschäften des Handelsverkehrs besitzt. Das Gesetz legt kein besonderes Gewicht darauf, daß der Verwalter ein Rechtsverständiger ist; dies schließt jedoch keineswegs aus, daß die Wahl auf einen Rechtsanwalt fallen kann, sofern

zu wählen, welcher an dem Orte des Gerichts, oder an dem Orte, wo das Hauptgeschäft des Gemeinschuldners sich befindet, oder in deren Nähe seinen Wohnsitz hat.

Ein Verwandter oder Verschwägerter des Gemeinschuldners bis zum vierten Grade einschließlich darf zum einstweiligen Verwalter nicht ernannt werden.

§. 130. Der einstweilige Verwalter ist nach seiner Ernennung von dem Kommissar auf die gewissenhafte Ausführung der ihm obliegenden Amtsverrichtungen mittelst Handschlags an Eidesstatt zu verpflichten[32].

Das Gericht hat ihm eine Bestallung zu seiner Legitimation auszufertigen.

§. 131. Der einstweilige Verwalter ist der Vertreter der Gläubigerschaft und der Masse[33].

---

nur bei demselben die Eigenschaften des Verwalters, wie sie die Beschaffenheit der Konkursmasse in dem konkreten Falle erfordert, anzutreffen sind. Auskultatoren und Referendarien sind zu Verwaltern nicht zu bestellen.

Ein Zwang zur Uebernahme des Amts als Verwalter der Masse findet nicht statt.

Es wird den Gerichten empfohlen, vorsorgliche Maßregeln zu treffen, damit die Ernennung des einstweiligen Verwalters in den einzelnen Fällen ohne Aufenthalt erfolgen kann. Insbesondere erscheint es für den kaufmännischen Konkurs zweckmäßig, daß die Gerichte an den Orten, wo kaufmännische Korporationen oder Handelskammern bestehen, sich mit dem Vorstande derselben in Kommunikation setzen, um die Personen, welche zur Führung der Verwaltung von Konkursmassen geeignet und bereit sind, im Voraus zu ermitteln.

Die Ernennung des einstweiligen Verwalters wird nebst der Aufforderung der Gläubiger zur Abgabe ihrer Erklärungen und Vorschläge in der über die Konkurseröffnung ergehenden Bekanntmachung veröffentlicht. Von der im Gesetz nachgelassenen nachträglichen Bekanntmachung ist in solchen Fällen Gebrauch zu machen, wo die Ernennung nicht sogleich erfolgen kann, oder die öffentliche Bekanntmachung der Konkurseröffnung binnen der im §. 11 angegebenen Frist, durch die vorgängige Ernennung des einstweiligen Verwalters, aufgehalten werden würde, oder wegen Behinderung oder Ablehnung des ernannten Verwalters eine anderweite Ernennung nothwendig wird."

b) Formular Nr. 3.

„Nachträgliche Bekanntmachung der Ernennung des einstweiligen Verwalters.
(Konkursordnung §. 128; Instr. §. 13.)

In dem über das Vermögen (den Nachlaß) des ...... zu ... eröffneten Konkurse ist der ...... zum einstweiligen Verwalter der Masse bestellt worden. Die Gläubiger des Gemeinschuldners werden aufgefordert, in dem auf den ...... vor dem Kommissar N. N. im Terminszimmer Num. ... anberaumten Termine ihre Erklärungen und Vorschläge über die Beibehaltung dieses Verwalters oder die Bestellung eines anderen einstweiligen Verwalters abzugeben.

N. N. den ....
Königliches Kreisgericht. Erste Abtheilung."

32) Weil die bisherige Verpflichtung der Kuratoren mittelst Handschlages an Eidesstatt (A. G.O. §§. 65, 68) sich als ein bedeutungsloser Akt dargestellt haben sollte (Motive, S. 94), schrieb der Entwurf Vereidigung vor. Die Verpflichtung könnte aber ohne allen Nachtheil ganz unterbleiben; sie ist auch nicht in dem Verhältnisse begründet, indem der Verwalter kein öffentlicher Beamter, sondern ein Agent der Gläubigerschaft, wesentlich also ein Privatverwalter ist. Die Vorschrift war aus dem C. de c. Art. 462 entnommen. Die Kammern sind zu dem bestehenden Recht zurückgekehrt, weil davon abzugehen sich kein Bedürfniß herausgestellt habe.

33) Unter der „Masse", welche nicht Subjekt, sondern Objekt ist, ist gleich-

Seine Aufgabe ist, die Masse, sowie die Ansprüche an dieselbe, zu ermitteln, und festzustellen und für die Sicherung der Masse Sorge zu tragen.

Ihm gebührt die Führung von Prozessen, welche die Masse oder einzelne Theile derselben betreffen; er hat die Masse und die Gläubigerschaft bei Erörterung der Ansprüche der einzelnen Gläubiger zu vertreten, er kann sich hierbei, wenn er nicht selbst Rechtsverständiger ist, eines Rechtsbeistandes bedienen und in einzelnen Fällen einen besonderen Bevollmächtigten bestellen [33a]).

§. 132. Der einstweilige Verwalter steht unter der Aufsicht des Gerichts [34]), welche zunächst durch den Kommissar ausgeübt wird.

Der einstweilige Verwalter muß seine Amtsverrichtungen mit der Auf-

falls die Gläubigerschaft als das vertretene Subjekt, aber in anderer Beziehung zu denken, nämlich gegenüber den einzelnen Liquidanten, in sofern es auf Richtigstellung der gemachten Forderungen an die Masse ankommt, eine Vertretung, für welche im Gemeinen Konkurse und auch in der A. G.O. §§. 64 ff. eine besondere Person, der Kontradiktor (curator litis), vorkommt. Es ist gesagt worden, der Kurator vertrete die Vermögensmasse aktive, nämlich in der Verwaltung und Verwerthung der Vermögensgegenstände; und der Kontradiktor vertrete sie passive. (Weiske, Rechtslexikon Bd. II, S. 799 u. A.) Aber das ist nicht genau richtig; denn auch in der Verwaltung werden passive Vertretungen nöthig, nämlich den streitigen Ansprüchen der Massegläubiger gegenüber, und man ist nicht darüber einig, wer in diesen Streitigkeiten die Gläubigerschaft zu vertreten habe. Einen Kern hat der Dualismus. Die Forderungen, sowohl der Massegläubiger wie der Konkursgläubiger, berühren das Interesse des Gemeinschuldners; denn je höher die Schuldenmasse festgestellt wird, je größer wird seine Last, wenn er zu bessern Umständen gelangt. Daher ist nach manchen Partikulargesetzgebungen, nach einem sehr richtigen Takt, der Gemeinschuldner Hauptpartei im Konkurse, nämlich bei der Vertheidigung der Masse gegen die Ansprüche aller Gläubiger. Nach dem heutigen Verfahren wird er ganz ignorirt. In der Idee der von den Obliegenheiten des gemeinrechtlichen Kurators getrennten Funktionen des Kontradiktors liegt die Mitvertretung des Gemeinschuldners, weshalb er auch nach Partikulargesetzgebungen zugezogen werden muß. Diese Rücksicht ist nun über Bord geworfen, und wenn dies ausgemachter Rechtsgrundsatz ist und also der Gemeinschuldner gar nichts mitzureden hat, so hat die Trennung der verschiedenen Aemter allerdings keinen Sinn mehr. Beide Aemter sind daher hier wieder in einer und derselben Person, ganz zweckmäßig, vereinigt, wie sie es Anfangs auch im Gemeinen Konkursverfahren waren. Die in einem tiefern Gerechtigkeitsgefühl wohl begründete Trennung beider Funktionen gehört einer spätern Zeit an und hat nur Zweifel und Streitigkeiten über das gegenseitige Verhältniß, und Erschwerung des Verfahrens veranlaßt, weil die Grundidee nicht klar war. Die preuß. Gerichtspraxis hat zwar, auf Grund der für geringfügige Sachen im §. 69 der A. G.O. gestatteten Vereinigung beider Aemter in Einer Person, diese Ausnahme zur Regel gemacht, aber die Motive sind seicht. Jeder Exequendus hat das Recht, sich gegen die Ansprüche an ihn zu wehren; und dieses natürliche Recht ist dem Kridar genommen. Die Neuerung ist daher ein sehr zweifelhafter Fortschritt.

33a) (2. A.) Das nach Beendigung des Konkurses durch Akkord (§. 199) von dem Konkursverwalter in einem Spezialprozesse angemeldete und eingeführte Rechtsmittel der Appellation erlangt durch die wenngleich erst nach Ablauf der Frist seitens des rehabilitirten Kridars erfolgte Genehmigung rechtliche Wirkung. A. L.R. I, 13, §. 239; Erk. des Obertr. vom 19. März 1861 (Arch. f. Rechtsf. Bd. XL, S. 357).

34) Die zur Aufsicht Berufenen sind die Geschäftsherren selbst, also die Gläubiger, welche sich hierin durch einen Ausschuß vertreten lassen würden. Man hat jedoch die in Erörterung gezogene Einführung dieser Einrichtung in diesem Stadium des Konkurses nicht als zweckmäßig anerkannt.

merksamkeit und Sorgfalt ausführen, wie sie gesetzlich einem Bevollmächtigten und Verwalter fremder Sachen obliegt.

Er muß ein kaufmännisches Tagebuch (Journal) führen und dasselbe dem Kommissar auf Erfordern zur Einsicht vorlegen.

Er kann unter seiner Verantwortlichkeit der Hülfe des Gemeinschuldners und anderer Personen sich bedienen.

Er kann von dem Gemeinschuldner Aufklärungen über den Zustand der Masse und die an dieselbe erhobenen Ansprüche, sowie auch über alle andere, den Konkurs betreffende Verhältnisse erfordern.

Der Kommissar hat die Befugniß, zu demselben Zwecke sowohl den Gemeinschuldner, als auch andere Personen zu vernehmen [34a].

§. 133. Der einstweilige Verwalter kann seines Amtes entlassen werden, wenn [35]) er seinen Verpflichtungen nicht gehörig nachkommt.

Ueber die Entlassung beschließt das Gericht auf Antrag oder von Amtswegen, nachdem es zuvor den einstweiligen Verwalter in nicht [36]) öffentlicher Sitzung mit seiner Erklärung gehört hat.

Gegen den Beschluß, welcher die Entlassung ausspricht, findet eine Beschwerde oder ein sonstiges Rechtsmittel nicht statt [37]).

Die Entlassung ist öffentlich bekannt zu machen, und es muß die Bestellung eines neuen einstweiligen Verwalters erfolgen (§. 128).

§. 134. Der einstweilige Verwalter hat für seine Geschäftsführung eine Belohnung und Entschädigung aus der Masse zu fordern.

Der Betrag wird auf eingereichte Liquidation und auf Vortrag des

---

34a) Der Art. 473 des C. de. c. nimmt jedoch Frau und Kinder des Gemeinschuldners von solcher Vernehmung aus, taut sur ce qui concerne la formation du bilan, que sur les causes et les circonstances de sa faillite. Diese Rücksicht auf die Familienbande nimmt der §. 132 nicht.

35) Die Natur des Rechtsverhältnisses schließt jedes „Wenn" aus. Der Verwalter ist ein Beauftragter (§. 132, Satz 2), deshalb kann zu jeder Zeit der Auftrag von dem Auftraggeber zurückgenommen werden. Der §. 133 belastet mithin die Gläubigerschaft, ohne sie dem Verwalter in Beziehung auf die Aufhebung des Verhältnisses gleichzustellen; denn dem Verwalter bleibt es unbenommen, ganz nach Willkür den Auftrag aufzukündigen. Die beiderseitigen Rechte sind also ungleich.

36) Die Ausschließung der Oeffentlichkeit des Verfahrens ist als eine schonende Rücksicht für den Verwalter, dessen persönlichen Verhältnisse und Eigenschaften in den Bereich der Beurtheilung gezogen würden, vorgeschrieben. (Motive, S. 95.) Darnach darf außer den Mitgliedern der Deputation (diese wird doch wol unter dem „Gericht" zu verstehen sein) kein anderer Beamter, namentlich auch kein unbetheiligter Referendar oder Auskultator zugegen sein. Allein nach dem Gesagten (Anm. 35) wäre diese Umständlichkeit überhaupt nicht nöthig; das verlorene Vertrauen des Geschäftsherrn ist der allein zureichende Entlassungsgrund und dieser ist nicht immer bedingt durch die Erklärung des Beauftragten. Auf der andern Seite ist der Verwalter, vermöge seines freien Vertragsverhältnisses, gar nicht gehalten, sich auf ein Verfahren einzulassen, wo „seine persönlichen Verhältnisse und Eigenschaften in den Bereich der Beurtheilung gezogen werden"; er kann unter Verbittung solcher Beurtheilung abdanken.

37) Versteht sich nach der rechtlichen Natur des Verhältnisses von selbst, da nur der Machtgeber über die Fortdauer seines Vertrauens zu befinden und der Beauftragte gar kein Widerspruchsrecht hat.

Kommissars von dem Gericht [38]) nach den Bestimmungen des dem gegenwärtigen Gesetze beigefügten Tarifs festgesetzt, sofern nicht deshalb eine anderweite Vereinigung mit den Gläubigern unter Genehmigung des Gerichts getroffen ist.

Alle diese aus der Masse zu leistenden Ausgaben gehören zu den Kommunkosten.

§. **135.** In Fällen, wo der einstweilige Verwalter ein persönliches Interesse als Gläubiger oder aus einem anderen Grunde gegen die Gläubigerschaft und die Masse verfolgt, hat das Gericht einen Spezialvertreter der Gläubigerschaft und der Masse zu bestellen [39]).

§. **136.** Im Falle eines außerordentlichen Umfangs der Verwaltungsgeschäfte kann das Gericht nach Anhörung des einstweiligen Verwalters und auf gutachtliche Aeußerung der Kommissars dem einstweiligen Verwalter für bestimmte Zweige der Verwaltung besondere Verwalter beigeben [40]).

Die besonderen Verwalter haben innerhalb der ihnen überwiesenen Geschäftskreise die Rechte und Pflichten des einstweiligen Verwalters. Der Letztere ist für die Geschäftsführung derselben nicht verantwortlich; er ist jedoch befugt, von ihnen jede die Verwaltung betreffende Auskunft zu verlangen, auch geeignetenfalls ihre Entlassung zu beantragen.

Vierter Abschnitt.

Von der Verhaftung des Gemeinschuldners, sowie von der Siegelung, dem offenen Arrest und der Beschlagnahme der Immobilien [41]).

§. **137.** Bei der Konkurseröffnung hat das Gericht von Amtswegen [41a]) über die Verhaftung des Gemeinschuldners zu beschließen, die so-

---

38) Die Bestimmung des Honorars soll im Wesentlichen dem Ermessen des Gerichts überlassen werden, da bei der Verschiedenartigkeit der konkreten Verhältnisse ein absoluter Maßstab nicht gegeben werden könne. Die Momente, welche dabei in Betracht zu ziehen seien und das richterliche Ermessen leiten müßten, enthält das beigefügte Tarif. (Motive, S. 96.) Vergl. C. de c. Art. 483—485.

39) Es versteht sich, daß diese Spezialvertretung nicht weiter geht als das persönliche Interesse des Verwalters.

40) Aus §. 71 der A. G.O. Der Hauptverwalter und die Nebenverwalter bilden kein Kollegium, die Geschäfte sind getheilt, Jeder handelt selbstständig und ist allein verantwortlich. Im Falle ein Nebenverwalter zweifelhaft ist über die Zuständigkeit eines einzelnen Geschäfts, ist der Hauptverwalter ohne Weiteres dazu berufen, da diesem alle diejenigen Geschäfte verbleiben, welche einem Nebenverwalter nicht unzweifelhaft überwiesen sind.

41) Die in diesem Abschnitte getroffenen Bestimmungen haben zum Gegenstande: 1. die Festhaltung des Gemeinschuldners (§§. 138, 139); 2. die Beschlagnahme der beweglichen körperlichen Sachen (§§. 141—143); 3. die Fortsetzung des Geschäfts des Gemeinschuldners (§. 144); 4. die Beschlagnahme der Forderungen (§. 145); 5. Sicherung der vom Gemeinschuldner verpfändeten Sachen (§§. 146—147); 6. Sicherung der mit der Post unter Adresse des Gemeinschuldners eingehenden Gegenstände (§. 149); 7. die Beschlagnahme der Immobilien (§. 150).

41a) Ist bestehendes Recht. A. G.O. §. 194.

fortige Siegelung anzuordnen, den offenen Arrest zu verhängen und die Immobilien in Beschlag zu nehmen.

Das Gericht kann diese Sicherungsmaßregeln, oder einzelne derselben, in dringenden Fällen auch schon vor der Beschlußfassung über die Konkurseröffnung auf den Antrag eines Gläubigers oder von Amtswegen treffen [42]).

Wohnt der Gemeinschuldner in dem Bezirk eines Einzelrichters, so steht dem Letzteren eine gleiche Befugniß zu, wenn der Gemeinschuldner nach der Zahlungseinstellung entweicht, oder wenn Sachen desselben bei Seite geschafft werden. Der Richter hat die Verhandlungen über die getroffenen Maßregeln sofort an das Konkursgericht abzugeben.

§. 138. Ueber die Verhaftung des Gemeinschuldners (§. 137) beschließt das Gericht nach seinem Ermessen.

Die Verhaftung muß verfügt werden, wenn [43]) der Gemeinschuldner

---

42) Wie nach der A. G.O. §§. 20, 21.

43) Also nur in einem von diesen hier bezeichneten Fällen, nicht unbedingt, wie es der C. de comm. Art. 455 und das Fallimentsgesetz von 1838 Art. 455 vorschreiben. Man hat die unbedingte Verhaftung nicht gerechtfertigt erachtet, indem für den unglücklichen redlichen Schuldner, welcher nicht schon außerdem der Schuldhaft unterliegt, darin eine nicht gerechtfertigte Härte liegen würde und die Folge hätte, daß die Gemeinschuldner getrieben würden, die Flucht zu ergreifen und so den Verwalter der Masse ohne die Auskunft zu lassen, welche oft nur sie hätten geben können und welche bei dem Anfang des Konkurses sehr werthvoll für die Gläubiger gewesen sein würde. In den bezeichneten Fällen aber könne um so weniger abgesehen werden, als sonst theils die Vorschrift des §. 116 jeder Wirksamkeit entbehren, theils den Schuldnern, welche gesetzlich dem Personalarrest unterworfen sind, das Mittel geboten sein würde, durch Herbeiführung der Konkurseröffnung die Rechte ihrer Gläubiger zu vereiteln, was eine unerwünschte Vermehrung der Konkurse und eine Schwächung des Wechselkredits zur Folge haben würde. (Motive, S. 97.) Das Prinzip der Verhaftung des Gemeinschuldners hat schon die A. G.O., aber unentwickelt, aus dem Gemeinen Konkursrechte aufgenommen (Tit. 48, §. 28; Tit. 50, §. 114); die neue Konkursordnung entwickelt dasselbe nur. Dabei haben folgende Gesichtspunkte geleitet:

„Der Frivolität und Gewissenlosigkeit, mit welcher die Schuldner nur zu häufig gegen ihre Gläubiger verfahren, sind in den bestehenden Gesetzen wenig oder gar keine Schranken gesetzt. Diesem Uebelstande abzuhelfen, mußte der Entwurf die erforderliche Strenge in sich aufnehmen, wie sie sich bereits in vielen anderen Gesetzgebungen vorfindet und als sehr heilsam bewährt hat. Sobald ein Gemeinschuldner sich in dem Zustande befindet, welcher die Eröffnung des Konkurses bedingt, darf er nur noch das gemeinsame Interesse der Gläubiger vor Augen haben; er ist verpflichtet, sich jeder Begünstigung einzelner Gläubiger zum Nachtheil der übrigen zu enthalten. Diese Verpflichtung ist für den öffentlichen Kredit eine so wichtige, daß es als gerechtfertigt erscheint, die Verletzung derselben unter Strafe zu stellen. (Vergl. §§. 303, 338.) Aus demselben Grunde muß man von dem Gemeinschuldner, welcher seine Zahlungen einstellt, verlangen, daß er durch die Anzeige der Zahlungseinstellung das gerichtliche Einschreiten selbst herbeiführt (§. 116), daß er bereitwillig jede Auskunft ertheilt und jede Beihilfe gewährt, welche von ihm behufs Regulirung seiner Vermögens- und Schuldverhältnisse gefordert wird, und daß er sich der Verantwortung in keiner Weise entzieht. Die Verletzung dieser Verpflichtungen ist gewiß ein hinreichender Grund, den Personalarrest eintreten zu lassen, welcher in anderen Gesetzgebungen zur Aufrechthaltung des Kredits sogar unbedingt gegen den falliten Kaufmann eintritt. (§§. 133, 134, 331.) Ueberdies muß der Gemeinschuldner stets vor Augen behalten, daß die Redlichkeit und Ehrenhaftigkeit ihm die Pflicht auferlegt, für die vollständige Befriedigung seiner Gläubiger auch nach der Beendigung des

der Flucht verdächtig ist, oder wenn er sich zur Zeit der Konkurseröffnung bereits in Schuldhaft befindet. Auch ist dieselbe in der Regel [43a]) anzuordnen, wenn der Gemeinschuldner den Vorschriften über die Verpflichtung zur Anzeige der Zahlungseinstellung, sowie zur Uebergabe der Handelsbücher und der Bilanz (§. 116) nicht genügt hat [43b]), oder wenn Wechselklagen gegen ihn angestellt sind, oder Wechselproteste gegen ihn erhoben werden.

Die Haft des Gemeinschuldners ist als Schuldhaft zu behandeln [44]).

Dieselbe ist so lange fortzusetzen, als es nach dem Ermessen des Ge-

---

Konkurses besorgt zu sein. Namentlich ist dies im Handelsstande zur Befestigung und Erhaltung des gegenseitigen Vertrauens unerläßlich. Deshalb versagt der Entwurf dem fallirten Handelsmanne auf so lange den vollen Genuß der kaufmännischen Ehre, als er nicht seinen Verbindlichkeiten genügt hat. (Vergl. Tit. 2, Abschn. 18.) Diese Strenge ist von einer hohen sittlichen Bedeutung. Sie ist eine Genugthuung für den ehrenhaften Theil des Handelsstandes; sie ist aber auch zugleich für den Gemeinschuldner ein Antrieb, sich von dem Makel zu reinigen, der in Folge des Konkurses auf ihm haftet; sie nimmt billige Rücksicht auf denjenigen, welcher sich einer milden Behandlung nicht unwürdig gemacht hat. Der hierdurch herbeigeführte sittliche Ernst wird gewiß der Integrität des Handelsstandes eine neue erwünschte Stütze gewähren." (Motive, S. 11.)

43a) Die Fassung des Entwurfs war strenger; sie verordnete die Verhaftung im Falle der Nichtbefolgung der Vorschrift des §. 116 unbedingt. Dies fanden die Kammerkommissionen nicht angemessen, empfahlen vielmehr, die Verhaftung in diesem Falle als **die Regel** festzusetzen, und dem Arbitrio des Richters es zu überlassen, in einzelnen Fällen davon abzusehen. Zur Rechtfertigung dessen bezog man sich darauf, daß eine Verletzung der dem Gemeinschuldner durch den §. 116 auferlegten Verpflichtungen auch ohne böse Absicht, ja sogar ohne **grobe** Verschuldung vorkommen, und gleichzeitig jeder Verdacht eines der Gläubigerschaft nachtheiligen Zurückhaltens mit der Wahrheit ferne liegen könne. Wiewohl man dagegen erinnerte, daß andere Gesetzgebungen viel weiter gehende Vorschriften enthielten; daß eine Strenge gerade bezüglich der Freiheitsbeschränkung des Gemeinschuldners zur Verhinderung der kurz vor und während der Zahlungseinstellung so häufig vorkommenden Malversationen und Kollusionen im Interesse der Gläubigerschaft dringend nöthig sei, und daß bei der stattgefundenen Berathung des Gesetzentwurfes durch Sachverständige der den Provinzen des französischen Rechts angehörende Theil der letzteren sich für eine strengere Fassung des Gesetzes erklärt habe: so entschied man sich doch für eine Abänderung des Entwurfs und für die Sanktionirung des Grundsatzes, daß die Beantwortung der Frage: ob im speziellen Falle eine Verhaftung stattzufinden habe, dem Ermessen des Gerichts anheim gestellt werde. (I. Kammer-Kommiss.-Ber. S. 22.) Der Anlaß zur Nichtbefolgung der dem Gemeinschuldner in dem §. 116 gegebenen Vorschrift ist gewöhnlich der Versuch eines außergerichtlichen Akkords, welcher, wenn er gelingt, die Folge hat, daß der Gemeinschuldner im Nahrungsstande erhalten und auch den Gläubigern eine Befriedigung, die sie bei der wirklichen Konkurseröffnung wahrscheinlich nicht erhalten haben würden, verschafft wird. Deshalb ist die getroffene Bestimmung zweckmäßig; der Richter wird, wenn ihm solche wohlgemeinte Unterhandlungen als Ursache der verspäteten Anzeige vorgelegt werden, kein Bedenken haben, mit Rücksicht auf die sonstige Persönlichkeit des Gemeinschuldners von der Schlußbestimmung des §. 138 bald Anwendung zu machen.

43b) (2. A.) Vergl. oben die Anm. 9a, Abs. 2 zu §. 116.

44) Die Kosten dieser Schuldhaft fallen der Masse als Kommunkosten zur Last und die von einzelnen Gläubigern bereits eingezahlten Alimentenvorschüsse dürfen von dem Tage an, wo das Konkursgericht die Haft des Gemeinschuldners verordnet, nicht mehr verwendet werden. (Motive, S. 97.)

Der J.M. giebt hierzu in der Instr. vom 6. August 1855 folgende Anweisung:

richts zur Förderung oder Sicherung der Verhandlungen im Konkurse nöthig ist[44a]).

§. 139. Im Laufe des Konkursverfahrens kann die Verhaftung oder Wiederverhaftung des Gemeinschuldners aus den vorbezeichneten Gründen (§. 138), so wie in dem Falle stattfinden, wenn derselbe den Verfügungen des Gerichts oder des Kommissars, oder den Aufforderungen des Verwalters der Masse nicht Folge leistet.

§. 140. Durch die vorstehenden Bestimmungen (§§. 138, 139) wird in den gesetzlichen Vorschriften über die Verhängung der Untersuchungshaft gegen den Gemeinschuldner nichts geändert.

Wenn das Gericht die Entlassung des Gemeinschuldners aus der Schuldhaft beschließt, so ist jederzeit die Staatsanwaltschaft zu benachrichtigen[44b]).

„§. 14. Bei der Beschlußfassung über die Konkurseröffnung hat das Gericht zu prüfen, ob ein Grund vorhanden ist, die Verhaftung des Gemeinschuldners zu verfügen; befindet sich derselbe bereits in Schuldhaft, so ist deren Fortsetzung anzuordnen.

In denjenigen Fällen, in welchen die Verhaftung nach Vorschrift des Gesetzes in der Regel erfolgen soll, kann nach dem Ermessen des Gerichts ausnahmsweise davon Abstand genommen werden, wenn besondere Umstände, insbesondere die Persönlichkeit und das bisherige Verhalten des Gemeinschuldners, sowie der offenbar unverschuldete Ausbruch des Konkurses, dies ohne Nachtheil für die Gläubigerschaft und das Verfahren als zulässig erscheinen lassen.

Die Kosten der verfügten oder fortgesetzten Schuldhaft des Gemeinschuldners sind, abweichend von den in den §§. 7 u. 55 der Kasseninstr. v. 10. November 1851 getroffenen Bestimmungen, sogleich nach ihrem Entstehen bei der Salarienkasse des Gerichts aus dem zu den baaren Auslagen in Parteisachen bestimmten Fond definitiv zu verausgeben; demnächst werden dieselben bei der Liquidation der als Kommunkosten anzusetzenden Gerichtsgebühren der gemeinschaftlichen Konkursmasse als solche mit in Rechnung gestellt, zu welchem Zwecke die monatlichen Berechnungen über die entstandenen Haftkosten zu den Konkursakten gelangen müssen. Die Haft darf wegen des etwanigen Mangels an Kostenvorschuß nicht ausgesetzt oder unterbrochen werden.

Die durch einzelne Gläubiger eingezahlten Alimentenvorschüsse dürfen, mit Rücksicht auf die Bestimmung des §. 9 des Gesetzes, zur Berichtigung der Kosten der aus Veranlassung des Konkursverfahrens verfügten oder fortgesetzten Schuldhaft des Gemeinschuldners nicht verwendet werden."

44a) Wird von dem Konkursgerichte die Aufhebung der Haft verordnet, so tritt die Schuldhaft, in welcher der Gemeinschuldner sich zur Zeit der Konkurseröffnung bereits befand, nicht wieder ein. §. 9.

44b) Der Entwurf hatte hier noch die Bestimmung: „ehe der Beschluß zur Ausführung gebracht wird". Dies ist von den Kammern auf Antrag ihrer Kommissionen gestrichen, indem man voraussetzte, daß der Richter hier den Umständen seine Maßregeln anzupassen wissen werde. (I. Kammer-Kommissionsber. S. 23.) Das ist zutreffend. Dagegen ist das in dem Ber. der Kommiss. der II. Kammer angegebene Motiv: „weil ihn (den Gemeinschuldner) das Gericht gar nicht als Strafgericht in Haft hat und aus der Haft entläßt, sondern als die die Exekution ausführende Behörde" (S. 84), völlig aus dem Wege bei dem Gesetzgebungsgeschäft. Was soll denn den Gesetzgeber hindern, seinem Organe Attributionen zu geben, welche ihm gutdünken? Wenn er also für angemessen erachtet, zu verordnen, daß der Civilrichter den Gemeinschuldner so lange festhalte, bis sich die Strafgewalt seiner bemächtigt habe; so wird doch kein Gelehrter den Gesetzgeber nach der Legitimation zu fragen berufen sein; es wird vielmehr Sache des Gelehrten sein, sich den Gedanken des Gesetzgebers begreiflich zu machen.

Die Staatsanwaltschaft kann allen Verhandlungen im Konkurse beiwohnen und alle ihr erheblich scheinenden Nachrichten fordern[44c].

§. 141. Die Siegelung (§. 137) erfolgt durch den Kommissar oder einen anderen geeigneten Gerichtsbeamten[45].

Dieselbe erstreckt sich auf das sämmtliche Mobiliarvermögen und die Schriften des Gemeinschuldners.

Die Siegelung von Gegenständen, welche sich unter einer anderen Gerichtsbarkeit befinden, ist durch Requisition des zuständigen Gerichts zu bewirken.

§. 142. Bei der Siegelung ist wo möglich der ernannte einstweilige Verwalter der Masse zuzuziehen.

Der Siegelung unterliegen alle Geschäftsräume, Lager und Kassen des Gemeinschuldners, ingleichen alle sonstigen Räume und Behältnisse desselben, in welchen sich Gegenstände befinden, die in Verwahrung zu nehmen sind.

Die Aufsicht über die angelegten Siegel muß dem einstweiligen Verwalter oder einer anderen zuverlässigen Person mit der Anweisung anvertraut werden, jede an denselben bemerkte Verletzung dem Kommissar sofort zu melden.

§. 143. Von der Siegelung bleiben ausgeschlossen:

1) **Kleidungsstücke, Hausgeräth und andere Sachen, sofern dieselben dem Gemeinschuldner und dessen Familie zu ihrem persönlichen Gebrauch unentbehrlich sind; diese Gegenstände werden nicht zur Konkursmasse gezogen**[46];

2) die Handelsbücher des Gemeinschuldners, wenn sie noch nicht dem Gericht übergeben sind; der Kommissar oder der Gerichtsbeamte (§. 141) hat dieselben zu schließen, nach ihrem äußern Zustande im Protokolle zu beschreiben (§. 117) und demnächst an den einstweiligen Verwalter abzugeben[47];

44c) Die Min.-Instr. vom 6. August 1855 schreibt vor: „§. 55. Die Staatsanwaltschaft ist verpflichtet, von jeder Voruntersuchung, welche gegen den Gemeinschuldner wegen Bankerutts oder wegen eines andern, bei Gelegenheit des Konkurses entdeckten Verbrechens oder Vergehens eingeleitet wird, das Konkursgericht zu benachrichtigen. Ebenso ist von dem weiteren Verlaufe der Sache, namentlich von der vorläufigen Versetzung des Gemeinschuldners in den Anklagestand wegen betrüglichen Bankerutts, sowie von dem Ausfalle der Untersuchung, Nachricht zu den Konkursakten zu geben. — Dasselbe gilt in dem Falle, wenn erst nach Beendigung des Konkurses durch Akkord ein Verfahren gegen den Gemeinschuldner wegen betrüglichen Bankerutts nachträglich eingeleitet wird (vergl. §. 202 des Gesetzes)."

45) Dabei hat man den §. 195 der A. G.O. vor Augen gehabt, welcher einen Subalternbeamten abordnen läßt. In wichtigeren Fällen, meinen die Verf., wird es nur einer Leitung durch den Kommissar bedürfen. (Mot. S. 97.) Das Verfahren bei der Siegelung ist in den §§. 196 ff. der A. G.O. vorgeschrieben. Diese sind zwar aufgehoben; die Vorschriften finden sich jedoch auch in der A. G.O. Th. II, Tit. 5, deren Anwendbarkeit vorausgesetzt ist, soweit die K.O. nicht besondere Bestimmungen enthält.

46) Ist bestehendes Recht. A. G.O. §§. 218, 315, 328; V. v. 13. Okt. 1843 (G.S. S. 336).

47) Aus dem C. de c. Art. 463.

3) die Handelspapiere, wenn sie auf kurze Verfallzeit gestellt sind, oder wenn sie des Accepts bedürfen, oder wenn in Betreff derselben Sicherungsmaßregeln ergriffen werden müssen; diese Papiere werden verzeichnet und demnächst dem einstweiligen Verwalter übergeben[48]);

4) Pretiosen, baare Gelder und geldwerthe Papiere; dieselben sind an das gerichtliche Depositorium abzuliefern;

5) Sachen, deren schleunige Versilberung rathsam erscheint, weil ihre längere Aufbewahrung der Masse unnütze Kosten verursachen würde, oder weil sie dem Verderben oder einer Entwerthung in kurzer Zeit ausgesetzt sind: dergleichen Sachen, so wie Thiere und andere Gegenstände, welche nicht unter Sperre genommen werden können, sind zu verzeichnen, abzuschätzen und dem einstweiligen Verwalter oder einer anderen zuverlässigen Person zur Obhut und Wartung zu übergeben[49]);

6) Gegenstände, welche zum Geschäft des Gemeinschuldners dienen, sofern der Kommissar die einstweilige Fortsetzung dieses Geschäfts anordnet.

§. 144. Die Fortsetzung des Geschäfts des Gemeinschuldners, im Ganzen oder in einzelnen Zweigen, kann von dem Kommissar bei der Siegelung angeordnet werden, wenn die sofortige Einstellung desselben von bedeutendem Schaden für die Masse sein würde[50]). Der Kommissar hat hierüber den bei der Siegelung gegenwärtigen einstweiligen Verwalter zu hören, nach Befinden den Verwalter oder eine andere geeignete Person mit der einstweiligen Fortführung des Geschäfts für Rechnung der Masse, unter Vorkehrung angemessener Sicherungsmaßregeln, zu beauftragen und unverzüglich dem Gericht Anzeige zu erstatten.

Das Gericht beschließt sodann über die Bestätigung oder Abänderung der getroffenen Maßregeln; auch kann das Gericht später geeignetenfalls die Fortführung des Geschäfts einstellen oder eine Abänderung der getroffenen Maßregeln eintreten lassen[50a]).

---

48) Aus demselben, Art. 463, Satz 2.

49) Vergl. C. de c. Art. 464.

50) Anh. z. A. G.O. §§. 334 — 339. Von speziellen Vorschriften für die Ausführung hat man Abstand genommen, weil in jedem einzelnen Falle das Zweckmäßige nach den konkreten Umständen beurtheilt werden muß.

50a) Die Instr. des J.M. Simons vom 6. August 1855 giebt zu den §§. 141 — 144 folgende Unterweisung:

„§. 15. Bei Eröffnung des Konkurses muß sogleich die Siegelung des Mobiliarvermögens und der Schriften des Gemeinschuldners verfügt werden.

Die Ausführung des Siegelungsgeschäfts wird am zweckmäßigsten stets in die Hand des Kommissars gelegt, jedoch dergestalt, daß demselben von dem Dirigenten noch ein anderer Beamter, oder wenn das Geschäft an verschiedenen Orten des Gerichtsbezirks vorzunehmen ist, mehrere andere Beamte zur aushülflichen Verwendung beigegeben werden und es dem pflichtmäßigen Ermessen des Kommissars überlassen bleibt, inwieweit er das Geschäft selbst ausführen oder solches den Gehülfen übertragen will. Der Kommissar kann auch eine zum Bezirk des Konkursgerichts gehörige Gerichtskommission mit der Siegelung beauftragen, wenn die obwaltenden Umstände dies als angemessen erscheinen lassen und kein Aufenthalt in der Sache dadurch entsteht.

§. 145. Durch den offenen Arrest (§. 137) muß Allen, welche von dem Gemeinschuldner etwas an Geld, Papieren oder anderen Sachen in Besitz oder Gewahrsam haben [51]), oder welche ihm etwas verschulden, aufgegeben werden, nichts an denselben zu verabfolgen oder zu zahlen, vielmehr dem Gericht oder dem Verwalter der Masse von dem Besitz der Gegenstände innerhalb einer bestimmten Frist Anzeige zu machen und Alles, mit Vorbehalt ihrer etwanigen Rechte, zur Konkursmasse abzuliefern [52]).

§. 146. Pfandinhaber und andere Gläubiger, welche mit denselben gleiche Rechte haben, sind nur verpflichtet, von den in ihrem Besitz befindlichen Pfandstücken Anzeige zu machen (§. 145) [53]). Konzessionirte Pfandleiher und diejenigen Institute [54]), welche sich selbst aus einem Pfande zu befriedigen befugt sind, haben die Anzeige nur auf besonderes Erfordern des Gerichts zu leisten.

Zur Siegelung muß unverzüglich und wo möglich noch am Tage der Konkurseröffnung geschritten werden. Ist der Erlaß von Requisitions- oder Auftragsschreiben an auswärtige Behörden erforderlich, so müssen dieselben an diesem Tage noch zum Abgange befördert und nöthigenfalls durch expresse Boten bestellt werden.

Für das Verfahren bei der Siegelung dienen, soweit nicht die Konkursordnung besondere Bestimmungen enthält, die Vorschriften über das Verfahren bei Siegelungen in Sterbefällen zur Richtschnur; es wird hierbei hauptsächlich auf die §§. 25, 33 u. 34, Th. II, Tit. 5 A. G.O. verwiesen.

§. 16. Wenn die Fortführung des Geschäfts des Gemeinschuldners rathsam erscheint, so wird sich der Kommissar einstweilen auf solche Anordnungen zu beschränken haben, welche den plötzlichen Stillstand des laufenden Geschäftsbetriebes des Gemeinschuldners vorläufig verhindern. Es wird also der Verkauf der vorhandenen Waaren, die Ausführung der in Angriff genommenen Arbeiten oder die Verarbeitung der vorräthigen Materialien in der bisherigen Weise einstweilen fortzusetzen sein, und es werden zu diesem Behuf demjenigen, welchem die einstweilige Geschäftsführung übertragen wird, das Waarenlager, die Materialien und Utensilien, oder ein Theil derselben, nach einem darüber aufzunehmenden Verzeichnisse, nebst dem erforderlichen Betriebsvorschusse zu übergeben sein. Für die Beschlußfassung des Gerichts über die etwa zu ergreifenden weiteren Maßregeln wird es häufig von Nutzen sein, zuvor noch die Ansichten der Gläubiger zu hören. Der Termin zur Erklärung derselben über die Person des einstweiligen Verwalters (§. 128 des Gesetzes) bietet eine geeignete Gelegenheit dar, diesen Gegenstand zur Sprache zu bringen. Dem bestellten Geschäftsführer ist in Gemäßheit der Beschlüsse des Gerichts eine Instruktion zu ertheilen und die einstweilige Fortsetzung des Geschäfts durch Anschlag an dem Geschäftslokale, sowie auf andere angemessene Weise zur öffentlichen Kenntniß zu bringen. Inwiefern der Gemeinschuldner selbst bei der Geschäftsführung verwendet werden kann, ist nach den Umständen und nach der Persönlichkeit desselben zu beurtheilen."

51) Der §. 145 schließt sich der A. G.O. §. 260 an, wo die Worte: „welche — hinter sich haben", gebraucht sind. Das Obertr. hat angenommen, daß diese Worte nur auf Gegenstände hinzielen sollen, welche der Masse gehören, nicht aber, daß der Dritte die Sache auf Grund eines zwischen ihm und dem Gemeinschuldner bestehenden Rechtsverhältnisses inne habe. Pr. 958[a], vom 12. Dezember 1840. Das gilt auch von dem jetzt gebrauchten gleichbedeutenden Ausdruck: „in Besitz oder Gewahrsam haben".

52) Der Nachtheil des Verlustes des Rechts im Unterlassungsfalle (A. G.O. §. 206) tritt ohne Verwarnung ein. §. 147.

53) Oben, §§. 30, 31 und die Anm. 51 u. 53 dazu.

54) Wie die Bank, die Seehandlung (K.O. vom 31. Januar 1827, G.S.

§. **147.** Wer die erforderliche Anzeige über den Besitz von Vermögensstücken des Gemeinschuldners (§§. 145, 146) nicht innerhalb der bestimmten Frist leistet, wird, wenn er keine genügende Entschuldigung nachweist, aller Rechte verlustig, welche ihm an diesen Vermögensstücken zustehen [55].

§. **148.** Die Bekanntmachung des offenen Arrestes ist auf die für die öffentliche Bekanntmachung der Konkurseröffnung vorgeschriebene Weise (§. 123) und in Verbindung mit dieser Bekanntmachung zu bewirken.

Den bekannten Schuldnern des Gemeinschuldners, sowie den bekannten Pfandinhabern und mit denselben gleich berechtigten Gläubigern (§. 146) ist gleichzeitig oder nachträglich eine Abschrift der Bekanntmachung zuzustellen [56].

§. **149.** Die Postanstalten für die Orte, wo der Gemeinschuldner wohnt oder sein Geschäft betreibt, müssen von der Arrestlegung sofort besonders benachrichtigt werden; es sind dieselben zu veranlassen, alle für den Gemeinschuldner eingehenden Sendungen und Briefe dem Verwalter der Masse auszuhändigen [57].

S. 24), die pommersche ritterschaftliche Privatbank, die städtischen Leihanstalten (K.O. vom 28. Juni 1826, Nr. 11, G.S. S. 81).

55) Aus dem §. 206 der A. G.O. beibehalten. Vergl. oben, Anm. 52 zu §. 145.

(2. A.) Der Verlust nach §. 147 tritt nicht ein, wenn die betreffende Person eine genügende Entschuldigung wegen der Unterlassung der Anzeige nachweisen kann; insbesondere gereicht eine, obwohl unrichtige Auffassung derselben über die Beschaffenheit ihres Rechtes an dem Gegenstande zur Entschuldigung. Erk. des Obertr. vom 12. Dezember 1861 (Archiv für Rechtsfälle Bd. XLIII, S. 262). (2. A.) Der angedrohte Verlust tritt nur der Gläubigerschaft und der Konkursmasse gegenüber ein. Es ist kein absoluter und unbedingter, und kann von dem Kridar, nach Beendigung des Konkurses durch Akkord, auch dann nicht geltend gemacht werden, wenn er die von dem Verwalter angestrengte, jenen Verlust beantragende Klage fortsetzt. Erk. des Obertr. vom 26. Februar 1863 (Arch. f. Rechtsf. Bd. XLVIII, S. 221).

56) Nach dem Entwurf sollte die öffentliche Bekanntmachung genügen und die spezielle Aufforderung an die Schuldner der Masse, wie sie die A. G.O. §§. 204, 205 vorschreibt, wegfallen. Dies ist, wie der §. 148 ergiebt, von den Kammern, der Wichtigkeit der Nachtheile wegen, geändert. Die Zustellung der Bekanntmachung muß gehörig bescheinigt werden, wenn der Nachtheil eintreten soll.

57) Neu, und auf den wirksameren Schutz sowohl der Masse als der Schuldner derselben gegen Verluste berechnet.

Die Instr. des J.M. Simons vom 6. August 1855 lehrt zu den §§. 145 bis 149 Folgendes:

„§. 12. Mit der Bekanntmachung der Konkurseröffnung ist stets die Bekanntmachung des offenen Arrestes zu verbinden.

Die Bestimmung der dabei festzusetzenden Frist für die Anzeige über den Besitz von Gegenständen, welche zur Masse gehören, hängt von dem Ermessen des Gerichts ab; es muß aber, zur Vermeidung von Zweifeln über die Berechnung der Frist, jedesmal der Tag bestimmt angegeben werden, mit welchem dieselbe abläuft.

Die Zustellung der Abschriften als Inhibitorien an die bekannten Schuldner und Pfandgläubiger des Gemeinschuldners ist, soweit diese Personen aus der von dem Gemeinschuldner übergebenen Bilanz ersichtlich sind, so schleunig als möglich zu bewirken; es darf jedoch durch die Anfertigung der Abschriften die Expedition und der Abgang der öffentlichen Bekanntmachung (§. 11) in keiner Weise aufgehalten werden. Soweit die erwähnten Personen erst später bekannt werden, ist die Zustellung der Abschriften an dieselben durch den Kommissar zu verfügen.

§. 150. Die Beschlagnahme der Immobilien (§. 137) erfolgt durch Entsetzung des Gemeinschuldners aus dem Besitze, durch Beschlagnahme der Einkünfte mittelst Administration oder Sequestration, und durch Eintragung der Konkurseröffnung in die Hypothekenbücher. Bei dieser Eintragung genügt der Vermerk der Konkurseröffnung, die Angabe des Zeitpunktes derselben und die Bezeichnung des Konkursgerichts [58]).

Soweit das Konkursgericht selbst zur Vornahme dieser Handlungen nicht zuständig ist, hat das Gericht oder der Kommissar dieselben bei den zuständigen Behörden zu beantragen.

Bei der Anfertigung der Abschriften ist von den gedruckten Formularen der Bekanntmachung Gebrauch zu machen; die Zustellung erfolgt stets ohne Beifügung und Begleitschreiben. Besonderer Empfangsbescheinigungen der Adressaten über die bewirkte Zustellung bedarf es nicht; jedoch muß zu den Akten festgestellt werden, daß und an welchem Tage die Behändigung oder Absendung der Abschriften an die einzelnen Adressaten erfolgt ist.

Die Benachrichtigungen an die Postanstalten sind noch am Tage der Konkurseröffnung zum Abgange zu befördern."

Der Absatz 4 stimmt nicht mit der Intention des Gesetzgebers (Anm. 56); der Rechtsnachtheil kann nicht eintreten, wenn dem betroffenen Schuldner 2c. die von ihm bestrittene „Zustellung" nicht nachgewiesen werden kann. Und dieser Nachweis läßt sich ohne Empfangsbescheinigung schwer führen. Die späteren Versicherungen der Boten sind unzuverlässig; sie bedienen sich oft ihrer Weiber und Kinder zu Briefbestellungen.

58) Die Eintragung der Konkurseröffnung in die Hypothekenbücher — entnommen aus Art. 500 des C. de c. — enthält eine dem Bedürfnisse entsprechende Ergänzung des bestehenden Rechts (Tit. 50, §. 194) und macht die besondere Eintragung der später erfolgenden Subhastation überflüssig. Die Angabe des Zeitpunktes der Konkurseröffnung in dem Eintragungsvermerk ist deshalb für erheblich erachtet worden, weil sich darnach die Wirksamkeit der übrigen Eintragungen bestimmt. §. 10. (Motive, S. 98.)

Der J.M. giebt in seiner Instr. vom 6. August 1855 zu dem §. 150 noch folgende Anweisung:

„§. 17. Besitzt der Gemeinschuldner Immobilien, so ist deren Beschlagnahme gleichzeitig mit der Siegelung zu verfügen. Wenn der Gemeinschuldner die Immobilien bisher selbst bewirthschaftet hat oder hat bewirthschaften lassen, so ist die Einleitung der Sequestration oder Administration schleunigst zu bewirken; steht diese aber einer andern Behörde zu, so muß das Gericht oder der Kommissar die erforderlichen Requisitionen zur Einleitung der Administration oder Sequestration an die dazu kompetenten Behörden ungesäumt erlassen. Einstweilen ist bei der Siegelung in Gemäßheit des §. 28, Th. II, Tit. 5 der A. G.O. zu verfahren und die vorläufige Fortsetzung der Wirthschaft dem Verwalter der Masse oder einer andern zuverlässigen Person zu übertragen. Sind die Immobilien vermiethet oder verpachtet, so ist die Konkurseröffnung und der offene Arrest den Miethern oder Pächtern nach Vorschrift des §. 12 bekannt zu machen. — Die Requisition an den Hypothekenrichter zur Eintragung des Vermerks der Konkurseröffnung in das Hypothekenbuch muß noch am Tage der Konkurseröffnung ergehen, soweit die Besitzverhältnisse des Gemeinschuldners zu dieser Zeit bekannt sind. Werden später Immobilien ermittelt, welche der Gemeinschuldner besitzt, so hat der Kommissar sofort die Requisition zu erlassen. Die Eintragung des Vermerks ist auf die bloße Requisition des Konkursgerichts oder des Kommissars zu bewirken."

Außer den bisher mitgetheilten besonderen Belehrungen und Unterweisungen zu den einzelnen Paragraphen hat der J.M. Simons folgenden allgemeinen Unterricht in Beziehung auf die bei der Konkurseröffnung zu treffenden Verfügungen in seiner Instr. vom 6. August 1855 den Gerichten gegeben:

Fünfter Abschnitt.

Von den Maßregeln zur Ermittelung, Erhaltung und vorläufigen Benutzung der Konkursmasse.

§. 151. Bis zur Ernennung des definitiven Verwalters beschränkt sich die Verwaltung der Konkursmasse auf die Maßregeln zur Ermittelung, Erhaltung und vorläufigen Benutzung derselben.

Maßregeln anderer Art sind nur dann zu treffen, wenn deren Unterlassung oder Verschiebung zum Nachtheil der Masse gereichen würde [59]).

„§. 18. Die umfassenden Maßregeln, welche bei der Konkurseröffnung nach den vorstehenden Bestimmungen ohne Verzug getroffen werden müssen, erheischen eine vorzügliche Aufmerksamkeit, Sorgfalt und Thätigkeit des Gerichts. Es ist die besondere Pflicht des Vorsitzenden, die vorschriftsmäßige Ausführung aller dieser Maßregeln, welche oft für den Erfolg des ganzen Verfahrens von entscheidender Wichtigkeit ist, streng zu überwachen.

Die desfallsigen Anordnungen des Gerichts sind dergestalt zu treffen, daß die dringlichsten Maßregeln zuerst in Ausführung gebracht und nicht durch die Erledigung der weniger dringlichen aufgehalten werden.

Zu diesem Behuf erscheint es rathsam, daß über die zu erledigenden Gegenstände mehrere getrennte Verfügungen erlassen werden, etwa nach folgender Eintheilung:

1. die zu dem Eröffnungsbeschlusse zu entwerfende Nebenverfügung umfaßt:
   die Ernennung des Kommissars und der demselben für die Siegelung beizugebenden Gehülfen; diese Ernennung muß durch den Vorsitzenden sogleich bei Vollziehung des Eröffnungsbeschlusses erfolgen;
   die Ausführung der öffentlichen Bekanntmachung der Konkurseröffnung und des offenen Arrestes; dabei ist sogleich der Termin zur Erklärung der Gläubiger über den ernannten einstweiligen Verwalter (§. 128 des Gesetzes) zu bestimmen;
2. Gegenstand einer oder mehrerer besonderer, gleichzeitig zu erledigender Verfügungen ist:
   die Ausführung der beschlossenen Verhaftung des Gemeinschuldners;
   die Herbeiführung der Bestellung des einstweiligen Verwalters, wenn dessen Ernennung im Eröffnungsbeschlusse nicht geschehen ist;
   die Benachrichtigung und Verpflichtung des ernannten einstweiligen Verwalters;
3. ebenso wird abgesondert verfügt:
   die Benachrichtigung der Postbehörde;
   die Requisition des Hypothekenrichters wegen Eintragung des Vermerks der Konkurseröffnung;
   der Erlaß der etwa erforderlichen Requisitionen an andere Behörden wegen Vornahme der Siegelung;
4. demnächst wird durch weitere Verfügung angeordnet:
   der Erlaß der Spezialinhibitorien an die Schuldner und Pfandgläubiger des Gemeinschuldners, welche aus der von dem Letzteren übergebenen Bilanz ersichtlich sind (vergl. §§. 12, 17);
   die Einleitung der Administration oder Sequestration der Immobilien, soweit die Besitzverhältnisse des Gemeinschuldners zur Zeit der Konkurseröffnung bekannt sind;
   die Benachrichtigung der Staatsanwaltschaft von der erfolgten Konkurseröffnung (§. 123 des Gesetzes)."

59) Der §. 151 enthält den leitenden Grundsatz über die Amtsbefugnisse des einstweiligen Verwalters. Die leitenden Gesichtspunkte dabei sind gewesen, daß der einstweilige Verwalter wesentlich als ein Offizialvertreter der Gläubigerschaft erscheint und es deshalb sowohl im Interesse der letzteren liegt, die Befugnisse desselben, was die Aktivmasse betrifft, nicht weiter auszudehnen, als das

§. 152. Zu den Amtsverrichtungen, welche der einstweilige Verwalter in Gemäßheit der vorstehenden Bestimmung (§. 151) vorzunehmen hat, gehören insbesondere [60]) folgende:

1) er hat die Entsiegelung und die Inventur, sowie die Herstellung der Bilanz herbeizuführen [61]);

2) er hat die bestehenden Mieth- und Dienstkontrakte, deren Fortsetzung nicht etwa zur Verwaltung der Masse erforderlich ist, in Ansehung der Gläubigerschaft aufzuheben, sobald es gesetzlich statthaft ist (§§. 18—20);

3) er hat die an den Gemeinschuldner eingehenden Sendungen und Briefe in Empfang zu nehmen und die Briefe durch denselben in seiner Gegenwart eröffnen zu lassen, oder, wenn der Gemeinschuldner nicht sofort zu erlangen ist, selbst zu eröffnen [62]);

4) er hat die etwa noch erforderliche Beschlagnahme von Vermögensstücken des Gemeinschuldners zu veranlassen; er hat die Rimessen zu präsentiren und die Proteste zu erheben; er hat die Erlangung von Hypothekenrechten für die Masse auf Grund der bereits von dem Gemeinschuldner erworbenen, aber noch nicht eingetragenen Titel zu betreiben; er hat die fälligen ausstehenden Forderungen einzuziehen [63]) und nöthigenfalls einzuklagen, sofern nicht die Zahlungsunfähigkeit der Schuldner erhellt;

---

nächste Bedürfniß erheischt, als es das Interesse des Gemeinschuldners fordert, die Befugnisse dieses Vertreters zu begrenzen, damit für den Fall, daß ein Akkord zu Stande kommt, die Masse möglichst unverändert wieder an den Gemeinschuldner zurückgegeben werde. (Motive, S. 99.) Deshalb soll Alles soviel wie möglich, bis zur Entscheidung über den Akkord, in der Lage bleiben, in welcher es sich bei der Konkurseröffnung befindet.

60) Hier sind nur die hauptsächlichsten Amtsverrichtungen hervorgehoben, um den Wirkungskreis des einstweiligen Verwalters zu veranschaulichen; andere Obliegenheiten ergeben sich aus dem leitenden Grundsatze des §. 151. Die Instr. des J.M. v. 6. August 1855 fügt folgende Unterweisung hinzu:

„§. 19. Für den Fortgang des Verfahrens ist die weitere Sicherstellung der Masse im Auge zu behalten; auch kommt es darauf an, den Aktiv- und Passivzustand durch die Inventur, sowie aus den vorhandenen Büchern, Schriften oder anderen Nachrichten näher zu ermitteln und dessen Uebersicht herzustellen. — Der Betrieb dieser Angelegenheiten fällt zunächst dem einstweiligen Verwalter anheim; das Gesetz giebt demselben in den §§. 152, 155—157 die erforderliche Anleitung. Der Kommissar hat jedoch die Thätigkeit des Verwalters unter Kontrole zu halten; er hat zu diesem Behuf in kurzen Zwischenräumen auf geeignete Weise von dem Stande der Sache Kenntniß zu nehmen, nöthigenfalls den Verwalter zu den erforderlichen Schritten anzuregen und seine Mitwirkung oder Unterstützung da, wo der Verwalter derselben bedarf, z. B. bei nachträglichen Beschlagnahmen, bei unaufschiebbaren Veräußerungen, bei der Entsiegelung und Inventur, bei Vernehmungen behufs Information des Verwalters (§. 132 des Gesetzes) unverzüglich eintreten zu lassen. Er hat sich mit dem Verwalter auf dem kürzesten Wege in Verbindung zu setzen, weitläuftige, schriftliche Kommunikation zu vermeiden und durch mündliche Rücksprachen den Fortgang der Sache zu erleichtern und zu fördern."

61) Aus dem C. de c. Art. 486, mit der Veränderung, daß nicht, wie hier verordnet ist, der einstweilige Verwalter, sondern das Gericht die Inventur zu besorgen hat.

62) Nachbildung des Art. 463, Satz 3 des C. de comm.

63) Und gegen seine Quittung in Empfang zu nehmen. §. 161, Nr. 1. Nach dem Art. 463 des C. de c. soll der Kommissar die Quittungen visiren.

er hat in schwebenden Rechtsstreitigkeiten geeignetenfalls die noch zulässigen Rechtsmittel einzulegen (§. 8);

5) er hat für die Verwaltung der Immobilien, Gerechtigkeiten und Schiffe Sorge zu tragen;

6) er hat die vorzunehmenden Veräußerungen zu betreiben.

§. 153. Die Entsiegelung und Inventur erfolgt durch den Kommissar oder einen anderen geeigneten Gerichtsbeamten, unter Zuziehung des einstweiligen Verwalters, sowie in Gegenwart des Gemeinschuldners [64]), wenn derselbe ohne Aufenthalt zu erlangen ist.

Die unter Siegel gelegten Vermögensstücke werden nach und nach, sowie die Siegel abgenommen werden, einzeln verzeichnet und abgeschätzt [65]). Die Abschätzung erfolgt durch Sachverständige, welche der Kommissar auf den Vorschlag des einstweiligen Verwalters bestimmt.

Es ist festzustellen, welche von denjenigen Gegenständen noch vorhanden sind, die von der Siegelung ausgeschlossen bleiben.

Nach den vorstehenden Ermittelungen ist ein Inventar über die Vermögensstücke und Schriften anzufertigen und von dem Kommissar [66]), sowie dem einstweiligen Verwalter zu unterzeichnen. Die ausstehenden Forderungen und die Schulden werden nicht einzeln [66a]) in das Inventar aufgenommen, sondern gehören in die Bilanz.

Die verzeichneten Vermögensstücke und Schriften werden dem einstweiligen Verwalter übergeben [66b]), soweit nicht die Aufbewahrung derselben in dem gerichtlichen Depositorium erfolgen muß (§. 143, Nr. 4).

§. 154. Wenn der Gemeinschuldner ein öffentliches Amt verwaltet hat, so sind der vorgesetzten Dienstbehörde alle bei der Inventur vorgefundenen dienstlichen Schriften, sowie alle Bücher, Siegel und anderen Gegenstände zu verabfolgen, welche dem Gemeinschuldner zur Verwaltung seines Amts anvertraut worden sind.

Dasselbe gilt von den Gegenständen, welche der Gemeinschuldner auf

64) Aus dem Art. 486 des C. de c., wonach der Gemeinschuldner nothwendig eingeladen (appelé) werden muß zur Entsiegelung und Inventur.

65) C. de c. Art. 486: — cet inventaire se fera par les syndics à mesure que les scellés seront levés. —

66) Auch wenn er es nicht angefertigt hat; die Unterzeichnung des Kommissars hat die Bedeutung der Verificirung des Schriftstücks, wie die Mitunterzeichnung des Inventurprotokolls durch den Friedensrichter à chaque vacation, nach Art. 486 des C. de commerce.

66a) Die Kommissionen der Kammern wollten den ganzen Satz gestrichen wissen, weil sie die Vorschrift nicht für angemessen hielten, vielmehr in ein vollständiges Inventarium, nach den Rechtsanschauungen des preuß. Rechts, die ausstehenden Forderungen und Schulden gewiß gehörten. Ob aber im einzelnen Falle es zweckmäßig sei, besondere Verzeichnisse derselben anzulegen und nur das Resultat summarisch in das Inventarium aufzunehmen, könne der Beurtheilung des Gerichts überlassen bleiben. Da jedoch von der Regierung Werth auf die Bestimmung gelegt wurde, ließ man sie stehen und schaltete nur die Worte „nicht einzeln" ein, um dafür zu sorgen, daß das Resultat der Bilanz in das Inventarium komme. (II. K. K. Ber. S. 85.)

66b) Aus Art. 491 de C. de commerce.

eigene Kosten zum dienstlichen Gebrauch angeschafft hat, sofern die Gegenstände ohne Nachtheil des Dienstes nicht veräußert werden können; in diesem Falle muß der Konkursmasse der Taxwerth der Gegenstände vergütet werden. Der Dienstbehörde steht frei, diese Gegenstände in der Konkursmasse zu belassen, wenn dieselben in einen solchen Zustand gesetzt werden, daß sie ohne Nachtheil für den Dienst veräußert werden können.

Die Dienstbehörde ist von dem Tage, an welchem die Inventur stattfindet, vorher in Kenntniß zu setzen; sie hat die Befugniß, bei der Inventur das Interesse des Dienstes durch einen Beamten wahrnehmen zu lassen [66c]).

§. 155. Wenn der Gemeinschuldner eine Bilanz übergeben hat (§. 116), so ist dieselbe durch den einstweiligen Verwalter zu prüfen und zu berichtigen; ist noch keine Bilanz vorhanden, so muß dieselbe von dem einstweiligen Verwalter aufgestellt werden.

Bei der Aufstellung, oder bei der Prüfung und Berichtigung der Bilanz ist der Gemeinschuldner zuzuziehen, wenn derselbe ohne Aufenthalt zu erlangen ist.

Die Aufstellung, Prüfung und Berichtigung der Bilanz erfolgt auf Grund des Inventars, der Bücher und Papiere des Gemeinschuldners, sowie auf Grund der Aufklärungen, welche sich der einstweilige Verwalter durch den Gemeinschuldner oder auf andere Weise verschaffen kann [67]).

66c) Aus der A. G.O. I, 50, §§. 295, 315. Diese Vorschrift sollte nach dem Entwurfe nur für den gemeinen Konkurs gelten und bildete den §. 335, setzte also voraus, daß der Fall bei dem kaufmännischen Konkurse nicht vorkommen könne. Aber warum soll denn ein Handelsmann oder Fabrikant nicht z. B. Minister, etwa Handelsminister, oder Kommunalbeamter sein können? Das Leben ist nicht arm an solchen Beispielen. Deshalb paßt die Vorschrift allerdings besser hierher als in den dritten Titel vom gemeinen Konkurse.

Ist der Gemeinschuldner Kassenbeamter gewesen, so kommen wegen Feststellung etwaniger Defekte die Vorschriften des G. v. 24. Januar 1844 zur Anwendung. Die Bestimmung des §. 134, Tit. 50 der Pr.O., wonach der Dienstbehörde, mit Ausschluß des Rechtsweges, diese Feststellung zustehen soll, war in den Entwurf §. 336 aufgenommen, ist aber von den Kammern abgelehnt worden.

67) Nachbildungen der Artt. 471—473 des C. de c. Die Instr. des J. M. Simons v. 6. August 1855 giebt dazu folgenden Unterricht:

„§. 20. Unter den Geschäften, welchen sich der einstweilige Verwalter ungesäumt unterziehen muß, ist im kaufmännischen Konkurse die Feststellung der Bilanz von besonderer Wichtigkeit. Der Verwalter kann sich hierbei, wenn er es für nöthig erachtet, eines sachverständigen Gehülfen bedienen (§. 132 des Ges.).

Die Erfordernisse der Bilanz ergeben sich aus dem §. 116 des Gesetzes; sie hat den Zweck, in Verbindung mit dem Inventar, welches die Spezifikation des in der Bilanz nur summarisch zusammengestellten Vermögens enthält*), eine vollständige Uebersicht der Aktiv- und Passivmasse zu gewähren.

Was die Entsiegelung und Inventur betrifft, so hat der Kommissar, wenn er es nicht für angemessen erachtet, sie selbst auszuführen, den Dirigenten zur Ernennung eines Subalternbeamten oder Referendars zu veranlassen, oder geeignetenfalls eine Gerichtskommission des Bezirks mit dem Geschäft zu beauftragen oder eine andere zuständige Behörde zu requiriren. Die Aufstellung des Inventars erfolgt auf Grund des über den Akt gemäß §. 54, Th. II, Tit. 5 der A. G.O.

---

*) Das thut die Rekapitulation des Inventars auch und noch besser. Neben dem deutsch-(preußisch-) rechtlichen Inventarium ist die Bilanz ein ganz überflüssiges Ding. D. H.

Die Bilanz ist an den Kommissar abzugeben [68]) und nebst dem Inventar in dem Gerichtslokale zur Einsicht jedes Betheiligten offen zu legen.

§. 156. Nach Aufstellung der vollständigen Vermögensübersicht hat der Kommissar auf den Antrag des einstweiligen Verwalters oder eines Gläubigers dem Gemeinschuldner den Manifestationseid abzunehmen. Dem Ermessen des Gerichts bleibt es überlassen, ob der Manifestationseid in Folge eines solchen Antrags auch dem Ehegatten, den erwachsenen Kindern, den Dienstboten und den Gehülfen des Gemeinschuldners, sowie den zu dessen Hausstande gehörigen anderen Personen [69]) abzunehmen sei.

§. 157. Zur Veräußerung von Waaren und anderen Mobiliargegenständen kann, sofern dieselbe nicht durch die Fortführung des Geschäfts des Gemeinschuldners bedingt ist, nur dann geschritten werden, wenn die Unterlassung oder Verschiebung der Veräußerung zum Nachtheil der Masse gereichen würde.

Die Veräußerung von Sachen, deren längere Aufbewahrung der Masse unnütze Kosten verursachen würde, oder welche dem Verderben oder einer Entwerthung in kurzer Zeit ausgesetzt sind (§. 143, Nr. 5), muß unverzüglich vorgenommen werden [70]).

Die Veräußerung der Immobilien, Gerechtigkeiten und Schiffe bleibt ausgesetzt; jedoch muß die gerichtliche Abschätzung derselben stattfinden.

Für den Fall der Exekution hat es bei den darüber ertheilten besonderen Vorschriften (§. 9) sein Bewenden.

§. 158. Der einstweilige Verwalter bedarf der Genehmigung oder Ermächtigung des Kommissars:

---

aufzunehmenden Protokolls. Das Inventar ist dem Verwalter zur Benutzung bei Herstellung der Bilanz in beglaubigter Abschrift mitzutheilen; die Abschrift ist mit einer besonderen Kolonne zu versehen, welche dem Verwalter für die Nachtragungen und den Nachweis über den Verbleib der verzeichneten Gegenstände einen angemessenen Raum offen läßt.

Der Kommissar hat darauf zu sehen, daß die Herstellung der Bilanz und des Inventars möglichst beschleunigt wird, und daß der Verwalter jedenfalls binnen 8 Tagen nach der Konkurseröffnung ein besonderes Verzeichniß der bis dahin ermittelten Schuldner und Gläubiger des Gemeinschuldners einreicht, auf dessen Grund die etwa weiter erforderlichen Spezialbekanntmachungen des offenen Arrestes in Gemäßheit des §. 12 zu erlassen sind und welches bei der Berufung der Konkursgläubiger zum Anhalt dient."

68) Das verordnet auch der Art. 476 des C. de c., aber zu einem sachlichen Zwecke: der Kommissar soll aus der Bilanz ein Verzeichniß der Gläubiger zusammenstellen und dem Kollegium vorlegen. Hier, im §. 155, ist die Vorschrift müßig, sie macht dem Kommissar zum Aktenträger; denn es ist nicht findbar, weshalb der Verwalter die Bilanz nicht unmittelbar dem Gerichte zustellen soll.

69) Der §. 156 enthält eine, dem Bedürfnisse entsprechende Ausdehnung des bestehenden Rechts (A. G.O. §. 217) auf die Gehülfen des Gemeinschuldners und die zu dessen Hausstande gehörigen anderen Personen. Es versteht sich, daß auf diese Personen nun auch der §. 31, Tit. 22 der Pr.O., wonach über die Schuldigkeit des Gemeinschuldners ꝛc., den Manifestationseid zu leisten, kein Prozeß stattfindet, anzuwenden ist. Angemessen ist die Verbesserung des Entwurfs seitens der Kammern, daß das Ermessen des Gerichts über die Nothwendigkeit der Eidesleistung dieser Personen in jedem einzelnen Falle eintreten soll.

70) Wie es der C. de c. Art. 464 gleichfalls vorschreibt.

1) wenn die Veräußerung von Waaren oder anderen Mobiliargegenständen außer dem Falle der Fortführung des Geschäfts des Gemeinschuldners erfolgen soll (§. 157)[71]; der Kommissar hat zugleich zu bestimmen, ob die Veräußerung nach Maßgabe der im Exekutionsverfahren geltenden Vorschriften, oder in Abweichung von denselben stattfinden soll[72];

2) wenn bei der Verwaltung der Immobilien, Gerechtigkeiten oder Schiffe von der bisherigen oder gewöhnlichen Benutzungsart, oder von den für Exekutionen geltenden Vorschriften abgewichen werden soll;

3) wenn es sich um Anerkennung von Vindikationsansprüchen handelt, welche Gegenstände betreffen, deren Taxwerth den Betrag von funfzig Thalern übersteigt;

4) wenn es sich um Abschließung von Vergleichen handelt, sofern der Werth des streitigen Gegenstandes den Betrag von funfzig Thalern übersteigt;

5) wenn es sich um die Anstellung[72a] von Klagen, um die Anfechtung von Rechtshandlungen des Gemeinschuldners, um die Aufhebung von Rechtsgeschäften desselben, oder um den Eintritt in solche Rechtsgeschäfte handelt.

§. 159. Der einstweilige Verwalter bedarf der Genehmigung oder Ermächtigung des Gerichts zur Anerkennung von Vindikationsansprüchen, zur Abschließung von Vergleichen und zur Anstellung von Klagen, insofern die Vindikationsansprüche, die Vergleiche und die Klagen Immobilien, Gerechtigkeiten oder Schiffe betreffen.

§. 160. In allen Fällen, in welchen es sich um Ertheilung der Genehmigung oder Ermächtigung des Kommissars oder des Gerichts handelt, hat der Kommissar zuvor den Gemeinschuldner, sofern derselbe ohne Aufenthalt vernommen werden kann, mit seiner Ansicht zu hören.

Ein Vergleich kann beim Widerspruch des Gemeinschuldners nicht genehmigt werden, wenn derselbe die Substanz von Immobilien, Gerechtigkeiten oder Schiffen betrifft.

§. 161. In Ansehung des Geldverkehrs sind die nachstehenden Vorschriften maßgebend:

1) Zahlungen, welche an die Masse zu leisten sind, nimmt der einstweilige Verwalter in Empfang[73];

2) laufende Verwaltungsausgaben und sonstige Zahlungen aus der Masse, deren Nothwendigkeit und Betrag feststeht, hat der einstweilige Verwalter aus den vorhandenen Beständen zu leisten;

3) der einstweilige Verwalter ist verpflichtet, wöchentlich dem Kommissar

---

71) Also auch, wenn die im §. 143, Nr. 5 bezeichneten Gegenstände verkauft werden sollen. C. de c. Art. 464.

72) Dieses zu bestimmen ist, nach dem C. de c. Art. 492, Sache der Verwalter.

72a) (2. A.) Oder Fortsetzung. Denn die bereits rechtshängige Sache kann so unbegründet, oder der Beklagte so vermögenslos sein (§. 152, Nr. 4), daß der Masse ganz unnütze Kosten durch Uebernahme des Prozesses entstehen würden.

73) Vergl. o. Anm. 63 zu §. 152.

eine Uebersicht der Einnahmen und Ausgaben vorzulegen [74]) und die Bestände an Geldern und geldwerthen Papieren zum gerichtlichen Depositorium abzuliefern [75]); zur Bestreitung der Auslagen und Kosten ist ihm jedoch ein angemessener Bestand in Händen zu lassen. Im Falle der Unterlassung der Ablieferung verschuldet er von Rechtswegen seit dem Tage des Empfangs der Masse sechs Prozent Zinsen, welche das Gericht im geeigneten Falle bis auf zwanzig Prozent erhöhen kann [75a]), vorbehaltlich der sonst etwa gegen denselben zu ergreifenden Maßregeln [76]).

---

74) Nachbildung des Art. 497 des C. de c., welche hier müßig ist. Im franz. R. greift die Vorschrift in die Verwaltung ein; bei der preuß. offiziösen Depositalverwaltung ist sie zwecklos. Vergl. die folg. Anm. 75.

75) Die Einkassirung der Masse zum gerichtlichen Depositorium hat man beibehalten zu müssen geglaubt, weil sich nicht verkennen lasse, daß die Konkursinteressenten in dieser Beziehung einer Sicherheit bedürften, und es nicht rathsam sei, unbedingt die Bestellung einer Kaution oder sonstigen besonderen Sicherheit von dem Verwalter zu fordern, weil eine solche unbedingte Forderung leicht Schwierigkeiten bei der Ausfindigmachung geeigneter Verwalter herbeiführen würde. (Motive, S. 100.) Auch anderswo, namentlich in Frankreich und Belgien, fordert man nicht Kaution von den Verwaltern und doch findet sich die Staatsregierung nicht berufen, die Befriedigungsmittel der Konkursgläubiger in ihre Verwahrung zu nehmen. Die Gläubigerschaft würde sich die sichere Aufbewahrung viel wohlfeiler verschaffen, als die gerichtliche Deposital-Verwaltung kostet. M. vergl. C. de c. Art. 495. — Uebrigens soll der Kurator (Verwalter) von Amts wegen die Gläubiger befragen: ob für die baaren Gelder Staatsschuldscheine angekauft werden sollen. K.O. v. 3. Mai 1821 (G.S. S. 46).

75a) Durch einen förmlichen Beschluß, wie sich von selbst versteht. Dagegen wird auch die Beschwerde zulässig sein.

76) Das im Entwurf noch folgende Alinea 4, betreffs der Kautionsbestellung, ist von den Kammern gestrichen. . Der J. M. giebt in seiner Instr. v. 6. Aug. 1855 folgende Anleitung in Betreff der Aktivmasse, zu den §§. 132, 161 u. 221:

„§. 45. Bei der Kontrole des Geldverkehrs hat der Kommissar darauf zu sehen, daß der Verwalter ordnungsmäßige Rechnung hält und außer dem Journale, in welches alle die Konkursmasse betreffenden Rechtsgeschäfte nach der Zeitfolge einzutragen sind, noch ein Kassenbuch führt. Er hat sich von Zeit zu Zeit hiervon auf geeignete Weise Ueberzeugung zu verschaffen. Die von dem definitiven Verwalter nach §. 225 des Gesetzes zu erstattenden vierteljährlichen Berichte bieten dem Kommissar eine Gelegenheit dar, über den Bestand der Masse nähere Auskunft zu erfordern. Keine wahrgenommene Unregelmäßigkeit darf unbeachtet bleiben.

In der wöchentlich einzureichenden Uebersicht der Einnahmen und Ausgaben müssen dieselben spezifizirt sein. Insbesondere ist in Ansehung der Einnahmen anzugeben, aus welchen Vermögensstücken sie herrühren; in jeder folgenden Uebersicht ist der Bestand, mit welchem die vorige Uebersicht abschließt, wieder vorzutragen. Der Kommissar setzt auf den Antrag des Verwalters die Beträge fest, welche derselbe zur Bestreitung der Auslagen und Kosten in den Händen behalten soll, und verfügt die Annahme des übrigen Bestandes zum gerichtlichen Depositum.

Der Zeitpunkt zur Einreichung dieser wöchentlichen Uebersichten ist ein für allemal festzusetzen und so zu bestimmen, wie es den Einrichtungen entspricht, welche in Bezug auf den regelmäßigen Depositalverkehr bei dem Konkursgerichte bestehen. Diese Einrichtungen sind dem Verwalter mit der Anweisung bekannt zu machen, daß er sich jedesmal am Depositaltage zur Auslieferung der Bestände ohne weitere Vorladung einzufinden habe. Dabei muß aber darauf gehalten werden, daß das Mandat zur Annahme der Gelder den Depositarien stets zu rechter Zeit zugeht.

Beträge, aus denen einzelne Gläubiger eine abgesonderte Befriedigung verlangen, oder hinsichts deren Vindikationsansprüche geltend gemacht werden, sind zu Spezialmassen zu nehmen.

§. 162. Dem Gemeinschuldner muß auf dessen Antrag aus dem Vermögen, welches derselbe erst nach der Konkurseröffnung erlangt (§. 1), eine Unterstützung zu seinem Unterhalt und zum Unterhalt seiner Familie gewährt werden. Soweit dieses Vermögen hierzu nicht hinreicht, kann die benöthigte Unterstützung aus der übrigen Masse ergänzt werden.

Ueber den Antrag des Gemeinschuldners und über den Betrag der Unterstützungssumme wird von dem Gericht auf gutachtliche Aeußerung des einstweiligen Verwalters durch Beschluß entschieden [77]).

Das Gericht kann, nach Anhörung des einstweiligen Verwalters, dem Gemeinschuldner und dessen Familie auch die Wohnung in einem zur Masse gehörigen Grundstück bis zum Verkauf desselben gestatten.

§. 163. Der einstweilige Verwalter muß binnen Monatsfrist nach seiner Ernennung über die Lage der Sache, die hauptsächlichen Gründe und Veranlassungen, sowie über die Natur und den Charakter des Konkurses einen schriftlichen Bericht erstatten. Der Kommissar hat diesen Bericht alsbald mit seinen Bemerkungen zu versehen und dem Konkursgericht einzureichen, auch Abschrift des Berichts nebst den Bemerkungen der Staatsanwaltschaft mitzutheilen [78]).

Dem Verwalter ist auf seinen Antrag ein Deposital-Extrakt zu ertheilen.

Werden Gelder oder geldwerthe Papiere und Dokumente von Zahlungspflichtigen direkt an das gerichtliche Depositorium abgeliefert, so muß dem Verwalter davon durch Zustellung einer Abschrift des dieserhalb zu erlassenden Depositalmandats Mittheilung gemacht werden."

77) Nachbildung des Art. 530 des C. de c., wo jedoch ausdrücklich bevorwortet ist: s'il n'existe pas de présomption de banqueroute, indem die Unterstützung nur als eine Wohlthat angesehen wird, welche das Unglück von der Menschlichkeit fordert. Der §. 162 enthält keine Andeutung davon und in den Motiven, S. 100, wird so obenhin gesagt, die Gewährung einer Unterstützung an den Gemeinschuldner rechtfertige sich durch die billige Berücksichtigung der Lage, in welcher der Gemeinschuldner durch die plötzliche Beschlagnahme seines gesammten Vermögens geräth. Der Grund paßt auch auf den betrüglichen Bankeruteur: dieser würde dann so ziemlich das ganze Vermögen den Gläubigern entziehen können, indem er den übrig gelassenen kleinen Rest nun noch mit seiner zahlreichen Familie auf Grund des §. 162 von Rechts wegen verspeisete. So kann es wol nicht gemeint sein, die Vorschrift ist daher wol nur auf den entschuldbaren Gemeinschuldner zu beziehen, da nur ein solcher von einer „plötzlichen Beschlagnahme" überrascht werden kann, während der Bankerutirer darauf lange vorher vorbereitet ist. Aber die Fassung des §. 162 macht keinen Unterschied.

78) Eine Nachbildung des Art. 488 des C. de c., mit verändertem Hauptzwecke. Der Art. 488 schreibt vor, daß die Verwalter binnen 8 Tagen nach ihrer Amtsantretung einen Bericht über die Lage der Sache, die hauptsächlichsten Ursachen und Umstände des Konkurses und über den Charakter, welchen er zu haben scheine, an die Staatsanwaltschaft erstatten sollen. Der Zweck ist sichtbar; der Staatsanwalt kann, wenn es ihm darnach angemessen scheint, sich in die Wohnung des Gemeinschuldners verfügen, der Zusammenstellung der Bilanz, des Inventariums und anderer Konkurs-Prozeßhandlungen beiwohnen und sich alle daraus sich ergebenden Nachrichten und Anzeigen mittheilen lassen, um die ihm nöthig scheinenden Maßregeln zu treffen und Verfolgungen einzuleiten. Art. 489. Der §. 163 hingegen will, daß der Verwalter diesen Bericht dem Kommissar erstatten, dieser dazu seine Bemerkungen machen, und damit den Bericht dem Gerichte einreichen, dem Staatsanwalt aber nebenbei Abschrift davon mittheilen soll. Was soll das Gericht mit diesem Original-Schriftstück? Das erfahren wir aus den Motiven, S. 100: „Die vorgeschriebene Berichterstattung dient nicht nur zur Herstellung

Sechster Abschnitt.

Von der Berufung der Konkursgläubiger und Prüfung der Ansprüche derselben[79]).

§. 164. Spätestens innerhalb vierzehn Tage nach der Konkurseröff-

einer klareren Uebersicht über den Stand der Sache (was will das Kollegium mit der Uebersicht bei dem angenommenen System?), sondern gewährt auch einen Anhalt für die Beschlußnahme über einen Akkord und für die Entscheidung über die Bestätigung desselben." Dazu ist er jedoch den preuß. Gerichten eben so entbehrlich wie den rheinländischen und französischen.

79) Die Vorschriften über das Liquidations-, Verifikations- und Distributions-Verfahren sind eine verbesserte Ausgabe des C. de c. L. III, Tit. 1, cap. VI, Sect. IV und ff. Nachdem die einstweiligen Verwalter bestellt, die Bilanz und das Inventarium eingebracht sind, werden die Gläubiger, ohne Androhung eines Nachtheils, aufgefordert, ihre Forderungen innerhalb einer gewissen Frist anzumelden (Art. 502.) Das verordnet auch die neue K.O. (§. 164); die hauptsächlichsten Verschiedenheiten dabei aber sind folgende: 1. Nach dem C. geht die Aufforderung von dem Verwalter aus und wird sowohl durch die öffentlichen Blätter als durch besondere Schreiben des Verwalters an die bekannten Gläubiger bekannt gemacht. (Art. 503.) Unsere K.O. überträgt die öffentliche Aufforderung dem Gerichte (altes Recht), und die besonderen Bekanntmachungen dem Verwalter. (§§. 164, 168.) 2. Nach dem C. muß die Anmeldung bei dem Verwalter geschehen (Art. 503); nach der preuß. Art aber bei dem Gerichte (§. 164). 3. Der C. Art. 502 fordert das Erscheinen der Gläubiger in Person oder durch Bevollmächtigte; die K.O. §. 164 gestattet die Anmeldung durch Schrift oder mündlich zu Protokoll. 4. Der Art. 502 bestimmt eine Anmeldungsfrist von 40 Tagen; die K.O. hingegen verordnet die Bestimmung zweier Anmeldungsfristen nach dem Ermessen des Gerichtes, und zwar der ersten in dem Zeitraume zwischen 3 u. 6 Wochen, und der zweiten zwischen 3 u. 6 M., wovon die zweite jedoch nur dann erforderlich ist, wenn Gläubiger außerhalb der deutschen Bundesstaaten vorhanden. (§§. 165, 166.) Die Anordnung mehrerer Anmeldungsfristen ist als das geeignetste Mittel zur zweckmäßigen Einleitung des Verfahrens erschienen. Die kürzere Frist wahre die erforderliche Rücksicht auf die Beschleunigung der Sache und der Zeitraum von 3—6 Wochen sei für die Gläubiger, welche innerhalb der deutschen Bundesstaaten wohnen, bei den gegenwärtig zu Gebote stehenden Kommunikationsmitteln gewiß genügend. (Motive, S. 102.)

Die zweite Operation ist die Prüfung der angemeldeten Forderungen. Dazu wird, nach Art. 503, binnen 14 Tagen nach Ablauf der Anmeldungsfrist ein Termin vor den Verwaltern bestimmt, in welchem zwischen den Verwaltern und den Gläubigern kontradiktorisch verhandelt wird, und jeder Gläubiger gegen den Andern Einreden vorbringen kann. Der Kommissar ist dabei gegenwärtig und führt das Protokoll. Eben so die K.O., nach welcher der Prüfungstermin, ebenfalls innerhalb der nächsten 14 Tage, schon in der ersten Berufung bestimmt (§§. 164, 165), dem Kommissar aber eine herrschende Stellung angewiesen wird, während der Verwalter eine sehr untergeordnete Rolle hat. (§. 171.) — Ist die Forderung ganz oder theilweise unstreitig, so wird es sogleich auf der Urkunde des Gläubigers vermerkt; werden Einwendungen gemacht, so verweiset der Kommissar die Forderung zur Entscheidung der Streitigkeiten vor das Gericht. (Art. 506, 508.) Eben so die K.O. §§. 175, 227 ff.

Von hieraus trennen sich nach dem C. de c. die Gläubiger in zwei Gruppen: diejenigen, deren Forderungen unstreitig sind, bilden die eigentlich verwaltende und verfügende Gläubigerschaft (Art. 515); die Uebrigen haben ihre Forderungen in Spezialprozessen durchzuführen und werden erst zugelassen, nachdem ihre Forderung festgestellt worden ist, müssen dann aber Alles gelten lassen, was bereits geschehen ist. So ist es im Ganzen auch nach der neuen K.O., aber mit erheblichen Verschiedenheiten in den Einzelnheiten, wovon die hauptsächlichsten sind:

1. Da die den anerkannten Gläubigern allein zugesprochene Verfügungsfähigkeit

allen Uebrigen präjudicirlich ist und noch Gläubiger vorhanden sein können, welche sich noch nicht gemeldet und gleichfalls unbestreitbare Forderungen haben; so schafft der C. de c. eine sichere Grundlage. Der Verwalter fertigt, nach Ablauf der Prüfungsfrist, ein Verzeichniß derjenigen Gläubiger, welche nicht erschienen sind. Durch dieses Protokoll, welches der Kommissar schließt, werden Jene in Verzug gesetzt. (Art. 510.) Der Kommissar hält darüber Vortrag und das Gericht bestimmt eine neue Prüfungsfrist, mit Rücksicht auf die Entfernung des Wohnorts jener Gläubiger; der Beschluß wird unter Beobachtung der in der Civilprozeßordnung vorgeschriebenen Formalitäten notifizirt. (Art. 511, 512.) Die abermals Ausbleibenden sind von Rechts wegen ausgeschlossen von der Theilnahme bei der Vertheilung der Masse; die sich später noch Meldenden werden jedoch restituirt, mit der Wirkung, daß sie an der noch bevorstehenden Vertheilung Theil nehmen, ohne wegen der bereits geschehenen Vertheilungen irgend einigen Anspruch zu haben. (Art. 513.) Die weitern entscheidenden Schritte (mit Ausnahme der Ernennung des Definitiv-Verwalters, Art. 512) müssen bis nach Ablauf dieser zweiten Frist ausgesetzt bleiben. (Art. 519.) — Die neue K.O. läßt gleichfalls die ausgebliebenen bekannten Gläubiger nochmals auffordern, ihre Forderungen innerhalb einer neuen bestimmten Frist anzumelden und demnächst in einem anderweit, binnen 14 Tagen nachher anzusetzenden Termine zu erscheinen; bei der Bekanntmachung werden nur die für die erste Berufung vorgeschriebenen Formalitäten beobachtet. (§§. 167, 168.) Die abermals Ausbleibenden werden dann bei den Vertheilungen gar nicht berücksichtigt, sie werden aber, ohne Weiteres, zur Theilnahme zugelassen, sobald sie sich melden. Dagegen wird der weitere Verlauf durch die zweite und letztendliche Frist nicht aufgehalten. (§. 181.) Dazu ist man durch folgende Betrachtung gekommen: „Aus demselben Grunde (wegen der heutigen Kommunikationsmittel) wird jene (kürzere) Frist in vielen Fällen selbst von außerdeutschen Gläubigern zur Anmeldung ihrer Forderungen benutzt werden können, zumal es häufig vorkommt, daß entfernt wohnende Geschäftsgläubiger Agenten zur Wahrnehmung ihrer Gerechtsame bestellen. Es kann darum auch kein Bedenken haben, schon mit dem Ablaufe dieser kürzeren Frist und nach Abhaltung des derselben sich anschließenden Prüfungstermins die Gläubigerschaft in soweit für konstituirt anzusehen, daß nunmehr die weiteren Verhandlungen mit den bis dahin angemeldeten Gläubigern Namens der Gesammtheit der Gläubiger gepflogen werden können. Um indessen eine materielle Benachtheiligung der Gläubiger, welche ohne deren Schuld aus der beschränkten Dauer der Frist entstehen könnte, möglichst abzuwenden, ist die Bestimmung einer zweiten Anmeldungsfrist für die geeigneten Fälle angeordnet worden. Dieselbe hat einen doppelten Zweck. Einmal wird dadurch für die außerdeutschen Gläubiger umfassend gesorgt (§. 166); die für solche Gläubiger bestimmte und gleichzeitig mit der kürzeren Frist festzusetzende ausgedehnte Frist von 3—6 M. gewährt den weitesten Spielraum zur Beachtung aller konkreten Verhältnisse. Sodann können aber auch Fälle eintreten, welche eine nachträgliche Verlängerung der ersten kürzeren Frist des §. 165 als nothwendig oder doch billig erscheinen lassen, insofern nämlich Veranlassung vorliegt zu der Annahme, daß Gläubiger vorhanden sind, für welche diese Frist gilt, die sich aber noch nicht gemeldet haben; dieselben können durch mancherlei besondere Umstände an der rechtzeitigen Anmeldung behindert worden sein. Für solche Fälle ist im §. 167 Vorsorge getroffen; es werden dadurch die speziellen Restitutionen entbehrlich gemacht. (Diese sind ja überhaupt, auch für später sich Meldende, nicht erforderlich.) Der wesentliche Vortheil, welchen die Gläubiger durch die Benutzung dieser zweiten Anmeldungsfristen erlangen, besteht darin, daß zu einer Vertheilung der Masse ohne ihre Theilnahme nicht geschritten werden kann. (§. 239.) Dagegen darf allerdings im Uebrigen der Fortgang des Verfahrens nicht aufgehalten werden und die Gläubiger müssen sich Allem, was in demselben bisher gesetzmäßig verhandelt und beschlossen worden ist, namentlich dem etwa zu Stande gekommenen Akkorde unterwerfen; es mußte hier der Rücksicht auf eine schleunige Regulirung der Sache, welche allen Betheiligten zu gut kommt, um so unbedenklicher überwiegende Geltung verschafft werden, als der Abschluß des Akkords unter der strengen Kontrole des Gerichts erfolgt und letzteres dabei einer Benachtheiligung der Gläubiger von Amts wegen entgegenzutreten hat." (Motive, S. 102.) So

nung [79a]) hat das Gericht alle diejenigen, welche an die Masse Ansprüche als Konkursgläubiger machen wollen, aufzufordern:

1) ihre Ansprüche, dieselben mögen bereits rechtshängig sein oder nicht, mit dem ihnen etwa zustehenden Vorrecht bis zu einem gewissen Tage bei dem Gericht schriftlich oder zu Protokoll anzumelden, und

2) an einem weiteren bestimmten Tage zur Prüfung der angemeldeten Ansprüche vor dem Kommissar zu erscheinen.

§. 165. Die Bestimmung der Anmeldungsfrist und des Prüfungstermins hängt von dem Ermessen des Gerichts ab; doch darf die Anmeldungsfrist nicht unter drei und nicht über sechs Wochen vom Tage der Aufforderung an betragen; der Prüfungstermin darf nicht über vier Wochen nach dem Ablauf der Anmeldungsfrist anberaumt werden.

---

viel sind Worte. Der letzte Grund zur Nichtbeachtung jener gleichberechtigten Gläubiger, welchen man nicht hinlängliche Zeit gelassen hat, ist also das Prinzip der alten Gerichtsordnung.

2. Der C. de c. schließt die nicht anerkannten Gläubiger von aller Mitwirkung und Theilnahme aus; dieselben sind daher erfahrungsmäßig ohne große Hoffnung, etwas zu retten, indem die anerkannten Gläubiger willkürlich, zum Nachtheil der Uebrigen wirthschaften und verfügen können und die Vertheilungen ohne Rücksicht auf sie ihren Fortgang haben, und die Masse vielleicht schon aufgeräumt ist, nachdem der Spezialprozeß sein wenn auch noch so günstiges Ende für den Gläubiger genommen hat. Dies war ein Mangel, dem das neuere Fallimentsgesetz von 1838 Art. 499, 500, und nach diesem Beispiele diese K.O. genügend abhilft: die Mitwirkung bei den Verhandlungen kann durch vorläufigen Beschluß des Gerichts: ob und für welchen Betrag die streitige Forderung einstweilen als richtig zugelassen werden soll, erlangt werden (§. 182), und bei den Distributionen wird die streitige Forderung nach ihrem vollen Betrage berücksichtigt, und die auf dieselbe entfallenden Beträge werden als eine streitige Spezialmasse behandelt. (§§. 241, 246.)

3. Der nächstfolgende Schritt ist nach dem C. de c. eine Versammlung der anerkannten Gläubiger, um sich über die weiteren Operationen zu berathen, von den einstweiligen Verwaltern Rechenschaft zu empfangen und einen Vergleich (concordat) zu versuchen, und in dessen Entstehung schließen die Gläubiger (in einer neuen Versammlung) einen Vereinigungsvertrag (union) unter sich und ernennen Definitiv-Verwalter und einen Kassirer. (Art. 514—531.) Die K.O. läßt die vorläufige Versammlung wegfallen, vielmehr sofort zum Versuche eines Akkords schreiten (§. 181) und, wenn dieser nicht Statt hat, das definitive Verwaltungspersonal bestellen. (§. 211.)

4. Die Vertheilung erfolgt, nach dem C. de c., nach und nach, wie die Masse flüssig wird, nachdem die Definitiv-Verwalter bestellt worden sind. Die Verwalter übergeben monatlich dem Kommissar eine Uebersicht über die Lage des Prozesses und über die vorräthigen Gelder; der Kommissar vertheilt die Summe unter die anerkannten oder unstreitig gewordenen Gläubiger, mit Berücksichtigung der Vorzugsrechte, und die Verwalter zahlen darnach aus; wird Widerspruch gegen den Plan erhoben, so kommt die Sache zuvor zur Entscheidung an das Gericht. (Art. 558—560.) — Die K.O. schreibt im Wesentlichen dasselbe Verfahren vor, nur überträgt sie den Entwurf des Vertheilungsplans nicht dem Kommissar, sondern dem Verwalter (§. 241) und macht das Verfahren außerdem durch einen Erklärungs- und Verhandlungstermin (§§. 242—244) umständlicher.

79a) Der Entwurf schrieb vor: „bei der Konkurseröffnung oder spätestens innerhalb 14 Tagen nach derselben". Die Worte „bei der Konkurseröffnung" sind von den Kammern gestrichen, weil das Gericht durch die Konkurseröffnung selbst und die bei derselben bezüglich der Aktivmasse zu treffenden mannigfaltigen Anordnungen vollständig würde in Anspruch genommen werden.

§. 166. Wenn bekannt oder anzunehmen ist, daß ausländische[79b]) Gläubiger vorhanden sind, welche außerhalb der deutschen Bundesstaaten wohnen oder ihre Handelsniederlassung haben, so hat das Gericht in der Aufforderung zugleich eine zweite Anmeldungsfrist zu bestimmen und zur Prüfung der Forderungen, welche innerhalb derselben, nach dem Ablauf der ersten Frist, angemeldet werden, einen zweiten Termin anzuberaumen.

Die zweite Anmeldungsfrist soll nicht unter drei und nicht über sechs Monate vom Tage der Aufforderung an betragen; der zweite Prüfungstermin darf nicht über vier Wochen nach dem Ablauf der Frist anberaumt werden.

§. 167. Wenn nach dem ersten Prüfungstermin (§. 164) bekannt oder anzunehmen ist, daß Gläubiger vorhanden sind, welche ihre Forderungen noch nicht angemeldet haben, so hat das Gericht alle Konkursgläubiger, deren Anmeldung noch nicht eingegangen ist, aufzufordern, ihre Ansprüche innerhalb einer bestimmten Frist anzumelden[80]).

Zugleich sind sämmtliche Gläubiger aufzufordern, an einem weiteren bestimmten Tage zur Prüfung der neu angemeldeten Ansprüche vor dem Kommissar zu erscheinen.

Bei Bestimmung der Anmeldungsfrist und des Prüfungstermins sind die Vorschriften des §. 165 maßgebend.

Wenn jedoch bereits anderweit eine zweite Anmeldungsfrist und ein zweiter Prüfungstermin angeordnet sind (§. 166), so ist die Anmeldungsfrist und der Prüfungstermin so zu bestimmen, daß sie mit den bereits nach §. 166 angeordneten zusammenfallen.

§. 168. Die Aufforderung (§§. 164—167) ist öffentlich bekannt zu machen. Die Bekanntmachung erfolgt auf die für die Bekanntmachung der Konkurseröffnung vorgeschriebene Weise (§. 123)[80a]) und geeignetenfalls in Verbindung mit derselben.

Die Aufforderung ist außerdem gleichzeitig oder nachträglich[80b]) der Steuererhebungsstelle und dem Gemeindevorstande am Wohnorte des Gemeinschuldners, sowie jedem bekannten Gläubiger, nach einem durch den einst-

---

79b) Das Wort „ausländische" ist von den Kammern auf Vorschlag der Kommission der II. Kammer eingeschaltet worden, „und zwar deshalb, weil, wenn dies nicht geschähe, die Worte des Gesetzes die Bestimmung enthalten würden, daß in allen denjenigen Fällen der hier erwähnte zweite Prüfungstermin anzusetzen ist, in denen sich ein inländischer Gläubiger in einem nicht zum deutschen Bunde*) gehörenden Orte des preußischen Staates aufhält." Ber. S. 89. Der Grund ist weit hergeholt. Daß der §. 166 sich auf Ausländer bezieht, ist selbstverständlich, wenn man nicht behaupten will, daß, wenn der Ort, wo der Konkurs verhandelt wird (der Sitz des Konkursgerichts), nicht in einem Landestheile, der zum deutschen Bunde gehört, liegt, allemal ohne Ausnahme auch für die am Orte selbst wohnenden Gläubiger ein zweiter Prüfungstermin angesetzt werden müßte.

80) Vergl. C. de c. Art. 510 u. 511, und oben, die vor. Anm. 79.

80a) (2. A.) S. oben, Anm. 18a zu §. 123.

80b) Die Worte „gleichzeitig oder nachträglich" sind von den Kammern in der Absicht eingeschaltet, um zu verhindern, daß die öffentliche Bekanntmachung so lange verschoben werde, bis das Verzeichniß der Gläubiger gefertigt ist und nach

*) Diesem wird jetzt der Norddeutsche Bund zu substituiren sein. D. H.

weiligen Verwalter anzufertigenden Verzeichnisse [81]), in einfacher Abschrift zu übersenden. Jedoch ist in keinem Falle die Wirksamkeit der Aufforderung von dieser besonderen Zustellung abhängig [82]).

Anleitung desselben die besonderen Bekanntmachungen erlassen werden können. Vergl. Anm. 82.

81) Ein Analogon des im C. de c. Art. 510 vorgeschriebenen Verzeichnisses der Namen der ausgebliebenen Gläubiger, mit dem Unterschiede, daß dieses Analogon ein unwesentliches Ding ist und in das Verfahren nicht so eingreift, wie jenes Protokoll des Art. 510.

82) Deshalb darf auch die Anfertigung des Verzeichnisses der bekannten Gläubiger den Erlaß der öffentlichen Bekanntmachungen nicht aufhalten, vielmehr können die Zustellungen an die Gläubiger nachträglich erfolgen. (Motive, S. 102.) Vergl. oben die Anm. 80 a. Der Grundsatz ist übrigens eine sehr erhebliche Aenderung des bisherigen Rechts.

Der J.M. Simons hat zu den §§. 164 — 168 folgende Anweisungen und Formulare gegeben:

a. Instr. vom 6. August 1855.

„§. 21. Behufs der Berufung der Konkursgläubiger hat das Gericht über die Festsetzung der Anmeldungsfristen und Prüfungstermine, sowie über die Art der öffentlichen Bekanntmachung Beschluß zu fassen; der Kommissar hat diese Angelegenheit dergestalt zu betreiben, daß die Aufforderung an die Gläubiger noch vor Ablauf von vierzehn Tagen seit der Konkurseröffnung erlassen und schleunigst zum Abgange befördert wird.

Im Falle des §. 167 des Gesetzes hat der Kommissar nach Abhaltung des ersten Prüfungstermins ein Verzeichniß der Gläubiger aufzustellen, welche ihre Forderungen noch nicht angemeldet haben, und dem Kollegium unter Zugrundelegung desselben Vortrag zu halten.

Bei Bestimmung der Anmeldungsfristen ist hauptsächlich auf die Entfernung der bekannten oder präsumtiven Gläubiger, sowie auf die vorhandenen Kommunikationsmittel Rücksicht zu nehmen; bei Bemessung der Frist für die Prüfungstermine ist die Zahl der wahrscheinlich zu erwartenden Anmeldungen und die danach vor dem Termine nöthig werdende Vorbereitung ins Auge zu fassen.

§. 22. Zur Beschleunigung und Erleichterung des Geschäftsganges beim Erlaß der Aufforderung an die Konkursgläubiger erscheint auch hier, wie im Falle des §. 11, die Anwendung gedruckter Formulare rathsam.

Die Bekanntmachung ist möglichst kurz zu fassen; der Beifügung von Verwarnungen bedarf es nicht; dagegen muß es im praktischen Interesse als angemessen erachtet werden, die Gläubiger auf die im §. 179 des Gesetzes vorgeschriebene Verpflichtung zur Bestellung von Bevollmächtigten aufmerksam zu machen und den Auswärtigen die zur Praxis bei dem Gericht berechtigten Rechtsanwalte, oder einige derselben, zu benennen; auch ist zu beachten, daß es sich im ersten Prüfungstermine zugleich um die Bestellung des definitiven Verwaltungspersonals handeln kann (vergl. §§. 211, 213 des Gesetzes).

Dem einstweiligen Verwalter, sowie dem Gemeinschuldner, wenn er nicht entwichen ist, wird von dem Erlasse durch Zustellung einer Abschrift desselben besondere Nachricht gegeben."

b) Formular Nr. 6.

„Aufforderung der Konkursgläubiger, wenn nur eine Anmeldungsfrist festgesetzt wird.

(Konk.-O. §§. 164, 165; Instr. §§. 21, 22.)

In dem Konkurse über das Vermögen (den Nachlaß) des . . . . zu . . . . *) werden alle diejenigen, welche an die Masse Ansprüche als Konkursgläubiger machen wollen, hierdurch aufgefordert, ihre Ansprüche, dieselben mögen bereits rechtshängig sein oder nicht, mit dem dafür verlangten Vorrecht bis

---

*) Wenn die Aufforderung sogleich mit der Bekanntmachung der Konkurseröffnung verbunden wird (Konk.-Ordn. §. 168), so lautet der Anschluß: „Zugleich werden alle diejenigen u. s. w."

§. 169. Die Anmeldung der Forderung muß den Namen, Wohnort

zum . . . . . . einschließlich bei uns schriftlich oder zu Protokoll anzumelden und demnächst zur Prüfung der sämmtlichen, innerhalb der gedachten Frist angemeldeten Forderungen, sowie nach Befinden zur Bestellung des definitiven Verwaltungspersonals auf den . . . . . vor dem Kommissar N. N. im Terminszimmer Num. . . . zu erscheinen.

Wer seine Anmeldung schriftlich einreicht, hat eine Abschrift derselben und ihrer Anlagen beizufügen.

Jeder Gläubiger, welcher nicht in unserm Amtsbezirk seinen Wohnsitz hat, muß bei der Anmeldung seiner Forderung einen am hiesigen Orte wohnhaften oder zur Praxis bei uns berechtigten auswärtigen Bevollmächtigten bestellen und zu den Akten anzeigen. Denjenigen, welchen es hier an Bekanntschaft fehlt, werden die Rechtsanwalte . . . . zu Sachwaltern vorgeschlagen.

N. N. den . . . . . .

Königliches Kreisgericht. Erste Abtheilung."

c) Formular Nr. 7.

„Aufforderung der Konkursgläubiger, wenn zwei Anmeldungsfristen festgesetzt werden.

(Konk.-O. §§. 164—166; Instr. §§. 21, 22, 30.)

In dem Konkurse über das Vermögen (den Nachlaß) des . . . . zu . . . . . . werden alle diejenigen, welche an die Masse Ansprüche als Konkursgläubiger machen wollen, hierdurch aufgefordert, ihre Ansprüche, dieselben mögen bereits rechtshängig sein oder nicht, mit dem dafür verlangten Vorrecht bis zum . . . . . einschließlich bei uns schriftlich oder zu Protokoll anzumelden und demnächst zur Prüfung der sämmtlichen, innerhalb der gedachten Frist angemeldeten Forderungen, sowie nach Befinden zur Bestellung des definitiven Verwaltungspersonals auf den . . . . . . vor dem Kommissar N. N. im Terminszimmer Num. . . . . zu erscheinen. Nach Abhaltung dieses Termins wird geeignetenfalls mit der Verhandlung über den Akkord verfahren werden*).

Zugleich ist noch eine zweite Frist zur Anmeldung bis zum . . . . einschließlich festgesetzt, und zur Prüfung aller innerhalb derselben nach Ablauf der ersten Frist angemeldeten Forderungen Termin auf den . . . . vor dem genannten Kommissar anberaumt; zum Erscheinen in diesem Termine werden die Gläubiger aufgefordert, welche ihre Forderungen innerhalb einer der Fristen anmelden werden.

Wer seine Anmeldung schriftlich einreicht, hat eine Abschrift derselben und ihrer Anlagen beizufügen.

Jeder Gläubiger, welcher nicht in unserm Amtsbezirke seinen Wohnsitz hat, muß bei der Anmeldung seiner Forderung einen am hiesigen Orte wohnhaften oder zur Praxis bei uns berechtigten auswärtigen Bevollmächtigten bestellen und zu den Akten anzeigen. Denjenigen, welchen es hier an Bekanntschaft fehlt, werden die Rechtsanwalte . . . . zu Sachwaltern vorgeschlagen.

N. N. den . . . . . .

Königliches Kreisgericht. Erste Abtheilung."

d) Formular Nr. 8.

„Aufforderung der Konkursgläubiger, wenn nachträglich eine zweite Anmeldungsfrist festgesetzt wird.

(Konk.-O. §. 167; Instr. §§. 21, 22, 30.)

In dem Konkurse über das Vermögen (den Nachlaß) des . . . . zu . . . . ist zur Anmeldung der Forderungen der Konkursgläubiger noch eine zweite Frist bis zum . . . . . . einschließlich festgesetzt worden. Die Gläubiger, welche ihre Ansprüche noch nicht angemeldet haben, werden aufgefordert, dieselben, sie mögen bereits rechtshängig sein oder nicht, mit dem dafür verlang-

*) Dieser letztere Zusatz erscheint angemessen, um die Gläubiger darauf aufmerksam zu machen, daß es in ihrem Interesse liegt, die erste Anmeldungsfrist nicht zu versäumen, da das Gesetz zur Beschleunigung des Akkordverfahrens bestimmt, daß mit der Verhandlung über den Akkord unmittelbar nach Abhaltung des ersten Prüfungstermins verfahren werden kann.

und Stand des Gläubigers, sowie den Betrag [82a]) und den Rechtsgrund der Forderung enthalten. Die Beweismittel für die Richtigkeit und das Vorrecht der Forderung sind der Anmeldung beizufügen oder darin anzugeben [83]); wird die Anmeldung schriftlich eingereicht, so ist zugleich eine Abschrift derselben und ihrer Anlagen beizufügen [83a]).

Ist die Forderung zur Zeit der Konkurseröffnung bereits rechtshängig, so genügt zur Begründung derselben die Bezugnahme auf die darüber vorhandenen Verhandlungen [83b]).

§. 170. Die eingehenden Anmeldungen werden dem einstweiligen Verwalter sofort in Abschrift mitgetheilt; den Gläubigern ist gestattet, dieselben in dem Büreau des Gerichts einzusehen.

Der einstweilige Verwalter hat sich, soweit es möglich ist, noch vor dem Prüfungstermin über die Anmeldungen zu erklären.

Zwischen dem Ablauf der Anmeldungsfrist und dem Prüfungstermin ist eine tabellarische Nachweisung aller eingegangenen Anmeldungen nach der

---

ten Vorrecht bis zu dem gedachten Tage bei uns schriftlich oder zu Protokoll anzumelden.

Der Termin zur Prüfung aller in der Zeit vom . . . . *) bis zum Ablauf der zweiten Frist angemeldeten Forderungen ist auf den . . . . vor dem Kommissar N. N. im Terminszimmer Num. . . . . anberaumt, und werden zum Erscheinen in diesem Termine die sämmtlichen Gläubiger aufgefordert, welche ihre Forderungen innerhalb einer der Fristen angemeldet haben.

Wer seine Anmeldung schriftlich einreicht, hat eine Abschrift derselben und ihrer Anlagen beizufügen.

Jeder Gläubiger, welcher nicht in unserm Amtsbezirke seinen Wohnsitz hat, muß bei der Anmeldung seiner Forderung einen am hiesigen Orte wohnhaften oder zur Praxis bei uns berechtigten auswärtigen Bevollmächtigten bestellen und zu den Akten anzeigen. Denjenigen, welchen es hier an Bekanntschaft fehlt, werden die Rechtsanwalte . . . . zu Sachwaltern vorgeschlagen.

N. N. den . . . .

Königliches Kreisgericht. Erste Abtheilung."

82a) (2. A.) Der Betrag muß, wenn die Forderung auf eine ausländische Münze, z. B. auf die englische Rechnungsmünze „Pfund Sterling" lautet, in der Landesmünze angegeben und die Berechnung kann nicht dem Vertheilungsverfahren vorbehalten werden. Vergl. Erk. des Wiener Oberlandesgerichts v. J. 1857, in Siebenhaar, Archiv, Bd. VI, S. 418.

83) Der Art. 502 des C. de c., welchem der §. 169 entspricht, nennt den Namen, Wohnort und Stand des Gläubigers als Bestandtheile der Anmeldung nicht, weil er mündliche Anmeldung (persönliche oder durch einen Stellvertreter) fordert, wobei sich das Alles von selbst ergiebt. Wenn übrigens die Anmeldungen den Ansprüchen des §. 169 nicht entsprechen, so schadet das nicht viel; der Kommissar wird sie, wo möglich, im Prüfungstermin vervollständigen; wo nicht, kann sie verbessert wiederholt werden.

83a) Die Nichtbefolgung dieser erst von den Kammern angehängten Vorschrift ist ohne Rechtsnachtheil; denn die Kosten für die nun beim Gericht zu machende Abschrift muß der Gläubiger so wie so tragen.

83b) (2. A.) Die Anmeldung kann jedoch auch unterbleiben und der Prozeß darf doch nicht sistirt werden. Oben, Anm. 17, Abs. 1 zu §. 8.

---

*) Ablauf der ersten Anmeldungsfrist.

Folgereihe der Vorrechte, welche in Anspruch genommen werden, anzufertigen und im Büreau des Gerichts offen zu legen[83 c]).

---

83 c) Die Instr. des J.M. vom 6. August 1855 giebt zu den §§. 169 u. 170 folgende Anleitung:

„§. 23. Jede Anmeldung ist nach ihrem Eingange durch das betreffende Büreau dem Kommissar vorzulegen; es darf damit nicht erst bis zum Ablauf der Anmeldungsfrist gewartet werden.

Der Kommissar hat zu prüfen, ob die Anmeldung den gesetzlichen Erfordernissen entspricht. Ist dies der Fall, so läßt er Abschrift der Anmeldung dem Verwalter der Masse unverzüglich mittheilen. Wenn einer schriftlichen Anmeldung nicht die erforderliche Abschrift beigefügt ist, so wird solche auf Kosten des anmeldenden Gläubigers beim Gericht angefertigt; die Kosten sind nach §. 63 des Gerichtskosten-Tarifs vom 10. Mai 1851 in Ansatz zu bringen. Hat die Anmeldung materielle Mängel, so findet zwar gleichfalls die Mittheilung an den Verwalter statt; der Kommissar hat jedoch zugleich dem Gläubiger, durch Abschrift der Verfügung, bemerklich zu machen, in welchen Punkten die Anmeldung der Ergänzung bedarf.

Wenn eine angemeldete Forderung zur Zeit der Konkurseröffnung bereits rechtshängig war, so hat der Kommissar gleichzeitig die Einforderung oder Beilegung der betreffenden Prozeßakten zu verfügen; diese Akten sind demnächst dem Verwalter auf kurze Zeit zur Einsicht mitzutheilen und im Prüfungstermine vorzulegen.

§. 24. Das Büreau hat den Ablauf der Anmeldungsfristen sorgfältig zu notiren.

Sogleich nach dem Ablauf einer jeden Frist ist die Sache dem Kommissar zur weiteren Verfügung vorzulegen. Derselbe veranlaßt den Verwalter zur Beantwortung der Anmeldungen, soweit solche noch nicht eingegangen ist; er läßt alsbald die tabellarische Nachweisung aller eingegangenen Anmeldungen unter seiner Kontrole durch einen Büreaubeamten anfertigen.

Die Nachweisung, welche den Zweck hat, nicht nur im Prüfungstermine, sondern auch bei dem Akkordverfahren und bei den Vertheilungen an die Konkursgläubiger als Grundlage und Anhalt zu dienen, ist unter fortlaufenden Nummern nach zwei Abtheilungen aufzustellen.

In der ersten Abtheilung werden die Forderungen aufgeführt, für welche in der Anmeldung ein Vorrecht in Anspruch genommen worden ist. Die Reihenfolge ist nach der Reihenfolge der in den §§. 73—80 des Gesetzes durch römische Zahlen bezeichneten acht Vorrechte zu ordnen. Es sind hierbei lediglich die Anträge der betreffenden Gläubiger maßgebend. Jedem dieser acht Vorrechte ist eine Nummer in der fortlaufenden Nummerfolge der Nachweisung zu widmen, wenn auch noch keine Anmeldung mit dem einen oder dem anderen Vorrechte eingegangen ist. Mehrere mit demselben Vorrechte angemeldete Forderungen werden unter der Nummer dieses Vorrechts hintereinander nach der Zeitfolge der Anmeldung mit Buchstaben aufgeführt, z. B. mehrere Forderungen mit dem Vorrechte des §. 77 des Gesetzes unter Num. 5. a, b, c u. s. w. Zwischen den einzelnen Vorrechten und für solche Vorrechte, zu welchen noch keine Anmeldungen eingegangen sind, ist ein angemessener Raum offen zu lassen. In diesen werden die Forderungen, für welche etwa noch im Prüfungstermine (vergl. §. 174 des Gesetzes) oder in späteren Anmeldungen ein Vorrecht in Anspruch genommen wird, betreffenden Orts nachgetragen.

In der zweiten Abtheilung werden sodann die einzelnen Forderungen, für welche kein Vorrecht in Anspruch genommen worden ist, mit fortlaufenden Nummern nach der Zeitfolge der Anmeldungen angefügt, so daß also, da jede der sämmtlichen acht Vorrechte eine Nummer erhält, die zweite Abtheilung mit Nummer 9 beginnt. Mehrere Forderungen desselben Gläubigers sind stets hintereinander, jedoch unter besonderen Nummern aufzuführen.

Hat ein Gläubiger mehrere Forderungen zu beiden Abtheilungen oder zu verschiedenen Vorrechten der ersten Abtheilung angemeldet, so versteht es sich, daß jede Forderung am gehörigen Orte besonders aufgeführt werden muß. Ebenso

§. 171. In dem Prüfungstermin muß der einstweilige Verwalter gegenwärtig sein; der Gemeinschuldner wird ebenfalls zugezogen, wenn er zu erlangen ist; die Bücher des Gemeinschuldners sind zur Einsicht bereit zu halten.

Die sämmtlichen Forderungen, welche innerhalb der bestimmten Frist angemeldet worden sind, werden im Termin zur Prüfung gezogen. Der Kommissar verhandelt mündlich, geht die Forderungen Post für Post durch, hört bei jeder Forderung die anwesenden Betheiligten gegen einander, giebt dem Gemeinschuldner Gelegenheit, sich darüber zu erklären, und vermerkt in der Nachweisung (§. 170) bei jeder Post: ob und in wieweit die Richtigkeit und das Vorrecht derselben unstreitig ist[83 d]), oder ob, durch wen und in welchem Umfange die Richtigkeit oder das Vorrecht bestritten worden ist.

---

ist, wenn für einen Theil der angemeldeten Forderung ein Vorrecht verlangt wird, die Forderung sowohl in der ersten, als in der zweiten Abtheilung aufzuführen, wobei jedesmal auf die betreffende Nummer der anderen Abtheilung zu verweisen ist.

§. 25. Die tabellarische Nachweisung muß nach folgenden Rubriken aufgestellt werden:

1. laufende Nummer;
2. Name, Wohnort und Stand des Gläubigers;
3. Name des Bevollmächtigten des Gläubigers und Folium der Akten, wo die Vollmacht befindlich ist;
4. Tag des Eingangs der Anmeldung;
5. angemeldeter Betrag;
6. Bezeichnung und Rechtsgrund der Forderung, unter Angabe der Beweisurkunden;
7. beanspruchtes Vorrecht (d. h. die Angabe, welches Vorrecht verlangt ist, und auf Höhe welches Betrages dieses Vorrecht beansprucht wird);
8. Resultat der Prüfungsverhandlung;
9. Bemerkungen.

Für die Rubrik 8 muß ein hinlänglich ausgedehnter Raum gelassen werden, damit der im §. 171 des Gesetzes vorgeschriebene Vermerk des Kommissars ohne Beengung eingetragen werden kann. In der Rubrik 9 ist z. B. der Wegfall einer Post in der zweiten Abtheilung, wenn nachträglich ein Vorrecht dafür in Anspruch genommen wird, und umgekehrt, zu notiren; ferner die etwa nöthige Verweisung auf andere Nummern der Nachweisung; ingleichen der Vermerk, ob die Forderung bereits und bei welcher Behörde rechtshängig ist, sowie die Endentscheidung über streitig gebliebene Ansprüche u. dergl.

Ist eine Anmeldung mangelhaft und noch nicht vervollständigt (vergl. §. 23), so wird in den Rubriken, für welche die Angaben fehlen, solches nicht vermerkt, sondern es werden diese Rubriken offen gelassen.

Die für den ersten allgemeinen Prüfungstermin angefertigte Nachweisung ist auch für alle weiteren Prüfungstermine bestimmt. Dabei werden die weiter angemeldeten Vorzugsrechte in die erste Abtheilung, wie oben angegeben, eingeschoben, die nicht bevorzugten Forderungen aber in der laufenden Nummerfolge der zweiten Abtheilung nachgetragen."

83 d) (2. A.) Dasjenige, was in der Nachweisung registrirt worden, hat das volle Gewicht einer gerichtlichen protokollarischen Erklärung, hat mithin auch in Betreff des Vorrechts der Forderung die Bedeutung eines ausdrücklichen, definitiven, die Gläubiger bindenden Anerkenntnisses. Erk. des Obertr. v. 13. September 1860 (Arch. f. Rechtsf. Bd. XXXVIII, S. 216).

(2. A.) Das Anerkenntniß des Konkursverwalters und die Aufnahme der Forderung in die tabellarische Uebersicht unterbricht die Verjährung auch dann, wenn hiernächst kein Akkord zu Stande gekommen ist. Erk. deff. vom 22. Oktober 1863 (Arch. f. Rechtsf. Bd. L, S. 348). Vergl. unten die Anm. 86 u. 87.

Wenn das Prüfungsgeschäft nicht an Einem Tage beendigt werden kann, so hat der Kommissar am Schlusse des Termins die Fortsetzung desselben für den nächsten oder einen der nächstfolgenden Tage anzuordnen und dies den anwesenden Betheiligten bekannt zu machen. Einer besonderen Vorladung bedarf es nicht.

§. 172. Der einstweilige Verwalter hat sich bei jeder Forderung darüber zu erklären, ob und weshalb er die Richtigkeit und das Vorrecht der Forderung anerkennt oder bestreitet.

Jeder in dem Termin anwesende[84]) Gläubiger ist befugt, die Richtigkeit und das Vorrecht der einzelnen Forderungen zu bestreiten[85]).

§. 173. Die Richtigkeit und das Vorrecht der einzelnen Forderungen gelten für unstreitig, soweit dieselben von dem einstweiligen Verwalter ausdrücklich anerkannt[86]) und von keinem anwesenden Gläubiger bestritten worden sind[87]).

§. 174. Wenn für die Forderung ein Vorrecht nicht spätestens in dem Termine in Anspruch genommen wird, in welchem die Prüfung der Forderung stattfindet, so gehört dieselbe lediglich in die Ordnung der nicht bevorzugten Ansprüche.

---

84) Nach dem C. de c. Art 504 nur jeder anerkannte Gläubiger.

85) Die Regulirung der Parteistellung in den §§. 172, 173 schließt sich dem bestehenden Rechte an. A. G.O. §§. 124—128.

86) Zugeständnisse des Kurators, über die Richtigkeit der liquidirten Forderungen, können nur unter den nämlichen Umständen widerrufen werden, wie Zugeständnisse der Parteien überhaupt, nach §. 27, a, b, 82, 87, Tit. 10. Erk. des Obertr. vom 18. August 1834. (Simons' Entsch. Bd. 1, S. 111). — (2. A.) Auch nach neuerem Konkursrechte ist der nach Vorschrift der §§. 170 ff. erfolgten richterlichen Feststellung der Richtigkeit der angemeldeten Forderungen die Wirkung einer rechtskräftigen Agnitionsresolution beizumessen. Daher kann eine im Konkurse richterlich als richtig festgestellte Forderung, über welche ein rechtskräftig bestätigter Akkord abgeschlossen worden, hinsichtlich ihrer Richtigkeit von dem früheren Gemeinschuldner und dem selbstschuldnerischen Bürgen deshalb nicht mehr angefochten werden; vielmehr ist es denselben nur gestattet, gegen die exekutorische Vollstreckung des Akkordes solche Einreden vorzubringen, welche in der Exekutionsinstanz noch zulässig sind. Erk. dess. vom 20. Oktober 1864 (Arch. f. Rechtsf. Bd. LIV, S. 340). Vergl. oben die Anm. 83[d] u. unten die Anm. 16[a] zu §. 201, auch die folg. Anm. 87 zu §. 173.

87) Die hier angenommene Unstreitigkeit hat nicht unumstößliche Rechtskraft und hindert deshalb nicht, gegen das einer Forderung im Vertheilungsplane beigelegte Vorrecht Widerspruch zu erheben und die Sache zur richterlichen Entscheidung zu bringen.

(2. A.) Das Obertr. hat das Gegentheil gesagt. Der Vermerk soll, mag darin die Richtigkeit oder das Vorrecht für unstreitig anerkannt werden, die Bedeutung eines sämmtliche Gläubiger, und zwar die Anwesenden wegen ihres Nichtwiderspruchs, die Abwesenden wegen ihres Nichterscheinens, bindenden Anerkenntnisses haben. Erk. v. 13. September 1860 (Entsch. Bd. XLIV, S. 259). Der Beweis wird aus dem Berichte der Kommission der II. Kammer und aus dem §. 174 entnommen. In beiden Stellen steht davon kein Wort, und juristische Gründe dafür giebt es auch nicht; das Präjudiz des Kontumazialverfahrens oder der Präklusion ist nicht angedroht. Die Ausgebliebenen sind möglicher Weise wohl gar nicht in der Lage, daß sie ihre Gerechtsame überhaupt wahrnehmen können, weil sie dazu keine Veranlassung erhalten haben. M. s. einen solchen Fall unten in der Anm. 12 zu §. 197.

§. 175. Ueber das Ergebniß der Prüfungsverhandlungen wird ein Protokoll aufgenommen, in welchem auf die demselben beizufügende tabellarische Nachweisung (§§. 170, 171) Bezug zu nehmen ist[88].

Die Urkunden über Forderungen, welche unstreitig sind, werden den Gläubigern auf Verlangen zurückgegeben, nachdem der Kommissar auf denselben vermerkt hat, daß und zu welchem Betrage, sowie mit welchem Vorrecht die Forderung in dem Konkurse als richtig festgestellt worden ist[89].

§. 176. Wird eine Forderung erst nach dem Ablauf der bestimmten Fristen (§§. 164—167) angemeldet, so ist ein besonderer Prüfungstermin anzuberaumen. Derselbe ist entweder öffentlich bekannt zu machen oder den sämmtlichen Betheiligten anzuzeigen.

In dem Termin wird in Betreff der nachträglich angemeldeten Forderung ebenso verfahren, wie für die allgemeinen Prüfungstermine vorgeschrieben ist[90].

---

88) Nach Art. 505 des C. de c. soll das Protokoll enthalten: eine fortlaufende Aufzählung der gemachten Forderungen, des Wohnorts des Gläubigers und dessen Bevollmächtigten; eine summarische Beschreibung der mit den Büchern des Gemeinschuldners zu vergleichenden Titel; Erwähnung der Einschaltungen, Durchstreichungen, Rasuren und Zwischenzeilen; den Ausspruch, ob der Inhaber legitimirter Gläubiger der geforderten Summe sei. Was der Entwurf im §. 175 als Bestandtheile des Protokolls, sich an den Art. 505 anschließend, vorschrieb, haben die Kammern in die von ihnen geschaffene Tabelle (§§. 170, 171) gewiesen.

Die Zuziehung eines Protokollführers ist im allgemeinen Konkursverfahren (die Spezialprozesse folgen ihrer besonderen Regel) überall nicht nothwendig, aber der J.M. Simons hat in seiner Instr. vom 6. August 1855, §. 62 verordnet, daß zur Abhaltung von Terminen im Konkurs- und Prioritätsverfahren dem Kommissar ein Protokollführer zugeordnet werden soll.

89) Der Art. 506 des C. de commerce schreibt dafür folgende Formel vor: Admis au passif de la faillite de ***, pour la somme de .... le .... — Der Minister Simons hat in seiner Instr. v. 6. August 1855, §. 27 (Anm. 90) eine ähnliche Formel gegeben.

90) Durch den §. 176 sind die bisherigen Grundsätze über die Präklusion abgeschafft.

Zu den §§. 171—176 giebt der J.M. Simons, betreffs der Prüfungstermine, folgende Instruktion nebst Formular:

a) Instr. vom 6. August 1855.

„§. 26. In dem ersten allgemeinen Prüfungstermin wird über die Forderungen verhandelt, welche bis zum Ablauf der ersten Frist angemeldet worden sind.

Es erscheint zweckmäßig, bei der Verhandlung in nachstehender Weise zu verfahren.

Der Kommissar giebt eine kurze Uebersicht der Konkursmasse, sowie der angemeldeten und bekannten Schulden auf Grund des Inventars, der Bilanz und der tabellarischen Nachweisung. Er schreitet sodann zur Verhandlung über die einzelnen angemeldeten Forderungen nach der Reihenfolge der tabellarischen Nachweisung. Er trägt dabei den wesentlichen Inhalt der zur Verhandlung stehenden Anmeldung vor, veranlaßt nöthigenfalls den Liquidanten zur Vervollständigung derselben und vernimmt die Erklärungen der übrigen anwesenden Interessenten über die Forderung und das etwa beanspruchte Vorrecht. Der Verwalter hat sich hierbei zuerst zu erklären. Hat er seine Erklärung bereits schriftlich abgegeben, so trägt der Kommissar dieselbe vor; der Verwalter ist befugt, sie bei der Verhandlung zu modifiziren.

Das Verfahren ist kein streng prozessualisches. Der Zweck desselben geht vielmehr dahin, die Ansprüche der Konkursgläubiger festzustellen, und soweit dies

§. 177. Die Kosten der Berufung der Gläubiger, sowie der Anmel-

ohne Prozeß nicht erreicht wird, durch Bestimmung des Streitgegenstandes und der Parteien die nöthige Grundlage für die Anstellung der Spezialprozesse zu gewinnen.

Der Gemeinschuldner ist nicht als Partei zu behandeln, seine Vernehmung dient nur zur Aufklärung der Sache und zur Information der übrigen Interessenten.

§. 27. Wenn der Verwalter die Richtigkeit, den Betrag und das Vorrecht einer Forderung anerkennt und von den anwesenden Gläubigern kein Widerspruch erhoben wird, so ist die Verhandlung über die Forderung geschlossen, die hiernach als eine unstreitige festgestellt ist.

Wenn dagegen der Verwalter kein ausdrückliches Anerkenntniß abgiebt, oder ein Gläubiger der Forderung widerspricht, so muß die Verhandlung fortgesetzt werden. Es sind alsdann die weiteren beiderseitigen Erklärungen zu hören, und es ist zu versuchen, durch Vorlegung und Einsicht der vorhandenen Beweisurkunden und der Bücher, sowie durch mündliche Auskunft des Gemeinschuldners das Sachverhältniß aufzuklären und eine gütliche Einigung zu Stande zu bringen. Ist letzteres der Fall, so gilt der Anspruch als unstreitig. Erfolgt hingegen über die Richtigkeit, den Betrag oder das Vorrecht der Forderung keine Einigung, so ist insoweit der Anspruch als ein streitig gebliebener anzusehen. Der Kommissar hat in diesem Falle festzustellen, welche Personen in dem hiernächst einzuleitenden Spezialprozesse die Gegenpartei des Liquidanten bilden.

Nach dem Schlusse der Verhandlung über einen Anspruch wird das Resultat derselben nach Vorschrift des §. 171 des Gesetzes sofort in der achten Rubrik der tabellarischen Nachweisung vollständig, jedoch in gedrängter Kürze vermerkt. Der Vermerk muß insbesondere ergeben, zu welchem Betrage die Richtigkeit und das Vorrecht der Forderung als unstreitig festgestellt worden ist; inwieweit etwa der Liquidant seinen Anspruch hat fallen lassen; zu welchem Betrage die Richtigkeit oder das Vorrecht streitig geblieben ist, und welche Interessenten dabei die Gegenpartei bilden. Beispielsweise können die Vermerke dahin lauten:

1. „Die Forderung ist nach dem angemeldeten Betrage und Vorrechte als unstreitig festgestellt"; oder:
2. „Die Forderung ist auf Höhe von . . . (Theil) mit dem angemeldeten Vorrechte als unstreitig festgestellt; den Anspruch auf den angemeldeten Mehrbetrag hat der Liquidant fallen lassen"; oder:
3. „Die Richtigkeit der Forderung ist streitig geblieben; Gegenpartei des Liquidanten sind . . . . . . Das angemeldete Vorrecht ist eventuell unstreitig"; oder:
4. „Die Richtigkeit der Forderung ist auf Höhe von . . . . als unstreitig festgestellt, der angemeldete Mehrbetrag ist streitig geblieben; das verlangte Vorrecht ist in Beziehung auf die ganze Forderung streitig. Gegenpartei des Liquidanten sind . . . . ."

Der Vermerk ist vorzulesen und von dem Kommissar, sowie dem etwa zugezogenen Protokollführer zu unterzeichnen.

In vorstehender Weise wird mit der Verhandlung bis zur Erledigung der sämmtlichen Forderungen fortgefahren.

Demnächst werden die Vorschläge der Gläubiger behufs Bestellung des definitiven Verwaltungspersonals (§. 213 des Gesetzes) erfordert, wenn diese Bestellung schon jetzt zulässig ist und der Kommissar es nicht angemessen findet, einen besonderen Termin dafür anzuberaumen.

§. 28. Verzögert der Verwalter der Masse sein Erscheinen im Prüfungstermine, so ist er durch mündliche Aufforderung, sofern dieselbe ohne erheblichen Aufenthalt ausführbar ist, zum sofortigen Erscheinen zu veranlassen. Die Verhandlung kann zu diesem Behuf auf kurze Zeit ausgesetzt werden. Jedenfalls darf in Abwesenheit des Verwalters nur über solche Punkte verhandelt werden, über welche derselbe bereits seine Erklärung gemäß §§. 170, 172 des Gesetzes abgegeben hat, oder bei welchen es, wie bei Abgabe der Vorschläge zur Bestellung des definitiven Verwaltungspersonals, einer Theilnahme des Verwalters nicht bedarf.

dung und Prüfung der Forderungen gehören zu den Kommunkosten, soweit sie nicht in außergerichtlichen Kosten der Gläubiger bestehen[90a]).

Bleibt der Verwalter in dem Termine ganz aus, so hat der Kommissar, nach Erledigung der erwähnten Punkte, die weitere Verhandlung nach Anleitung des §. 171, Alinea 3 des Gesetzes auf eine angemessene Frist zu vertagen; dem Verwalter fallen die Kosten des durch seine Schuld vereitelten Termins (§. 64 des Gerichtskosten-Tarifs vom 10. Mai 1851) zur Last; er ist zur Fortsetzung der Verhandlung unter Androhung einer Ordnungsstrafe vorzuladen; auch hat der Kommissar ein solches pflichtwidriges Verhalten des Verwalters zur Kenntniß des Kollegiums zu bringen, welches darüber befindet, ob das Entlassungsverfahren (§. 133 des Gesetzes) einzuleiten ist.

Durch das Nichterscheinen des Gemeinschuldners im Termine wird die Verhandlung nicht aufgehalten; wenn jedoch seine Anwesenheit zur Aufklärung oder sonst zur Förderung der Sache dienlich zu sein scheint, so kann ihn der Kommissar sofort gestellen lassen, sofern dies noch während des Termins geschehen kann.

Wenn ein Gläubiger, über dessen Forderung verhandelt werden soll, im Termine nicht anwesend ist, so findet gleichwohl die Verhandlung mit den übrigen anwesenden Interessenten über diese Forderung statt, und es wird danach das Resultat in der tabellarischen Nachweisung vermerkt.

§. 29. In dem über die Verhandlung im Prüfungstermin aufzunehmenden Protokolle sind die sämmtlichen Erschienenen aufzuführen, und es ist der Gang der Verhandlung im Allgemeinen zu verzeichnen. Die einzelnen Momente derselben und die speziellen Erklärungen der Interessenten werden nicht niedergeschrieben; ebensowenig bedarf es einer Aufnahme des Resultates der Verhandlung in Ansehung der einzelnen Forderungen, vielmehr genügt in dieser Hinsicht die Bezugnahme auf die in die tabellarische Nachweisung eingetragenen Vermerke. Spezielle Punkte sind nur da, wo eine besondere Veranlassung vorliegt, im Protokolle niederzuschreiben. Dahin gehören:

1. die Erklärungen eines Liquidanten, durch welche dessen Anmeldung wesentlich vervollständigt oder modifizirt wird; es muß danach zugleich die Nachweisung ergänzt und berichtigt werden, namentlich ist, wenn der Liquidant nachträglich ein Vorrecht oder ein besseres Vorrecht beansprucht, oder umgekehrt, die Forderung demgemäß anderweit einzutragen und an ihrer bisherigen Stelle in Wegfall zu bringen;
2. die etwanigen Modifikationen der bereits schriftlich abgegebenen Erklärungen des Verwalters;
3. die besondere Einigung, welche in Betreff einer Forderung behufs Feststellung derselben zwischen den Interessenten zu Stande gekommen ist, z. B. wenn im Falle des §. 17 des Gesetzes der kontraktliche Erfüllungstag noch nicht eingetreten, jedoch das Entschädigungsquantum schon jetzt durch Uebereinkunft festgestellt worden ist. Besteht dagegen die Einigung nur in einem theilweisen Verzicht des Liquidanten gegen Anerkennung des übrigen Theiles seiner Forderung, so genügt der bloße Vermerk in der Nachweisung;
4. die Anträge der Gläubiger auf Rückgabe der Urkunden über ihre unstreitigen Forderungen, oder wenn die Rückgabe sogleich im Termine erfolgt, die Registratur darüber.

Ueber die etwa wegen Bestellung des definitiven Verwaltungspersonals stattfindende Verhandlung wird ein besonderes Protokoll aufgenommen.

Die tabellarische Nachweisung bildet ein Zubehör des Protokolles über die Prüfungsverhandlung; sie ist jedoch, behufs ihres weiteren Gebrauchs für fernere Prüfungsverhandlungen, abgesondert bei den Akten zu asserviren. Auf dem Titelblatte der Nachweisung ist jeder Prüfungstermin mit Angabe der Nummern der in demselben zur Verhandlung gekommenen Forderungen und unter Anführung der das betreffende Protokoll enthaltenden Aktenfolien zu vermerken.

§. 30. Ist noch eine zweite Anmeldungsfrist bestimmt (§§. 166, 167 des Gesetzes), so wird in dem zugleich anberaumten zweiten Prüfungstermine über die sämmtlichen seit dem Ablauf der ersten bis zum Ablauf der zweiten Frist an-

Wenn jedoch ein Gläubiger seine Forderung erst nach dem Ablauf der bestimmten Fristen anmeldet (§. 176), so fallen demselben alle Kosten zur Last, welche durch die Anmeldung und Prüfung erwachsen.

§. 178. Jeder Gläubiger muß dasjenige, was im Konkurse, nach ergangener gehöriger Aufforderung oder Vorladung, ohne seine Theilnahme gesetzlich verhandelt, beschlossen oder festgestellt worden ist, ebenso gegen sich gelten lassen, als wenn er dabei zugezogen worden wäre.

Eine Restitution gegen diesen Rechtsnachtheil findet nicht statt [91]).

§. 179. Jeder Gläubiger, welcher nicht in dem Bezirk des Konkursgerichts seinen Wohnsitz hat, muß bei der Anmeldung seiner Forderung einen am Ort des Gerichts [92]) wohnhaften Bevollmächtigten bestellen und dem Ge-

---

gemeldeten Forderungen verhandelt. Bei der Verhandlung über diese Forderungen nehmen auch diejenigen Gläubiger Theil, deren Forderungen schon früher angemeldet und geprüft worden sind. In dem Termin ist ebenso, wie im ersten Prüfungstermin zu verfahren.

Für verspätete Anmeldungen (§. 176 des Gesetzes) hat der Kommissar den besonderen Prüfungstermin wo möglich dergestalt anzuberaumen, daß derselbe mit einem bereits anderweit angesetzten oder anzusetzenden besonderen Prüfungstermin zusammenfällt. Die Vorladung ergeht an die sämmtlichen Konkursgläubiger, welche ihre Forderungen angemeldet haben; zugleich ist der Verwalter der Masse, unter abschriftlicher Mittheilung der Anmeldung, sowie der Gemeinschuldner von dem Termin in Kenntniß zu setzen. Ob der Termin öffentlich bekannt zu machen oder den einzelnen Gläubigern besonders anzuzeigen ist, hängt von dem Ermessen des Kommissars ab. Im ersteren Falle bedarf es nicht außerdem noch der Mittheilung von Abschriften der Bekanntmachung an die einzelnen Betheiligten, und für beide Fälle ist nicht außer Acht zu lassen, daß es mit Rücksicht auf §. 179 des Gesetzes nur darauf ankommen kann, die bestellten Bevollmächtigten der Gläubiger und die im Bezirk des Konkursgerichts wohnenden Gläubiger, welche solche Bevollmächtigte nicht bestellt haben, von dem Termin in Kenntniß zu setzen."

b) Formular Nr. 9.

„Bekanntmachung des Termins zur Prüfung einer erst nach dem Ablauf der bestimmten Fristen angemeldeten Forderung.
(Konkursordnung §. 176; Instruktion §. 30.)

Zu dem Konkurse über das Vermögen (den Nachlaß) des . . . . zu . . . . . . hat der . . . . nachträglich eine Forderung von . . . . (mit dem im §. . . . der Konkursordnung bestimmten Vorrechte) angemeldet. Der Termin zur Prüfung dieser Forderung ist auf den . . . . vor dem unterzeichneten Kommissar im Terminszimmer Num. . . . anberaumt, wovon die Gläubiger, welche ihre Forderungen angemeldet haben, in Kenntniß gesetzt werden.

N. N. den . . . .

Königliches Kreisgericht.
Der Kommissar des Konkurses."

90a) Vergl. unten §. 230 und die Anm. 48 dazu, und oben §. 82, Nr. 2.

91) Die §§. 178—180 bezwecken, dem Verfahren einen ungestörten Fortgang zu sichern und den Betrieb der Sache zu vereinfachen. (Motive, S. 103.)

92) Der §. 97 der A. G.O. forderte einen Bevollmächtigten gleichfalls am Orte des Gerichts. Diese Strenge wollte der Entwurf im §. 179, dem Bedürfnisse entsprechend, dahin mildern, daß der Bevollmächtigte im Bezirk des Gerichts wohnhaft sein sollte. Die Kammern sind zu dem bestehenden Rechte zurückgekehrt. Die Ausnahme wegen der Rechtsanwalte ist durch die Gerichtsverfassung bedingt; die Regel bezieht sich auf Bevollmächtigte, die nicht Rechtsanwalte sind; denn so lange es nicht zum förmlichen Prozeß gekommen ist, kann man sich im Konkurse auch durch Andere als Rechtsanwalte vertreten lassen.

richt anzeigen. Rechtsanwalte, welche zur Praxis bei dem Gericht befugt sind, können auch dann, wenn sie nicht am Orte des Gerichts wohnhaft sind, zu Bevollmächtigten bestellt werden.

Ist dies geschehen, so sind alle in dem Konkurse ergehenden Aufforderungen und Vorladungen dem Bevollmächtigten an Stelle des Gläubigers zuzufertigen.

Wer die Bestellung eines solchen Bevollmächtigten unterläßt, kann dasjenige, was ohne seine Theilnahme verhandelt, beschlossen oder festgestellt worden ist, nicht aus dem Grunde anfechten, weil an ihn keine Aufforderung oder Vorladung zur Theilnahme ergangen ist.

§. 180. Die schriftliche [92a]) Vollmacht zur Wahrnehmung der Gerechtsame eines Gläubigers im Konkurse ermächtigt in allen Fällen den Bevollmächtigten auch zur Empfangnahme von Erkenntnissen, sowie zur Abschließung von Vergleichen [93]) aller Art, wenn der Machtgeber nicht ausdrücklich ein Anderes in der Vollmacht erklärt hat.

Siebenter Abschnitt.

Von dem Akkorde.

I. Von der Zulässigkeit und dem Abschlusse des Akkords.

§. 181. Nach Abhaltung des ersten allgemeinen Prüfungstermins (§. 164) kann zwischen den Konkursgläubigern und dem Gemeinschuldner ein Vergleich [93a]) zum Zweck der Wiederaufhebung des Konkurses mit rechtsverbindlicher Kraft für widersprechende und für nicht theilnehmende Gläubiger [94]) (Akkord) auf den Antrag des Gemeinschuldners [94a]) geschlossen werden.

92a) Die gerichtliche oder notarielle Form ist nicht erforderlich.

93) Damit sind die Weiterungen und Kosten, welche durch die Einforderung von Spezialvollmachten beim Abschluß von Vergleichen verursacht wurden, beseitigt, was zweckmäßig ist. Der Stellvertreter, welcher die Grenzen seiner Instruktion überschreitet, bleibt seinem Machtgeber immer verantwortlich; aber der von ihm abgeschlossene Vergleich kann wegen Machtüberschreitung von der Partei nicht angefochten werden.

93a) (2. A.) Der Akkord ist ein wahrer Vergleich, keine Schenkung. Der Etwas nachlassende Gläubiger will, obgleich er weiß, daß dadurch der Schuldner bereichert wird, damit bloß seine Zwecke verfolgen, er will in der Regel die ihm angebotene Summe als etwas Sicheres lieber sogleich nehmen, als sich des unsicheren und weit aussehenden Ausganges des Konkurses und der weiteren Kosten aussetzen. „Qui tansigit, quasi de re dubia et lite incerta neque finita transigit: qui vero p a c i s c i t u r d o n a t i o n i s c a u s a, rem certam et indubitatam liberalitate remittit.“ L. 1 D. de transact. (II, 15). Der akkordirende Gläubiger hat nicht die Absicht, wenigstens nicht hauptsächlich, liberal zu sein, sondern zu seinem Vortheil das gegenwärtige Gewisse für das künftige Ungewisse zu nehmen.

94) Auch für diejenigen, welche der Entfernung wegen an dem ersten Prüfungstermine nicht haben Theil nehmen können. Anm. 79. Ist es schon eine den allgemeinen Grundsätzen von Recht und Gerechtigkeit widersprechende Nöthigung der widersprechenden Gläubiger, über ihre Rechte durch Andere verfügen zu lassen; so ist durch Rechtsgründe noch viel weniger zu rechtfertigen, selbst solche Gläubiger, welche sich ohne ihre Schuld noch nicht haben melden und noch nicht für ihr Recht haben auftreten können, der Verfügung der anwesenden, vielleicht

Die Schließung des Akkords muß gerichtlich erfolgen.

§. 182. Ist in dem ersten Prüfungstermin die Richtigkeit der sämmtlichen innerhalb der ersten Frist angemeldeten Forderungen als unstreitig festgestellt, so hat der Kommissar einen nahen Termin zur Verhandlung und Beschlußnahme über den Akkord anzuberaumen[94 b]).

Sind dagegen in dem Prüfungstermin Streitigkeiten über die Richtigkeit der Forderungen unerledigt geblieben, so ist vor Anberaumung des Termins zur Verhandlung und Beschlußfassung über den Akkord in Ansehung einer jeden streitigen Forderung festzusetzen, ob und für welchen Betrag dieselbe vorläufig in dem Akkordverfahren als eine zu berücksichtigende zugelassen werden soll[94 c]).

Um diese Festsetzung vorzubereiten, hat der Kommissar einen Erörterungstermin anzuberaumen. Der Termin darf nicht unter acht und nicht über vierzehn Tage bestimmt werden; derselbe ist entweder öffentlich bekannt zu machen (§. 123), oder den einzelnen bei den streitigen Forderungen Betheiligten anzuzeigen.

In dem Termin werden die sämmtlichen streitigen Forderungen zur Erörterung gezogen. Bei jeder Forderung haben die anwesenden Interessenten, von welchen die Richtigkeit desselben bestritten worden ist, sich darüber zu erklären, ob und aus welchen Gründen sie behaupten, daß die Forderung zum Mitstimmen beim Akkord nicht zugelassen werden könne. Der Gläubiger, welcher die Forderung geltend macht, wird mit seiner Gegenerklärung gehört.

Nach Abhaltung des Termins wird von dem Gericht über die Zulassung durch Beschluß entschieden. Die Zulassung ist im Falle des Streits auszusprechen, soweit nach dem Ermessen des Gerichts die Forderung wahrscheinlich in Richtigkeit beruht[95]).

Ausnahmsweise[96]) kann das Gericht beschließen, daß die Verhandlung

---

unbedeutenden Gläubiger zu unterwerfen. Was dafür in den Motiven aus der Rücksicht auf die Beschleunigung der Sache hergeholt wird (Anm. 79, Nr. 1), ist gewichtlos und führt weit über das Ziel hinaus. Der C. de c. Art. 519 verhindert diese Rücksichtslosigkeit, wodurch den betroffenen Gläubigern sehr empfindliche Verluste verursacht werden können.

94 a) Oder dessen Erben. Denn die Vorschriften über den Akkord sollen auch nach dem Tode des Gemeinschuldners auf dessen Erben Anwendung finden. §. 14. Ein Mitglied der Kommission der I. Kammer fand dies zweifelhaft, worauf der Regierungskommissar erklärte, daß dieses allerdings die Absicht des Gesetzes sei. (Ber. der I. K.Kommiss. S. 27).

94 b) (2. A.) Der §. 182 kennt nur einen Erörterungstermin, und wenn derselbe gehörig abgehalten worden ist, so haben die wegen späterer Anmeldung erst im zweiten Prüfungstermin berücksichtigten Gläubiger keinen Anspruch auf die Förmlichkeit. Erk. des Obertr. vom 3. September 1861 (Arch. f. Rechtsf. Bd. XLII, S. 302).

94 c) (2. A.) Vergl. oben, Anm. 70 a. E. zu §. 87.

95) Vergl. oben, Anm. 79, Nr. 2.

96) Diese Ausnahme kann in einzelnen Fällen durch besondere Rücksichten geboten sein, z. B. alsdann, wenn die zweifelhaften Forderungen oder einzelne derselben von solcher Erheblichkeit sind, daß das Gericht Bedenken tragen muß, die Annahme oder Verwerfung des Akkords lediglich von dem Beschlusse der Inhaber der übrigen Forderungen abhängig zu machen. (Motive, S. 106.)

und Beschlußfassung über den Akkord bis nach endgültiger Erledigung aller oder einzelner Streitigkeiten ausgesetzt bleibe.

Der Beschluß muß [96a]) binnen acht Tagen nach dem Erörterungstermin erfolgen. Gegen den Beschluß ist eine Beschwerde oder ein sonstiges Rechtsmittel nicht zulässig [96b]).

96a) Das „muß" steht mißbräuchlich, denn die Folgen des unbeachteten muß können nicht eintreten; es ist für „soll" gebraucht.

96b) (2. A.) Die Unzulässigkeit eines Rechtsmittels bezieht sich nur auf einen Beschluß über die Richtigkeit der Forderung und insofern dadurch die Theilnahme an einem Akkordverfahren bedingt ist, nicht aber auf einen Beschluß, durch welchen ein Gläubiger aus einem anderen Grunde, der die Richtigkeit seiner Forderung nicht betrifft, ausgeschlossen wird. Vergl. §. 192. Erk. des Obertr. vom 10. Oktober 1859 (Entsch. Bd. XLIV, S. 276).

Zu den §§. 181 u. 182 giebt der J.M. Simons die hier folgende Unterweisung nebst Formular:

a) Instr. vom 6. August 1855. „§. 31. Wenn zur Anmeldung der Forderungen der Konkursgläubiger zwei Fristen bestimmt sind, so wird gleichwohl die Verhandlung und Beschlußfassung über den Akkord nicht bis nach Abhaltung des zweiten allgemeinen Prüfungstermins ausgesetzt; vielmehr findet dieselbe sogleich nach Abhaltung des ersten Prüfungstermins statt, sofern der Antrag des Gemeinschuldners auf Schließung eines Akkords vorliegt und nach §. 189 des Gesetzes zulässig ist.

Findet ein Erörterungstermin statt, so werden in demselben die Anmeldungen, die eingereichten Urkunden und die tabellarische Nachweisung zum Grunde gelegt. Der Kommissar hat sich zu bemühen, eine gütliche Einigung der Parteien darüber zu Stande zu bringen, ob und für welchen Betrag die streitigen Forderungen zum Mitstimmen im Akkordverfahren zugelassen werden sollen. Wird eine solche Einigung erreicht, so ist bei der betreffenden Forderung nur das schließliche Resultat und der Betrag, für welchen die Forderung zum Mitstimmen beim Akkord zugelassen werden soll, im Protokolle niederzuschreiben; andernfalls müssen die gegenseitigen Erklärungen der Parteien in ihrem wesentlichen Inhalte zu Protokoll genommen werden.

§. 32. Nach der Abhaltung des Erörterungstermins ist das Protokoll dem Dirigenten vorzulegen, um den Beschluß des Gerichts über die Zulassung der Forderungen zum Mitstimmen beim Akkord innerhalb der nächsten acht Tage herbeizuführen. Der Beschluß hat für jede einzelne Forderung, welcher die Stimmberechtigung bestritten worden ist, die Zulassung oder Nichtzulassung auszusprechen. Die Forderungen, über deren Zulassung zum Mitstimmen im Termin eine Einigung zu Stande gekommen ist, sind nach Maßgabe dieser Einigung in den Beschluß aufzunehmen. Der Angabe von Gründen zur Motivirung des Beschlusses bedarf es nicht. Von dem Ausfall des Beschlusses ist jeder Gläubiger in Betreff seiner streitigen Forderung, ingleichen der Verwalter der Masse zu benachrichtigen. Diese Benachrichtigung kann geeignetenfalls mit der Anzeige des Termins zur Verhandlung über den Akkord (§. 183 des Gesetzes) verbunden werden.

§. 33. Von der ausnahmsweisen Befugniß, die Verhandlung und Beschlußfassung über den Akkord bis nach endgültiger Erledigung aller oder einzelner Streitigkeiten auszusetzen, wird das Gericht, bei den damit verbundenen gewichtigen Uebelständen, nur aus den erheblichsten Gründen Gebrauch zu machen haben. Nach der Absicht des Gesetzes ist insbesondere die bloße Zweifelhaftigkeit einer oder der anderen Forderung kein ausreichender Grund, die Entscheidung über die Zulassung oder Nichtzulassung auszusetzen, vielmehr müssen, wenn Letzteres geschehen soll, in der Regel noch andere bestimmende Umstände vorliegen, wohin beispielsweise der Fall gehört, wenn der Ausgang des Prozesses über einzelne streitige Forderungen sehr zweifelhaft und zugleich die letzteren so bedeutend sind, daß das Stimmenverhältniß bei der Beschlußfassung über den Akkord sich

§. 183. Der Termin zur Verhandlung und Beschlußfassung über den Akkord ist öffentlich bekannt zu machen (§. 123) [96 c]). Der Termin ist dem Gemeinschuldner, dem Verwalter der Masse und allen Gläubigern anzuzeigen, deren Forderungen durch Anerkenntniß oder rechtskräftiges Erkenntniß als richtig festgestellt oder durch den Beschluß des Gerichts vorläufig zugelassen worden sind. Jedoch ist die Gültigkeit der Verhandlung von dieser besonderen Benachrichtigung der genannten Betheiligten nicht abhängig [97]).

Der Gemeinschuldner muß in dem Termin persönlich erscheinen [98]); die Vertretung durch einen Bevollmächtigten kann ihm nur dann gestattet werden, wenn er wegen Krankheit oder aus anderen Gründen persönlich zu erscheinen außer Stande ist.

§. 184. In dem Termin hat der Kommissar [99]) über die Lage der Sache und über die Ergebnisse, welche von einer Fortsetzung des Konkurses im Allgemeinen zu erwarten sind, Vortrag zu halten und die Aeußerung des Verwalters zu veranlassen; das Wesentliche hierüber ist in dem Protokolle oder in einer Anlage [100]) desselben niederzuschreiben.

---

voraussichtlich wesentlich anders gestalten muß, je nachdem diese Forderungen zugelassen werden oder nicht."

b) Formular Nr. 10.

„Bekanntmachung des Erörterungstermins bei Einleitung des Akkordverfahrens.

(Konk.=O. §. 182; Instr. §. 31.)

Nachdem in dem Konkurse über das Vermögen (den Nachlaß) des .... zu ...... der Gemeinschuldner (der Erbe des Gemeinschuldners) die Schließung eines Akkords beantragt hat, so ist zur Erörterung über die Stimmberechtigung der Konkursgläubiger, deren Forderungen in Ansehung der Richtigkeit bisher streitig geblieben sind, ein Termin auf den .... vor dem unterzeichneten Kommissar im Terminszimmer Num. ... anberaumt worden. Die Betheiligten, welche die erwähnten Forderungen angemeldet oder bestritten haben, werden hiervon in Kenntniß gesetzt.

N. N. den ....

Königliches Kreisgericht.
Der Kommissar des Konkurses."

96 c) (2. A.) Von den dort (§. 123) vorgeschriebenen Arten der Bekanntmachung ist der öffentliche Anschlag an Gerichtsstelle besonders nothwendig. Erk. des Obertr. vom 24. Juni 1858 (Arch. f. Rechtsf. Bd. XXVIII, S. 334).

97) Die besondere Benachrichtigung ist nur nützlich, nicht wesentlich nothwendig, weil sonst die Gültigkeit des Akkords, nach der Ansicht der Verf., einer zu großen Unsicherheit ausgesetzt wäre, wenn es auf den Nachweis, daß alle Spezialladungen zugestellt worden, ankommen sollte. (Motive, S. 106.)

98) Zur gehörigen Förderung der Sache und wegen der den Gläubigern schuldigen Rücksicht, welchen er jeden Aufschluß über die Sache und Rechenschaft über sein Verhalten zu geben verpflichtet ist. (Motive a. a. O.) Aus diesen Gründen ist die Vorschrift aus dem Art. 516 des C. de c. hier aufgenommen.

99) Der C. de c. Art. 517 läßt den einstweiligen Verwalter diesen Vortrag, in Gegenwart des Kommissars, halten.

100) „Oder in einer Anlage desselben". Diese Worte sind von den Kammern eingefügt. Dies beruht auf dem Gedanken, daß der allgemeine Vortrag des Kommissars und die Aeußerungen des Verwalters über denselben in ihren Hauptzügen bereits vor dem Termine schriftlich fixirt werden können, und daß es sich für alle Fälle empfehlen werde, daß der Kommissar in dem Termine einen diese Züge enthaltenden Aufsatz mitbringe und diesen dem Protokolle beilege. In vielen Fällen werde es angemessen sein, daß der Kommissar diesen Aufsatz

Der Gemeinschuldner giebt seine Erklärungen und Vorschläge zum Akkorde ab und die Gläubiger beschließen über denselben.

§. 185. Zur Theilnahme an der Beschlußfassung über den Akkord berechtigen alle festgestellten und vorläufig zugelassenen Forderungen [100a]), welche weder mit einem Hypothekenrechte, Pfandrechte [1]) oder anderen Absonderungsrechte, noch auch mit einem Vorzugsrechte versehen sind [1a]).

Für den Betrag, mit welchem ein Gläubiger wegen einer mit einem solchen Rechte versehenen Forderung an der Beschlußfassung über den Akkord Theil nehmen will, muß er auf das in Anspruch genommene Hypothekenrecht, Pfandrecht oder andere Absonderungsrecht, oder auf das verlangte Vorzugsrecht verzichten [1b]).

§. 186. Zum Abschlusse des Akkords ist nothwendig, daß die nachstehenden Erfordernisse zusammentreffen [2]):

---

dem Verwalter vorher mittheile und diesen dadurch in den Stand setze, die wesentlichen Momente von demjenigen, was er vorzutragen habe, auch schon vor dem Termine schriftlich niederzulegen. (II. Kammerkommiss.-Ber. S. 100.) Das Verfahren ist unpraktikabel. (2. A.) Das Akkordverfahren hat in der That auch sehr selten Erfolg. Unter 18 Konkursen, welche in Breslau seit dem 1. Oktober 1855 bis Ende 1856 vollständig beendet worden waren, ist nicht ein einziger durch gerichtlichen Akkord beendet worden, während 6 durch außergerichtlichen Vergleich abgemacht worden sind. Die Erfolglosigkeit des gerichtlichen Akkordverfahrens liegt daran, daß die Gläubiger nicht vorher wissen und auch im Termin nicht zuverlässig erfahren, wie es eigentlich mit der Masse steht, denn sie kennen nur die ursprüngliche Bilanz, welche meist unrichtig ist. Deshalb enthalten sich die Gläubiger im Termin der Stimme oder gehen bei ungenügender Darlegung des Massenzustandes weg; denn sie wissen nicht, ob sie sich etwas vergeben. Die Vergleichsvorschläge müßten vor dem Termine zur Kenntniß der Gläubiger gebracht werden. Der Akkordversuch ist nicht genügend vorbereitet.

100a) (2. A.) Nach ihrem vollen Betrage, wenn auch darauf aus dem Konkurse eines Mitschuldners bereits Etwas erhoben worden ist. Vergl. §. 87 und die Anm. 70 a. E. dazu.

1) Wie nach Art. 520 des C. de commerce. — (2. A.) Vorausgesetzt ist ein solches Hypotheken- oder Pfandrecht, dessen Gegenstand zur Masse des Gemeinschuldners gehört, nicht auch ein von einem Dritten bestelltes Unterpfandsrecht. Erk. des Obertr. vom 10. Oktober 1859 (Entsch. Bd. XLIV, S. 278).

1a) (2. A.) Bei dem Verfahren über einen Akkord, welchen der Gemeinschuldner erst nach Abhaltung des ersten Prüfungstermins proponirt hat, sind nicht nur die bis zum ersten Prüfungstermine gemeldeten Gläubiger, sondern auch die Gläubiger der nach dem Prüfungstermine angemeldeten und bis zur Verhandlung über den Akkord festgestellten Forderungen zur Theilnahme an der Beschlußfassung über den Akkord zuzuziehen. Erk. dess. vom 11. Februar 1858 (Entsch. Bd. XXXVIII, S. 434).

1b) Diese Bestimmung bezieht sich auf solche derartige Gläubiger, welche gemäß §. 39 zugleich als Konkursgläubiger aufgetreten sind und den Betrag des befürchteten Ausfalls noch nicht angeben können, daher also ein Stimmrecht nicht auszuüben vermögen, da dieses eine dem Betrage nach bestimmte Forderung voraussetzt. Wollen sie mitstimmen, so müssen sie sich zu bloßen Konkursgläubigern ohne Vorzugsrecht machen. Es steht ihnen jedoch, nach dem in dem Gesetz angenommenen Grundsatz (andere Gesetzgebungen haben in dieser Beziehung verschiedene Bestimmungen) frei, wegen eines beliebigen Theils ihrer Forderung auf das Absonderungs- oder Vorzugsrecht zu verzichten.

2) Die Erfordernisse 1 und 2 kommen aus dem Art. 519 des C. de c.; unter den gleichen Rechten in Nr. 3 ist z. B. ein gleicher Prozentsatz gemeint. (Motive, S. 107.)

1) die Mehrzahl der im Termin persönlich oder durch Bevollmächtigte anwesenden stimmberechtigten Gläubiger muß in den Akkord ausdrücklich einwilligen; steht eine Forderung mehreren Personen, getheilt oder ungetheilt, zu, so gelten sie zusammen nur für Eine Person [2 a]);

2) die Gesammtsumme der den einwilligenden Gläubigern zustehenden Forderungen muß wenigstens drei Viertheile der Gesammtsumme aller zum Mitstimmen berechtigenden Forderungen (§. 185) betragen [2 b]);

3) der Akkord muß allen Gläubigern, deren Forderungen durch denselben betroffen werden, gleiche Rechte gewähren; eine ungleiche Bestimmung der Rechte ist nur mit ausdrücklicher Einwilligung der zurückgesetzten Gläubiger zulässig [2 c]).

§. 187. Die Verhandlung über den Akkord muß [2 d]), wenn derselbe im ersten Termin nicht zu Stande gekommen ist, in einem neuen Termin noch einmal wiederholt werden [3]):

---

2 a) Diese Theilnehmer müssen unter sich nach der Mehrheit Beschluß für oder wider den Akkord fassen; bei Stimmengleichheit gilt die Stimme für verweigert und zählt weder für noch wider den Akkord.

2 b) (2. A.) Bei der Berechnung der, die Bestätigung eines Akkords bedingenden Majorität der Stimmen der angemeldeten Forderungen, sind die Ansprüche desjenigen Gläubigers mitzuzählen, welcher für die Erfüllung des Akkords Bürgschaft übernimmt. Erk. des Obertr. v. 12. Februar 1859 (Entsch. Bd. XL, S. 394).

2 c) (2. A.) Einem Akkord, der nicht allen Gläubigern gleiche Rechte gewährt, vielmehr den Gläubigern ungleiche Prozente giebt und diese Begünstigung Einzelner durch eine Cession, die sich als Abkauf ihres Stimmrechts charakterisirt (§. 203), erwirkt, ist die Bestätigung zu versagen. Erk. dess. vom 18. Dezember 1862 (Arch. f. Rechtsf. Bd. XLVI, S. 357).

Ein Akkord ist nicht zulässig, nach welchem ein Bürge für einen Theil der Forderungen, ein anderer Bürge für die übrigen Forderungen haften soll. Erk. dess. vom 21. Februar 1865 (Entsch. Bd. LIII, S. 368).

2 d) (2. A.) Muß. In den hier genannten beiden Fällen ist also die Wiederholung des Versuchs, und zwar von Amts wegen, nothwendig. Darin ist ein Verbot der Wiederholung außer den beiden Fällen, auf Antrag des Gemeinschuldners, oder ein Verbot der öfteren als einmaligen Wiederholung nicht enthalten und eine dergleichen Wiederholung ist auch dem Zwecke des Verfahrens und der Absicht der Konkursordnung nicht entgegen. Dies ist jedoch streitig; das Obertr. hat in zwei vor dasselbe gekommenen Fällen die Frage umgangen. Erk. vom 5. September 1857 (Arch. f. Rechtsf. Bd. XXVI, S. 331 ff. u. 334 ff.); und Erk. vom 20. November 1858 (Arch. f. Rechtsf. Bd. XXXI, S. 170).

3) So wenig Aussicht auf Erfolg von einer Wiederholung des Versuchs zu erwarten ist, so hat man es in dem einen Falle, wo Eine der beiden erforderlichen Mehrheiten gewonnen worden, doch für gerathen gehalten, noch nicht alle Hoffnung zur gütlichen Beilegung aufzugeben, sondern eine Wiederholung des Akkordverfahrens eintreten zu lassen. In Erwägung dessen hat man die Vorschriften aus dem Art. 522 des C. de c. und dem Art. 509 des Fallissementsgesetzes von 1838 hier aufgenommen; der Art. 522 verordnet jedoch nur in dem Falle Nummer 1 die Wiederholung der Berathung nach acht Tagen „pour tout délai", welche Bestimmung sich hier in den Worten „noch einmal" des §. 187 wiederfindet. Bei der Wiederholung des Verfahrens kann in dem vorausgesetzten Falle der Akkord leicht zufällig dadurch zu Stande kommen, daß eine Person weniger oder mehr erscheint.

(2. A.) Bleibt auch der zweite Versuch erfolglos, so ist damit ein neuer Akkordvorschlag nicht ausgeschlossen, vielmehr ist die Vorbringung von neuen Ak-

1) wenn im ersten Termin die Mehrzahl der anwesenden stimmberechtigten Gläubiger in den Akkord einwilligt, die Gesammtsumme ihrer Forderungen aber nicht den vorgeschriebenen Betrag erreicht (§. 186, Nr. 2);

2) wenn für den vorgeschriebenen Betrag die Einwilligung vorhanden ist, jedoch die Zahl der Einwilligenden nicht die Mehrheit der anwesenden stimmberechtigten Gläubiger bildet.

Der Kommissar hat beim Schlusse des ersten Termins den neuen Termin nach acht Tagen anzusetzen und den Anwesenden bekannt zu machen [3a]).

---

kordvorschlägen dem Gemeinschuldner gestattet, so lange noch nicht die Ausschüttung der Masse verfügt ist. Die Versagung der Bestätigung eines Akkordes, wenn sie nicht wegen Unwürdigkeit, sondern wegen eines anderen Grundes, z. B. wegen Ungünstigkeit desselben, oder weil ihm die Mehrheit fehlt, geschieht, steht der Zulässigkeit eines späteren günstigeren Vorschlages nicht entgegen. Erk. des Obertr. vom 12. Juli 1860 (Arch. f. Rechtsf. Bd. XXXVII, S. 346 u. Entsch. Bd. XLIV, S. 263). — Vergl. die Anm. 20a zu §. 206.

3a) Der J.M. giebt zu den §§. 183—187 folgende Unterweisung:

a) Instr. vom 6. August 1855.

„§. 34. Der Akkord mit den Konkursgläubigern kann nur von dem Gemeinschuldner oder dessen Erben (vergl. §. 14 des Gesetzes) geschlossen werden. Wenn ein Dritter zu Gunsten des Gemeinschuldners eintritt, um durch Anbietung von Zahlung, oder Bürgschaft, oder eines sonstigen Arrangements demselben einen Akkord auszuwirken, so nimmt zwar dieser Dritte an der Schließung des Akkords Theil, der Gemeinschuldner ist aber gleichwohl dabei als der Hauptkontrahent zu behandeln.

Der Termin zur Verhandlung und Beschlußfassung über den Akkord ist dem Dritten nur dann besonders anzuzeigen, wenn er von seiner beabsichtigten Interzession bereits den Kommissar oder das Gericht benachrichtigt hat; in anderen Fällen ist es Sache des Gemeinschuldners, denselben in dem Termine zu gestellen.

Bei Anberaumung des Termins hat der Kommissar zugleich zu veranlassen, daß für den Fall, wenn im Termine die Zuziehung eines Kalkulators nothwendig werden sollte, der Zuziehung desselben nichts im Wege steht.

Der Staatsanwalt des Bezirks ist von dem Termine besonders in Kenntniß zu setzen. Ist die Eröffnung der Untersuchung gegen den Gemeinschuldner oder die Verurtheilung desselben wegen einfachen Bankerutts erfolgt, so wird der Staatsanwalt gleichzeitig um seine Aeußerung in Gemäßheit des §. 189 des Gesetzes ersucht; er hat diese noch vor dem Termine abzugeben, sofern nicht besondere Umstände seine persönliche Anwesenheit im Termine als nothwendig erscheinen lassen.

§. 35. In dem Termine zur Verhandlung und Beschlußfassung über den Akkord kommt es vor Allem darauf an, daß die Gläubiger in den Stand gesetzt werden, die Lage der Sache, insbesondere die Aktiv- und Passivmasse, zu übersehen, um hierdurch für die Erörterung und Abstimmung über die Akkordvorschläge die erforderliche Grundlage zu gewinnen. Hierzu dient der Vortrag des Kommissars und des Verwalters der Masse. Ebenso gehört dahin, wenn der Gemeinschuldner wegen einfachen Bankerutts verurtheilt oder zur Untersuchung gezogen worden ist, die desfallsige Mittheilung an die Gläubiger (§. 189 des Gesetzes). Der Staatsanwalt ist in allen Fällen befugt, im Termine selbst zu erscheinen (vergl. §. 140 des Gesetzes) und das Ergebniß der etwa gegen den Gemeinschuldner stattgehabten Ermittelungen vorzutragen, sofern er dies nach Lage der Sache für nothwendig erachtet.

Es ist ein wesentliches Erforderniß des Protokolles, daß dasselbe über diesen Theil der Verhandlung Auskunft giebt. Der Inhalt der Vorträge kann auch schon vor dem Termine schriftlich aufgesetzt, und es können solche Schriftsätze im Termine dem Protokolle als Anlage beigefügt werden, nachdem sie den Inter-

§. 188. **Bei der Wiederholung der Verhandlung und Beschlußfassung über den Akkord (§. 187) kommen die für das erste Akkordverfahren ertheilten Vorschriften zur Anwendung.**

---

essenten vorgelesen worden sind. Im Protokolle genügt die Bezugnahme auf diese Anlagen.

Der Gemeinschuldner, sowie der Dritte, welcher für denselben eintritt, kann ebenfalls die Vorschläge zum Akkorde schriftlich übergeben. Geschieht dies nicht, so müssen sie im Protokolle niedergeschrieben werden. Die abgegebenen Vorschläge können, wie dies kaum der Erwähnung bedarf, im Laufe der weiteren Verhandlung modifizirt werden. In allen Fällen hat der Kommissar darauf zu sehen, daß die Vorschläge erschöpfend, bestimmt und unzweideutig aufgestellt werden, und daß sie eine solche Formulirung erhalten, wie es zum Entwurfe eines Vergleichs erforderlich ist.

§. 36. Bei der Erörterung und Berathung der Vorschläge zum Akkorde hat der Kommissar solche mit den Interessenten durchzugehen; er hat nöthigenfalls die Vorschläge erläutern und vervollständigen zu lassen. Bei der Verhandlung ist überall der Gesichtspunkt festzuhalten, daß die Abschließung des Akkords nach §. 197 des Gesetzes nicht bloß die vergleichsweise Abfindung der theilnehmenden Gläubiger, sondern auch die aller übrigen zur Zeit der Konkurseröffnung vorhandenen Gläubiger des Gemeinschuldners, soweit dieselben nicht mittelst eines Vorrechts oder Absonderungsrechts befriedigt werden, betrifft, in Ansehung der streitigen und nicht angemeldeten Forderungen für den Fall, daß die Richtigkeit derselben dem Gemeinschuldner gegenüber gerichtlich oder außergerichtlich festgestellt werden wird. Zugleich hat der Kommissar dahin zu wirken, daß geeignete Maßregeln zur Befriedigung der Massegläubiger (§. 199 des Gesetzes) vereinbart werden.

Erachtet der Kommissar die Akkordvorschläge für genügend erörtert, so schließt er die Diskussion, um zur Abstimmung zu schreiten.

Vor der Abstimmung müssen jedenfalls die Akkordvorschläge so, wie sie schließlich aufgestellt worden sind, vollständig und zusammenhängend in dem Protokolle oder in einer Anlage desselben niedergeschrieben sein und den Interessenten vorgelesen werden. Daß dies geschehen, ist im Protokolle zu vermerken.

§. 37. Das Ergebniß der Abstimmung ist im Protokolle dergestalt niederzulegen, daß daraus ersichtlich ist, welche stimmberechtigte Gläubiger überhaupt zur Zeit der Abstimmung im Termine persönlich oder durch Bevollmächtigte anwesend gewesen sind, und welche einzelne Gläubiger ausdrücklich für die Vorschläge gestimmt haben. Es muß ferner — was zweckmäßig schon vor dem Termine vorbereitet wird — die Gesammtsumme aller zum Mitstimmen berechtigenden Forderungsbeträge an Kapital und Zubehör (§. 83 des Gesetzes), unter Zugrundelegung der tabellarischen Nachweisung, sowie des Beschlusses über die vorläufige Zulassung und der etwa ergangenen rechtskräftigen Erkenntnisse, im Protokolle festgestellt werden. Demnächst ist die Gesammtsumme aller zum Mitstimmen berechtigenden Forderungsbeträge der Gläubiger, welche ausdrücklich für die Vorschläge gestimmt haben, zu berechnen. Hierauf wird noch im Termine gemäß §. 186 des Gesetzes ermittelt, ob der Akkord als geschlossen anzusehen ist oder nicht.

Wenn ein Bevollmächtigter mehrere stimmberechtigte Gläubiger vertritt, so stimmt er für die einzelnen Machtgeber besonders ab, und es werden bei Ermittelung der Majorität nach der Personenzahl (§. 186, Num. 1 des Gesetzes) die Personen der einzelnen Machtgeber zur Berechnung gezogen.

Enthält der Akkordentwurf mehrere Stipulationen, so kann über die einzelnen Stipulationen getrennt abgestimmt werden; jedoch sind die angenommenen Stipulationen demnächst noch zusammen als Ganzes zur Abstimmung zu bringen. Wird in solcher Weise der Akkordentwurf von den Gläubigern nur zum Theil angenommen, so gilt der Akkord nur dann als geschlossen, wenn der Gemeinschuldner und der etwa für denselben eingetretene Dritte in den Wegfall der nicht angenommenen Stipulationen einwilligt.

§. 38. Wenn in dem Akkorde eine Hypothek für dessen Erfüllung bestellt

Die Vorschläge, Zugeständnisse und Beschlüsse der ersten Versammlung haben im Falle der Wiederholung des Verfahrens keine Wirkung.

§. 189. Der Antrag auf Schließung des Akkords ist unzulässig, wenn der Gemeinschuldner sich auf flüchtigen Fuß gesetzt hat[3 b]), oder wenn derselbe wegen betrüglichen[4]) Bankerutts auch nur vorläufig[4 a]) in Anklage-

---

worden ist, so wird es zur Vermeidung künftiger Weiterungen dienen, wenn der Kommissar die Interessenten zum Verzicht auf die Bildung und Ertheilung eines Hypothekeninstruments (vergl. §. 17 des Gesetzes vom 24. Mai 1853, Gesetzsamml. S. 521), oder doch zur Vereinigung über die Person desjenigen veranlaßt, welcher die Urkunde in Verwahrung nehmen soll.

Zum Schluß erfolgt die Verlesung des Protokolles, soweit solche nicht bereits stattgefunden hat, sowie die Unterzeichnung desselben von Seiten der Interessenten. Sind die Vorschläge zu dem geschlossenen Akkord in einer Anlage des Protokolls enthalten, so ist auch diese Anlage von den konsentirenden Interessenten zu unterzeichnen.

Wenn die Anberaumung eines neuen Termins nothwendig wird (§. 187 des Gesetzes), so bedarf es nur der Bekanntmachung desselben am Schlusse des ersten Termins, nicht aber einer weiteren Vorladung der Interessenten."

b) Formular Nr. 11.

„Bekanntmachung des Termins zur Verhandlung und Beschließung über den Akkord.

(Konk.-O. §. 183; Instr. §. 34.)

In dem Konkurse über das Vermögen (den Nachlaß) des . . . . zu . . . . . ist zur Verhandlung und Beschlußfassung über einen Akkord Termin auf den . . . . vor dem unterzeichneten Kommissar im Terminszimmer Num. . . . anberaumt worden. Die Betheiligten werden hiervon mit dem Bemerken in Kenntniß gesetzt, daß alle festgestellten oder vorläufig zugelassenen*) Forderungen der Konkursgläubiger, soweit für dieselben weder ein Vorrecht, noch ein Hypothekenrecht, Pfandrecht oder anderes Absonderungsrecht in Anspruch genommen wird, zur Theilnahme an der Beschlußfassung über den Akkord berechtigen.

N. N. den . . . .

Königliches Kreisgericht.
Der Kommissar des Konkurses."

3 b) (2. A.) Wenn er auch später freiwillig zurückgekehrt ist. Erk. des Obertr. vom 16. Juli 1859 (Entsch. Bd. XLI. S. 459). Diese Auslegung, welche der Meinung, daß der Ausdruck des §. 189: „wenn der Gemeinschuldner sich auf flüchtigen Fuß gesetzt hat", synonym sei mit „wenn der Gemeinschuldner sich auf flüchtigem Fuß befindet", entgegentritt, gründet sich auf die Motive des Regierungsentwurfes S. 107, wo es heißt: „Für unbedingt unzulässig aber mußte der Akkord erklärt werden, wenn der Gemeinschuldner flüchtig geworden ist oder sich des betrüglichen Bankerutts schuldig gemacht hat (Entwurf §. 183). Der Gemeinschuldner erscheint in diesen Fällen jeder milderen Beurtheilung und alles weiteren Vertrauens unwürdig; kein Gläubiger kann genöthigt werden, sich mit ihm fernerhin einzulassen; im Interesse der Sittlichkeit und des öffentlichen Kredits muß gegen ihn die ganze Strenge des Gesetzes in Anwendung kommen, und es kann diesen höheren Rücksichten gegenüber selbst die Erwägung, daß der Akkord für die Gläubiger vortheilhaft sein könnte, die Zulassung desselben nicht rechtfertigen."

4) Der C. de c. Art. 521 verbietet den Akkord im Falle des Bankerutts überhaupt. Das Fallimentsgesetz Art. 510 ändert dies dahin ab, daß beim einfachen Bankerutt mit Rücksicht darauf, daß dem Gemeinschuldner nur ein fahrlässiges und leichtsinniges Verhalten vorzuwerfen ist, die Sache in die Hände der Gläubiger gelegt werden soll. Von dieser Bestimmung ist der §. 189 eine Nachbildung. Motive, S. 107.

4 a) Was man sich unter dem „vorläufigen" Anklagestand gedacht hat,

---

*) Der Zusatz: „oder vorläufig zugelassenen" fällt fort, wenn kein Erörterungstermin anzuberaumen war.

stand versetzt ist, bis er freigesprochen oder endgültig außer Verfolgung gesetzt worden ist.

Durch die Eröffnung der Untersuchung und die Verurtheilung des Gemeinschuldners wegen einfachen Bankerutts wird der Akkord nicht ausgeschlossen [4b]; jedoch ist vor der Beschlußfassung die Aeußerung der Staatsanwaltschaft über die in der Untersuchung ermittelten Thatumstände einzuholen und den Gläubigern mitzutheilen [4c].

II. Von der gerichtlichen Bestätigung des Akkords.

§. 190. Der abgeschlossene Akkord bedarf, um rechtliche Wirkung zu erlangen, der gerichtlichen Bestätigung.

§. 191. Das Konkursgericht hat über die Bestätigung des Akkords durch Erkenntniß zu entscheiden.

---

ist nicht bekannt. Man kann sich die Eröffnung der Voruntersuchung, oder auch den Beschluß der Rathskammer darunter denken. Der Entwurf hatte als zweites Alinea die Bestimmung: „Ist die Untersuchung wegen dieses Verbrechens gegen den Gemeinschuldner eröffnet worden, so haben die Gläubiger zu beschließen, ob eine neue Berufung zur Verhandlung über den Akkord stattfinden soll, nachdem der Gemeinschuldner freigesprochen" rc. Die Kammerkommissionen wollten, um den beabsichtigten Zweck des Paragraphen deutlicher hervortreten zu lassen, bloß eine präzisere Fassung geben, schufen das Alinea 1 wie es jetzt ist, und strichen das Alinea 2. (I. Ber. S. 29; II. Ber. S. 101.) Hiernach war man mit der Verordnung selbst einverstanden.

4b) (2. A.) Diese Bestimmung bezieht sich nur auf die Zulässigkeit des Antrages auf Schließung des Akkords und verbietet auch nicht unbedingt die Berücksichtigung jener Verurtheilung bei der richterlichen Entscheidung über den demnächst abgeschlossenen Akkord; vielmehr überlassen die Motive zu diesem Paragraphen auch im Falle des einfachen Bankerutts die Frage über die Zulässigkeit des Akkordes gleichsam dem freien Ermessen des Gerichts. Erk. des Obertr. vom 4. September 1866 (Arch. f. Rechtsf. Bd. LXIII, S. 328). — Die Worte dieser Motive zu §. 183 des Entw. (entsprechend dem §. 189 der K.-O.) S. 108 lauten: „Das rheinische H.G.B. Art. 521 untersagt den Akkord für den Fall des Bankerutts überhaupt; indessen ist beim einfachen Bankerutt, wo es sich nur um ein nachlässiges und leichtfertiges Verhalten des Gemeinschuldners handelt, jene Strenge weniger dringend geboten; vielmehr ist es hier den Verhältnissen entsprechender, die Frage über die Zulässigkeit des Akkords der eigenen Beurtheilung der Gläubiger und dem pflichtmäßigen Ermessen des Gerichts zu überlassen. In diesem Sinne hat auch das französische Fallimentsgesetz (Artt. 510, 511) die Vorschrift des Handelsgesetzbuchs abgeändert."

4c) (2. A.) Der Zweck des Akkordes ist eine besondere Begünstigung des Gemeinschuldners, welcher durch sein bisheriges tadelfreies Verhalten dieselbe für seine Person verdient und die Bürgschaft bietet, daß er bei einer erneuten Erwerbsthätigkeit das Publikum nicht gefährde. Daher wird nicht nur die Zulassung zum Akkord, sondern auch insbesondere die gerichtliche Bestätigung des Akkordabschlusses, überhaupt durch die Würdigkeit des Gemeinschuldners bedingt. Die Beurtheilung der Würdigkeit, sowie überhaupt der Frage, ob durch den Akkord das Interesse der öffentlichen Ordnung benachtheiligt erscheine, bewegt sich, die im Abs. 1 des §. 189 ausgedrückten Fälle ausgenommen, immer innerhalb des freien Ermessens des Richters, und jedenfalls werden von demselben durch die Konkursordnung keineswegs gewisse an sich der öffentlichen Ordnung widerstrebende Handlungen, wie z. B. die Unterlassung einer ordnungsmäßigen Buchführung und Inventur bei umfangreicher Kreditbenutzung und bei dem Betriebe gewagter Geschäfte, ausgeschlossen. Erk. dess. vom 4. September 1866 (Arch. f. Rechtsf. Bd. LXIII, S. 326).

Die Entscheidung erfolgt auf den Vortrag des Kommissars in öffentlicher Sitzung, welche durch Aushang an der Gerichtsstelle bekannt gemacht wird und welche möglichst bald, jedoch nicht vor Ablauf von zehn Tagen seit dem Abschlusse des Akkords stattfinden muß.

Inwiefern vor der Entscheidung noch Ermittelungen durch Vernehmung des Gemeinschuldners, des Verwalters der Masse oder eines Gläubigers, oder auf andere Weise stattfinden sollen, hat das Gericht zu ermessen [5]).

Dem Gemeinschuldner wird eine Ausfertigung des Erkenntnisses zugestellt; hinsichtlich der übrigen Betheiligten genügt die Verkündigung desselben in der Sitzung [5a]).

5) Wie nach dem franz. Fallimentsgesetz Artt. 514, 515. Daß der Richter zu Ermittelungen und Untersuchungen berechtigt ist, wenn er zur Prüfung und Bestätigung berufen wird, versteht sich von selbst.

5a) Der J.M. giebt hierzu folgende Anweisung in seiner Instruktion vom 6. August 1855:

„§. 39. Die Entscheidung über die Bestätigung des Akkords gehört vor die Abtheilung des Konkursgerichts, welche die kollegialischen Geschäfte in Konkurssachen zu erledigen hat.

Das Protokoll über den Akkord ist nach Abhaltung des Termins dem Dirigenten vorzulegen. Derselbe hat die Sitzung anzuberaumen, in welcher über die Bestätigung des Akkords entschieden werden soll. Sind zur Vorbereitung dieser Entscheidung noch vor der Sitzung Ermittelungen zu veranlassen, so ist darüber, nach Vortrag im Kollegium, das Erforderliche gleichzeitig anzuordnen. Insbesondere muß, wenn das bei der Akkordschließung in Betracht kommende Rechnungswerk noch einer kalkulatorischen Prüfung und Feststellung bedarf, dieselbe schon vor der Sitzung ausgeführt werden. Dem Gericht bleibt unbenommen, noch in der Sitzung die Vornahme weiterer Ermittelungen durch Resolut anzuordnen, nach dessen Erledigung sodann eine neue Sitzung, nach Vorschrift des §. 191 des Gesetzes, durch Aushang an der Gerichtsstelle anberaumt wird.

Das Verfahren über einen erhobenen Einspruch ist kein streng prozessualisches. Das Gericht ist an die Anführungen und Zugeständnisse der Parteien nicht gebunden, es entscheidet von Amtswegen nach freier Beurtheilung über die Anwendung des §. 193 des Gesetzes und die zu diesem Behuf etwa noch erforderlichen Ermittelungen.

Es ist nicht nothwendig, daß in den Tenor des Erkenntnisses, welches die Bestätigung des Akkords ausspricht, der Inhalt des Akkords aufgenommen wird, vielmehr genügt die Bezugnahme auf den Inhalt des betreffenden Protokolles und dessen etwanige Anlagen.

Beispielsweise kann der Eingang und der Tenor des Erkenntnisses dahin gefaßt werden:

„In dem Konkurse über das Vermögen des ꝛc. hat das ꝛc. auf das stattgehabte Akkordverfahren dahin erkannt:

1. „daß der von dem Gemeinschuldner mit den Konkursgläubigern nach Inhalt des Protokolles vom ...... abgeschlossene Akkord, wie hiermit geschieht, zu bestätigen."

oder:

2. „daß, unter Verwerfung des von dem ꝛc. (A.) erhobenen Einspruchs, der von dem Gemeinschuldner mit den Konkursgläubigern nach Inhalt des Protokolles vom ...... abgeschlossene Akkord, wie hiermit geschieht, zu bestätigen und der A. die besonderen Kosten seines Einspruchs zu tragen schuldig."

oder:

3. „daß dem von dem Gemeinschuldner mit den Konkursgläubigern nach Inhalt des Protokolles vom ...... abgeschlossenen Akkorde die Bestätigung, wie hiermit geschieht, zu versagen."

Die Ausfertigung des Erkenntnisses und dessen Zustellung an den Gemein-

§. 192. Jeder Gläubiger, welcher berechtigt war [5b]), an der Beschlußnahme über den Akkord Theil zu nehmen, kann innerhalb zehn Tagen nach dem Abschlusse des Akkords Einspruch dagegen erheben, um die Bestätigung zu verhindern.

Der Einspruch muß schriftlich oder zu Protokoll bei dem Konkursgericht angebracht werden; er ist dem Gemeinschuldner als der Gegenpartei, sowie dem Verwalter der Masse mitzutheilen [6]).

Demnächst wird in der Sitzung (§. 191), ohne daß es einer vorgängigen besonderen Vorladung der Parteien bedarf, über den Einspruch mündlich verhandelt. Die Parteien oder deren Vertreter können dabei zur weiteren Ausführung ihrer Rechte das Wort ergreifen; der Verwalter der Masse wird mit seiner Erklärung gehört.

Ueber den Einspruch wird in demselben Urtheil entschieden, welches über die Bestätigung des Akkords ergeht [7]).

§. 193. Das Gericht hat die Bestätigung des Akkords zu versagen:

1) wenn die für das Verfahren und für den Abschluß des Akkords gegebenen Vorschriften nicht beobachtet sind;

---

schuldner ist möglichst zu beschleunigen. Den übrigen Betheiligten ist auf Verlangen Abschrift des Erkenntnisses auf ihre Kosten (§. 63 des Gerichtskosten-Tarifs vom 10. Mai 1851) zu ertheilen."

5b) (2. A.) D. h. gemäß der Verität seiner Forderung. War er aus einem anderen Grunde von der Theilnahme an dem Akkordverfahren ausgeschlossen worden, so steht ihm das Einspruchsrecht allerdings zu. S. oben, Anm. 96b zu §. 182.

6) Dies ist der Artikel 523 des C. de c. mit der Abänderung, daß die dort auf 8 Tage bestimmte Frist hier auf 10 Tage verlängert ist.

7) Der Einspruch wird nicht als eigentliches prozessualisches Rechtsmittel behandelt, sondern mehr als eine Denkschrift für die Richter bei den von Amtswegen vorzunehmenden Operationen, wobei der Richter nach freier Beurtheilung zu verfahren hat. Die Gesichtspunkte und Voraussetzungen, aus welchen er die Sache anzusehen und nach welchen er zu forschen hat, giebt der §. 193 an. Deshalb bildet der Einspruch bloß einen Bestandtheil der Verhandlungen zur Prüfung des Akkords und ist nicht Gegenstand einer getrennten Entscheidung oder einer besonderen Abweisung; vielmehr hat das Urtheil lediglich die Bestätigung des Akkords — wenn sie statthat — auszusprechen, womit zugleich über den Einspruch entschieden ist. Denn die Appellation der Opponenten kann nur gegen die Bestätigung des Akkords, nicht gegen die Gründe, in welchen der Einspruch seine Würdigung findet, gerichtet werden. Der C. de c. Art. 524 fordert zwei getrennte Urtheile, das eine über die Oppositionen, das andere binnen den nächsten 8 Tagen, über die Bestätigung. Sehr zweckmäßig schließt sich diesen unpraktischen Vorschriften, welche auch in dem Fallimentsgesetz Art. 512 u. 513 modificirt worden sind, unser §. 192 nicht an. In den Kammern hat derselbe eine Umbildung erfahren, indem die vor dem letzten Alinea befindliche Bestimmung über die Weise, in welcher die Parteien das Wort nehmen können, eingeschaltet worden ist. Man hat ihnen dies auf die Weise gestatten wollen, wie es in der „Prozeß-Novelle" vom 20. März 1854 für den Fall des Rekurses vorgeschrieben ist, „und zwar nur in dieser Weise, weil es in dem ganzen System des Entwurfs liegt, daß ein weiteres kontradiktorisches Verfahren nicht stattfinden kann." (II. K.K.Ber. S. 101.) Die Diatribe zu §. 186 daselbst leitet der Berichterstatter mit der treuherzigen Anzeige ein: „das hier den Gläubigern gewährte Mittel des Einspruches ist ein der preußischen Prozeß-Gesetzgebung bis jetzt unbekanntes." Vollständiger würde die Benachrichtigung gewesen sein, wenn ganz zu Anfang mitgetheilt worden wäre, daß nicht bloß dieses oder jenes einzelne Mittel fremdländisch, sondern daß die ganze Konkursordnung ein Abschnitt aus dem französischen Kommerz- und Prozeßrecht sei.

2) wenn gegründeter Verdacht vorhanden ist, daß der Gemeinschuldner sich der heimlichen [7a]) Begünstigung eines Gläubigers vor dem anderen schuldig gemacht hat, oder ein Betrug bei der Zustandebringung des Akkords begangen worden ist [8]);

3) wenn in anderer Weise [8a]) das Interesse der öffentlichen Ordnung [8b]), oder das Interesse der Gläubiger [8c]), durch den Akkord benachtheiligt erscheint [8d]).

7a) (2. A.) Die Bestellung einer Hypothek für einen Gläubiger kurz vor Eröffnung des Konkurses ist zwar eine Begünstigung desselben, aber doch keine heimliche. Erk. des Obertr. vom 12. Juli 1860 (Arch. f. Rechtsf. Bd. XXXVII, S. 351).

8) Vergl. C. de c. Art. 526. In diesem Falle muß der Staatsanwalt gegen den Gemeinschuldner einschreiten.

8a) (2. A.) Darüber steht dem Richter eine freie Beurtheilung zu. Wenn z. B. Kollusionen zwischen dem Gemeinschuldner und einigen Gläubigern oder deren Vertretern stattgefunden hätten und dadurch die Stimmenmehrheit herbeigeführt worden wäre, so würde das gewiß gegen das Interesse der öffentlichen Ordnung sein. Die französischen Gerichte bestätigen öfter den Akkord auch dann nicht, wenn leichtsinnige Börsen-Spekulationen den Bankerutt verursacht haben, ebenfalls im Interesse der öffentlichen Ordnung. Vergl. oben, Anm. 4c.

(2. A.) Ein Akkord kann nicht bestätigt werden, wenn das Interesse der öffentlichen Ordnung nicht gerade durch den Inhalt des Akkords selbst, sondern schon durch die Zulassung der Akkordsschließung benachtheiligt erscheint. Erk. des Obertr. vom 4. September 1866 (Arch. f. Rechtsf. Bd. LXIII, S. 325). Vergl. oben, Anm. 4c.

8b) (2. A.) Das Interesse der öffentlichen Ordnung wird verletzt nicht allein durch ähnliche Vergehen, wie die in den §§. 261, 97—120 des Str.G.B. mit Strafe bedrohten; das „öffentliche Interesse" fällt vielmehr mit den allgemeinen Interessen des Staats, der bürgerlichen Gesellschaft und der Sittlichkeit zusammen; wo der Richter diese bei freier Beurtheilung der Umstände durch Bestätigung des Akkords — sei es mit Rücksicht auf den Inhalt desselben, sei es daß der Kridar sich den Benefizien des Akkords überhaupt unwürdig gezeigt hat — für benachtheiligt hält, hat er die Genehmigung zu versagen. Erk. des Obertr. vom 10. Juli 1858 (Arch. f. Rechtsf. Bd. XXX, S. 183). — Das bloße Ausstellen von Gefälligkeitsaccepten ohne Deckung enthält eine gemeingefährliche, und deshalb das Publikum beeinträchtigende Handlung nicht. Die Annahme, daß das Ertheilen solcher Accepte ohne Deckung absolut etwas nicht zu Rechtfertigendes sei, enthält eine unrichtige Auffassung des Begriffs der öffentlichen Ordnung; auch kann darin eine Gefährdung des Interesses der Gläubiger (Nr. 3), womit nur die Konkursgläubiger, nicht aber die etwaigen künftigen Gläubiger gemeint sind, gefunden werden. Erk. dess. vom 23. Februar 1860 (Arch. f. Rechtsf. Bd. XXXVII, S. 53).

8c) (2. A.) S. die vor. Anm. 8b a. E.

8d) (2. A.) Nach der Allgemeinheit der Fassung dieser Vorschrift können doch die Gründe für die Verweigerung des Akkordes nur aus dem Inhalte des letzteren selbst oder daraus hergenommen werden, daß der Richter bei der Lage der Sache der Beendigung des Konkurses durch Akkord überhaupt entgegentreten zu müssen glaubt. Nicht aber kann auf Grund der Nr. 3 des §. 193 die Bestätigung aus solchen Erwägungen versagt werden, welche sich auf die Art und Weise, wie die Stimmenmehrheit für den Akkord herbeigeführt worden, insbesondere darauf stützen, daß ein Mandatar bei den Verhandlungen über den Vergleich seinen Verpflichtungen gegen den Mandanten nicht nachgekommen ist und gegen seine Instruktion für den Akkord, anstatt gegen denselben, gestimmt hat. Erk. des Obertr. vom 29. Juni 1858 (Entsch. Bd. XL, S. 390).

§. **194.** Für das Verfahren und das Erkenntniß kommen keine besonderen Gerichtsgebühren zum Ansatz[9]).

Die gerichtlichen baaren Auslagen und die außergerichtlichen Kosten hat in jedem Falle der Gemeinschuldner zu tragen[10]).

Die besonderen Kosten eines unbegründeten Einspruchs fallen dem einsprechenden Gläubiger zur Last.

§. **195.** Dem Gemeinschuldner und jedem Gläubiger, welcher den Einspruch erhoben hat oder welcher die versagte Bestätigung des Akkords verlangt, steht das Rechtsmittel der Appellation und der Nichtigkeitsbeschwerde zu. Die Nichtigkeitsbeschwerde findet namentlich auch dann[10a]) statt, wenn das angefochtene Erkenntniß eine für die Schließung des Akkords als wesentlich zu betrachtende Vorschrift verletzt.

Die Befugniß eines Gläubigers, das Rechtsmittel einzulegen, ist von dem Betrage seiner Forderung nicht abhängig[11]).

Das Rechtsmittel ist von dem Gläubiger innerhalb drei Tagen seit dem Tage der Verkündigung des angefochtenen Erkenntnisses und vom Gemeinschuldner innerhalb drei Tagen seit der Behändigung dieses Erkenntnisses bei dem Konkursgericht einzulegen und zu rechtfertigen. Demnächst ist nach den für die Rechtsmittel in schleunigen Sachen geltenden Vorschriften weiter zu verfahren.

Als Gegenpartei sind zuzuziehen, wenn das Rechtsmittel wegen versagter Bestätigung eingelegt worden ist: der Verwalter der Masse und diejenigen Gläubiger, welche Einspruch erhoben haben; wenn das Rechtsmittel wegen ertheilter Bestätigung eingelegt worden ist: der Gemeinschuldner[11a]).

Der Verwalter der Masse und andere Betheiligte können sich als Intervenienten einer der Parteien anschließen[11b]).

---

9) Weil sie durch die allgemeinen Pauschgebühren des Konkurses gedeckt sind. Motive S. 108.

10) Denn er hat das ganze Akkordverfahren in seinem Interesse extrahirt. (Ebend.)

10a) Nämlich nicht bloß aus den in der V. v. 14. Dezbr. 1833 und Dekl. v. 6. April 1839 festgestellten Nichtigkeitsgründen, sondern auch wegen Verletzung wesentlicher Vorschriften in Betreff des Akkords. Im Grunde gehören diese zu den Rechtsgrundsätzen, deren Verletzung immer die Nichtigkeitsbeschwerde begründet.

11) Denn es „muß der Gesichtspunkt festgehalten werden, daß es sich nicht bloß um die Verfolgung besonderer Interessen der Parteien, sondern zugleich um die Wahrung des gemeinsamen und des öffentlichen Interesses handelt. Hiernach wird sich namentlich der Appellationsrichter bei seiner Prüfung und Entscheidung wesentlich auf den Standpunkt des Konkursgerichts zu stellen haben; und aus demselben Gesichtspunkte ist es auch angemessen, den einzelnen Gläubigern die Rechtsmittel ohne Rücksicht auf den Betrag ihrer Forderungen zu verstatten." (Motive, S. 109.) Eine neue Art von actio popularis.

11a) (2. A.) Ist, statt des Gemeinschuldners, der Verwalter als Appellat in der Rechtfertigungsschrift bezeichnet, so wird dadurch die Appellation nicht unannehmbar, weil das Rubrum der Schrift nicht als wesentlicher Bestandtheil des Inhalts erfordert ist. V. vom 21. Juli 1846, §. 18; Erk. des Obertr. vom 23. Februar 1860 (Arch. f. Rechtsf. Bd. XXXVII, S. 52).

11b) (2. A.) Der Absatz 4 und 5 ist von den Kammerkommissionen eingeschaltet. Der Inhalt versteht sich von selbst hinsichtlich der Gläubiger, hinsichtlich

Die Kosten des Rechtsmittels, sowohl die gerichtlichen, als die außergerichtlichen Gebühren und Auslagen, hat der unterliegende Theil zu tragen.

§. 196. Das Erkenntniß, durch welches die Bestätigung des Akkords rechtskräftig ausgesprochen oder versagt wird, ist für alle bei dem Akkorde Betheiligten bindend, ohne Unterschied, ob sie bei dem Verfahren als Partei aufgetreten sind oder nicht [11c]).

III. Von den Wirkungen des bestätigten Akkords.

§. 197. Der rechtskräftig bestätigte Akkord gilt als Vergleich [11d]) zwischen dem Gemeinschuldner und allen Konkursgläubigern, die Gläubiger mögen ihre Forderungen im Konkurse angemeldet haben oder nicht, zur Theilnahme an der Beschlußfassung über den Akkord zugezogen sein oder nicht [12]).

---

des Verwalters ist er inkonsequent, da ihm die Einlegung eines Rechtsmittels gegen das den Akkord bestätigende Erkenntniß versagt ist (Erk. des Obertr. vom 5. November 1857, Arch. f. Rechtsf. Bd. XXVI, S. 337), folglich ihm auch das rechtliche Interesse zur Adhäsion nicht zugestanden werden kann, wenn man sich nicht widersprechen will. Der Entwurf (§. 189) gestattete die Nichtigkeitsbeschwerde auch dem Verwalter der Masse. In der Zweiten Kammer wurde dies gestrichen. In dem Berichte der Kommission, S. 102, heißt es darüber: Es sei ganz angemessen, daß dem Gemeinschuldner und jedem Gläubiger die Rechtsmittel zuständen. „Aber die Gläubigerschaft als Ganzes, die durch den Verwalter der Masse repräsentirt wird, hat bei getheilter Ansicht der Gläubiger keinen Grund, gegen das Urtheil ein Rechtsmittel einzulegen. Wollte man also mit dem Entwurf dem Verwalter der Masse das Rechtsmittel gestatten so würde er gewissermaßen mit seiner Stellung in Widerspruch kommen, er würde für einen Theil seiner Mandanten gegen den anderen agiren." Dem trat die Kommission der Ersten Kammer bei. Bericht ders. S. 29, 30.

(2. A.) Es ist zweifelhaft geworden: ob die Revision stattfinde. Das Obertr. hat durch Erk. vom 5. November 1857 (Arch. f. Rechtsf. Bd. XXVI, S. 328 ff. u. Entsch. Bd. XXXVIII, S. 439) entschieden, daß gegen das den Akkord bestätigende Appellationsurtheil überhaupt nur die Nichtigkeitsbeschwerde (also niemals die Revision) zuläßig sei. Diese Entscheidung stützt sich auf die Motive des Entwurfs und auf die Gutachten der Kammerkommissionen. Von diesem Rechtsmittel ist im §. 195 keine Rede und in den Motiven S. 109 wird ausdrücklich gesagt, daß die Rücksicht auf möglichste Beschleunigung nicht nur die Anwendung der Fristen und Formen des Verfahrens in schleunigen Prozeßsachen, sondern auch die Ausschließung der Revision rechtfertige.

11c) (2. A.) Wenn ein wegen Konkurseröffnung sistirter Prozeß nach Bestätigung des Akkords wieder aufgenommen und durch Verurtheilung des Gemeinschuldners zur Bezahlung der eingeklagten Summe beendet wird, ohne daß bei Festsetzung der schuldigen Summe auf den Akkord Rücksicht genommen worden ist; so kann der Beklagte, wenn er auch den Einwand des Akkords bei Fortsetzung des Prozesses nicht ausdrücklich geltend gemacht hat, diese Einrede noch in der Exekutionsinstanz vorschützen. Erk. des Obertr. vom 17. Oktober 1861 (Arch. f. Rechtsf. Bd. XLII, S. 356).

11d) (2. A.) Aber nur in dem Sinne, daß darunter ein bloßes pactum remissorium, nicht aber ein eigentlicher Transakt zu verstehen ist, die Forderung mithin auch in den Landestheilen des Gemeinen Rechts in ihrer ursprünglichen Beschaffenheit, so weit sie nicht erlassen ist, fortbesteht. Vergl. oben, Anm. 93a zu §. 181.

12) Aus Art. 524 des C. de commerce. — (2. A.) Der Akkord ist auch für die Gläubiger einer vor dem Konkurse von dem Kridar verkauften Firma maßgebend, mögen diese Gläubiger auch nicht in der Lage gewesen sein, ihre Rechte in jenem Konkurse wahrzunehmen. Bei Begründung dieses Rechtssatzes wird es als

Jedoch sind Forderungen, für welche ein Vorzugsrecht geltend gemacht und festgestellt wird, den Wirkungen des Akkords nicht unterworfen; es müssen diese Forderungen vollständig befriedigt werden [12a]).

Dasselbe gilt von den Forderungen der Massegläubiger; ingleichen von solchen Forderungen, für welche die Gläubiger ein Hypothekenrecht, ein Pfandrecht oder ein anderes Absonderungsrecht geltend machen und nachweisen, insoweit [12b]) die Forderungen durch die zu ihrer abgesonderten Befriedigung dienenden Gegenstände gedeckt sind [12c]).

---

ein Uebelstand der bestehenden Gesetzgebung bezeichnet, daß sie dem Handeltreibenden die Möglichkeit eröffnet, unter fremdem Namen, nämlich unter der s. g. Firma, kaufmännische Verpflichtungen zu übernehmen, sich demnächst der Firma wieder zu entäußern, dann unter eigenem Namen Handelsgeschäfte zu betreiben, hierauf seine Zahlungen einzustellen und dadurch einen Konkurs herbei zu führen, bei welchem ihre Gerechtsame, namentlich in Bezug auf die Akkordschließung, wahrzunehmen diejenigen Gläubiger, welche nur mit der, einen anderen Namen kundgebenden Firma in Verkehr gestanden, gar keine Veranlassung haben und erhalten, wenn ihnen der wahre Name ihres Inhabers unbekannt geblieben ist und der Gemeinschuldner es unterlassen hat, die Gläubiger seiner früheren Firma dem Konkursgericht namhaft zu machen. Aber dennoch soll jener Rechtssatz nach §. 197 gerechtfertigt sein. Erk. des Obertr. vom 18. Oktober 1860 (Arch. f. Rechtsf. Bd. XXXIX, S. 104). Ich halte im Gegentheil dafür, daß auf diesen Fall der §. 197 gar nicht bezogen werden kann, so wenig wie auf einen Fall, wenn der Schuldner auf einen fremden Namen Schulden gemacht hat und demnächst auf seinen eigenen Namen Konkurs über sein Vermögen ausbricht und kund gemacht wird.

12a) Das versteht sich bei der Ausschließung dieser Gläubiger von der Theilnahme an der Akkordschließung (§. 185) von selbst; es soll aber damit auf die Vollstreckbarkeit der Richtigstellung hingewiesen werden. Vergl. §. 201, Satz 3. (2. A.) Daher ist nach rechtskräftig bestätigtem Akkorde auch wegen solcher im Konkurse als richtig festgestellten Forderungen, zu deren Sicherheit dem Gläubiger Hypothek mit den Grundstücken des Gemeinschuldners bestellt ist, ohne Weiteres die Exekution (auf das Ganze) in diese Grundstücke zulässig; eine vorgängige neue Klage auf Verurtheilung des Schuldners zur Zahlung bei Vermeidung „der wechselmäßigen Exekution in die verpfändeten Grundstücke" (ist ohne juristischen Sinn, d. H.) ist unnöthig und daher unzulässig. Die Richtigstellung im Konkurse ist schon der erforderliche exekutorische Titel für die dingliche Forderung. Erk. des Obertr. vom 7. Juli 1864 (Entsch. Bd. LII, S. 454).

12b) (2. A.) „Insoweit". Der besonders gesicherte Gläubiger muß sich also zunächst an den Gegenstand seiner Sicherstellung halten und mit dem Ausfalle, den er dabei leidet, tritt er, wenn er es nicht vorzieht, diesen Gegenstand ganz aufzugeben, in die Reihe der Gläubiger, welche den Wirkungen des Akkords unterworfen sind. Die Bestimmung der §§. 197, 198 ist jedoch von einem Appellationsgerichte so aufgefaßt worden, daß der Pfandgläubiger im Falle des durch Akkord beendeten Konkurses nur und ausschließlich sich an das Pfand zu halten befugt sei, und daß sein Recht, sich an das übrige Vermögen zu halten, gänzlich erlösche. Dies ist von dem Obertr., ganz mit Recht, für eine Verletzung der §§. 197, 198 erklärt worden, versteht sich unter der Voraussetzung, daß der besonders gesicherte Gläubiger zugleich ein persönlicher Gläubiger des Gemeinschuldners ist. Unzulässig aber ist es, daß ein Pfandgläubiger wegen einer akkordmäßigen Rate die Exekution in das Vermögen des rehabilitirten Schuldners vollstrecken lasse, bevor er seine Befriedigung aus den Pfandobjekten gesucht hat und somit noch nicht festgestellt ist, ob und welchen Ausfall er erleiden wird. Erk. vom 22. Mai 1860 (Entsch. Bd. XLIII, S. 423).

12c) (2. A.) Dasselbe gilt auch von den im §. 84 bezeichneten Forderungen. Vergl. Anm. 54b zu §. 82.

(2. A.) Auch die zur Kompensation berechtigten Gläubiger des Kridars sind hinsichtlich der Höhe ihrer zur Kompensation gestellten Gegenforderungen an den

§. 198. Der Akkord befreit den Gemeinschuldner von der Verpflichtung [13]), den Ausfall zu ersetzen, welchen die Gläubiger durch den Konkurs und durch den Akkord erleiden, insoweit nicht das Gegentheil in dem Akkorde festgesetzt wird [13a]).

Dagegen werden die Rechte der Gläubiger gegen den solidarischen Mitschuldner des Gemeinschuldners und dessen Bürgen [14]) durch den Akkord nicht berührt.

Akkord nicht gebunden. §. 95. Erk. des Obertr. vom 2. Juli 1861 (Arch. f. Rechtsf. Bd. XLII, S. 228).

13) Damit ist nicht die Aufhebung der Obligation ihrem Grunde nach, die gänzliche Erlöschung gemeint, sondern nur die der Civilobligation; die moralische Verbindlichkeit bleibt bestehen (§. 318), und folgeweise wird auch an der Verbindlichkeit der Mitschuldner und Bürgen nichts geändert, wie auch das fr. Fallimentsgesetz Art. 545 annimmt. Vergl. Motive S. 111. Der §. 198 enthält eine, aus einem allgemeinen (höhern) Gesichtspunkte wohlbegründete, Abänderung des bisher bestandenen Rechts (A. G.O. §§. 593, 594), wonach der Gemeinschuldner bei verbesserten Umständen zur Nachzahlung civilrechtlich verpflichtet blieb.

(2. A.) Der zum Akkord verstattete Acceptant eines Wechsels ist nicht berechtigt zu verlangen, daß gegen Zahlung der Akkordsumme sein Accept gestrichen werde. Erk. der Obertr. vom 23. September 1858 (Arch. f. Rechtsf. Bd. XXIX, S. 347, u. Entsch. Bd. XXXIX, S. 233). Gleich wenig kann er gegen Zahlung der Akkordsumme die Rückgabe des Wechsels fordern. Erk. dess. vom 26. Oktober 1858 (Arch. a. a. O. S. 370). Vergl. A. D. W.O. Art. 39, wonach nur Abschreibung der Theilzahlung verlangt werden kann.

13a) (2. A.) Die §§. 197, 198 ergeben den Rechtsgrundsatz, daß auch dann, wenn der Konkurs durch Akkord beendigt worden, für die Frage über die Befugniß, Forderungen geltend zu machen, welche vor dem Konkurse entstanden sind, die Regeln des Konkurses und die Bestimmungen des Akkordes maßgebend sind. Unter diese Regel fällt auch der Anspruch eines Gefälligkeitsacceptanten auf Deckung, im Falle er vor dem Konkurse acceptirt hat. Dadurch war dem Acceptanten die Verpflichtung, die acceptirten Wechsel zu bezahlen, und dem Zieher die Verbindlichkeit, das Gezahlte zu erstatten, überkommen; durch die demnächst nach der Konkurseröffnung erfolgte Zahlung der Wechsel hat der Acceptant kein neues Geschäft gemacht, vielmehr ist durch diese Zahlung nur die Bedingung eingetreten, von welcher die Erstattungsverbindlichkeit abhing, die bereits durch das vor Eröffnung des Konkurses getroffene Abkommen begründet worden war. Erk. des Obertr. vom 17. Oktober 1861 (Arch. f. Rechtsf. Bd. XLIII, S. 151).

(2. A.) Aus dem zur Ermöglichung eines Akkordes geleisteten Verzichte auf Befriedigung aus der Konkursmasse folgt der Verlust der Forderung gegen den Kridar und dessen später erworbenes Vermögen. Erk. dess. vom 17. Dezember 1863 (Arch. f. Rechtsf. Bd. LI, S. 145).

14) Vergl. die vor. Anm. Der §. 448, Tit. 16, Th. I des A. L.R. findet mithin auf den Akkord im Konkurse keine Anwendung. Der Bürge muß daher für den Ausfall aufkommen, ohne den Rückgriff zu haben; denn hinsichtlich dessen ist er gleichfalls ein bereits vorhandener wenn auch nur eventueller Gläubiger des Gemeinschuldners (Anm. 68 zu §. 86) und der Akkord steht allen Gläubigern entgegen, mögen sie sich bei dem Konkurse betheiligt haben oder nicht. §. 197. Das ist eine zu weit gehende Härte. Seltsamerweise wird die Härte gerade als Grund gebraucht, warum der bei dem Negotium ganz uninteressirte Bürge, der Bürge aus bloßer Freundschaft und Gefälligkeit, das Bad austragen soll. Das Räsonnement ist, unter Berufung auf den Art. 545 des franz. Fallimentsgesetzes von 1838, dieses: „In Ansehung des Bürgen bestimmt das A. L.R. I, 16, §. 448, daß ein zwischen dem Gläubiger und dem Hauptschuldner geschlossener Vergleich auch dem Bürgen zu Statten kommen soll. Dies würde hier, wo es sich wesentlich um einen den Gläubigern durch den Konkurs abgenöthigten Vergleich handelt,

§. 199. Nach erfolgter rechtskräftiger Bestätigung des Akkords hat der Verwalter der Masse die zur Sicherung der Erfüllung der akkordmäßigen Verpflichtungen festgesetzten Maßregeln zu treffen [14a]); insbesondere muß er noch für Befriedigung der Massegläubiger aus dem für dieselben zurückzubehaltenden Deckungsfonds und für Ausantwortung, beziehungsweise Uebereignung der mit einem Rückforderungsrecht in Anspruch genommenen Gegenstände sorgen, soweit der betreffende Anspruch im Konkurse festgestellt ist. Ist dies nicht der Fall, so bleiben bis zum Ausgang der Streits diese Gegenstände unter gerichtlicher Sperre.

Sobald diese Maßregeln getroffen worden sind, ist der Konkurs beendigt.

Der Gemeinschuldner erhält das Verwaltungs- und Verfügungsrecht über sein Vermögen zurück; es sind demselben seine Vermögensstücke, Bücher und Papiere auszuliefern. Der Verwalter hat ihm vor dem Kommissar Rechnung zu legen. Die Streitigkeiten über die Rechnungslegung des Verwalters gehören in allen Fällen vor das Konkursgericht.

---

zu einer großen Härte gegen dieselben führen, und wenn man die Auffassung nicht abweisen kann, daß der Akkord die Forderungen der Gläubiger, soweit sie über die akkordmäßige Reduktion hinausgehen, nicht gänzlich aufhebt, sondern nur ihre Vollstreckung gegen den Gemeinschuldner wegen der Vermögenslage desselben hindert, so ist es gewiß (?) gerechtfertigt, für die Verbindlichkeiten der Bürgen des Gemeinschuldners ebenso, wie bei solidarischen Mitschuldnern desselben, lediglich das ursprüngliche Rechtsverhältniß als maßgebend zu erklären." (Motive, S. 111.) Wenn diese Maßgabe des ursprünglichen Rechtsverhältnisses nach allen Seiten völlig unberührt bleibt, so geschieht der Gerechtigkeit und dem Rechte Genüge: denn alsdann kommt der Schuldner auf dem Umwege des Regresses des Bürgen zur letztendlichen richtigen Tilgung seiner Schuld und der Akkord schützt ihn nicht. Nach der Fassung und dem Sinne des §. 197 u. 198 ist es aber so nicht gemeint, vielmehr ist es darnach so: Zwei schließen ein Negotium, wobei Jeder seinen Vortheil hat. Der Eine, um eben das Negotium zu Stande zu bringen, holt einen Dritten, der davon gar nichts hat, herbei und bittet ihn, doch sein Wort für ihn bei dem Andern einzulegen. Der Dritte thut das aus Freundschaft für den Erstern; das Geschäft kommt zu Stande, das beabsichtigte obligatorische Verhältniß zwischen den Zweien kommt zur Ausführung. Nun kommt der Gesetzgeber mit dem Akkord und spricht: die aus dieser Obligation entstandene Schuld des Einen an den Andern wird auf die Hälfte reduzirt. Darunter soll aber keiner der Beiden, die den Vortheil genossen haben, leiden, sondern der Verlust soll den Dritten, der davon gar nichts hatte und so einfältig war, bloß eures Nutzens wegen aus Freundschaft zu intercediren, treffen. So ist der Rechtsstand, welchen das neue Gesetz schafft; er ist ohne sittliche Grundlage und kann sich deshalb nicht halten. Man ist zu dieser Satzung auch wol ohne klares Bewußtsein, und ohne den schließlichen Erfolg zu beabsichtigen, bei der Gleichstellung des Bürgen und der eigentlichen Mitschuldner gekommen, indem der Scharfblick über den großen Unterschied der beiden Verhältnisse, in Beziehung auf den Gemeinschuldner, hinweggesehen hat.

(2. A.) Diese Vorschrift findet auch auf die Vormänner des Wechselinhabers Anwendung. Erk. des Obertr. vom 12. Oktober 1858 (Arch. f. Rechtsf. Bd. XXX, S. 323).

14a) (2. A.) Ist für die Erfüllung der Akkordbedingungen im Konkurse eine Bürgschaft auf Höhe einer bestimmten Summe geleistet, so ist jeder Konkursgläubiger legitimirt, dieses gemeinschaftliche Objekt im Interesse aller Betheiligten herbeizuschaffen und im Wege der Klage die Einzahlung der Bürgschaftssumme ad depositum zu verlangen. Erk. dess. vom 7. November 1865 (Arch. f. Rechtsf. Bd. LXII, S. 22).

Den Gläubigern, deren Forderungen nicht bereits in dem Konkurse festgestellt worden sind, bleibt überlassen, ihre Ansprüche gegen den Gemeinschuldner auszuführen [14 b]).

Jedoch haben die nicht bevorzugten Konkursgläubiger auch in Ansehung der nachträglich festgestellten Forderungen nur einen Anspruch auf akkordmäßige Befriedigung.

Anhängige Prozesse gehen auf den Gemeinschuldner in der Lage über, in welcher sie sich zur Zeit der Beendigung des Konkurses befinden [14 c]).

Das Gericht hat öffentlich bekannt zu machen, daß der Konkurs durch Akkord beendigt worden ist [14 d]).

---

14 b) (2. A.) Innerhalb der Verjährungsfrist, was besonders bei Wechselforderungen erheblich ist. Der Einwand der Wechselverjährung wird dadurch nicht ausgeschlossen, daß der Wechselgläubiger, dessen Forderung in dem durch Akkord beendeten Konkurse nicht anerkannt worden, den Schuldner wegen der akkordmäßigen Summe aus dem Wechsel im gewöhnlichen Prozesse in Anspruch nimmt. Auch die Unterlassung einer Mittheilung der Verhandlung, in welcher der Verwalter der Masse die Forderung bestritten hatte, beseitigt den Einwand der Verjährung nicht. Erk. dess. vom 7. Juni 1858 (Entsch. Bd. XLI, S. 295). Im Arch. f. Rechtsf. Bd. XXXIII, S. 290, hat dieses Erk. die Jahreszahl 1859. Der Lauf der neuen Wechselverjährung beginnt mit der Fälligkeit der ersten Akkordrate für die Wechselgläubiger, deren Forderungen noch nicht festgestellt sind. Erk. dess. vom 28. Mai 1859 (Arch. f. Rechtsf. Bd. XXXIII, S. 265).

14 c) (2. A.) Das Objekt des Prozesses bleibt also, wenn nicht etwa der Kläger selbst sein Petitum herabsetzt, dasselbe, nämlich die Festsetzung der eingeklagten Summe als Forderung des Klägers; und so wie diese Summe in Betreff der Zulässigkeit der Rechtsmittel maßgebend ist, wenngleich völlig feststeht, daß aus der Konkursmasse ein die Summe des zulässigen Rechtsmittels erreichender Betrag nicht zu erzielen sein wird, so bleibt sie es auch nach Abschluß des Akkordes, ohne Rücksicht auf die dadurch festgesetzte Befriedigungsrate. Erk. dess. vom 24. April 1860 (Arch. f. Rechtsf. Bd. XXXVII, S. 194).

Dem Kridar ist der Verlust von Rechten und die Wirkung der unterlassenen Ausübung prozessualischer Befugnisse erst vom Tage der angeordneten öffentlichen Bekanntmachung des Akkordes zuzurechnen. Ihm kommt ein von dem Masseverwalter vor Beendigung des Konkurses angemeldetes und nach dessen Beendigung auch von ihm gerechtfertigtes Rechtsmittel zu Statten. Erk. dess. vom 19. März 1861 (Entsch. Bd. XLVI, S. 344, u. Arch. f. Rechtsf. Bd. XL, S. 357).

Die Bestimmung des Abs. 6 bezieht sich nur auf Prozesse, welche von der Gläubigerschaft durch ihr Organ, den Verwalter, aus dem Rechte des Gemeinschuldners als dessen Rechtsnachfolger fortgesetzt oder anhängig gemacht worden sind, nicht aber auf solche, welche zur Geltendmachung des eigenen Rechts der Gläubiger, namentlich zur Durchführung ihres eigenen Anfechtungsrechtes, zufolge der Bestimmungen des §. 101, §. 103, Nr. 3 und des §. 111 angefangen worden sind: diese können auf den Gemeinschuldner nicht übergehen, sie müssen mit Beendigung des Konkurses durch Akkord erlöschen. Erk. des Obertr. vom 15. April 1862 (Entsch. Bd. XLVII, S. 389), und vom 22. Juni 1863 (Arch. f. Rechtsf. Bd. XLIX, S. 297, u. Entsch. Bd. LI, S. 417). Die entstandenen Kosten werden zu den Kommunkosten gehören.

14 d) Der Entwurf nahm in diesem Paragraphen, der dort mit 193 bezeichnet ist, auf die Massegläubiger und diejenigen, welche ein Rückforderungsrecht geltend machen, keine Rücksicht, diese konnten daher, da sie bei dem Akkord nicht zugezogen, durch die Aushändigung der Konkursmasse an den Gemeinschuldner, gegen Erfüllung der akkordmäßigen Verpflichtungen, gefährdet werden. Um dies zu verhindern und jene Gläubiger durch den sie nichts angehenden Akkord nicht in eine schlimmere Lage zu versetzen, als sie sich bei dem Verlaufe des Konkurses befunden haben würden, erhielt das Alinea die gegenwärtige Fassung.

§. **200.** Ist im Akkorde festgesetzt, daß für die Erfüllung desselben eine Hypothek auf die Immobilien des Gemeinschuldners eingetragen werden soll, so gehört es zu den Obliegenheiten des Verwalters, die Eintragung zu bewirken, bevor der Vermerk über die Konkurseröffnung (§. 150) gelöscht wird.

Die Löschung einer solchen Hypothek erfolgt, wenn das Konkursgericht, auf den Antrag des Gemeinschuldners, nach vorgängiger öffentlicher Aufforderung der Gläubiger attestirt, daß innerhalb der in der Aufforderung bestimmten Frist kein unberichtigt gebliebener Anspruch angezeigt worden ist. Die öffentliche Bekanntmachung dieser Aufforderung ist auf die für die Bekanntmachung der Konkurseröffnung vorgeschriebene Weise (§. 123) zu bewir-

---

Die Minist.-Instr. v. 6. August 1855 giebt zu den §§. 195 u. 199 folgende, hauptsächlich den §. 199 betreffende Anweisung:

„§. 40. Ist der Akkord rechtskräftig bestätigt, so wird die Akkordverhandlung nebst den etwanigen, die Stipulationen des Akkords enthaltenden Anlagen von dem Konkursgerichte mit dem Atteste über die rechtskräftig ertheilte gerichtliche Bestätigung für den Gemeinschuldner ausgefertigt. Eine zweite Ausfertigung erhält der Verwalter der Masse, wenn die Eintragung einer für die Erfüllung des Akkords bestellten Hypothek erfolgen muß (§. 200 des Gesetzes) und keine besondere Urkunde über die Hypothekbestellung aufgenommen ist.

Andere Betheiligte erhalten eine Ausfertigung oder Abschrift des Akkords nur auf ihren Antrag und auf ihre Kosten (§. 63 des Gerichtskosten-Tarifs vom 10. Mai 1851).

Der Kommissar hat dafür zu sorgen, daß der Verwalter der Masse die vor Beendigung des Konkurses noch zu treffenden Maßregeln unverzüglich in Ausführung bringt.

Ist etwa die Liquidation der Masse bereits im Gange, so muß dieselbe sistirt werden; es sind namentlich die anstehenden Verkaufstermine wieder aufzuheben; jedoch versteht sich von selbst, daß nothwendige Subhastationen, welche auf den Antrag von Realgläubigern nach §. 268 des Gesetzes eingeleitet worden sind, ihren Fortgang behalten müssen.

Die öffentliche Bekanntmachung der Beendigung des Konkurses darf erst stattfinden, wenn die im §. 199 des Gesetzes vorgeschriebenen Maßregeln getroffen sind und die für die Erfüllung des Akkords bestellte Hypothek eingetragen ist. Das Gericht beschließt die Bekanntmachung auf Vortrag des Kommissars. Stehen noch Prüfungstermine an, so ist die Aufhebung derselben in der Bekanntmachung anzuzeigen. Zu den Akten über anhängige Prozesse ist durch Mittheilung einer Abschrift der Bekanntmachung besondere Nachricht von der Beendigung des Konkurses zu geben.

Der im Hypothekenbuche eingetragene Vermerk über die Konkurseröffnung (§. 150 des Gesetzes) ist nur auf Requisition des Konkursgerichts zu löschen; dasselbe hat diese Requisition zugleich mit der Bekanntmachung über die Beendigung des Konkurses zu erlassen. Die Auslieferung der Masse an den Gemeinschuldner ist gleichzeitig anzuordnen.

Durch streitige Vindikationsansprüche wird die Beendigung des Konkurses nicht aufgehalten. Ist ein Prozeß darüber anhängig, so hat das Gericht die betreffenden Gegenstände in Verwahrung zu nehmen oder zu behalten, oder dieselben mit Spezialarrest zu belegen; ist kein Prozeß angestellt, so werden die Gegenstände dem Gemeinschuldner ausgeliefert."

(2. A.) Rücksichtlich der Gläubiger ist der Konkurs nicht von dem Tage an, an welchem die Aufhebung b e s c h l o s s e n worden, sondern erst mit dem Tage, an welchem dieser Beschluß öffentlich b e k a n n t g e m a c h t i s t, für aufgehoben zu achten. Erk. des Obertr. vom 2. Dezember 1858 (Entsch. Bd. XL, S. 397).

(2. A.) Die Art und Weise der öffentlichen Bekanntmachung über Beendigung des Konkurses in den Fällen der §§. 199 u. 277 ist lediglich dem Ermessen des Gerichts überlassen. Erk. dess. v. 20. März 1860 (Arch. f. Rechtsf. Bd. XXXVII, S. 338 u. Entsch. Bd. XLIV, S. 292).

ten; die Frist soll nicht unter vier Wochen und nicht über sechs Monate vom Tage der Aufforderung an betragen.

Findet vor erfolgter Löschung der Hypothek die nothwendige Subhastation des verhafteten Grundstücks statt, so wird bei Vertheilung der Kaufgelder der auf diese Hypothek fallende Betrag der Kaufgelder zu einer Spezialmasse genommen und das Konkursgericht hiervon benachrichtigt. Dasselbe hat auf diese Benachrichtigung die vorgedachte öffentliche Aufforderung zu erlassen. Meldet sich innerhalb der bestimmten Frist kein Gläubiger, so wird von dem Gericht das erwähnte Attest ausgestellt und dem Subhastationsgericht mitgetheilt; das Letztere hat alsdann wegen Ausschüttung der Spezialmasse das Weitere nach Lage der Sache zu verfügen und nöthigenfalls das Kaufgeldervertheilungs-Verfahren fortzusetzen. Wenn sich dagegen innerhalb der bestimmten Frist Gläubiger mit Ansprüchen melden, so sind diese Ansprüche, soweit die Feststellung derselben nicht bereits in dem Konkurse erfolgt ist, unter Zuziehung des Gemeinschuldners und der übrigen Betheiligten zu prüfen und festzustellen, wobei die in dem Konkursverfahren geltenden Vorschriften zur Richtschnur dienen. Das Konkursgericht theilt schließlich dem Subhastationsgericht mit, an welche Personen, in welchen Beträgen und in welcher Reihenfolge die Spezialmasse, soweit sie reicht, auszuschütten ist.

Die vorstehenden Bestimmungen finden auch in dem Falle Anwendung, wenn ein Anderer als der Gemeinschuldner eine Hypothek für die Erfüllung des Akkords bestellt hat [15]).

---

15) Die Rechtsgrundsätze des §. 200 sind dem Art. 524 des C. de c. und dem Art. 517 des Fallimentsgesetzes von 1838 entnommen. Die instruktionsartigen formalen Bestimmungen sind von den Kammern getroffen, welchen der Entwurf nicht genügte. Mit der Instr. des J.M. vom 6. August 1855 werden zu diesem §. 200 die folgenden drei Formulare Nr. 12, 13 und 14 gegeben:

12.

„Aufforderung der Gläubiger, behufs Löschung einer für die Erfüllung des Akkords eingetragenen Hypothek.

(Konkursordnung §. 200.)

Die Hypothek, welche für die Erfüllung des in dem Konkurse über das Vermögen (den Nachlaß) des .... zu .... am .... geschlossenen Akkords in dem Hypothekenbuche über .... Rubr. III. Num. ... eingetragen steht, soll zur Löschung gebracht werden. Alle diejenigen, welche noch Ansprüche auf diese Hypothek zu haben vermeinen, werden aufgefordert, ihre Ansprüche bis zum .... einschließlich bei uns schriftlich oder zu Protokoll anzuzeigen.

N. N. den ....

Königliches Kreisgericht. Erste Abtheilung."

13.

„Attest behufs Löschung der für die Erfüllung des Akkords eingetragenen Hypothek.

(Konkursordnung §. 200.)

Nachdem behufs Löschung der Hypothek, welche für die Erfüllung des in dem Konkurse über das Vermögen (den Nachlaß) des .... zu .... am .... geschlossenen Akkords in dem Hypothekenbuche über .... Rubr. III. Num. ... eingetragen steht, auf den Antrag des .... alle diejenigen, welche noch Ansprüche auf die Hypothek zu haben vermeinen, öffentlich aufgefordert worden sind, ihre Ansprüche bis zum .... bei dem un-

§. 201. Im Falle der Nichterfüllung der akkordmäßigen Verpflichtungen ist der Akkord in Ansehung aller Forderungen vollstreckbar, welche in dem Konkurse als richtig festgestellt worden sind. Wegen anderer Forderungen findet die Exekution in Gemäßheit des Akkords erst dann statt, wenn der Gläubiger für die Forderung einen vollstreckbaren Titel erlangt hat.

Die Exekution zur Erfüllung der akkordmäßigen Verpflichtungen kann durch sofortigen Personalarrest gegen den Gemeinschuldner vollstreckt werden; die Exekution in das Vermögen ist neben der Exekution gegen die Person des Gemeinschuldners zulässig [16]).

Wegen Forderungen, welche den Wirkungen des Akkords nicht unterworfen sind, ist die Exekution gegen den Gemeinschuldner ebenfalls zulässig, soweit die Forderungen in dem Konkurse als richtig festgestellt worden sind [16a]).

---

terzeichneten Gericht anzuzeigen, so wird hierdurch attestirt, daß innerhalb der bestimmten Frist kein Anspruch angezeigt worden ist, welcher noch zu berichtigen bleibt.
Urkundlich 2c.

N. N., den . . . .

Königliches Kreisgericht. Erste Abtheilung."

14.

„Aufforderung der Gläubiger im Falle der erfolgten Anlegung einer Spezialmasse für die wegen Erfüllung des Akkords eingetragene Hypothek.

(Konkursordnung §. 200.)

Bei der in Folge nothwendiger Subhastation stattgehabten Vertheilung der Kaufgelder des . . . . *) ist für die Hypothek, welche für die Erfüllung des in dem Konkurse über das Vermögen (den Nachlaß) des . . . . zu . . . . am . . . . geschlossenen Akkords Rubr. III. Num. . . . des Hypothekenbuchs eingetragen worden ist, eine Spezialmasse im Betrage von . . . . Thlrn. angelegt worden. Alle diejenigen, welche auf diese Spezialmasse Ansprüche aus der gedachten Hypothek zu haben vermeinen, werden aufgefordert, ihre Ansprüche bis zum . . . . einschließlich bei uns schriftlich oder zu Protokoll anzumelden. Wer seine Anmeldung schriftlich einreicht, hat zugleich eine Abschrift derselben und ihrer Anlagen beizufügen.

N. N. den . . . .

Königliches Kreisgericht. Erste Abtheilung."

16) Die Exekution nach den Grundsätzen der Wechselexekution ist für nothwendig erachtet worden, um die Gläubiger in den Stand zu setzen, die Erfüllung des Akkords mit Nachdruck zu betreiben und um sie vor neuen Weiterungen möglichst zu sichern. (Motive, S. 110). Das ist verständig und folgerecht. Der Akkord ist also ein exekutorischer Titel gleich einem gerichtlichen Vergleiche im Prozesse. Er wird mithin auch der einjährigen Verjährung der exekutorischen Kraft unterworfen sein, ohne daß ihm die Wirkung der actio judicati nach Verlauf der Jahresfrist beigelegt ist, wie es wol der Fall sein sollte, da er durch einen richterlichen Ausspruch seine Kraft erhält. — (2. A.) Das Oberappellationsgericht zu Dresden hat nach einem Urtel vom 12. Juni 1862 seither konstant die Ansicht befolgt, daß die im Königreiche Preußen in dort anhängigen Konkursen abgeschlossenen und rechtskräftig bestätigten Akkorde die Ausflucht der rechtskräftig entschiedenen Sache für den Gemeinschuldner auch dann begründen, wenn derselbe im Königreich Sachsen von einem Gläubiger, der sich im Konkurse nicht gemeldet hatte, auf Bezahlung seiner Forderung belangt wird. — Bei Wechselforderungen ist das Akkordquantum aus einem nach der preuß. Konkursordnung rechtskräftig bestätigten Akkorde auch in Sachsen nach Wechselrecht zahlbar. (Siebenhaar, Archiv, Bd. XII, S. 101).

16a) Den exekutorischen Titel wird hier das Prüfungsprotokoll vorstellen,

---

*) Bezeichnung des verpfändeten Grundstücks.

IV. Von der Nichtigkeit des Akkords.

§. 202. Wird der Gemeinschuldner nachträglich wegen betrüglichen Bankerutts rechtskräftig verurtheilt, so tritt von Rechtswegen die Nichtigkeit des Akkords ein.

Wird eine Voruntersuchung wegen betrüglichen Bankerutts gegen den Gemeinschuldner nachträglich eingeleitet, so kann das Konkursgericht auf den Antrag eines Gläubigers oder von Amtswegen Maßregeln zur Sicherung des Vermögens anordnen. Diese Maßregeln treten außer Kraft, sobald der Gemeinschuldner rechtskräftig freigesprochen oder endgültig außer Verfolgung gesetzt worden ist[16aa]).

§. 203. Eine Klage auf Vernichtung des Akkords wegen Betrugs kann von jedem durch den Akkord betroffenen Gläubiger gegen den Gemeinschuldner erhoben werden, wenn erst nach Ablauf der zur Einlegung des Einspruchs gegen die Bestätigung des Akkords bestimmten Frist entdeckt wird, daß das zur Konkursmasse gehörige Vermögen theilweise verheimlicht oder bei Seite geschafft worden ist[16b]), oder daß Schulden ganz oder theilweise er-

---

wenn nicht etwa ein Spezialprozeß stattgefunden hat. (2. A.) Dieser Meinung ist auch das Obertr., welches in einem Erk. vom 22. Okt. 1863 (Arch. f. Rechtsf. Bd. L, S. 347) sagt: „Dies (die Schaffung eines exekutorischen Titels für die noch nicht judikatmäßigen Forderungen) geschieht für die anerkannten Forderungen durch den Vermerk des gerichtlichen Kommissars in der Nachweisung (§§. 170, 171) und das — Protokoll (§. 175). Ist dieser, die Stelle der Agnitoria vertretende Vermerk ergangen, so hat er auch die Kraft und Wirkung einer Agnitoria." Und in einem Erk. vom 1. Dezember 1864 (Arch. f. Rechtsf. Bd. LV, S. 329): „und da sie (die Konkursordnung) — ein Verfahren für die endgültige Feststellung der Forderungen anordnet, so ist damit einer solchen Feststellung ihrem Wesen nach die Wirksamkeit eines Judikates — der exekutorische Titel — beigelegt. Diese Beschaffenheit der Feststellung im Prüfungstermine ist auch keineswegs von dem Abschlusse des Akkordes abhängig." Das Alinea 3 ist erst von den Kammerkommissionen beigefügt worden. — (2. A.) Auch nach aufgehobenem Konkurse ist der Kridar an das von dem Konkursverwalter abgegebene Anerkenntniß den anerkannten Gläubigern gegenüber gebunden. Erk. dess. vom 22. Oktober 1863 (Arch. f. Rechtsf. Bd. L, S. 344) u. Erk. vom 27. September 1864 (Arch. f. Rechtsf. Bd. LIV, S. 289). Vergl. oben die Anm. 86 zu §. 173 und das dort angeführte Erk. vom 20. Oktober 1864. — Die unvorbereitet eingeschaltete Vorschrift des Alin. 3 ist auf den Fall, wenn der Konkurs durch Akkord beendet wird, zu beschränken, wenn sie nicht gegen das zur Rechtskraft erforderliche Requisit der Personenidentität verstoßen soll; denn der Massenverwalter ist nicht Vertreter der Person des Gemeinschuldners (§§. 131, 215) bei dem zwischen den Gläubigern schwebenden Vertheilungsverfahren, der §. 269 beschränkt sich auf die Verhandlung mit den Separatisten. Vergl. die Anm. 41c, Alin. a zu §. 65 der Einleitung zur A. G.O.

16aa) Vergl. oben, Anm. 44c zu §. 140.

16b) Wenngleich die Entfremdung nicht von dem Gemeinschuldner selbst geschehen ist. Denn die Konkursgläubiger, welche nur die thatsächlich vorhandene verringerte Masse bei der Akkordschließung vor Augen hatten, befanden sich in einem Irrthum durch Verschulden des Gemeinschuldners, ohne dessen Vorwissen die Entfremdung nicht geschehen konnte.

(2. A.) Diese Vorschriften, sowie §. 193, Nr. 3 setzen Dolus voraus, nicht aber Fahrlässigkeit; das Interesse der öffentlichen Ordnung kann durch eine fahrlässige Verheimlichung eines Vermögensstücks nicht gefährdet werden und deshalb kein Grund sein, dem Akkord im öffentlichen Interesse die Bestätigung zu versagen. Erk. des Obertr. vom 12. Juli 1860 (Arch. f. Rechtsf. Bd. XXXVII, S. 351).

dichtet sind, oder daß einem oder mehreren Gläubigern, ohne deren Einwilligung die gesetzlichen Erfordernisse zum Akkord nicht vorhanden gewesen wären, für ihre ertheilte Einwilligung von dem Gemeinschuldner oder von einer anderen Person ein besonderer Vortheil heimlich gewährt oder versprochen worden ist.

Die Klage verjährt binnen fünf Jahren [17]), vom Tage der gerichtlichen Bestätigung des Akkords an gerechnet.

§. **204.** Die Klage auf Vernichtung des Akkords (§. 203) ist bei dem Konkursgericht anzubringen.

Bei der Einleitung der Klage sind die übrigen durch den Akkord betroffenen Gläubiger von der Anstellung des Prozesses mittelst einer öffentlichen Anzeige zu benachrichtigen. Die öffentliche Bekanntmachung dieser Anzeige erfolgt auf die für die Bekanntmachung der Konkurseröffnung vorgeschriebene Weise (§. 123).

Jeder durch den Akkord betroffene Gläubiger hat die Befugniß, von der Klage in dem Büreau des Gerichts Kenntniß zu nehmen und in den Prozeß als Intervenient [18]) einzutreten.

Wird die Klage begründet gefunden, so hat das Erkenntniß die Vernichtung des Akkords in Bezug auf alle bei demselben Betheiligten auszusprechen.

Wird die Klage rechtskräftig zurückgewiesen, so ist das Erkenntniß für alle durch den Akkord betroffenen Gläubiger bindend.

§. 205. Durch den Eintritt der Nichtigkeit des Akkords wegen betrüglichen Bankerutts (§. 202) und durch die Vernichtung desselben wegen Betrugs (§§. 203, 204) werden diejenigen, welche eine Bürgschaft für die Erfüllung der akkordmäßigen Verpflichtungen des Gemeinschuldners übernommen haben, von ihrer Verbindlichkeit frei, sofern [19]) sie nicht bei Ueber-

---

17) Bei dieser Zeitbestimmung sei die im §. 46 des St.G.B. vorgeschriebene Verjährungsfrist berücksichtigt worden, jedoch habe nicht füglich über den Zeitraum von 5 Jahren hinausgegangen werden können, weil eine spätere Wiederaufhebung des Akkords wegen der inzwischen nothwendig eingetretenen mannigfachen Veränderungen der Verhältnisse mißlich sein würde, sagen die Motive, S. 112. Die Beziehung, in welcher jene Verjährung des §. 46 des St.G.B. hier eine Berücksichtigung gefunden haben soll, ist nicht erkennbar.

18) Für oder wider den Akkord, wie es ein Jeder in seinem Interesse findet.

19) Der Ausdruck „sofern" enthält eine Bedingung mit einer Maßgabe (wie „insoweit"), die hier unpraktisch ist. Wie weit soll der Bürge verhaftet bleiben, wenn er von nicht allen, sondern nur von einzelnen Thatsachen, welche zu dem gespielten Betruge gehören, Kenntniß gehabt hat? Hier kann es nur auf die reine Bedingung „wenn" ankommen. So ist es auch gemeint, denn in den Motiven S. 112 wird gesagt: „Bürgschaften, welche etwa für die Erfüllung des Akkords geleistet worden sind, erledigen sich durch die Vernichtung desselben; denn solche Bürgschaften sind nicht für die ursprünglichen Forderungen der Gläubiger, sondern nur für die akkordmäßigen Verpflichtungen des Gemeinschuldners und in der Voraussetzung geleistet, daß die Vermögensverhältnisse des Gemeinschuldners durch den Akkord definitiv regulirt werden. Nur dann, wenn der Bürge wissentlich einen nichtigen Akkord durch seine Garantie befördert hat, erscheint es als eine Forderung der Gerechtigkeit, daß die Aufhebung des Akkords dem Bürgen nicht zu Statten kommt, vielmehr die Bürgschaft zur Sicherung der betrogenen Gläubigerschaft bestehen bleibt." Daraus ergiebt sich, daß hier das „sofern" nur für das bloße wenn steht. Aber der Inhalt sowie das Verhältniß dieser Bürgschaft zur Masse und zur Gläubigerschaft ist doch unklar, da keine Haupt-

nahme der Bürgschaft Kenntniß von den Thatsachen gehabt haben, welche den Betrug enthalten.

V. Von den Folgen der Nichtigkeit des Akkords.

§. 206. Der Eintritt der Nichtigkeit, sowie die rechtskräftige Vernichtung des Akkords bewirkt die Fortsetzung des Konkurses. Dieselbe ist ebenso, wie die Eröffnung des Konkurses, von dem Gericht auszusprechen (§§. 119, 121) und bekannt zu machen (§. 123).

Soweit es nöthig, ist das für den Fall der Eröffnung des Konkurses vorgeschriebene Verfahren zu wiederholen.

Die Befugniß zur Theilnahme an dem Konkurse steht nicht nur den Gläubigern zu, welche bereits zur Zeit der früheren Konkurseröffnung vorhanden waren, sondern auch den neuen Gläubigern des Gemeinschuldners. Jedoch haben die neuen Gläubiger, den anderen Gläubigern gegenüber, keinen Anspruch auf Befriedigung aus einer für die Erfüllung des Akkords bestellten Hypothek (§. 200) und aus dem Faustpfande, welches zur Sicherung der akkordmäßigen Verpflichtungen bestellt worden ist[20]).

Die Berufung der sämmtlichen Gläubiger und die Prüfung der Forderungen erfolgt nach den Vorschriften des sechsten Abschnitts.

Hinsichtlich der früher angemeldeten und zur Prüfung gezogenen Forderungen findet eine neue Prüfung nicht statt, vorbehaltlich des Abzuges der seit dem Akkord geleisteten Zahlungen.

Ein nochmaliger Akkord kann nicht geschlossen werden[20a]).

---

schuld vorhanden ist. Was soll der Bürge leisten? Wer hat die Bürgschaftsklage, der Verwalter (die Masse der Gläubigerschaft), oder jeder einzelne Gläubiger? Müssen die Gläubiger zuvor den Konkurs ausmachen und abwarten, wie viel sie aus der Masse erhalten werden? In wiefern kommt das daraus Gewonnene dem Bürgen zu Statten? Welchen Einfluß hat es auf die Bürgschaft, wenn ein Gläubiger nach Vernichtung des Akkords an dem Konkurse nicht mehr Theil nimmt? Auf alle diese und noch viele andere Fragen und Zweifel läßt sich mit Sicherheit eine Entscheidung nicht finden, weil das Prinzip unklar ist; denn es ist etwas ganz Abnormes, etwas sich Widersprechendes, das Hauptgeschäft (den Akkord) als völlig vernichtet, als niemals vorhanden gewesen anzusehen und doch die für die nun wegfallende Ausführung (nicht für die Schulden selbst) gegebene Bürgschaft fortbestehen zu lassen. Der Bürge soll mithin für die Ausführung eines Akkords einstehen, den die Gläubiger eben nicht ausführen lassen wollen, den sie vielmehr kassirt haben. Wie soll man dabei zu einem praktischen Ergebniß kommen? Der Bürge wird für die ursprünglichen Forderungen selbst auf den akkordmäßigen Betrag zu haften haben, nach Analogie des §. 206, Alinea 3. Vergl. die folgende Anm. 20.

20) Hieraus entsteht ein Partikularkonkurs zur abgesonderten Befriedigung der alten Gläubiger. Vergl. oben, Anm. 3[a] zu §. 1. Die Vorschrift in Betreff der Faustpfänder zur Sicherung der akkordmäßigen Verpflichtungen ist jedoch eine sich widersprechende Abnormität, da ja diese Verpflichtungen aufgehoben sind und in dem fortgesetzten Konkurse nicht geltend gemacht werden.

20a) (2. A.) Diese Anordnung setzt den Fall der Nichtigkeitserklärung eines bereits definitiv bestätigten Akkordes, und also (§. 203) einen hinterher entdeckten Betrug voraus und enthält kein Argument für die Annahme, daß, wenn der erste Akkordvorschlag wegen Ungünstigkeit im Interesse der Gläubiger verworfen wird, ein neuer günstigerer Vorschlag unzulässig sei. Wäre dies die Absicht der Konkursordnung, so hätte es dieser besonderen Anordnung des §. 206 gar nicht bedurft. Erk. des Obertr. vom 12. Juli 1860, oben, Anm. 3, Abs. 2 zu §. 187.

§. 207. Hinsichtlich der Anfechtung von Rechtshandlungen, welche der Gemeinschuldner in der Zeit zwischen dem Abschlusse des Akkords und dem Wiedereintritt des Konkurses vorgenommen hat, finden dieselben Bestimmungen Anwendung, welche für den Fall der Eröffnung des Konkurses ertheilt sind (Tit. 1, Abschnitt 11).

Insofern es bei den Bestimmungen über die Anfechtung von Rechtshandlungen des Gemeinschuldners auf den Tag der Zahlungseinstellung oder der Konkurseröffnung ankommt, gilt als Zahlungseinstellung der Eintritt der Nichtigkeit oder die rechtskräftige Vernichtung des Akkords; als Konkurseröffnung ist der Zeitpunkt anzusehen, in welchem das Gericht die Fortsetzung des Konkurses ausgesprochen hat (§. 206).

§. 208. Die Gläubiger, welche durch den Akkord betroffen wurden, treten dem Gemeinschuldner gegenüber in ihre vollen Rechte zurück.

Dieselben haben zur Masse nicht die Zahlungen zurückzugewähren, welche sie gemäß dem Akkorde in gutem Glauben empfangen haben.

Ist ein durch den Akkord betroffener Gläubiger für dasjenige, was er gemäß dem Akkorde zu erhalten hatte, bereits vollständig befriedigt, so bleibt seine ganze ursprüngliche Forderung getilgt [21]).

Hat er nur einen Theil des Betrages erhalten, der ihm nach dem Akkorde gebührt, so kann er in dem fortgesetzten Konkurse als Gläubiger für denjenigen Theil seiner ursprünglichen Forderung auftreten, welcher sich zu dieser ganzen Forderung verhält, wie der noch rückständige Theil seiner Forderung aus dem Akkorde zu der ganzen akkordmäßigen Forderung [22]).

---

21) Nämlich der Konkursmasse gegenüber: der Gemeinschuldner muß, wenn er zu besseren Vermögensumständen gelangt, den Ausfall nachzahlen. §. 208, Satz 1. Vergl. die folgende Anm. Der Ausdruck „getilgt" ist nicht richtig angewendet.

22) Die Grundsätze sind dem franz. Fallimentsgesetze von 1838 Art. 526 entnommen. Der Sinn der Bestimmung wird in den Motiven, S. 113 klar gemacht, wo es heißt:

„Was die Ansprüche der Gläubiger betrifft, welche durch den Akkord betroffen wurden, so werden dieselben, soweit sie nicht bereits getilgt sind, in ihrem vollen Umfange wiederhergestellt, da der Akkord in Folge der Vernichtung als nicht geschlossen anzusehen ist (Entw. §. 202). Hierbei entsteht jedoch die Frage, ob die Zahlungen, welche bereits an die Gläubiger auf Grund des Akkords geleistet worden sind, nach ihrem Nominalbetrage von den Forderungen in Abrechnung zu bringen, oder ob sie als akkordmäßige Dividendenzahlungen zu behandeln sind, ob also z. B., wenn ein Gläubiger auf seine Forderung von 1000 Thlrn. akkordmäßig nur 25 Prozent mit 250 Thlrn. zu empfangen hatte und darauf 200 Thlr. empfangen hat, derselbe nunmehr, nach der Vernichtung des Akkords, noch 800 Thlr. liquidiren kann, oder ob die empfangenen 200 Thlr. als Prozentzahlung nach dem akkordmäßigen Satze einen Forderungsbetrag von 800 Thlrn. darstellen, so daß von der ursprünglichen Forderung nur noch 200 Thlr. restiren.

Daß dem Gemeinschuldner gegenüber nur die erstere Berechnungsweise in Anwendung kommen kann, ist ohne Zweifel, da derselbe nach der Vernichtung des Akkords für die volle Zahlung verhaftet bleibt.

Anders verhält es sich der Konkursmasse gegenüber. Zwar ist auch hier nach strengem Recht der Akkord als nicht geschlossen anzusehen; allein es ist zugleich zu erwägen, daß der Gläubiger, wenn kein Akkord geschlossen, sondern der Konkurs ununterbrochen fortgesetzt worden wäre, gegen die Masse nur auf diejenige Dividende Anspruch gehabt hätte, welche sich bei der konkursmäßigen Vertheilung der Masse für seine Forderung ergeben haben würde, daß er also,

Hat er überhaupt noch keine Zahlung empfangen, so kann er gegen die Masse seine ganze ursprüngliche Forderung geltend machen.

§. 209. Die vorstehenden Bestimmungen (§. 208) sind auch in dem Falle maßgebend, wenn ohne vorherige Wiederaufhebung des Akkords ein neuer Konkurs über das Vermögen des Gemeinschuldners eröffnet wird [23]).

VI. Von außergerichtlichen Vergleichen.

§. 210. Kein Gläubiger kann genöthigt werden, sich auf außerge-

---

wenn er jetzt die auf Grund des Akkords empfangene Zahlung nur nach ihrem Nominalbetrage auf seine volle Forderung in Abrechnung zu bringen berechtigt sein sollte, dadurch einen Vortheil erlangen würde, der ihm selbst in dem Falle nicht zu Theil geworden wäre, wenn der Konkurs keine Unterbrechung durch den Akkord erlitten und ein besseres Resultat, als der Akkord, gehabt hätte. Nimmt man für diesen letzteren Fall z. B. an, daß sich im Konkurse für die Gläubiger überhaupt 50 Prozent ergeben haben würden, so wären danach auf die Forderung von 1000 Thlrn. aus der Masse 500 Thlr. zu zahlen gewesen und es hätte, wenn darauf 200 Thlr. abschläglich gezahlt worden, die Masse noch 300 Thlr. zu gewähren gehabt, welche einem Forderungsreste von 600 Thlrn. entsprechen, während im Falle des Akkords und dessen Vernichtung bei einer Zahlung von 200 Thlrn., nach der oben erwähnten ersten Berechnungsweise, dem Gläubiger ein Forderungsrest von 800 Thlrn. gegen die Konkursmasse bleiben würde. Es kann mithin gegenüber der Masse, welche nur Dividenden zu zahlen hat, die Berechnungsweise, welche dem zur vollen Zahlung verpflichteten Gemeinschuldner gegenüber gerechtfertigt ist, nicht zum Grunde gelegt werden. Es würde darin eine Benachtheiligung der übrigen Gläubiger enthalten sein, welche noch keine oder eine verhältnißmäßig geringere Zahlung empfangen haben und sich nunmehr lediglich auf die Dividende verweisen lassen müssen, die sich in dem fortgesetzten Konkurse ergiebt. Eine Ausgleichung würde sich auch durch etwanige Herbeischaffung der früher verheimlichten Theile der Masse, oder durch den Wegfall erdichteter Schulden, oder durch den neuen Erwerb des Gemeinschuldners nur selten erreichen lassen; häufiger würde das Gegentheil eintreten, indem die Dividende in dem fortgesetzten Konkurse namentlich schon durch die Zulassung der neuen Gläubiger des Gemeinschuldners eine Verringerung erleiden muß.

Es bedarf deshalb in Ansehung der Masse anderer Bestimmungen. In dieser Beziehung kann in Frage kommen, ob den Gläubigern gestattet werden soll, in dem fortgesetzten Konkurse ihre ursprünglichen Forderungen voll zu liquidiren, gegen die Verpflichtung, die empfangenen Zahlungen zur Masse zurückzugewähren. Eine solche Bestimmung würde indessen zu großen Weiterungen führen, auch häufig dem Interesse der Gläubiger nicht entsprechen, da leicht der Fall eintreten kann, daß die neue Konkursmasse ein geringeres Perzipiendum ergiebt, als die Gläubiger nach dem Akkorde bereits empfangen haben. Es mußte demnach als das Angemessenste erscheinen, die Zahlungen, welche die Gläubiger gemäß dem Akkorde empfangen haben, nicht zur Masse zurückzufordern, dagegen aber auch dieselben lediglich nach dem im Akkorde festgesetzten Verhältnisse auf die Forderungen in Abrechnung zu bringen."

23) Der Gemeinschuldner muß mithin auch in diesem Falle die Ausfälle nachzahlen, obgleich der Akkord nicht vernichtet ist. Daß in dieser Beziehung mit der neuen Konkurseröffnung der Akkord seine Kraft verliert und die Gläubiger hinsichtlich ihrer Forderungen, soweit sie nicht als getilgt anzusehen sind, in ihre vollen Rechte zurücktreten, ist deshalb gerechtfertigt, weil durch die neue Konkurseröffnung die wesentlichen Voraussetzungen des Akkords wegfallen. (Motive, S. 114).

(2. A.) Wenn ohne vorherige Wiederaufhebung des Akkords ein neuer Konkurs über das Vermögen des Gemeinschuldners eröffnet wird, so bleibt es an sich bei dem Akkorde, und die für die Erfüllung desselben gegebenen Bürgschaften erlöschen nicht. Erk. des Obertr. vom 7. Nov. 1865 (Arch. f. Rechtsf. Bd. LXII, S. 25).

richtliche Unterhandlungen wegen eines Vergleichs zur Beseitigung des Konkurses einzulassen; die Eröffnung und Fortsetzung des Konkurses wird durch solche Unterhandlungen nicht aufgehalten.

Wenn jedoch der Gemeinschuldner nach dem Ablauf der Anmeldungsfristen nachweist, daß sämmtliche Gläubiger, welche ihre Forderungen angemeldet haben [24]), in die Aufhebung des Konkurses willigen [24a]), so ist mit der Einstellung des Konkurses zu verfahren.

Achter Abschnitt.

Von dem definitiven Verwalter der Masse und dem Verwaltungsrathe.

§. 211. Zur Bestellung des definitiven Verwaltungspersonals wird nach Abhaltung des ersten allgemeinen Prüfungstermins (§. 164) geschritten, wenn die Abschließung eines Akkords nicht beantragt worden ist, oder wenn der Akkord, überhaupt oder vorläufig, gesetzlich unzulässig ist.

In anderen Fällen findet die Bestellung des definitiven Verwaltungspersonals statt, sobald der Akkord von den Gläubigern endgültig verworfen oder die Bestätigung des geschlossenen Akkords von dem Gericht rechtskräftig versagt worden ist [25]).

§. 212. Das definitive Verwaltungspersonal besteht aus dem definitiven Verwalter der Masse; auch kann ein Verwaltungsrath [26]) von zwei oder drei Mitgliedern bestellt werden.

---

24) Den Gläubigern, welche sich bis zum Ablaufe des spätesten Anmeldungstermins nicht gemeldet haben, ist ein solcher Anspruch auf Berücksichtigung, daß der Konkurs bloß in ihrem Interesse weiter fortgesetzt werden müßte, nicht eingeräumt. (Motive, S. 115). Dagegen aber ist ihnen ganz unbenommen, das Einschreiten des Gerichts von Neuem zu veranlassen, wenn sie nicht befriedigt werden.

24a) Wollen Einzelne, deren Forderungen bestritten sind, nicht einwilligen, so muß deren Einwilligung durch Sicherheitsbestellung ersetzt werden können, da die Fortsetzung des Verfahrens wegen einer einzelnen vielleicht ganz grundlosen Forderung, welche gedeckt wird, nicht gerechtfertigt sein würde.

25) Bis dahin bedarf es nur erhaltender Maßregeln. Erst wenn es gewiß ist, daß wenigstens vor der Hand kein Akkord stattfindet, kann zur Beitreibung der Masse geschritten werden, wozu dann vor Allem die Bestellung des definitiven Verwaltungspersonals erforderlich ist. (2. A.) Die Erfahrung lehrt, daß die Bestellung des definitiven Verwaltungs-Personals zu spät kommt. Denn gerade in der ersten Zeit sind die wichtigsten weil dringenden Geschäfte zu erledigen, z. B. das Waarenlager, wenn es sich nicht verschlechtern soll, zu Gelde zu machen, laufende Geschäfte abzuwickeln, Kontrakte zu kündigen u. dergl. Das Alles muß der einstweilige Verwalter, an dessen Bestellung die Geschäftsherren keinen Theil haben, besorgen; das definitive Verwaltungspersonal findet mithin nur wenig oder nichts mehr zu thun und könnte daher in vielen, wenn nicht in den meisten, Fällen ganz wegbleiben. Die Wahl desselben müßte früher eintreten.

26) Das Institut des Verwaltungsrathes oder Ausschusses der Gläubiger zur Vertretung der Gläubiger bei den wichtigern Angelegenheiten der Verwaltung und Veräußerung der Masse ist schon ein alter Vorschlag (Mittermaier, Prozeß, III, S. 201) und hat wegen seiner offenbaren Vorzüge vor der Zusammenberufung und Befragung der ganzen Gläubigerschaft (A. G.O. §§. 70 ff.) in viele neuere Partikulargesetzgebungen Eingang gefunden. Man ist darin hier nachgefolgt, aber nach der alten Maxime: nur nicht zuviel. Das eine Minus ist, daß die Bestel-

§. 213. Die Konkursgläubiger oder deren Bevollmächtigte haben den definitiven Verwalter und die Mitglieder des Verwaltungsraths in Vorschlag zu bringen; für das Amt des definitiven Verwalters sind von jedem Gläubiger drei Personen zu bezeichnen.

Die Vorschläge der Gläubiger sind sogleich in dem ersten Prüfungstermin zu erfordern, wenn dies nach Lage der Sache geschehen kann; andernfalls hat der Kommissar einen besonderen Termin anzuberaumen und zu demselben alle Gläubiger vorzuladen, deren Forderungen angemeldet sind[26a]).

Das Gericht ernennt demnächst den definitiven Verwalter[27]) und den Verwaltungsrath aus der Zahl der vorgeschlagenen Personen.

---

lung fakultativ sein soll. Dagegen wäre nichts einzuwenden, wenn es in das Gutfinden der Geschäftsherren gestellt wäre: ob und wie sie sich bei der Verwaltung und Veräußerung der Masse betheiligen wollen. Das ist jedoch nicht der Fall, und dies ist das andere Minus. Andere Gesetzgebungen erkennen an, daß die Gläubiger die allein Berechtigten bei der Wahl ihres Ausschusses sind; das preuß. neue Konkursgesetz thut das nicht: der §. 213, Satz 3 beruft das Gericht zur Ernennung des Verwaltungsraths und erlaubt den Gläubigern nur Vorschläge zu machen. Satz 1. Verschmähen es die Gläubiger, hiervon Gebrauch zu machen, so hat das gar nichts auf sich: das Gericht bestellt die Vorkünder nach eigener Wahl.

26a) Im Entwurf hieß es: deren Forderungen bereits ganz oder theilweise festgestellt worden sind. Dies ist von den Kammern auf den Vorschlag ihrer Kommissionen abgeändert, „weil, wenn es bei dem Entwurfe bleibt, jeder Gläubiger es durch das Bestreiten einer angemeldeten Forderung in der Hand haben würde, den Inhaber dieser Forderung von der Theilnahme an der Wahl des definitiven Verwaltung-Personals auszuschließen.“ (II. K.K.Ber. S. 110.) Dagegen könnte ja ein Beschluß des Gerichts, wie in dem Falle des §. 182, schützen; aber es hat in der That nichts auf sich, wenn ein Liquidant mit wählt, der seine Forderung nicht durchzusetzen vermag. Das bisherige Recht hat in diesem Punkte keine Beschwerde veranlaßt.

Die Min.-Instr. vom 6. August 1855 giebt hierzu das folgende Formular Nr. 15.

„Vorladung zu dem (besondern) Termine, behufs Erforderung der Vorschläge der Gläubiger zur Bestellung des definitiven Verwaltungspersonals.

(Konk.-O. §. 213.)

In dem Konkurse über das Vermögen (den Nachlaß) des .... zu .... ist zur Erklärung der Gläubiger über ihre Vorschläge zur Bestellung des definitiven Verwaltungspersonals*) ein Termin auf den ..... vor dem unterzeichneten Kommissar im Terminszimmer Num. ... anberaumt, zu welchem Sie hierdurch vorgeladen werden.

N. N. den ....

Königliches Kreisgericht.
Der Kommissar des Konkurses.“

27) Auch der definitive Verwalter (Kurator) wird nicht mehr von den Gläubigern gewählt, wie es das bisherige Recht (A. G.O. §§. 66 ff.) gestattete und andere Gesetzgebungen, auch der C. de c. Art. 527, vorschreiben. Indessen haben es die Verf. des neuen Gesetzes für nothwendig gehalten, „daß zugleich das Interesse der nicht zugezogenen (nämlich der noch nicht anerkannten) Gläubiger, sowie des Gemeinschuldners wahrgenommen wird. Der §. 213 trägt diesen verschiedenen Rücksichten die gebührende Rechnung, indem er den Gläubigern, deren Forderun-

---

*) „Handelt es sich zugleich um die Bewilligung einer Unterstützung für den Gemeinschuldner (Konk.-O. §. 224), so ist hinzuzufügen: „„sowie über den Antrag des Gemeinschuldners auf Bewilligung einer Unterstützung aus der Konkursmasse.““

In gleicher Weise können für den Fall, daß der definitive Verwalter oder Mitglieder des Verwaltungsraths ausscheiden, Ersatzmänner im Voraus bestimmt werden.

§. 214. Bei der Bestellung des definitiven Verwaltungspersonals ist nach folgenden Vorschriften zu verfahren:

1) Das Amt des definitiven Verwalters ist einem geschäftskundigen Manne [28]) zu übertragen, welcher am Sitze des Gerichts oder an dem Orte, wo das Hauptgeschäft des Gemeinschuldners sich befindet, oder in deren Nähe, seinen Wohnsitz hat.

2) Das Amt als Mitglied des Verwaltungsraths ist nur solchen Personen zu übertragen, welche am Wohnorte des Verwalters oder in dessen unmittelbarer Nähe ihren Wohnsitz haben; es sollen zu Mitgliedern des Verwaltungsraths geschäftskundige Gläubiger oder Bevollmächtigte der Gläubiger, in deren Ermangelung aber andere [29]) geeignete Personen bestellt werden.

3) Der definitive Verwalter und die Mitglieder des Verwaltungsraths sind nach ihrer Ernennung von dem Kommissar auf die gewissenhafte Ausführung der ihnen obliegenden Amtsverrichtungen mittelst Handschlags an Eidesstatt zu verpflichten; wird der einstweilige Verwalter zum definitiven ernannt, so ist derselbe auf die frühere Verpflichtung zu verweisen.

4) Die Ernennung des definitiven Verwalters ist auf die für die Bekanntmachung der Konkurseröffnung vorgeschriebene Weise (§. 123) öffentlich bekannt zu machen; zugleich hat das Gericht dem definitiven Verwalter eine Bestallung zu seiner Legitimation zu ertheilen.

§. 215. Der definitive Verwalter ist der Vertreter der Gläubigerschaft und der Masse [30]).

Seine Aufgabe ist, die Liquidation der Masse, die Feststellung der an dieselbe erhobenen Ansprüche und die Befriedigung der Gläubiger zu betreiben.

Die Vorschriften, welche in den §§. 131 bis 135 über die Befugnisse und Obliegenheiten des einstweiligen Verwalters, über seine Entlassung, über

---

gen festgestellt sind, das Präsentationsrecht ertheilt, die Ernennung selbst aber dem Gericht vorbehält." (Motive, S. 116.) Wenn jedoch alle angemeldete Gläubiger ein Präsentationsrecht haben sollen (Alinea 2), so fällt das Bedenken weg und es ist nicht findbar, warum sie nicht ebensogut ein freies Wahlrecht sollten haben können, wie sie es nach bisherigem Recht hatten. Davon abzugehen, ist kein Bedürfniß gewesen.

28) Vergl. o. Anm. 31 zu §. 129.

29) Also auch ganz fremde unbetheiligte Personen. Dadurch wird das Institut etwas anderes als ein Ausschuß der Gläubiger; diese Verbesserung des Instituts widerspricht der Grundidee ebenso, wie die beliebte Ersetzung dieses Gläubiger-Ausschusses durch den Richter (§§. 216, 217), welche eine Anwendung des Bevormundungsprinzips ist.

30) Vergl. oben Anm. 33 zu §. 131 und C. de c. Art. 528. Man sollte nach dem, was die Verf. zur Rechtfertigung der Ernennung durch das Gericht sagen (Anm. 27), denken, der Verwalter müßte der Vertreter auch des Gemeinschuldners sein. (2. A.) So bestimmt es auch wirklich unten der §. 269. Derselbe bezieht sich jedoch nur auf das Verfahren mit den Separatisten. Vergl. oben, Anm. 16a zu §. 201.

die Belohnung und Entschädigung für seine Geschäftsführung, sowie über die Bestellung eines Spezialvertreters der Gläubigerschaft und der Masse gegeben sind, gelten auch in Betreff des definitiven Verwalters.

§. 216. Im Falle eines außerordentlichen Umfangs der Verwaltungsgeschäfte können nach Anhörung des definitiven Verwalters und auf gutachtliche Aeußerung des Kommissars dem definitiven Verwalter für bestimmte Zweige der Verwaltung besondere Verwalter beigegeben werden.

Die Bestellung der besonderen Verwalter erfolgt nach den für die Bestellung des definitiven Verwalters ertheilten Vorschriften (§. 214).

Die besonderen Verwalter haben innerhalb der ihnen überwiesenen Geschäftskreise die Rechte und Pflichten des definitiven Verwalters. Der Letztere ist für die Geschäftsführung derselben nicht verantwortlich, er ist jedoch befugt, von ihnen jede die Verwaltung betreffende Auskunft zu verlangen, auch geeignetenfalls ihre Entlassung zu beantragen [31]).

§. 217. Der Geschäftskreis des Verwaltungsraths erstreckt sich auf die Mitwirkung desselben bei der Liquidation der Masse in den gesetzlich bestimmten Fällen.

Der Verwaltungsrath hat innerhalb dieses Geschäftskreises das Interesse der Gläubigerschaft und der Masse [32]) wahrzunehmen.

§. 218. In den Fällen, in welchen die Mitwirkung des Verwaltungsraths erforderlich ist, wird derselbe von dem Kommissar zur Berathung und Beschlußfassung berufen; der Kommissar leitet die Berathungen.

Der definitive Verwalter nimmt an den Berathungen und Beschlüssen des Verwaltungsrathes Theil; zur Beschlußfähigkeit ist die Theilnahme des definitiven Verwalters und zweier Mitglieder erforderlich. Die Beschlüsse werden nach Stimmenmehrheit gefaßt; bei Stimmengleichheit entscheidet die Stimme des definitiven Verwalters.

Die Ausführung der Beschlüsse erfolgt durch den definitiven Verwalter.

Der Kommissar [32a]) ertheilt die Ausfertigungen der Beschlüsse oder die Ermächtigungen auf Grund derselben, wenn solche zur Legitimation des definitiven Verwalters erforderlich sind.

§. 219. Die Mitglieder des Verwaltungsraths können ihres Amts entlassen werden, wenn sie ihren Verpflichtungen nicht gehörig nachkommen. Hierbei ist ebenso wie bei der Entlassung des einstweiligen Verwalters (§. 133) zu verfahren [33]).

Eine Belohnung haben die Mitglieder des Verwaltungsraths für ihre Geschäftsführung nicht zu fordern; es werden ihnen nur ihre Auslagen erstattet [34]).

---

31) Oben, §. 136 und die Anm. 40 dazu.

32) Vergl. oben §. 131 und die Anm. 33 dazu, und die Anm. 30 zu §. 215.

32a) Nicht das Gericht. Die Vorschrift dient zur Beschleunigung.

33) Vergl. oben, Anm. 35 zu §. 133.

34) Daß sie den Auftrag jederzeit niederlegen können, folgt aus der rechtlichen Natur eines unentgeltlich übernommenen Auftrags; dem Gericht steht darnach auch keine Disciplinargewalt über die einzelnen Personen zu; das Gericht hat keine andere Befugniß gegen ausbleibende oder unbeflissene Mitglieder als sie zu entlassen.

Neunter Abschnitt.

Von der Liquidation der Masse.

§. 220. Der definitive Verwalter übernimmt die Masse und die Geschäfte von dem einstweiligen Verwalter.

Der Letztere hat über seine Geschäftsführung dem definitiven Verwalter Rechnung zu legen [35]).

Die Abnahme der Rechnung erfolgt vor dem Kommissar unter Zuziehung des Verwaltungsraths und des Gemeinschuldners, sofern derselbe ohne Aufenthalt zu erlangen ist.

§. 221. Der definitive Verwalter hat die bisherigen Geschäfte zu Ende zu führen und für die Feststellung und Realisirung der Masse zu sorgen.

Er hat insbesondere den Verkauf der noch unveräußerten Gegenstände zu betreiben; der Verkauf kann nach den im Exekutionsverfahren geltenden Vorschriften oder in Abweichung von demselben bewirkt werden.

In Betreff des Geldverkehrs sind die Vorschriften maßgebend, welche für die Dauer der Geschäftsführung des einstweiligen Verwalters zur Anwendung kommen (§. 161).

Der definitive Verwalter handelt bei seiner Geschäftsführung selbstständig [36]), soweit nicht nachstehend Beschränkungen festgesetzt sind.

---

35) Der ganze §. 220 ist eine Nachbildung des Art. 517 des C. de c., doch mit einer Neuerung, deren Nutzen und Zweck nicht sichtbar ist. Der Art. 517 verordnet nämlich die Rechnungslegung der vorläufigen Verwalter, in Gegenwart des Kommissars, vor den Gläubigern in der Versammlung, in welcher der definitive Verwalter erwählt wird. Der §. 220 will, daß die Rechnung dem definitiven Verwalter gelegt werde, und bei der Abnahme soll, nach dem Schlußsatze, der Verwaltungsrath, außer dem Gemeinschuldner, zugezogen werden. Das ist auch genügend. Dagegen sind die Gläubiger in dem Falle unvertreten, wenn es dem Gerichte gefallen hat, einen Verwaltungsrath nicht zu bestellen (§. 213). Ferner sollte, nach dem Entwurfe, der einstweilige Verwalter, wenn er zum definitiven Verwalter ernannt wird, einem Spezialverwalter die Rechnung legen. Diese Operation wäre mit Rücksicht darauf, daß die Gläubigerschaft der eigentliche Rechnungsnehmer ist und daß die Person des Rechnungslegers unverändert bleibt, nutzlos gewesen. Die Streichung dieser Bestimmung seitens der Kammer war zweckmäßig.

36) Die dem Massenverwalter gegebene Selbstständigkeit ist der Hauptfortschritt, welchen die Gesetzgebung nach dem Vorbilde der franz. und belgischen Konkursgesetze gemacht hat. Nach dem Gem. R. und mehr noch nach der A. G.O. §§. 77—84 war eigentlich das Gericht der Verwalter und der Kurator war dessen Organ, wie noch heute der landrechtliche Vormund in der vormundschaftlichen Verwaltung. „Richter und richterliche Kollegien" — sagen die Verf. in den Mot. S. 7 — „sind zu Administrationen wenig geeignet. Häufig liegen die Verwaltungsgegenstände außer dem Bereiche ihrer Kenntnisse und Erfahrungen; überall müssen sie sich bei ihren Verfügungen streng an die vorgeschriebenen Formen halten, und nicht selten geht dadurch, so wie durch den nothwendigen Aufenthalt des Geschäftsganges, der zum Handeln günstige Zeitpunkt vorüber. Ueberdem lassen die Gesetze über den Umfang der gerichtlichen Einwirkung Zweifeln und einer willkürlichen Interpretation Raum; Richter und Kurator machen sich oft von der Wirksamkeit, welche die G.O. mit dem Ausdrucke „Direktion" bezeichnen will, einen verschiedenen Begriff; je nach den Persönlichkeiten führt bald der Dezernent, bald der Kurator die eigentliche Administration der Masse, oder die Sache kommt gar zum Stillstande, indem Einer sich auf den Andern verläßt. Deshalb ist hier allgemein und mit Recht durchgreifende Abhülfe mittelst Beschränkung der gerichtli-

§. 222. Der definitive Verwalter bedarf der Genehmigung oder Ermächtigung des Verwaltungsraths, oder wenn ein solcher nicht bestellt worden ist, der Genehmigung oder Ermächtigung des Kommissars:

1) zur Anerkennung von Vindikationsansprüchen, wenn es sich um Gegenstände handelt, deren Taxwerth den Betrag von funfzig Thalern übersteigt;

2) zur Abschließung von Vergleichen, wenn der Werth des streitigen Gegenstandes den Betrag von funfzig Thalern übersteigt;

3) zur Anstellung von Klagen, zur Anfechtung von Rechtshandlungen des Gemeinschuldners, zur Aufhebung von Rechtsgeschäften desselben und zum Eintritt in solche Rechtsgeschäfte [36a]).

---

chen Einwirkung und Gestattung einer erweiterten Theilnahme und freieren Thätigkeit der Gläubiger verlangt, wie dieselbe bereits (bereits? von jeher) in anderen Ländern besteht. Da die vorhandene Aktivmasse auf die Gesammtheit der Gläubiger übergeht, und dieselben nunmehr ein gemeinsames Interesse an der Erhaltung, möglichsten Verbesserung und vortheilhaften Realisirung haben, so sind sie selbst für eine zweckmäßige Behandlung der Masse auch am geeignetsten und eben so gut, wie andere Gemeinschaften, die Vermögensverwaltung zu führen im Stande, ohne einer fortgesetzten vormundschaftlichen Leitung des Gerichts zu bedürfen." Das sollte man allerdings glauben; aber gleichwohl ist die Einmischung des Gerichts nicht genügend beseitigt, wie die §§. 213, 214, 222 ff. und die gerichtliche Depositalverwaltung der baaren Gelder, die bei andern Gemeinschaften doch auch keine gerichtliche Beihülfe nöthig machen, zeigen. Die Wahrung des Interesses des Gemeinschuldners könnte man allenfalls als Grund für die Halbheit geltend machen; aber das Interesse des Gemeinschuldners, der doch als solcher einen Vormund nicht nöthig hat, kann auf andere Weise besser wahrgenommen werden und außerdem wird es von den Verf. nicht einmal als ein solcher Grund angesehen. Denn „das Interesse des Gemeinschuldners ist dabei nicht gefährdet, dasselbe fällt in dieser Beziehung mit dem Interesse der Gläubiger zusammen. Es kann daher dem Vortheile der Betheiligten nur entsprechen, wenn den Gläubigern die Masse zur möglichst freien Verwaltung durch Vertreter überlassen wird. Es wird dadurch nicht nur die Feststellung der Masse und die Möglichkeit der Vertheilung beschleunigt, sondern auch eine weit wirksamere Wahrnehmung der materiellen Interessen der Gläubigerschaft herbeigeführt werden." (Motive a. a. O.) So ist es, aber doch wird die Thätigkeit des Gerichts nicht bloß für die Anordnung der nöthigen Sicherheitsmaßregeln und der vorläufigen Verwaltung im Anfange, sondern auch für eine allgemeine Beaufsichtigung des ganzen Verwaltungs- und Liquidationsverfahrens angeordnet, unter dem Titel der Beschränkung der Thätigkeit des Gerichts. (Motive a. a. O.) „Beschränkungen" — heißt es — „in den Befugnissen des definitiven Verwalters sind zunächst in Beziehung auf den Geldverkehr nothwendig; das Bedürfniß einer gehörigen Sicherung der Gläubigerschaft erfordert es, hier lediglich bei den für den einstweiligen Verwalter geltenden Bestimmungen stehen zu bleiben." (Mot. S. 117.) Warum aber sollen die Gläubiger in diesem Punkte unmündig und unfähig sein, für ihre Sicherung zu sorgen, da ihnen doch die Fähigkeit der Vermögensverwaltung in demselben Maße zugestanden wird wie jeder anderen Gemeinschaft von Privatpersonen. Vergl. o. Anm. 75 zu §. 161.

36a) (2. A.) Vergl. oben, Anm. 29a zu §. 16.

Zur Ausübung der im §. 18 speziell regulirten Befugniß, Mieths- und Pachtverträge aufzukündigen, bedarf der Konkursverwalter der Ermächtigung des Verwaltungsraths oder des Konkurskommissars nicht. Erk. des Obertr. vom 9. November 1863 (Arch. f. Rechtsf. Bd. LII, S. 86).

Der Konkursverwalter kann nicht selbstständig und ohne jede Autorisation Grundstücke ankaufen. Ein solcher Ankauf läßt sich, selbst wenn er in nothwendiger Subhastation und vielleicht zu dem Behufe, um eine auf dem bezüglichen

§. 223. Der definitive Verwalter bedarf der Genehmigung oder Ermächtigung des Verwaltungsraths, oder wenn ein solcher nicht bestellt worden ist, der Genehmigung oder Ermächtigung des Kommissars, und in beiden Fällen der demnächstigen Bestätigung des Beschlusses durch das Gericht:

1) wenn Immobilien, Gerechtigkeiten oder Schiffe aus freier Hand veräußert werden sollen;

2) wenn es sich um die Anerkennung von Vindikationsansprüchen, um die Abschließung von Vergleichen und um die Anstellung von Klagen handelt, insofern die Vindikationsansprüche, die Vergleiche und Klagen Immobilien, Gerechtigkeiten oder Schiffe betreffen.

Vor der Entscheidung des Gerichts über die Ertheilung der Bestätigung in den vorstehenden Fällen (Nr. 1 und 2) hat der Kommissar den Gemeinschuldner, sofern derselbe ohne Aufenthalt vernommen werden kann, mit seiner Ansicht zu hören[37]).

§. 224. Dem Gemeinschuldner kann[38]) auf dessen Antrag und nach

---

Grundstücke für den Kridar haftende unsichere Hypothek zu retten, geschieht, nicht einmal unter den Gesichtspunkt einer „Realisirung" der Masse bringen, da zu dieser Realisirung wol die Herbeiführung der Subhastation des der Masse verpfändeten Grundstücks, direkt aber keineswegs der für Rechnung derselben zu bewerkstelligende Ankauf des letzteren gehört. Dieser liegt nicht innerhalb der Befugnisse des Verwalters der Konkursmasse und kann auch für diese Masse nicht, sondern nur für die einzelnen Gläubiger erfolgen. In Bezug auf einen solchen Ankauf steht der Konkursverwalter unter den Schranken eines gewöhnlichen Verwalters und resp. Vertreters (A. L.R. I, 13, §. 106 u. I, 14, §. 109). Erk. des Obertr. vom 19. Juni 1865 (Arch. f. Rechtsf. Bd. LVII, S. 362).

37) „Die weiteren Beschränkungen aber, welche die §§. 216, 217 (222, 223) in der Weise festsetzen, daß in den bezeichneten Fällen der definitive Verwalter nur mit Zustimmung des Verwaltungsraths oder des Kommissars und beziehungsweise des Gerichts handeln kann, rechtfertigen sich durch die Wichtigkeit der betreffenden Angelegenheiten, welche von so erheblichem Präjudiz für die Masse oder die Rechte des Gemeinschuldners zu sein scheinen, daß sie nicht füglich der alleinigen Entschließung des Verwalters überlassen werden können, sondern einer mehrseitigen Prüfung und Erwägung bedürfen." (Motive, S. 117.) Vorhin war behauptet, das Interesse des Gemeinschuldners falle in dieser Beziehung mit dem Interesse der Gläubiger zusammen; hier soll es ein Grund sein, das Gericht einzumischen. Andere Gesetzgebungen wissen nichts davon; der C. de c. Art. 528 überträgt, gemäß dem Vereinigungsvertrage der Gläubiger, die ganze Versilberung der Aktivmasse, mit Einschluß der Immobilien, den definitiven Verwaltern: „le tout sous la surveillance du commissaire, et sans qu'il soit besoin d'appeler le failli." Die Mitwirkung des Gerichtskollegiums hat alle die Nachtheile, welche die Verf. selbst aufgezählt haben (Anm. 36), und gewährt kein Staubkorn Nutzen für irgend eine Person.

38) Kann. Der §. 162 sagt „muß". Der §. 224 ist eine Nachbildung des Art. 530 des C. de c., aber mit sehr bedeutenden Abweichungen. Die erste ist, daß der Art. 530 dem Gemeinschuldner ein Recht giebt, eine Unterstützung zu fordern. Der §. 224 macht die Bewilligung fakultativ, indem dieselbe als „ein Akt der Liberalität, welcher nicht ohne die Zuziehung der Gläubiger selbst vorgenommen werden kann" (Motive, S. 117), angesehen ist. Die andere ist, daß der §. 224 keinen Unterschied macht: ob der Gemeinschuldner ein Bankeruteur ist oder nicht, während der Art. 530 keine Unterstützung gestattet, wenn Anzeigen des Bankerutts vorhanden sind. Die dritte ist, daß nach Art. 530 lediglich die Gläubiger über die Frage: ob? zu bestimmen haben und dem Tribunal nur die

Anhörung der Gläubiger eine Unterstützung zu seinem Unterhalt und zum Unterhalt seiner Familie gewährt werden.

Die Vernehmung der Gläubiger findet in dem Termine statt, in welchem die Vorschläge wegen Bestellung des definitiven Verwaltungspersonals gemacht werden (§. 213).

Ueber die Gewährung der Unterstützung, sowie über den Betrag und die Dauer derselben wird von dem Gericht auf gutachtliche Aeußerung des definitiven Verwalters durch Beschluß entschieden; die Dauer der Unterstützung darf nicht den Zeitraum eines Jahres und in allen Fällen nicht die Dauer des Konkurses übersteigen.

§. 225. Der Kommissar führt die Aufsicht über die Liquidation der Masse; der definitive Verwalter ist verpflichtet, ihm vierteljährlich einen Bericht über die Lage der Sache zu erstatten.

Der Kommissar hat namentlich darauf zu sehen, daß das Liquidationsgeschäft ordnungsmäßig und ohne Unterbrechung betrieben wird, daß die Beschlüsse des Verwaltungsraths nach Vorschrift der Gesetze gefaßt werden und daß die Ausführung der Beschlüsse deren Inhalt gemäß erfolgt.

Hat er gegen die Gesetzlichkeit einer Maßregel Bedenken, so kann er deren Ausführung einstweilen untersagen und die Entscheidung des Gerichts einholen.

§. 226. Wenn der Gemeinschuldner Vermögen im Auslande besitzt, so ist in Ansehung desselben nach den bestehenden Staatsverträgen zu verfahren.

In Ermangelung vertragsmäßiger Bestimmungen hat der definitive Verwalter die Feststellung und Realisirung des ausländischen Vermögens sowie die Auslieferung desselben an die inländische Konkursmasse, auf dem kürzesten Wege zu betreiben.

Wird im Auslande ein Partikularkonkurs über das dortige Vermögen eröffnet, so muß der definitive Verwalter dabei das Interesse der inländischen Konkursmasse wahrnehmen [38a]).

Zehnter Abschnitt.

Von der Feststellung der streitigen Forderungen der Konkursgläubiger.

§. 227. Ueber die Forderungen, welche in den Prüfungsterminen

letztgültige Festsetzung der Summe zugestanden ist, während der §. 224 wiederum das Ganze, also auch die Bewilligung „der Liberalität", lediglich dem Gutfinden des Gerichts anheim giebt. (Satz 3.) Wie kommt das Gericht, in der Eigenschaft des Aufsehers über die Verwaltung, dazu, den Gläubigern „eine Liberalität" aufzubürden? Und umgekehrt, wie kommt es in dem Falle, wo die Gläubiger über eine Unterstützung einverstanden sind, dazu, die Bewilligung von seinem Gutfinden abhängig zu machen, bei einer Angelegenheit, die ganz ausschließlich nur das Interesse der Betheiligten, nämlich der Gläubiger und des Gemeinschuldners, berührt? Sie, die Gläubiger, können ihrem Schuldner ja die ganze Masse überlassen, ohne daß irgend Jemand etwas einzureden berechtigt ist.

38a) (2. A.) Der §. 226 giebt den wesentlichen Inhalt der §§. 670, 671, Tit. 50 der Pr.O. und §. 378 des Anh. z. A. G.O. wieder. Ob Staatsverträge bestehen, ist durch Anfrage bei dem Justizministerium und dem Ministerium der auswärtigen Angelegenheiten festzustellen.

hinsichtlich der Richtigkeit oder des Vorrechts streitig geblieben sind, wird zwischen den festgestellten Parteien (§§. 171, 172) in besonderen Prozessen verhandelt und entschieden [39]).

§. 228. Die Verhandlung und Entscheidung über die streitigen Ansprüche gehört vor das Konkursgericht, sofern [40]) dasselbe für Ansprüche dieser Art überhaupt kompetent ist.

Die Verhandlung und Entscheidung erfolgt durch die zuständigen Abtheilungen oder Einzelrichter des Konkursgerichts.

§. 229. Den Gläubigern, deren Forderungen streitig sind, bleibt überlassen, die Einleitung der Spezialprozesse bei dem Prozeßrichter zu betreiben [41]).

Zu diesem Behuf hat der Kommissar jedem Gläubiger eine Abschrift seiner Anmeldung, sowie des im Prüfungstermin aufgenommenen Protokolls und einen Auszug aus der zu demselben gehörenden tabellarischen Nachweisung in beglaubigter Form zu ertheilen, auch die überreichten Urkunden zurückzugeben [41a]).

---

39) Hierdurch ist, nach dem Vorbilde des C. de c.. das gemeinschaftliche Klassifikations-Erkenntniß des gem. deutschen Konkursprozesses und der A. G.O. §. 138 abgeschafft. Das war eine aus dem angenommenen System folgende Nothwendigkeit, daher eine Rechtfertigung, wie wir sie in den Motiven S. 117 finden, überflüssig wird, nachdem das System anzunehmen beliebt worden. Die Frage ist: wodurch die übersichtliche Grundlage für die Vertheilung an Stelle des Klassifikationserkenntnisses gegeben werden soll. „Durch einfache Geschäftseinrichtungen, z. B. durch Anlegung einer Liste der eingegangenen Anmeldungen und Nachtragung des weiteren Verlaufs der Sache in derselben," meinen die Verf. a. a. O. Das ist wol zweckmäßig, nur muß man einem solchen Dinge nicht wieder große Wichtigkeit beilegen und die Gerichte für die Richtigkeit solcher Listen verantwortlich machen. Die Vertheilung ist Sache des Verwalters (§. 241), dieser mag sich also seine Verzeichnisse und Register, die er zu seiner Uebersicht erforderlich findet, halten; und die Gläubiger mögen den Vertheilungsplan einsehen (§. 242).

40) Dieser Vorbehalt des forum speciale causae kommt aus dem §. 27, Tit. 50 der A. G.O.

41) Durch die Anmeldung wird mithin, nicht mehr wie sonst, die Sache anhängig, vielmehr muß der Gläubiger einen besonderen Klageantrag bei der Prozeßabtheilung des Gerichts einbringen, widrigenfalls er bei der Distribution unberücksichtigt bleibt. (§. 255.)

41a) Die Instr. des J. M. vom 6. August 1855 wiederholt zur Unterweisung den wesentlichen Inhalt des §. 229 und des §. 233 wie folgt:

„§. 41. Nach Abhaltung eines jeden Prüfungstermins hat der Kommissar in Ansehung der streitig gebliebenen Forderungen, unter Rückgabe der überreichten Urkunden, die Ertheilung und Zufertigung der für die Anstellung der Spezialprozesse erforderlichen, durch den Büreauvorsteher zu beglaubigenden Schriftstücke an die betreffenden Gläubiger von Amtswegen zu verfügen. Jedoch darf durch die Ausführung dieser Verfügung die Erledigung anderer damit etwa zusammentreffender Geschäfte, welche besonders beschleunigt werden müssen, z. B. die Einleitung des Akkordverfahrens (vergl. §§. 182, 183 des Gesetzes), nicht aufgehalten werden.

Der dem Gläubiger zu ertheilende Auszug aus der tabellarischen Nachweisung besteht in einer vollständigen Abschrift aller Rubriken derjenigen Nummer der Nachweisung, welche die streitige Forderung dieses Gläubigers enthält.

§. 42. War eine zur Prüfung gezogene Forderung bereits zur Zeit der Konkurseröffnung rechtshängig, so werden nach dem Prüfungstermin die herbeigeschafften Prozeßakten (vergl. §. 23) an den Prozeßrichter zurückgegeben. Hierbei ist

§. 230. Bei dem Verfahren in den Spezialprozessen kommen lediglich die für den ordentlichen Prozeß geltenden Vorschriften zur Anwendung; besondere Prozeßarten [42]) sind ausgeschlossen.

Eignet sich eine Forderung zum Verfahren im Bagatellprozesse, so findet der Erlaß eines Mandats nicht statt. Der Gläubiger hat bei Anstellung des Spezialprozesses eine vollständige Klage einzureichen und die ihm nach §. 229 ertheilte beglaubte Abschrift nebst Auszug beizufügen.

Er kann seine Forderung nur in dem Umfange geltend machen, in welchem er sie angemeldet hat. Eine Erweiterung des Anspruchs in Betreff des Betrages oder des Vorrechts ist in dem Spezialprozesse nicht zu-

---

der letztere, wenn die Forderung in Ansehung ihrer Richtigkeit als unstreitig festgestellt worden ist, von diesem Ergebniß der Prüfungsverhandlung zu benachrichtigen. Ist dagegen die Forderung in Ansehung ihrer Richtigkeit streitig geblieben, so wird bei Rückgabe der Akten dem Prozeßrichter eine beglaubigte Abschrift der Anmeldung und des Protokolles, sowie ein Auszug aus der Nachweisung (vergl. §. 41) mitgetheilt, auf deren Grund von ihm das Weitere wegen Fortsetzung des Prozesses über die Richtigkeit der Forderung zwischen den im Prüfungstermine festgestellten Parteien anzuordnen ist.

§. 43. Die Erkenntnisse, welche in den Spezialprozessen ergehen, sind so zu fassen, wie es der Zusammenhang der letzteren mit dem Konkurse und der Zweck, die Entscheidung im Konkurse zur Ausführung zu bringen, erfordert.

Der Tenor wird beispielsweise, abgesehen von den durch die Anträge des Klägers etwa bedingten besonderen Modifikationen und von dem Kostenpunkte, etwa dahin zu lauten haben:

1. „daß die von dem Kläger in dem Konkurse über das Vermögen des N. N. angemeldete Forderung, Num. . . . der tabellarischen Nachweisung, auf Höhe von . . . . . . nebst Zinsen für festgestellt zu erklären und mit dem im §. . . . der Konkursordnung bestimmten Vorrechte anzusetzen,"

   oder:

2. „daß die von dem Kläger in dem Konkurse über das Vermögen des N. N. angemeldete Forderung, Num. . . . der tabellarischen Nachweisung, auf Höhe von . . . . . . (Theil) für festgestellt zu erklären und mit dem im §. . . . der Konkursordnung bestimmten Vorrechte anzusetzen, dagegen Kläger mit dem geltend gemachten Mehrbetrage seiner Forderung abzuweisen, jedoch für den Fall, daß dieser Mehrbetrag in höherer Instanz für festgestellt erklärt werden sollte, derselbe ebenfalls mit dem im §. . . . der Konkursordnung bestimmten Vorrechte anzusetzen."

§. 44. Die Bearbeitung der Spezialprozesse erfolgt in dem für die Prozeßsachen bestehenden gewöhnlichen Geschäftsgange. Bei dem Konkursgericht gehört dieselbe nicht zu den Obliegenheiten des Kommissars als solchen."

42) Z. B. der Wechselprozeß, Mandatsprozeß, wie schon die A. G.O. §. 135 verordnet; der Bagatellprozeß im kontradiktorischen Verfahren findet aber Anwendung. (§§. 228 u. 230.) — (2. A.) Die Anordnung des ordentlichen Prozesses für das Verfahren in den Spezialprozessen hat zur Folge, daß die besonderen Bestimmungen des schleunigen Verfahrens in Ansehung der Liquidität der vorzubringenden Einreden, z. B. im Wechselprozesse und dergleichen, nicht zur Anwendung kommen. Aber die Natur der Wechselverbindlichkeit selbst wird durch die Eröffnung des Konkurses nicht verändert, es bleiben mithin auch die gegen eine Wechselklage nicht zulässigen Einwendungen hier ausgeschlossen, vielmehr bleibt der Art. 82 der Allg. Deutschen Wechselordnung auch maßgebend für das Wechselseparatum, woraus dann für den Fall, wo der Wechselinhaber von einem der mehreren Wechselverbundenen eine Abschlagszahlung erhalten hat, von selbst folgt, daß der §. 43, Th. I, Tit. 16 des A. L.R. auf die Wechselverpflichtung nicht angewendet werden kann. Erk. des Obertr. vom 30. Oktober 1860 (Entsch. Bd. XLIV, S. 306), u. Erk. vom 29. Januar 1861 (Arch. f. Rechtsf. Bd. XL, S. 192).

lässig; dieselbe kann nur mittelst einer neuen Anmeldung geltend gemacht werden[43]).

§. 231. Ist eine Forderung bedingt, so ist im Erkenntnisse zugleich die Bedingung auszusprechen, unter der sie zur Befriedigung gelangen soll[43a]).

Bei Forderungen, welche erst künftig fällig werden, sind die Fälligkeitstermine anzugeben[44]).

Forderungen, welchen zugleich ein Absonderungsrecht zusteht, sind mit ihrem vollen Betrage, jedoch unter Vorbehalt der Kürzung derjenigen Summe anzusetzen, welche der Gläubiger durch die Ausübung des Absonderungsrechts erlangt.

§. 232. Wenn eine Forderung, deren Richtigkeit und Vorrecht streitig ist, in Ansehung ihrer Richtigkeit abgewiesen wird, so ist gleichwohl in dem Erkenntnisse hinsichtlich des Vorrechts für den Fall zu entscheiden, daß die Forderung in höherer Instanz für richtig anerkannt werden sollte[45]).

§. 233. Wenn der Prozeß über die Richtigkeit einer Forderung vor der Konkurseröffnung angestellt worden ist und bereits bei einem anderen Gericht in einer höheren Instanz schwebt, so entscheidet das Konkursgericht nur über das Vorrecht[46]), sofern dasselbe streitig ist.

§. 234. Findet wegen einer Forderung der Rechtsweg nicht statt, oder ist das Konkursgericht aus einem anderen, in der Beschaffenheit der Forderung liegenden Grunde nicht kompetent (§. 228), so gehört die Erörterung und Entscheidung über die Richtigkeit der Forderung vor die dazu kompetente sonstige Behörde; das Konkursgericht entscheidet demnächst nur über das Vorrecht[47]), sofern dasselbe streitig ist.

§. 235. In Ansehung der Insinuation der ergehenden Erkenntnisse, sowie in Ansehung der Rechtsmittel hat es bei den allgemeinen Prozeßvorschriften sein Bewenden.

§. 236. Ueber die Verpflichtung zur Tragung der Kosten des Spezialprozesses ist lediglich nach den allgemeinen Prozeßvorschriften zu entscheiden[48]).

---

43) Theils weil sonst leicht Störungen für das Vertheilungsverfahren erwachsen, theils weil die Vorverhandlung im Prüfungstermine, durch welche die Parteien festgestellt werden, sich nur auf den ursprünglichen Umfang der Forderung erstreckt hat und es daher nothwendig ist, zuvörderst alle Interessenten über die Erweiterung des Anspruchs zu hören, indem Interessenten, welche demselben in seinem ursprünglichen Umfange nicht widersprochen haben und am Spezialprozesse nicht Theil nehmen, gegen den erhöhten Anspruch aufzutreten sich veranlaßt finden können. (Motive, S. 119.)

43a) (2. A.) Es können mithin auch Wechselforderungen vor dem Verfalltage im Konkurse eines wechselverpflichteten Vordermannes angemeldet werden. Erk. des Obertr. vom 25. November 1858 (Siebenhaar, Archiv, Bd. IX, S. 76).

44) Im Tenor des Erkenntnisses; ist es unterblieben, so muß ein Nachtragserkenntniß ergehen, wozu wieder ein Audienztermin anzuberaumen ist. V. v. 14. Dezember 1833 §. 5, Nr. 10, lit. d. Die Forderungen in diem werden bei der Distribution wie fällige, nur mit Abrechnung des Interusuriums, behandelt. (§. 249.)

45) Anwendung der Vorschrift §. 40, Tit. 10. Vergl. die Anm. 29 dazu.

46) Vergl. Anh. z. A. G.O. §. 318.

47) Vergl. A. G.O. §. 28, Th. I, Tit. 50.

48) Vergl. C. de c. Art. 533. Der §. 236, womit der §. 177 zu ver-

Soweit hiernach die Kosten der Gläubigerschaft zur Last fallen, gehören dieselben zu den Kommunkosten.

§. 237. Wenn ein Anspruch hinsichtlich der Richtigkeit oder des Vorrechts rechtskräftig ganz oder zum Theil abgewiesen wird, so kommt dies den sämmtlichen Konkursgläubigern zu Statten, auch wenn sie an dem Prozesse nicht Theil genommen haben [49]).

Gläubiger, welche den Prozeß geführt haben, sind befugt, aus der Masse die Erstattung der durch den Prozeß erwachsenen Kosten insoweit zu verlangen, als der Betrag der Kosten nicht den Vortheil übersteigt, welcher durch das abweisende Erkenntniß erlangt ist [50]).

§. 238. In allen Fällen, in welchen mehrere Gläubiger als Streitgenossen auftreten, haben dieselben einen gemeinschaftlichen Bevollmächtigten zur Führung des Prozesses zu bestellen; die besondere Vertretung eines Gläubigers findet lediglich auf seine Kosten statt [51]).

Elfter Abschnitt.

Von den Vertheilungen an die Konkursgläubiger.

§. 239. Nach Bestellung des definitiven Verwalters können Vertheilungen und Zahlungen an die Konkursgläubiger stattfinden, sobald ein hinlänglicher Massebestand vorhanden ist [51a]).

Wenn jedoch zu Anmeldung der Forderungen eine zweite Frist gestattet ist (§§. 166, 167), so sind Vertheilungen und Zahlungen an die Konkursgläubiger erst nach Abhaltung des zweiten Prüfungstermins zulässig.

§. 240. Auf bevorzugte Forderungen können die Zahlungen von dem Kommissar nach Anhörung des definitiven Verwalters ohne Weiteres verfügt werden, wenn die Forderungen nach Umfang und Vorrecht feststehen und der verfügbare Bestand der Masse zur vollständigen Befriedigung aller übrigen Forderungen, welche besser oder gleichberechtigt sind, zulänglich bleibt, auch für die Kommunkosten und übrigen Masseschulden, sowie für diejenigen, welche ein Rückforderungsrecht geltend gemacht haben, genügende Deckung vorhanden ist.

§. 241. Außer diesem Falle (§. 240) hat zum Zweck einer jeden Vertheilung an die Konkursgläubiger der Kommissar einen Theilungsplan durch

---

bunden ist, ändert die bisherigen Grundsätze über den Kostenpunkt (A. G.O. §§. 153, 530; Anh. §. 330) ab.

49) Dieser Grundsatz beruhet auf der Gemeinschaft der Gläubiger und ist den §§. 179—181 der A. G.O. entnommen. (2. A.) Wegen der Gleichheit des Rechtsgrundes findet der §. 237 auch auf das Kaufgelder-Vertheilungsverfahren analoge Anwendung. Erk. des Obertr. vom 8. März 1861 (Entsch. Bd. XLVI, S. 392).

50) Kommt der Vortheil nicht der Masse, sondern nur privilegirten Gläubigern zu gut, so müssen diese dem Gläubiger, welcher das ihnen vortheilhafte Erkenntniß erwirkt hat, die Kosten für ihre Antheile verhältnißmäßig erstatten, nach dem Grundsatze über das Litiskonsortium. Vergl. A. G.O. §. 181, Th. I, Tit. 50.

51) Aus dem §. 187 der A. G.O. a. a. O.

51a) Und so oft ein hinlänglicher Bestand vorhanden. §. 253.

den definitiven Verwalter entwerfen zu lassen[52]). Nöthigenfalls ist dabei ein Rechnungsverständiger zuzuziehen[53]).

In dem Theilungsplane ist zuvörderst der vorhandene verfügbare Bestand der Masse festzustellen[53a]). Dabei muß hauptsächlich auf die Deckung der Kommunkosten und der übrigen Masseschulden[54]), unter angemessener Beachtung der künftig noch zu erwartenden Deckungsmittel, Rücksicht genommen werden.

Sodann sind die sämmtlichen Forderungen der Konkursgläubiger einzeln aufzuführen und in ihren Beträgen darzustellen. Ansprüche, über deren Richtigkeit, Betrag oder Rangordnung noch Streit obwaltet, sind vorläufig so zu behandeln, als wenn der geforderte höchste Betrag und das verlangte Vorrecht endgültig festgestellt wären; es muß jedoch zugleich vermerkt werden, daß und wieweit sie streitig sind.

Demnächst ist anzugeben, welche Beträge von der zu vertheilenden Masse auf die einzelnen Forderungen fallen[54a]).

52) Zu diesem Zwecke muß der Kommissar sich von Zeit zu Zeit den Bestand der Masse von dem Deposital-Rendanten anzeigen lassen. Der C. de c. Art. 559 verpflichtet den Verwalter zur Vorlegung einer Anzeige über die Lage und den Zustand der Masse jeden Monat; diese Vorschrift konnte nicht aufgenommen werden, weil die Verwalter nichts in Händen haben dürfen, vielmehr Alles in das Gerichtsdepositorium abliefern müssen und nicht wissen können, welche Ausgaben davon das Gericht nach und nach auf Kosten, Unterstützung u. dergl. gemacht hat. Bei dieser Spaltung ist der Verwalter die allerungeeignetste Person zur Aufstellung des Vertheilungsplans; er kann den verfügbaren Bestand sowenig wie den Betrag der bereits entstandenen oder noch entstehenden Kommunkosten übersehen, und auch nicht ermessen: wieviel etwa die Depositalverwaltung an Zinsen eingetragen oder an Aufgeld verloren hat.

53) Dadurch bleibt die Sache in der alten Lage, d. h. der Gerichtskalkulator macht nach wie vor die Vertheilungspläne, was soviel bedeutet, daß die Akten monatelang in der „Kalkulatur" liegen bleiben. Wenn die hier nachgelassene „Zuziehung" eines Rechnungsverständigen nicht auf das rechte Maß zurückgeführt wird, so ist die Vorschrift schädlich. Im französischen Verfahren kennt man das echt preußische Institut der „Kalkulatur" nicht.

53a) Um sich dazu in den Stand zu setzen, muß er sich jedesmal einen Depositalextrakt von dem Gericht geben lassen. Eine einigermaßen übersichtliche Feststellung des Bestandes sollte sämmtliche Einnahmen einzeln aufführen, z. B.:

1. von dem Kaufmann N. die Wechselschuld aus dem Wechsel vom 10. März		1000 Thlr.
2. von dem N. für kreditirte Waaren		50 „
3. von NN. desgl.		400 „
4. aus der Auktionslosung für das Mobiliar nach Abzug der Kosten, laut Auktionsprotokoll		1100 „
5. an Depositalzinsen		60 „
6. u. s. w.		
Zusammen		4000 Thlr.
Davon sind ausgegeben:		
1. Kostenvorschuß an die Salarienkasse	200 Thlr.	
2. Reservirt blieben auf Kosten und Ausgaben .	100 „	300 Thlr.
Mithin sind jetzt zu vertheilen		3700 Thlr.

54) Namentlich auch auf die dem Gemeinschuldner bewilligte Unterstützung. C. de c. Art. 558.

54a) Für einen solchen Theilungsplan eignet sich sehr gut die tabellarische

§. 242. Der entworfene Theilungsplan wird in dem Büreau des Gerichts zur Einsicht für die Betheiligten ausgelegt.

Form mit folgenden Rubriken: 1. laufende Nr.; 2. Bezeichnung des Gläubigers; 3. Bezeichnung und Betrag seiner Forderung; 4. Betrag des darauf fallenden Antheils, oder, bei einer folgenden Vertheilung: Betrag der Antheile, welche darauf bei früheren Vertheilungen bereits berichtigt sind; 5. Betrag des diesmaligen Perzipiendums; 6. Bemerkungen. Diese Kolonne dient zu den Vermerken: ob die Post streitig? ob die darauf gefallenen Antheile zurückbehalten sind? welche Spezialmassen inzwischen bereits erledigt sind und auf welche Weise? §. 247. Der J.M. hat folgende zwei Muster seiner Instruktion vom 6. August 1855 beigegeben:

a) Formular Nr. 16.

„Plan

zur Vertheilung an die Konkursgläubiger in dem am 1. Oktober 1855 eröffneten Konkurse über das Vermögen des Kaufmanns B. zu A.

Abschnitt I.

Feststellung der disponibel gewordenen Konkursmasse.

Anl. 1.

		Thlr.	Sgr.	Pf.
1.	Nach Ausweis des beigefügten Depositalextraktes sind in der Konkursmasse beim Depositorium vorhanden	2056 Thlr.	20 Sgr.	— Pf.
2.	An Depositalzinsen werden bis zum 1. Mai 1856 noch eingehen	3 =	10 =	— =
3.	Durch den definitiven Verwalter sind noch zur Annahme ad depositum offerirt worden.	920 =	— =	— =
	Es sind sonach jetzt disponibel	2980 Thlr.	— Sgr.	— Pf.
	Hierzu treten . . . . welche bereits zur Berichtigung der im III. Abschnitte unter den laufenden Nummern 1. bis 3. nachrichtlich aufgeführten Forderungen verwendet worden sind.	130 =	— =	— =
	Summa I.	3110 Thlr.	— Sgr.	— Pf.

Abschnitt II.

Berechnung der noch unberichtigten Masseschulden.

Anl. 2.

1. Nach der hier beigefügten Kostenrechnung sind an Gerichtskosten, welche der Konkursmasse zur Last fallen, rückständig . . . . 40 Thlr. — Sgr. — Pf.
und außerdem ist an die Salarien-Kasse des hiesigen Kreisgerichts zur Deckung der noch erwachsenden Gerichtskosten ein Vorschuß von vorläufig . . . . . 20 = — = — =
zu überweisen. Die letztere empfängt sonach . . . . 60 Thlr. — Sgr. — Pf.

2. An den definitiven Verwalter sind in Abschlag auf die Belohnung für seine Geschäftsführung, laut Verf. v. 20. April 1856. . . 50 = — = — =
zu zahlen. Summa II. 110 Thlr. — Sgr. — Pf.

Abschnitt III.

Vertheilung.

(Siehe Tabellen S. 216—219.)

Abschnitt IV.

Zur Deckung von streitigen Rückforderungsrechten, worüber besonderer Prozeß schwebt, sind beim Depositorium folgende Spezialmassen vorhanden:

1. für den Kaufmann M. zu E. zur Deckung seines Anspruchs auf die an den Gemeinschuldner verkauften und abgesendeten Waaren, welche demnächst im Konkurse veräußert worden sind, der Erlös im Betrage von . . . . 25 Thlr. 14 Sgr. — Pf.
2. für die Ehefrau des Gemeinschuldners, Eleonore geb. F., der von derselben als ihr Eigenthum in Anspruch genommene Staatsschuldschein Litt. F. Nr. 121222 über 100 Thlr. nebst 3 Koupons.

S. den 27. April 1856.

A. definitiver Verwalter der B. . . . . schen Konkursmasse.

C. gerichtlicher Kalkulator."

b) Formular Nr. 17.

„Plan

zur weiteren Vertheilung an die Konkursgläubiger in dem Konkurse über das Vermögen des Kaufmanns B. zu A.

Abschnitt I.

Feststellung der seit der vorigen Vertheilung disponibel gewordenen Konkursmasse.

Anlage.

1. Nach Ausweis des beigefügten Depositalextraktes beträgt der gegenwärtige Bestand der Konkursmasse	612 Thlr.	23 Sgr.	8 Pf.
2. An Depositalzinsen werden bis zum 1. November 1856 noch aufkommen	— =	19 =	3 =
3. Aus der Spezialmasse für den Ackersmann St. zu Sch. fließen zur Konkursmasse zurück (siehe Abschn. III. lfd. Nr. 6)	291 =	24 =	4 =
4. Zur Ausschüttung gelangt die Spezialmasse für den Handlungsgehülfen V. zu L. (siehe Abschn. III. lfd. Nr. 2) mit	20 =	11 =	6 =
Summa I.	925 Thlr.	18 Sgr.	9 Pf.

Abschnitt II.

Berechnung der noch unberichtigten Masseschulden.

1. Zur Deckung der noch entstehenden Gerichtskosten erhält die Salarien-Kasse des hiesigen Kreisgerichts einen fernerweiten Kostenvorschuß von	20 Thlr.	— Sgr.	— Pf.
2. Mandatariengebühren des Rechtsanwalts J. zu H. in der Prozeßsache der Konkursmasse wider den Spediteur L. zu C. . .	11 =	— =	— =
Summa II.	31 Thlr.	— Sgr.	— Pf.

Abschnitt III.

Vertheilung.

(Siehe Tabellen S. 220—223.)

Laufende Nummer.	Nummer der tabellarischen Nachweisung über die angemeldeten Ansprüche.	Stand, Name und Wohnort des Gläubigers.	Name des vom Gläubiger bestellten Bevollmächtigten.	Fol. der Akten, wo die Vollmacht befindlich ist.	Bezeichnung und Betrag der Forderung.	Thl.	Sg.	Pf.
1.	2.	3.	4.		5.			
1.	2. a	Die Ortskasse zu A.	. . . . . .	. . .	Kommunalsteuer für die Zeit vom 1. Juli bis zum 1. Oktober 1855 .	9	—	—
2.	5. a	Handlungsgehülfe O. zu A.	. . . . . .	. . .	Gehaltsrückstand aus der Zeit vom 1. Juli bis zum 1. Oktober 1855 .	80	—	—
3.	5. b	Handlungsgehülfe B. zu A.	. . . . . .	. . .	Gehalt für die Monate August und September 1855	50	—	—
					Nach Abrechnung der vom Gemeinschuldner während dieser Zeit für den B. gemachten Auslagen im Betrage von	9	—	—
					bleiben nur noch	41	—	—
4.	5. c	Handlungsgehülfe V. jetzt zu L.	Rechtsanwalt P. hierselbst.	38. Vol. C. (Passiv-Akten.)	Gehalt für den Monat September 1855	20	—	—
5.	8.	Die minorennen Geschwister Th. zu G.	Vormund: Ortsschulze P. zu G.	. . .	Anspruch aus einer vom Gemeinschuldner als früherem Vormunde der Geschwister Th. geführten Vermögensverwaltung	375	—	—
6.	9.	Gastwirth L. zu L.	Rechtsanwalt P. hier — zur Annahme von Geldern berechtigt—	3. Vol. C.	unverzinsliches Darlehn	200	—	—
7.	10.	Derselbe	Derselbe.	ibid.	Restforderung für geliefertes Getreide	1200	—	—
—	11.	Kaufmann K. zu S.	. . . . . .	. . .	Forderung für gelieferte Waaren .	8	—	—
—	12.	Waldwärter H. zu V.	. . . . . .	. . .	Arbeitslohn	4	—	—
8.	13.	Ackersmann St. zu Sch.	Rechtsanwalt K. hier.	12. Vol. C.	Anspruch aus der Rückgewähr des dem St. zugehörigen und vom Gemeinschuldner bis zum 1. Juli 1854 pachtweise benutzten Ackerguts zu Sch. .	1707	9	6
					5 Prozent Zinsen davon seit dem 1. April bis zum 1. Oktober 1855 .	42	20	6
					zusammen	1750	—	—

Der Anspruch nimmt an der Vertheilung Theil auf Höhe von			Es gelangen zur Hebung und sind auszuzahlen			in besonderen Depositalmassen zurückzubehalten			Noch unberichtigt bleiben			Bemerkungen.	Gesammtbetrag der noch streitigen Perzipienda, welche nach Ausführung der gegenwärtigen Vertheilung in Spezial-Massen befindlich sein werden.		
Thl.	Sg.	Pf.	Thl.	Sg.	Pf.	Thl.	Sg.	Pf.	Thl.	Sg.	Pf.		Thlr.	Sgr.	Pf.
6.			7.						8.			9.	10.		
9	—	—	9	—	—	—	—	—	—	—	—	bereits berichtigt, zufolge Mandats vom 14. Januar 1856, Bl. 18. Vol. D. (Vertheilungsakten.)			
80	—	—	80	—	—	—	—	—	—	—	—	bereits berichtigt, wie vorstehend.			
41	—	—	41	—	—	—	—	—	—	—	—	bereits berichtigt, wie vorstehend.			
20	—	—	—	—	—	20	—	—	—	—	—	bestritten und die Anstellung des Spezialprozesses nachgewiesen.	20	—	—
375	—	—	—	—	—	375	—	—	—	—	—	bestritten und die Anstellung des Spezialprozesses nachgewiesen.	375	—	—
200	—	—	80	—	—	—	—	—	120	—	—				
1200	—	—	—	—	—	480	—	—	720	—	—	bestritten und die Anstellung des Spezialprozesses nachgewiesen.	480	—	—
—	—	—	—	—	—	—	—	—	—	—	—	bestritten und die Anstellung des Spezialprozesses nicht nachgewiesen.			
—	—	—	—	—	—	—	—	—	—	—	—	rechtskräftig abgewiesen.			
1750	—	—	—	—	—	700	—	—	1050	—	—	bestritten und die Anstellung des Spezialprozesses nachgewiesen.	700	—	—
3675	—	—	210	—	—	1575	—	—	1890	—	—	Latus.	1575	—	—

Laufende Nummer.	Nummer der tabellarischen Nachweisung über die angemeldeten Ansprüche.	Stand, Name und Wohnort des Gläubigers.	Name des vom Gläubiger bestellten Bevollmächtigten.	Fol. der Akten, wo die Vollmacht befindlich ist.	Bezeichnung und Betrag der Forderung.	Thl.	Sg.	Pf.
1.	2.	3.	4.		5.			
9.	14.	Eigenthümer Z. zu A.	. . . . . .	. . .	Darlehn	3000	—	—
					5 Prozent Zinsen davon seit dem 1. April bis zum 1. Oktober 1855 .	37	15	—
						3037	15	—
					Davon: unstreitig	2975	—	—
					streitig: Kapital	25	—	—
					Zinsen	37	15	—
						3037	15	—
		Es sind disponibel nach Abschnitt I.				3110	—	—
		An Masseschulden sind daraus zu decken nach Abschnitt II.				110	—	—
		Zur Vertheilung kommen hier				—	—	—

Bemerkung. Aus der unter die Gläubiger zu vertheilenden Masse der . . . . sind zunächst die mit einem Vorrechte angemeldeten Forderungen unter den laufenden Nummern 1. bis 5. von . . . . gedeckt.

Für die Ansprüche Nr. 5. bis 9. von . . . . bleiben sonach . . . . oder 40 Prozent.

Der Anspruch nimmt an der Vertheilung Theil auf Höhe von			Es gelangen zur Hebung und sind auszuzahlen			in besonderen Depositalmassen zurückzubehalten			Noch unberichtigt bleiben			Bemerkungen.	Gesammtbetrag der noch streitigen Perzipienda, welche nach Ausführung der gegenwärtigen Vertheilung in Spezial-Massen befindlich sein werden.		
Thl.	Sg.	Pf.	Thl.	Sg.	Pf.	Thl.	Sg.	Pf.	Thl.	Sg.	Pf.		Thlr.	Sgr.	Pf.
6.			7.						8.			9.	10.		
3675	—	—	210	—	—	1575	—	—	1890	—	—	Transport.	1575	—	—
2975	—	—	1190	—	—	—	—	—	1785	—	—				
62	15	—	—	—	—	25	—	—	37	15	—	wegen der bestrittenen 62 Thlr. 15 Sgr. ist die Anstellung des Spezialprozesses nachgewiesen.	25	—	—
6712	15	—	1400	—	—	1600	—	—	3712	15	—	Summa.	1600	—	—
—	—	—	3000 Thlr.												

. . . . 3000 Thlr.

. . . . 525 Thlr. — Sgr. — Pf. . . 525 Thlr.

. . . . 6187 „ 15 „ — „

. . . . 2475 „

zusammen 6712 Thlr. 15 Sgr. — Pf. . . 3000 Thlr.

Laufende Nummer.	Nummer der tabellarischen Nachweisung über die angemeldeten Ansprüche.	Stand, Name und Wohnort des Gläubigers.	Name des vom Gläubiger bestellten Bevollmächtigten.	Fol. der Akten, wo die Vollmacht befindlich ist.	Bezeichnung und Betrag der Forderung.	Thl.	Sg.	Pf.
1.	2.	3.	4.		5.			
1.	—	Die in der tabellarischen Nachweisung über die angemeldeten Ansprüche unter den Nummern 2. a, 5. a und 5. b aufgeführten Forderungen sind bereits berichtigt durch Zahlung von . . .				—	—	—
2.	5. c	Handlungsgehülfe V. jetzt zu L.	Rechtsanwalt P. hierselbst.	38. Vol. C.	Gehalt für den Monat September 1855	20	—	—
3.	5. d	Dienstmagd K. zu A.	. . . . . .	. . .	Lohn für die Zeit vom 1. Juli bis 1. Oktober 1855	5	—	—
—	8.	S. lfd. Nr. 8.						
4.	9.	Gastwirth L. zu L.	Rechtsanwalt P. hier — zur Annahme von Geldern berechtigt —	3. Vol. C.	unverzinsliches Darlehn	200	—	—
5.	10.	derselbe.	derselbe.	ibid.	Restforderung für geliefertes Getreide	1200	—	—
—	11.	Kaufmann K. zu S.	. . . . . .	. . .	Forderung für gelieferte Waaren . .	8	—	—
6.	13.	Ackersmann St. zu Sch.	Rechtsanwalt K. hier.	12. Vol. C.	Anspruch aus der Rückgewähr des dem St. zugehörigen u. vom Gemeinschuldner bis zum 1. Juli 1854 pachtweise benutzten Ackerguts zu Sch. .. Die bestrittene ursprüngliche Forderung von	1707	9	6
					nebst 5 Prozent Zinsen vom 1. April bis zum 1. Oktober 1855 mit . . .	42	20	6
					zusammen	1750	—	—
					ist im Spezialprozesse von dem Liquidanten ermäßigt auf: Kapital . .	1000	—	—
					5 Prozent Zinsen vom 1. April bis 1. Oktober 1855	25	—	—
					Diese	1025	—	—
					sind noch streitig in erster Instanz. Die bei der vorigen Distribution auf die ursprüngliche Forderung vertheilte Spezialmasse von 700 Thlrn. vermindert sich nach dem Verhältnisse des ermäßigten Forderungsbetrages auf	410	—	—
					ungedeckt bleiben daher noch . . .	615	—	—

Der Anspruch nimmt an der Vertheilung Theil auf Höhe von	Es gelangen zur Hebung und sind auszuzahlen	in besonderen Depositalmassen zurückzubehalten	Noch unberichtigt bleiben	In Folge vorangegangener Vertheilungen sind auf die Forderung bezahlt.	beim Depositorium in Spezialmassen zurückbehalten.	Bemerkungen.	Gesammtbetrag der noch streitigen Perzipienda, welche nach Ausführung der gegenwärtigen Vertheilung in Spezial-Massen befindlich sein werden.
Thl. Sg. Pf.	Thl. Sg. Pf.	Thl. Sg. Pf.	Thl. Sg. Pf.	Thl. Sg. Pf.	Thl. Sg. Pf.		Thlr. Sg. Pf.
6.	7.		8.	9.		10.	11.
— — —	— — —	— — —	— — —	130 — —	— — —		
14 — —	14 — —	— — —	— — —	— — —	20 — —	Die Forderung ist jetzt durch Vergleich auf 14 Thl. festgestellt. Die Auszahlung dieser 14 Thlr. aus der Spezialmasse ist bereits durch besondere Verfügung angeordnet. Der Ueberrest der Spezialmasse nebst 11 Sg. 6 Pf. aufgekommenen Depositalzinsen fällt zur Konkursmasse zurück und kommt nach Abschn. 1, Nr. 4 mit zur Vertheilung.	
5 — —	5 — —	— — —	— — —	— — —	— — —	nachträglich angemeldet, bereits geprüft und unstreitig.	
120 — —	30 — —	— — —	90 — —	80 — —	— — —		
720 — —	— — —	180 — —	540 — —	— — —	480 — —	bestritten; der Prozeß schwebt in zweiter Instanz.	660 — —
— — —	— — —	— — —	— — —	— — —	— — —	bestritten und die Anstellung des Spezialprozesses nicht nachgewiesen.	
615 — —	— — —	153 22 6	461 7 6	— — —	700 — —	Von der nebenstehenden Masse sind zur Deckung der bei der vorigen Vertheilung auf den jetzt noch rechtshängigen Anspruch gefallenen Hebung nur noch 410 Thl. erforderlich. In Folge der Ermäßigung des Klageantrags sind also 290 Thl. disponibel geworden, welche nebst 1 Thl. 24 Sg. 4 Pf. Depositalzinsen nach Abschn. 1, Nr. 2 jetzt zur anderweiten Vertheilung gezogen sind.	563 22 6
1474 — —	49 — —	333 22 6	1091 7 6	210 — —	1200 — —	Latus.	1223 22 6

Laufende Nummer.	Nummer der tabellarischen Nachweisung über die angemeldeten Ansprüche.	Stand, Name und Wohnort des Gläubigers.	Name des vom Gläubiger bestellten Bevollmächtigten.	Fol. der Akten, wo die Vollmacht befindlich ist.	Bezeichnung und Betrag der Forderung.	Thl.	Sg.	Pf.
1.	2.	3.	4.		5.			
7.	14.	Eigenthümer Z. zu A.	. . . . . .	. . .	a. unstreitige Darlehnsforderung . .	2975	—	—
					b. streitiges Restkapital und Zinsen .	62	15	—
						3037	15	—
8.	8. jetzt 15.	Die minorennen Geschwister Th. zu G.	Vormund: Ortsschulze P. zu G.	. . .	Anspruch aus einer vom Gemeinschuldner als früherem Vormunde der Geschwister Th. geführten Vermögensverwaltung. Es waren mit Vorzugsrecht angemeldet und bestritten . .	375	—	—
					Laut rechtskräftigen Erkenntnisses vom 27. August d. J. ist die Forderung auf den genannten Betrag festgestellt, das Vorrecht jedoch aberkannt. Die nach Maßgabe des festgestellten Theilnahmerechts ermittelte Hebung aus der vorigen Vertheilung ist bereits aus der angelegten Spezialmasse gezahlt mit	150	—	—
					zufolge Verfügung vom 15. Oktober d. J. ungedeckt sind noch geblieben .	225	—	—
		Es sind disponibel nach Abschnitt I.				925	18	9
		An Masseschulden sind daraus zu decken nach Abschnitt II.				31	—	—
		Zur Vertheilung kommen hier				—	—	—

Bemerkungen.

1. Von der zur Vertheilung unter die Gläubiger vorhandenen Masse der 894 Thlr. 18 Sgr. 9 Pf. sind die mit einem Vorrechte angemeldeten Forderungen unter den laufenden Nummern 2. und 3. mit . . 19 Thlr. — Sgr. — Pf. 19 Thlr. — Sgr. — Pf. zur Zahlung angewiesen.

   Auf die Ansprüche Nr. 4. bis 8. von 3502 " 15 " — " fallen . . . . 875 " 15 " 9 " oder 25 Procent.

   zusammen . . . 3521 Thlr. 15 Sgr. — Pf. 894 Thlr. 18 Sgr. 9 Pf.

Der Anspruch nimmt an der Vertheilung Theil auf Höhe von			Es gelangen zur Hebung und sind: aus-zuzahlen			in besonderen Deposital-Massen zurückzubehalten			Noch unberichtigt bleiben			In Folge vorangegangener Vertheilung sind auf die Forderung: bezahlt			beim Depositorium in Spezial-Massen zurückbehalten			Bemerkungen.	Gesammtbetrag der noch streitigen Perzipienda, welche nach Ausführung der gegenwärtigen Vertheilung in Spezial-Massen befindlich sein werden.		
Thl.	Sg.	Pf.	Thl.	Sg.	Pf.	Thl.	Sg.	Pf.	Thl.	Sg.	Pf.	Thl.	Sg.	Pf.	Thl.	Sg.	Pf.		Thlr.	Sg.	Pf.
6.			7.						8.			9.						10.	11.		
1474	—	—	49	—	—	333	22	6	1091	7	6	210	—	—	1200	—	—	Transport.	1223	22	6
1785	—	—	446	7	6	—	—	—	1338	22	6	1190	—	—	—	—	—				
37	15	—	—	—	—	9	11	3	28	3	9	—	—	—	25	—	—	der Prozeß schwebt noch . .	34	11	3
225	—	—	56	7	6	—	—	—	168	22	6	—	—	—	375	—	—				
—	—	—	—	—	—	—	—	—	—	—	—	150	—	—	—	—	—	Als Hebung aus der vorigen Vertheilung sind aus der nebenstehenden Masse bereits 150 Thlr. auf die nunmehr als nicht bevorzugt festgestellte Forderung gezahlt, dagegen die übrigen 225 Thlr. zur Konkursmasse zurücktransferirt und unter dem im Abschn. 1, Nr. 1 bezeichneten Bestande enthalten.			
3521	15	—	551	15	—	343	3	9	2626	26	3	1550	—	—	1600	—	—	Summa.	1258	3	9
—	—	—	894 Thl. 18 Sg. 9 Pf.																		

2. Die unter die Gläubiger zu vertheilende Masse hat betragen:

1. bei der 1. Distribution . . . . 3000 Thlr. — Sgr. — Pf.
2. bei der 2. Distribution . . . . . 894 Thlr. 18 Sgr. 9 Pf.

abzüglich der hierunter aus der ersten Vertheilung enthaltenen Beträge
bei der laufenden Nr. 2. 20 Thlr.
= = = = 6. 290 =
= = = = 8. 225 =
535 = — = — =
359 = 18 = 9 =

zusammen . . . 3359 Thlr. 18 Sgr. 9 Pf.

Ausgezahlt sind — Kolonne 9. . . . . . . 1550 Thlr. — Sgr. — Pf.
Zur Zahlung anzuweisen — Kolonne 7. . . 551 = 15 = — =
Zu Spezialmassen sind verwiesen — Kol. 11. . 1258 = 3 = 9 =
3359 Thlr. 18 Sgr. 9 Pf.
balanzirt.

Die Gläubiger, welche bis dahin ihre Forderungen angemeldet haben, sind hiervon durch Aushang an der Gerichtsstelle in Kenntniß zu setzen und zugleich aufzufordern, ihre etwanigen Erinnerungen gegen den Plan binnen einer bestimmten Frist beim Gericht anzuzeigen und in einem bestimmten Termin vor dem Kommissar zur Verhandlung darüber, sowie zur Ausführung der Vertheilung zu erscheinen [54b]).

Den Bevollmächtigten der Gläubiger (§. 179) und den in dem Gerichtsbezirk wohnhaften Gläubigern, sofern sie nicht solche Bevollmächtigte bestellt haben, ist eine Abschrift der Aufforderung zu übersenden; jedoch ist die Wirksamkeit der Aufforderung von dieser besonderen Zustellung nicht abhängig.

Der definitive Verwalter der Masse ist zu dem Termin ebenfalls vorzuladen; die eingegangenen Erinnerungen gegen den Plan sind demselben noch vor dem Termin mitzutheilen [55]).

Abschnitt IV.

Zur Deckung von streitigen Rückforderungsrechten waren bei der vorigen Vertheilung folgende Spezialmassen beim Depositorium vorhanden:

1. für den Kaufmann M. zu E. zur Deckung seines Anspruchs auf die an den Gemeinschuldner verkauften und abgesendeten Waaren, welche demnächst im Konkurse veräußert worden sind, 25 Thlr. 14 Sgr. — Pf. Der Prozeß über diesen Anspruch schwebt noch;
2. für die Ehefrau des Gemeinschuldners, Eleonore geb. F., der von derselben als ihr Eigenthum in Anspruch genommene Staatsschuldschein Litt. F. Nr. 121222 über 100 Thlr. nebst 3 Koupons. Die Ehefrau hat inzwischen ihrem Vindikationsanspruche entsagt; der Staatsschuldschein ist mit Einschluß der Zinsvergütung für 96 Thlr. 15 Sgr. veräußert, und dieser Betrag ist unter dem im Abschnitt I, Nr. 1 berechneten Bestande enthalten.

S. den 25. Oktober 1856.

A.	C.
definitiver Verwalter der B....schen Konkursmasse.	gerichtlicher Kalkulator."

54b) Für diesen Aushang bringt die Instr. des J.M. vom 6. August 1855 folgendes Muster:

Formular Nr. 18.

„Aushang
an der Gerichtsstelle, behufs Ausführung des Theilungsplanes.
(Konk.-O. §§. 242, 244, 252.)

In dem Konkurse über das Vermögen (den Nachlaß) des ..... zu ..... ist der Plan zur Vertheilung des verfügbaren Massebestandes entworfen und an der Gerichtsstelle in dem ..... Büreau zur Einsicht für die Betheiligten ausgelegt.

Die Konkursgläubiger, welche ihre Ansprüche angemeldet haben, werden aufgefordert, ihre etwanigen Einwendungen gegen diesen Theilungsplan bis zum ...... einschließlich bei dem Konkursgericht schriftlich oder zu Protokoll anzuzeigen und zur Verhandlung darüber, sowie zur Ausführung der Vertheilung in dem auf den ...... vor dem unterzeichneten Kommissar anberaumten Termine, im Terminszimmer Nr. ..., zu erscheinen.

Die Gläubiger, an welche Zahlungen erfolgen sollen, haben sich persönlich oder durch einen zur Empfangnahme von Geldern legitimirten Bevollmächtigten einzufinden und die Urkunden über ihre Forderungen mit zur Stelle zu bringen.

NN. den ....

Königliches Kreisgericht.
Der Kommissar des Konkurses."

55) Vergl. C. de c. Art. 560, wo nur die Prozeßgrundsätze, die hier in eine Instruktion verwebt sind, vorgeschrieben werden, nämlich: Auflegung der Repartition (in der Gerichtsschreiberei) und Benachrichtigung der Gläubiger.

§. 243. Der Kommissar verhandelt in dem Termin über die einzelnen Posten nach der Reihenfolge des Theilungsplanes, wie es zur Ausführung der Vertheilung zweckdienlich ist.

§. 244. Soweit innerhalb der bestimmten Frist (§. 242) keine Einwendungen gegen den Plan vorgebracht worden sind, werden an die Gläubiger, deren Forderungen feststehen, die in dem Plane berechneten Antheile sofort bezahlt. Die Posten, zu welchen sich kein Empfangsberechtigter meldet, werden auf Gefahr und Kosten der betreffenden Gläubiger als Spezialmassen in gerichtlicher Aufbewahrung behalten.

§. 245. Bei denjenigen Posten, in Beziehung auf welche rechtzeitig Einwendungen vorgebracht worden sind, veranlaßt der Kommissar die Erledigung derselben zwischen den betheiligten Personen.

Findet eine Einigung derselben statt, so wird danach der Theilungsplan ausgeführt.

Kommt dagegen eine Einigung nicht zu Stande, so stellt der Kommissar die Streitpunkte und die Parteien fest, worauf die weitere Verhandlung und die Entscheidung über die Einwendungen in besonderen Prozessen erfolgt [56]). Zu diesem Behufe wird eine beglaubigte Abschrift der Einwendung, sowie ein Auszug aus dem Theilungsplan und der Verhandlung an die zuständige Abtheilung des Konkursgerichts abgegeben; hiernächst wird von derselben ein Termin zur mündlichen Verhandlung der Sache von Amtswegen angesetzt. Die Antheile, welche auf die durch solche Einwendungen betroffenen Forderungen fallen, werden, wenn sich nicht die Parteien über eine anderweite Anlegung einigen, als Spezialmassen in gerichtlicher Verwahrung zurückbehalten; das Erkenntniß hat zugleich darüber zu entscheiden, an wen diese Antheile ausgezahlt werden sollen, oder nach Befinden die anderweite Vertheilung anzuordnen.

Wenn ein Gläubiger, welcher rechtzeitig Einwendungen gegen den Theilungsplan vorgebracht hat, in dem Termin nicht erscheint, so bleiben die Einwendungen unberücksichtigt, soweit sie nicht von dem Verwalter oder einem der erschienenen Gläubiger in dem Termine geltend gemacht werden.

Die Bestimmnng über die Bestellung eines gemeinschaftlichen Bevollmächtigten in Spezialprozessen (§. 238) findet auch auf die Prozesse über den Theilungsplan Anwendung.

---

56) Wie diese in Gang zu bringen seien, kann gefragt werden. Der Entwurf hatte darüber keine Vorschrift. Die Sache liegt hier anders als in dem Falle des §. 229, indem hier das Gericht dabei interessirt, je eher je lieber die streitige Spezialmasse loszuwerden, weshalb es dem Belieben der Parteien nicht überlassen werden kann, ob und wann sie die Sache betreiben wollen. Sachgemäß ist es, daß der Kommissar einen Auszug aus dem Protokolle an die Prozeßabtheilung oder, wenn es ein Bagatellobjekt betrifft, an den Kommissarius für Bagatellsachen abgiebt, und daß der Prozeßrichter darauf einen Audienztermin ansetzt. In diesem Sinne haben die Kammern den Satz „zu diesem Behuf" u. s. w. eingeschaltet. Besser hätte sich derselbe für die Instruktion gepaßt; ein Prozeßgrundsatz ist es nicht.

(2. A.) Appellirt in einer Prioritätssache derjenige, dem ein Vorzugsrecht aberkannt ist, so sind die Appellaten von selbst diejenigen, welchen die Masse zuerkannt ist, die sie bei jenem Vorzugsrecht nicht erhalten könnten; eine falsa demonstratio schadet dem Appellanten nicht. Erk. des Obertr. vom 1. November 1864 (Arch. f. Rechtsf. Bd. LVII. S. 56).

§. 246. Die Beträge, welche auf streitige Forderungen (§. 241) vertheilt werden, sind stets als Spezialmassen in gerichtlicher Aufbewahrung zurückzubehalten und später nach Maßgabe der ergehenden Endentscheidungen entweder an die betreffenden Gläubiger auszuzahlen, oder zur anderweiten Vertheilung zu ziehen[56a]).

56a) Der J.M. giebt, bezüglich auf die Vertheilung, folgende Anweisungen in seiner Instruktion vom 6. August 1855:

„§. 46. Sobald der Zeitpunkt der Zulässigkeit von Vertheilungen an die Konkursgläubiger eingetreten ist, läßt der Kommissar durch den definitiven Verwalter eine summarische Uebersicht der zur gemeinschaftlichen Konkursmasse gehörigen disponibeln Geldbestände anfertigen.

Dabei ist festzustellen, welcher Betrag der Masse zur Berichtigung der noch nicht bezahlten Kommunkosten und der übrigen, nach den einzelnen Empfangsberechtigten zu spezifizirenden Masseschulden, sowie zur Deckung der noch entstehenden Schulden dieser Art erforderlich ist. Ob und in welchem Umfange zu dem letzteren Zwecke ein Fond reservirt werden muß, wird in der Regel davon abhängig sein, inwieweit fernere Einnahmen bei der Konkursmasse in naher und sicherer Aussicht stehen.

Nachdem auf diese Weise der Bestand der verfügbaren Masse festgestellt ist, können die Zahlungen auf bevorzugte Forderungen nach Maßgabe des §. 240 des Gesetzes verfügt werden. Verbleibt hiernächst noch ein hinlänglicher Massebestand, oder sind die Voraussetzungen des §. 240 nicht vorhanden, so ist mit der Vertheilung durch Aufstellung eines Theilungsplans gemäß §. 241 des Gesetzes vorzugehen.

§. 47. In dem Theilungsplane müssen die Forderungen der Konkursgläubiger in der Reihenfolge der tabellarischen Nachweisung (vergl. oben §. 24) aufgeführt und dabei die Nummern der Nachweisung beibehalten werden.

Jede Forderung wird nach Kapital, Zinsen und Kosten berechnet.

Streitige Forderungen und Vorrechte werden im Theilungsplane nur dann berücksichtigt, wenn bei Entwerfung des Planes bereits die Anstellung der Spezialprozesse nachgewiesen ist. Wird dieser Nachweis später geführt und darauf rechtzeitig ein Einwand gegen den Theilungsplan gegründet (§. 255 des Gesetzes), so ist der letztere darnach abzuändern. Dies kann jedoch erst im Ausführungstermin veranlaßt werden. Es wird sich indessen in einem solchen Falle immer empfehlen, die Aenderung des Planes schon vor dem Termine vollständig vorzubereiten.

Ist ein Anspruch nur zum Theil bestritten, so ist der unstreitige Theil abgesondert von dem streitigen und durch Anstellung der Klage geltend gemachten Theile zu berechnen; es muß die auf jeden dieser beiden Beträge fallende Hebung besonders ersichtlich gemacht werden.

Für die in der tabellarischen Nachweisung eingetragenen Forderungen, welche bei der Vertheilung nicht zu berücksichtigen sind, ist es genügend, daß dieselben, wie der Grund, aus dem sie unberücksichtigt bleiben müssen, in dem Theilungsplane durch einen kurzen Vermerk angedeutet werden.

§. 48. Bevorzugte Forderungen, welche bereits vor der ersten Vertheilung gänzlich getilgt worden sind, müssen in dem ersten Theilungsplane der Uebersicht wegen vollständig aufgenommen werden, wobei auf die wegen Berichtigung derselben erlassene Verfügung hinzuweisen ist. In gleicher Art sind spätere Zahlungen auf bevorzugte Forderungen, welche außerhalb der Vertheilungen stattfinden, jedesmal in dem Plane für die nächste darauf folgende Vertheilung nachrichtlich ersichtlich zu machen. Dagegen werden in den späteren Theilungsplänen die vollständig berichtigten Forderungen dieser Art nicht wieder speziell aufgenommen, sondern nur mit dem darauf gezahlten Gesammtbetrage als bereits berichtigt angegeben. Haben die auf dergleichen Forderungen gefallenen Hebungen zu Spezialmassen genommen werden müssen, so sind diese Hebungen in den späteren Theilungsplänen so lange speziell aufzuführen, bis die Spezialmassen ausgeschüttet worden sind.

Die bei früheren Distributionen nicht vollständig zur Hebung gelangten Ansprüche nehmen an den ferneren Vertheilungen nur nach den ungedeckt gebliebenen Beträgen Theil.

§. 247. Wenn Gläubiger, welchen ein Realrecht an Grundstücken zusteht, zugleich als Konkursgläubiger aufgetreten sind, so werden dieselben bei den Vertheilungen an die Konkursgläubiger, welche vor der Vertheilung der Grundstücksmasse stattfinden, mit ihrer ganzen Forderung (§. 83) angesetzt und wegen des darauf fallenden Antheils nach den obigen Vorschriften (§§. 244 bis 246) befriedigt.

Bei der späteren Vertheilung der Grundstücksmasse werden die Realgläubiger ebenfalls mit ihrer ganzen Forderung (§. 60) angesetzt. Jedoch wird den Realgläubigern, welche hier mit ihrer ganzen Forderung zur Hebung kommen, der aus der Masse der Konkursgläubiger an sie gezahlte Betrag abgezogen und dieser Masse überwiesen. In Ansehung derjenigen Realgläubiger, welche in der Grundstücksmasse theilweise ausfallen, wird berechnet, mit welchem Antheil die ausgefallene Summe bei der Vertheilung an die Konkursgläubiger, an Stelle der angesetzten ganzen Forderung, zur Hebung gekommen sein würde; was der Gläubiger mehr, als diesen Antheil, aus der Masse der Konkursgläubiger empfangen hat, wird ihm von dem Betrage, mit welchem seine Forderung bei der Grundstücksmasse zur Hebung kommt, abgezogen und der Masse der Konkursgläubiger überwiesen [57]).

Nach den vorstehenden Grundsätzen ist auch zu verfahren, wenn Gläu-

---

§. 49. Kommt über die gegen den Theilungsplan erhobenen Einwendungen in dem Ausführungstermine eine Einigung zu Stande, so ist nur das Resultat der Verhandlung in dem Protokolle niederzuschreiben.

Findet dagegen eine Einigung nicht statt, so sind die Streitpunkte mit den Parteien so vollständig zu erörtern, daß von dem Prozeßrichter sogleich ein Termin zur mündlichen Verhandlung der Sache angesetzt werden kann.

Ob und inwieweit, der Einwendungen ungeachtet, eine Vertheilung der Masse erfolgen kann, ist nach Lage der Sache zu erwägen; der Kommissar hat zu diesem Zwecke nöthigenfalls einen Kalkulator zuzuziehen.

Ist eine Abänderung oder Umarbeitung des Theilungsplans erforderlich und diese nicht sogleich im Termine zu bewirken, so wird es zur Abkürzung der Sache dienen, wenn mit den erschienenen Interessenten ein Termin behufs anderweiter Realisirung des Planes mündlich verabredet wird; einer Bekanntmachung dieses Termines und einer anderweiten Vorladung der im ersten Termine nicht erschienenen Gläubiger bedarf es nicht.

Die Auszahlung der Beträge, mit welchen die im Konkursverfahren angemeldeten Realforderungen vor der Vertheilung der Kaufgelder des verpfändeten Grundstücks oder Schiffes zur Hebung gelangen (§. 247 des Gesetzes), ist nicht allein auf den über die Forderungen vorhandenen Urkunden zu vermerken, sondern es ist davon auch zu den Subhastationsakten noch besondere Mittheilung zu machen.

Für die durch das Ausbleiben von Empfangsberechtigten im Ausführungstermine veranlaßten besonderen Auszahlungen werden von den betreffenden Gläubigern die Kosten nach §. 16 des Gerichtskosten-Tarifs vom 10. Mai 1851 erhoben; sind aber durch die Schuld der Partei die zu solchen besonderen Auszahlungen angesetzten Termine vereitelt worden, so kommen für letztere auch noch die Kosten nach §. 64 des Tarifs zum Ansatz.

§. 50. Die bei früheren Distributionen zu Spezialmassen gebrachten, später zur Konkursmasse zurückgeflossenen Beträge werden nicht besonders vertheilt. Sie bilden einen Zuwachs der Konkursmasse, der auch auf diejenigen Gläubiger vertheilt wird, welche ihre Forderungen erst nach der Anlegung der Spezialmassen, jedoch vor der weiteren Vertheilung derselben, angemeldet haben; das Gesetz spricht im §. 254, Alinea 1 nur von solchen Beträgen, welche nicht wieder aus der Spezialmasse zur Konkursmasse zurückfließen."

57) Diese Bestimmungen sind aus dem C. de c. Art. 540—543 aufgenommen.

biger, welchen ein Realrecht an Schiffen zusteht, zugleich als Konkursgläubiger aufgetreten sind.

§. 248. Sind Faustpfandgläubiger als Konkursgläubiger aufgetreten, so werden dieselben, so lange das Ergebniß ihrer abgesonderten Befriedigung aus dem Pfande nicht feststeht, bei den Vertheilungen an die Konkursgläubiger mit ihrer ganzen Forderung (§. 83) angesetzt. Der auf diese Forderung fallende Antheil wird jedoch in gerichtlicher Aufbewahrung zurückbehalten, bis der Ausfall feststeht, welchen der Faustpfandgläubiger bei seiner Befriedigung aus dem Pfande erleidet. Nach dem Betrage dieses Ausfalles wird alsdann die Summe ermittelt, welche dem Gläubiger aus der Masse der Konkursgläubiger gebührt [58]).

Ist bei Beendigung des Konkursverfahrens das Pfand nicht verwerthet, so wird auf den Pfandgläubiger keine weitere Rücksicht genommen und das für ihn in gerichtlicher Aufbewahrung Zurückbehaltene unter die Konkursgläubiger vertheilt.

§. 249. Die noch nicht fälligen Forderungen werden wie fällige behandelt [59]).

Ist jedoch eine solche Forderung unverzinslich, so ist dieselbe nur zu demjenigen Betrage in Ansatz zu bringen, welcher mit Hinzurechnung der gesetzlichen Zinsen von diesem Betrage für die Zeit zwischen dem Zahlungstage und dem späteren Verfalltage dem ganzen Betrage der Forderung gleichkommt [60]).

---

58) Nachbildung des Art. 537 des C. de c. Daß die Faustpfandgläubiger anders behandelt werden als die Hypothekargläubiger, hat darin seinen Grund, daß die Verwerthung des Pfandes, an welches sie sich zunächst zu halten verpflichtet sind, in der Regel nur von dem Willen der Gläubiger abhängig und schnell auszuführen ist, daher die Gläubiger im Stande sind, ihren Anspruch an die Gemeinmasse in Zeiten bestimmt zu ermitteln. (Motive, S. 121.)

59) Der Satz kommt aus dem Art. 448 des C. de c. und ändert das bisher bestandene Recht (A. G.O. §. 555), wonach das Kapital bis zum Eintritte des Verfalltages sicher untergebracht werden mußte, ab, wodurch eine Uebereinstimmung mit dem Gem. Recht hergestellt worden ist.

60) Der Entwurf wollte die nach dem bestehenden Rechte übliche Berechnungsart des Interusuriums nach der Carpzow'schen Methode (A. G.O. §. 159) unverändert beibehalten. Die Kommission der II. Kammer war damit nicht einverstanden, wegen des widersinnigen Resultats, zu welchem die Carpzow'sche Methode bei langen Zwischenzeiten (bei 20 Jahren erhält der Gläubiger gar nichts) führt. Man schlug die Hoffmann'sche Methode vor. Da es sich um die Aenderung eines allgemeinen Grundsatzes des preußischen Rechts handelt, so mag hier der Vorschlag mit der Begründung aus dem Berichte der Kommiss. der II. K., S. 115 (die Kommiss. der I. Kammer übergeht den Gegenstand) wörtlich folgen: „Da die hier zu treffende Bestimmung allgemeine Anwendung finden soll, und namentlich sehr oft unverzinsliche Erbegelder ins Hypothekenbuch eingetragen werden, die erst nach langen Jahren fällig werden, muß der richtige Grundsatz, den Verhältnissen des Lebens entsprechend, gesucht werden. Derselbe ist leicht zu finden. Es soll ermittelt werden, wieviel ist eine unverzinsliche, erst später fällige Forderung, zur Zeit der Vertheilung werth. Man berechnet dies bekanntlich auf doppelte Weise. Man sagt: soviel daß der Gläubiger mit Hinzurechnung der Zinsen, die er von dem Betrage ziehen kann, den er jetzt erhält, am Tage der Fälligkeit so viel hat, als der Nominalbetrag seiner Forderung beträgt. Nach der einen Berechnungsart — man nennt sie die Hoffmann'sche — berechnet man aber nur die zu gewinnenden Zinsen, nach der andern — man nennt sie die Leibnitz'-

§. 250. Hinsichtlich der bedingten Forderungen gelten für die Vertheilung folgende Grundsätze:

---

sche — berechnet man auch noch Zinsen von den zu gewinnenden Zinsen. Theoretisch ist die letztere Berechnung die richtigere, praktisch zutreffender die erstere. Denn es ist, besonders wenn die Forderung nicht sehr groß ist, gar nicht ausführbar (?Sparkassen! Ankauf von kleinen Apoints verzinslicher Papiere! Banken! Man hat verzinsliche Papiere im Inlande bis zu 10 Thlrn., im Auslande noch kleiner), die gewonnenen Zinsen gleich wieder als Kapital zinsbar zu machen. Es ist also unbedenklich, die Hoffmann'sche Berechnung in Anwendung zu bringen. Ist doch schon bei dieser die Unterstellung oft nicht zutreffend, daß der Gläubiger sein Perzipiendum alsbald wird zinsbar unterbringen können, und ist doch auch die Unterstellung gegenwärtig in den meisten Fällen nicht zutreffend, daß er gesetzliche, d. h. 5 Prozent Zinsen erhalten wird." (Die Betrachtung geht irre. Die Positionen in den fraglichen Berechnungen sind nur Annahmen [Fiktionen], zu welchen man genöthigt ist, weil sich der wirkliche Gewinn nicht feststellen läßt. In Wahrheit beträgt dieser im gewerblichen Verkehr weit mehr als die Geldmiethe von 5 Prozent; selbst der bloße Geldverleiher von Profession gewinnt mehr; diejenigen aber, welche mit ihren Paar Thalern, die sie gerade nicht verbrauchen, gar nichts weiter beginnen können, als sie für eine billige Miethe Andern in Gebrauch geben, zählen nicht, wo es um Feststellung einer Rechtsregel für den allgemeinen Verkehr ankommt. (2. A.) Bei entwickeltem Verkehr ist aber als durchschnittliche Regel anzunehmen und von Alters her wirklich angenommen worden, daß jede Geldsumme, groß oder klein, durch jeden beliebigen Zeitraum zinsbar benutzt werden kann. Von dieser Voraussetzung gingen schon die römischen Juristen entschieden aus; das Institut der Argentarien rechtfertigte dieselbe. Vergl. v. Savigny, System, Bd. VI, S. 134, wo auf eine merkwürdige Anerkennung dieser allgemeinen Benutzungsart schon im Alterthum, Matthäus 25, 27 und Lucas 19, 23, aufmerksam gemacht wird. Der Bericht fährt fort:) „Aber bei diesen Unterstellungen muß man stehen bleiben, weil sonst jede Basis fehlen würde, und der gesetzliche Prozentsatz hier nicht ausnahmsweise abgeändert werden kann. Die Kommission trägt daher darauf an: den Werth der noch nicht fälligen unverzinslichen Forderungen nach der Hoffmann'schen Methode berechnen zu lassen, und deshalb dem §. 243 des Entwurfs einen §. 243 so lautend zu substituiren:

> §. 243. Die noch nicht fälligen Forderungen werden wie fällige behandelt.
>
> Ist jedoch eine solche Forderung unverzinslich, s o i s t d i e s e l b e n u r z u d e m j e n i g e n B e t r a g e i n A n s a t z z u b r i n g e n, w e l c h e r m i t H i n z u r e c h n u n g d e r g e s e t z l i c h e n Z i n s e n v o n d i e s e m B e t r a g e, f ü r d i e Z e i t z w i s c h e n d e m Z a h l u n g s t a g e u n d d e m s p ä t e r e n V e r f a l l t a g e, d e m g a n z e n B e t r a g e d e r F o r d e r u n g g l e i c h k o m m t.

Uebrigens ist die Berechnung, die danach anzulegen ist, sehr einfach. Folgende Formel drückt sie aus:

$$100 + (5 \times A.) : 100 = z : x.$$

A. bedeutet die Zahl der Jahre zwischen der Vertheilung der Masse und der Fälligkeit.

z bedeutet den Nominalbetrag der Forderung

und x ist der zu suchende Betrag.

Es ist in der Kommission erwogen worden, ob nicht dieselbe Berechnung auch für den Fall anzulegen sei, wenn eine erst später fällige Forderung zu einem niedrigeren als dem gesetzlichen Satz verzinslich ist. Die Berechnung hätte keine großen Schwierigkeiten, es müßte nur das Kapital in ein zu 5 pCt. und ein gar nicht verzinsliches zerlegt werden, und zwar in folgender Art:

> Ein Kapital von 10,000 Thlrn. zu 3 pCt. verzinslich ist gleich einem Kapital von 6000 Thlrn. zu 5 pCt. und einem Kapital von 4000 Thlrn. ohne Zinsen.

Die Kommission hat sich aber schließlich dafür entschieden: Forderungen, die nur überhaupt verzinslich sind, keine Abzüge wegen der Differenz der Zwischen-

1) Ist die Bedingung eine aufschiebende, so wird vorläufig bis zum Eintritt derselben der volle oder höchste Betrag der Forderung angesetzt und der Antheil, welcher hiernach auf die Forderung fällt, als Spezialmasse in gerichtlicher Aufbewahrung zurückbehalten; die davon aufkommenden Zinsen fließen zur Konkursmasse [61]).

2) Ist die Bedingung eine auflösende, so erhält der bedingte Gläubiger den auf seine Forderung fallenden Betrag nur gegen Sicherheitsleistung wegen der Rückzahlung für den Fall des Eintritts der Bedingung. Leistet der Gläubiger keine von dem definitiven Verwalter oder im Falle des Streits von dem Konkursgericht für genügend erachtete Sicherheit, so wird die Summe verzinslich angelegt. Diese Anlegung erfolgt durch gerichtliche Deposition; die aufkommenden Zinsen werden von dem bedingten Gläubiger bezogen [62]).

§. 251. Besteht eine Forderung in dem Anspruche auf fortlaufende Hebungen, so wird der Betrag, welcher bei der Vertheilung auf das zur Deckung der künftigen Hebungen angesetzte Kapital (§§. 62, 85) fällt, verzinslich angelegt [63]). Die Anlegung erfolgt durch gerichtliche Deposition.

So oft die Zinsen zur Berichtigung der dem angelegten [63a]) Kapital entsprechenden Hebungsbeträge [64]) nicht hinreichen, wird der fehlende Betrag aus dem Kapital entnommen.

---

zinsen zwischen den gesetzlichen und den der Forderung zustehenden niederen machen zu lassen und zwar aus folgenden Gründen: 1) Kommt es nicht häufig vor, daß überhaupt verzinsliche Forderungen erst nach langer Zeit fällig werden, und wenn es vorkommt, liegt dem in der Regel nur ein höchst persönliches Interesse an dem Gemeinschuldner zu Grunde. 2) In den meisten Fällen würde der Gläubiger in die Lage kommen, daß er sein Perzipiendum nicht zu höheren Zinsen als bisher anlegen könnte und doch überschießende Zwischenzinsen vom Kapital abgezogen erhielte. 3) Bestätigten die Mitglieder der Kommission, daß, soviel ihnen bekannt, auch bisher, namentlich bei Kaufgeldervertheilungen, — und das sind die wichtigsten Fälle — alle Kapitalien, auch wenn sie noch nicht fällig gewesen und ohne Rücksicht auf den Zinssatz, voll gezahlt worden seien, so weit sie zur Perzeption gekommen." — Der Vorschlag ist, wie der §. 249 zeigt, zum Gesetz geworden, nur mit der Abänderung, daß dieselbe Berechnung auch für den Fall anzulegen, wenn eine erst später fällige Forderung zu einem niedrigeren als dem landüblichen Satze verzinslich ist.

61) Ist bestehendes Recht. A. G.O. §. 555, Th. I, Tit. 50.

62) Auch hier sind die bestehenden Rechtsgrundsätze (§. 556 a. a. O.) im Wesentlichen beibehalten.

63) Aus §. 555 der A. G.O. a. a. O.

63a) Soll nicht heißen „angesetzten", wie im Entwurf und in der dritten Linie. Vergl. die folg. Anm.

64) Im Entwurf heißt es: „so oft die Zinsen zur Berichtigung der dem angesetzten Kapital entsprechenden" u. s. w. Wäre das richtig, so drückte die Fassung den Gedanken der Verf. nicht aus. Die Hebungsbeträge sind eben die jährlichen Hebungen, also z. B. wenn der Werth eines Ausgedinges auf 24 Thlr. geschätzt ist, so sind die dem Kapital des Ausgedinges („dem angesetzten Kapital") entsprechenden Hebungsbeträge jährlich 24 Thlr. Um diese zu decken, soll ein Kapital zu vier Prozent, also von 600 Thlrn., zum Ansatz kommen. (§§. 62, 85.) Gesetzt es fielen darauf nur 50 Thlr., welche jährlich 2 Thlr. Zinsen bringen, so müßten das erste Jahr 22 Thlr. vom Kapitale zu Hülfe genommen werden, so daß mit dem zweiten Jahre das Ganze, bis auf eine Kleinigkeit, verzehrt sein würde. Dies wäre der Sinn des zweiten Satzes des §. 251, wenn es, wie im

§. 252. Wer wegen seiner Forderung vollständig befriedigt wird, hat die über dieselbe sprechenden, in seinen Händen befindlichen Urkunden zu den Akten zu geben. Erfolgen nur Theilzahlungen, so werden dieselben auf den in den Händen des Gläubigers verbleibenden Urkunden vermerkt[65]).

§. 253. Die Vertheilung kann sich wiederholen, so oft ein hinlänglicher Bestand der Masse angesammelt ist.

In jedem späteren Theilungsplan ist anzugeben, wie viel auf die einzelnen Forderungen bereits berichtigt ist, für welche Forderungen die Antheile zurückbehalten sind, und welche angelegte Spezialmassen sich inzwischen, und auf welche Art, erledigt haben[65a]).

§. 254. Gläubiger, welche ihre Forderungen erst nach dem Ablauf der bestimmten Fristen anmelden (§. 176), haben keinen Anspruch auf die Beträge, welche bei den bereits vorgenommenen Vertheilungen an die übrigen Gläubiger gezahlt oder zu Spezialmassen gebracht worden sind[66]).

Sie werden nur bei den Vertheilungen berücksichtigt, welche nach erfolgter Prüfung ihrer Forderungen stattfinden.

Entwurfe, „angesetzten Kapital", heißen müßte. So ist es aber nicht gemeint, sondern der Gedanke ist der, daß in dem gesetzten Falle $\frac{11}{12}$ der ganzen Hebung als ausgefallen zu betrachten, daß dem Gläubiger mithin jährlich nur $\frac{1}{12}$ der Hebung (2 Thlr.) zu sichern, und daß, wenn diese 2 Thlr. durch die Zinsen von dem erhobenen Kapitalstheile der 50 Thlr. nicht aufkommen, nur dieser Ausfall an den 2 Thlrn. aus dem Kapitale zu decken. Denn es heißt in den Motiven S. 121: „Bei den fortlaufenden Hebungen kann der aus dem zinsbar angelegten Perzipiendum (das Perzeptum ist gemeint, denn eine zukünftige Hebung — Perzipiendum — kann nicht bereits in der Vergangenheit angelegt sein) jedesmal zu zahlende Betrag der einzelnen Hebungen sich nicht nach den jedesmal aufkommenden Zinsen richten (warum denn nicht? der Berechtigte ist Nutznießer eines Kapitals geworden und da ist es seine Sache, sich so hohe Zinsen wie möglich zu verschaffen); sondern derselbe muß dem bei der Kapitalisirung zum Grunde gelegten Verhältnisse entsprechen. Wenn also z. B. eine lebenslängliche Rente von jährlich 24 Thlrn. liquidirt ist, wofür das Kapital zu 4 Prozent sich auf 600 Thlr. beläuft, und auf dasselbe bei der Vertheilung 50 Thlr. fallen, so beträgt die jährliche Hebung daraus, nach dem gleichen Prozentsatze, 2 Thlr.; so oft daher die Zinsen des Kapitals von 50 Thlrn. zur Deckung dieser 2 Thlr. nicht ausreichen, muß der fehlende Betrag aus diesem Kapitale selbst gedeckt werden." Hiernach ist nicht das angesetzte Kapital, sondern das wirklich erhobene gemeint; und die Satzung sollte daher so lauten: „So oft die Zinsen zur Berichtigung der dem erhobenen Kapitale oder Kapitalstheile entsprechenden Hebungsbeträge" u. s. w. Wahrscheinlich ist hier nicht ein Redaktionsfehler, sondern ein bloßer Druckfehler vorgefallen, welchen man bei dem Abdruck des Gesetzes ohne Weiteres in „angelegten" verbessert hat.

65) Wie es der Art. 561, Satz 2 des C. de c. vorschreibt. Nach den Grundsätzen des preuß. Rechts über uneingetragene Schuldurkunden hat die Vorschrift keine Bedeutung.

65a) Das Muster zu solchem Plane s. o. in der Anm. 54a zu §. 242, Formular Nr. 17.

66) Die Satzung soll die bisherige Präklusion der Gläubiger ersetzen; sie ist dem Artikel 513 des C. de c. entnommen und hängt mit dem System untrennbar zusammen. Die Ausschließung von den Spezialmassen setzt übrigens voraus, daß diese Massen zuletzt an einen Prätendenten wirklich ausgezahlt werden; fließen sie wieder zur Konkursmasse zurück, so versteht sich die Theilnahme der verspäteten Gläubiger von selbst. Vergl. §. 50 der Instr. des J.M. vom 6. August 1855, oben in der Anm. 56a zu §. 246.

Bei der Berechnung, wie viel von der zur Vertheilung kommenden Summe auf diese Forderungen fällt, werden dieselben zum vollen Betrage, die bei früheren Vertheilungen schon berücksichtigten Forderungen aber nur zu dem Betrage angesetzt, welcher noch nicht durch frühere Vertheilungen berichtigt ist[67].

---

67) Ueber den Grundsatz, nach welchem die Theilnahme der sich später meldenden Gläubiger bei den noch bevorstehenden Vertheilungen zu gestatten sei, und folglich über die Berechnung, hat die Gesetzgebung des Staats, von welchem wir das vorliegende Konkurssystem entlehnt haben, gewechselt. Auch bei dem Entwurf des gegenwärtigen Gesetzes war man darüber verschiedener Meinung; der Entwurf selbst schwieg darüber. Die Kammern haben sich für denjenigen Grundsatz entschieden, welchen der eingeschaltete dritte Absatz ausdrückt. Zur Mittheilung hierüber eignet sich die kurze und bündige Stelle zum §. 248 des Entwurfs (§. 254 des G.) aus dem Bericht der Kommission der I. Kammer S. 37, wo es heißt:

„Die Frage: ob und inwieweit ein Gläubiger, der sich bezüglich auf die Anmeldung seiner Forderung verspätet, und bereits eine oder mehrere Distributionen versäumt hat, bei späteren Vertheilungen zuzulassen sei? führte zu einer umfassenden Erörterung. Es wurden dabei vier Fälle als möglich aufgestellt, nämlich: 1) unbedingte Präklusion eines solchen Gläubigers bezüglich aller frühern Dividenden; 2) als direkter Gegensatz dieses Prinzipes: die vollständige Nachzahlung der frühern Dividenden; 3) die Zulassung des Gläubigers bei der spätern Vertheilung, jedoch ohne jede Begünstigung und nur dergestalt, daß für die Berechnung der Dividenden die vollen Beträge aller Forderungen, ohne Rücksicht auf die bereits stattgefundenen Vertheilungen, in Ansatz kommen; und endlich 4) die Zulassung bei spätern Distributionen mit der Begünstigung, daß die später angemeldete Forderung zum vollen Betrage, die Forderung der übrigen Gläubiger aber nur zu deren Restbetrage, nach Abzug des bereits Empfangenen, der Berechnung der Dividenden zum Grunde zu legen ist. — Der Regierungskommissarius theilte mit, daß das französische Recht Art. 530 (soll heißen: 513) des code de commerce die erste Alternative angenommen, daß sich jedoch die öffentliche Meinung allmählich immer mehr für die zweite Alternative entschieden und eine derselben entsprechende Praxis sich so ausgebreitet habe, daß in dem neuen französischen Fallitgesetze die zweite Alternative an die Stelle der früheren Bestimmungen gesetzt worden sei. Bei den Berathungen über das jetzt den Kammern vorgelegte Gesetz, welches ursprünglich auch die erste Alternative enthalten habe, seien die zugezogenen Sachverständigen sehr verschiedener Meinung gewesen, hätten sich jedoch schließlich für die dritte, jetzt in den Gesetzentwurf aufgenommene Alternative entschieden. — Die Kommission war darüber völlig einverstanden, daß die zweite Alternative in keinem Falle zu empfehlen sei, da im Interesse der ganzen Gläubigerschaft es als geboten erscheine, dem Gläubiger eine Nöthigung aufzulegen, seine Ansprüche zeitig anzumelden, und daß eine solche Nöthigung immer nur in der Androhung von Nachtheilen für den Fall der Unterlassung gefunden werden könne. Der saumselige Gläubiger müßte daher unbedingt der früheren, vor seiner Meldung gezahlten Dividenden verlustig gehen. Dagegen erscheine es angemessen, ihn bei den späteren Vertheilungen zuzulassen. Wenn man aber für dieses Prinzip sich entscheide, so fordere es die Gerechtigkeit, daß er dann den übrigen Gläubigern auch völlig gleich gestellt werde. Eine solche völlige Gleichstellung werde aber nicht durch die dritte, sondern nur durch die vierte Alternative gewährt. Die früher schon berücksichtigten Gläubiger hätten zur Zeit der spätern Dividenden ja nicht mehr den vollen Betrag ihrer ursprünglichen Ansprüche, sondern nur noch den nach Abzug der empfangenen Dividenden verbliebenen Ueberrest derselben zu fordern. Es erscheine daher als billig und als gerecht, daß sie bei der späteren Vertheilung nur mit diesem Ueberreste, — dem neu hinzutretenden Gläubiger gegenüber, — in Ansatz zu bringen seien. — Die Kommission entschied sich daher für die vierte Alternative und beschloß, eine derselben entsprechende Abänderung des Alinea 1." Die Fassung ist eine andere geworden.

Der Bericht der II. Kammer erläutert die Bestimmung durch folgendes Beispiel: „Man denke sich, daß ein Gläubiger A. 1000 Thlr., alle übrigen gleichbe-

Ist zur Zeit der Abhaltung des Termins zur Prüfung einer nachträglich angemeldeten Forderung eine Vertheilung bereits angeordnet oder in Ausführung begriffen, so kann der Gläubiger gegen die Vertheilung und den Theilungsplan keinen Einspruch erheben, wenn die Frist zur Anbringung von Einwendungen gegen den Theilungsplan (§. 242) bereits abgelaufen ist.

§. 255. Gläubiger, welche ihre Forderungen im Spezialprozesse auszuführen haben (§§. 227, 229), werden bei den stattfindenden Vertheilungen mit den streitigen Forderungen oder dem streitigen Vorrechte nur dann berücksichtigt, wenn die Anstellung [67a]) des Spezialprozesses nachgewiesen worden ist.

So lange dieser Nachweis nicht geführt ist, kann für die streitigen Forderungen eine Spezialmasse (§. 246) nicht angelegt werden.

Ist zur Zeit der Anstellung des Spezialprozesses eine Vertheilung bereits angeordnet, oder in Ausführung begriffen, so kann der Gläubiger gegen die Vertheilung und den Theilungsplan keinen Einspruch erheben, wenn die Frist zur Anbringung von Einwendungen gegen den Theilungsplan (§. 242) bereits abgelaufen ist [67b]).

---

rechtigten Gläubiger zusammen 2000 Thlr. zu fordern haben; es sind zuerst 400 Thlr. vertheilt worden, dabei hat der Gläubiger, der 1000 Thlr. zu fordern hat, wegen seiner späten Meldung noch nicht konkurriren können, die anderen Gläubiger haben daher diese 400 Thlr. ganz bekommen und haben noch 1600 Thlr. zu fordern. Bei der späteren Vertheilung, bei der der Gläubiger A. konkurrirt, sind noch 650 Thlr. in der Masse. Nach dem aufgestellten Grundsatze wird nun die Berechnung so anzulegen sein: den 1600 Thlrn. Restforderung treten die neuen 1000 Thlr. des A. zu, macht 2600 Thlr. Vorhanden sind 650 Thlr., es bekommt also jeder Gläubiger 25 pCt. und der später hinzugekommene Gläubiger A. bekommt also im Ganzen auf seine Forderung von 1000 Thlrn. 250 Thlr. Hätte er sich dagegen früher gemeldet, so würden die 400 Thlr., die zuerst vertheilt worden sind, auf 3000 Thlr. zu repartiren gewesen sein, der Gläubiger A. würde also von denselben 133⅓ Thlr. bekommen haben. Bei der zweiten Vertheilung würden die übrigen Gläubiger noch 1733⅓ Thlr. und A. noch 766⅔ Thlr. zu fordern gehabt haben, zusammen also 2500 Thlr. Die 650 Thlr. würden also unter die 2500 Thlr. so zur Vertheilung gekommen sein, 2500 : 650 = 100 : x.; es würden also 26 pCt. auf jeden Gläubiger fallen. Der Gläubiger A. würde also auf seine Restforderung von 766⅔ Thlr. 26 pCt. erhalten haben, im Ganzen also 133 Thlr. 10 Sgr. und 199 Thlr. 28 Sgr. 10 Pf., zusammen 333 Thlr. 8 Sgr. 10 Pf. und nicht bloß 250 Thlr.; A. würde also durch seine spätere Meldung einen Verlust von 83 Thlrn. 1 Sgr. 2 Pf. erleiden." (S. 119.)

67a) Der Entwurf hatte den Ausdruck „Einleitung". Dafür haben die Kammerkommissionen „Anstellung" gesetzt, worunter man sich die Anstellung, d. h. die Einreichung der Klage dachte. Die Klageeinreichung soll deshalb das Entscheidende sein, weil der Gläubiger zwar diese, nicht aber die Einleitung des Prozesses, nämlich die Verfügung auf die Klage, in seiner Gewalt hat. (II. K.K.Ber. S. 121.)

67b) Mit dieser Wiederholung des schon im §. 254 a. E. vorfindlichen Satzes beabsichtigt die Kommiss. der II. K., dem Gläubiger die Möglichkeit zu gewähren, so lange als möglich sich — der vielleicht nutzlosen Liquidationskosten wegen — die Entschließung vorzubehalten und so spät als möglich zur Vermeidung der im §. 235 angedrohten Nachtheile die Klage einzureichen. (Bericht, S. 121.) Der Gläubiger kann nun, wenn er von einer bevorstehenden Vertheilung erfährt, noch die im §. 242 gegebene Frist zur Einreichung seiner Klage benutzen.

Zwölfter Abschnitt.

Von der abgesonderten Befriedigung der Erbschaftsgläubiger und Legatare.

§. 256. Wenn der Gemeinschuldner vor der Konkurseröffnung eine Erbschaft übernommen hat, so können die Erbschaftsgläubiger und Legatare das Recht auf Absonderung der Erbschaft von dem eigenthümlichen Vermögen des Gemeinschuldners (§. 37, Nr. 1) nur innerhalb der Fristen geltend machen, welche das Gericht in dem Konkursverfahren zur Anmeldung der Ansprüche der Konkursgläubiger (§§. 165 bis 167) bestimmt.

Der Verwalter kann unter Genehmigung des Kommissars das Recht auf Absonderung der Erbschaft anerkennen.

§. 257. Die Verwaltung und Realisirung des abgesonderten Nachlasses erfolgt durch das für die Konkursmasse bestellte Verwaltungspersonal nach den Bestimmungen, welche in dem Konkursverfahren zur Anwendung kommen.

Die absonderungsberechtigten Erbschaftsgläubiger und Legatare sind befugt, bei der Bestellung des Verwaltungspersonals in derselben Weise, wie die Konkursgläubiger mitzuwirken.

§. 258. Wenn der Nachlaß zur Befriedigung der Erbschaftsgläubiger und Legatare, welche das Absonderungsrecht geltend machen, zulänglich ist, so haben dieselben ihre Forderungen, ohne weitere Betheiligung beim Konkurse, gegen den Verwalter der Masse auszuführen. Sobald die Forderungen feststehen, erhalten sie aus dem Nachlasse ihre vollständige Befriedigung an Kapital, Zinsen und Kosten.

§. 259. Reicht der Nachlaß zur Befriedigung der absonderungsberechtigten Erbschaftsgläubiger und Legatare nicht aus, oder ist die Zulänglichkeit desselben zweifelhaft, so werden die Forderungen in einem besonderen Verfahren erörtert, festgestellt und befriedigt.

Hierbei dienen die Bestimmungen zur Richtschnur, welche in dem Konkursverfahren gelten [67c]).

§. 260. Nach den vorstehenden Grundsätzen (§§. 256 bis 259) ist auch bei der abgesonderten Befriedigung der eigenen Gläubiger des Gemeinschuldners aus dem eigenthümlichen Vermögen desselben zu verfahren, insoweit den Gläubigern das Recht auf Absonderung dieses Vermögens von dem Nachlasse zusteht (§. 37, Nr. 2) [68]).

§. 261. Wenn die Absonderung des Nachlasses aus dem Grunde erfolgen muß, weil die eigenen Gläubiger des Gemeinschuldners von der Rechtswohlthat des Inventars Gebrauch machen (§. 37, Nr. 2), so findet ein be-

---

67c) Die §§. 256—259 schreiben das Verfahren für den Fall vor, welcher im A. L.R. I, 16, §§. 500—506 vorgesehen ist; sie haben im Wesentlichen den Inhalt der §§. 274, 277, 278, 284 der A. G.O. aufgenommen.

68) Diese Vorschrift bezieht sich auf den Fall der §§. 507—510, Th. I, Tit. 16 des A. L.R., dessen auch die A. G.O. §. 285a gedenkt, ohne das Verfahren vorzuschreiben.

sonderes Konkursverfahren über den Nachlaß in dem Gerichtsstande der Erbschaft statt [69]).

§. **262.** Wird erst nach der Konkurseröffnung eine dem Gemeinschuldner angefallene Erbschaft von der Gläubigerschaft übernommen, so gehört nur dasjenige zur Konkursmasse, was von der Erbschaft nach Abzug und Tilgung der auf derselben haftenden Schulden und Lasten übrig bleibt [70]).

Dreizehnter Abschnitt.

Von der abgesonderten Befriedigung der Realgläubiger.

§. **263.** Die Realgläubiger haben ihre Forderungen, soweit sie aus den für dieselben verhafteten zur Konkursmasse gehörigen Gegenständen Befriedigung suchen, gegen den Verwalter der Konkursmasse geltend zu machen [70a]).

Sie sind nicht verpflichtet, die Forderungen zu diesem Behuf in dem Konkursverfahren anzumelden.

Das Verwaltungs- und Verfügungsrecht der Gläubigerschaft (§. 4) kann in Ansehung der für die Forderungen verhafteten Gegenstände nur unbeschadet der Rechte der Realgläubiger ausgeübt werden [71]).

§. **264.** Faustpfandgläubiger und alle übrigen Gläubiger, welchen

---

69) Die A. G.O. erwähnt den Fall im §. 285b, ohne das Verfahren vorzuzeichnen. Der Konkurs über den Nachlaß muß auf den Namen des Erblassers eröffnet werden.

70) Vergl. A. L.R. Th. I, Tit. 9, §. 391.

(2. A.) Die Wahl zwischen dem Erwarten der dereinstigen vollen Intestatportion des Gemeinschuldners, oder dem Anspruche auf sofortige Herausgabe des bloßen Pflichttheils bildet keinen Gegenstand des „der Exekution unterliegenden" Vermögens (§. 1), sie kann mithin auch nicht an seiner Stelle durch die Gesammtheit der Konkursgläubiger (die Gläubigerschaft) und insbesondere also auch nicht durch den sie vertretenden Massenverwalter selbstständig und gegen den Willen des eigentlichen Pflichttheilsberechtigten ausgeübt werden. Erk. des Obertr. vom 16. April 1866 (Entsch. Bd. LVI, S. 256) u. vom 18. Juni 1866 (Arch. f. Rechtsf. Bd. LXII, S. 241).

70a) (2. A.) Das gegen den Massenverwalter erstrittene rechtskräftige Erkenntniß kommt dem Realgläubiger insofern zu Statten, daß er darauf gegen die seiner Befriedigung widersprechenden Interessenten seinen nach §. 394 gegen sie durchzuführenden Anspruch zunächst gründen kann, ihnen aber frei bleibt, ihre Rechte dagegen geltend zu machen. Erk. des Obertr. vom 20. März 1865 (Arch. f. Rechtsf. Bd. LVIII, S. 218). Wie das Obertr. dies meint, ist nicht klar, es erhellet nicht: ob das Urtel einen vollständigen Beweis der Verität gegen die dieselbe bestreitenden Interessenten ergeben und diesen nur der Gegenbeweis freistehen, oder ob es nur als eine Beweisantretung oder als ein Anfang des Beweises, etwa als Bescheinigung angesehen werden soll.

71) Die Beschränkung des Verwaltungs- und Verfügungsrechts der Gläubigerschaft bewirkt, daß namentlich in der Art der Verwaltung und Nutzung der Immobilien von den für den Fall der Exekution zur Anordnung kommenden Vorschriften nicht ohne die Zustimmung der sämmtlichen Hypothekengläubiger abgewichen werden darf, da sonst dadurch leicht die den Letzteren gebührende Befriedigung aus der Revenüenmasse beeinträchtigt werden könnte; daß ferner freiwillige Veräußerungen der haftenden Immobilien ohne Zustimmung der Hypothekargläubiger unzulässig sind, wenn denselben nicht dabei die besonderen Rechte, die sie durch Eröffnung des Konkurses, z. B. hinsichtlich der Berechnung der an der Stelle des Kapitals zu gewährenden laufenden und rückständigen Zinsen (§. 59), erlangt haben, vollständig erhalten bleiben. (Motive, S. 122.)

gleiche Rechte mit den Faustpfandgläubigern zustehen (§§. 32, 33), werden aus den Pfandstücken befriedigt, sobald ihre Forderungen festgestellt sind.

Die Befriedigung erfolgt nach den für die Exekutionsvollstreckung geltenden Vorschriften.

Der Verwalter der Konkursmasse ist jederzeit befugt, die Realisirung der Pfandstücke zu fordern, oder dieselben mit Genehmigung des Kommissars durch Bezahlung der vollen Pfandschuld für die Konkursmasse einzulösen [72]).

Was von dem Erlöse aus den Pfandstücken zur Berichtigung der Pfandschuld nicht erforderlich ist, wird zur Masse der Konkursgläubiger abgeliefert.

§. 265. In den Privilegien der konzessionirten Pfandleiher und derjenigen Institute, welche das Recht haben, sich selbst aus den ihnen gegebenen Pfändern zu befriedigen, wird durch die vorstehenden Bestimmungen nichts geändert.

§. 266. Die abgesonderte Befriedigung von Ansprüchen, welche auf Immobilien haften (Tit. 1, Abschn. 6), geschieht aus den Revenüen und der Substanz derselben in dem für den Fall der Exekution vorgeschriebenen Verfahren, namentlich im Wege der Sequestration und der nothwendigen Subhastation.

Das Verfahren gehört vor dasjenige Gericht, unter welchem die Immobilien gelegen sind.

§. 267. Das Verfahren wegen Vertheilung der Revenüen hat das Gericht von Amtswegen einzuleiten.

Zur Revenüenmasse gehören alle zur Zeit der Konkurseröffnung bereits von der Substanz abgesonderten Früchte, welche noch in Natur vorhanden und in dem Besitze des Gemeinschuldners befindlich sind, ingleichen alle rückständigen Einkünfte, sowie alle nach der Konkurseröffnung gewonnenen Früchte und fällig gewordenen Nutzungen [73]).

§. 268. Die Einleitung der nothwendigen Subhastation erfolgt sowohl auf den Antrag des Verwalters der Konkursmasse, als auf den Antrag eines jeden Realgläubigers, dessen Forderung auf der Substanz der Sache haftet und zur Exekution steht.

§. 269. Die Gerechtsame der Konkursmasse, des Gemeinschuldners und der Konkursgläubiger werden von dem Verwalter der Konkursmasse wahrgenommen.

§. 270. Was von der Grundstücksmasse zur abgesonderten Befriedigung der Realansprüche nicht erforderlich ist, wird zur Masse der Konkursgläubiger abgeliefert [73a]).

---

72) Aus Art. 536 des C. de commerce.

73) Diese Bestimmungen darüber, was in Ansehung der Realgläubiger zur Revenüenmasse zu rechnen ist, sind aus dem §. 491 ff. der A. G.O. und §§. 475, 476, Tit. 20, Th. I des A. L.R. entnommen. Unter den „rückständigen Einkünften" sind nicht die noch ausstehenden Kaufgelder für bereits verkaufte Früchte begriffen, vielmehr gehören solche als bloße Forderungen zur Konkursmasse. Vergl. §. 491 a. E. der A. G.O., Th. I, Tit. 50.

73a) (2. A.) Wenn Streit darüber entsteht, ob ein in die Gemeinmasse gelangtes Objekt nicht in diese, sondern in die Immobiliarmasse gehört, so muß

§. 271. Die vorstehenden Bestimmungen (§§. 266—270) gelten auch für die abgesonderte Befriedigung der Berggläubiger aus dem verliehenen und dem nicht verliehenen Bergwerks- und Hütteneigenthum (§. 63)[74], sowie für die abgesonderte Befriedigung der Schiffsgläubiger aus der Schiffsmasse (Tit. 1, Abschnitt 7).

Wo ein Handelsgericht besteht, gehört das Verfahren über die Realisirung und Vertheilung der Schiffsmasse vor dasselbe.

Vierzehnter Abschnitt.

Von der Beendigung des Konkurses.

§. 272. Zur Beendigung des Konkurses wird geschritten, sobald die Realisirung der vorhandenen Masse bewirkt worden ist und die gegen dieselbe erhobenen und verfolgten Ansprüche festgestellt sind.

§. 273. Wenn ausstehende Forderungen oder andere Gegenstände im gewöhnlichen Wege nicht realisirt werden können, so hat der Kommissar den definitiven Verwalter der Masse und diejenigen noch nicht vollständig befriedigten Konkursgläubiger, welche bei Vertheilung der Masse zu berücksichtigen sind (§§. 254, 255), in einem Termin über die weiter zu ergreifenden Maßregeln zu vernehmen. Der Gemeinschuldner muß hierbei zugezogen werden, sofern derselbe ohne Aufenthalt zu erlangen ist.

Die erschienenen Gläubiger können durch Mehrheit der Stimmen darüber Beschluß fassen, in welcher Art über die noch nicht eingezogenen Vermögenstheile verfügt werden soll[74a]. Bei der Ermittelung der Stimmenmehrheit werden die Stimmen nicht nach den Personen der Gläubiger gezählt, sondern nach den noch unberichtigten Beträgen der Forderungen derselben berechnet.

---

entweder der Verwalter bei der Masse selbst dafür sorgen, daß es dahin genommen wird, wohin es gehört, oder er muß den Interessenten der Immobiliarmasse gestatten, die Zugehörigkeit des Objekts selbst gegen ihn geltend zu machen. Erk. des Obertr. vom 28. Juni 1864 (Arch. f. Rechtsf. Bd. LV, S. 183).

74) Für die Berggläubiger war das Verfahren zu ihrer abgesonderten Befriedigung bisher nicht bestimmt. Die A. G.O. §§. 672—680 schrieb einen abgesonderten Konkurs vor dem zuständigen Berggerichte vor, und dabei hatte es die V. vom 28. Dezember 1840 §. 4 belassen, indem die Verf. dafür hielten, daß das gewöhnliche Kaufgelder-Vertheilungsverfahren wegen der Illiquidität vieler Bergschulden und wegen des komplizirten Rangverhältnisses unter den Berggläubigern nicht durchaus passe. (Motive, S. 54.) Indeß hat die Praxis, nach Aufhebung des Spezial-Gerichtsstandes in Bergwerkssachen (V. v. 2. Januar 1849, §. 13), ohne Weiteres das durch die Verordnungen v. 4. März 1834 vorgeschriebene Revenüen- und Kaufgelder-Vertheilungsverfahren, auch bei dem Bergeigenthum angewendet (Beschl. des Obertr. vom 4. März 1852, J. M. Bl. S. 199), und diese Praxis wird hier durch den §. 271 bestätigt.

74a) (2. A.) Die Beschlußfassung kommt bei dem angeordneten Verfahren sehr selten zu Stande, und der Termin wird in den meisten Fällen vereitelt, weil die Gläubiger und deren Bevollmächtigte ohne Information im Termin erscheinen. Wird im Termin von dem Verwalter oder dem Kommissar über die Beschaffenheit der Außenstände und über die vorhandenen Beweismittel Auskunft gegeben, so kann doch ein gewissenhafter Bevollmächtigter sich nicht erklären, ohne vorher mit seinem Machtgeber Rücksprache genommen zu haben. Es wird mithin ein zweiter Termin nothwendig. Die Gläubiger sollten vorher Abschrift eines von dem Kommissar zu erstattenden Rapports erhalten; der Verwalter, wenn er nicht Rechtsverständiger ist, würde den Bericht mangelhaft erstatten.

§. 274. Kein Gläubiger ist gehalten, wider seinen Willen eine Ueberweisung ausstehender Forderungen der Masse an Zahlungsstatt [74aa]) anzunehmen.

Findet hierüber unter den in dem Termin (§. 273) anwesenden Interessenten eine Einigung statt, so wird dem Annehmenden die Forderung zu dem durch die Uebereinkunft festgesetzten Werthe angerechnet; beim Widerspruch des Gemeinschuldners ist die Ueberweisung nur zu dem Nennwerthe der Forderung zulässig.

Die Gläubiger sind zur Gewährleistung für die Richtigkeit und Sicherheit der Forderung nicht verpflichtet.

Dem Annehmenden ist von dem Kommissar über die erfolgte Ueberweisung ein Attest auszufertigen [74b]), welches die Stelle der Cession vertritt. Ist über die Forderung eine Urkunde vorhanden, so wird dieses Attest darauf gesetzt.

§. 275. Kommt wegen der Ueberweisung ausstehender Forderungen an Zahlungsstatt keine Einigung zu Stande, so können die Gläubiger die Forderungen, einzeln oder im Ganzen, öffentlich zum Verkauf ausbieten lassen.

Der Verkauf geschieht im Wege der Auktion unter Leitung des Kommissars [74c]) und ohne Gewährleistung für die Richtigkeit und Sicherheit der Forderungen.

Bis zum Verkaufstermin ist an der Gerichtsstelle oder an einem anderen geeigneten Orte eine Beschreibuug der Forderungen unter Angabe der vorhandenen Beweismittel öffentlich auszulegen, auch die Einsicht der Beweisurkunden zu gestatten. In dem Termin selbst ist die Beschreibung bekannt zu machen und über die bisherigen Versuche einer Einziehung der Forderungen das Wesentliche vorzutragen.

Ueber die erfolgte Uebereignung einer Forderung an deren Ersteher ist demselben ein Attest nach der für Ueberweisungen an Zahlungsstatt ertheilten Vorschrift (§. 274) auszustellen [75]), welches die Stelle der Cession vertritt.

§. 276. Nach erfolgter Realisirung der Masse (§§. 272—275) wird die Schlußvertheilung vorgenommen.

74aa) (2. A.) Dadurch wird der Gläubiger, welcher eine solche Ueberweisung annimmt, Eigenthümer wie ein Cessionar. Will er davon später, nachdem die Masse einen disponiblen Zuwachs erhalten hat, wieder abgehen, um seine Befriedigung aus der nun zahlungsfähigen Masse zu suchen; so muß er das ihm überwiesene Forderungsrecht förmlich zurück cediren. Dieses Rechtsverhältniß ist schon in der A. G.O. I, 50, §§. 552, 560 festgestellt und hier im §. 274 nur passender ausgedrückt. Pr. des Obertr. v. 24. Januar 1857 (Entsch. Bd. XXXV, S. 218).

74b) Von dem Gerichte, unter der Unterschrift des Kommissars.

74c) Der Kommissar soll nicht gerade die Funktionen des Auktionators selbst verrichten.

75) Die §§. 273—276 schreiben ein für Preußen ganz neues Verfahren zur letztendlichen Auskehrung der Konkursmasse vor, ein Verfahren, welches in andern Ländern, z. B. Frankreich, Belgien, England schon lange bekannt und in neuerer Zeit auch in Oesterreich und Baiern eingeführt worden ist. Das in der A. G.O. §§. 552 und 553 vorgeschriebene Mittel, die uneinziehbaren Forderungen und unverkäuflichen Sachen den Gläubigern zu überweisen, war höchst unpraktisch.

Gegenstände, welche nicht zu realisiren sind, werden dem Gemeinschuldner wieder zur freien Verfügung überlassen.

§. 277. Mit der Vollziehung der Schlußvertheilung ist der Konkurs beendigt.

Das Gericht hat durch einen Beschluß die Beendigung des Konkurses auszusprechen und dieselbe öffentlich bekannt zu machen [75a]).

§. 278. Wenn nach der Vollziehung der Schlußvertheilung noch Gegenstände sich vorfinden, welche zur Konkursmasse gehören, so werden dieselben nachträglich realisirt und unter die Konkursgläubiger vertheilt.

Ein Gleiches geschieht, wenn die auf bedingte Forderungen oder zur Deckung fortlaufender Hebungen vertheilten Kapitalien (§§. 250, 251) an die Masse zurückfallen. Bei der Schlußvertheilung müssen aber die eventuellen Rückfälle dieser Kapitalien berücksichtigt und die betreffenden Gläubiger darauf angewiesen werden.

§. 279. Der definitive Verwalter der Masse hat die Rechnung über seine gesammte Geschäftsführung bei der Aufstellung der Schlußvertheilung zu legen [76]).

Die Abnahme der Rechnung geschieht in dem Termine zur Vollziehung der Schlußvertheilung durch den Kommissar unter Zuziehung des Verwaltungsraths, des Gemeinschuldners und der Gläubiger oder der von denselben etwa ernannten gemeinschaftlichen Rechnungsbevollmächtigten [77]). Den Betheiligten steht frei, von der Rechnung zuvor in dem Büreau des Gerichts Einsicht zu nehmen; dies ist ihnen bei der Vorladung zum Termin bekannt zu machen.

§. 280. Das Vermögen, welches der Gemeinschuldner erwirbt, nach-

---

75a) (2. A.) Ueber den Tag der Beendigung und die Art der Bekanntmachung s. o. Anm. 14b a. E. zu §. 199, Abs. 10 u. 11.

76) Vergl. A. G.O. §. 90. Jährliche Rechnungslegungen, wie sie der §. 90 a. a. O. gestattet, sind neben den für die Kontrolirung des Verwalters beim Geldverkehr in den §§. 154, 215 getroffenen Maßregeln entbehrlich gehalten. (Motive, S. 124.)

77) Werden bei der Rechnungsabnahme Defekte gezogen, so kommen sie nicht mehr, wie sonst nach §. 552 der A. G.O., als illiquide Aktiva der Masse zur Vertheilung, vielmehr werden die etwanigen Erinnerungen sofort zum Austrage gebracht und die festgestellte Forderung an den Verwalter mit vertheilt.

Uebrigens ist das Verhältniß der hier genannten Personen, welche bei der Rechnungsabnahme zu thun haben sollen, unklar gedacht und daher nicht treffend ausgedrückt. Rechnungsnehmer sind die Gläubiger, soweit sie unbefriedigt bleiben, und der Gemeinschuldner; diese Beiden sind mithin die ersten Hauptpersonen, dem Rechnungsleger gegenüber; sie also sind es, welche persönlich oder durch Vertreter die Rechnung abzunehmen haben. Die Verordnung des §. 279 will aber die Rechnungsabnahme durch den Kommissar bewirkt wissen, und die Gläubiger wie der Gemeinschuldner sollen nur so zugezogen werden, als wenn der Kommissar der Vormund derselben sein und nur zur besseren Information seine Pflegebefohlenen gleichsam mitbringen sollte, während sein Beruf doch nur darin besteht, die Abnahme und die Verhandlungen darüber zu leiten und urkundlich festzustellen. Der Verwaltungsrath ist bei diesem Geschäfte nur eine Nebenperson zur Auskunftsertheilung, da er nur die Gläubigerschaft repräsentirt hat und die bei der Rechnungsabnahme eigentlich betheiligten Gläubiger nur die theils oder ganz unbefriedigt bleibenden sind.

dem die Beendigung des Konkurses durch Beschluß ausgesprochen ist (§. 277), fällt seiner Verwaltung und Verfügung anheim. Die nicht vollständig befriedigten Konkursgläubiger und die neuen Gläubiger sind befugt, sich an dasselbe im gewöhnlichen Verfahren [77a]) zu halten.

Ist jedoch der Gemeinschuldner als entschuldbar anzusehen, so kann gegen ihn wegen der zur Zeit der Konkurseröffnung vorhandenen Forderungen die Exekution durch Personalarrest nicht vollstreckt werden [78]).

Ueber die Entschuldbarkeit des Gemeinschuldners haben sich in dem Ter-

---

77a) (2. A.) Der nach Beendigung des Konkurses angestellten Klage kann der Einwand der Verjährung nicht entgegengesetzt werden, wenn die Verjährungszeit während der Dauer des Konkurses abgelaufen ist. Oben, Anm. 16 a. E. zu §. 8. Die unbefriedigten Gläubiger sind auch nicht verpflichtet, dem Schuldner, wie früher nach §. 44, Tit. 48 der A. G.O. Terminalzahlungen zu bewilligen.

(2. A.) Der ausgefallene Gläubiger hat zur Begründung der hiernächst gegen den Kridar anzustellenden Klage auf Zahlung des ausgefallenen Theiles der Forderung nicht darzuthun, daß der Beklagte seit Beendigung des Konkurses Vermögen erworben habe. Erk. des Obertr. vom 12. November 1861 (Arch. f. Rechtsf. Bd. XLIII, S. 182). Der Satz ist vollkommen begründet, wenngleich er in der Note *, S. 182 a. a. O. angezweifelt wird. Das Forderungsrecht des Gläubigers hat durch das erfolglose General-Exekutionsverfahren gar keine Aenderung erlitten, auch nicht in der Klagebegründung; ob das neue Spezial-Exekutionsverfahren besseren Erfolg haben wird, soll sich zeigen; der Nachweis im Voraus, daß es es werde, ist nicht Bedingung des Anspruchs.

78) Ausgenommen der Fall des §. 201, Satz 2. Vergl. Anm. 16 dazu. — Die Satzung des §. 280, Satz 2 soll die Wirkungen der abgeschafften cessio bonorum ersetzen. Auffallend ist die historische Nachricht über dieses Institut in den Motiven S. 124, wo wir erfahren, daß dieses aus dem Röm. R. übernommene Institut „dort seine Veranlassung in der ursprünglichen übermäßigen Strenge gegen die Person der Schuldner hatte". Das weniger. Die Veranlassung dazu lag tiefer, sie lag in der rechtlichen Beschaffenheit der persönlichen Verbindlichkeit, welche nur die Person bestrickte, nicht aber das Vermögen belastete, eine Rechtsanschauung, wie wir sie auch im älteren deutschen Rechte antreffen. Der Gläubiger konnte daher an das Vermögen des Schuldners nicht kommen, aber die Knechtung der Person machte den Schuldner meistens Willens, dem Gläubiger sein Vermögen preiszugeben. War der Schuldner böswillig, so konnte er durch Duldung und Ausdauer sein vielleicht sehr beträchtliches Vermögen seinen Kindern unverkürzt erhalten. Ursprünglich lag mithin in der cessio bonorum eher für die Gläubiger als für die Schuldner eine Rechtswohlthat. Die Befugniß, welche man den unbemittelten Schuldnern gab, ihrem Vermögen ohne Inhalt zu entsagen (bonis cedere), um sich von der persönlichen Verfolgung freizumachen, ist eine willkürliche Erfindung der Gewalthaber einer spätern Zeit, der Zeit des Verfalls des R. R.; die Abschaffung dieses willkürlich geschaffenen Instituts ist als ein glücklicher Zufall anzusehen. Vergl. franz. Fallimentsgesetz von 1838, Art. 541.

(2. A.) Das Privilegium des §. 280 ist allgemein, bezüglich sowohl auf die sofortige Personalexekution bei Wechseln, als diejenige Personalexekution, welche regelmäßig erst eintritt, nachdem die anderen Grade der Exekution erschöpft sind. Der für entschuldbar Erklärte braucht sich auf dasselbe erst dann zu berufen, wenn eine Exekution gegen seine Person vollstreckt werden soll; er hat keine Veranlassung, dieses schon im Laufe des Prozesses zu thun, denn es handelt sich von keiner gegen die Forderung selbst gerichteten Einrede, wie sie in den §§. 383, 384, I, 16 des A. L.R. u. §. 6 der Verordnung vom 4. März 1834; §§. 35, 36, I, 24 der A. G.O. vorausgesetzt werden. Auch hängt die Wirksamkeit des Privilegiums nicht davon ab, daß in dem Judikate über dasselbe etwas ausgesprochen worden ist. Erk. des Obertr. vom 18. Dezember 1862 (Arch. f. Rechtsf. Bd. XLVI, S. 359).

min zur Vollziehung der Schlußvertheilung die erschienenen Gläubiger zu äußern. Der Kommissar nimmt ihre Erklärungen zu Protokoll und das Gericht beschließt auf den Vortrag des Kommissars, ob der Gemeinschuldner nach Lage der Sache für entschuldbar anzusehen ist oder nicht [79]).

Funfzehnter Abschnitt.

Besondere Bestimmungen.

I. Für den Konkurs über das Vermögen von Aktiengesellschaften.

§. 281. Ueber das Vermögen einer Aktiengesellschaft, welche auf Gewerbe- oder Handelsunternehmungen gerichtet ist [79a]), wird der Konkurs eröffnet:

1) wenn nach der der Bezirksregierung vorgelegten Bilanz die Schulden der Gesellschaft das Vermögen derselben übersteigen (§. 26 des Gesetzes über die Aktiengesellschaften vom 9. Novbr. 1843, G.S. S. 341);

2) wenn die Gesellschaft ihre Zahlungen eingestellt hat. Sind die Zahlungen erst eingestellt worden, nachdem die Auflösung der Gesellschaft bereits erfolgt ist, so findet die Eröffnung des Konkurses statt, insofern die Liquidation und Vertheilung des Gesellschaftsvermögens nicht beendigt ist.

§. 282. Die Verpflichtung zur Anzeige der Zahlungseinstellung (§. 116) liegt den Vorstehern der Gesellschaft, und wenn die Zahlungseinstellung erst nach der Auflösung der Gesellschaft eintritt, den Liquidatoren derselben ob.

§. 283. Von der Konkurseröffnung ist der Regierung, in deren Bezirk die Aktiengesellschaft ihren Sitz hat, besondere Nachricht zu geben [80]).

§. 284. Die Gesellschaft wird durch ihre Vorsteher oder Liquidatoren vertreten. Dieselben sind persönlich zu erscheinen und Auskunft zu ertheilen in allen den Fällen verpflichtet, in welchen dies für den Gemeinschuldner selbst vorgeschrieben ist.

§. 285. Ein Akkord kann nicht geschlossen werden [81]).

II. Für den Konkurs über das Vermögen von Handelsgesellschaften.

§. 286. Wenn eine unter einer gemeinschaftlichen Firma bestehende Handelsgesellschaft ihre Zahlungen einstellt, so findet die Eröffnung des Konkurses statt, sofern die Liquidation und Vertheilung des Gesellschaftsvermögens noch nicht beendigt ist.

In der Anzeige der Zahlungseinstellung (§. 116) ist zugleich der Name

---

79) Aus Art. 531 des C. de c., mit dem Unterschied, daß diese Handlung hier, im §. 280, auf den Schluß des Konkurses verlegt ist, während sie nach Art. 531 bei der Union der Gläubigerschaft vollzogen werden soll.

79a) (2. A.) Unter diesen Aktiengesellschaften sind fortan diejenigen zu verstehen, bei welchen der Gegenstand des Unternehmens in Handelsgeschäften besteht. Einf.-Gesetz zum H.G.B. vom 24. Juni 1861, Art. 32 (G.S. S. 461).

80) Weil durch die Konkurseröffnung die Auflösung der Gesellschaft verursacht wird.

81) Deshalb, weil das Rechtssubjekt des Gemeinschuldners untergegangen, indem die Auflösung der Gesellschaft durch die Konkurseröffnung bewirkt wird.

und der Wohnort der persönlich haftenden Gesellschafter anzugeben. Die Anzeige muß von einem der Gesellschafter gemacht werden, widrigenfalls gegen alle die Verhaftung verfügt werden kann (§. 138).

Diese Bestimmungen gelten auch für den Fall, wenn die Zahlungseinstellung erst nach der Auflösung der Gesellschaft erfolgt.

§. 287. Auf den Grund der Zahlungseinstellung der Gesellschaft (§. 286) ist über das Gesellschaftsvermögen ein selbstständiger Konkurs zu eröffnen[82]). Derselbe gehört vor dasjenige Gericht, in dessen Bezirk die Hauptniederlassung der Gesellschaft sich befindet.

Zugleich muß über das Privatvermögen eines jeden persönlich haftenden Gesellschafters der Konkurs eröffnet werden[83]).

---

82) Zu vergl. o. §. 35 und die Anm. 67 dazu.

83) Die gleichzeitige Konkurseröffnung über das Privatvermögen der einzelnen persönlich haftenden Gesellschafter soll sich dadurch rechtfertigen, daß die einzelnen Gesellschafter zugleich persönlich und solidarisch für die Gesellschaftsschulden haften. Daraus folgt aber keine rechtliche Nothwendigkeit, über das besondere Vermögen eines vielleicht noch sehr reichen Theilnehmers bloß deshalb Konkurs zu eröffnen, weil die Gesellschaft als solche und als juristische Person gedacht (Anm. 67 zu §. 35) die Zahlungen eingestellt hat; es folgt nur, daß die Gläubiger sich an ihn halten können. Erst dann, wenn auch die Einzelnen die Zahlung eingestellt haben, läßt sich über deren Privatvermögen der Konkurs eröffnen; daß sich nur auf diesen Fall die Vorschrift beziehen soll, ergiebt der §. 291. — (2. A.) Das Obertr. ist anderer Meinung. Dasselbe behauptet den Satz: die zweite Konkurseröffnung „muß" erfolgen, d. h. dem Konkursrichter des Privatvermögens des Gesellschafters (§. 115) steht nicht frei, die Konkurseröffnung zu unterlassen, auch wenn er Gründe hat, den Gesellschafter für zahlungsfähig oder sein Vermögen für so unbedeutend zu halten, daß es die Konkurskosten nicht decken werde; der in dem Hauptkonkurse über die Gesellschaft festgesetzte Tag der Zahlungseinstellung ist auch maßgebend für den Konkurs über das Privatvermögen des Gesellschafters, dieser Tag mithin ohne Prüfung auch in dem Eröffnungsbeschlusse über den letzteren festzusetzen. Erk. vom 11. Juni 1863 (Entsch. Bd. XLIX, S. 385, und Arch. f. Rechtsf. Bd. XLIX, S. 251). Diese Sätze stützen sich allein auf die Fiktion: „daß die Zahlungseinstellung der Gesellschaft nothwendiger Weise auch die des persönlich haftenden Gesellschafters klar stellt" (Arch. a. a. O. S. 254). Diese Fiktion ist aber rein willkürlich, ohne gesetzlichen Boden, und findet in der Natur der Sache keinen logischen Halt. Der Eine von mehreren Gesellschaftern kann ein Millionär und bereit sein, Jeden, der sich an ihn wendet, zu bezahlen, es aber nicht zweckmäßig finden, seine gefüllte Privatkasse in die leere Gesellschaftskasse zu schütten. Ueber Diesen Konkurs zu eröffnen, während er fortwährend zahlt und Tausende zur Fortsetzung aller ihm rechtmäßig angesonnenen Zahlungen bereit hält, ist widersinnig. Ein solcher Gedanke ist bei der Abfassung der Konkursordnung nicht hervorgetreten; man ist nur darauf bedacht gewesen, den Gesellschaftsgläubigern auch die persönlichen Ansprüche an die einzelnen Gesellschafter zu sichern. In den Motiven zu den §§. 280—285 des Entwurfs (S. 126) wird gesagt:

„Es kommt hierbei hauptsächlich die Zahlungseinstellung einer unter gemeinschaftlicher Firma bestehenden Handelsgesellschaft in Betracht. (Entw. §§. 280—284.) Der leitende Gesichtspunkt, nach welchem dieser Fall geregelt werden muß, ist bereits in den Bemerkungen zum §. 34 (entspricht dem §. 35 der Konkursordnung. D. H.) bezeichnet worden. Es ist einerseits festzuhalten, daß das Gesellschaftsvermögen ein für sich bestehendes Ganzes bildet, andererseits darf nicht außer Augen gelassen werden, daß die einzelnen Gesellschafter, soweit sie nicht als stille Gesellschafter gemäß §§. 651, 652, Th. II, Tit. 8 Allg. Landrechts zu behandeln sind, zugleich persönlich und solidarisch für die Gesellschaftsschulden haften. Hierdurch rechtfertigt sich nicht nur der abgesonderte Konkurs über das Gesellschafts-

§. 288. **An dem Konkurse über das Gesellschaftsvermögen sind nur die Gläubiger der Gesellschaft Theil zu nehmen berechtigt.**

Dieselben können wegen des Ausfalls in diesem Konkurse gleichzeitig in den Konkursen über das Privatvermögen der persönlich haftenden Gesellschafter als Gläubiger auftreten.

Nur in Beziehung auf die hiernach zulässigen Ansprüche an das Privatvermögen der persönlich haftenden Gesellschafter findet die allgemeine Vorschrift des §. 87 Anwendung [83 a]).

vermögen behufs der ausschließlichen Befriedigung der Gesellschaftsgläubiger, sondern auch die gleichzeitige Konkurseröffnung über das Privatvermögen der einzelnen persönlich haftenden Gesellschafter und die Befugniß der Gesellschaftsgläubiger, in diesen letzteren Konkursen den ganzen Betrag*) ihrer Forderungen geltend zu machen (Entw. §§. 281, 282)."

Das ist Alles was darüber vorkommt. — Der Syllogismus ist lückenhaft. Die Solidarität der Gesellschafter rechtfertigt zwar deren persönliche Zahlungsverbindlichkeit, aber keineswegs folgt daraus die gleichzeitige Konkurseröffnung über das Privatvermögen eines Jeden derselben, vielmehr ist dazu wesentlich noch erforderlich, daß sie nicht zahlen können, was ihnen abgefordert wird. Wer bereitwillig zahlt und hinlängliche Zahlungsmittel bereit hat, kann mit Recht nicht zum bescholtenen debitor aere alieno obaeratus gemacht werden. Es muß daher bei jener Motivirung der „gleichzeitigen Konkurseröffnung ꝛc." das Vorhandensein des gedachten wesentlichen Erfordernisses als selbstverständlich und stillschweigend vorausgesetzt gedacht werden. Dagegen hat es Sinn, daß, wenn es wegen der Zahlungseinstellung zur Konkurseröffnung über das Privatvermögen eines Gesellschafters kommt, alsdann der in dem Hauptkonkurse über die Gesellschaft festgesetzte Tag der Zahlungseinstellung auch für den Konkurs über das Privatvermögen maßgebend ist.

83 a) Der Entwurf machte hier von der Solidarität eine unbedingte Anwendung und gestattete jedem Gesellschaftsgläubiger, auch gleichzeitig seine ganze Forderung bei den verschiedenen Konkursmassen der einzelnen Gesellschafter anzumelden. Das war völlig folgerichtig. Aber in den Kommissionen der Kammern, besonders der Zweiten, hat man sich durch die Idee der juristischen Persönlichkeit der Handelsgesellschaften beirren lassen. Der Berichterstatter sagt geradezu (S. 127), es wäre eigentlich konsequent, den Gesellschaftsgläubigern gar kein Recht an das Privatvermögen der einzelnen Mitglieder der Gesellschaft zu gewähren, denn eben die Person des einzelnen Gesellschafters stehe demjenigen nicht als Debitor gegenüber, dessen Debitor die juristische Person sei. Der Entwurf weiche aber von dieser Idee vollständig ab, indem er in Alinea 2 bestimme, daß die Gesellschaftsgläubiger zugleich in den Konkursen über das Privatvermögen der persönlich haftenden Gesellschafter als Gläubiger für den ganzen Betrag ihrer Forderung auftreten dürften. Es sei dies offenbar (?) ein Zurückgehen auf die Grundsätze des A. L.R., die diesen Satz unzweifelhaft rechtfertigen, der jedoch jetzt eine ganz andere Bedeutung bekomme als er im L.R. habe, wo eben der Gesellschaftsgläubiger gar keinen anderen Schuldner gegenüber gehabt hätte, als die einzelnen Gesellschafter. Man könne ihn also in sofern als eine Inkonsequenz von den aufgestellten allgemeinen Grundsätzen betrachten, gleichsam als eine Konzession, die man den Grundsätzen des A. L.R. gemacht habe. — Diese Betrachtung beruht auf einem vollständigen Mißverständniß. Die Handelsgesellschaft ist nach der Idee, welche dem §. 35 zu Grunde liegt, keineswegs als eine wahre juristische Person, völlig verschieden von den Gesellschaftern, gedacht, vielmehr ist nur auf das Formale des üblichen Geschäftsverkehrs eingegangen, wonach der Kaufmann allein oder in Verbindung mit Andern seine Geschäfte völlig getrennt von seinen übrigen Angelegenheiten, selbst unter einem andern Namen (Firma), treibt. Aber darum bleibt die Person doch immer dieselbe physische Person. Aus dieser völlig

*) Dies ist auf Antrag der Kommission der II. Kammer durch Einschiebung des zweiten Alinea in den §. 288 abgeandert worden. D. H.

§. 289. Wird in dem Konkurse über das Gesellschaftsvermögen den Gesellschaftern ein Akkord bewilligt [84]), so hat derselbe zugleich die Einstellung der Konkurse über das Privatvermögen der Gesellschafter zur Folge, sofern diese Konkurse nur aus Veranlassung des Konkurses über das Gesellschaftsvermögen eröffnet worden sind (§. 287); jedoch werden die Forderungen der Privatgläubiger von dem Akkorde nicht betroffen [84 a]).

---

getrennten Geschäftsverwaltung ist die Idee von Handelsschulden als solchen Schulden entstanden, welche gleichsam auf dem Geschäft ruhen; es ist derselbe Grundgedanke, welcher den Gutsliedlöhnern und Arbeitern ein Realrecht an das Grundstück, dem Schiffsvolke ein Vorrecht in der Schiffskaufgelder-Masse, den Berggläubigern das Recht auf abgesonderte Befriedigung aus dem Bergeigenthum zuschreibt. Dabei denkt man nicht daran, daß das Grundstück, das Schiff, das Bergwerk eine juristische Person sein könne, vielmehr betrachtet man den Eigenthümer dieser Sachen, mag er eine einzelne Person oder eine Personenmehrheit sein, für den persönlichen Schuldner seiner Gläubiger. Die Verfasser des Entwurfs der K.O. haben nichts weiter gewollt und gethan, als es ausgesprochen, daß die Handelsgläubiger, wenn eine Gesellschaft ihr Schuldner ist (eigentlich müßte der Grundsatz von den Gläubigern einer jeden Handlung gelten), in die Reihe jener verschiedenen Gläubiger treten. Folgerichtig ist daher auch nichts weiter geschehen, als daß den Handlungsgläubigern ein Absonderungsrecht gegeben ist (§. 35). Es versteht sich nun zuvörderst, daß dieses Recht eben ein Recht ist, daß mithin ein Jeder dieser Gläubiger dasselbe fahren lassen und sich sofort an seinen persönlichen Schuldner halten kann. Sind mehrere Personen seine persönlichen Schuldner aus einem Vertrage, so haften sie ihm alle solidarisch, und darum wäre es ganz folgerichtig, daß er seine ganze Forderung gleichzeitig bei den verschiedenen Konkursmassen seiner Schuldner anmelden dürfte. Der Berichterstatter macht also den Verfassern des Entwurfs ohne Grund den Vorwurf der Inkonsequenz. Was die Anwendung der neugetroffenen Bestimmung betrifft, so findet die allgemeine Vorschrift des §. 87 für die ganze Forderung Anwendung, wenn der Gläubiger von seinem Absonderungsrecht keinen Gebrauch machen will.

84) Ein Akkord in dem Konkurse über das Gesellschaftsvermögen kann nur mit sämmtlichen Gesellschaftern geschlossen werden; in dem Konkurse über das Privatvermögen kann mit jedem Einzelnen der Gesellschafter, unter Zuziehung der Gesellschaftsgläubiger, akkordirt werden. §. 290.

84 a) Die Instr. des J. M. vom 6. August 1855 zu den §§. 287—289 enthält nichts, was nicht schon der Text des Gesetzes deutlich und ausführlich genug ergiebt oder sich von selbst versteht. Die zu diesen Paragraphen gegebenen Anweisungen lauten:

„§. 51. Wenn über das Vermögen einer unter gemeinschaftlicher Firma bestehenden (offenen) Handelsgesellschaft der Konkurs eröffnet wird, so muß das Konkursgericht gleichzeitig über das Privatvermögen der einzelnen persönlich haftenden Gesellschafter den Konkurs durch besondere Beschlüsse eröffnen oder, soweit es dazu nach §. 115 des Gesetzes nicht kompetent ist, die kompetenten Gerichtsbehörden von der erfolgten Konkurseröffnung über das Gesellschaftsvermögen durch Mittheilung des Beschlusses sofort benachrichtigen, worauf die Gerichtsbehörden ohne weitere Erörterung über das Vorhandensein einer Zahlungseinstellung der Gesellschafter die Eröffnung des Konkurses über deren Privatvermögen aussprechen.

Ob die Konkurse über das Privatvermögen im ordentlichen oder im abgekürzten Verfahren zu verhandeln sind, hängt von dem Ermessen des für die Konkurseröffnung kompetenten Gerichts ab. Es ist nicht beabsichtigt, die Ablehnung der Konkurseröffnung auf Grund des §. 306 des Gesetzes zuzulassen.

§. 52. Der Konkurs über das Gesellschaftsvermögen und die einzelnen Konkurse über das Privatvermögen der Gesellschafter müssen streng von einander getrennt gehalten werden. Jedoch sind die nothwendig werdenden Kommunikationen stets auf dem kürzesten Wege zu bewirken, und es ist dabei von allen zulässigen Erleichterungen des Geschäftsganges Gebrauch zu machen.

Die in den einzelnen Konkursen ergehenden Bekanntmachungen und Verfügun-

§. 290. Es ist zulässig, einem einzelnen Gesellschafter einen Akkord in dem Konkurse über sein Privatvermögen zu bewilligen.

Die Gesellschaftsgläubiger sind befugt, an der Verhandlung und Beschlußfassung über einen solchen Akkord Theil zu nehmen, ohne daß sie auf das Recht zur abgesonderten Befriedigung aus dem Gesellschaftsvermögen Verzicht leisten.

Der Akkord erstreckt sich nicht auf das Gesellschaftsvermögen und den Konkurs über dasselbe.

Der Gesellschafter, welchem der Akkord bewilligt ist, erhält nur sein Privatvermögen zurück und wird von der solidarischen Verhaftung für die Gesellschaftsschulden frei [85]).

§. 291. Wenn nur ein Mitglied einer unter gemeinschaftlicher Firma bestehenden Handelsgesellschaft seine Zahlungen einstellt, so ist an die Konkursmasse desselben sein Antheil an dem Gesellschaftsvermögen herauszugeben. Zu diesem Behuf hat der Verwalter der Masse das Auseinandersetzungsverfahren zu betreiben.

Die übrigen Gesellschafter haben das Recht, den dem Gemeinschuldner zur Last fallenden Antheil an den Gesellschaftsschulden in Abzug zu bringen, ohne daß sie sich deshalb in den Konkurs einzulassen verpflichtet sind (§. 36).

---

gen sind so zu fassen, daß kein Zweifel darüber entstehen kann, auf welchen Konkurs dieselben sich beziehen.

Inwiefern es rathsam ist, in den verschiedenen Konkursen über das Privatvermögen der Gesellschafter dieselbe Person zum Verwalter der Masse zu bestellen, ist nach den obwaltenden Umständen zu ermessen. Dagegen wird es in der Regel nothwendig sein, daß in dem Gesellschaftskonkurse eine andere Person, als in den Konkursen über das Privatvermögen, zum Verwalter der Masse ernannt wird, indem bei der Absonderung des Gesellschaftsvermögens von dem Privatvermögen der Gesellschafter leicht eine Kollision der Interessen der verschiedenen Massen eintritt.

Behufs der Prüfung der Forderungen von Gesellschaftsgläubigern, welche gleichzeitig in den Konkursen über das Privatvermögen der Gesellschafter angemeldet werden, bleibt den Verwaltern überlassen, sich untereinander in Verbindung zu setzen. Es ist zweckmäßig, bei Anberaumung der Prüfungstermine darauf zu sehen, daß dieselben in dem Gesellschaftskonkurse früher stattfinden, als in den Konkursen über das Privatvermögen. Den Verwaltern in den letzteren Konkursen muß zum Zweck ihrer Information die Einsicht der Verhandlungen im Gesellschaftskonkurse, sowie die Anwesenheit in jenen Prüfungsterminen gestattet werden.

§. 53. Wenn in dem Konkurse über das Gesellschaftsvermögen ein Akkord endgültig zu Stande gekommen ist, muß hiervon zu den einzelnen Konkursen über das Privatvermögen der Gesellschafter Nachricht gegeben werden. Auf diese Benachrichtigung ist gemäß §. 289 des Gesetzes mit Einstellung der letzteren Konkurse zu verfahren.

Kommt es zum Vertheilungsverfahren, so müssen bei den Vertheilungen, welche in dem Konkurse über das Privatvermögen eines Gesellschafters vor erfolgter Schlußvertheilung in dem Gesellschaftskonkurse stattfinden, die Forderungen der Gesellschaftsgläubiger, welche zugleich in jenem Konkurse als Gläubiger aufgetreten sind, vorläufig mit dem geltend gemachten vollen Betrage, soweit derselbe bis dahin noch nicht getilgt ist, angesetzt werden. Der darauf fallende Antheil ist in gerichtlicher Aufbewahrung zurückzubehalten, bis der Ausfall feststeht, welchen die Gläubiger in dem Gesellschaftskonkurse erleiden. Nach dem Betrage dieses Ausfalls wird hiernächst definitiv ermittelt, welche Summe den Gläubigern aus der bis dahin zur Vertheilung gekommenen Privatvermögensmasse gebührt."

85) Aus Art. 531 des franz. Fallissementsgesetzes.

Sie haben jedoch die Konkursmasse gegen die Ansprüche der Gesellschaftsgläubiger sicher zu stellen.

Die in der Gesellschaft verbleibenden Mitglieder sind auch befugt, den Antheil des Gemeinschuldners an den zum Gesellschaftsvermögen gehörigen Waaren und Geräthschaften für den Betrag der gerichtlichen Taxe zu übernehmen [86]).

III. Verfahren über das inländische Vermögen eines ausländischen Gemeinschuldners.

§. 292. Wenn ein Ausländer, welcher im Inlande eine Handelsniederlassung hat [86 a]), seine Zahlungen einstellt, so ist von dem Gericht, in dessen Bezirk die Handelsniederlassung sich befindet, der Partikularkonkurs zu eröffnen [86 b]). Derselbe erstreckt sich auf die sämmtlichen im Inlande befindlichen Vermögensstücke des Gemeinschuldners.

§. 293. Besitzt ein Ausländer, über dessen Vermögen im Auslande der Konkurs eröffnet worden ist, im Inlande keine Handelsniederlassung, jedoch anderweitiges Vermögen, so ist die Exekution [87]) in das inländische Vermögen zulässig.

---

86) (2. A.) Einf.-Ges. zum H.G.B. vom 24. Juni 1861, Art. 33 (G.S. S. 461). M. s. die Anm. 66 dazu. Zu vergl. A. L.R. I, 17, §. 302 und A. G.O. §§. 289, 290 d. T.

86 a) (2. A.) Durch eine solche Handelsniederlassung eines Ausländers wird für sich allein noch nicht dessen Wohnsitz daselbst begründet. Erk. des Obertr. v. 16. Juli 1857 (Arch. f. Rechtsf. B. XXVI, S. 132), u. Erk. v. 1. Oktbr. 1857 (ebend. S. 233).

86 b) (2. A.) Dabei wird die Rangordnung der dabei konkurrirenden persönlichen Gläubiger (also abgesehen von Pfandrechten) nach den hiesigen Gesetzen bestimmt. Erk. des Obertr. v. 16. Juli 1857 (Arch. f. Rechtsf. Bd. XXVI, S. 131).

87) Nach der A. G.O. §§. 663 ff. soll auf den Antrag der Gläubiger ein Spezialkonkurs über das inländische Vermögen eröffnet und der etwanige Ueberschuß der Masse, mit Genehmigung der Minister der Justiz und des Auswärtigen, an das ausländische Konkursgericht ausgeliefert werden. In dem Falle, wo kein Antrag auf Konkurseröffnung bei einem hiesigen Gerichte gemacht worden, waren mithin die inländischen Gläubiger genöthigt, an das ausländische Konkursgericht zu gehen und sich das im Inlande befindliche Vermögen, aus welchem sie hätten bezahlt werden können, entziehen zu lassen. Diesem Mangel wird durch den §. 293 sehr weise abgeholfen. „In andern Fällen (außer dem Falle des §. 292)“ — sagen die Verf. — „wo sich nur einzelne Vermögensstücke, wie Mobiliargegenstände, Aktiva, vielleicht zerstreut und ohne Zusammengehörigkeit im Inlande vorfinden, ist der Weg der gewöhnlichen Exekution weit angemessener. Die Rechte der inländischen Gläubiger sind dabei vollkommen gesichert, wenn die Auslieferung des Vermögens zuvor öffentlich bekannt gemacht und auf eine angemessene Frist hinausgeschoben wird.“ (Motive, S. 127.)

Der §. 293 soll den Fall des gewöhnlichen Exekutionsverfahrens auf Antrag einzelner Gläubiger bezeichnen und sich nicht bloß auf den Fall beziehen, daß zu der Zeit, wo die Auslieferung des diesseitigen Vermögens verlangt wird, bereits ein exekutorischer Titel vorhanden. Vielmehr kann jeder Gläubiger bei demjenigen Gerichte, in dessen Bezirke sich einzelne Vermögensstücke befinden, die Arrestklage gegen den ausländischen Schuldner anbringen und demnächst die Exekution in die in Beschlag genommenen Gegenstände vollstrecken lassen. (§. 294.) Besteht der Gegenstand in einem Aktivum, so ist die Arrestklage in dem Gerichtsstande des inländischen Schuldners dieses Aktivums anzubringen.

(2. A.) Daß auch persönliche Forderungen eines ausländischen Gemeinschuld-

§. 294. Was von dem inländischen Vermögen in dem Partikularkonkurse oder nach Befriedigung der Exekutionssucher übrig bleibt, ist zur ausländischen Konkursmasse auszuliefern.

Wenn in einem Falle, in welchem der Partikularkonkurs nicht eintritt (§. 293), die Auslieferung des inländischen Vermögens an das ausländische Konkursgericht verlangt wird, so muß die Behörde, welche um die Auslieferung angegangen ist [88]), dies zur öffentlichen Kenntniß bringen. Die Auslieferung des inländischen Vermögens kann alsdann erst sechs Wochen nach Erlaß der öffentlichen Bekanntmachung und nur in so weit stattfinden, als dasselbe nicht bis dahin im Inlande von den Gläubigern [89]) behufs ihrer Befriedigung in Anspruch genommen worden ist.

§. 295. In allen Fällen darf die Auslieferung des inländischen Vermögens an das ausländische Konkursgericht erst dann erfolgen, wenn die Minister der auswärtigen Angelegenheiten und der Justiz zuvor ihre Genehmigung ertheilt haben [90]).

---

ners an einen Inländer als ein im Inlande befindliches Vermögensobjekt anzusehen sind und daher im Wege des Arrestes auf Antrag preußischer Gläubiger mit Beschlag belegt werden können, ist nach den im ersten Alinea angeführten Motiven klar, die „Aktiva" werden dort als dergleichen Gegenstände ausdrücklich genannt, mithin ist der Zweifel, welcher von Einzelnen hiergegen erhoben worden, unberechtigt. Das Obertr. soll auch in verschiedenen Fällen dergleichen Arreste ohne alles Bedenken für gerechtfertigt erachtet haben.

(2. A.) Auch die Praxis befolgt den Grundsatz, daß, so lange über das inländische Vermögen des ausländischen Schuldners kein Partikularkonkurs eröffnet, oder die Auslieferung des inländischen Vermögens an das ausländische Konkursgericht nicht erfolgt ist, für den diesseitigen Richter der im Auslande eröffnete Konkurs unbeachtet bleibt, und die Anstellung besonderer Klagen gegen den Schuldner bei diesseitigen Gerichten zulässig ist. Erk. des Obertr. vom 11. Mai 1858 (Arch. f. Rechtsf. Bd. XXIX, S. 294).

88) In dem Falle, wo der ausländische Konkurskurator gegen einen inländischen Schuldner des Gemeinschuldners auf Zahlung an die Masse klagt oder Exekution nachsucht, ist diese Behörde das Gericht, bei welchem die Sache anhängig ist. Die Zahlung muß alsdann bis zum Ablaufe der Auslieferungsfrist ad depositum geschehen. Vergl. die folg. Anm. 89.

89) Nämlich von den inländischen Gläubigern, wie die A. G.O. §§. 665 und 666 ausdrücklich verordnet und die §§. 292—294 als selbstverständlich voraussetzen. Auch der Grundsatz des §. 665 der A. G.O., daß inländische Cessionarien auswärtiger Gläubiger, deren Cession später als die Eröffnung des auswärtigen Konkurses erfolgt ist, nicht zugelassen werden, ist unverändert geblieben.

„Für die Frage über die Zulässigkeit der Kompensation gegen den Anspruch einer ausländischen Fallitmasse mit einer nach eröffnetem Konkurse durch Cession erworbenen Forderung ist es außer Einfluß, sowol, ob der Konkurs im Auslande eröffnet ist, als auch, ob der Beanspruchte von der Eröffnung des Konkurses zur Zeit der Erwerbung Kenntniß hatte," sagt das Obertr. in dem Pr. 1312 vom 3. Juni 1843 (Entsch. Bd. IX, S. 477). Ueber die Bedenken dagegen: m. Beurtheilung, S. 668 ff. (2. A.) Nach der Bestimmung des §. 294 ist der Satz unzweifelhaft unrichtig; jetzt kann ohne Rücksicht auf die ausländische Konkurseröffnung das im Inlande befindliche Vermögen des ausländischen Gemeinschuldners zur Befriedigung der diesseitigen Gläubiger verwendet werden, mithin kann auch ein inländischer Gläubiger seine Forderung an einen inländischen Schuldner des Gemeinschuldners cediren, um sich dadurch bezahlt zu machen; und dieser Schuldner mag dann kompensiren.

90) Ist bestehendes Recht. A. G.O. §. 669.

§. 296. Die vorstehenden Bestimmungen (§§. 292 bis 295) kommen nur in Ermangelung von Staatsverträgen zur Anwendung [91]).

Sechzehnter Abschnitt.

Von dem abgekürzten Konkursverfahren [92]).

§. 297. Ein abgekürztes Verfahren im Konkurse findet statt, wenn

---

91) Dergleichen finden sich z. B. mit: a) Hamburg in Rabe, Bd. V, S. 6; b) österreich. Polen a. a. O. S. 4; c) Bremen in den Jahrb. Bd. XVII, S. 83; d) Sachsen-Weimar in G.S. 1824, S. 149 und Jahrb. Bd. XLII, S. 126; e) Sachsen-Altenburg in G.S. 1832, S. 105; f) Sachsen-Koburg-Gotha in G.S. 1834, S. 9 u. G.S. 1858, S. 341; g) Reuß-Plauen j. L. in G.S. 1834, S. 124; h) Königreich Sachsen in G.S. 1839 S. 353 und 1859 S. 339; i) Schwarzburg-Rudolstadt in G.S. 1840, S. 242; k) Anhalt-Bernburg ebd. S. 250; l) Braunschweig in G.S. 1842, S. 4; m) Schwarzburg-Sondershausen in G.S. 1844, S. 1; n) Oesterreich in G.S. 1844 S. 165; o) Reuß-Plauen ä. L. in G.S. 1845, S. 819; p) Anhalt-Dessau in G.S. 1853, S. 465. (2. A.) Zwischen Preußen und Hamburg besteht ein solcher Staatsvertrag nicht, weshalb es auf die vor Emanation der Konkursordnung vom 8. Mai 1855 zwischen beiden Staaten inne gehaltenen Observanzen (s. lit. a) nach §. 296 nicht ankommt, vielmehr die §§. 292 — 295 auf das in Preußen befindliche Vermögen der in Konkurs verfallenden Hamburger Staatsangehörigen anzuwenden sind. Allg. V. d. J.M. v. 7. Juni 1858 (J.M.Bl. S. 190).

(2. A.) Aus den §§. 293—296 kann nicht gefolgert werden, daß ein auswärtiger Gemeinschuldner befugt sei, in Preußen seine Vermögensrechte selbstständig zu verfolgen und daß diese Berechtigung nur durch Beschlagnahme der Vermögensrechte von Seiten des ausländischen Konkursgerichts beeinträchtigt werden könne. Diese Vorschriften handeln nur von dem Verfahren über das inländische Vermögen eines ausländischen Gemeinschuldners, wenn diesseitige Gläubiger aus dem diesseitigen Vermögen desselben ihre Befriedigung suchen. Dagegen enthalten sie keine Andeutung darüber, daß ausländische Gemeinschuldner ihre Ansprüche gegen ihre diesseitigen Schuldner, ohne Rücksicht auf ihre, durch die Konkurseröffnung etwa erzeugte Handlungs- und Verfügungsunfähigkeit, zu verfolgen befugt sein sollen. Es muß daher nach der Regel seine Verfügungsfähigkeit und Zulassung vor Gericht auch in diesem Falle nach den Gesetzen seines Wohnsitzes beurtheilt werden. Deshalb ist der Einwand eines Inländers gegen die Klage eines Ausländers, daß der Kläger in Konkurs verfallen sei, erheblich. Erk. des Obertr. vom 17. Dezember 1861 (Entsch. Bd. XLVII, S. 396).

92) Das in diesem Abschnitte vorgeschriebene ganz zweckmäßige Verfahren tritt an die Stelle des in der A. G.O. I, 50, §§. 5 — 7 und Anh. §§. 315, 316 vorgeschriebenen abgekürzten Verfahrens und des schon lange unpraktisch gewesenen Konkursverfahrens vor den kleinen Gerichten, wie es die §§. 632 ff. a. a. O. angeordnet hatten.

Der J.M. giebt hierzu folgende Anweisung nebst Formular:

a) Instr. vom 6. August 1855.

„§. 54. Wenn das Gericht sogleich bei der Konkurseröffnung beschließt, daß die Verhandlung des Konkurses im abgekürzten Verfahren erfolgen soll, so muß dies in der Bekanntmachung der Konkurseröffnung angezeigt und es muß darauf aufmerksam gemacht werden, daß in dem nach §. 128 des Gesetzes anzuberaumenden Termine die Gläubiger den definitiven Verwalter in Vorschlag zu bringen haben.

Ist die Einleitung des abgekürzten Verfahrens bei der Konkurseröffnung nicht angeordnet worden, so hat der Kommissar, sofern es nicht unzweifelhaft ist, daß das ordentliche Verfahren Platz greifen muß, innerhalb der nächsten acht Tage den Beschluß des Kollegiums darüber zu veranlassen, ob das abgekürzte Verfahren eintreten soll. Wird dies beschlossen, so hat das Gericht zugleich über die nach §. 300 des Gesetzes etwa anzuordnenden Modifikationen in der Art der bereits

dasselbe von dem Gericht wegen der Geringfügigkeit des Vermögens und des Verkehrs des Gemeinschuldners für angemessen erachtet wird.

Insbesondere soll das abgekürzte Verfahren in allen Fällen zur Anwendung kommen, in welchen der Betrag der Konkursmasse, unter Abrechnung der Hypotheken- und Pfandschulden, nach einem ungefähren Ueberschlage die Summe von Eintausend Thalern nicht übersteigt.

---

erlassenen Bekanntmachung der Konkurseröffnung, sowie über die Art der Bekanntmachung des Beschlusses selbst (§. 298 des Gesetzes) Bestimmung zu treffen. In der letzteren Bekanntmachung muß bemerkt werden, daß die Gläubiger in dem nach §. 128 des Gesetzes stattfindenden Termine den definitiven Verwalter in Vorschlag zu bringen haben. Die Bekanntmachung ist mit den erforderlichen Verfügungen und Anschreiben schleunigst und wo möglich noch an demselben Tage, an welchem der Beschluß gefaßt worden ist, zum Abgange zu befördern, beziehungsweise durch Anschlag zu veröffentlichen.

In dem Termine zur Erklärung der Gläubiger über den Verwalter (§. 302 des Gesetzes) werden die Vorschläge der einzelnen Anwesenden zu Protokoll genommen. Jeder Gläubiger hat gemäß §. 213 des Gesetzes drei Personen zu bezeichnen. Bei der demnächstigen Bestellung des definitiven Verwalters ist nach §. 214, Num. 1, 3, 4 und §. 303 des Gesetzes zu verfahren."

b) Formular Nr. 4.

„Bekanntmachung der Konkurseröffnung und des offenen Arrestes im Falle des abgekürzten Verfahrens.
(Konk.-O. §§. 298, 302; Instr. §. 54.)

Konkurseröffnung.

Königliches Kreisgericht zu . . . . . . Erste Abtheilung.
den . . . . . . , . . . mittags . . . Uhr.

Ueber das Vermögen (den Nachlaß) des . . . . . . zu . . . . . . ist der kaufmännische (gemeine) Konkurs im abgekürzten Verfahren eröffnet und der Tag der Zahlungseinstellung auf den . . . . . . festgesetzt worden.

Zum einstweiligen Verwalter der Masse ist der . . . . . . bestellt. Die Gläubiger des Gemeinschuldners werden aufgefordert, in dem auf den . . . . . . vor dem Kommissar N. N. im Terminszimmer Num. . . . anberaumten Termine die Erklärungen über ihre Vorschläge zur Bestellung des definitiven Verwalters abzugeben.

Allen, welche von dem Gemeinschuldner etwas an Geld, Papieren oder anderen Sachen in Besitz oder Gewahrsam haben, oder welche ihm etwas verschulden, wird aufgegeben, nichts an denselben zu verabfolgen oder zu zahlen, vielmehr von dem Besitz der Gegenstände bis zum . . . . . einschließlich dem Gericht oder dem Verwalter der Masse Anzeige zu machen und Alles, mit Vorbehalt ihrer etwanigen Rechte, ebendahin zur Konkursmasse abzuliefern. Pfandinhaber und andere mit denselben gleichberechtigte Gläubiger des Gemeinschuldners haben von den in ihrem Besitz befindlichen Pfandstücken nur Anzeige zu machen."

c) Formular Nr. 5.

„Nachträgliche Bekanntmachung der Einleitung des abgekürzten Verfahrens, nach vorgängigem Erlasse der Bekanntmachung Num. 2.
(oben Anm. 19 zu §. 123.)
(Konk.-O. §§. 298, 302; Instr. §. 54.)

Mit Beziehung auf den Erlaß vom . . . . . . , betreffend die Eröffnung des Konkurses über das Vermögen (den Nachlaß) des . . . . . . zu . . . . . . , wird hierdurch bekannt gemacht, daß die Verhandlung dieses Konkurses in dem abgekürzten Verfahren erfolgen soll. Es werden daher in dem durch den gedachten Erlaß auf den . . . . . . anberaumten Termine die Vorschläge der Gläubiger zur Bestellung des definitiven Verwalters erfordert werden.

N. N. den . . . . . .

Königliches Kreisgericht. Erste Abtheilung."

§. 298. Wenn die Verhandlung des Konkurses in dem abgekürzten Verfahren erfolgen soll, so ist dies von dem Gericht bei der Konkurseröffnung oder innerhalb acht Tagen nach derselben öffentlich bekannt zu machen.

§. 299. Bei dem abgekürzten Verfahren treten die nachstehend festgesetzten Abänderungen des ordentlichen Verfahrens ein.

§. 300. Die Bekanntmachung der Konkurseröffnung und des festgesetzten Tages der Zahlungseinstellung (§. 123) soll in die öffentlichen Blätter in der Regel nur einmal eingerückt werden; ein Gleiches gilt für die übrigen Bekanntmachungen, welche auf die für die Bekanntmachung der Konkurseröffnung vorgeschriebene Weise zu bewirken sind, insbesondere für den offenen Arrest (§. 148) und die Aufforderung der Gläubiger zur Anmeldung ihrer Ansprüche (§. 168).

Eine wiederholte Einrückung in die öffentlichen Blätter findet nur statt, wenn das Gericht dieselbe aus besonderen Gründen für angemessen erachtet.

§. 301. Der mit der Siegelung beauftragte Beamte (§. 141) kann ohne vorgängige Siegelung sofort zur Inventur schreiten, wenn er der Meinung ist, daß die Inventur nicht längere Zeit, als Einen Tag, erfordern wird, und wenn der einstweilige Verwalter der Masse und die Sachverständigen für die Abschätzung der Gegenstände (§. 153) zur Stelle sind.

§. 302. In dem Termin, welcher im ordentlichen Verfahren zur Erklärung der Gläubiger über die Beibehaltung des ernannten einstweiligen Verwalters der Masse bestimmt ist (§. 128), haben in dem abgekürzten Verfahren die Gläubiger den definitiven Verwalter in Vorschlag zu bringen.

§. 303. Der definitive Verwalter ist von dem Gerichte sogleich nach Abhaltung des Termins zu bestellen; das Gericht hat dabei die von den Gläubigern gemachten Vorschläge zu berücksichtigen, ohne jedoch an dieselben gebunden zu sein.

Ein Verwaltungsrath wird nicht bestellt.

§. 304. Nach der Ernennung des definitiven Verwalters (§. 303) wird zur Liquidation der Konkursmasse geschritten.

Jedoch kann die Realisirung der Masse von dem Gericht ausgesetzt werden, wenn der Gemeinschuldner Vorschläge zu einem Akkorde macht, der von dem Gericht als dem Interesse der Gläubiger entsprechend erachtet wird.

§. 305. Bei dem Vertheilungsverfahren kann die besondere Frist zur Anbringung von Einwendungen gegen den Theilungsplan (§. 242) wegfallen; alsdann sind die Einwendungen gegen den Theilungsplan in dem Verhandlungs- und Ausführungstermin vorzubringen[92a]).

92a) Hierzu giebt die Min.-Instr. vom 6. August 1855 folgendes Muster. Formular Nr. 19.

„Aushang an der Gerichtsstelle, behufs Ausführung des Theilungsplanes in dem abgekürzten Konkursverfahren, wenn eine besondere Frist zur Anbringung von Einwendungen nicht bestimmt wird.

(Konk.-O. §. 305.)

In dem Konkurse über das Vermögen (den Nachlaß) des . . . . . . zu . . . . . . ist der Plan zur Vertheilung des verfügbaren Massebestandes entworfen und an der Gerichtsstelle in dem . . . . . . Büreau zur Einsicht für die Betheiligten ausgelegt.

§. **306.** Die Eröffnung des Konkurses kann [93]) unterbleiben, wenn bei dem Gericht bekannt ist [93 a]), daß der Gemeinschuldner ein den Kosten des Konkursverfahrens entsprechendes Vermögen nicht besitzt.

In dieser Beziehung sind Grundstücke und andere Gegenstände, soweit sie mit Pfand- und Hypothekenschulden belastet sind, von dem Vermögen bei dessen Schätzung in Abrechnung zu bringen.

Siebzehnter Abschnitt.

Strafbestimmungen.

§. **307.** Die Vorsteher oder Liquidatoren einer Aktiengesellschaft [93 b]), welche ihre Zahlungen eingestellt hat, werden mit Gefängniß bis zu drei Monaten bestraft, wenn die Anzeige von der Zahlungseinstellung der Gesellschaft (§§. 116, 282) nicht vorschriftsmäßig erfolgt ist [94]).

Die Strafe ist ausgeschlossen, wenn die Vorsteher oder Liquidatoren

---

Die Konkursgläubiger, welche ihre Ansprüche angemeldet haben, werden hierdurch aufgefordert, zur Verhandlung über diesen Theilungsplan, sowie zur Ausführung der Vertheilung in dem auf den ...... vor dem unterzeichneten Kommissar anberaumten Termine, im Terminszimmer Num. ..., zu erscheinen.

Die Gläubiger, an welche Zahlungen erfolgen sollen, haben sich persönlich oder durch einen zur Empfangnahme von Geldern legitimirten Bevollmächtigten einzufinden und die Urkunden über ihre Forderungen mit zur Stelle zu bringen.

N. N. den ......

Königliches Kreisgericht.
Der Kommissar des Konkurses."

93) Die Unterlassung der Konkurseröffnung ist deshalb fakultativ und nicht unbedingt angeordnet, weil selbst bei ganz unbedeutendem Vermögen doch auch Fälle vorkommen können, in welchen gleichwohl aus besonderen Gründen, namentlich wenn durch Anfechtungen von Veräußerungen des Gemeinschuldners neue Befriedigungsobjekte herbeizuschaffen sind, die Konkurseröffnung für die Gläubiger vortheilhaft erscheinen möchte. (Motive, S. 128.)

93 a) (2. A.) Wenn es also nicht bekannt ist, so muß der Konkurs eröffnet werden, wenn darauf angetragen wird. Es soll vorgekommen sein, daß ein Gericht von dem Provokanten die Beweisführung verlangt hat, daß eine mit den Kosten des Verfahrens im Verhältniß stehende Aktivmasse vorhanden, und daß dieses nur dann der Fall sei, wenn die Aktivmasse mindestens 300 — 400 Thlr. beträgt. Das Letztere mag dahingestellt sein; aber das Erstere, das Verlangen der Beweisführung, ist einestheils gegen den Wortlaut der Vorschrift, denn es soll ja dem Gerichte schon bekannt sein, wie gering die Masse ist, wenn es die Konkurseröffnung ablehnt, anderntheils völlig unpraktisch und in keine prozessualische Form zu bringen, würde auch die Gläubiger durch die Zeitverschleuderung um die noch vorhandenen Befriedigungsmittel bringen. Vergl. Anm. 84 a, §. 51 a. E.

93 b) (2. A.) Der Begriff der hier gemeinten Aktiengesellschaft bestimmt sich nach dem Art. 32 des Einf.-Gesetzes zum H.G.B. vom 24. Juni 1861. (Oben, Anm. 97 a zu §. 281.)

94) Eine Nachbildung der im §. 2 des Art. XII des Einführungsgesetzes zum Strafgesetzbuche für den Bezirk des rheinischen Appellationsgerichts gegebenen, alle Handelsleute betreffenden Strafbestimmung, welche man hier, abgesehen von dem geringeren Strafmaße, auf die Vorsteher und Liquidatoren von fallirten Aktiengesellschaften beschränkt, in Beziehung auf diese aber auch für ein Bedürfniß erachtet hat, weil bei dem publizistischen Charakter der Aktiengesellschaften durch Unterlassung der Anzeige das öffentliche Interesse gefährdet sei. (Motive, S. 129.)

nachweisen, daß die vorschriftsmäßige Anzeige ohne ihr Verschulden unterblieben ist.

§. 308. Handelsleute, Schiffsrheder und Fabrikbesitzer [94 a]), welche ihre Zahlungen eingestellt haben, ingleichen Erben solcher Gemeinschuldner, werden mit Gefängniß bis zu Einem Jahr bestraft, wenn sie nach erfolgter Zahlungseinstellung einen Gläubiger zum Nachtheil der übrigen Gläubiger befriedigen oder begünstigen [95]).

§. 309. Ein Gläubiger, welcher, nach erlangter Kenntniß von der Zahlungseinstellung, zu seiner Begünstigung und zum Nachtheil der übrigen Gläubiger einen besonderen Vertrag mit dem Gemeinschuldner oder dessen Erben eingeht, oder welcher sich von demselben oder anderen Personen besondere Vortheile dafür gewähren oder versprechen läßt, daß er bei der Berathung und Beschlußnahme der Gläubiger in einem gewissen Sinne stimme [95 a]), wird mit Gefängniß bis zu Einem Jahr bestraft.

Auch kann gegen denselben zugleich auf zeitige Untersagung der Ausübung der bürgerlichen Ehrenrechte erkannt werden [96]).

Achtzehnter Abschnitt.

Von den Folgen des Konkurses in Beziehung auf die Person des Gemeinschuldners.

§. 310. Der Handelsmann, Schiffsrheder und Fabrikbesitzer [96 a]), über dessen Vermögen Konkurs eröffnet ist, darf während des Verfahrens und nach Abschluß desselben nicht auf der Börse erscheinen; er darf nicht Mitglied einer kaufmännischen Korporation sein und er darf weder als Mäkler, noch als Verwalter im Konkurse oder als Vertreter einer Partei in Handelssachen zugelassen werden [96 b]).

Diese Folgen des Konkurses, sowie die übrigen Nachtheile, welche ver-

---

94 a) (2. A.) Oben, Anm. 53 b zu §. 80.

95) Oben, Anm. 43 zu §. 138. — (2. A.) Im Falle einer auf den §. 308 gegründeten Anklage ist der von dem Konkursrichter festgesetzte Tag der Zahlungseinstellung für das Untersuchungsverfahren nicht maßgebend. Die Frage: ob eine Zahlungseinstellung im Sinne des §. 113, und wann dieselbe stattgefunden hat, unterliegt vielmehr der Prüfung des Strafrichters. Erk. des Obertr. vom 2. November 1859 (J.M.Bl. 1860, S. 58).

95 a) (2. A.) Die Strafbarkeit dieser That ist nicht dadurch bedingt, daß die gedachte Handlung „zum Nachtheil der übrigen Gläubiger" geschehen sei. Erk. dess. vom 27. Juni 1862 (J.M.Bl. S. 270).

96) Wiederholung des für die Rheinprovinz bestimmten §. 3, Art. XII des Einführungsgesetzes zum Strafgesetzbuche, als nothwendig erschienen, um eigennützigen und betrüglichen Kollusionen, deren einzelne Gläubiger zum Nachtheil der übrigen Gläubiger sich schuldig machen, wirksam entgegen zu treten. (Motive, S. 129.)

96 a) (2. A.) Oben, Anm. 53 b zu §. 80.

96 b) (2. A.) Der von einer Gesellschaft zu ihrer Vertretung ernannte Gerant ist zur Vertretung derselben in Prozessen nicht mehr legitimirt, nachdem er gleichzeitig mit der Eröffnung des Konkurses über sein eigenes Vermögen durch Beschluß des Verwaltungsrathes der Gesellschaft aus seiner Stellung als Geschäftsführer derselben entlassen worden ist. Erk. des Obertr. vom 10. Juni 1858 (Archiv f. Rechtsf. Bd. XXX, S. 75).

möge besonderer Bestimmungen den Gemeinschuldner in seinen persönlichen Verhältnissen treffen, bestehen so lange, als der Gemeinschuldner nicht die Wiedereinsetzung in den vorigen Stand erlangt hat[97]).

97) Der §. 310 giebt dem Rechtsgrundsatze allgemeinen Ausdruck und Anerkennung, welche derselbe nicht allein im R.R., sondern auch in den meisten neuern Gesetzgebungen anderer Nationen schon lange gefunden hat, in der preuß. Gesetzgebung aber bisher nur in vereinzelten Anwendungen vorgekommen ist. Indem also in diesem Abschnitte die Vorschriften des C. de c. Art. 604 ff. und des franz. Fallimentsgesetzes Art. 604 ff. im Wesentlichen in das preußische Recht eingeführt werden, wird das lebende Recht in dieser Materie nur zu einem zusammenhängenden Ganzen entwickelt. Die Verf. sind von dieser Auffassung geleitet worden und haben dem Rechtsbewußtsein Rechnung getragen. Was sie zur Rechtfertigung der hier aus dem franz. Rechte aufgenommenen Vorschriften sagen, ist mittheilenswerth, weshalb es hier folgt: — „und was namentlich den Handelsstand betrifft, so ist in den meisten benachbarten Handelsstaaten in Anerkennung einer althergebrachten Sitte gesetzlich bestimmt, daß jedem fallirten Handelsmanne der volle Genuß der bürgerlichen Ehrenrechte so lange versagt bleiben soll, als er nicht eine förmliche, durch die vollständige Befriedigung seiner Gläubiger bedingte Rehabilitation erlangt hat. Diese Auffassung ist in den Verhältnissen des Handelsstandes tief begründet. Jeder redliche Handelsmann wird sich in seinem Gewissen beschwert fühlen und seinen guten Ruf für beeinträchtigt halten, so lange er das Bewußtsein in sich tragen muß, seinen Verbindlichkeiten nicht genügt zu haben. Die pünktliche Erfüllung der Schuldverbindlichkeiten ist die wesentliche Bedingung des persönlichen Kredits und dieser bildet wiederum eine der Hauptgrundlagen der kaufmännischen Ehre; beide Voraussetzungen werden aber durch den Ausbruch des Konkurses nothwendig erschüttert. Auch nach preußischem Recht zieht der Konkurs mannigfache Nachtheile für die bürgerliche Stellung des Gemeinschuldners nach sich. Abgesehen von der Vorschrift im §. 233, Thl. I, Tit. 10 Allg. Ger.-Ordn., wonach diejenigen, über deren Vermögen Konkurs eröffnet worden ist, der vollen Glaubwürdigkeit als Beweiszeugen entbehren sollen, wenn sie nicht durch Unglücksfälle in Vermögensverfall gerathen sind, so treten noch viele andere Zurücksetzungen unbedingt ein, der Kridar mag entschuldbar sein, oder nicht. So soll nach §. 7 der Städteordnung vom 30. Mai 1853 ein Bürger, welcher in Konkurs verfällt, dadurch das Bürgerrecht verlieren und es soll ihm die Befähigung, dasselbe wieder zu erlangen, erst dann verliehen werden können, wenn er die Befriedigung seiner Gläubiger nachweist. Ferner sind nach der Gewerbeordnung vom 17. Januar 1845 §§. 103, 107, 117, 119, 127 alle diejenigen, welche sich in Konkurs befinden, von der Mitgliedschaft einer Innung, oder von dem Stimmrecht und der Verwaltung in einer solchen, sowie von der Befugniß, Lehrlinge zu halten, ausgeschlossen; nach den Verordnungen vom 9. Februar 1849 (Ges.-Samml. S. 93, 110) §. 7 und resp. §. 6 ist denjenigen, welche sich in Konkurs befinden oder sich für zahlungsunfähig erklärt haben, das Recht zur Theilnahme an der Wahl der Mitglieder des Gewerberaths und der Gewerbegerichte entzogen; nach §. 13 des Gesetzes vom 3. April 1847 (Ges.-Samml. S. 182) geht die Fähigkeit eines Handeltreibenden, als Mitglied des Handelsgerichts zu fungiren, verloren, wenn über sein Vermögen Konkurs eröffnet ist, oder wenn er sich für zahlungsunfähig erklärt hat; in gleicher Weise muß nach §. 32 l. c. seine Befugniß aufhören, beim Handelsgericht als Bevollmächtigter aufzutreten; nach §§. 11 und 13 der Verordnung vom 11. Februar 1848 (Ges.-Samml. S. 63) soll die Entfernung eines Mitgliedes aus der Handelskammer ohne Weiteres stattfinden, wenn über sein Vermögen der Konkurs eröffnet ist; schon die Zahlungseinstellung allein soll die Suspension der Mitgliedschaft nach sich ziehen.

Auch die verschiedenen Statuten der Kaufmannschaften enthalten Bestimmungen, welche einer strengeren Auffassung Ausdruck geben. So setzt das Statut für die Kaufmannschaft zu Berlin vom 2. März 1820 (Ges.-Samml. S. 46) in den §§. 66—68 fest, daß, wenn ein Mitglied der Korporation sich für zahlungsunfähig erklärt, die Rechte der Mitgliedschaft unterbrochen sind, so lange nicht eine vollständige Abfindung mit den Gläubigern, sei es durch Zahlung oder Erlaß oder

§. **311.** Zur Erlangung der Wiedereinsetzung in den vorigen Stand muß der Gemeinschuldner nachweisen, daß sämmtliche Forderungen der Konkursgläubiger an Kapital, Zinsen und Kosten durch Zahlung, Erlaß oder in anderer Weise vollständig getilgt sind, die Gläubiger mögen ihre Forderungen im Konkurse angemeldet haben oder nicht.

§. **312.** Der Gemeinschuldner hat das Gesuch um Wiedereinsetzung in den vorigen Stand bei dem Konkursgericht einzureichen und demselben die Quittungen der Gläubiger, sowie die sonstigen Beweismittel beizufügen.

Das Konkursgericht giebt den Betheiligten Gelegenheit, sich über die Wahrheit der von dem Gemeinschuldner vorgetragenen Thatsachen zu äußern.

Zu diesem Zweck wird eine Abschrift des Gesuchs an der Gerichtsstelle und auf der Börse, sofern eine solche am Orte des Gerichts vorhanden ist, während eines Zeitraums von zwei Monaten, öffentlich ausgehängt. Der Aushang muß in jedem Falle auch an dem gegenwärtigen Wohnorte des Gemeinschuldners stattfinden [98]).

§. **313.** Bescheinigt der Gemeinschuldner, daß einzelne Gläubiger, deren Befriedigung nachzuweisen (§. 311) er außer Stande sei, nach Leben und Aufenthalt unbekannt sind, so sind solche Gläubiger auf sein Verlangen aufzufordern, ihre Ansprüche binnen zwei Monaten beim Gericht anzumelden. Diese Aufforderung ist mit dem Gesuch an der Gerichtsstelle und auf der Börse auszuhängen, sowie in diejenigen öffentlichen Blätter einzurücken, welche das Gericht für angemessen erachtet.

Etwanige Anmeldungen sind dem Gemeinschuldner mitzutheilen.

Befristung, stattgefunden hat; nach der Börsenordnung für dieselbe Kaufmannschaft vom 7. Mai 1825 (Ges.-Samml. S. 137) §. 3 sind diejenigen Kaufleute von den Börsenversammlungen ausgeschlossen, welche in Konkurs versunken sind, oder ihre Zahlungen eingestellt haben, oder ihre Gläubiger außergerichtlich behandeln. Aehnliches ist für die Kaufmannschaft zu Danzig in dem Statut vom 25. April 1822 (Ges.-Samml. S. 130) §§. 82—84 und in der Börsenordnung v. 12. Januar 1830 (Ges.-Samml. S. 10) §. 4 ausgesprochen, ingleichen für die Kaufmannschaft zu Elbing in den §§. 81—83 des Statuts vom 30. April 1824 (Ges.-Samml. S. 85) und im §. 4 der Börsenordnung vom 24. April 1830 (Ges.-Samml. S. 73), für die Kaufmannschaft zu Stettin in den §§. 94—96 des Statuts vom 15. November 1821 (Ges.-Samml. S. 191) und im §. 2 der Börsenordnung vom 17. März 1832 (Ges.-Samml. S. 221), für die Kaufmannschaft zu Königsberg in den §§. 87—89 des Statuts vom 25. April 1823 (Ges.-Samml. S. 92), für die Kaufmannschaft zu Magdeburg in den §§. 95—97 des Statuts vom 9. April 1825 (Ges.-Samml. S. 25). Die Grundlagen für den Entwurf sind somit bereits gegeben; es kam im Wesentlichen nur darauf an, dieselben in einer den Bedürfnissen des Handelsstandes entsprechenden Weise weiter zu entwickeln, unter einen gemeinsamen Gesichtspunkt zu stellen und in ein festes Rechtssystem zu vereinigen, wie dies in der rheinischen und französischen Gesetzgebung (Handelsgesetzbuch Art. 604 ff., Fallimentsgesetz Art. 604 ff.), sowie in der belgischen, holländischen und in anderen Gesetzgebungen geschehen ist. Die Begutachtungs-Kommission hat sich damit ebenfalls einverstanden erklärt. Hält man hiernach fest, daß der fallirte Handelsmann, um seine volle Integrität wieder zu erlangen, die Befriedigung seiner Gläubiger nachzuweisen hat, und daß er auch durch sein übriges Verhalten nicht unwürdig erscheinen darf, so werden die Bestimmungen des Entwurfs im Einzelnen kaum einer näheren Rechtfertigung bedürfen." (Motive, S. 130.)

98) Vergl. C. de c. Art. 605—607.

Melden die Gläubiger sich nicht, so steht der Mangel des Nachweises ihrer Befriedigung der Wiedereinsetzung des Gemeinschuldners in den vorigen Stand nicht entgegen.

§. **314.** Jeder Gläubiger, welcher noch nicht vollständig befriedigt ist, kann seine Einwendungen gegen das Gesuch bei dem Gericht anbringen. Das Gericht hat darüber das Nöthige von Amtswegen zu ermitteln; ein kontradiktorisches Verfahren findet nicht statt [99]).

An den Orten, wo kaufmännische Korporationen bestehen, müssen die Vorsteher derselben über das Gesuch gehört werden; an anderen Orten sind die zuständigen Handelskammern zur Aeußerung über das Gesuch aufzufordern.

§. **315.** Nach Ablauf des für den öffentlichen Aushang des Gesuchs bestimmten Zeitraums sind die Verhandlungen dem Staatsanwalte des Bezirks zur Erklärung über das Gesuch vorzulegen.

Das Konkursgericht entscheidet durch Beschluß nach Anhörung des Staatsanwalts.

Wird dem Gesuch stattgegeben, so muß die Entscheidung in derselben Weise öffentlich bekannt gemacht werden, wie dies hinsichtlich des Gesuchs vorgeschrieben ist (§. 312).

Wird das Gesuch verworfen, so kann dasselbe erst nach Ablauf von drei Jahren wiederholt werden [100]).

§. **316.** In keinem Falle kann die Wiedereinsetzung in den vorigen Stand einem Gemeinschuldner zu Theil werden, gegen welchen wegen eines Verbrechens oder Vergehens der Verlust der bürgerlichen Ehrenrechte oder die Untersagung ihrer Ausübung auf Zeit durch Erkenntniß ausgesprochen ist [1]).

Ist der Gemeinschuldner wegen einfachen Bankerutts verurtheilt worden, so kann seine Wiedereinsetzung in den vorigen Stand erst nach erfolgter Strafverbüßung oder Begnadigung stattfinden, sofern die übrigen gesetzlichen Erfordernisse vorhanden sind [2]).

§. **317.** Die Wiedereinsetzung in den vorigen Stand ist auch nach dem Tode des Gemeinschuldners zulässig [3]).

---

99) Wie nach Art. 608 des C. de commerce.

100) Vergl. Art. 609—611 des C. de c., der Art. 610 gestattet keine Wiederholung. Der Entwurf hatte, ganz so wie der Code de commerce a. a. O., die Entscheidung dem Appellationsgericht übertragen wegen der hohen Bedeutung, welche die Rehabilitation für die bürgerliche Stellung des Gemeinschuldners, sowie für das Interesse des Handelsstandes habe, und weil sie zugleich eine völlig unbefangene Beurtheilung sichern sollte. (Motive, S. 131.) Der zweite Grund bewies viel zu viel und war daher werthlos; das persönliche Gericht des Gemeinschuldners ist in der Lage, die Sache viel gründlicher und besser unterrichtet als das entfernte Appellationsgericht, zu beurtheilen. Die in den Kammern getroffene Abänderung ist daher ganz zweckmäßig.

1) Zu vergl. C. de c. Art. 612, welcher gewisse Verbrechen und Vergehen, welche den früheren Gemeinschuldner der Rehabilitation unwürdig machen sollen, aufgezählt. Diesem schloß sich der Entwurf im §. 311 (316) an. Die Kammerkommissionen änderten dies in der Art, wie der §. 316 besagt. Die Verbesserung ist zweifelhaft.

2) Nachbildung des Art. 613 a. a. O.

3) Wegen des Interesses, welches die Hinterbliebenen dabei haben, das An-

§. **318.** Wenn der Konkurs durch einen Akkord beendigt worden ist, so kann der Gemeinschuldner schon von dem Zeitpunkte der rechtskräftigen gerichtlichen Bestätigung des Akkords an wieder auf der Börse erscheinen.

Von demselben Zeitpunkte an kann der Gemeinschuldner an den Orten, wo kaufmännische Korporationen bestehen, zur Ausübung der mit der Mitgliedschaft bei der Korporation verbundenen Rechte wieder zugelassen werden [4]), wenn der Betrieb des Geschäfts des Gemeinschuldners von der Ausübung dieser Rechte abhängig ist.

Dagegen kann der Gemeinschuldner auch in dem Falle des Akkords die übrigen durch den Konkurs verlorenen Rechte (§. 310) nur durch die Wiedereinsetzung in den vorigen Stand wieder erlangen; es muß zu diesem Behuf insbesondere der Nachweis geführt werden, daß die Ausfälle, welche die Gläubiger durch den Konkurs und durch den Akkord erlitten haben (§. 198), vollständig getilgt worden sind (§. 311).

Jedoch kann unter besonders geeigneten Umständen [5]) schon der Nachweis der vollständigen Tilgung der akkordmäßigen Verpflichtungen für genügend angenommen werden.

Dritter Titel.

Von dem Verfahren im gemeinen Konkurse.

Erster Abschnitt.

Von der Eröffnung des Konkurses.

§. **319.** Der gemeine Konkurs findet statt über das Vermögen oder den Nachlaß eines Gemeinschuldners, welcher als Handelsmann, Schiffsrheder oder Fabrikbesitzer [1]) nicht anzusehen ist, ingleichen über den Nachlaß eines Handelsmanns, Schiffsrheders oder Fabrikbesitzers [1a]).

Jedoch kann in den Fällen, in welchen der kaufmännische Konkurs stattfindet (§. 114), der gemeine Konkurs nicht eröffnet werden.

§. **320.** Für die Eröffnung des Konkurses und das Konkursverfahren ist das Gericht kompetent, bei welchem der Gemeinschuldner seinen ordentlichen persönlichen Gerichtsstand hat oder bei seinen Lebzeiten gehabt hat.

Besteht für den Ort, nach welchem dieser Gerichtsstand sich bestimmt, ein Handelsgericht, so gehört der Konkurs über den Nachlaß eines Handelsmannes, Schiffsrheders oder Fabrikbesitzers vor dasselbe.

---

denken des Verstorbenen in seiner Reinheit wieder hergestellt zu sehen. (Motive, S. 132.)

4) Dies ist dem Ermessen der kaufmännischen Korporation überlassen.

5) Bei dieser Ausnahme ist die Erwägung leitend gewesen, daß Fälle eintreten können, wo die Anwendung der ganzen Strenge des Gesetzes eine unbillige Härte gegen den Gemeinschuldner sein würde, namentlich wenn die Veranlassung des Konkurses, das Verhalten und die Lage des Gemeinschuldners eine mildere Beurtheilung rechtfertigen und die Persönlichkeit desselben hinlängliche Bürgschaft dafür gewährt, daß er auch nach erlangter Rehabilitation seiner moralischen Verpflichtung gegen die Gläubiger eingedenk sein werde. (Motive, S. 132.)

1) (2. A.) Oben, Anm. 53 b zu §. 80.

1 a) Oben, Anm. 1 zum ersten Titel.

Unter mehreren zuständigen Gerichten gebührt demjenigen der Vorzug, welches die Eröffnung des Konkurses zuerst ausgesprochen hat [1 b]).

§. 321. Das Gericht hat den Konkurs niemals von Amtswegen, sondern nur auf den Antrag eines Gläubigers [2]) oder des bestellten Nachlaßkurators zu eröffnen.

§. 322. Die Eröffnung des Konkurses kann nur stattfinden, wenn Umstände nachgewiesen sind, aus welchen die Unzulänglichkeit [3]) des Vermö-

1 b) Oben, Anm. 8 zu §. 115.

2) Ist bestehendes Recht. A. G.O. §. 4 und Anh. §§. 311, 312. (2. A.) Zur Legitimation des Antragstellers ist es nicht erforderlich, daß er einen exekutorischen Titel habe. Daher, sagt das Obertr., läßt sich der Konkurs im Beginne eher als eine allgemeine Arrestanlage denn als ein allgemeines Exekutionsverfahren betrachten. Erk. vom 6. Oktober 1859 (Entsch. Bd. XLIV, S. 312). Das folgt nicht, beweist oder erklärt aber auch nichts. Denn jeder Arrestschlag ist wesentlich ein antizipirter Anfang der Exekution und doch gehört zur Begründung des Antrages kein exekutorischer Titel. M. vergl. den eigenen Ausspruch des Obertr., in der Anm. * zu Tit. 29, Th. I der A. G.O. Das Obertr. selbst hat denn auch wieder diese neue Erklärung oder Definition oder was es sonst vorstellen soll, fahren lassen oder ignorirt. M. s. oben, die Anm. 10 a. E. zu §. 4. Die Unsicherheit ist hier wie dort der Berechtigungsgrund zum Zugreifen behufs Befriedigung des Gläubigers, und das Zugreifen ist der Anfang der Exekution. — Neu ist die dem Nachlaßkurator beigelegte Befugniß, welche Neuerung damit gerechtfertigt wird, weil der Nachlaßkurator zugleich zum Besten der Gläubiger eingesetzt sei und für berufen erklärt werden dürfe, je nach Lage der Verhältnisse im wohlverstandenen Interesse der bekannten und unbekannten Gläubiger den Konkurs herbeizuführen; ferner weil es der Stellung des Nachlaßkurators, welche ihm nur eine beschränkte Disposition über den Nachlaß gestattet, entsprechend sei, daß ihm das Mittel gewährt werde, sich mit den Nachlaßgläubigern auf einem Wege auseinander zu setzen, der ihn gegen Vertretungen sichert. (Motive, S. 134.) Das Mittel ist in Folge des veränderten Liquidationsprozesses Bedürfniß, da der neue Liquidationsprozeß nicht mehr zur Vertheilung der Masse führt.

3) Die Verfasser sagen zur Begründung der alten Bedingung zur Konkurseröffnung über das Vermögen solcher Personen, welche nicht zum Handelsstande &c. gehören, in den Motiven S. 133:

„Die Konkurseröffnung kann auf dem Gebiete des gemeinen Konkurses, wie solches hiernach zu begrenzen war, nicht von einer Zahlungseinstellung abhängig gemacht werden. Das Erforderniß der Zahlungseinstellung ist nur bei handeltreibenden Gemeinschuldnern anwendbar; die Gründe, welche dasselbe bei diesen rechtfertigen, treffen bei anderen Gemeinschuldnern nicht zu. Dasselbe gilt auch da, wo es sich um den gemeinen Konkurs über den Nachlaß eines Handelsmannes, Schiffsrheders oder Fabrikbesitzers handelt. Denn die Rücksicht auf den persönlichen Kredit des Gemeinschuldners, dessen Erschütterung durch eine bei Lebzeiten des letzteren stattfindende Zahlungseinstellung den Konkurs herbeiführen muß, verliert nach dem Tode des Gemeinschuldners von selbst ihr Gewicht. Ueberdies erleiden in einem solchen Falle die Zahlungsverbindlichkeiten des Erblassers ohnehin Modifikationen; dem Erben muß die gesetzliche Ueberlegungsfrist zu Statten kommen, während welcher er auf die Forderungen der Nachlaßgläubiger sich einzulassen nicht schuldig ist und die Exekution nicht verfügt werden kann (§. 386, Th. I, Tit. 9 Allg. Landrechts, §. 15, Th. I, Tit. 24 Allg. Ger.-Ordn.); wird er Benefizialerbe, so haftet er nur in beschränkter Weise und kann sich durch das erbschaftliche Liquidationsverfahren gegen das Andringen der Gläubiger schützen; hat er aber die Erbschaft ohne Vorbehalt angetreten, so ist er persönlich Schuldner der Nachlaßgläubiger geworden, der Nachlaß ist Bestandtheil seines Vermögens und der Konkurs kann nur auf seinen eigenen Namen, nicht auf den Namen seines Erblassers ausbrechen. Alle diese Umstände lassen es als

gens oder des Nachlasses des Gemeinschuldners zur vollständigen Befriedigung seiner Gläubiger zu entnehmen ist.

§. 323. In den nachstehenden Fällen [4]) ist die Unzulänglichkeit des Vermögens oder des Nachlasses des Gemeinschuldners als erwiesen anzunehmen:

1) wenn der Gemeinschuldner selbst die Unzulänglichkeit seines Vermögens bei dem Gerichte anzeigt;

2) wenn der Gemeinschuldner sich entfernt, ohne einen Bevollmächtigten zur Besorgung seiner Angelegenheiten zu bestellen, und bei der Exekution in sein Vermögen die Unzulänglichkeit desselben zur Befriedigung der andringenden Gläubiger sich ergiebt [4 a]);

3) wenn der Erbe des Gemeinschuldners die Erbschaft ausschlägt, ohne ausdrücklich zu erklären, daß solches zu Gunsten des nächsten auf ihn folgenden Erben geschieht [4 b]);

4) wenn der Benefizialerbe des Gemeinschuldners erklärt, daß er der Verwaltung des Nachlasses sich entschlagen will;

5) wenn aus anderweiten Erklärungen eines Benefizialerben, oder aus den Erklärungen des Nachlaßkurators, oder aus dem Inventar hervorgeht, daß der Nachlaß des Gemeinschuldners unzulänglich ist [5]).

§. 324. Die Eröffnung des Konkurses über einen Nachlaß ist unzulässig, so lange den Erben die gesetzliche Ueberlegungsfrist zu Statten kommt [6]).

---

nothwendig erscheinen, in Betreff des Nachlasses als solchen die Grundsätze der Zahlungseinstellung ganz auszuschließen. Demnach muß für die Eröffnung des gemeinen Konkurses lediglich das Erforderniß des Nachweises der Vermögensunzulänglichkeit festgehalten werden."

4) In anderen Fällen muß die Vermögensunzulänglichkeit besonders erwiesen werden.

4 a) (2. A.) Diesem Falle ist der Fall nicht gleich, wenn der Exekutor in Abwesenheit des Schuldners Exekution zu vollstrecken versucht und keinen abpfändbaren Gegenstand oder doch nicht zureichende Gegenstände findet; denn dieser Pfändungsversuch ergiebt noch nicht die Unzulänglichkeit des Vermögens. Dieses kann noch bedeutend sein, wenn auch der Exekutor keine pfändbaren Mobilien gefunden hat. Deshalb werden noch Ermittelungen, gemäß §. 326, Satz 2, anzustellen sein. Vergl. A. G.O. I, 50, §. 12.

4 b) Auch kein entfernterer Prätendent den Nachlaß in Anspruch nimmt. R. v. 3. Januar 1836. (J.M.Bl. 1840, S. 240.) Vergl. A. L.R. I, 9, §. 410.

5) Die Fälle 1, 2, 3 und 5 sind dem §. 4 der A. G.O. entnommen; hinzugefügt ist der vierte Fall.

6) Im Entwurfe hatte der §. 324 noch 2 Alineas. Das Alinea 2 schrieb vor, daß, wenn sämmtliche Erben die Erbschaft ohne Vorbehalt angetreten haben, über den Nachlaß als solchen der Konkurs nicht eröffnet werden könne, und nach Alinea 3 sollte in solchem Falle auf den Antrag eines Nachlaßgläubigers der Konkurs über das Vermögen des Erben eröffnet werden, wenn der Gläubiger die Unzulänglichkeit des Nachlasses darthue und der Erbe nicht im Stande sei, den Gläubiger zu befriedigen oder sicher zu stellen. Beide Sätze sind von den Kammern gestrichen, in der Ersten deshalb, weil sie der Kommission als selbstverständlich und daher überflüssig schienen (Ber. S. 43); in der Zweiten hingegen deshalb, weil die Vorschrift des Alinea 2 nach der Bestimmung des §. 255 (261) nicht richtig sei, und folgeweise mit dem Wegfall des Alinea 2 auch das Alinea 3

§. 325. Ueber das Vermögen einer Aktiengesellschaft, welche nicht auf Gewerbe- oder Handelsunternehmungen gerichtet ist[6a]), hat das Gericht den Konkurs auf den Antrag der Bezirksregierung zu eröffnen, wenn die Unzulänglichkeit des Vermögens der Gesellschaft aus der der Regierung vorgelegten Bilanz erhellt (§. 26 des Gesetzes über die Aktiengesellschaften vom 9. Nov. 1843, G.S. S. 341).

§. 326. Die Konkurseröffnung ist in allen Fällen durch einen mit Gründen versehenen Beschluß auszusprechen.

Inwiefern zuvor noch Ermittelungen durch Vernehmung des Gemeinschuldners oder des Erben, oder auf andere Weise anzustellen sind, hat das Gericht nach Lage der Sache zu ermessen.

§. 327. Wenn das Gericht die Konkurseröffnung nicht zulässig erachtet, so steht dem Antragsteller binnen zehn Tagen, vom Tage der Zustellung des Beschlusses an gerechnet[7]), die Beschwerde an die höhere Instanz offen.

Wird die Beschwerde begründet gefunden, so ist das Konkursgericht zur Eröffnung des Konkurses anzuweisen.

§. 328. Der Zeitpunkt der Konkurseröffnung fällt auf die Stunde, in welcher der Beschluß gefaßt worden ist.

Diese Stunde muß in dem Beschlusse angegeben werden. Ist eine solche Angabe unterblieben, so gilt die Mittagsstunde des Tages, an welchem der Beschluß gefaßt worden ist, als der Zeitpunkt der Konkurseröffnung.

§. 329. Die Konkurseröffnung, sowie der Zeitpunkt derselben, ist durch das Konkursgericht sofort öffentlich bekannt zu machen.

---

wegfalle. (Ber. S. 133.) Beides ist irrig. Die Vorschrift des Alinea 2, daß, wenn der Erbe Erbe ohne Vorbehalt geworden, alsdann nicht über den Nachlaß (auf den Namen des Erblassers), sondern auf den des Erben der Konkurs eröffnet werden müsse, verstand sich, wie die Erste Kammer annahm, allerdings von selbst und besteht daher auch ohne ausdrückliche Vorschrift nach wie vor als gültiger Rechtssatz. Die Bestimmung des §. 261 (im Entwurf §. 255) ist durchaus nicht entgegen; sie betrifft nicht den Fall, wo der Gemeinschuldner die Erbschaft ohne Vorbehalt angetreten hat, im Gegentheil, sie setzt ausdrücklich voraus, daß der Gemeinschuldner Benefizialerbe sei (§. 261 verb. mit §. 37, Nr. 2 a. E.), und die Kommission der II. K. befand sich mithin in einem Irrthume. Dagegen versteht sich die Vorschrift des Alinea 3 nicht von selbst, sondern enthielt eine Begünstigung für den auf Konkurseröffnung dringenden Gläubiger. In den Motiven S. 133 wird darüber gesagt, es sei in diesem Falle der Nachweis der Vermögensunzulänglichkeit aus Billigkeit erleichtert, um die Gläubiger nicht in eine nachtheilige Lage kommen zu lassen, indem ihnen durch den unbedingten Erbschaftsantritt ein Schuldner substituirt werden könne, mit dessen persönlichen Vermögensverhältnissen sie vielleicht ganz unbekannt seien, und deren Erforschung ihnen vielleicht unmöglich sei, oder doch für sie die größten Schwierigkeiten habe. Da nun aber diese sich auf den Beweis der Vermögensunzulänglichkeit beziehende Ausnahmevorschrift weggefallen ist, so bleibt es bei der Regel des §. 322.

6a) (2. A.) Der §. 325 gilt für Aktiengesellschaften, bei welchen der Gegenstand des Unternehmens nicht in Handelsgeschäften besteht. Einf.-Gesetz zum H.G.B. vom 24. Juni 1861, Art. 32, Abs. 3 (G.S. S. 461). Vergl. oben, Anm. 79a zu §. 281, und Anm. 93a zu §. 307.

7) Wie im Falle des §. 120. Die Fristbestimmung ist erst von den Kammern hinzugefügt. Wird die Beschwerde zurückgewiesen, so hindert dies nicht, einen neuen Antrag, gestützt auf neue Umstände, einzubringen.

Die öffentliche Bekanntmachung erfolgt durch eine oder mehrere Anzeigen in öffentlichen Blättern nach dem Ermessen des Gerichts, sowie durch öffentlichen Anschlag an der Gerichtsstelle und an anderen geeigneten Orten.

Der Gemeinschuldner oder dessen Erbe kann auf seine Kosten eine Abschrift des Eröffnungsbeschlusses (§§. 326, 327) verlangen.

§. **330.** Der Beschluß kann von dem Gemeinschuldner oder dessen Erben mittelst eines Antrags auf Wiederaufhebung des Konkurses angefochten werden.

Der Antrag ist binnen zehn Tagen, vom Tage des Beschlusses an gerechnet, bei dem Konkursgericht anzubringen; er muß den Erfordernissen einer Klage entsprechen und durch den Nachweis der Vermögenszulänglichkeit begründet werden.

Ueber den Antrag hat das Konkursgericht im schleunigen [7a]) Prozesse zu verhandeln und zu entscheiden.

Die Gegenpartei des Antragstellers ist der Verwalter der Konkursmasse und der Gläubiger, welcher die Konkurseröffnung betrieben hat; andere Betheiligte sind dem Prozesse als Intervenienten beizutreten berechtigt.

Es finden nur die Rechtsmittel der Appellation und der Nichtigkeitsbeschwerde statt [7b]).

§. **331.** Die Anfechtung des Beschlusses (§. 330) hat keine aufschiebende Wirkung.

Das Konkursverfahren muß so lange auf Grund des angefochtenen Beschlusses fortgesetzt werden, als nicht die Wiederaufhebung des Konkurses durch ein rechtskräftiges Erkenntniß ausgesprochen wird.

Die rechtskräftige Wiederaufhebung des Konkurses ist in derselben Weise öffentlich bekannt zu machen, in welcher die Bekanntmachung der Eröffnung des Konkurses geschehen ist (§. 329).

§. **332.** Die gesetzlichen Bestimmungen, welche die Zahlungseinstellung betreffen, finden im Falle des gemeinen Konkurses keine Anwendung [8]).

Soweit in den Gesetzen von der Zahlungseinstellung die Rede ist, sind dieselben lediglich auf den Fall des kaufmännischen Konkurses zu beziehen.

Zweiter Abschnitt.

Von dem Verfahren im Konkurse.

§. **333.** Für das Verfahren im gemeinen Konkurse kommen die Vor-

---

7a) Damit ist wieder der abgekürzte Prozeß in schleunigen Sachen, nicht etwa ein beschleunigtes Verfahren nach den Regeln des gewöhnlichen Prozesses, gemeint. Vergl. oben, §. 124 und die Anm. dazu.

7b) (2. A.) Oben, Anm. 27, Abs. 2 zu §. 124. Auch in den, die Wiederaufhebung eines Konkurses betreffenden, Prozessen muß die Anmeldung und Einführung der Appellation und Nichtigkeitsbeschwerde binnen drei Tagen nach Behändigung des angefochtenen Erkenntnisses bei dem Gerichte erster Instanz angebracht werden. Pr. des Obertr. 2698, v. 9. März 1858 (Entsch. Bd. XXXVIII. S. 443 ff.). — Vergl. oben, §. 124, Abs. 5.

8) Vergl. oben, Anm. 3 zu §. 322.

schriften über das Verfahren im kaufmännischen Konkurse (Tit. 2, Abschn. 3 bis 16) zur Anwendung.

Jedoch treten dabei die nachstehenden Abänderungen und Modifikationen ein.

§. **334.** Das Gericht hat vor der Beschlußnahme über die Konkurseröffnung Maßregeln zur Sicherung der Konkursmasse in dringenden Fällen (§. 137) nicht von Amtswegen, sondern nur auf den Antrag eines Gläubigers zu treffen.

Wohnt der Gemeinschuldner in dem Bezirk eines Einzelrichters, so kann der letztere auf den Antrag eines Gläubigers vor der Konkurseröffnung Maßregeln zur Sicherung der Konkursmasse treffen, wenn die erfolgte Anbringung des Antrags auf Konkurseröffnung und zugleich Umstände bescheinigt werden, aus welchen erhellt, daß der Gemeinschuldner entwichen ist, oder daß Sachen desselben bei Seite geschafft werden. Der Richter hat die Verhandlungen über die getroffenen Maßregeln sofort an das Konkursgericht abzugeben.

§. **335.** Der einstweilge Verwalter der Masse hat die ausstehenden Forderungen und die Schulden des Gemeinschuldners aus den Büchern und Papieren, oder in anderer Weise zu ermitteln; er hat dieselben in dem Inventar oder in einem Nachtrage zu verzeichnen und das Inventar mit einem Abschlusse zu versehen, welcher das Verhältniß des Vermögens und der Schulden darstellt. Ein solches Inventar vertritt zugleich die Stelle der Bilanz (§. 155).

Ist in dem Konkurse über einen Nachlaß das Nachlaßinventar bereits angefertigt, so hat der Verwalter dasselbe zu prüfen und zu berichtigen.

§. **336.** Der Berichterstattung des Verwalters über die Lage der Sache, die hauptsächlichen Gründe und die Veranlassungen des Konkurses, sowie über die Natur und den Charakter desselben (§. 163) bedarf es nicht.

Es bewendet in dieser Beziehung bei den allgemeinen Anordnungen, wonach die Gerichte von den zu ihrer Kenntniß kommenden strafbaren Handlungen der Staatsanwaltschaft Mittheilung zu machen haben [9]).

§. **337.** Die Bestellung des definitiven Verwalters und die Liquidation der Masse wird durch das Akkordverfahren nicht aufgehalten.

Jedoch kann die Realisirung der Masse von dem Gericht ausgesetzt werden, wenn der Gemeinschuldner Vorschläge zu einem Akkorde macht, der von dem Gericht als dem Interesse der Gläubiger entsprechend erachtet wird.

§. **338.** In dem Konkurse über einen Nachlaß, welcher mit der Rechtswohlthat des Inventars angetreten worden ist, kann der Benefizialerbe zum Verwalter der Masse bestellt werden. Die Befugnisse und Obliegenheiten desselben sind jedoch lediglich nach den allgemeinen Bestimmungen zu beurtheilen, welche im Konkurse in Betreff des Verwalters der Masse gelten.

Wird eine andere Person zum Verwalter bestellt, so hat der Erbe an diese den Nachlaß auszuliefern und derselben über seine Verwaltung seit dem Ableben des Erblassers Rechnung zu legen [10]).

---

9) Die §§. 334 und 335 bezwecken eine sachgemäße Uebertragung der Grundsätze der §§. 137—140, 163 auf den Fall des gemeinen Konkurses zu sichern. (Motive, S. 134.)

10) Aus dem §. 65, Tit. 51, Th. I der A. G.O. übernommen.

§. 339. Die Eröffnung des Konkurses kann in allen Fällen unterbleiben, wenn bei dem Gericht bekannt ist, daß der Gemeinschuldner ein den Kosten des Konkursverfahrens entsprechendes Vermögen nicht besitzt [11]).

In dieser Beziehung sind Besoldungen und andere an die Person des Gemeinschuldners gebundene Einkünfte [12]), ingleichen Grundstücke und sonstige Gegenstände, soweit sie mit Pfand- oder Hypothekenschulden belastet sind, von dem Vermögen bei dessen Schätzung in Abrechnung zu bringen.

Dritter Abschnitt.

Strafbestimmungen.

§. 340. Der Gemeinschuldner, über dessen Vermögen der Konkurs eröffnet worden ist, wird mit Gefängniß bis zu Einem Jahre bestraft, wenn er einen Gläubiger zum Nachtheil der übrigen Gläubiger befriedigt oder begünstigt, obgleich er zur Zeit dieser Befriedigung oder Begünstigung nicht nur von der Unzulänglichkeit seines Vermögens, sondern zugleich auch davon Kenntniß hatte, daß die Konkurseröffnung bereits beantragt war.

Dieselbe Strafe trifft im Falle der Eröffnung des Konkurses über einen Nachlaß den Erben des Gemeinschuldners, wenn er sich gleicher Handlungen in Ansehung der Nachlaßgläubiger schuldig macht.

§. 341. Der Gläubiger, welcher, nach erlangter Kenntniß von der gerichtlichen Anzeige der Vermögensunzulänglichkeit des Gemeinschuldners oder von dem Antrage auf Konkurseröffnung, zu seiner Begünstigung und zum Nachtheil der übrigen Gläubiger einen besonderen Vertrag mit dem Gemeinschuldner oder dessen Erben eingeht, oder welcher sich von demselben oder anderen Personen besondere Vortheile dafür gewähren oder versprechen läßt, daß er bei der Berathung und Beschlußnahme der Gläubiger in einem gewissen Sinne stimme, wird mit Gefängniß bis zu Einem Jahre bestraft.

Auch kann gegen denselben zugleich auf zeitige Untersagung der Ausübung der bürgerlichen Ehrenrechte erkannt werden [13]).

Vierter Titel.

Von dem erbschaftlichen Liquidationsverfahren [1]).

§. 342. Jeder Benefizialerbe ist berechtigt, das Liquidationsverfahren über den Nachlaß seines Erblassers zu beantragen.

---

11) Wiederholt hier für den gemeinen Konkurs die Bestimmung des §. 306.

12) Hierdurch ist die Vorschrift der K.O. vom 9. April 1825 (Jahrb. Bd. XXV, S. 261), wonach gegen einen in Dienst stehenden Offizier, der außer seinem Gehalte kein der Beschlagnahme unterworfenes Vermögen besitzt, die Konkurseröffnung nicht zulässig sein sollte, generalisirt. Damit sind auch die Civilbeamten vor dem, mit der Konkurseröffnung verbundenen, Verluste gewisser bürgerlichen Rechte (und ihrer Stellen) gesichert.

13) Der §. 341 ist eine bloße Wiederholung des §. 309 mit der für den gemeinen Konkurs sich von selbst verstehenden Veränderung, daß es hier auf die Vermögensunzulänglichkeit, dort bloß auf Zahlungseinstellung ankommt.

1) Dieses allen anderen Rechten unbekannte Gebilde von Verfahren hängt mit dem preußischen Rechtsgrundsatze zusammen, daß der Benefizialerbe gehalten, die Erbschaftsgläubiger nach ihrer Rangordnung zu befriedigen. (A. L.R. I, 9,

Sind mehrere Erben vorhanden, so steht der Antrag jedem einzelnen [2]) derselben in Beziehung auf den ganzen [3]) Nachlaß zu, selbst wenn die übrigen

---

§§. 452—455.) Um ihn dazu in den Stand zu setzen, erfand man für ihn eine besondere Art Konkursverfahren unter dem Namen des erbschaftlichen Liquidationsprozesses, um die Nachlaßschulden zu ermitteln und die Rangordnung derselben festzustellen; und stellte ihm frei: ob er im Besitze und in der Verwaltung der Erbschaft verbleiben und die Befriedigung der Gläubiger nach Maßgabe des Klassifikationserkenntnisses selbst besorgen, oder den Nachlaß zur gerichtlichen Verwaltung und Vertheilung unter die Gläubiger abtreten wollte; gestattete aber auch den Gläubigern unter Umständen die Entsetzung des Erben aus der Verwaltung. Der erbschaftliche Liquidationsprozeß bezweckte somit den Vortheil des Erben und war ein Hinderniß für die Gläubiger, zu ihrer Befriedigung zu gelangen. Nachdem jetzt die Rangordnung der Gläubiger vereinfacht worden, ist dieses absonderliche Verfahren gar nicht mehr Bedürfniß und hätte besser gänzlich abgeschafft werden können. Die Verfasser haben diese Frage auch erwogen und sind dahin gelangt, daß, je einfacher und übersichtlicher die Rangordnung der Forderungen sich gestalte, um so geringer für den Erben die Gefahr einer Vertretungsverbindlichkeit sei und daher eine dringende Veranlassung, ihm durch ein gerichtliches Prioritätsverfahren zu Hülfe zu kommen, alsdann in der That nicht mehr vorhanden, und daß auf keinen Fall die fernere Beibehaltung des erbschaftlichen Liquidationsprozesses in seiner konkursähnlichen Gestalt dem verhältnißmäßig unbedeutenden Zwecke einer Ermittelung und Feststellung der Vorzugsrechte entsprechen würde, welcher dadurch erreicht werden soll. In Anbetracht dessen hat man den erbschaftlichen Liquidationsprozeß in seiner bisherigen Ausdehnung fallen lassen und denselben lediglich in ein öffentliches Aufgebot der Nachlaßgläubiger verwandelt, wie solches auch nach gemeinem deutschen Rechte gestattet sei. Der Erbe erlange durch dieses Aufgebot und durch die damit verbundene Präklusion eine Uebersicht über die Nachlaßschulden und damit eine feste Grundlage für sein Verhalten gegenüber den Gläubigern. (2. A. Das Obertr. drückt diesen Satz in den Motiven seines Erk. vom 15. Februar 1866, Entsch. Bd. LVI, S. 471, mit folgenden Worten aus: „Dieser Zweck des erbschaftlichen Liquidationsprozesses besteht nach der Konkursordnung §§. 342 ff., 355 ff. darin, daß dem Erben eine Uebersicht über die Nachlaßschulden und damit zugleich eine feste Unterlage für sein Verhalten den sämmtlichen Gläubigern gegenüber gewährt werde.") Die weitere Regulirung könne den Betheiligten selbst überlassen werden; die beiderseitigen Interessen seien in den Vorschriften dadurch hinlänglich gesichert, daß der Erbe binnen einer bestimmten Frist nach erfolgtem Aufgebote, durch Uebernahme der angemeldeten Forderungen, von seiner Dispositionsbeschränkung frei werde, den Gläubigern aber, im Falle der Erbe nur Benefizialerbe bleibt, durch Erleichterung des Antrages auf Konkurseröffnung ein Schutz gegen etwanige nachtheilige Verfügungen des Erben gewährt sei. §§. 355—357. (Motive, S. 13.)

2) Das war nach altem Rechte (A. G.O. §. 59) streitig und hatte das Pr. des Obertr. vom 25. Februar 1850 (Entsch. Bd. XIX, S. 217) veranlaßt, daß auch ein Einzelner von mehreren Erben den erbschaftlichen Liquidationsprozeß ausbringen könne. — Auch der hinterbliebene Ehegatte, wenngleich er nicht als Erbe, sondern aus der Gütergemeinschaft Theilnehmer ist, weil jeder Theilnehmer vorweg die Bezahlung der Schulden aus der ganzen Masse verlangen kann. Vergl. das R. vom 8. Februar 1840 (J.M.Bl. S. 59).

3) Auch das war in Frage gestellt worden, wiewohl die Behauptung, daß nur über die Quote des antragenden Erben der erbschaftliche Liquidationsprozeß eröffnet werden könne, nach den Grundsätzen des A. L.R. ganz widersinnig ist. Gegen diese Behauptung ist das R. vom 17. März 1840 (J.M.Bl. S. 123) gerichtet. (2. A.) Nach den Grundsätzen des Gemeinen Rechts, wonach die Erbschaftsschulden unter den Erben nach Maßgabe der Erbquoten ipso jure getheilt sind, ist dies anders. Vergl. Art. XVII des Einf.-Gesetzes für Hohenzollern, vom 31. Mai 1860, und Art. XVIII des Einf.-Gesetzes für den Bezirk des Justizsenats zu Ehrenbreitstein, vom 3. Februar 1864.

Erben die Erbschaft ohne Vorbehalt der Rechtswohlthat des Inventars angetreten haben.

§. 343. Der Antrag auf Eröffnung des Liquidationsverfahrens ist nur innerhalb Eines Jahres [4]), von der erlangten Wissenschaft von dem Anfall der Erbschaft an gerechnet, zulässig.

Der Antrag muß in dem Gerichtsstande der Erbschaft angebracht werden.

§. 344. Ist das Nachlaßinventar nicht bereits errichtet, so muß der Erbe gleichzeitig mit dem Antrage auf Eröffnung des Liquidationsverfahrens ein Verzeichniß der bekannten Erbschaftsgläubiger und der Legatare übergeben, sowie ein Inventar über die zum Nachlasse gehörigen Vemögensstücke einreichen oder die gerichtliche Inventur derselben beantragen [5]).

Die gerichtliche Inventur muß stattfinden, wenn von mehreren Erben auch nur Einer dieselbe verlangt [6]).

§. 345. Der Erbe, welcher auf Eröffnung des Liquidationsverfahrens vorschriftsmäßig angetragen hat, bleibt in dem Besitz und der Verwaltung des Nachlasses [7]); er kann vor der Beendigung des Verfahrens zu keiner

---

4) Bisher war die Befugniß, auf Eröffnung des erbschaftlichen Liquidationsprozesses anzutragen, an keine Frist gebunden. Ganz richtig bemerken die Verf. in den Motiven S. 13, daß nach der Erfahrung dieser Umstand häufig zu unlauteren Zwecken benutzt worden sei. Der Erbe blieb im Besitze des Nachlasses, fand die am meisten andringenden Gläubiger ab, hielt aber die Uebrigen so lange wie möglich hin, bis dann nach Jahren ein längeres Verzögern nicht mehr gelang und nun der erbschaftliche Liquidationsprozeß in Antrag gebracht wurde. War die Masse immittelst nicht verzehrt, so war sie doch verdunkelt und die Befriedigung der Gläubiger wurde durch die daraus entstandenen Verwickelungen von Neuem auf eine Reihe von Jahren hinausgeschoben, wenn nicht vereitelt. Diesem großen Mißstande half die V. v. 4. März 1834, §. 2 dadurch theilweise ab, daß der Erbe die Exekution in den Nachlaß nur durch den Antrag auf Eröffnung des Liquidationsprozesses sollte abwenden können. Indessen, sagen die Verf. zutreffend, wurde dadurch in vielen Fällen nur erreicht, daß die vigilanteren Gläubiger befriedigt wurden; die Gläubiger, deren Forderungen noch nicht exekutionsfähig waren und vielleicht erst nach einem langwierigen Prozesse zur Exekution gebracht werden konnten, oder die sich im Vertrauen auf den Erben in Unterhandlungen einließen oder Nachsicht ertheilten, hatten sicherlich das leere Nachsehen. Die Fristbestimmung hilft daher einem dringenden Bedürfnisse ab; der Zeitraum Eines Jahres ist in allen Beziehungen genügend.

5) Vorausgesetzt, daß die Zeit zur Einreichung des Inventariums noch nicht vorüber ist. Denn die rechtzeitige Einbringung des Inventariums ist eine Bedingung der Zulässigkeit des Antrages auf Eröffnung des erbschaftlichen Liquidationsprozesses. (Vergl. Motive, S. 135.) Ueber die Annehmbarkeit des Antrags wird jedoch, wie bei der Klage, per decretum entschieden, förmliches Verfahren und Erkenntniß über die Eröffnung des Liquidationsprozesses findet nicht statt, wenn auch das Inventarium nicht rechtzeitig eingebracht worden ist. R. vom 19. April 1819 (Jahrb. Bd. XIII, S. 263); vom 18. Mai 1816 (ebd. Bd. VII, S. 182), und vom 8. Mai 1835 (ebd. Bd. XLV, S. 441). Durch die Eröffnung des Liquidationsverfahrens wird den einzelnen Gläubigern, welche den Verlust der Rechtswohlthat ausführen können und wollen, nichts genommen.

6) Vergl. §. 2 der V. v. 4. März 1834 über Exekutionen und oben §. 342, Satz 2.

7) Vergl. §. 69 der A. G.O. Tit. 51. Eine Abtretung des Nachlasses zur gerichtlichen Verwaltung und Vertheilung unter die Gläubiger ist im Liquidationsverfahren nicht mehr zulässig. Anm. 1 zu d. T.

Zahlung an Legatare oder an solche Erbschaftsgläubiger angehalten werden, welche nur einen persönlichen Anspruch geltend machen [8]).

Hierdurch wird jedoch die Fortführung der bereits anhängigen Prozesse und die Einleitung neuer Klagen [9]), sowie die Anlegung von Arresten [10]) auf Nachlaßgegenstände nicht ausgeschlossen.

Auch bleibt die Eröffnung des Konkurses über den Nachlaß in Gemäßheit der darüber geltenden Bestimmungen (§. 321 bis 323) jederzeit zulässig [11]).

§. **346.** Haben mehrere Erben das Liquidationsverfahren beantragt, so sind dieselben gehalten, einen gemeinschaftlichen Bevollmächtigten in dem Bezirk des Gerichts zu bestellen und dem Gericht anzuzeigen.

So lange dies nicht geschehen ist, werden die in dem Verfahren ergehenden Zustellungen an die Erben als gültig bewirkt angesehen, wenn sie auch nur an Einen der Erben erfolgt sind.

§. **347.** Bei der Eröffnung [11a]) des Liquidationsverfahrens sind die sämmtlichen Erbschaftsgläubiger und Legatare aufzufordern, ihre Ansprüche,

---

8) Aus §. 61, Tit. 51 der A. G.O. — Ist schon vor Eröffnung des Liquidationsprozesses die Exekution verfügt und die Beschlagnahme der Gutsrevenüen ausgebracht, so ist dieser Zustand, in welchem sich die Sache bei der Eröffnung befindet, aufrecht zu erhalten; die Abführung des Erlöses erfolgt aber ad depositum. R. v. 14. Januar 1836 (Jahrb. Bd. XLVII, S. 329). Hiernach muß auch eine schon eingeleitete Subhastation ihren Lauf behalten, wenngleich dieselbe von einem Personalgläubiger ausgebracht worden ist; das auf einen solchen Gläubiger entfallende Perzipiendum muß gleichfalls bis nach Beendigung des Liquidationsverfahrens im Depositorium zurückbehalten werden. Im Uebrigen aber bleibt jede Exekution eingestellt und auch der Grundsatz, daß die Eintragung nach Eröffnung des Liquidationsprozesses, auf Grund eines vorher entstandenen Titels, dem Nachlaßgläubiger kein dingliches Recht gegen die übrigen Nachlaßgläubiger verschafft (Erk. des Obertr. v. 15. März 1848, Jur. Wochenschr. 1848, S. 103; vergl. Simon, Rechtsspr., Bd. II, S. 367), ist unverändert geblieben. Rührt der Titel noch von dem Erblasser her, so erwirbt der Gläubiger durch solche Eintragung ein dingliches Recht, d. h. er ist befugt, auf Grund einer solchen Schuld- und Hypothekverschreibung noch im Laufe des erbschaftlichen Liquidationsprozesses sich durch die Eintragung seiner Hypothek ein wirkliches Hypothekenrecht zu verschaffen. Pl.-Beschl. (Pr. 17) des Obertr. v. 12. April 1833 (Präj.-Samml. I, S. 268).

9) Aus §. 88, Tit. 51 der A. G.O.

10) Gemäß §. 72 der A. G.O. Tit. 51. Hinsichtlich der Wirkungen des in Antrag gebrachten Liquidationsverfahrens schließt sich das neue Gesetz dem bestehenden Rechte an. (Motive, S. 135.)

11) Wie nach der A. G.O. §§. 64, 86 a. a. O. Unter den Gläubigern, welche die Konkurseröffnung über den Nachlaß ausbringen können, sind auch die im Testamente des Erblassers eingesetzten Legatarien mit zu verstehen. Pr. des Obertr. 819, vom 8. Februar 1840 (Entsch. Bd. VI, S. 116).

11a) Der J.M. giebt hier zu den §§. 347, 349, 351, 352, 355 folgende Anweisung nebst Muster:

a) Instr. v. 6. August 1855.

„§. 57. Wenn das Gericht die Eröffnung des erbschaftlichen Liquidationsverfahrens beschließt, so ist in dem Beschlusse zugleich die Anmeldungsfrist, sowie die Art der öffentlichen Bekanntmachung der zu erlassenden Aufforderung zu bestimmen.

Das nach dem Ablauf der Anmeldungsfrist aufzustellende Verzeichniß der angemeldeten Forderungen hat den Zweck, bei der Abfassung des Präklusions-

dieselben mögen bereits rechtshängig sein oder nicht, bis zu einem gewissen Tage bei dem Gericht schriftlich oder zu Protokoll anzumelden.

Die Bestimmung der Anmeldungsfrist hängt von dem Ermessen des Gerichts ab, doch darf die Frist nicht unter drei Wochen und nicht über sechs Monate vom Tage der Aufforderung an betragen.

§. 348. Der Aufforderung ist die Verwarnung beizufügen, daß die Erbschaftsgläubiger und Legatare, welche ihre Forderungen nicht innerhalb der bestimmten Frist anmelden, sich wegen ihrer Befriedigung nur an dasjenige halten können, was nach vollständiger Berichtigung aller rechtzeitig angemeldeten Forderungen von der Nachlaßmasse, mit Ausschluß aller seit dem Ableben des Erblassers gezogenen Nutzungen übrig bleibt [12]).

---

erkenntnisses zur Grundlage zu dienen. Dasselbe ist mit folgenden Rubriken zu versehen:

1. laufende Nummer; hierbei ist lediglich die Zeitfolge der einzelnen Anmeldungen maßgebend;
2. Name, Wohnort und Stand des Gläubigers;
3. Tag des Eingangs der Anmeldung;
4. angemeldeter Betrag;
5. Bezeichnung und Rechtsgrund der Forderung, unter Angabe der Beweisurkunden.

Das Verzeichniß ist von einem Büreaubeamten aufzustellen und demnächst von dem ernannten Referenten zu prüfen.

In der zur Abfassung des Präklusionserkenntnisses anberaumten Sitzung hat der Referent dem Vortrage des Verzeichnisses das Nöthige über die Eröffnung des Verfahrens und die Beobachtung der Förmlichkeiten vorauszuschicken. Die Bemerkungen und Anträge der etwa erschienenen Interessenten in Betreff der Förmlichkeiten des Verfahrens und der Vollständigkeit des Verzeichnisses der Forderungen werden gehört; weitere Erörterungen aber, namentlich über die Zulässigkeit des Verfahrens oder über die Richtigkeit der Forderungen, finden nicht statt.

Das Präklusionserkenntniß ist in der Sitzung abzufassen und zu publiziren.

Hat das Erkenntniß die Rechtskraft beschritten, so ergeht die Bekanntmachung über die Beendigung des Verfahrens; es werden die Kosten von dem Erben eingezogen und die Akten reponirt."

b) Formular Nr. 20.

„Aufforderung der Erbschaftsgläubiger und Legatare im erbschaftlichen Liquidationsverfahren.

(Konkurs-Ordnung §§. 347, 348; Instruktion §. 57.)

Ueber den Nachlaß des . . . . zu . . . . ist das erbschaftliche Liquidationsverfahren eröffnet worden. Es werden daher die sämmtlichen Erbschaftsgläubiger und Legatare aufgefordert, ihre Ansprüche an den Nachlaß, dieselben mögen bereits rechtshängig sein oder nicht, bis zum . . . . einschließlich bei uns schriftlich oder zu Protokoll anzumelden. Wer seine Anmeldung schriftlich einreicht, hat zugleich eine Abschrift derselben und ihrer Anlagen beizufügen.

Die Erbschaftsgläubiger und Legatare, welche ihre Forderungen nicht innerhalb der bestimmten Frist anmelden, werden mit ihren Ansprüchen an den Nachlaß dergestalt ausgeschlossen werden, daß sie sich wegen ihrer Befriedigung nur an dasjenige halten können, was nach vollständiger Berichtigung aller rechtzeitig angemeldeten Forderungen von der Nachlaßmasse, mit Ausschluß aller seit dem Ableben des Erblassers gezogenen Nutzungen, übrig bleibt.

Die Abfassung des Präklusionserkenntnisses findet nach Verhandlung der Sache in der auf den . . . . in unserem Audienzzimmer Num. . . . anberaumten öffentlichen Sitzung statt.

N. N. den . . . . . .

Königliches Kreisgericht. Erste Abtheilung."

12) Ist bestehendes Recht. A. G.O. Tit. 51, §. 85.

Zugleich ist in der Aufforderung eine Sitzung des Gerichts zur Abfassung des Präklusionserkenntnisses anzuberaumen.

§. **349.** Die Aufforderung ist öffentlich bekannt zu machen.

Die öffentliche Bekanntmachung erfolgt durch eine oder mehrere Anzeigen in öffentlichen Blättern nach dem Ermessen des Gerichts, sowie durch öffentlichen Anschlag an der Gerichtsstelle und an anderen geeigneten Orten.

Die Aufforderung ist außerdem der Steuererhebungsstelle und dem Gemeindevorstande am letzten Wohnorte des Erblassers, sowie jedem Erbschaftsgläubiger und Legatar, welcher in dem Nachlaßinventar oder in dem übergebenen Verzeichnisse (§. 344) aufgeführt steht, ingleichen dem Erben in einfacher Abschrift zu übersenden. Jedoch ist in keinem Falle die Wirksamkeit der Aufforderung von dieser besonderen Zustellung abhängig.

§. **350.** Die Anmeldung der Forderung muß den Namen, Wohnort und Stand des Gläubigers, sowie den Rechtsgrund und den Betrag der Forderung enthalten. Die Beweismittel für die Richtigkeit der Forderung sind der Anmeldung beizufügen oder darin anzugeben [13]); wird die Anmeldung schriftlich eingereicht, so ist eine Abschrift derselben und ihrer Beilagen beizufügen [13a]).

§. **351.** Die eingehenden Anmeldungen sind dem Erben in Abschrift mitzutheilen.

Nach dem Ablauf der Anmeldungsfrist ist ein Verzeichniß der sämmtlichen angemeldeten Forderungen aufzustellen [13b]).

§. **352.** In der zur Abfassung des Präklusionserkenntnisses [14]) anberaumten öffentlichen Sitzung des Gerichts wird das Verzeichniß der ange-

---

13) „Die Anmeldungen" — sagen die Verf. — „müssen so beschaffen sein, daß der Erbe dadurch in den Stand gesetzt wird, die Richtigkeit der Ansprüche prüfen zu können; es ist dies für seine weiteren Entschließungen von Wichtigkeit." (Motive, S. 136.) Ein für den beabsichtigten Zweck nicht nothwendiges Erforderniß, an dessen Nichtbeachtung auch keine Nachtheile für den Gläubiger geknüpft sind. Der Zweck des Aufgebots ist bloß, die Gläubiger oder vielmehr die Personen, welche Forderungen zu haben vermeinen, kennen zu lernen; ob ihre Ansprüche rechtlichen Grund haben, läßt sich dabei gar nicht ausmachen, nicht einmal wahrscheinlich machen; der Angemeldete kann ja in der Anmeldung „angeben" was er will, wozu also erst als Bestandtheil der Anmeldung werthlose Dinge vorschreiben!

13a) Paßt nicht für Privatpersonen, welche selbst ihre Anträge machen und einreichen. Vergl. oben, Anm. 83a zu §. 169.

13b) Ueber die Aufstellung und Form dieses Verzeichnisses s. o. die Anm. 11a zu §. 347.

14) Das Präklusionserkenntniß erscheint den Verf. nothwendig, um dem Erben eine feststehende Uebersicht der Nachlaßschulden zu geben und ihm so eine Vergleichung der letzteren mit den Kräften des Nachlasses zu ermöglichen. (Motive, S. 136.) Das Präklusionserkenntniß ist jedoch ein an sich überflüssiger Akt; die Ausschließung erfolgt von Rechts wegen durch Ablauf der Frist, und hat höchstens den prozessualischen Zweck, festzustellen: ob die Förmlichkeiten beobachtet worden sind, oder was dazu noch nachzuholen bleibt. Die Uebersicht, welche das Präklusionserkenntniß dem Erben verschaffen soll, erhält dieser viel besser schon durch das Verzeichniß, welches der §. 351 anordnet.

meldeten Forderungen [14a]) vorgetragen; die etwa erschienenen Interessenten sind mit ihren Bemerkungen und Anträgen zu hören.

Findet das Gericht die vorgeschriebenen Förmlichkeiten nicht gehörig beobachtet, so ist die Nachholung des Erforderlichen oder die Wiederholung des Verfahrens durch einen Beschluß anzuordnen.

Sind dagegen die Förmlichkeiten beobachtet, so schreitet das Gericht zur Abfassung des Erkenntnisses [14b]). Das Gericht hat darin die Erbschaftsgläubiger und Legatare, welche sich innerhalb der bestimmten Frist gemeldet haben, einzeln aufzuführen und denselben ihre Rechte wegen der angemeldeten Forderungen vorzubehalten; gegen alle übrigen ist die Ausschließung mit ihren Ansprüchen an den Nachlaß in Gemäßheit der der Aufforderung beigefügten Verwarnung (§. 348) auszusprechen; hierbei sind die bekannten Erbschaftsgläubiger und Legatare (§. 347) namentlich auszuschließen.

§. 353. Eine Ausfertigung des Erkenntnisses ist dem Erben zuzustellen [14c]).

Eine zweite Ausfertigung für alle übrigen Betheiligten ist durch öffentlichen Aushang an der Gerichtsstelle bekannt zu machen. Die Insinuation gilt als bewirkt, wenn die Ausfertigung 14 Tage lang ausgehangen hat.

Wird gegen einen bekannten Erbschaftsgläubiger oder Legatar die Ausschließung ausgesprochen (§. 352), so ist demselben das Erkenntniß, soweit es ihn betrifft, abschriftlich mitzutheilen [15]).

§. 354. Den Erbschaftsgläubigern und Legataren, welche von der durch das Erkenntniß ausgesprochenen Ausschließung (§. 352) betroffen werden, steht gegen das Erkenntniß nur das Rechtsmittel der Restitution [16]) zu.

14a) Nicht bloß dieses Verzeichniß, sondern auch die Geschichte des Verfahrens ist vorzutragen. Anm. 11a zu §. 347.

14b) Das Erkenntniß soll nach der Anordnung des J.M. Simons (Anm. 11a zu §. 347) in der Sitzung abgefaßt und publizirt werden. Da aber der Tenor des Erkenntnisses ein zweifaches Verzeichniß der Gläubiger, nämlich der angemeldeten und der bekannten unangemeldeten, enthalten muß; so ist diese Vorschrift bei einem umfangreichen und sehr verschuldeten Nachlaß, wenn nicht unausführbar, doch unpraktisch, indem das Schreiben der vielleicht mehrere Bogen langen Verzeichnisse einen halben Tag oder noch mehr Zeit erfordern kann, während zwei Gerichtsmitglieder und die Parteien unbeschäftigt sitzen müssen. In solchen, freilich wol nur seltenen, Fällen muß entweder das Erkenntniß zur Sitzung fertig mitgebracht, oder die Eröffnung desselben muß auf eine andere sofort zu bestimmende Sitzung verlegt werden. Der letztere Weg ist unter allen Umständen der sichere und auch gesetzlich gestattete.

14c) Damit wird hier eine förmliche Insinuation gemeint. Vergl. Abs. 2.

15) Und vorschriftsmäßig zu insinuiren.

16) Die Verfasser des Entwurfs wollten nicht die Restitution, sondern nur die Nichtigkeitsbeschwerde gestatten. Zur Begründung dieses Prozeßgrundsatzes sagten sie in den Motiven S. 136:

„Das Rechtsmittel der Restitution gegen das Präklusionserkenntniß konnte nicht als angemessen erachtet werden. Dasselbe würde sich, da es dabei auf eine Angabe und Bescheinigung erheblicher Hinderungsursachen nicht ankommt (vergl. Allg. Ger.-Ordn. Anh. §. 125, V. v. 21. Juli 1846, §. 31), nur als eine allgemeine Verlängerung der Anmeldungsfrist darstellen, welche durch das Bedürfniß nicht geboten ist; der Abschluß des Verfahrens muß im Interesse der Gläubiger möglichst beschleunigt werden; das Ableben des Erblassers wird auch den

§. **355.** Sobald das Präklusionserkenntniß die Rechtskraft beschritten hat, ist das gerichtliche Verfahren beendigt. Dem Erben bleibt überlassen, sich mit den Erbschaftsgläubigern und den Legataren wegen der Berichtigung der angemeldeten Nachlaßschulden zu benehmen.

Das Gericht hat die Beendigung des Verfahrens öffentlich bekannt zu machen (§. 349).

Die Beweisstücke, welche zur Begründung der angemeldeten Forderungen eingereicht worden sind, müssen den Interessenten auf Verlangen zurückgegeben werden; auch steht den Interessenten frei, das Nachlaßinventar in dem Büreau des Gerichts einzusehen.

§. **356.** Erklärt der Erbe bei dem Gericht, daß er die sämmtlichen angemeldeten Forderungen, so weit solche in Richtigkeit beruhen, befriedigen will, ohne sich dagegen der Rechtswohlthat des Inventars zu bedienen, so wird er für die angemeldeten Forderungen, so weit sie in Richtigkeit beruhen, persönlich verhaftet; die übrigen Forderungen können nur insofern gegen ihn geltend gemacht werden, als die Gläubiger und Legatare beweisen, daß nach Befriedigung jener Forderungen noch Nachlaßmasse übrig bleibt.

Sind mehrere Erben vorhanden, so findet vorstehende Bestimmung auf jeden einzelnen von ihnen Anwendung.

§. **357.** Wenn der Erbe, oder unter mehreren Erben auch nur Einer von ihnen, binnen zwei Monaten seit dem Tage der öffentlichen Bekanntmachung über die Beendigung des Verfahrens (§. 355) weder diese Erklärung (§. 356) abgiebt, noch auf die Rechtswohlthat des Inventars verzichtet, so kann von jedem Gläubiger oder Legatar die Eröffnung des Konkurses beantragt werden, ohne daß es des besonderen Nachweises der Unzulänglichkeit des Nachlasses bedarf [17]).

Gläubigern, sofern sie die gehörige Aufmerksamkeit anwenden, nicht leicht unbekannt bleiben und es ist ihre Sache, sich in Zeiten um die Lage des Nachlasses zu bekümmern. Nur für den Fall, daß wesentliche Vorschriften des Verfahrens verletzt sein sollten, z. B. wenn der Erbe gar nicht als Benefizialerbe anzusehen ist, oder wenn die Anmeldungsfrist auf einen kürzeren Zeitraum als drei Wochen gestellt worden ist, muß ein Rechtsmittel zur Remedur gewährt werden, und als solches kann füglich die Nichtigkeitsbeschwerde für alle präkludirten Gläubiger gleichmäßig zur Anwendung kommen." — Diese Gründe vermögen die Abschaffung eines uralten wohlbegründeten Grundsatzes des deutschen Prozeßrechts nicht zu rechtfertigen; das Bedürfniß der Restitution ist allerdings in der Erfahrung begründet. Die Kammern haben daher wohlgethan, dies zu ändern und, wie bisher, die Restitution zuzulassen. Daß die Nichtigkeitsbeschwerde unbedingt ausgeschlossen sein soll; läßt sich aber nicht rechtfertigen, da ja wesentliche Prozeßvorschriften verletzt worden sein können und der präkludirte Gläubiger durch das Mittel der Nichtigkeitsbeschwerde noch Hülfe finden kann, wenn die kurze Restitutionsfrist, vielleicht ohne sein Verschulden, bereits abgelaufen ist.

17) Der Entwurf (§. 355) bestimmte auch noch, daß jeder Gläubiger und Legatar berechtigt sei, seine Forderung an den Nachlaß, soweit derselbe reicht, gegen den Benefizialerben zur Vollstreckung zu bringen. Dies ist bei der Umschmelzung der §§. 354 u. 355 in den Kammerkommissionen weggelassen, ohne daß darüber etwas gesagt wird. Denn die Einwendungen sind dagegen gerichtet, daß auch die Präklusion ihre Wirkung verlieren sollte. Man darf aus dieser Weglassung nicht schließen, daß die Gläubiger kein anderes Mittel haben sollen als den Antrag auf Konkurseröffnung. Es versteht sich vielmehr, daß jeder Gläubiger auch das Mittel der gewöhnlichen Exekution anwenden kann. Dadurch kann

§. 358. Die gerichtlichen Kosten des Liquidationsverfahrens gehören zu den Nachlaßschulden und sind vorweg zu berichtigen [18]).

Dies gilt auch von den durch die Einlegung der Restitution gegen das Präklusionserkenntniß erwachsenen gerichtlichen Kosten, soweit dieselben nicht dem Restitutionssucher zur Last fallen.

§. 359. Faustpfandgläubiger und andere Realgläubiger (§§. 31 bis 33) sind von der Einlassung in das erbschaftliche Liquidationsverfahren befreit, soweit sie ihre Befriedigung aus den ihrem Realrecht unterworfenen Nachlaßgegenständen suchen.

Sie haben demnach, ohne Rücksicht auf die erfolgte Eröffnung des Liquidationsverfahrens, die Befugniß, ihre Forderungen gegen den Erben im gewöhnlichen Wege geltend zu machen und sich an die verhafteten Gegenstände nach den allgemeinen Vorschriften über die Exekution und nothwendige Subhastation zu halten.

Die nothwendige Subhastation kann auch von dem Erben selbst in Antrag gebracht werden [19]).

§. 360. Wenn im Laufe des erbschaftlichen Liquidationsverfahrens oder nach Beendigung desselben der Konkurs über den Nachlaß eröffnet wird, so sind alle Schriftstücke und Verhandlungen, welche das Liquidationsverfahren betreffen, an das Konkursgericht abzugeben.

Der Erbe hat dem Verwalter der Masse Rechnung zu legen [20]).

In dem Konkurse bedarf es keiner nochmaligen Anmeldung der Forderungen, welche bereits in dem erbschaftlichen Liquidationsverfahren rechtzeitig angemeldet worden sind; es ist nur die Anmeldung des Vorrechts nachzuholen, sofern ein solches für die angemeldete Forderung in Anspruch genommen wird.

Die im Liquidationsverfahren angemeldeten Forderungen sind in die bei der Prüfungsverhandlung zum Grunde zu legende tabellarische Nachweisung (§§. 170, 171) aufzunehmen.

Ein Akkord findet nicht statt.

es freilich kommen, daß privilegirte Gläubiger unbefriedigt bleiben, wenn auf Andringen nachgesetzter Gläubiger der Nachlaß erschöpft wird. Aber dann haben einestheils jene ihrer Nachlässigkeit den Ausfall beizumessen, indem sie die Konkurseröffnung rechtzeitig auszubringen versäumt haben, anderntheils bleibt ihnen der Erbe verantwortlich, weil er die Mittel nicht zur Befriedigung der ihm bekannten bevorzugten Gläubiger verwendet hat. (2. A.) Das Obertr. hat jedoch erkannt, daß der Gläubiger, welchem seine Rechte vorbehalten sind, seine Befriedigung nur durch den Antrag auf Eröffnung des Konkurses über den Nachlaß geltend machen könne. Erk. vom 15. Februar 1866 (Entsch. Bd. LVI, S. 470).

18) Sie werden von dem Erben eingezogen. Oben, Anm. 11a zu §. 347.

19) Der §. 358 entspricht den bestehenden Bestimmungen in den §§. 1, 2, 3, 5, 7 der V. v. 29. Dezember 1840; §. 2, Nr. 2 der Subhastationsverordnung v. 4. März 1834 und §. 4 der V. v. 28. März 1840 (G.S. S. 103).

20) Bei der Rechnungslegung kann der Erbe die auf Bezahlung von Erbschaftsschulden bereits verwendeten Summen in Ausgabe stellen; er ist nicht schuldig, dieselben zur Masse zurückzuzahlen und an Stelle der bezahlten Gläubiger zu liquidiren; etwanige Einwendungen dagegen gehören in den Rechnungsprozeß. Erk. des Obertr. v. 26. März 1828 (Simon, Rechtsspr., Bd. II, S. 63).

Gläubiger, welche mit ihren Forderungen an den Nachlaß im Liquidationsverfahren ausgeschlossen worden sind (§. 352), können im Konkurse erst nach Befriedigung der Gläubiger, welchen in dem Präklusionserkenntnisse ihre Ansprüche vorbehalten sind, aus der Masse Befriedigung erhalten.

§. **361.** Was in dem gegenwärtigen Titel hinsichtlich des Benefizialerben verordnet ist, gilt auch von dem Nachlaßkurator, soweit nicht die Einschränkungen, welchen derselbe bei der Führung der Kuratel gesetzlich unterworfen ist, von selbst Abänderungen bedingen.

Fünfter Titel.

Von dem Prioritätsverfahren in der Exekutionsinstanz.

Erster Abschnitt.

Von dem Prioritätsverfahren bei Exekutionsvollstreckungen in das bewegliche Vermögen.

§. **362.** Wenn ein Gläubiger im Wege der Exekution bewegliche Sachen seines Schuldners in Beschlag genommen hat, so können andere Gläubiger desselben Schuldners wegen Forderungen, welche gegen den Letzteren vollstreckbar sind [1]), der Beschlagnahme beitreten [1a]) und aus den in Beschlag genommenen Sachen ihre Befriedigung suchen.

---

1) Gläubiger ohne exekutorischen Titel können nicht konkurriren; Interventionen wegen dinglicher Rechte sind dagegen nicht ausgeschlossen. Pl.-Beschl. (Pr. 1769) des Obertr. v. 25. August 1846 (Entsch. Bd. XIII, S. 111). Ein Pfandgläubiger, dessen Forderung noch nicht liquide oder nicht fällig ist, z. B. ein Verpächter oder Vermiether vor Beendigung des Pacht- oder Miethsverhältnisses, kann zwar der Veräußerung der ihm haftenden Pfandstücke auf Antrag eines anderen Exekutionssuchers nicht entgegentreten; aber es kann ihm der Erlös nicht durch Auszahlung an jenen entzogen werden, vielmehr muß er durch Verwahrung des auf ihn fallenden Betrages gedeckt bleiben. — Andere bloß privilegirte Gläubiger können ohne exekutorischen Titel nicht konkurriren. Vergl. Pl.-Beschl. v. 25. Januar 1847 (J.M.Bl. S. 56) und unten §. 376.

Ist wegen einer Forderung Arrest auf eine dem Schuldner gehörige in deposito befindliche Masse angelegt, und in dem rechtskräftigen Erkenntniß für justifizirt erklärt worden, so kann der Gläubiger von dem über die gedachte Masse sich erhebenden Prioritätsstreit nicht aus dem Grunde ausgeschlossen werden, weil seit jenem Judikate mehr als Jahresfrist abgelaufen ist und er außer dem angelegten und ohne sein Verschulden bisher nicht realisirten Arreste anderweitige Exekutionsanträge nicht gestellt hat. Pr. des Obertr. 2424, v. 6. Januar 1853 (Entsch. Bd. XXIV, S. 475). Vergl. Pl.-Beschl. v. 25. Januar 1847 (J.M.Bl. S. 56) und unten §. 376.

1a) Die Instr. des J.M. v. 6. August 1855 unterrichtet hier wie folgt:

„§. 58. Wenn bei Vollstreckung der Exekution zulässige Beitrittserklärungen eingehen, so hat das Gericht Verfügung zu treffen, daß die Masse im Falle ihrer Unzulänglichkeit zur gerichtlichen Verwahrung abgeliefert wird (vergl. §. 366 des Gesetzes). Zu diesem Behuf ist die nöthige Anweisung an den mit der Realisirung der in Beschlag genommenen Gegenstände beauftragten Beamten zu erlassen.

Der beitretende Gläubiger wird von der Zulassung seiner Beitrittserklärung, sowie von der auf die letztere ergangenen Verfügung benachrichtigt.

Die sämmtlichen Beitrittserklärungen gehören nebst dem weiteren Verfahren zu den Akten, in welchen die erste Beschlagnahme oder Ermächtigung zur Ein-

§. 363. Wenn ein Gläubiger im Wege der Exekution eine ausstehende Forderung seines Schuldners in Beschlag genommen hat, oder zur Einklagung einer solchen Forderung mit den Rechten eines Assignatars ermächtigt worden ist, so können andere Gläubiger auf Grund eines vollstreckbaren Titels der Beschlagnahme der Forderung oder der Ermächtigung zur Einklagung derselben beitreten und aus der Forderung ihre Befriedigung suchen.

Dasselbe findet statt, wenn ein Gläubiger zur Einklagung einer solchen Forderung ermächtigt worden ist, die nicht eine bestimmte Geldsumme, sondern andere körperliche Sachen zum Gegenstande hat [2]).

§. 364. Die Beitrittserklärung ist bei dem Gericht anzubringen, von welchem die Exekution vollstreckt worden ist [3]) (§. 362), oder welches zuerst die Forderung in Beschlag genommen oder die Ermächtigung zur Einklagung ertheilt hat (§. 363).

Die Beitrittserklärung muß den Nachweis [4]) der Vollstreckbarkeit der Forderung enthalten, sowie den Betrag der Forderung und das Vorzugsrecht angeben, welches der Gläubiger in Anspruch nimmt.

Wird die Beitrittserklärung zulässig befunden [4a]), so ist dieselbe den

---

klagung verfügt worden ist. Jedoch hat das Gericht jedesmal zu den Akten über die Forderung des beitretenden Gläubigers von der Beitrittserklärung desselben und der darauf erlassenen Verfügung durch Mittheilung einer Abschrift der letzteren Nachricht zu geben."

2) Ges. v. 20. März 1854, §. 17. (G.S. S. 115.)

3) Nach der bisher bestandenen, sich auf §. 448, Tit. 50 der A. G.O. gründenden Praxis mußte sich jeder Gläubiger an das Gericht, welches in der Sache desselben das Erkenntniß zu vollstrecken hatte, wenden; dieses erließ ein Immissionsdekret und requirirte das schon mit der Auspfändung und Beschlagnahme befaßte Gericht um Berücksichtigung des neuen Exekutionssuchers. Diese „richterliche Exekutionsverfügung" (Pl.-Beschl. v. 25. August 1846, Anm. 1) ist auch nach der neuen Bestimmung noch erforderlich, nur in anderer Form oder vielmehr unter einem anderen Namen: der Richter muß den Beitritt durch ein Dekret für zulässig erklären; ohne dieses Dekret hat die Beitrittserklärung des Exekutionssuchers keine Wirkung. (§. 364, Absatz 2; §. 368, Abs. 2 a. E.)

4) Dieser Nachweis wird meistens nur durch ein Attest des Prozeßrichters geschehen können; es ist daher mit der Abänderung des bestehenden Rechts (Anm. 3) nichts gewonnen. Auch der für diese Neuerung angegebene Grund ist nicht treffend. Es erscheine nicht angemessen, sagt man, daß das Gericht durch ein Immissionsdekret über das Theilnahmerecht des beitretenden Gläubigers entscheide; es komme vorab nur darauf an, bestimmt zu wissen und den übrigen Interessenten mitzutheilen, was der Gläubiger fordert und auf welchem Titel seine Forderung beruht; die Erörterung und Entscheidung über sein Theilnahmerecht erfolge demnächst im weiteren Verfahren. (Motive, S. 137.) Das Wesen des Immissionsdekrets ist völlig verkannt; es ist die Exekutionsverfügung des zuständigen Richters und der allerstärkste Beweis, daß der Titel vollstreckbar sei. Das ist es, worauf es allein ankommt, und was wol auch der Grund ist, daß die Verf. im §. 364 „den Nachweis der Vollstreckbarkeit" fordern. Wenn dieser noch auf andere Weise als durch die Exekutionsverfügung des zuständigen Richters soll erbracht werden können, so wird einem inkompetenten Richter, der die bisher verhandelten Akten nicht kennt, ein Urtheil beigelegt und damit ein ganz unnöthiges Informationsverfahren vor demselben eingeführt.

4a) (2. A.) Erklärt der Richter den Beitritt für unzulässig, so hindert dies nicht, daß der spätere Gläubiger eine sein eigenes Verhältniß zu dem ersten Exe-

übrigen Exekutionssuchern, sowie dem Schuldner bekannt zu machen. Handelt es sich um eine ausstehende Forderung des Schuldners, so muß auch der, gegen welchen dem Schuldner die Forderung zusteht, von der Beitrittserklärung in Kenntniß gesetzt werden.

§. 365. Wenn ein oder mehrere Gläubiger der Ermächtigung zur Einklagung einer ausstehenden Forderung beigetreten sind, so kann die Klage nur von allen gemeinschaftlich angestellt werden, oder es müssen, wenn die Klage bereits von einem Gläubiger angestellt worden ist, die übrigen Gläubiger diesem Prozesse beitreten. Der Prozeß ist in solchen Fällen durch einen gemeinschaftlichen Bevollmächtigten zu betreiben; findet über die Wahl des Bevollmächtigten keine Einigung unter den Gläubigern statt, so wird derselbe von dem Gericht bestellt[4b].

§. 366. Wenn sich ergiebt, daß die in Beschlag genommenen Sachen zur vollständigen Befriedigung der Gläubiger, welche aus denselben ihre Befriedigung suchen, nicht zulänglich sind, so ist der Erlös aus den Sachen in gerichtliche Verwahrung zu nehmen.

Ist die ausstehende Forderung zur vollständigen Befriedigung der Gläubiger, welche aus derselben ihre Befriedigung suchen (§. 363), nicht zulänglich, so muß der zur Zahlung Verpflichtete die Zahlung zum gerichtlichen Depositorium leisten[4c].

---

kutionssucher berührende Frage zur Entscheidung mittelst richterlichen Erkenntnisses bringe. Erk. des Obertr. vom 18. Juli 1861 (Arch. f. Rechtsf. Bd. XLII, S. 283).

4b) Dieser Zwang der Parteien betreffs der Vertretung in der Prozeßführung, von den Kommiss. d. K. erfunden, ist jedes rechtlichen und zwingenden Grundes baar; er steht mit dem allgemeinen Prozeßgrundsatze, daß keine Partei gehalten, sich vertreten zu lassen, in geradem Widerspruch. Unfindbar ist ein selbst nur scheinbarer Grund, warum hier den Streitgenossen ein Vormund durch das Gericht soll bestellt werden müssen, warum nicht vielmehr der Grundsatz des §. 238 soll Anwendung finden können. Man kann keiner Partei zumuthen, sich einen Rechtsanwalt aufzwingen zu lassen, zu welchem sie kein Vertrauen hat. Der eingeführte Satz ist auch zur Herstellung der Aktivlegitimation in dem Falle, wenn einer oder der andere der beigetretenen Gläubiger unthätig ist, nicht nothwendig; auch ein Einzelner kann mit dem Antrage auf Zahlung ad depositum zur Vertheilung an sämmtliche beigetretene Gläubiger klagen. Anm. 40 zu §. 450, Tit. 5, Th. I, und Anm. 5, Nr. I zu §. 10, Tit. 17, Th. 1 des A. L.R.; ferner Pr. des Obertr. vom 24. September 1852 (Entsch. Bd. XXIV, S. 86).

4c) (2. A.) Diese Vorschrift schließt aber nicht aus, daß die Theilung einer ausstehenden Forderung, welche zur vollständigen Befriedigung der Gläubiger, die aus derselben ihre Befriedigung suchen, nicht zulänglich ist, nicht auch vor der Zahlung der Forderung seitens des Schuldners ad depositum im Wege des Prioritätsverfahrens rechtsgültig geschehen könne, auch in dem Falle, wenn der betreffende Richter versäumt hat, den Schuldner zur Einzahlung der fraglichen Forderung zum gerichtlichen Depositorium aufzufordern. Erk. dess. vom 27. Juni 1863 (Arch. f. Rechtsf. Bd. L, S. 166). Durch die Zahlung zum Depositorium verliert der Exequendus nicht das Eigenthum an der deponirten Summe; die Niederlegung des Geldes behufs der Vertheilung unter die Exekutionssucher charakterisirt sich nur als eine besonders geordnete Exekutionsvollstreckung gegen ihren Schuldner. Fällt der Letztere vor Ausführung der Vertheilung in Konkurs, so darf diese Vollstreckung nicht fortgesetzt werden, es sei denn zur Ausübung eines Pfand- oder Rückforderungsrechtes. §. 9; Erk. dess. v. 4. Januar 1862 (Arch. f. Rechtsf. Bd. XLIII, S. 310, u. Entsch. Bd. XLIX, S. 366).

Hat die Forderung nicht eine bestimmte Geldsumme, sondern andere körperliche Sachen zum Gegenstande, so ist der Erlös aus den durch die Einziehung der Forderung herbeigeschafften Sachen im Falle der Unzulänglichkeit desselben in gerichtliche Verwahrung zu nehmen. In Ermangelung einer gütlichen Einigung der Gläubiger ist demnächst die Vertheilung der Masse im Wege des Prioritätsverfahrens zu bewirken.

§. 367. Das Gericht hat das Prioritätsverfahren von Amtswegen durch Beschluß zu eröffnen.

Die Eröffnung des Prioritätsverfahrens ist dem Schuldner, sowie den betheiligten Gläubigern bekannt zu machen.

§. 368. In dem Prioritätsverfahren bestimmen sich die Theilnahmerechte der Gläubiger nach den Vorschriften über die Rangordnung der Konkursgläubiger (Tit. I, Abschnitt 8).

Wo nach diesen Vorschriften bei Bestimmung der Vorrechte der Zeitpunkt der Konkurseröffnung in Betracht kommt, ist an dessen Stelle der Tag maßgebend, an welchem für die betreffende Forderung die Beschlagnahme erfolgt, oder die Ermächtigung zur Einklagung ertheilt, oder die Beitrittserklärung für zulässig erklärt ist (§. 364) [4 d].

Die im §. 84 erwähnten Forderungen können in dem Prioritätsverfahren geltend gemacht werden; sie haben jedoch erst nach vollständiger Berichtigung aller übrigen Forderungen Anspruch auf Befriedigung aus der Masse.

Besteht der Gegenstand einer Forderung in fortlaufenden Hebungen, so findet ein Anspruch auf Sicherstellung von künftigen Hebungen aus der Masse nur statt, insofern gegen den Schuldner die Verpflichtung zur Sicherstellung durch einen vollstreckbaren Titel ausdrücklich festgesetzt worden ist [5]).

Der Lauf der Zinsen hört der Masse gegenüber mit dem Tage der Eröffnung des Prioritätsverfahrens auf [6]).

---

4 d) Vergl. unten, Anm. 14, Satz 2 zu §. 380.

5) Eine Ausnahme von der Regel §. 85. „Denn da bei diesem Prioritätsverfahren nur solche Gläubiger zugelassen werden, deren Forderungen vollstreckbar, also fällig sind, so können die erst künftigen Beträge fortlaufender Hebungen nicht berücksichtigt werden. Nur insofern, als der Anspruch substantiell auf Sicherheitsleistung gerichtet ist, dergestalt, daß diese Sicherheitsleistung einen selbständigen Gegenstand der Klage und Exekution bildet (z. B. der Anspruch des geschiedenen unschuldigen Ehegatten auf Sicherstellung der von dem schuldigen Theile zu gewährenden Alimente, A. L.R. II, 1, §§. 802, 810), kann die Sicherstellung der künftigen Hebungen durch Auswerfung und Locirung eines Kapitals gefordert werden.“ (Motive, S. 73.) Versteht sich von selbst, da ja die Kaution (nicht die künftigen Hebungen) durch Exekution beigetrieben werden soll.

6) Der Grund ist kein Rechtsgrund, sondern ein Bequemlichkeitsgrund; „es wird dadurch der definitive Abschluß des Theilungsplanes befördert und die Repartition der Masse im Vertheilungstermin erleichtert.“ (Motive, S. 138.) Bisher sind die Vertheiler doch auch nicht zu Grunde gegangen; und zuletzt müssen ja die Zinsen mit Zinsen, wenn Gerechtigkeit gelten soll, doch zur Berechnung kommen; denn dem Schuldner gegenüber bleibt der Gläubiger immer berechtigt, zuletzt seine Staffelrechnung zu machen, d. h. das jedesmal Empfangene zuerst auf die Zinsen zu rechnen, so daß der Rest verzinslich bleibt. Es ist also nicht einmal für die Bequemlichkeit etwas gewonnen, und ohne allen Nutzen lohnt es doch nicht, das Recht zu ändern.

§. 369. Behufs Vertheilung der Masse unter die Gläubiger ist ein Theilungsplan anzufertigen.

In demselben wird zuvörderst der vorhandene Bestand der Masse festgestellt und der Betrag der Kommunkosten [6a]) vorweg in Abzug gebracht (§§. 40, 41).

Sodann sind die Forderungen der Gläubiger einzeln aufzuführen und in ihren Beträgen darzustellen. Diejenigen Forderungen, für welche ein Vorzugsrecht in Anspruch genommen ist, sind vorläufig so zu behandeln, als wenn das erlangte Vorzugsrecht endgültig festgestellt worden wäre.

Demnächst ist anzugeben, welche Beträge von der zu vertheilenden Masse auf die einzelnen Forderungen fallen.

§. 370. Nach der Aufstellung des Theilungsplans ist zur Erklärung und Verhandlung über denselben, sowie zur Ausführung der Vertheilung ein Termin vor einem Kommissar des Gerichts anzuberaumen.

Zu diesem Termin sind die Gläubiger und der Schuldner unter Mittheilung des Theilungsplans vorzuladen.

§. 371. Neue Beitrittserklärungen, sowie Anmeldungen von Vorrechten werden nach der Aufstellung des Theilungsplans noch zugelassen; jedoch bleiben dieselben unberücksichtigt, wenn sie nicht spätestens sieben Tage vor dem anberaumten Termin (§. 370) angebracht werden [7]).

Sind nachträgliche Beitrittserklärungen oder Anmeldungen von Vorrechten rechtzeitig erfolgt, so ist der Theilungsplan danach vor dem Termin abzuändern [7a]).

6a) Dazu gehören auch die Prozeßkosten, welche von einem oder andern Theilnehmer auf die Ausklagung und Beitreibung der Masse nützlich verwendet worden sind (§. 41, Nr. 1); solche müssen ihm vorweg erstattet werden, soweit sie nicht von dem Prozeßgegner zu erlangen gewesen sind.

7) Der §. 51, Tit. 51 der A. G.O. erkannte den dem wirklichen Rechte entsprechenden Grundsatz an, daß bis zur wirklichen Ausschüttung der Masse neue Immissionen stattfinden konnten. In einzelnen Fällen konnte dies für die Gerichte unbequem werden, weil „das Rechnungswerk des Theilungsplans" umgeändert werden mußte. Um dies zu verhindern, ist es zweckmäßig, das Recht selbst zu ändern. Der Entwurf wollte den Beitritt doch noch 3 Tage vor dem Termin gestatten; die Kammerkommissionen sind zur Erleichterung der Gerichtsbeamten noch weiter gegangen.

7a) Der Entwurf bestimmte in einem dritten Alinea, daß es der besondern Vorladung der nachträglich beigetretenen Gläubiger zu dem Termine nicht bedürfe, indem man davon ausging, daß der Gläubiger sich darum bekümmern werde. Diese Vorschrift ist von den Kammern gestrichen, da der Gläubiger leicht gar keine Kenntniß davon haben kann, daß die Sache bereits bis zum Vertheilungsplane gekommen. (II. K.K.-Ber. S. 145.) Die besondere Vorladung muß hiernach ergehen.

Die Min.-Instr. v. 6. August 1855 giebt hierzu folgende Unterweisung:

„§. 59. Sind nachträgliche Beitrittserklärungen rechtzeitig eingegangen (§. 371 des Gesetzes), so hat das Gericht, wenn sie zulässig befunden werden, dieselben den übrigen Exekutionssuchern, sowie dem Schuldner bekannt zu machen (§. 364 des Gesetzes). Zugleich müssen die nachträglich beigetretenen Gläubiger von der Eröffnung des Prioritätsverfahrens in Kenntniß gesetzt und zu dem nach §. 370 des Gesetzes anberaumten Termin vorgeladen werden. Zu den Akten über die Forderung des nachträglich beitretenden Gläubigers ergeht Abschrift der auf die Beitrittserklärung erlassenen Verfügung zur Nachricht."

§. **372.** Bei der Verhandlung in dem Termin und bei der Ausführung der Vertheilungen kommen die für die Vertheilungen im Konkursverfahren geltenden Vorschriften zur Anwendung (§§. 243 bis 245).

Einwendungen gegen den Theilungsplan, welche erst nach dem Beginn der Ausführung der Vertheilung angebracht werden, bleiben unbeachtet.

§. **373.** Jeder bei dem Prioritätsverfahren betheiligte Gläubiger ist befugt, im Wege der Einwendung gegen den Theilungsplan die nachbezeichneten Forderungen anderer betheiligten Gläubiger als ungültig anzufechten [8]):

1) Forderungen aus Rechtshandlungen, welche der Schuldner in der dem anderen Theile bekannten Absicht vorgenommen hat, sie nur zum Schein vorzunehmen oder die Gläubiger auf andere Weise zu bevortheilen;

2) Forderungen aus Entscheidungen und Mandaten, wenn dabei Umstände zum Grunde liegen, bei welchen eine gleiche Absicht (Nr. 1) erhellt;

3) Forderungen aus freigebigen Verfügungen (§. 102, Nr. 2), welche der

---

8) Neues Recht. Nach dem bisherigen Recht stand über die Grenzen des Konkurses, des erbschaftlichen Liquidationsprozesses bei vorausgesetzter Unzulänglichkeit der Masse, des Kaufgelder-Liquidationsverfahrens und der Revenüenvertheilungen verpfändeter Grundstücke, und der im G. v. 26. April 1835 über die Verträge zahlungsunfähiger Schuldner zum Nachtheile der Gläubiger vorgesehenen Fälle, — hinaus ein Anfechtungs- oder Widerspruchsrecht den postintabulirten Gläubigern nicht zu. Pl.-Beschl. (Pr. 1606) des Obertr. v. 19. September 1845 (Entsch. Bd. XI, S. 47). Die jetzt getroffene Bestimmung geht noch weiter als die Minorität des Obertr. bei Fassung dieses Pl.-Beschl.; denn auch diese ging außer dem Falle des Konkurses von einem dinglichen Rechte (der jüngeren Hypothek) des anfechtenden Gläubigers aus und hatte daher einen juristischen Boden. Welchen juristischen Gedanken die V. bei der neuen Satzung gehabt haben, ist nicht klar; soviel sich aus den Motiven entnehmen läßt, ist das Prinzip der actio Pauliana auf den analogen Fall der Konkurrenz mehrerer Exekutionssucher ausgedehnt, indem das Erforderniß der Vermögensunzulänglichkeit fingirt wird. Sie sagen nämlich S. 138: „Uebrigens bedarf es zur Begründung des Anfechtungsrechts keines besondern Nachweises, daß das Vermögen des Schuldners überhaupt unzulänglich ist. Kommt es dahin, daß mehrere Gläubiger sich an dasselbe Vermögensobjekt halten, welches zu ihrer vollständigen Befriedigung nicht hinreicht, so wird meistens eine wirkliche Vermögensunzulänglichkeit des Schuldners vorhanden sein, da sich in der Regel nicht annehmen läßt, daß die Gläubiger ohne Noth in eine derartige Konkurrenz treten. Jedenfalls ist aber die Unzulänglichkeit der Vertheilungsmasse konstatirt; insofern daher die Anfechtung nur zum Zweck der Befriedigung aus dieser Masse unternommen wird, kann von jedem weiteren Nachweise der Vermögensunzulänglichkeit des Schuldners füglich abstrahirt werden.“ Die Schlußbetrachtung befindet sich nicht mehr auf juristischem Boden, zumal grundsätzlich ja selbst das pignus judiciale in seinen Wirkungen bei der Konkurseröffnung negirt worden ist. Mit welchem Rechte soll denn also ein Delikatessen- und Weinhändler wegen seiner kreditirten Rechnung einen älteren Geschenknehmer (Nr. 2 u. 3) von dem Exekutionsobjekte ausschließen können, wenn nicht wegen Unzulänglichkeit des Vermögens des Schuldners, nach den Grundsätzen über die actio Pauliana? Um der Satzung einen juristischen Charakter zu geben, muß man bei der Haupterwägung stehen bleiben, daß meistens eine wirkliche Vermögensunzulänglichkeit des Schuldners vorhanden sei, daß mithin die Unzulänglichkeit des ganzen Vermögens der Grund des Anfechtungsrechts ist und zum Vortheil der Gläubiger ohne Weiteres angenommen (fingirt) wird, so daß der Nachweis der Zulänglichkeit zur Entkräftung der Anfechtung von der anderen Seite nicht zugelassen wird.

Schuldner zum Vortheil seines Ehegatten nach geschlossener Ehe vorgenommen hat;

4) Forderungen der Ehefrau des Schuldners oder der Rechtsnachfolger der Ehefrau [8a]) auf Sicherstellung oder Rückzahlung des in die Verwaltung des Schuldners gekommenen Vermögens der Ehefrau, sofern ein Fall der gesetzlichen Verpflichtung zur Sicherstellung der Ehefrau oder zur Herausgabe des Vermögens derselben nicht vorliegt;

5) Forderungen, deren Nachweis durch Empfangsbekenntnisse, Anerkenntnisse oder Zugeständnisse geführt worden ist, welche der Schuldner seinem Ehegatten gegenüber, vor oder nach geschlossener Ehe, ausdrücklich oder stillschweigend, insbesondere im Kontumazialverfahren, abgegeben hat; sofern nicht die Richtigkeit des Empfangsbekenntnisses, Anerkenntnisses oder Zugeständnisses, oder der im Kontumazialverfahren festgestellten Umstände anderweit nachgewiesen wird.

§. 374. Wird eine Forderung auf Grund der vorstehenden Bestimmungen (§. 373) als ungültig angefochten und keine Einigkeit der Interessenten erzielt, so hat der Kommissar in dem Termin eine auf die Anfechtung der Forderung gerichtete Klage oder Klageanmeldung aufzunehmen, auf welche demnächst die weitere Verfügung ergeht.

Setzt der anfechtende Gläubiger die Klage nicht fort, so gilt die mittelst der Anfechtung angebrachte Einwendung gegen den Theilungsplan als zurückgenommen [8b]).

§. 375. Bei der Anfechtung kommen die Grundsätze zur Anwendung, welche im Konkurse bei der Anfechtung der vor der Konkurseröffnung vorgefallenen Rechtshandlungen gelten (§§. 104, 105, 109, 111, 112).

Soweit die Ungültigkeit der angefochtenen Forderungen festgestellt wird, bleiben dieselben von der Theilnahme an der Masse ausgeschlossen.

§. 376. Gläubiger, welchen die auf den Antrag anderer Gläubiger in Beschlag genommenen Sachen oder überwiesenen Forderungen als Faustpfand haften (§§. 32, 33), sind dem Fortgange der Exekutionsvollstreckung in diese Gegenstände zu widersprechen nicht befugt. Sie können jedoch aus denselben, auch wenn ihre Forderungen noch nicht fällig sind, vor allen anderen Gläubigern Befriedigung verlangen [9]).

8a) (2. A.) Vergl. unten die Anm. 37a zu §. 393.

8b) Zu dieser abnormen Satzung des §. 374 ist man erst in den Kammerkommissionen gekommen, wo man sich die Form der Geltendmachung der Einwendungen klar machen wollte. Man erfand also die Anfechtungsklage, die dem Gedanken des Gesetzgebers im §. 373 völlig widerspricht, und schaltete diesen §. 374, der mit dem Rechtsprinzip selbst (§. 373) die juristische Bodenlosigkeit theilt, ein.

9) Vergl. oben die Anm. 1 zu §. 362. Die Bestimmung ist nicht in allen Fällen ausführbar. „Der Pfandgläubiger," heißt es in den Motiven S. 139, „kann nicht, gleich dem Vindikanten, das Recht haben, dem Angriffe des Pfandes von Seiten anderer Gläubiger an sich zu widersprechen, vielmehr muß, so wie im Konkurse der Masseverwalter als Vertreter der Konkursgläubiger jederzeit befugt ist, die Realisirung der Pfänder zu fordern, dies ebenso im Falle der Exekution den persönlichen Gläubigern gestattet sein, welche sich an ein verpfändetes Vermögensobjekt ihres Schuldners, unbeschadet der Befriedigung des Pfandgläu-

Wird der Anspruch der Faustpfandgläubiger bestritten, so ist derselbe von ihnen mittelst einer Interventionsklage in einem besonderen Prozesse auszuführen [9a]). Zur Anstellung der Interventionsklage hat das Gericht erforderlichenfalls eine Frist zu bestimmen. Läuft dieselbe fruchtlos ab, so wird auf den Anspruch nur dann weitere Rücksicht genommen, wenn die Klage noch vor dem Termin zur Vertheilung der Masse angestellt wird.

---

bigers, halten wollen; sonst würde es dahin kommen, daß der Schuldner seine Habe durch Verpfändung derselben für eine vielleicht im Verhältnisse zu dem Werth nur geringfügige Schuld dem Angriffe anderer Gläubiger entziehen könnte." Diese Beweisführung ist aus dem Bescheide des J.M. vom 19. Juli 1839 (J.M.-Bl. S. 264) entnommen. Das vermeintliche Absurdum, womit das dingliche Recht zu nichte gemacht werden soll, ist ganz gewichtlos, wenn es auch vorkommen könnte; es würde, wenn es ein juristischer Beweisgrund wäre, was es nicht ist, viele abgemachte Rechtsgeschäfte, namentlich alle Käufe auf Wiederverkauf, umzustoßen vermögen. Die Berufung auf die Wirkungen des Konkurses ist unzulässig, weil eben die gewöhnliche Exekution nicht die Wirkungen der Konkurseröffnung hat. Der Konkurs macht wegen seiner universellen Natur die betagten Forderungen fällig und darum kann der Massenverwalter die Pfänder einlösen; außer dem Falle des Konkurses ist der Pfandgläubiger nicht gehalten, sich die Zahlung vor dem Verfalltage aufdringen zu lassen. Wenn also „unbeschadet der Befriedigung des Pfandgläubigers" die Veräußerung des Pfandes auf Antrag eines Personalgläubigers soll geschehen können; so muß der ganze Betrag der Forderung des Pfandgläubigers an Kapital, Zinsen bis zum Verfalltage, und Kosten auf Gefahr und Kosten jenes Personalgläubigers deponirt werden. Dies ist jedoch auch nur bei solchen Forderungen, deren Summe sich vorausbestimmen läßt, anwendbar. Bei Pacht- und Miethsverhältnissen lößt es sich gar nicht ausführen, da sich vor der Rückgewähr auch nicht annäherungsweise bestimmen läßt, wie viel der Verpächter oder Vermiether zu fordern haben wird. Mir ist der Fall vorgekommen, wo der Miether eines Hauses erst kurz vor Beendigung des Kontrakts Balken und Sparren ausgehauen und ausgesägt und verbrannt hatte, wodurch seine Schuld aus dem Miethsverhältnisse auf mehr als das Zehnfache der ganzen Jahresmiethe angewachsen war. Wie will man also „unbeschadet der Befriedigung des Pfandgläubigers" hier vorauswissen: wieviel aus dem Erlöse für die eingebrachten Sachen, die einem Personalgläubiger zum Exekutionsobjekt sollen dienen können, zurückzubehalten? Im Falle des Konkurses ist es wieder ganz anders: die Konkurseröffnung wirkt die Auflösung des Rechtsverhältnisses und folglich die Schlußliquidirung des Verpächters oder Vermiethers. Sollen mithin im Wege des gewöhnlichen Exekutionsverfahrens auf Antrag eines Personalgläubigers die Invekta und Illata des Pächters oder Miethers verkauft werden, so muß der ganze Erlös bis zur Rückgewähr im gerichtlichen Gewahrsam bleiben, wenn „unbeschadet der Befriedigung des Pfandgläubigers" die Exekution in dieselben vollstreckbar sein soll.

9a) (2. A.) Sachgemäßer ist das Verhältniß in dem Gesetze vom 20. März 1854, §. 18 (G.S. S. 115) geordnet. Dadurch, daß der Pfandbesitzer in die Stellung des Klägers gedrängt wird, welches voraussetzt, daß er ohne rechtliches Gehör durch richterlichen Zwang aus seinem auch rechtmäßigen Besitze gesetzt werden kann, wird er in seinem Rechte geradezu verletzt, namentlich in dem Falle, wo ihm wegen eines juristischen Fehlers an dem Akte der Pfandbestellung nicht das Pfandrecht selbst, wohl aber das Retentionsrecht, dessen Ausübung bis zur Zurückzahlung des darauf Gegebenen gesetzlich gewährleistet ist (A. L.R. I, 10, §§. 80, 81), zusteht. Jener §. 18 schützt ihn gegen eine derartige Besitzentsetzung. Die Bestimmung im Abs. 2 des vorliegenden §. 376 muß als eine Ausnahme von jenem §. 18 für den Fall des Pfandbesitzes, jedoch nicht als eine Abänderung des materiellen Rechts angesehen werden; denn der exequirende Gläubiger, welcher die Exekution in jene Pfandstücke vollstrecken lassen will, hat kein besseres Recht auf dieselben als sein Schuldner, muß also auch das bloße Retentionsrecht des Inhabers gelten und die vorzügliche Befriedigung desselben aus dem betreffenden Gegenstande geschehen lassen.

Die Klage muß bei dem Gericht, welchem die Vertheilung der Masse zusteht [9b]), angestellt und sowohl gegen die widersprechenden Gläubiger, als gegen den Schuldner, wenn dieser den Anspruch bestreitet, gerichtet werden.

Zweiter Abschnitt.

Von dem Prioritätsverfahren bei Exekutionsvollstreckungen in Besoldungen und andere an die Person des Schuldners gebundene fortlaufende Einkünfte [10]).

§. 377. Die im Wege der Exekution erfolgte Beschlagnahme von Besoldungen, Dienstemolumenten, Wartegeldern, Pensionen, Fideikommiß- oder Lehnsnutzungen, oder anderen an die Person des Schuldners gebundenen fortlaufenden Einkünften erstreckt sich sowohl auf die bereits fälligen, als auf die künftigen Beträge derselben.

Die einmal erfolgte Beschlagnahme des Diensteinkommens umfaßt auch jedes Diensteinkommen, welches bei später eintretenden Veränderungen durch Versetzung, durch Uebernahme neuer Aemter oder durch Gehaltszulage erworben wird [10a]).

§. 378. Wenn Besoldungen oder andere an die Person des Schuldners gebundene fortlaufende Einkünfte (§. 377) von mehreren Gläubigern im Wege der Exekution in Beschlag genommen worden sind, so müssen dieselben gerichtlich vertheilt werden [11]).

§. 379. Die Vertheilung erfolgt jährlich mit dem Ablauf des Kalenderjahres, sobald die letzte Hebung eingegangen ist [12]).

9b) War schon Praxis nach dem bisherigen Rechte; auch hatte die Praxis das Verfahren so eingerichtet, wie es der Absatz 2 vorschreibt.

10) Dieser Abschnitt enthält im Wesentlichen die Grundsätze des bestehenden Rechts, insbesondere der §§. 17 — 20 der Verordnung vom 4. März 1834 über die Exekution in Civilsachen.

10a) Der §. 377, erst von den Kammern eingeschaltet, ist wörtlich aus der V. I vom 4. März 1834, §. 16 entnommen.

11) Die Anordnung des J.M. vom 2. Januar 1832 (Jahrb. Bd. XXXII, S. 166), wonach die Einleitung eines Prioritätsverfahrens über Gehaltsabzüge auch von dem Beamten selbst soll ausgebracht, jedoch kein Gläubiger soll genöthigt werden können, sich auf das Verfahren einzulassen, besteht zwar noch. Indeß gehört dieses Verfahren nicht vor das Prozeßgericht, sondern vor die Aufsichtsbehörde.

Die Min.-Instr. vom 6. August 1855 giebt zu den §§. 378, 380, 381 folgende Anweisung: „§. 60. Die von mehreren Gläubigern in Beschlag genommenen Einkünfte sind an den Fälligkeitsterminen in gerichtliche Verwahrung zu nehmen.

Ueber die Beschlagnahme, die Beitrittserklärungen und das Prioritätsverfahren werden besondere Akten geführt.

Uebrigens ist zu beachten, daß in diesem Verfahren die nachträgliche Beitrittserklärung wegen vollstreckbarer bevorzugter Forderungen (§. 380, Nr. 1 des Gesetzes) und die nachträgliche Anmeldung von Vorrechten für bereits betheiligte Forderungen so lange zulässig bleibt, als nicht die Vertheilung der Masse begonnen hat, indem die Bestimmung des §. 371 des Gesetzes, wie der §. 381 ergiebt, hier nicht Platz greift."

12) Frühere Vertheilungen sind, selbst mit Zustimmung der Gläubiger und des Schuldners, nicht zulässig. R. vom 4. März 1837 (Jahrb. Bd. XLIII, S. 187).

§. 380. Bei den Vertheilungen ist nach folgenden Grundsätzen zu verfahren:

1) Forderungen, welchen ein Vorrecht zusteht (§. 368)[13], werden vorzugsweise befriedigt.

2) Von den übrigen Forderungen kommen zunächst die vor der ersten Beschlagnahme entstandenen zur Hebung. Dabei fällt die Einnahme des ersten Jahres denjenigen Gläubigern zu, welche die erste Beschlagnahme ausgebracht haben. Die Einnahme des zweiten Jahres wird zu gleichen Rechten auf sämmtliche Gläubiger vertheilt, welche während des ersten Jahres die Beschlagnahme ausgebracht haben oder derselben beigetreten sind[14]. Bei der Vertheilung der Einnahme des dritten und jeden folgenden Jahres treten den früher theilnehmenden Gläubigern immer noch diejenigen mit gleichen Rechten hinzu, welche in dem zunächst vorangegangenen Jahre der Beschlagnahme beigetreten sind[15].

3) Erst nach Berichtigung dieser Forderungen (Nr. 2) kommen die nach der ersten Beschlagnahme entstandenen[16]) Forderungen zur Hebung. Hier=

---

13) Vergl. Pr. des Obertr. 438, v. 3. März 1838, welches ganz richtig, gegen eine abweichende Meinung, annahm, daß darunter nicht bloß solche Forderungen, welche zu einer der 4 ersten Klassen (der alten Ordnung) gehören, sondern auch solche, denen in der 5. Klasse selbst, nach §. 451 der A. G.O., ein besseres Vorrecht, als das durch Immission erlangte, zusteht, verstanden würden. Nach der neuen Prioritätsordnung kann die Frage nicht vorkommen, da die Immission (jetzt Beitritt genannt) kein Vorrecht mehr giebt.

Dergleichen Gläubiger können ihr Vorrecht so lange, wie die Abzüge dauern, und auf alle einzelnen Antheile derselben, welche noch nicht ausgezahlt sind, geltend machen. R. vom 30. Mai 1834 (Jahrb. Bd. XLIII, S. 498). Dies setzte den Grundsatz des §. 51, Tit. 51 der A. G.O., daß die Theilnahme bis zur wirklich erfolgten Auszahlung der Masse stattfand, voraus und modifizirt sich jetzt nach der Bestimmung des §. 371.

14) Und deren Forderungen bereits vor der ersten Beschlagnahme entstanden sind. S. die folg. Anm. 16. — Dabei haben die ersten Extrahenten, wenn sie aus der ersten Jahreseinnahme noch nicht befriedigt sind, kein Vorrecht vor den im Laufe des ersten Jahres noch immittirten Gläubigern. R. v. 30. Mai 1834. (Jahrb. Bd. XLIII, S. 498.)

„Bei einem Gehaltsabzugsverfahren bildet jede Jahreseinnahme eine besondere, in sich abgesonderte Masse. Der Zeitpunkt, in welchem das Gehaltsabzugsverfahren eingeleitet worden, äußert auf die Priorität der aus der jedesmaligen Jahreseinnahme zu befriedigenden Forderungen keinen Einfluß und kann in soweit dem Tage der Konkurseröffnung nicht gleichgestellt werden. Bei Forderungen also, deren Priorität durch die Entstehung innerhalb eines bestimmten Zeitraums vor eröffnetem Kreditverfahren bedingt wird, kann dieser Zeitraum nicht mit Rücksicht auf die Zeit des eingeleiteten Gehalts=Abzugsverfahrens, — es muß vielmehr mit Rücksicht auf diejenige Jahreseinnahme, von deren Vertheilung die Frage ist, bestimmt werden." Pr. des Obertr. 1038, v. 21. August 1841. Dieser Zeitpunkt ist nun näher auf den Tag der Beitrittserklärung bestimmt. §. 368, Satz 2.

15) Sofern dies nach der Entstehungszeit der Forderung zulässig ist. Vergl. die folg. Anm. 16.

16) Die erst nach der ersten Beschlagnahme entstandenen Forderungen kommen mit den vorher entstandenen auch dann nicht zur gleichberechtigten Hebung, wenn der Gläubiger schon im Laufe des ersten Jahres beigetreten ist. Mit der Zurücksetzung der erst nach der ersten Beschlagnahme entstandenen Forderungen ist beabsichtigt worden, der leichtsinnigen Kontrahirung neuer Schulden und etwa=

bei schließt derjenige Gläubiger, welcher der Beschlagnahme früher beigetreten ist, die später beigetretenen Gläubiger aus; sind mehrere Gläubiger an demselben Tage beigetreten, so haben sie gleiche Rechte.

4) Die Vertheilung unter die gleichberechtigten Gläubiger geschieht nach Verhältniß des Betrages ihrer Forderungen.

§. 381. Im Uebrigen kommen bei den jährlichen Vertheilungen die Vorschriften des ersten Abschnitts (§§. 369, 370, 372—375) zur Anwendung [17]).

§. 382. Bestehen die in Beschlag genommenen fortlaufenden Einkünfte in Revenüen von Immobilien, so finden die Bestimmungen des gegenwärtigen Abschnitts keine Anwendung, insoweit es sich um Vertheilung unter die Realgläubiger handelt [18]).

Dritter Abschnitt.

Von der Vertheilung der Kaufgelder bei nothwendigen Subhastationen.

§. 383. Bei den im Wege der Exekution erfolgenden nothwendigen Subhastationen von Grundstücken findet die Befriedigung der Realgläubiger aus den Kaufgeldern in der Reihenfolge und in dem Umfange statt, welche für die Vertheilung der Kaufgelder im Falle des Konkurses festgesetzt sind (Titel 1, Abschnitt 6) [18a]).

§. 384. Das Subhastationspatent muß allemal die Bekanntmachung enthalten, daß die Gläubiger, welche wegen einer aus dem Hypothekenbuch nicht ersichtlichen Realforderung aus den Kaufgeldern Befriedigung suchen, sich mit ihrem Anspruch bei dem Gericht zu melden haben [19]).

---

niger Kollusionen mit dem Schuldner zum Nachtheil der älteren Gläubiger entgegenzuwirken. Dabei ist man um so mehr stehen geblieben, als der Gläubiger die Verzögerung seiner Befriedigung sich selbst beizumessen habe, wenn er sich mit dem Schuldner in Kreditgeschäfte noch zu einer Zeit einläßt, wo dessen Einkünfte bereits mit Beschlag belegt waren. (Motive, S. 139.)

17) Entspricht dem §. 20 der V. vom 4. März 1834, mit der Abänderung, daß das Vertheilungsverfahren hier mit dem im ersten Abschnitte vorgeschriebenen Verfahren in völlige Uebereinstimmung gebracht worden ist, nur daß dabei die Zulassung der Beitrittserklärungen (§. 371), gemäß §. 375, Nr. 2 u. 3, selbstverständlich ausgeschlossen bleibt.

18) Alsdann kommen die Vorschriften des fünften Abschnitts (§§. 416 ff.) zur Anwendung.

18a) (2. A.) Auf die Vorschriften der §§. 40 ff., insbesondere §. 41 (Abschnitt 5), ist also nicht Bezug genommen. Daraus ist gefolgert, daß ein, bei der Sequestration eines demnächst außerhalb des Konkurses subhastirten Grundstücks an der Revenüenmasse entstandener Kosten- und Kostenvorschuß-Ausfall, aus der Substanz der Kaufgeldermasse in der Regel und wenn nicht ein besonderer Grund, etwa Verwendung in den Nutzen der Substanz oder der Realgläubiger, nachzuweisen ist, nicht ersetzt verlangt werden kann. Erk. des Obertr. v. 4. Juli 1860 (Arch. f. Rechtsf. Bd. XXXVII, S. 325).

19) Bisher wurde diese Aufforderung nicht erlassen; nach der Praxis wurden die nicht eingetragenen Gläubiger, mit Ausnahme der Kämmerei-, Servis- und Feuer-Societätskassen des Orts, sowie der Grundherrschaft, zum Vertheilungstermin nur dann vorgeladen, wenn sie sich gemeldet hatten und aus den Akten

Den Kassen und Anstalten, welchen das Grundstück zu den in den §§. 47—49 des gegenwärtigen Gesetzes bezeichneten Abgaben und Leistungen verpflichtet ist, wird eine Abschrift des Subhastationspatents zugestellt [20]); jedoch ist die Wirksamkeit der in demselben enthaltenen Bekanntmachung von dieser besonderen Zustellung nicht abhängig [21]).

§. 385. Nach der Publikation [22]) des Adjudikationsbescheides wird von Amtswegen ein Termin [23]) zur Belegung und Vertheilung der Kaufgelder vor einem Kommissar des Subhastationsgerichts angesetzt.

Zu diesem Termin sind der Ersteher des Grundstücks, der Extrahent der Subhastation, der Schuldner, sowie die Gläubiger vorzuladen, welche aus dem Hypothekenbuch ersichtlich sind, oder welche eine aus dem Hypothekenbuche nicht ersichtliche Realforderung angemeldet haben (§. 384) [24]).

Außerdem ist der Termin durch öffentlichen Aushang einer Vorladung

bekannt waren. R. vom 2. Mai 1834 (Jahrb. Bd. XLIII, S. 494). Die jetzt vorgeschriebene allgemeine Aufforderung ist aber ein wesentliches Erforderniß, wenn die Gläubiger ihres Rechts verlustig werden sollen; das bisherige Verfahren verletzte einen obersten Prozeßgrundsatz.

Der J.M. Simons wiederholt in seiner Instr. vom 6. August 1855 Folgendes: „§. 61. Dem in dem Reskr. vom 19. März 1835 (Jahrb. Bd. XLV, S. 208) vorgeschriebenen Formulare für das Subhastationspatent ist in allen Fällen, die Subhastation mag im Konkurse oder außerhalb desselben stattfinden, der Zusatz beizufügen:

„Gläubiger, welche wegen einer aus dem Hypothekenbuch nicht ersichtlichen Realforderung aus den Kaufgeldern Befriedigung suchen, haben ihren Anspruch bei dem Subhastationsgericht anzumelden."

Dieser Zusatz darf auch dann nicht wegbleiben, wenn mit dem Subhastationspatent außerdem das Aufgebot der unbekannten Realprätendenten in Gemäßheit der §§. 6 u. 7 der V. vom 4. März 1834 über den Subhastations- und Kaufgelder-Liquidationsprozeß (G.S. S. 39 ff.) verbunden ist.

Die Zustellung der Abschrift des Subhastationspatents an die in dem Gesetz bezeichneten Kassen und Anstalten erfolgt auf die im §. 9 der angeführten Verordnung vorgeschriebene Weise."

20) Gemäß §. 8 der V. vom 28. Dezember 1840.

21) Wegen der öffentlichen Aufforderung, welche dem wesentlichen Bedürfnisse genügt.

22) Und zwar sogleich nach der Publikation, wenn auch die Kaufgelder noch nicht fällig sind (R. vom 14. März 1837, Jahrb. Bd. XLIX, S. 215), oder die Nichtigkeitsbeschwerde eingelegt (R. vom 30. Januar 1835 a. E., Jahrb. Bd. XLV, S. 213), oder die Resubhastation in Antrag gebracht worden ist (R. vom 14. März 1837). Auch darf der Termin nicht ausgesetzt werden, um erst Dokumente einzufordern oder Vollmachten zu prüfen, oder einen Vertheilungsplan zu machen.

23) Daß der Ersteher berechtigt sei, das Kaufgeld schon vor dem Termine ad depositum zu zahlen, wie der J.M. in einem Bescheide vom 2. Mai 1834 (Jahrb. Bd. XLIII, S. 419) meint, läßt sich keineswegs so unbedingt behaupten. Die Gläubiger verlieren dadurch nicht bloß die Zinsen, sondern auch die Depositalgebühren außer den übrigen Kosten, was erheblich ist. Es kommt auf die Bestimmung der Adjudikatoria über die Zahlung an.

24) V. vom 28. Dezember 1840, §. 8 und R. vom 2. Mai 1834 (Jahrb. Bd. XLIII, S. 494).

Das in der Konkursordnung gewissen uneingetragenen Gutsgläubigern eingeräumte Vorrecht vor den Hypothekarien greift auch, außerhalb des Konkurses, in dem bloßen Kaufgelder-Belegungsverfahren Platz. Pr. des Obertr. 1421 a, vom 1. März 1844 (Präj.-Samml. I, S. 398).

an der Gerichtsstelle bekannt zu machen; dieser Aushang gilt als Vorladung in Ansehung der nicht eingetragenen Realgläubiger, welche sich noch nicht gemeldet haben.

§. 386. Die Vorladung des Erstehers des Grundstücks geschieht unter der Verwarnung, daß bei seinem Ausbleiben angenommen werden soll, er könne die zu zahlenden Kaufgelder nicht erlegen [25]).

Die nicht eingetragenen Realgläubiger, sie mögen ihre Forderungen bereits angemeldet haben oder nicht, sind unter der Verwarnung vorzuladen, daß die Ausbleibenden ihres Realanspruchs an die Kaufgelder verlustig werden [26]).

Der Vorladung der übrigen Interessenten ist die Verwarnung beizufügen, daß, ihres Ausbleibens ungeachtet, mit Belegung und Vertheilung der Kaufgelder verfahren, der auf den Ausbleibenden fallende Theil auf dessen Gefahr und Kosten zum Depositum genommen, nach erfolgter Belegung der Kaufgelder das Realrecht der Forderungen für aufgehoben erachtet und die Löschung der eingetragenen Posten [27]) im Hypothekenbuche veranlaßt werden soll, ohne daß dazu die Beibringung der Schuldurkunden erforderlich ist, daß sie indeß für jeden Mißbrauch, der mit den letzteren geschehen sollte, verantwortlich bleiben [27 a]).

§. 387. In dem Termin wird zuvörderst festgestellt, was der Ersteher des Grundstücks an Kaufgeldern und Zinsen zu gewähren hat, und wie viel die zu vertheilende Masse nach Abzug der Kommunkosten [27 b]) beträgt.

---

25) V. vom 4. März 1834, §. 16, Satz 3.

26) V. vom 28. Dezember 1840, §. 8. Daß sie ihre Forderung an die Person ihres Schuldners behalten, versteht sich von selbst.

27) Im §. 16, Satz 4 der V. vom 4. März 1834 heißt es „Forderungen". Die Verbesserung in „Posten" — wofür gar kein Grund angegeben ist, indem man vielmehr im Wesentlichen die bestehenden Vorschriften, §§. 16, 17 der V. vom 4. März 1834 und des R. vom 31. August 1837, hat wiedergeben wollen, Motive, S. 141 — ist gar zweifelhaft. Denn ein eingetragenes Ausgedinge ist gewiß eine Post, aber keine Forderung, und das Obertr. hat in Beziehung auf eine solche Post, zuerst in Betreff des Wohnungsrechts den Rechtssatz angenommen: „Ein im Hypothekenbuche eingetragenes Wohnungsrecht gehört nicht zu denjenigen Forderungen, deren Löschung der Adjudikatar bei einer nothwendigen Subhastation nach Belegung der Kaufgelder fordern kann." Dieser in einem Erkenntniß des Obertr. vom 25. Januar 1840 (Entsch. Bd. VI, S. 178) ausgesprochene Satz ist durch folgenden Pl.-Beschl. vom 15. Mai 1854 aufrecht erhalten: „Beim Mangel entgegengesetzter Feststellungen im Zuschlagsbescheide muß der Adjudikatar ein auf dem in nothwendiger Subhastation erstandenen Grundstücke eingetragenes Wohnungsrecht, auch wenn ihm dessen Uebernahme weder bei der Lizitation, noch durch die Adjudikatoria zur Bedingung gemacht worden, nichtsdestoweniger neben dem Kaufgelde übernehmen." (J.M.Bl. S. 288 und Entsch. Bd. XXVIII, S. 29.) Dann aber ist dieser Satz auf den ganzen Altentheil, mithin auch insoweit, als es in Nießbrauch (oder Nutzung, usus) und in wiederkehrenden Geld- oder Naturalleistungen besteht, ausgedehnt durch den Pl.-Beschl. vom 8. Januar 1855 (J.M.Bl. S. 54). Sogar auf die Rückstände ist die Anwendbarkeit des Satzes von einer Seite behauptet worden. (S. 57 a. a. O.) Man kann nicht annehmen, daß durch den den Verfassern der Konkursordnung beliebten Ausdruck „Posten" statt Forderungen, dessen Bereich nicht erwogen worden ist, eine Rechtsänderung eingetreten ist.

27 a) V. vom 4. März 1834, §. 16, S. 4. Vergl. die vor. Anm. 26.

27 b) Sowie des von dem Extrahenten der Subhastation dazu gezahlten Vor-

Demnächst haben sich die Interessenten über die Ansprüche, welche an die Kaufgelder gemacht werden oder aus dem Hypothekenbuch hervorgehen [27c]), und über das dafür verlangte oder aus dem Hypothekenbuch hervorgehende Vorrecht zu erklären [28]).

§. 388. Sind die Interessenten einig, oder werden die entstandenen Streitigkeiten beigelegt, so ist demgemäß sofort die Vertheilung der Masse zu bewirken.

Soweit eine zur Hebung kommende Forderung nicht von dem Ersteher mit Bewilligung des Gläubigers übernommen wird [29]), erfolgt die

schusses. Jeder Extrahent, mit Ausnahme des Fiskus, ist schuldig, einen angemessenen Vorschuß zu zahlen, ehe er die Einleitung der Subhastation verlangen kann. Auch Arme und diejenigen, welche Sportelfreiheit genießen. R. vom 16. Dezember 1831 (Jahrb. Bd. XXXVIII, S. 340). Eine Ausnahme soll gemacht werden, wenn der Extrahent den Vorschuß nicht aufbringen kann, die Versagung der Subhastation also in eine Rechtsverweigerung übergehen würde, und wenn der Zustand der Gerichtskasse den Verlag der baaren Auslagen gestattet. R. vom 21. Juli 1837 (Jur. Wochenschr. 1837, S. 591). — Was für Kosten zu den Kommunkosten gehören und welche Kosten der Käufer zu tragen hat, bestimmt das G. vom 10. Mai 1851, §. 10, Nr. 2, Tarif §. 11 und Min.-Instr. dazu vom 10. September 1851.

Die Kommunkosten entgehen also, wie nach dem bisher bestandenen Rechte, dem letzten Perzipienten. V. vom 4. März 1834, §. 18 a. E. Der deshalb unbefriedigte Gläubiger verrechnet die Abschlagszahlung auf die verschiedenen Bestandtheile seiner Forderung in der Folge, welche der §. 52 vorschreibt. Vergl. Pr. des Obertr. 1966, vom 21. Dezember 1847.

Diese Kosten sind bei Austheilung der Kaufgelder des subhastirten Grundstücks auch dann, wenn der ganze Kaufpreis durch Uebernahme von Hypothekenforderungen seitens des Erstehers berichtigt wird, vorweg in Abzug zu bringen, dergestalt, daß dieselben mit dem Vorzugsrechte vor allen übernommenen Hypothekenforderungen in das Hypothekenbuch des subhastirten Grundstücks eingetragen werden, und sind die Hypothekengläubiger, deren Forderungen von dem Ersteher übernommen worden sind, nicht befugt, der Präintabulation zu widersprechen. Pr. des Obertr. 2534, vom 1. Juli 1854 (Entsch. Bd. XXVIII, S. 235).

27c) Denn diese müssen auch im Falle des Ausbleibens des Gläubigers berücksichtigt werden.

28) Erscheint in dem Termine weder der Käufer noch ein Gläubiger, so verfährt der Deputirte von Amtswegen mit der Vertheilung, und es erfolgt dann die Requisition an den Hypothekenrichter um die Eintragung. Vergl. R. vom 28. Februar 1836 (Jahrb. Bd. XLVII, S. 371).

29) Bei Subhastationen im Wege der Exekution verliert der Gläubiger, insoweit als seine Forderung durch das Kaufgeld gedeckt wird, sein persönliches Recht gegen den ursprünglichen Schuldner, auch durch die bei der Kaufgelderbelegung mit dem Käufer vereinbarte Uebernahme seiner Forderung von Seiten des Letzteren. Einer ausdrücklichen Entlassung des bisherigen Schuldners bedarf es dazu nicht. Pr. des Obertr. 1422, vom 9. März 1844 (Entsch. Bd. X, S. 152). Daß die Befreiung auch ohne die Erfordernisse einer willkürlichen Novation eintritt, hat seine wirkende Ursache darin, daß der Gläubiger das Unterpfand veräußert hat und Gläubiger des Käufers wegen der Kaufgelder auf eigene Gefahr bleibt: die Stundung der Kaufgelder ist seine Sache; der Schuldner wird dabei ja auch gar nicht gefragt, weil es ihn nichts angeht. Darum ist die Uebernahme „einer zur Hebung kommenden Forderung von dem Ersteher mit Bewilligung des Gläubigers“ eine nicht zur Sache gehörige Handlung und hat auch keine wirkende Kraft: diese beruht nicht in der Uebernahme der Forderung seitens des Erstehers, sondern in der Kaufgelder-Forderung des Gläubigers. Vor der Vorstellung wird gewarnt, welche sich der Berichterstatter der II. Kammer von

Berichtigung derselben durch Zahlung [29a]) oder durch Uebereignung ei-

---

der Sache macht. Dieser denkt sich: „Das Geschäft (der Uebernahme der Forderung) schließt die Uebernahme einer fremden Schuld und eine Kompensation in sich." (Ber. S. 148.) Daran ist nichts Wahres; es fehlt nicht mehr als Alles von den Erfordernissen und Wirkungen der genannten beiden Rechtsgeschäfte.

(2. A.) Das Obertr. hat den Satz ausgesprochen, daß die im Kaufgelder-Belegungsverfahren einem Gläubiger vom Richter ertheilte Anweisung auf die vom Adjudikatar nicht eingezahlten Kaufgelder für sich allein nicht die Tilgung der Schuld des Subhastaten wirke und die Verbindlichkeit des ursprünglichen Schuldners gegen seinen Gläubiger aufhebe. Erk. vom 4. Novbr. 1856 (Entsch. Bd. XXXIV, S. 134). Das heißt: wenn der Gläubiger den auf ihn fallenden Theil der Kaufgelder nicht einzieht und später daran ein Ausfall entsteht, so muß der ursprüngliche Schuldner den Ausfall bezahlen. Dieser Spruch wird auf die Fassung der §§. 17—20 der V. v. 4. März 1834 und auf die Lehre von Anweisungen gegründet; er ist aber nach der V. v. 4. März 1834 nicht gerechtfertigt. Das Geschäft der Kaufgeldervertheilung, welches die Gläubiger unter sich vornehmen (der Richter ist ein bloßes Medium), kann in keiner Beziehung mit einer Anweisung im Sinne des Tit. 16, Abschn. 2 u. 5, Th. I des A. L.R. verglichen und nach den davon geltenden Grundsätzen beurtheilt werden. Wer soll denn hier der Anweisende sein? Der Schuldner? Der hat ja gar nichts zu fordern, was er anweisen könnte; er hat nicht verkauft und ist nicht Gläubiger des Kaufgeldes; er macht auch das Verkaufsgeschäft nicht auf Kredit; seine Gläubiger sind es, welche ihm die Sache weggenommen und in ihrem eigenen Interesse nach ihrem Gefallen verkauft haben. Was geht es ihn an, wenn sie auf Kredit verkaufen. Oder soll der Richter der Anweisende sein? Der gehört ja gar nicht zu den Betheiligten; er ist bloße Mittelsperson, durch seine Dazwischenkunft wird in dem Rechtsverhältnisse unter den Betheiligten gar nichts verändert. Die Auffassung der Kaufgeldervertheilung als Assignation ist mithin ganz unzulässig. Das Geschäft ist eine Theilung unter den Theilnehmern an einer communio incidens, welche durch die Beschlagnahme und den Verkauf einer Mehreren verpfändeten Sache entsteht. Die Gläubiger verkaufen aus eigenem Rechte die Sache und machen sich aus dem Erlöse bezahlt; durch die Theilung kommt diese Exekution zum Abschluß. Haben sie die Sache auf Kredit und ohne sich zu sichern verkauft, so haben sie ihr eigenes Geschäft schlecht besorgt, das periculum haben sie selbst zu tragen. Wie soll der excussus dazu kommen, für die Bezahlung der Kaufgelder einzustehen? Darin sucht man vergebens die Logik. Soweit das Kaufgeld reicht, hat er seine Schuld getilgt, man hat ihm soviel genommen. Die Bestimmung des §. 388, Absatz 2 hat dieser Jurisprudenz ein Ende gemacht. (2. A.) Das ist denn auch von dem Obertr. anerkannt und zur Anwendung gebracht worden. Durch die vorgeschriebene Uebereignung eines entsprechenden Betrages von dem verbleibenden Kaufgelderrückstande an einen Hypothekengläubiger wird die persönliche Verbindlichkeit des Konstituenten der Hypothek getilgt. Erk. vom 5. Juni 1863 (Entsch. Bd. XLIX, S. 399).

Die V. vom 4. März 1834 erwähnt im §. 19 auch der „Konsolidation" neben der Uebernahme, als Berichtigungsmittel. Dieses versteht sich auch noch jetzt, d. h. der Ersteher rechnet seine zur Hebung kommende Forderung auf die Kaufgelder an. „Die Kompensation der rückständigen Kaufgelder aus einem Adjudikationsbescheide, welcher auf die im Wege der Exekution veranlaßte nothwendige Subhastation ergangen ist, mit einer eingetragenen Forderung des Käufers, tritt nicht sofort ipso jure ein, sondern die im §. 19 erwähnte Konsolidation wird erst von dem Zeitpunkte des abgehaltenen Termins der Kaufgelderbelegung ab wirksam." Pr. des Obertr. 385, vom 9. Dezember 1837 (Präj.-Samml. I, S. 399).

29a) (2. A.) Die Befugniß des Schuldners eines Hypothekenkapitals, die von dem Gläubiger bezogenen wucherlichen Zinsen zurückzufordern, wird dadurch nicht aufgehoben, daß diese Zinsen nach stattgefundener nothwendiger Subhastation bei der Kaufgelderbelegung durch den Richter ohne Widerspruch des Schuldners gezahlt sind. Erk. des Obertr. vom 8. März 1855 (Arch. f. Rechtsf. Bd. XVII, S. 69).

nes[29b]) entsprechenden Betrags vom dem etwa verbleibenden Kaufgelderrückstande.

Die auf eingetragene Posten zu zahlenden Beträge, deren gegenwärtige Eigenthümer unbekannt sind, oder zu welchen sich kein legitimirter Empfänger meldet, werden auf Gefahr und Kosten der betreffenden Gläubiger als Spezialmassen in gerichtlicher Aufbewahrung zurückbehalten[29c]).

§. 389. Wenn eine Einigung der Interessenten nicht stattfindet, so entwirft der Kommissar, nöthigenfalls mit Hülfe eines Rechnungsverständigen[30]), im Termin einen Theilungsplan, vermerkt bei jeder Forderung, wer die Richtigkeit, das Hypothekenrecht oder das Vorrecht derselben bestreitet[31]), berechnet die Beträge, welche auf die Forderungen, soweit sie unstreitig sind, gezahlt werden können, und vernimmt bei jeder Post die Interessenten, ob sie in die Auszahlung willigen.

Die Posten, bei welchen Niemand etwas erinnert, werden berichtigt (§. 388)[32]); die zur Hebung gelangten streitigen Beträge aber werden als Spezialmassen in gerichtlicher Aufbewahrung zurückbehalten, wenn nicht zwischen allen bei einer solchen Post betheiligten Interessenten ein anderweitiges Abkommen getroffen wird.

§. 390. Den im Termin ausbleibenden eingetragenen Gläubigern werden außer den Kapitalbeträgen vorläufig die laufenden Hypothekenzinsen oder anderen Prästationen, sowie die Rückstände derselben für die beiden letzten Jahre (§. 52, Nr. 1 und 2; §. 54, Nr 2 und 3) bei der Vertheilung berechnet[33]).

29b) (2. A.) Damit ist dieselbe Handlung gemeint, welche der §. 19 der gedachten Verordnung „Anweisung“ nennt. Vergl. die vor. Anm. 29, Abs. 3.

29c) (2. A.) Die von dem Adjudikatar des nothwendig subhastirten Grundstücks in dem Kaufgelderbelegungs-Termine an den Gerichtsdeputirten geleistete Zahlung hat die Wirkungen einer rechtmäßigen gerichtlichen Deposition; daher wird derselbe durch diese Zahlung von seiner Verbindlichkeit frei. Erk. des Obertr. vom 5. Juli 1854 (Arch. f. Rechtsf. Bd. XIII, S. 258).

30) Ein Kalkulator ist ein so bequemes Mittel, daß es unentbehrlich ist. Anderswo, namentlich in Frankreich, kennt man ein solches Organ nicht. So viel die gerichtliche Rechnerei von der Rechenkunst anzuwenden hat, muß wol ein jeder schulwissenschaftlich vorgebildete Richter verstehen.

31) Oben, Anm. 8 zu §. 373, und unten §§. 392, 393.

32) Bevollmächtigte müssen, wie sich schon von selbst versteht, zur Empfangnahme von Zahlungen gerichtliche oder notarielle Vollmacht beibringen. R. v. 15. November 1840 (J.M.Bl. S. 381). — Ueber das Benehmen mit Vormundschaften und Depositorien s. m. das R. vom 7. März 1835 (Jahrb. Bd. XLV, S. 215 ff.).

33) Aus §. 18 der V. vom 4. März 1835, den der Entwurf abändern wollte, indem auf nichtliquidirte Zinsen auch beim Ausbleiben des Hypothekars keine Rücksicht genommen werden sollte. Denn, sagte man, wenn ein Gläubiger eine Zinsenforderung nicht liquidirt, so kann eine solche nicht füglich als vorhanden präsumirt werden; das Gesetz hat nicht nöthig, für Gläubiger in dieser für die nachstehenden Gläubiger lästigen Weise zu sorgen; die vorangegangene Bekanntmachung der Subhastation und des Vertheilungstermins hat dem Gläubiger hinreichende Veranlassung gegeben, seine Rechte geltend zu machen. (Motive, S. 141.) Das paßte nicht auf die seit dem letzten Fälligkeitstermin laufenden Zinsen. Wenn nicht präsumirt werden kann, daß Zinsenrückstände vorhanden sind, so widerspricht die Präsumtion, daß die Zinsen gegen die Abrede — tag-

Auf Kosten [33a]), welche nicht liquidirt worden sind, wird bei der Vertheilung der Masse keine Rücksicht genommen.

§. **391.** In verwickelten Sachen steht dem Gericht frei, schon vor dem Termin einen vorläufigen Theilungsplan anfertigen zu lassen [34]), welcher alsdann bei der Verhandlung im Termin zum Grunde zu legen ist.

§. **392.** Der Schuldner [34a]) ist befugt, die Richtigkeit, das Hypothekenrecht und das Vorrecht [35]) der einzelnen Forderungen zu bestreiten.

In gleicher Art ist hierzu auch jeder im Termin anwesende Realgläubiger [35a]) befugt, insofern durch die Theilnahme der einzelnen Forderungen an der Masse oder durch die Ausübung des verlangten Vorrechts seiner Befriedigung Eintrag geschieht [36]).

---

täglich (in täglichen Raten) bezahlt sein werden, dem gemeinen Menschenverstande und der täglichen Erfahrung, ohne alle Frage nach juristischem Verstande. Die Beseitigung dieser Bestimmung ist daher eine wirkliche und anerkennenswerthe Verbesserung seitens der Kammern.

(2. A.) Zu den im §. 390 gedachten eingetragenen Gläubigern, welchen im Falle ihres Ausbleibens im Kaufgelder-Belegungstermine außer dem Kapitale vorläufig die laufenden Zinsen nebst zweijährigen Rückständen in Rechnung zu bringen sind, — ist hinsichtlich der rückständigen Zinsen auch der Cedent zu rechnen, wenn er dieselben nicht mit cedirt hat. Erk. des Obertr. vom 5. April 1861 (Arch. f. Rechtsf. Bd. LXI, S. 146).

33a) (2. A.) Dabei ist an die mit eingetragenen Einziehungskosten gedacht. Diese waren unter der Herrschaft des §. 18 der V. II. vom 4. März 1834 wegen des Wortes „nur" streitig, indem derselbe verordnete: „Reichen die Kaufgelder nicht zu, so erhält jeder Gläubiger am Orte seines Kapitals nur: 1) die laufenden Zinsen ꝛc., und 2) die Rückstände aus den beiden früheren Jahren." Von Kosten war nicht Rede. Das Obertr. entschied: Das Wort „nur" bezieht sich lediglich auf die aus den Kaufgeldern zu berichtigenden Zinsen. Daher ist durch die Bestimmung dieses §. 18 an dem Grundsatze, daß die Priorität der Hypothekenforderungen, mit Einschluß eingetragener Kosten, insbesondere auch der Observationskosten, sich nach der Zeitfolge der geschehenen Eintragung richte, nichts geändert. Erk. vom 13. Dezember 1853 (Arch. f. Rechtsf. Bd. XII, S. 50). Der zweite Absatz dieses §. 390 bezieht sich nur auf die Nr. 1 des §. 54, wodurch das Recht der Kostenforderung außer Zweifel gestellt ist.

34) Ist schon jetzt in der Praxis üblich. Vergl. o. Anm. 30 zu §. 389.

34a) (2. A.) Darunter ist nur der Subhastat zu verstehen. Der persönliche Schuldner der im Kaufgelder-Belegungstermine liquidirten Hypothekenposten ist als solcher zu einem Widerspruch gegen deren Auszahlung nicht befugt. Erk. des Obertr. vom 14. Oktober 1864 (Arch. f. Rechtsf. Bd. LIV, S. 326).

35) Wenn er ein Interesse dabei hat, d. h. wenn sonst Forderungen, wofür er persönlich haftet, nicht berichtigt werden würden, und er also für den Ausfall aufkommen müßte, „da er in dem Falle, wenn er für eine Hypothek nicht zugleich als persönlicher Schuldner haftet, ein wesentliches Interesse dabei haben kann, daß diese Hypothek anderen Forderungen nachsteht, zu deren Befriedigung er zugleich persönlich verpflichtet ist, indem er befürchten muß, daß die Gläubiger ihn in Anspruch nehmen, wenn sie bei der Kaufgeldervertheilung einen Ausfall erleiden." (Motive, S. 141.)

35a) (2. A.) Und auch derjenige Personalgläubiger, auf dessen Antrag die Subhastation des Grundstücks seines Schuldners, wegen der von ihm erstrittenen Forderung, eingeleitet worden. Erk. des Obertr. vom 16. Septbr. 1858 (Entsch. Bd. XL, S. 405). Vergl. §. 401.

36) Pl.-Beschl. des Obertr. vom 19. Septbr. 1845, oben in der Anm. 8 zu §. 373. — (2. A.) Aber nur die Verität und Rechtsgültigkeit der Hypothek sind die nachstehenden Gläubiger anzufechten legitimirt. Die Befugniß, dem liquidi-

§. **393**. Jeder in dem Termin anwesende betheiligte Realgläubiger (§. 392) kann im Wege der Einwendung die nachbezeichneten Forderungen anderer Gläubiger nach Maßgabe der im ersten Abschnitt ertheilten näheren Bestimmungen (§. 375) als ungültig anfechten [37]):

1) Forderungen aus Rechtshandlungen, welche der Schuldner in der, dem anderen Theil bekannten Absicht vorgenommen hat, sie nur zum Schein vorzunehmen oder die Gläubiger auf andere Weise zu bevortheilen;

2) Forderungen aus Entscheidungen und Mandaten, wenn dabei Umstände zum Grunde liegen, bei welchen eine gleiche Absicht (Nr. 1) erhellt;

3) Forderungen aus freigebigen Verfügungen (§. 102, Nr. 2), welche der Pfandbesteller zum Vortheil seines Ehegatten nach geschlossener Ehe vorgenommen hat;

4) Forderungen der Ehefrau des Pfandbestellers oder der Rechtsnachfolger der Ehefrau [37a]) auf Befriedigung wegen des in die Verwaltung des

---

renden Mitgläubiger den Mangel seiner Aktivlegitimation, oder den Einwand der Zahlung oder Kompensation aus dem Rechte des Schuldners entgegen zu setzen, steht ihnen nicht zu. Pr. des Obertr. vom 19. März 1857 (Entsch. Bd. XXXV, S. 470). Vergl. die älteren übereinstimmenden Urtheile dess. vom 28. Oktober 1852 (Arch. f. Rechtsf. Bd. VII, S. 301), und vom 25. Mai 1853 (Arch. f. Rechtsf. Bd. XI, S. 1). — Der Pl.-Beschl. spricht sich nicht darüber aus: ob und in welchem Umfange die Realgläubiger auch solche Forderungen, welche gegen den Schuldner bereits rechtskräftig feststehen, zu bestreiten befugt seien; in dieser Beziehung findet er vielmehr in dem §. 393 seine Ergänzung. Erk. dess. vom 15. März 1859 (Arch. f. Rechtsf. Bd. XXXIII, S. 63).

(2. A.) Der Umstand allein, daß ein auf Grund des §. 392 erhobener Widerspruch rechtskräftig für unbegründet erachtet worden, berechtigt den Gläubiger noch nicht zu einer Schadensforderung gegen den Widersprechenden, vielmehr gehört dazu, aus den besonderen Umständen und Verhältnissen des vorliegenden Falles näher darzuthun, daß der Widerspruch aus bösem Vorsatze oder doch aus einem vertretbaren Versehen erhoben worden sei. Erk. dess. vom 10. Januar 1862 (Arch. f. Rechtsf. Bd. XLV, S. 30).

37) Vergl. oben §. 373 und die Anm. 8 dazu. Daß der Grundsatz des §. 423, Tit. 20, Th. I des A. L.R. hierdurch nicht betroffen wird, versteht sich von selbst.

37a) (2. A.) Aus dem Zusatz „oder der Rechtsnachfolger der Ehefrau" ist hergeleitet worden, daß in den gedachten Beziehungen die Forderungen der Rechtsnachfolger der Ehefrau denen der Ehefrau selbst völlig gleichstehen sollen, indem sonst der Zusatz überflüssig sein würde, wenn die Rechtsnachfolger der Ehefrau so günstig hätten gestellt werden sollen, wie die Rechtsnachfolger anderer Personen, welche mit dem Pfandbesteller kontrahirt haben. Denn dann hätte das im Eingange des §. 393 befindliche Allegat des §. 375 und das hier befindliche weitere Allegat des §. 109 ausgereicht. Diese Auffassung hat auch viel für sich. Dieselbe hat jedoch in der Rechtsprechung keine Anerkennung gefunden, man hat vielmehr angenommen, daß die Anfechtung gegen den Rechtsnachfolger der Ehefrau nur unter den hinsichtlich dritter Besitzer im §. 109 gegebenen Beschränkungen zulässig sein solle. Die Bedeutung des in Rede stehenden Zusatzes wird lediglich darin gefunden, daß bei dem Eingebrachten der Ehefrau, wie mehrfach angenommen worden, das Eigenthümliche stattfinde, daß mit der an einen Dritten erfolgenden Cession die Beibehaltung der Natur des Eingebrachten und die Fortdauer der dem Manne daran zustehenden maritalischen Rechte nicht vereinbar ist, daß mithin durch die Cession die Natur dieses Vermögens gewissermaßen verändert wird. Mit Rücksicht hierauf hätte, wenn der gedachte, die

Mannes gekommenen Vermögens der Ehefrau, sofern ein Fall der gesetzlichen Verpflichtung zur Sicherstellung der Ehefrau oder zur Herausgabe des Vermögens derselben nicht vorlag;

5) Forderungen, die sich auf Empfangsbekenntnisse, Anerkenntnisse oder Zugeständnisse gründen, welche der Pfandbesteller seinem Ehegatten gegenüber, vor [37 b]) oder nach geschlossener Ehe, ausdrücklich oder stillschweigend, insbesondere im Kontumazialverfahren, abgegeben hat, sofern nicht die Richtigkeit des Empfangsbekenntnisses, Anerkenntnisses oder Zugeständnisses, oder der im Kontumazialverfahren festgestellten Umstände anderweit nachgewiesen wird.

§. **394.** Wenn eine Forderung in Ansehung der Richtigkeit, des Hypothekenrechts oder des Vorrechts bestritten wird, so hat der Gläubiger, welcher dieselbe geltend macht, seinen Anspruch gegen die widersprechenden oder anfechtenden Interessenten (§§. 392, 393) in einem besonderen Prozesse auszuführen.

Zu diesem Behuf muß der Gläubiger den Anspruch im Termin näher begründen [37 c]) oder sich eine besondere Klageschrift vorbehalten. Wenn dies nicht geschieht, oder wenn er die Klage nicht binnen viezehn Tagen [37 d]) einreicht, so wird angenommen, daß er sich lediglich auf den Inhalt des Hypothekenbuchs und der überreichten Urkunden bezieht.

Wird eine besondere Klage nicht eingereicht, so dient eine Abschrift des

---

Rechtsnachfolger betreffende Zusatz nicht aufgenommen worden wäre, bezweifelt werden können, ob die darin gestattete Anfechtung überhaupt auch gegen den Rechtsnachfolger der Ehefrau stattfinde, und daher erscheine der Zusatz nicht überflüssig. Sonach enthalte das Gesetz die Bestimmung: die in Rede stehende Anfechtung sei auch gegen den Rechtsnachfolger der Ehefrau gestattet, jedoch nur unter denselben Beschränkungen wie gegen einen dritten Besitzer (§. 109), nicht wie gegen die Ehefrau selbst. Erk. des Obertr. vom 24. Mai und vom 7. Juni 1861 (Arch. f. Rechtsf. Bd. XLI, S. 306).

37 b) (2. A.) Inwiefern die Anfechtung der Forderung aus einem für den Ehegatten vor geschlossener Ehe ausgestellten Empfangsbekenntnisse durch den betheiligten Realgläubiger von dem Obertribunal für ausgeschlossen erachtet wird, ist in dem Erk. dess. vom 8. Juli 1864 ausgeführt. Dort heißt es: „Ist ein solches Bekenntniß vor Schließung der Ehe ausgestellt, so muß doch nach dem Grunde und Zwecke des Gesetzes dem Aussteller die Absicht beigemessen werden können, seine Gläubiger dadurch benachtheiligen zu wollen; es muß zwischen dem Aussteller und der Person, zu deren Gunsten das Bekenntniß abgegeben wird, eine Beziehung bestanden haben, welche die nachherige Schließung der Ehe erwarten ließ, wenn die Vorschrift der Nr. 5 anwendbar sein soll." (Entsch. Bd. LIII, S. 358.) Der Fall war zwar der, daß der Aussteller mit der Schwester der Person, zu deren Gunsten das Bekenntniß abgegeben ward, verheirathet war, und daß sich Beide später, wie es scheint, nachdem die Frau verstorben, mit einander verheiratheten. Aber warum die desiderirte Beziehung zwischen Beiden doch nicht schon zur Zeit der Ausstellung des Schuldbekenntnisses hätte sollen bestehen können, ist durch nichts angezeigt.

37 c) (2. A.) Ueber die Begründung s. o. Note 70 a zu §. 263.

37 d) (2. A.) Diese vierzehntägige Frist ist keine unter allen Umständen innezuhaltende Präklusivfrist; der Realgläubiger kann jedoch die angebrachte Klage nicht mit Vorbehalt seiner Ansprüche zurücknehmen und hierdurch die Vertheilung der Streitmasse auf unbestimmte Zeit aufhalten. Erk. des Obertr. vom 14. Juli 1864 (Arch. f. Rechtsf. Bd. LIII, S. 349).

Protokolls oder ein Auszug aus demselben in dem Spezialprozesse als Klageschrift[38]).

Auf die Klage ist mit der Klagebeantwortung, sowie mit der Verhandlung und Entscheidung der Sache nach den für den ordentlichen Prozeß geltenden Vorschriften weiter zu verfahren[39]).

Das Erkenntniß muß zugleich darüber entscheiden, an wen der streitige Kaufgelderbetrag auszuzahlen oder zu übereignen sei, oder nach Befinden die anderweite Vertheilung anordnen[40]).

Der Spezialprozeß gehört vor das Subhastationsgericht innerhalb seiner Kompetenz in Civilprozessen[40a]).

§. 395. Wenn eine Forderung ungetheilt auf mehreren Grundstücken haftet, so kommen die für diesen Fall im Konkurse gegebenen Vorschriften (§. 56) zur Anwendung[40b]).

---

38) Das Protokoll muß mithin dasjenige, was das Hypothekenbuch zur Begründung der Post ergiebt, enthalten.

39) Vorher war die Praxis ungleichförmig, da das Verfahren in der V. vom 4. März 1834, §. 17 nicht vorgezeichnet war.

40) V. vom 31. Oktober 1838, §. 10 (G.S. S. 498). — (2. A.) Aus der Vorschrift dieses Alinea folgt nicht, daß der Richter von Amts wegen das Interesse der später eingetragenen ausgefallenen Gläubiger, welche nicht der Auszahlung an den Kläger widersprochen haben, geltend machen müsse, und daß er befugt sei, das Liquidat des Klägers zurückzuweisen, obwohl der Einspruch der Beklagten sich erledigt. Erk. des Obertr. vom 19. September 1862 (Archiv f. Rechtsf. Bd. XLVI, S. 211, und Entsch. Bd. XLIX, S. 313).

40a) Der von den Kammern angehängte Zusatz „innerhalb seiner Kompetenz" 2c. soll verhindern, daß nicht etwa eine Gerichtskommission, wenn sie subhastirt, in Streitigkeiten über mehr als 50 Thaler entscheidet. Das wäre wol auch ohne diesen Anhang unterblieben.

40b) (2. A.) Vergl. oben, Anm. 11b, Abs. 2 zu §. 56.

(2. A.) Die praktische Anwendung dieser Bestimmung hat den Parteien wieder Lehrgeld gekostet. Ein Gläubiger hatte zweimal die Befriedigung wegen seines Ausfalls gegen die Besitzer derjenigen Grundstücke, auf welchen ein ihm auf dem ihm verpfändeten Grundstücke vorstehender Gläubiger konjunktim eingetragen stand, und dessen vorzügliche Befriedigung seinen Ausfall zur Folge gehabt hatte, auf Grund der Eintragung gemäß §. 56, Nr. 3 a. E. vergeblich geltend gemacht, und zwar zuerst gegen den Besitzer des Einen von den dreien solidarisch haftenden Grundstücken auf Zahlung, dann gegen alle Drei auf deren Verurtheilung, sich die Subhastation ihrer Grundstücke behufs seiner Befriedigung aus den Kaufgeldern gefallen zu lassen. Beide Prozesse verlor er. In dem zweiten Prozesse wurde zwar das Appellationsurtel vernichtet, jedoch nur, um angebrachtermaßen abgewiesen zu werden. Die Vernichtung wurde ausgesprochen, weil der Richter den §. 395 dadurch beschränkt wissen wollte, daß die mehreren Grundstücke zu einer Exekutionsmasse gehören, d. h. sich sämmtlich im Besitze eines Exequenden befinden müßten, wozu er durch den Rückschluß aus dem Inhalte des alleg. §. 56, „wenn eine Forderung ungetheilt auf mehreren zur Konkursmasse gehörigen Grundstücken haftet 2c.", gekommen war, indem er an Stelle „zur Konkursmasse" die Worte „zu einer Exekutionsmasse" substituiren zu müssen geglaubt hatte. Nach Vernichtung dieses Urtheils gelangt dann das Obertr. zur Abweisung angebrachtermaßen durch folgende Erwägung: Der Klageantrag auf Subhastation 2c. sei nicht sachentsprechend. Der Anspruch des Klägers stelle sich seinem schließlichen Ziele zufolge als Geldforderung dar. (Das ist bei der Hypothekarklage immer so. Ursprünglich war sie auf Herausgabe des Grundstücks an den Gläubiger zum Zwecke des Zwangsverkaufs gerichtet, und das Gleiche

§. 396. Die noch nicht fälligen Forderungen werden wie fällige behandelt. Der Gläubiger kann die Annahme einer noch nicht fälligen Forderung nicht verweigern.

---

hatte der Kläger durch seinen Klageantrag in der modernen Form ausgedrückt. D. H.) Als solche sei sie dadurch zu substantiiren gewesen, daß Kläger den Geldbetrag angegeben und justifizirt hätte, zu dessen Gewährung er die Beklagten für verbunden gehalten. Erst als eventuelles Exekutionsmittel zu der Beitreibung, nicht aber zu dem Zwecke, um jenen Geldbetrag zu ermitteln, würde sich sein Antrag auf Gestattung der Subhastation der den Beklagten gehörigen Grundstücke rechtfertigen lassen. Dies sei bereits in einer früher zum Druck gelangten Entscheidung (vom 9. Juli 1859, Arch. f. Rechtsf. Bd. XXXIV, S. 168) ausgeführt, und darauf hingewiesen, daß in Fällen der vorliegenden Art nichts entgegenstehe, zur Bestimmung des durch die Werthsverhältnisse der betheiligten Grundstücke bedingten Geldanspruchs von der Abschätzung durch vereidete Taxatoren und von der Berufung auf eine Taxe Gebrauch zu machen. Erk. vom 13. Mai 1861 (Arch. f. Rechtsf. Bd. XLII, S. 75 ff.). Dieser ganze Gedankengang ist nur künstlich; das gute Recht der Gläubiger wird durch eine solche Praxis vermittelst der unverhältnißmäßig großen Kosten zu Wasser. Das Rechtsverhältniß wird durch Vermischung verschiedenartiger Begriffe verworren. In dem vorhin angeführten früheren Falle ist gesagt worden: der Anspruch der ausgefallenen Gläubiger stelle sich als ein durch den Korrealverband aller verpfändeten Grundstücke begründeter Regreßanspruch dar. Das ist nicht anzuerkennen; ein Gläubiger mehrerer Korrealschuldner nimmt nie Regreßanspruch an dem anderen Korrealschuldner, wenn er von dem Einen nicht befriedigt wird, er hat gegen Jeden von ihnen ebendieselbe Klage. Ein Regreßanspruch kann nur unter den mehreren Schuldnern möglich sein, wird aber von dem Gläubiger gar nicht berührt und darf auch nicht mit dem Klagerechte des Gläubigers vermengt werden. Ebenda ist auch gesagt worden, die auf mehrere Grundstücke konjunktim eingetragene Hypothek bewirke ein passives Korrealverhältniß dieser Grundstücke. Dieser Satz ist richtig und er allein ist es, welcher der Rechtsgrund des sehr einfachen Rechtsverhältnisses zwischen dem noch unbefriedigten Gläubiger einerseits und den noch im Verbande der Korrealität befindlichen Grundstücken andererseits ist. Der Gläubiger kann seine Hypothekarklage geltend machen gegen wen er will, gegen jeden der mehreren Realschuldner allein oder gegen alle zugleich, und es giebt gar keinen Grund, warum er zur Begründung seiner Realklage eine Taxe nöthig haben sollte; nimmt er Einen der Schuldner auf das Ganze in Anspruch, so kann dieser behufs seines Regresses gegen die übrigen Schuldner von dem beneficium cedendarum actionum Gebrauch machen; den Gläubiger interessirt jener Regreß ganz und gar nicht. Diese cedirte Klage ist es denn auch, die der nachstehende Gläubiger, welcher deshalb ausfällt, weil der ihm vorstehende noch auf einem anderen Grundstücke konjunktim eingetragene Gläubiger seine ganze Befriedigung aus diesem einen Grundstücke nimmt, anwenden kann, denn er ist der Repräsentant des dinglichen Realschuldners (des subhastirten Grundstückes). Zur Begründung dieser Klage, die ja eben die actio hypothecaria des bezahlten Gläubigers ist, brauchte der Kläger sich auf eine Taxe nicht zu berufen. Allein der in Anspruch genommene Mitschuldner hat die, durch die unter ihnen selbst bestehende Gemeinschaft (A. L.R. I, 5, §§. 444, 445) begründete exceptio divisionis, wodurch er es erzwingen kann, daß die Mitschuldner sich unter einander pro rata ausgleichen. Die prozessualische Lage würde also die sein, daß derjenige Mitschuldner, welcher von einem anderen Mitschuldner, der den Gläubiger befriedigte, auf das Ganze mit der actio cessa oder utilis belangt würde, die exceptio divisionis entgegensetzte, die jedoch nicht die ganze Klage zu entkräften, sondern nur das Quantum auf seinen schuldigen Theil zu reduziren vermag, er muß daher diesen Einwand entsprechend substantiiren durch Angabe des Theils, welchen er nur schuldig zu sein vermeint, so daß es also an ihm ist, sich auf eine Taxe zu berufen, da hier die Werthverhältnisse der Realschuldner unter ihnen das Beitragsverhältniß bestimmen. Nur aus Klugheit und um sich gegen eine Pluspetition mit Kostenverlust zu decken, muß der Kläger sein Petitum so stellen, daß

Ist eine solche Forderung unverzinslich, so kommt die Vorschrift im §. 249 zur Anwendung[41]).

§. **397**. Hinsichtlich der bedingten Forderungen gelten für die Vertheilung folgende Grundsätze:

1) Ist die Bedingung eine aufschiebende, so erhalten diejenigen Interessenten, deren Befriedigung die bedingte Forderung im Wege steht, den auf dieselbe fallenden Betrag mit der Verpflichtung zur Rückgewähr an den bedingten Gläubiger für den Fall des Eintritts der Bedingung und gegen Sicherheitsbestellung.

2) Ist die Bedingung eine auflösende, so wird dem bedingten Gläubiger der auf seine Forderung fallende Betrag, gegen Sicherheitsbestellung wegen der Rückgewähr für den Fall des Eintritts der Bedingung, überwiesen und zugleich bestimmt, an wen für diesen Fall die Rückgewähr zu leisten ist.

3) So lange die empfangsberechtigten Interessenten keine von den übrigen Betheiligten für genügend erachtete Sicherheit bestellen, wird die Summe verzinslich angelegt. Diese Anlegung erfolgt durch gerichtliche Deposition; die aufkommenden Zinsen werden von demjenigen bezogen, welcher das Kapital im Falle der Sicherheitsbestellung zu nutzen das Recht gehabt haben würde[42]).

§. **398**. Besteht eine Forderung in dem Anspruche auf fortlaufende Hebungen, so wird der Betrag, welcher bei der Vertheilung auf das zur Deckung der künftigen Hebungen angesetzte Kapital fällt, verzinslich angelegt. Die Anlegung erfolgt durch gerichtliche Deposition.

Zugleich wird bestimmt, wem das Kapital bei dem Aufhören der Hebungen zufallen soll.

So oft die Zinsen zur Berichtigung der Hebungsbeträge nicht hinreichen, wird der fehlende Betrag aus dem Kapital entnommen[43]).

---

er der Exception zuvorkommt. — Uebrigens hat das Obertr. seinen Grundsatz, daß der aus der angegebenen Ursache ausgefallene Gläubiger an den Besitzer des zweiten korrealiter mit verpfändeten Grundstückes noch vor dessen Subhastation Regreß nehmen darf, und daß die Höhe dieses Anspruchs nach dem Verhältnisse der Werthe der gemeinschaftlich verhypothezirten Grundstücke zu bestimmen ist, — wiederholt aufrecht gehalten. Erk. vom 27. Mai 1864 (Entsch. Bd. LI, S. 460). Jedenfalls erübrigt nur die Feststellung durch Abschätzung in Bezug auf sämmtliche Grundstücke. Erk. dess. vom 3. Juni 1864 (Arch. f. Rechtsf. Bd. LIV, S. 219).

(2. A.) Die Vorschriften der §§. 56 u. 395 sind nicht auf den Fall des Konkurses und beziehungsweise auf den Fall zu beschränken, wenn die verhypothezirten mehreren Grundstücke demselben Eigenthümer gehören. Erk. dess. vom 22. April 1864 (Entsch. Bd. LII, S. 440). Dabei muß aber, wenn der Satz eine Rechtswahrheit sein soll, hinzugedacht werden, daß die mehreren Grundstücke bei Errichtung der Korrealhypothek dem Verpfänder entweder eigenthümlich gehörten oder zur Verpfändung die Erlaubniß des fremden Eigenthümers gegeben worden war; denn sie müssen alle zugleich verpfändet werden, sonst entsteht keine Korrealhypothek im Sinne des §. 424, Tit. 5, Th. I des A. L.R. Einflußlos ist es dann, wenn später die einzelnen Grundstücke in verschiedene Hände übergehen.

41) Vergl. oben die Anmerkung zu §. 249.

42) Der §. 397 enthält die Grundsätze der §§. 555, 556, Tit. 50 der A. G.O. Vergl. oben §. 250.

43) Vergl. o. §. 251 und die Anmerkungen dazu, und A. G.O. §§. 555, 556 a. a. O.

§. **399.** Die Urkunden über Forderungen, welche durch Zahlung oder durch Uebereignung des Kaufgelderrückstandes getilgt sind, werden kassirt und zu den Subhastationsakten genommen. Dagegen sind die Urkunden über Forderungen, welche entweder der Ersteher übernommen hat, oder welche ganz oder theilweise ausgefallen sind und bei welchen der persönliche Anspruch noch fortbesteht, an die Gläubiger zurückzugeben[44]).

Der Kommissar hat in dem Kaufgeldervertheilungstermin auf den zurückzugebenden Urkunden zu attestiren, ob und zu welchem Betrage die Post zur Hebung gekommen ist, und wenn der Ersteher die Forderung in Anrechnung auf die Kaufgelder übernommen[45]) hat, daß und bis zu welchem Betrage dies geschehen ist.

Der wörtliche Inhalt dieser Atteste ist in das Protokoll aufzunehmen[46]).

§. **400.** Nach Abhaltung des Termins ist das über die Verhandlung aufgenommene Protokoll für den Ersteher in beglaubigter Form auszufertigen.

Auf Grund dieser Ausfertigung ist in dem Hypothekenbuch, bei Berichtigung des Besitztitels für den Ersteher, die Löschung des Subhastationsvermerks und aller Realansprüche[47]) zu bewirken, welche nicht nach gesetzlicher

---

44) War schon früher Praxis in Folge allgemeiner Verf. des J.M. vom 7. Januar 1839 (J.M.Bl. S. 35).

45) „Oder konsolidirt", wie der §. 19 der V. vom 4. März 1834 hinzufügt. Warum dies weggelassen, wird in den Motiven nicht gesagt, im Gegentheile wird versichert, daß die Bestimmungen der §§. 399, 400 dem bestehenden Rechte (§. 19 der V. vom 4. März 1834) entsprechen. Eine Abänderung des bestehenden Rechts ist also nicht beabsichtigt.

Die Kompensation der rückständigen Kaufgelder aus einem Adjudikationsbescheide, welcher auf die im Wege der Exekution veranlaßte nothwendige Subhastation ergangen ist, mit einer eingetragenen Forderung des Käufers, tritt nicht sofort ipso jure ein, sondern die im §. 19 erwähnte Konsolidation wird erst von dem Zeitpunkte des abgehaltenen Termins der Kaufgelderbelegung ab wirksam. Pr. des Obertr. 385 v. 9. Dez. 1837 (Präj.-Samml. I, S. 399).

46) War schon früher Praxis. R. v. 7. Januar 1839 (J.M.Bl. S. 35). Das Neue besteht nur darin, daß es nicht „Bescheinigungen", sondern Atteste sein sollen, und daß nur eine Thatsache (die Zahlung rc.), nicht aber, ob etwa das Realrecht in Folge der Uebernahme rc. noch fortdauere, beglaubigt werden soll. (II. Ber. S. 152.) Sehr untergeordnet und ohne wesentliche Bedeutung.

47) „Hypotheken" heißt es im §. 19 der V. v. 4. März 1834. Die aus unbekannten Gründen beliebte Verbesserung in „Realansprüche" ist von ebenso zweifelhafter Natur wie die im §. 386 (Anm. 27); sie wird unschädlich durch die Bedingung: „welche nicht nach gesetzlicher Vorschrift auf den Ersteher übergehen", aber sie ist dadurch zugleich unbrauchbar gemacht für den Subhastations- wie für den Hypothekenrichter, welche beide nicht berufen und auch nicht in der Lage sind, über diese Rechtsfrage zu entscheiden. (2. A.) Die Fassung hat denn auch wirklich Prozeß zur Folge gehabt. Ein Ersteher behauptete, daß auch der auf dem erstandenen Grundstücke stehende Auszug gelöscht werden müßte. So erkannte auch das Appellationsgericht. Das Obertr. vernichtete dieses Erkenntniß und wies den Kläger ab, annehmend, daß der Satz des §. 400 sich nur auf die Rubr. III eingetragenen Hypothekenforderungen beziehe. Die gesetzlichen Vorschriften, welche im §. 400 in Bezug genommen werden, sind die §§. 183, 342, Tit. 11, Thl. I des A. L.R. Erk. des Obertr. vom 23. Juni 1862 (Arch. f. Rechtsf. Bd. XLIV, S. 334). Daran ist durch die Konkursordnung §§. 400 u. 52 nichts geändert worden. Erk. deff. vom 30. September 1862 (Entsch. Bd. XLIX, S. 407).

Vorschrift auf den Ersteher übergehen oder von demselben namentlich übernommen [48]) worden sind.

Gleichzeitig ist der aus dem Protokolle sich ergebende etwanige Kaufgelderrückstand in das Hypothekenbuch einzutragen. Der Eintragungsvermerk hat zugleich die den einzelnen Gläubigern übereigneten Antheile an dem Kaufgelderrückstande zu bezeichnen, sowie die Rangordnung derselben anzugeben. Als Eintragungsurkunde dient eine Ausfertigung des Adjudikationsbescheides und des Protokolles über die Belegung und Vertheilung der Kaufgelder. Jeder Gläubiger, welchem ein Antheil an dem Rückstande übereignet ist, hat die Befugniß, zu verlangen, daß ihm von dieser Eintragungsurkunde nach Maßgabe des ihm zustehenden Vorrechts, eine Theilobligation abgezweigt wird.

Das Subhastationsgericht hat diese Eintragungen und Löschungen von Amtswegen zu veranlassen [49]).

§. 401. Was nach der in Gemäßheit der vorstehenden Bestimmungen (§§. 383 u. f.) erfolgten Befriedigung der Realgläubiger von den Kaufgeldern übrig bleibt, dient zur Befriedigung der Realgläubiger wegen älterer als zweijähriger Rückstände von Hypothekenzinsen und anderen Prästationen, sowie zur Befriedigung der persönlichen Gläubiger, welche die Subhastation beantragt haben, oder welche den Kaufgelderrest im Wege der Exekution in Beschlag genommen haben [50]).

(2. A.) Die Löschung einer Hypothekenpost, welche auf mehreren Grundstücken eingetragen steht und aus den Kaufgeldern eines dieser Grundstücke bei dessen im Wege der Exekution erfolgter nothwendiger Subhastation vollständig bezahlt worden ist, muß auch auf den übrigen Grundstücken erfolgen und der Besitzer kann darüber nicht mehr verfügen. Erk. dess. vom 17. September 1857 (Archiv f. Rechtsf. Bd. XXVII, S. 44.)

48) Von den übernommenen, nur theilweise zur Hebung gelangten Posten wird nur der ausgefallene Theil gelöscht, das Uebrige bleibt unverändert und ohne Hinzufügung eines Vermerks stehen. R. vom 3. Januar 1839 (Jahrb. Bd. LIII, S. 185).

Die eigenen ausgefallenen Hypothekenforderungen des Adjudikatars müssen schlechterdings gelöscht werden. R. v. 3. Januar 1839 (ebd. S. 185).

Auch die nicht übernommenen zur Hebung gelangten Hypotheken müssen durchaus gelöscht werden, wie das Gesetz ausdrücklich vorschreibt, weil sie der Adjudikatar nicht als Besitzer erworben hat. A. M. war früher der J. M. nach einem Bescheide vom 8. April 1836 (Erg. zu §§. 62—64 d. T. Nr. 7 b); doch ohne Nachweis eines juristischen Grundes. Die Fortdauer solcher Hypotheken und die Disposition darüber von Seiten des Adjudikatars würden das Interesse des Schuldners verletzen, welcher die Kassation seiner Schuld- und Hypothekverschreibungen zu fordern berechtigt ist, nachdem sie aus seinen Mitteln (aus dem Unterpfande) bezahlt worden sind.

49) Deshalb kann der Adjudikatar zur Berichtigung des Besitztitels angehalten werden; und solches geschieht auf dem kürzesten Wege, wenn der Subhastationsrichter selbst, von Amts wegen, auf Berichtigung des Besitztitels anträgt, da er von Amts wegen für die Ausführung der Adjudikatoria sorgen muß. R. vom 18. Oktober 1834 (Jahrb. Bd. XLIV, S. 410).

50) Hierdurch wird das bisher bestandene Recht geändert. Bisher wurden, wenn die Kaufgelder zureichten, den Realgläubigern sämmtliche unverjährte Zinsrückstände mit dem Kapital bezahlt; die Beschränkung auf einen zweijährigen Rückstand und die Zurücksetzung der älteren Rückstände selbst hinter die persönlichen Kapitalsforderungen (A. L.R. I, 20, §. 505), fand nur im Falle des Konkurses

Wenn der Kaufgelderrest zur vollständigen Befriedigung der Gläubiger, welche auf denselben Anspruch machen, nicht zulänglich ist, so findet das im ersten Abschnitt des gegenwärtigen Titels vorgeschriebene Prioritätsverfahren statt.

§. **402.** Bei nothwendigen Subhastationen von solchen Schiffsmühlen und Gerechtigkeiten, welche die Eigenschaft unbeweglicher Sachen haben, ingleichen von verliehenem und von nicht verliehenem Berg- und Hütteneigenthum werden die Kaufgelder nach den Vorschriften vertheilt, welche bei der Vertheilung der Kaufgelder von Grundstücken zur Anwendung kommen (§§. 384 ff.).

Hinsichtlich der Theilnahmerechte der Realgläubiger gelten die für den Fall des Konkurses festgesetzten Bestimmungen (§. 63).

§. **403.** Bei nothwendigen Subhastationen von Seeschiffen und an-

---

und des erbschaftlichen Liquidationsprozesses, nicht aber auch im einfachen exekutivischen Subhastations- und Kaufgelder-Vertheilungsverfahren, in welchem nicht einmal immittirte Personalgläubiger den Hypothekengläubigern hinsichtlich der über zwei Jahre alten Zinsrückstände vorgingen, statt. Pr. des Obertr. 2288 vom 10. April 1851 (Entsch. Bd. XXI, S. 44) gemäß der §§. 39, 41, 43, Tit. 51 der Pr.O. und §. 18 der V. vom 4. März 1834. „Diese Verschiedenheit der Grundsätze" — sagen die Verf. — „läßt sich nicht rechtfertigen. Soweit den Zinsen überhaupt ein Realrecht gebührt, muß dasselbe auch anerkannt werden, die Masse mag zulänglich sein oder nicht." (Dabei sind die Verfasser im Rechtsirrthum; auf die bloße Unzulässigkeit der Masse kam nichts an, die Beschränkung fand nur im Falle des Konkurses und des Liquidationsprozesses statt. Sie fahren fort:) „Insbesondere ist, nachdem die Realgläubiger von der Einlassung in das Konkursverfahren befreit worden sind, kein innerer Grund ersichtlich, weshalb im Falle des Konkurses für die Berichtigung ihrer Zinsforderungen andere Grundsätze gelten sollen, als außerhalb des Konkurses; die Rücksicht auf die persönlichen Gläubiger kann dort nicht mehr und nicht weniger Einfluß üben, als hier. Es bleibt also nur die Wahl: entweder man lozirt, ohne Unterschied der Fälle, sämmtliche rückständige Zinsen am Orte des Kapitals, oder man beschränkt dies ebenso allgemein auf die Rückstände aus einem bestimmten Zeitraume. Das Erstere ist im Interesse der Realgläubiger unstatthaft (warum denn?), es rechtfertigt sich mithin die allgemeine Beschränkung des Realrechts (das eben ist die naturwidrige Rechtsänderung; es ist auch ein Irrthum, daß die über zwei Jahre alten Zinsen kein Realrecht hätten; sie hatten allerdings ein Realrecht, d. h. der dritte Besitzer mußte alle Rückstände bezahlen, soweit sie nicht verjährt waren, nur anderen Gläubigern gegenüber war es im Konkurse unwirksam. Pr. 2288) der Zinsen auf den zweijährigen Zeitraum, welcher für den Fall des Konkurses als Begrenzung festgesetzt worden ist (§§. 52, 58). Aeltere Zinsenrückstände fallen demnach lediglich in die Kategorie der persönlichen Forderungen und treten mit anderen persönlichen Ansprüchen nach Maßgabe der allgemeinen Vorrechtsordnung in Konkurrenz; die singuläre Vorschrift des §. 505, Th. I, Tit. 20 des A. L.R. mußte in Wegfall gebracht werden. Aus dem Ueberschusse der Kaufgeldermasse kann unter dieser Voraussetzung die Berichtigung der älteren Zinsenrückstände füglich im Anschlusse an die Kaufgeldervertheilung erfolgen, ohne daß es noch einer besonderen desfallsigen Beschlagnahme des Kaufgelderrestes von Seiten des Gläubigers bedarf." (Motive, S. 143.) Soviel sind Worte, auf welchen die Rechtsumänderung beruhet. Die Verbesserung ist zweifelhaft, weil ohne juristische Grundlage. Das durch das A. L.R. geheiligte, sehr alte und bewährte Recht ist keine Singularität oder Widersinnigkeit; die Bestimmungen beruhen auf juristischem Bewußtsein: sie erkennen die Geltung des dinglichen Rechts als Regel an und nehmen nur die für den Fall des Konkurses (der überhaupt vielerlei Rechtsmodifikationen bewirkt) hergebrachte Ausnahme (§§. 504, 505) auf, wie am Anfange dieser Anm. nachgewiesen ist. Die Rechtsneuerung hat einen Justinian'schen Charakter.

deren zur Frachtschifffahrt bestimmten Schiffsgefäßen richten sich die Theilnahmerechte der Schiffsgläubiger an der Schiffsmasse nach den für den Fall des Konkurses ertheilten Vorschriften (Titel 1, Abschnitt 7).

Bei der Vertheilung der Schiffsmasse ist nach den Bestimmungen zu verfahren, welche bei der Vertheilung der Kaufgelder von Grundstücken zur Anwendung kommen (§§. 385 u. folg.).

Die auf den Schiffserwerbsurkunden nicht eingetragenen Realgläubiger sind in dem Subhastationspatent zur Anmeldung ihrer Ansprüche aufzufordern und in derselben Weise, wie die aus dem Hypothekenbuch nicht ersichtlichen Realgläubiger, zu dem Vertheilungstermin vorzuladen (§§. 385, 536). Die auf jenen Urkunden eingetragenen Realgläubiger werden wie die in dem Hypothekenbuch eingetragenen Gläubiger behandelt.

§. **404.** Die Vorschriften des gegenwärtigen Abschnitts finden auch bei den auf den Antrag des Benefizialerben eingeleiteten nothwendigen Subhastationen Anwendung (§. 359).

Ein Gleiches gilt bei den auf den Antrag eines Miteigenthümers zum Zweck der Auseinandersetzung eingeleiteten nothwendigen Subhastationen, insofern dieselben die Wirkungen einer nothwendigen Subhastation nicht bloß gegen die Miteigenthümer, sondern auch gegen Realgläubiger haben [51]).

Vierter Abschnitt.

Von dem Aufgebote der bei der Kaufgeldervertheilung im Falle der nothwendigen Subhastation gebildeten Spezialmassen [52]).

§. **405.** Wenn bei der im Falle der nothwendigen Subhastation stattfindenden Vertheilung der Kaufgelder sich Niemand mit Ansprüchen auf eine bestimmte, zur Hebung gelangende Hypothek oder andere Realforderung gemeldet hat, oder wenn der Gläubiger sich nicht durch Vorlegung des Hypothekendokuments legitimiren kann, so ist den unbekannten Interessenten von dem Subhastationsgericht ein Kurator zu bestellen.

§. **406.** Der bestellte Kurator muß zu ermitteln suchen, ob die Forderung schon getilgt ist; er muß sich bemühen, das fehlende Hypothekendokument und den Inhaber desselben, oder diejenigen zu erforschen, denen Eigenthumsrechte, Pfandrechte oder andere Rechte an der Forderung zustehen.

§. **407.** Haben die Nachforschungen des Kurators keinen Erfolg, so liegt ihm ob, das Aufgebot der für die Forderung angelegten Spezialmasse oder des auf die Post angewiesenen Kaufgelderrückstandes bei dem Gericht nachzusuchen.

Der Kurator hat die Versicherung abzugeben, daß er sich nach bestem Wissen und mit sorgfältiger Benutzung der von den Interessenten ihm an die Hand gegebenen Mittel bemüht habe, das fehlende Hypothekendokument und

51) Vorausgesetzt ist hier der Fall des Gesetzes vom 11. August 1843 (G.S. S. 323).

52) In diesen Abschnitt sind im Wesentlichen die Bestimmungen der V. vom 21. Oktober 1838 (G.S. S. 498) aufgenommen. Nur ist das Verfahren dem heutigen öffentlichen und mündlichen Prozesse angepaßt.

den Inhaber desselben, oder diejenigen zu erforschen, denen Rechte an der Forderung zustehen.

§. 408. Eines Diligenzeides bedarf es in dem Falle nicht, wenn sich Jemand zu der Post gemeldet hat.

Wenn dagegen der eingetragene Gläubiger oder dessen Rechtsnachfolger sich gemeldet hat, und nur das Dokument nicht beschaffen kann, so muß derselbe einen Eid dahin leisten:

daß er das Dokument nicht selbst besitze, daß ihm kein Anderer bekannt sei, der es besitze, noch ein Ort, an dem es sich befinden möge, und daß er dasselbe auch nicht zur Gefährdung fremder Rechte abhanden gebracht habe.

Behauptet der Gläubiger die erfolgte Vernichtung des Dokuments, so muß er den Eid dahin leisten:

daß und in welcher Art das Dokument vernichtet worden sei.

§. 409. Bei dem Aufgebote (§. 407) ergeht die öffentliche Aufforderung, daß alle diejenigen, welche an die Spezialmasse oder an den Kaufgelderrückstand Ansprüche als Eigenthümer, Erben, Cessionarien, Pfandinhaber oder aus einem andern Grunde geltend machen wollen, ihre Ansprüche in einem vor einem Kommissar des Gerichts anzuberaumenden Termine [53]), bei Vermeidung der Ausschließung, schriftlich oder zu Protokoll bei dem Gericht anzumelden haben.

In der öffentlichen Aufforderung ist die Forderung, auf welche das Aufgebot sich bezieht, durch Benennung des aus dem Hypothekenbuch ersichtlichen Gläubigers und Schuldners, des Betrages der Forderung und des Datums der Urkunde, sowie durch Benennung des verhafteten Grundstücks zu bezeichnen.

§. 410. Die Bestimmung der Anmeldungsfrist und die öffentliche Bekanntmachung der Aufforderung (§. 409) erfolgt nach den Vorschriften, welche bei nothwendigen Subhastationen hinsichtlich der Anberaumung des Bietungstermins und der Bekanntmachung desselben gelten, mit der Maßgabe, daß statt des Grundstückswerths der Betrag der Spezialmasse oder des Kaufgelderrückstandes zum Grunde gelegt wird.

§. 411. Eine Abschrift der Aufforderung erhalten:

1) der im Hypothekenbuche eingetragene letzte Eigenthümer der Forderung und die etwa mit einem Pfandrechte oder anderen Rechte an der Forderung eingetragenen Personen, oder deren Rechtsnachfolger, in sofern der Aufenthalt dieser Personen bekannt ist;
2) der Schuldner, gegen welchen die Subhastation stattgefunden hat;
3) die bei der Kaufgeldervertheilung nicht vollständig oder überhaupt nicht zur Hebung gekommenen Hypothekengläubiger [53a]);
4) der ernannte Kurator.

---

53) Der Anmeldungstermin sollte nach dem Entwurf wegfallen und durch eine Anmeldungsfrist ersetzt werden, was hier ebenso zweckmäßig gewesen wäre, wie im Konkurse. Die Kammern haben es anders geordnet.

53a) Die Vorladung aller dieser Gläubiger ohne Rücksicht auf den Betrag

§. 412. Nach Abhaltung des Termins ist ein Präklusionserkenntniß abzufassen. In demselben sind den Personen, welche sich gemeldet haben, ihre Rechte vorzubehalten; alle unbekannten Interessenten sind mit ihren Ansprüchen an die Spezialmasse oder den Kaufgelderrückstand auszuschließen.

Eine Ausfertigung des Erkenntnisses wird dem Kurator, sowie dem Gläubiger zugestellt, welcher sich bei der Kaufgeldervertheilung zu der Post gemeldet hat.

Eine zweite Ausfertigung für alle übrigen Interessenten ist durch öffentlichen Aushang an der Gerichtsstelle bekannt zu machen; die Insinuation gilt als bewirkt, wenn die Ausfertigung vierzehn Tage lang ausgehangen hat. Sofern die Interessenten sich gemeldet haben oder sonst bekannt sind (§. 411), ist ihnen eine Abschrift des Erkenntnisses mitzutheilen.

Gegen das Erkenntniß findet nur das Rechtsmittel der Restitution statt.

§. 413. Nach beschrittener Rechtskraft des Präklusionserkenntnisses sind die Personen, welche sich bei dem Aufgebote gemeldet haben, sowie die übrigen bekannten Interessenten vor einem Kommissar des Gerichts mit ihren Ansprüchen und Gegenerklärungen zu hören; findet keine gütliche Einigung unter den Interessenten statt, so hat der Kommissar die Sache bis zur Beweisaufnahme zu verhandeln.

Demnächst erfolgt das weitere Verfahren und die Entscheidung der Sache nach den für den ordentlichen Prozeß geltenden Vorschriften. In dem zur Beschlußfassung über die Beweisaufnahme oder zur Entscheidung der Sache anzuberaumenden Audienztermin können die Parteien oder deren Vertreter zur Ausführung ihrer Rechte das Wort ergreifen; die Anführung neuer Thatsachen ist nicht zulässig.

Das Erkenntniß hat darüber zu entscheiden, an wen die Spezialmasse auszuzahlen, oder wem der Kaufgelderrückstand zu übereignen ist.

§. 414. Wenn bei der Kaufgeldervertheilung eine Spezialmasse aus dem Grunde gebildet werden muß, weil auf der Forderung nach Ausweis des Hypothekenbuchs Rechte haften, deren gegenwärtige Inhaber unbekannt sind, so wird diesen unbekannten Interessenten ein Kurator bestellt und mit dessen Zuziehung die Vertheilung der Kaufgelder beendigt.

Zur Ermittelung:

ob der Hauptgläubiger ohne Zuziehung dieser Interessenten, oder mit wessen Zuziehung, die Spezialmasse oder den auf die Post angewiesenen Kaufgelderrückstand zu erheben befugt sei,

ist nach den vorstehenden Bestimmungen (§§. 406 ff.) zu verfahren, jedoch mit den Modifikationen, welche die Natur des Falles nothwendig macht.

Der Hauptgläubiger hat, wenn sich die Sache durch die angestellten Ermittelungen nicht erledigt, einen Eid dahin zu leisten:

daß ihm nicht bekannt sei, daß noch irgend Jemandem auf das fragliche

---

der Spezialmasse und der in der Hebung stehen gebliebenen Hypothekenpost ist ein nutzloser Aufwand. Die ausgefallenen Posten betragen öfter viele Tausende, welche einer großen Zahl verschiedener Personen zustanden, während die Spezialmassen oft sehr unbedeutend sind. Die Vorladung des nächsten an der Hebung stehenden Gläubigers, der die Masse wegnehmen würde, wenn Präklusion eintritt, wäre genügend.

Recht ein Anspruch zustehe, und daß er nichts verschwiegen habe, was zur Ermittelung eines solchen Berechtigten führen könne.

§. 415. Die gerichtlichen Kosten des Aufgebotsverfahrens, sowie die Gebühren und Auslagen des Kurators werden in allen Fällen aus der Spezialmasse oder dem Kaufgelderrückstande entnommen.

Die besonderen Kosten, welche durch die Erörterung eines unbegründeten Anspruchs oder Widerspruchs erwachsen, fallen dem Interessenten zur Last, welcher den Anspruch oder Widerspruch erhoben hat [54]).

Fünfter Abschnitt.

Von der Vertheilung der Revenüen von Immobilien [55]).

§. 416. Wenn die Beschlagnahme der Revenüen oder die Einleitung der Sequestration eines Grundstücks im Wege der Exekution stattfindet, so werden die Revenüen unter die Realgläubiger nach den Grundsätzen vertheilt, welche im Falle des Konkurses maßgebend sind (§§. 57—59).

Ein Gleiches gilt bei verliehenem oder nicht verliehenem Berg- und Hütteneigenthum, sowie bei solchen Schiffsmühlen und Gerechtigkeiten, welche die Eigenschaft unbeweglicher Sachen haben (§. 63).

§. 417. Nach [56]) erfolgter Beschlagnahme der Revenüen oder Einleitung der Sequestration ist ein Termin zur Regulirung der Revenüenvertheilung vor einem Kommissar des Gerichts anberaumen.

Zu diesem Termin sind der Schuldner, der Extrahent und alle aus dem Hypothekenbuch ersichtlichen Realgläubiger vorzuladen, sofern der Aufenthalt derselben bekannt ist.

Die Vorladung geschieht unter der Verwarnung, daß der Ausbleibende die auf Grund der vorzunehmenden Regulirung erfolgenden [57]) Zahlungen nicht anfechten kann.

---

54) Warum hier nicht die allgemeinen Grundsätze über die Verpflichtung zur Tragung und Erstattung der Prozeßkosten zur Anwendung kommen sollen, ist nicht bekannt. Der Satz ist erst in den Kammern hinzugekommen und die Kommissionsberichte schweigen darüber.

55) Der Abschnitt enthält im Wesentlichen die Vorschriften des §. 25 der V. vom 4. März 1834 über die Exekutionen, vermehrt mit „nähern Bestimmungen über die Vernehmung der Interessenten und die Vorbereitung der Vertheilung, sowie über die Behandlung und Erledigung entstehender Streitigkeiten und über die Ausschüttung der angelegten Spezialmassen" (Motive, S. 145), wozu die Praxis gerade kein Bedürfniß hatte. Eine wesentliche Ergänzung der Gesetzgebung aber ist die Feststellung eines Rechtsnachtheils (einer Verwarnung) für die Vorladung zu dem Termin, in welchem die Revenüenvertheilung für die Zukunft regulirt werden soll. §. 417, Alinea 3.

56) Die Handwerker, welche nach Einleitung der Sequestration für das Gut arbeiten, müssen vor den Gläubigern befriedigt werden. — Diejenigen, von welchen in dem vor der Einleitung der Sequestration liegenden Zeitabschnitte des Wirthschaftsjahres Arbeiten zur Erhaltung des nutzbaren Zustandes eines Guts geleistet sind, haben bei der demnächst stattfindenden Vertheilung keinen Anspruch auf vorzugsweise Befriedigung vor den Hypothekengläubigern. Pr. des Obertr. 2304, vom 1. Juli 1851 (Entsch. Bd. XXI, S. 73).

57) Das Präjudiz lautete im Entwurfe: daß der Ausbleibende seiner Einwendungen gegen die vorzunehmende Regulirung der Vertheilung verlustig geht.

§. 418. In dem Termin (§. 417) vernimmt der Kommissar die Interessenten über die Ansprüche, welche an die Revenüen gemacht werden.

Er entwirft, nöthigenfalls mit Hülfe eines Rechnungsverständigen, einen Plan zur Vertheilung der Revenüen; er führt darin die sämmtlichen Forderungen nach Maßgabe des Hypothekenbuchs auf und berechnet für jede Forderung den aus den Revenüen zu berichtigenden Betrag unter Angabe des Fälligkeitstermins; er hört die Interessenten mit ihren Erklärungen über den Plan.

Entstehen Streitigkeiten, welche nicht beigelegt werden können, so ist bei jeder Post zu vermerken, wer die Richtigkeit, das Hypothekenrecht oder das Vorrecht derselben bestreitet (§§. 392, 393).

§. 419. Auf Grund der stattgefundenen Regulirung (§. 418) hat das Gericht den bestellten Administrator oder Sequester mit einer Zahlungsanweisung [58]) zu versehen. In derselben muß der auf jene Forderung zu zahlende Betrag, der Fälligkeitstermin [59]), der Empfangsberechtigte und die Folgeordnung der einzelnen Zahlungen genau bestimmt werden.

Die unstreitigen Beträge sind an die Gläubiger, deren Aufenthalt bekannt ist, durch den Administrator oder Sequester unmittelbar zu berichtigen.

Für jede zur Hebung stehende streitige Post, sowie für jede Post, deren Eigenthümer der Existenz oder dem Aufenthalte nach unbekannt ist, wird die

---

Die Kammerkommissionen fanden die Androhung eines Verlustes, dessen Gegenstand noch unbekannt und nicht übersehbar ist, nicht zulässig, mit Recht. Sie setzen an dessen Stelle die Androhung des Rechtsnachtheils, welche der §. 417 ergiebt. Die Fassung ist jedoch doppelsinnig ausgefallen, so daß nach der einen Auffassung die Bestimmung sich von der des Entwurfs nur durch einen anderen Wortlaut, im Inhalte aber gar nicht unterscheidet. Denn ob ich meine Einwendungen verlieren soll, oder ob ich die meiner Einwendungen ungeachtet gleichwohl erfolgenden Zahlungen unangefochten lassen muß, das ist im praktischen Erfolge ganz einerlei. Diesen Sinn giebt nämlich das Partizip der Zukunft „erfolgenden"; denn das Zeitverhältniß, welches dadurch angegeben wird, bezieht sich doch auf den Ausgebliebenen und dessen späteren Widerspruch gegen die Vertheilung. Diesen Gedanken hat man jedoch nicht ausdrücken wollen, vielmehr ist die Meinung die gewesen, daß der Ausbleibende die erfolgten Zahlungen, nämlich die zu der Zeit, wo er seinen Einspruch gegen die stattgefundene Regulirung anbringen würde, bereits erfolgten, keinesweges aber auch die noch erfolgenden gegen sich gelten lassen müsse. Da man dem Ausbleibenden die spätere Berichtigung der stattgefundenen, ihm nachtheiligen Regulirung hat offen erhalten wollen, nur ohne daß die Berichtigung auf die schon erfolgten Zahlungen rückwirken soll; so muß das Gericht, sobald Einwendungen eingehen, den Sequester anweisen, vor der Hand mit der weitern Ausführung der ihm ertheilten Zahlungsanweisung, soweit diese nach den Einwendungen geändert werden könnte, inne zu halten.

58) Die Landschaften und deren sequestrirende Kommissarien müssen sich nach dieser Anweisung richten, wenn sie bloß für Rechnung der Kreditoren verwalten. R. vom 2. Mai 1834 (Jahrb. Bd. XLIII, S. 491). Wenn sie aber nur wegen ihrer Ansprüche das Gut in Sequestration nehmen, finden die Vorschriften dieses Abschnitts keine Anwendung.

59) Oben, Anm. 12 a zu §. 57.

Hat der Sequester einem Gläubiger, der Anweisung des Gerichts zuwider, etwas auf Zinsrückstände gezahlt, so muß ihm solches bei der nächsten Vertheilung auf die laufenden Zinsen angerechnet werden. R. v. 15. Mai 1835 (Jahrb. Bd. XLV, S. 443).

Zahlung zum gerichtlichen Depositum geleistet und mit dem Betrage eine Spezialmasse angelegt. Wegen Ausschüttung der angelegten Spezialmassen ist nach den für den Fall der Kaufgeldervertheilung vorgeschriebenen Grundsätzen zu verfahren (§§. 394, 405 und folg.).

§. 420. Der nach Befriedigung der Realgläubiger etwa verbleibende Revenüenüberschuß fließt zur Kaufgeldermasse, wenn die nothwendige Subhastation des Grundstücks eingeleitet worden ist.

Ist Letzteres nicht der Fall, so wird der Revenüenüberschuß unter die persönlichen Gläubiger vertheilt, welche die Revenüen im Wege der Exekution in Beschlag genommen haben. Wenn der Revenüenüberschuß zur vollständigen Befriedigung dieser Gläubiger nicht hinreicht, so findet das im zweiten Abschnitt des gegenwärtigen Titels vorgeschriebene Prioritätsverfahren statt.

Sechster Titel.

Von der gerichtlichen Zahlungsstundung und von der Rechtswohlthat der Kompetenz.

Erster Abschnitt.

Von der gerichtlichen Zahlungsstundung[1]).

§. 421. Der Richter ist befugt, gegen eine vollstreckbare Forderung

---

1) Das bisher bestandene Moratorienwesen nach den Vorschriften des Tit. 47 der Pr.O. war einer Rechtsverweigerung völlig ähnlich und daher eine tödtliche Krankheit des Kredits. Gründliche Heilung wäre mithin nur von der gänzlichen Ausscheidung dieses Instituts aus dem Rechtsgebiete, auf welches es ohnehin gar nicht gehört, zu hoffen gewesen; indeß hat man auch hierin das Muster des französischen Rechts beibehalten, und den Art. 1244 des Code civil und den Art. 124 des Code de procédure civile in den §§. 421 und folg. neu aufgelegt. Was dafür gesagt wird, ist nicht Rechtens; es beschränkt sich auf die Betrachtung, daß außerordentliche Fälle eintreten könnten, in welchen der Schuldner eine Frist nöthig habe, um seine Zahlungsmittel liquide zu machen und sein Vermögen einzuziehen; und daß der Staat berechtigt sei, in solchen Fällen einem redlichen Schuldner die benöthigte Frist selbst gegen den Willen des Gläubigers zu ertheilen, damit Ersterer nicht durch Uebereilung oder Verschleuderung seines Vermögens ganz zu Grunde gehe; nur dürfe dabei auch nicht das Bedürfniß des Gläubigers außer Acht gelassen werden, der ebenfalls Zahlungsverbindlichkeiten zu erfüllen habe, und vielleicht durch die ihm abgenöthigte Zahlungsnachsicht in gefährliche Verlegenheiten gerathe. (Motive, S. 146). Das Alles macht das Moratorium nicht zu einem wahren Rechtsinstitut; dessen Boden bleibt gesetzgeberische und administrative Willkür, weshalb auch das Mehr oder Weniger keine juristische Begrenzung findet und den Juristen nicht interessirt. Es hat auch nicht an Stimmen gefehlt, welche sich gegen die aufgenommenen Bestimmungen erklärt haben. Was vergeblich dagegen gesagt worden, ist mittheilenswerth, weshalb es hier aus dem Ber. der II. K.K. S. 159 folgt:

„Dies (nämlich die Aussetzung der Exekution und die Fristbewilligung wider die Rechtsforderung des Gläubigers) wurde nun von mehreren Seiten in der Kommission als an sich völlig unzuläßig angegriffen. Man hob hervor, daß der Exekutionssucher dieselbe Berücksichtigung verdiene, als der Exequende, daß das Gesetz und der Richter die Verhältnisse der Parteien im konkreten Falle nicht genau kennen und auch nicht erforschen können, daß es daher eine nicht ins Werk zu setzende Bestimmung sei, wenn der Entwurf verlange, daß die Zahlungsstundung nur dann bewilligt werden solle, wenn dies nicht bloß der Lage des Schuld-

dem Schuldner auf dessen Antrag Zahlungsstundung [1 a]) zu bewilligen, wenn

ners angemessen erscheint, sondern auch der Gläubiger darunter nicht leidet. Ist aber eine solche Ermittelung der speziellen Verhältnisse theils nicht möglich, theils in einem offenbar doch bloß summarischen Verfahren unausführbar, dann verletze man die Rechte des Gläubigers zu Gunsten des Schuldners und bedenke nicht, daß vielleicht der Gläubiger gerade derjenige ist, der die meiste Berücksichtigung verdient, der vielleicht selbst gedrängt von seinen Gläubigern seine Forderung beitreibbar gemacht hat und nun durch die seinem Schuldner bewilligte Nachsicht in die Lage kommen kann, selbst Nachsicht in Anspruch nehmen zu müssen. Man hob ferner hervor, daß der Entwurf ja unter allen Umständen verlangt, daß der Schuldner dem Gläubiger eine ausreichende und nach allgemeinen Begriffen annehmbare Sicherheit gewähre. Könne der Schuldner aber eine solche Sicherheit gewähren, dann werde es ihm auch nicht schwer fallen, sich anderweitig Kredit zu verschaffen, um seinen Gläubiger, den Exekutionssucher, zu befriedigen. Es sei doch unrecht, zur Bequemlichkeit des Schuldners ihm die Sorge dafür, einen neuen Gläubiger zu bekommen, abzunehmen und den alten Gläubiger deshalb wider seinen Willen zu zwingen, ein neuer Gläubiger des Schuldners zu werden. Von dieser Seite wurde daher der Antrag gestellt, so wenig ein Spezialmoratorium als ein Generalmoratorium ferner zu gestatten, indem schließlich darauf aufmerksam gemacht wurde, daß, wenn besondere Zeitereignisse es dem mit der Exekution bedrohten Schuldner besonders schwierig machen, Zahlung zu leisten, und er deshalb etwa zur Zahlungsstundung gelassen werden solle, diese Zeitereignisse ja offenbar ihre Wirkung auch auf den Gläubiger äußern, mithin auch sie keinen Grund zur Zahlungsstundung abgeben können. Uebrigens habe es ja die Gesetzgebung in der Hand, bei ganz besonderen Ereignissen durch ein transitorisches Gesetz das Nöthige anzuordnen, obschon im Allgemeinen bemerkt werden solle, daß nach den bisher gemachten Erfahrungen, die Gesetzgebung immer sehr wohl thun wird, solche Ausnahmegesetze zu vermeiden, oder wenigstens auf das Allernothwendigste zu beschränken. Trotz dieser Argumente ist doch die Mehrheit der Kommission dem Entwurfe beigetreten, und zwar nicht deshalb, weil sie das Gewicht der Gegengründe verkennt, sondern deshalb, weil erstens andere neuere Gesetzgebungen die Zahlungsstundung auch kennen; weil es zweitens bisher rechtens gewesen und nicht bekannt geworden ist (? einzelne Fälle sind genug bekannt geworden; was das größere Maß betrifft, so kann darauf wegen seines Unbekanntseins nicht eingegangen werden: ein einziger Fall des Unrechts ist schon zu viel), daß dies praktisch wirklich zu den Uebelständen im größeren Maße geführt hat, die allerdings nach der Ausführung der Minorität stattfinden können; weil drittens endlich auch die Majorität annimmt, daß schon deshalb ein nennenswerther Nachtheil von dem Beibehalten des Bestehenden nicht zu erwarten sei, weil, auch nach ihrer Ansicht, der ganze erste Abschnitt dieses Titels nicht viel zur Anwendung kommen wird. Denn für gewisse Fälle, z. B. in Bezug auf Handwerker und Künstler, in Bezug auf Beamte enthalten die Gesetze schon die Bestimmungen, die gegen solche Exekutionsvollstreckungen ausreichen, von denen man annehmen kann, daß sie nicht zum Vortheil des Exekutionssuchers gereichen würden, wo man vielmehr Grund hat, zu glauben, daß bei den durch die erwähnten Spezialgesetze getroffenen Anordnungen dem Gläubiger noch am ersten zu seiner, wenn auch späteren Befriedigung verholfen werden kann. Im Uebrigen aber wird allerdings ein Schuldner, der wirklich das erfüllen kann, was er nach dem Entwurf erfüllen muß, um die Zahlungsstundung zu erreichen, es nicht leicht zur Exekution kommen lassen; er wird in der Lage sein, sich den nöthigen Kredit zu verschaffen, um den andringenden Gläubiger zu befriedigen."

1 a) Zahlungsstundung, nicht Stundung überhaupt gegen jedes vollstreckbare Erkenntniß wegen anderer Leistungen als Geldzahlungen. Damit ist der bisherige Rechtsgrundsatz, daß diese Wohlthat nur gegen Geldzahlungen stattfinde, nicht aber alsdann, wenn Jemand verbunden ist, etwas zu thun oder eine gewisse Sache herauszugeben, beibehalten. A. G.O. I, 47, §. 2. (2. A.) Ueber den Einfluß einer solchen Zahlungsstundung auf das Schicksal des Forderungsrechts schweigt der ganze Abschnitt. Das Vorbild dieser Bestimmung, der Art. 1244

die Lage des Schuldners die Stundung rechtfertigt und der Gläubiger nicht darunter leidet.

§. 422. Der Schuldner, welcher eine gerichtliche Zahlungsstundung in Anspruch nehmen will, hat seinen Antrag spätestens vierzehn Tage nach dem Eintritt der Vollstreckbarkeit der Forderung bei dem Richter erster Instanz anzubringen.

§. 423. Der Antrag muß enthalten:

1) die vollständige Angabe der Umstände, welche den Schuldner an der sofortigen Zahlung hindern, sowie der Umstände, welche der Schuldner für die Aussetzung der Exekutionsvollstreckung anzuführen hat;
2) die Angabe der Mittel [1 b]), aus welchen die Zahlung nach dem Ablauf der Stundungsfrist geleistet werden kann;
3) die Beweismittel für die Angaben des Schuldners;
4) das Erbieten des Schuldners zur Sicherstellung der Forderung des Gläubigers und die Angabe der Gegenstände, mit welchen die Sicherheit bestellt werden soll.

§. 424. Ueber den Antrag wird im schleunigen Prozesse [1 c]) verfahren.

Es ist ein naher Termin zur Beantwortung des Antrags und zugleich zur mündlichen Verhandlung der Sache anzuberaumen.

Die Parteien haben in diesem Termin alle Beweismittel für ihre Behauptungen mit zur Stelle zu bringen, soweit dieselben nicht bereits dem Gericht eingereicht sind.

Wird die Stundung von dem Gläubiger versagt, so ist sogleich in dem Termin zur Aufnahme des Beweises zu schreiten und über den Antrag durch Erkenntniß zu entscheiden.

§. 425. Der Richter entscheidet nach billigem Ermessen unter Würdigung der beigebrachten Beweise und unter Berücksichtigung der Lage beider Theile [2]).

---

des Code civil, ist darin vorsorglicher; er bestimmt: „les juges peuvent néaumoins en consideration de la position du debiteur et en usant de ce pouvoir avec une grande réserve accorder des délais modérés pour le payement et surseoir l'exécution des poursuites, toutes choses demeurant en état.“ Während der Dauer der Stundung muß das Schuldverhältniß in der Lage verbleiben, in welcher es sich von Anfang befindet; der ganze Zeitraum bleibt außer Berechnung der Zeitverhältnisse.

1 b) Ein noch nicht eingetragener Besitzer eines Grundstücks ist dadurch, daß der Besitztitel für ihn noch nicht berichtigt worden, nicht gehindert, auf dieses Moratorium zu provoziren. R. vom 8. Oktober, vom 26. November 1811 und vom 10. Juli 1812 (Jahrb. Bd. I, S. 233). Nur versteht sich, daß, wenn es zur Sicherheitsbestellung mit einem solchen Grundstücke kommt, zuvor der Besitztitel berichtigt werden muß.

1 c) (2. A.) Unter dem „schleunigen Prozesse“ ist das Verfahren des §. 27 der Verordnung vom 21. Juli 1846, nicht das des §. 13 ebendaselbst zu verstehen. Erk. des Obertr. vom 2. und vom 27. Februar 1863 (Arch. f. Rechtsf. Bd. XLVIII, S. 225 u. Entsch. Bd. XLIX, S. 309).

2) Es ist, sagen die Verf., bei der Bewilligung der Zahlungsstundung die Lage beider Theile zu erwägen; die Zahlungsfrist darf nicht weiter ausgedehnt werden, als es für den Schuldner nöthig ist, um seine Zahlungsmittel ohne einen

Gegen das Erkenntniß ist kein Rechtsmittel zulässig[3]).

Die Kosten des Verfahrens hat in jedem Falle der Schuldner zu tragen.

§. 426. Die Zahlungsstundung darf die Dauer eines Jahres, vom Eintritt der Vollstreckbarkeit der Forderung an gerechnet, nicht übersteigen.

§. 427. Der Schuldner ist verpflichtet, während der bewilligten Zahlungsfrist die Forderung des Gläubigers zu verzinsen[3a]).

§. 428. Verlangt der Gläubiger die Sicherstellung seiner Forderung, so kann die Zahlungsstundung nur gegen Gewährung einer genügenden Sicherheit für Kapital, Zinsen und Kosten bewilligt werden.

§. 429. Als genügende Sicherheit (§. 428) ist anzusehen:

1) die Sicherheit, welche durch Faustpfand bestellt wird, sofern der Betrag der Forderung drei Viertheile des gerichtlich abgeschätzten Werths des Pfandes nicht übersteigt;

2) die Sicherheit, welche auf städtische Grundstücke innerhalb der ersten Hälfte ihres Werths, oder auf ländliche Grundstücke innerhalb der ersten zwei Drittheile ihres Werths durch Hypothekbestellung oder Verpfändung von Hypothekenforderungen angewiesen wird. Der Werth ist durch Hypothekendokumente, durch Kauf-, Pacht- oder Miethsverträge, durch Atteste der landschaftlichen, Kreis- oder Ortsbehörden, oder in einer anderen glaubhaften Weise zu bescheinigen. Ob diese Bescheinigungen für genügend zu erachten sind, oder ob eine förmliche Taxe zu erfordern ist, hat der Richter zu ermessen[4]).

---

zu unverhältnißmäßigen Verlust frei zu machen; das Verfahren muß rasch zum Ziele führen und die Entscheidung wird am zweckmäßigsten ausschließlich dem Ermessen desjenigen Richters anheimgegeben, welcher den Verhältnissen der Parteien am nächsten steht. (Motive, S. 148.) Der Richter ist aber gar nicht im Stande, „die Lage beider Theile zu erwägen", d. h. hinlänglich genau zu erforschen.

3) Weil lediglich das Ermessen des Richters Erster Instanz entscheiden soll. S. die vorige Anm.

3a) Vom Tage der Vollstreckbarkeit (§. 426) an. Die Zinsen sind gesetzliche Zinsen (usurae legales) im engeren Sinne, nicht Verzögerungszinsen, wie sie in der A. G.O. 1, 47, §. 38 bezeichnet waren. Diese Bestimmung entschied eine Kontroverse. Man schrieb nämlich dem erzwungenen Indulte die Wirkungen eines Stundungsvertrages zu. Dazu gehört auch die Aufhebung der Folgen des Verzuges. Viele behaupteten daher folgerichtig, daß der zum Moratorio verstattete Schuldner auch nicht Verzugszinsen zu zahlen habe. Die Folge des willkürlichen Zwanges gegen den Gläubiger zur Gewährung der Nachsicht ist erst durch diesen §. der A. G.O. (im Corp. jur. Frid. fehlt die Bestimmung noch), und aus dem A. L.R. I, 11 §§. 827 bis 832 und I, 16 §§. 64—69 folgt sie auch nicht, da ja die Mora wegfällt) aufgehoben, und die jetzige Bestimmung des §. 427 verbessert noch die Beziehung. Uebrigens muß der Schuldner auch von einer verzinslichen Schuld gesetzliche Zinsen zahlen, wenn die vorbedungenen Zinsen nach einem niedrigeren Satz gezahlt wurden. Vergl. auch das Erk. des Obertr. von 1814. (Jahrb. III, 321.) (2. A.) Richtiger würde es sein, diese Zinsen zu den Konventionalzinsen zu zählen, indem sie nach Art der Konventionalzinsen durch freie Eingehung begründet werden. Denn das Gesetz macht es im Interesse des Gläubigers in Voraus zur Bedingung, daß, wer Stundung verlangt, die Schuld landüblich verzinsen muß. Begehrt der Schuldner unter dieser Bedingung Stundung, so macht er sich durch seine Einwilligung verbindlich.

4) Nach dem Entwurfe sollte diejenige Beweisführung, welche der §. 24 der V. v. 4. März 1834 für den Nachweis der Revenüen, behufs Einleitung einer

Aktivforderungen, welche nicht hypothekarisch versichert sind, ingleichen Vermögensstücke, welche sich im Auslande befinden, ist der Gläubiger zur Sicherheit sich anweisen zu lassen, nicht schuldig [5]).

§. **430.** So lange dem Gläubiger die erforderliche Sicherheit (§§. 428, 429) nicht bestellt ist, kann die Exekution gegen den Schuldner vollstreckt werden [5 a]).

§. **431.** Der Schuldner wird der bewilligten Zahlungsstundung verlustig, wenn gegen ihn auf den Antrag anderer Gläubiger die Exekution vollstreckt wird.

§. **432.** Die Bewilligung einer Zahlungsstundung ist in jedem Falle unzulässig:

1) gegen Wechselforderungen [5 b]);
2) gegen Forderungen von Alimenten;
3) gegen Forderungen aus unerlaubten Handlungen des Schuldners;
4) gegen Forderungen, über welche ein vollstreckbarer Vergleich geschlossen worden ist, sofern der Gläubiger bereits in diesem Vergleich dem Schuldner eine Zahlungsfrist bewilligt hat;
5) gegen alle Forderungen an einen Handelsmann, Schiffsrheber, oder Fabrikbesitzer [5 c]), wenn die Forderungen aus dem Geschäftsbetriebe desselben entspringen.

§. **433.** Generalmoratorien können nicht bewilligt werden.

Zweiter Abschnitt.

Von der Rechtswohlthat der Kompetenz [6]).

§. **434.** Fortlaufende Einkünfte [6 a]), welche ein Schuldner nicht durch

---

Sequestration statt der Subhastation, festsetzt, auch hier, wo der Nachweis des Werths eines Grundstücks eine ganz andere Bedeutung hat, genügen. Damit erklärten sich die Kommissionen der Kammern nicht einverstanden und man traf die Bestimmung, welche der §. 429 enthält. Das Ermessen des Richters soll darnach einen möglichst freien Spielraum haben.

5) Bei diesen Bestimmungen ist von den Grundsätzen des A. L.R. I, 14, §§. 188—193 ausgegangen. Vergl. §. 7 der V. v. 4. März 1834 über Exekutionen. Oeffentliche Kreditpapiere, außer Pfandbriefen, braucht der Gläubiger nicht als Pfand anzunehmen; er wird sie vielmehr zum Gegenstande seiner sofortigen Befriedigung machen dürfen.

5 a) Aus §. 7 der Verordnung vom 4. März 1834.

5 b) (2. A.) Nach dem Vorbilde des Art. 157 des Code de commerce.

5 c) Oben, Anm. 53 b zu §. 80.

6) Die bestehenden Grundsätze über die Kompetenz sind im Wesentlichen unverändert geblieben; man hat sich hier mit der Lehre befaßt, um die Vorschriften der A. G.O. Thl. I. Tit. 49, §§. 14 ff. zu vereinfachen. Die A. G.O. kennt zwei Arten der Kompetenz. Eine, welche nur bestimmten Gläubigern gegenüber gefordert werden kann (§. 16) und hier auf diejenigen Personen beschränkt worden ist, zwischen welchen eine gesetzliche Alimentationsverbindlichkeit besteht (§. 435), indem man darüber hinaus für die Gewährung der Kompetenz keinen hinreichenden Grund hat sehen können (Motive, S. 148); die andere, welche dem Schuldner gegen alle seine Gläubiger aus fortlaufenden Einkünften zusteht (A. G.O. §§. 27 ff.) und welche hier nur in Beziehung auf solche Einkünfte gestattet worden ist, die der

lästigen Vertrag erworben hat, sondern aus Stiftungen oder sonst durch die Fürsorge und Freigebigkeit [6 b]) eines Dritten bezieht, unterliegen der Beschlagnahme behufs der Befriedigung der Gläubiger [7]) nur mit der Maßgabe, daß dem Schuldner davon der nothdürftige Unterhalt für sich, seine Ehefrau und seine noch unversorgten [7 a]) Kinder (Kompetenz) belassen werden muß, wenn er nicht im Stande ist, diesen Unterhalt auf eine seinen Verhältnissen angemessene Art selbst zu erwerben.

§. 435. Die nachbezeichneten Gläubiger sind verpflichtet, ihrem Schuldner ohne Unterschied des Gegenstandes der Exekutionsvollstreckung [7 b]), eine Kompetenz zu bewilligen:

1) Verwandte [8]) des Schuldners in aufsteigender und absteigender Linie;
2) vollbürtige und halbbürtige Geschwister des Schuldners;
3) der Ehegatte des Schuldners während der Ehe.

Diese Verpflichtung fällt jedoch weg, wenn es im Falle der Bewilligung

---

Schuldner durch die Fürsorge und Freigebigkeit Anderer genießt (§. 434), „da bei der Allgemeinheit, in welcher die A. G.O. die Kompetenz bewilligt, der Schuldner es in seiner Macht hat, durch willkürliche Verwandlung seines Vermögens in Renten den Gläubigern eine Kompetenz abzunöthigen." (Motive, S. 149.)

6 a) (2. A.) Unter „fortlaufenden Einkünften" sind nicht bloß eigentliche Renten, sondern auch Einnahmen jährlicher Zinsen eines Kapitals, welches der Substanz nach nicht zur Disposition des Schuldners und dessen Gläubiger steht, zu verstehen. Erk. des Obertr. v. 11. Januar 1859 (Arch. f. Rechtsf. Bd. XXXIII, S. 20).

6 b) (2. A.) „Freigebigkeit" bildet den Gegensatz des „lästigen Vertrages", und paßt auch auf jede letztwillige Zuwendung, selbst wenn der Bedachte ein Pflichtberechtigter ist. (Dass. Erk. Note 6 a.)

(2. A.) Eine Freigebigkeit im Sinne dieses §. 434 liegt darin nicht, wenn der Realgläubiger einen Theil der sequestrirten Revenüen seinem Schuldner zu dessen Unterhalt überläßt. Erk. dess. v. 13. Juni 1861 (Arch. f. Rechtsf. Bd. XLII, S. 121, und Entsch. Bd. XLVI, S. 357).

7) Diese Vorschriften finden auch außer dem Falle des Konkurses statt. R. v. 23. Dezember 1842 (J.M.Bl. 1843, S. 11). (2. A.) Auch nach Beendigung des Konkurses durch die Schlußvertheilung. Der Schuldner kann den Gläubiger, von dem er aus den, an seine Lebenszeit gebundenen jährlichen Hebungen oder Einkünften eine Kompetenz zu fordern gesetzlich berechtigt ist, wegen Gewährung derselben auch nach der Beendigung des Konkurses durch die Schlußvertheilung noch in Anspruch nehmen, ohne daß dem Schuldner der Einwand, daß diese Kompetenz bereits im Laufe des Konkurses zwischen ihm und dem Masseverwalter hätte regulirt werden müssen, mit rechtlicher Wirkung entgegengesetzt werden kann. Erk. des Obertr. vom 20. Oktober 1848 (Entsch. Bd. XVII, S. 480).

7 a) (2. A.) D. h. solche, welche von ihm Pflege und Unterhalt erhalten. Diejenigen Kinder, welche auf Kosten eines Andern erzogen oder erhalten werden, kommen nicht in Betracht.

7 b) (2. A.) „Ohne Unterschied des Gegenstandes der Exekutionsvollstreckung". Die A. G.O. I, 49, §. 17 sagte: „von dem auf sie kommenden Theile der (Konkurs-) Masse die gebetene Kompetenz zu lassen, oder auszusetzen". Diese vorbedachte Fassungsänderung beseitigt die Zweifel: ob auch außer dem Falle des formellen Konkurses eine Kompetenz gefordert werden könne.

8) Nicht auch Verschwägerte, mithin nicht mehr Schwiegerkinder gegen Schwiegereltern in Ansehung der versprochenen Mitgabe. Stiefeltern und Stiefkinder schloß schon die A. G.O. I, 49, §. 16, Nr. 1 mit ausdrücklichen Worten aus, und dies wird hier durch die Fassung bestätigt.

der Kompetenz dem Gläubiger selbst an dem nöthigen Unterhalte fehlen würde, oder wenn der Schuldner im Stande ist, seinen Unterhalt auf eine seinen Verhältnissen angemessene Art selbst zu erwerben [9]).

§. 436. Ueber die Bewilligung der Kompetenz und den Betrag derselben entscheidet das Gericht auf den Antrag des Schuldners nach billigem Ermessen [10]).

Die Entscheidung erfolgt im schleunigen Prozesse [10 a]).

Es finden nur die Rechtsmittel der Appellation [10 b]) und der Nichtigkeitsbeschwerde statt. Die Rechtsmittel haben keine aufschiebende Wirkung.

§. 437. Die Gläubiger können auf gänzliche oder theilweise Entziehung der Kompetenz antragen, wenn der Schuldner zu besseren Vermögensumständen gelangt.

Das Verfahren hierüber richtet sich nach den für die Bewilligung der Kompetenz ertheilten Vorschriften (§. 436).

§. 438. In Ansehung der Kompetenz, welche dem Besitzer eines Lehns aus den Einkünften desselben gebührt, kommen die darüber bestehenden besonderen Bestimmungen [11]) zur Anwendung.

§. 439. Durch die Bestimmungen des gegenwärtigen Abschnitts wird in den besonderen Vorschriften über die Zulässigkeit und den Umfang der Beschlagnahme von Besoldungen, Dienstemolumenten, Wartegeldern und Pensionen nichts geändert [12]).

---

9) Der in der A. G.O. Tit. 49, §. 17 anerkannte dritte Aufhebungsgrund, die Entsagung, ist in Wegfall gebracht, wodurch eine Uebereinstimmung mit dem R.R. in diesem Punkte hergestellt ist. Denn nach R.R. ist die Entsagung unwirksam, weil die Rücksichtslosigkeit des Gläubigers gegen die Person des Schuldners, mit welchem er in einem die Kompetenz mit sich bringenden Verhältnisse stand, als ein Benehmen contra bonos mores angesehen wurde. L. 14, §. 1; L. 15, §. 2; L. 16 D. soluto matrim. (XXIV, 3.)

10) Ein in einem Kompetenzverfahren ergangenes rechtskräftiges Erkenntniß, durch welches einem Schuldner eine Kompetenz mit Rücksicht auf sein Bedürfniß zugesprochen worden ist, hat nicht die Wirkung, daß es einen, vom Schuldner späterhin auf Grund veränderter Umstände und eines vermehrten Bedürfnisses erhobenen neuen Anspruch, auf Erhöhung der durch das frühere Judikat festgesetzten Kompetenz, unbedingt ausschließt. Pr. des Obertr. 1273, vom 12. Dez. 1842. — Nachgeborene Kinder z. B. würden eine Nachforderung begründen. A. L.R. I, 19, §. 27. Der Grundsatz ist eine Eigenthümlichkeit jeder Alimentationsverbindlichkeit.

10 a) M. s. oben die Anm. 1 c zu §. 424.

10 b) (2. A.) Die Zulassung der Appellation ist inkonsequent, da das erstrichterliche billige Ermessen entscheiden soll, wie in dem Falle des §. 425. In der That entscheidet nun das Ermessen des Appellationsrichters, der mit den besonderen Umständen und Verhältnissen der Parteien viel weniger bekannt ist. Mit der Nichtigkeitsbeschwerde steht es anders.

11) A. L.R. I, 18, §§. 350 — 357. (2. A.) Die Aufrechthaltung dieser Bestimmungen ist in Ansehung aller Lehen, welche nicht Thronlehen oder feuda extra curtem sind, folgewidrig. Denn die Lehnskompetenz hat ihren Grund in dem Dienstinteresse des Lehnsherrn, und dieser Grund ist weggefallen, seitdem es keinen Lehnsherrn mehr giebt. Die Lehen sind in die Kategorie der Familiengüter gefallen, und geben nun dem Nutzungseigenthümer nicht bessere Rechte, als ein Familien-Fideikommiß-Besitzer in dieser Hinsicht hat.

12) In den Motiven, S. 149, wird hierzu Folgendes bemerkt:

Schlußbestimmung.

§. 440. Das gegenwärtige Gesetz erlangt für die verschiedenen Landestheile mit dem Zeitpunkt Gesetzeskraft, für welchen dasselbe durch besondere Gesetze eingeführt wird [13]).

Tarif

zur

Bestimmung der Belohnung und Entschädigung des Verwalters der Konkursmasse, sowie der Entschädigung der Mitglieder des Verwaltungsraths.

§. 1. Dem einstweiligen Verwalter der Masse sind für seine gesammte Geschäftsführung, einschließlich der Prozeßführung und Ausmittelung der Passivmasse, als Belohnung zuzubilligen:

1. von dem Betrage der Konkursmasse bis 1000 Thlr. einschließlich 2 bis 6 Prozent;
2. von dem Betrage der Masse über 1000 Thlr. bis 5000 Thlr. einschließlich 1 bis 3 Prozent;
3. von dem Betrage der Masse, welcher 5000 Thlr. übersteigt, ½ Prozent.

„In gleicher Weise bleiben einige andere, im A. L.R. vorkommende Arten der Kompetenz neben den Bestimmungen des Entwurfs bestehen. Es sind dies folgende Fälle:

1. Wenn Wahnsinnige oder Blödsinnige oder Kinder unter sieben Jahren Jemanden beschädigen, so haftet das Vermögen derselben für den Schaden nur soweit, als dadurch dem Beschädiger der nöthige Unterhalt und wenn er ein Kind ist, die Mittel zu einer standesmäßigen Erziehung nicht entzogen werden können. (A. L.R. Thl. I, Tit. 6, §. 43.) Hier ist der Beschädigte in seinem Forderungsrecht selbst beschränkt, nicht bloß in der Vollstreckung desselben, wie der Entwurf voraussetzt.
2. Der Geschenkgeber, welcher die Schenkung bereits erfüllt hat, kann nach §§. 1123—1128, Thl. I, Tit. 11 des A. L.R., wenn er in Dürftigkeit gerathen ist, von dem Beschenkten sechs Prozent von der geschenkten Summe oder von dem Werthe der geschenkten Sache als eine Kompetenz jährlich fordern. Hier ist nicht von einem Einwande gegen die Exekutionsvollstreckung, sondern von einem selbstständig auszuübenden Forderungsrechte des Schenkgebers die Rede.
3. Dasselbe gilt von der Kompetenz, welche verarmte Patrone genugsam dotirter Kirchen aus dem Kirchenschatze gemäß §§. 595—597, Thl. II, Tit. 11 des A. L.R. zu fordern haben; ingleichen
4. von der Kompetenz, welche nach §. 852, Thl. II, Tit. 18 des A. L.R. einem Verschollenen, der sich erst nach dreißig Jahren seit der rechtskräftigen Todeserklärung meldet, von dem Besitzer seines Vermögens aus dem letzteren zu gewähren ist.

Dagegen muß die Bestimmung im §. 499, Th. I, Tit. 9 des A. L.R. wegfallen, wonach derjenige, welcher auf Grund eines Präklusionsurtels in den redlichen Besitz einer Erbschaft gelangt ist, auf die Rechtswohlthat der Kompetenz Anspruch haben soll, wenn er von dem sich nachher meldenden wahren Erben auf den Ersatz des aus der Veräußerung von Nachlaßgegenständen gelösten Werthes belangt wird; es ist kein ausreichender Grund vorhanden, in einem solchen, ohnehin seltenen, Falle die allgemeinen Grundsätze über die Verbindlichkeiten des redlichen Besitzers (vergl. A. L.R. Th. I, Tit. 15, §§. 28 ff.) zu modifiziren."

13) (2. A.) M. s. oben die Einführungsgesetze für die Hohenzollernschen Lande, vom 31. Mai 1860, und für den Bezirk des Justizsenats zu Ehrenbreitstein, vom 3. Februar 1864, sub No. IV u. V.

§. 2. Der definitive Verwalter erhält die Belohnung für seine gesammte Geschäftsführung ebenfalls nach den vorstehend bestimmten Sätzen.

§. 3. Bei der Ausmittelung des Betrages der Masse werden diejenigen Gegenstände, welche bereits veräußert oder eingezogen sind, nach dem Betrage des Erlöses, die noch unveräußerten Gegenstände nach dem Betrage des Taxwerths berechnet. Von den vorhandenen Aktivforderungen kommen Kreditpapiere, Fonds und Effekten zu dem Tageskurse, andere Außenstände zu dem Nominalwerthe in Ansatz; uneinziehbare Forderungen werden außer Berechnung gelassen.

§. 4. Die zur Konkursmasse gehörigen Immobilien bleiben bei der Bestimmung der Belohnung des Verwalters außer Betracht.

Führt derselbe die Verwaltung solcher Immobilien, so erhält er dafür die taxmäßigen Gebühren der Sequester und Administratoren.

§. 5. Bei der Festsetzung der Belohnung des Verwalters hat das Gericht nach billigem Ermessen zu verfahren und hauptsächlich auf den Umfang der Geschäftsführung, die Schwierigkeiten derselben, die bewiesene Thätigkeit und Umsicht, sowie auf den Betrag der der Masse verursachten anderweiten Kosten Rücksicht zu nehmen.

Das Gericht ist auch ermächtigt, den nach den Prozentsätzen (§. 1) bemessenen Betrag der Belohnung im Falle außerordentlicher Mühwaltungen des Verwalters zu erhöhen, oder in geeigneten Fällen zu ermäßigen.

§. 6. Scheidet der Verwalter vor der Beendigung seiner Amtsverrichtungen aus, so hat er nur einen seinen Leistungen entsprechenden Theil der Belohnung zu fordern.

Dasselbe gilt von dem eintretenden Ersatzmann.

§. 7. Auf die dem Verwalter gebührende Belohnung können Abschlagszahlungen bei den stattfindenden Masseevertheilungen oder zu einer andern geeigneten Zeit auf Verfügung des Gerichts geleistet werden.

§. 8. Hat der Verwalter bei der Prozeßführung und Ausmittelung der Masse*) eines Rechtsbeistandes sich bedient oder einen Bevollmächtigten bestellt, so werden ihm nur die dadurch erwachsenen Auslagen besonders vergütet.

Die übrigen nothwendigen baaren Auslagen des Verwalters werden ebenfalls aus der Masse besonders erstattet.

§. 9. Wenn der Verwalter oder die Mitglieder des Verwaltungsraths zum Zweck ihrer Amtsverrichtungen Reisen zu unternehmen haben, so können sie dafür die den Sachverständigen im Prozesse gebührende Entschädigung fordern.

---

*) Im Entwurf hieß es „Passivmasse". Man hat dies in den Kammer-Kommissionen in „Masse" umgeändert, damit darüber kein Zweifel sein kann, daß der Verwalter der Masse auch bei Ausmittelung der Aktivmasse sich auf Kosten der Masse eines Rechtsbeistandes zu bedienen befugt sein soll. (II. K.K.Ber. S. 162.)

Nachträge und Berichtigungen.

S. 8 ist die Note 14 wegzunehmen und auf S. 7 zu setzen, wo sie zu Art. II a. E. anzumerken.

= 15 ist zu Absatz 1 des Art. II folgende Anmerkung nachzutragen:

19a) (2. A.) Von einer speziellen Aufzählung der aufgehobenen Vorschriften ist hier abstrahirt, weil dieselben theils durch das ganze Rechtssystem zerstreut und mit demselben verwebt sind, theils aber auf der von einander abweichenden Praxis der Gerichte und verschiedenartigen Auslegung des römischen Rechts beruhen, und deshalb eine erschöpfende Aufzählung derselben nicht ausführbar ist. Eine richtige Auffassung des im Gesetze ausgesprochenen allgemeinen Grundsatzes giebt aber einen genügenden Anhaltspunkt, um im einzelnen Falle darüber urtheilen zu können, ob eine Vorschrift noch in Kraft bestehe oder nicht. (Motive, S. 10, Art. II.)

= 18 ist zu Nr. 2, Z. 3 hinter „Fällen" folgende Anm. nachzutragen:

20a) (2. A.) „In allen Fällen". Nach §. 7 der Verordnung vom 4. März 1834 geschieht dies nur in allen denjenigen Fällen, in welchen der Besitztitel von dem zur Subhastation stehenden Grundstücke für den Subhastaten nicht berichtigt und der Käufer also nicht schon durch die fides des Hypothekenbuchs geschützt ist. Im ostrheinischen Bezirke findet eine Besitztitel-Berichtigung überhaupt nicht statt, daher liegt jener Fall hier bei allen Subhastationen vor, folglich muß zum gehörigen Schutz des Käufers das öffentliche Aufgebot jedesmal erfolgen. (Motive, S. 14.)

= 22 ist der Anm. 1, Z. 1 hinter „Konkursprozeß" einzuschalten:

oder das Verfahren behufs Abwickelung des Schuldenzustandes zahlungsunfähiger Personen

Ebd. Z. 11 v. u. l. Samoza, st.: Somaza

S. 23, Z. 16 v. u. l. General, st.: Universal

= 32 ist der Anm. 13 beizufügen:

Aus diesem Grunde wäre es praktischer gewesen, den Tag der Konkurseröffnung geradezu für einen untheilbaren Zeittheil zu erklären, dadurch für die Rechtshandlungen, welche an diesem Tage vollzogen worden sind, die Frage: ob sie vor oder nach dem Moment der Eröffnung vorgenommen worden, ganz auszuschließen, und somit die schon an sich ganz unsichere Beweisführung über die Feststellung eines nach Stunde zu bestimmenden, von den verschiedenen Zeitmessern verschieden angezeigten kleinen Zeittheils ganz abzuschneiden.

= 37, Z. 3 v. u. in der Note 17 l. Verordnung, st.: Verf.

= 42, = 16 v. u. l. Berechnung, st.: Verfügung

= 43, = 14 v. u. l. Konk.-O., st.: Pr.O.

= 46, = 3 v. u. des Textes l. abzugeben, st.: abgegeben

S. 47 ist in der Note 33, Z. 5 v. o. hinter „gehen" einzuschalten:

als höchst persönliche, von der Person nicht trennbare, Rechtsverhältnisse

= 49 ist in der Note 37, Z. 5 zu setzen: Anm. 15, st.: Anm. 1; und dem ersten Absatz ist beizufügen:

Der §. 19 (und auch der §. 37) bezieht sich darnach nicht auf die Landestheile, in welchen das Allg. Landrecht und die Allg. Gerichtsordnung Gesetzeskraft haben, er tritt daher auch nicht mit dem §. 16 in Konkurrenz, sondern verweiset nur auf das von den Grundsätzen des Allg. Landrechts abweichende, in den Landestheilen des Gemeinen Rechts bestehende Recht. (Motive zu dem Entwurfe eines Einf.=Gesetzes für den Gerichtsbezirk des Justizsenats zu Ehrenbreitstein, S. 9, Nr. V.)

= 54, Z. 5 v. u. l. beruhet, st.: beruhen

= 60 ist der Anm. 72 beizufügen:

M. s. jedoch oben die Anm. 37, Abs. 1 zu §. 19.

= 88 ist der Anm. 53 c beizufügen:

Aber nach dem Umschwung der Meinung des Obertr., wonach es jetzt möglich sein soll, daß ein Schuldner seine eigene Schuld für den Gläubiger, selbst wenn dieser willens= resp. verfügungsunfähig ist und von ihm vertreten wird (also Schuldner und Gläubiger in Einer Person), verwalten kann (Anm. 52), ist dieser Spruch auch im Sinne des Obertr. keine Wahrheit mehr.

= 106 ist in der Anm. 9, Z. 2 zu lesen: dem Zeitpunkte, st.: den Zeitpunkten

Ebd. Anm. 11, Z. 3 l. Axiom, st.: Ariom

S. 117 ist der Anm. 25 a. E. beizufügen:

Die Stiefkinder sind aber auch durch die Vorschriften lit. c und d getroffen, da sie mit dem Ehegatten ihres Parens verschwägert sind, weshalb diese Vorschriften eine direkte Anwendung auf sie finden.

= 135 ist der Anm. 27 c hinzuzufügen:

(2. A.) Uebrigens s. m. unten die Anm. 1 c zu §. 424.

= 187 ist zu §. 195, Abs. 3 a. E. anzumerken:

11*) (2. A.) Was unter den „schleunigen Sachen" zu verstehen, s. m. unten, Anm. 1 c zu §. 424.

= 239 ist in der Anm. 75 a, Z. 2 zu setzen: 14 d, st.: 14 b

= 260 ist der Anm. 7 a beizufügen:

und die Anm. 1 c zu §. 424.

Sachregister.

A.

B.

C.

D.

F.

H.

L.

M.

N.

O.

P.

S.

T.

U.

Verlag von J. Guttentag in Berlin.
(Guttentag und Wahlen.)

Druck von Fr. Frommann in Jena

1867.] # Prospect. [Januar.

Zu beziehen durch alle Buchhandlungen und Post-Anstalten:

Zeitschrift für Gesetzgebung und Rechtspflege in Preussen.

Im Auftrage des Preuß. Anwalts-Vereins

herausgegeben von

Dr. Franz Hinschius und **Dr. Paul Hinschius**

Justizrath und Rechts-Anwalt. Professor der Rechte.

Erster Band.

Verlag von J. Guttentag in Berlin.

Die Zeitschrift, deren erstes Heft im Laufe des Monats Februar d. J. erscheinen wird, schließt sich als neue Folge an die mit dem Ablauf des vorigen Jahres geschlossene, in wöchentlichen Nummern seit dem 2. Januar 1862 erschienene Preußische Anwalts-Zeitung an. Dieses von dem Preußischen Anwalts-Verein gegründete Organ verfolgte die gleichen Zwecke wie der letztere, indem es in erster Linie für die Belebung des wissenschaftlichen Geistes des Anwaltsstandes und gleichzeitig auch für die Erringung einer sachgemäßeren Stellung desselben zu wirken suchte. Wir glauben behaupten zu dürfen, daß jene Kombination von Zwecken sich bewährt hat und daß die Tendenz, welche der Zeitung auch außerhalb des Kreises der Anwälte Verbreitung zu sichern geeignet war, eine auf die Bedürfnisse der Praxis berechnete wissenschaftliche Bearbeitung unseres Rechtes, gerade überwiegend vertreten worden ist. Dagegen wird Niemand, welcher den in den bisher erschienenen fünf Jahrgängen der Zeitung publicirten Verhandlungen des Anwaltsvereins gefolgt ist, den Mitgliedern desselben den Vorwurf machen können, daß sie in egoistischer Weise eine Stellung erstrebt haben, welche über die im Interesse einer gedeihlichen Rechtspflege erforderliche, freie Bewegung des Anwaltsstandes hinaus die übrigen der Rechtsprechung dienenden Organe zu beeinträchtigen geeignet gewesen wäre. Ebensowenig wird man zu behaupten vermögen, daß die Redaction die spezifisch anwaltschaftlichen Interessen vor den allgemeinen, den ganzen Juristenstand berührenden Zwecken, bisher ungebührlicherweise in den Vordergrund gestellt hat.

Mit dem Ablauf des vorigen Jahres ist zunächst aus äußeren Gründen, welche aus dem in der früheren Anwaltszeitung mitgetheilten Protokoll der Sitzung des Gesammtausschusses des Anwaltsvereins vom 15. Dec. 1866 ersichtlich sind, eine Umformung unserer Zeitschrift erforderlich geworden.

Abgesehen davon hätten auch schon allein die wichtigen politischen Veränderungen, welche während des verflossenen Jahres in Deutschland, namentlich für Preußen, eingetreten sind, einen Einfluß auf die Tendenz der Zeitung ausüben müssen. Bisher waren wir berechtigt in dem allgemeinen Zwecken dienenden Theile unseres Organs vor allem den Rechtszustand in den altländischen Provinzen zu berücksichtigen, dessen Grundlage noch heute das Allgemeine Landrecht und die Allgemeine Gerichts-Ordnung bilden. Nach der Einverleibung der neuen Provinzen hat sich diese Sachlage wesentlich geändert. Das in der letzten Zeit vor den Ereignissen des vergangenen Jahres hervorgetretene Bedürfniß einer einheitlicheren Gestaltung der Gesetzgebung in unserem Vaterlande ist durch die Vergrößerung Preußens noch dringender als bisher geworden. Es wird — darüber herrscht in den alten Provinzen nur eine völlig gleiche Ueberzeugung — unmöglich sein, die bisherige preußische Gesetzgebung auf die neuen Provinzen ohne weiteres zu übertragen. Eine so hervorragende Stellung das Allgemeine Landrecht und die Allgemeine Gerichts-Ordnung auch in der Geschichte der Gesetzgebung einnehmen und so sehr auch das Landrecht namentlich wegen der instinktmäßigen Bewahrung manches deutschrechtlichen und modernen Rechtsgedankens als eine hervorragende wissenschaftliche Leistung seiner Zeit bezeichnet zu werden verdient, so haben sich doch beide nicht als Gesetzbücher bewährt und das umsoweniger, als schon bald nach ihrem Erscheinen eine Reihe bedeutender socialer und wirthschaftlicher Umwälzungen sich ereignet und später auch die staatsrechtlichen Anschauungen eine wesentliche Veränderung erlitten haben. Außer diesem in dem Charakter unserer Gesetzbücher liegenden Hindernisse würde aber ein derartiger Versuch von einer jeden einsichtigen Regierung schon deshalb von vornherein zurückgewiesen werden müssen, weil in den neu erworbenen Ländern mannigfache Institutionen begründet sind, welche den Vorzug vor den altpreußischen verdienen, und nicht nur die neuen Provinzen an der Erhaltung derselben, sondern auch die alten an ihrer Uebertragung ein ebenso hohes Interesse haben.

Das einzig richtige und auch mögliche Ziel für die anzustrebende neue einheitliche Gesetzgebung kann nur darin bestehen, für alle Provinzen unter Verallgemeinerung der in denselben vorhandenen zweckmäßigen und bewährten Einrichtungen einen neuen Zustand zu schaffen, welcher im Wesentlichen eine fortschreitende Entwickelung gegen früher enthält und für dessen Erreichung der einmal nothwendige Verzicht auf manche den einzelnen früher selbstständigen Territorien lieb gewordene Eigenthümlichkeit kein zu hoher Preis erscheint. Diese Ausgleichung wird um so sicherer und in um so gerechterer Weise erreicht werden, je mehr unter den Juristenkreisen der verschiedenen Rechtsgebiete des erweiterten Preußischen Staates die Kenntniß der verschiedenartigen Institutionen verbreitet, je sachverständiger und eingehender dieselben aus eigener Anschauung und Erfahrung der Kritik unterworfen werden. Wir glauben mit Rücksicht auf das eben Bemerkte an die sämmtlichen Juristen der neuerworbenen Landestheile vertrauensvoll die Bitte richten zu dürfen, ihre Wünsche in Betreff der Neugestaltung unseres Rechtszustandes in unserer Zeitschrift kund zu geben, weil gerade dadurch nicht nur manche aus Unkenntniß entstehende Vorurtheile beseitigt, sondern auch durch eine gründliche vorgängige

Erörterung manche Uebereilungen an den maßgebenden Stellen verhindert werden können.

Für unsere altländischen Juristen ist genügend Stoff vorhanden, man braucht die Rechtsgebiete bei uns nicht mühsam zu suchen, auf denen legislative Verbesserungen nöthig sind. Die Mitarbeiter der früheren Zeitung und alle Juristen aus den alten Provinzen haben ihrerseits hier ein lohnendes Feld der Thätigkeit, dessen Früchte wir unserer Zeitschrift zu Gute kommen zu lassen bitten. Freilich ist ein Theil der wichtigen Principienfragen für die Reform einzelner Rechts-Institute in den neuesten Zeiten wiederholt besprochen, aber gerade mit Rücksicht auf die neu eingetretenen Verhältnisse ist eine nochmalige Erörterung erforderlich und dienlich. Bei der in letzter Zeit wiederholt angeregten Reform der Civilproceß-Gesetzgebung — um nur eines Beispieles zu gedenken — handelte es sich früher schließlich darum, ob der Entwurf unserer Regierung den Vorzug vor dem bestehenden Zustande in den alten Provinzen verdiene. Das Vorhandensein einer auf anderen Principen beruhenden Proceß-Ordnung in den Rheinlanden bot der Einführung jenes Entwurfes nicht die mindesten Schwierigkeiten, denn derselbe hatte vielfach das rheinisch-französische Proceßrecht adoptirt und es nur zu verbessern und weiter zu entwickeln versucht. Die Einverleibung Hannovers, in welcher die von den dortigen Juristen als bewährt anerkannte Proceß-Ordnung vom 8. November 1850 gilt, verändert aber diese Sachlage bedeutend. Die Umstoßung eines solchen Proceßsystems verdient jedenfalls reiflicherer Erwägung als die Beseitigung des altpreußischen auf der Gerichts-Ordnung, sowie den Novellen von 1833 und 1846 beruhenden Verfahrens.

Als die Aufgabe unserer Zeitschrift bezeichnen wir zunächst — um das Gesagte noch einmal kurz zusammenzufassen — Vorbereitung einer neuen einheitlichen Preußischen Gesetzgebung.

Außer dieser justizpolitischen Tendenz wird aber die Zeitschrift auch juristische Erörterungen über das noch in Preußen geltende Recht bringen. Dieser Theil unseres Programmes könnte vielleicht bedenklich erscheinen. Bei der jetzigen Verschiedenheit des Rechtes in den einzelnen Provinzen und bei der Existenz mehrfacher, dem Recht der neuerworbenen Länder gewidmeten Zeitschriften wird man einerseits eine zu specifisch Preußische, andererseits wieder eine nicht scharf genug ausgesprochene altländische Färbung fürchten. Die Redaktion glaubt indeß, diese Klippe sicher umgehen zu können, wenn ihr die Mitarbeiter hierin hülfreiche Hand leisten. Sie will sich nicht, um jenes Bedenken von vornherein zurückzuweisen, darauf berufen, daß eine gewisse Kenntniß des Rechtszustandes der einen Provinz bei den Juristen der anderen eine Forderung ist, welche man billigerweise an eine gewissenhafte juristische Bildung stellen darf. Vielmehr lassen andere und gewichtigere Umstände das oben angeregte Bedenken sein Gewicht verlieren. Zunächst kann man sich mit legislativen Aufgaben und Justizpolitik nicht ohne eine genügende Kenntniß des bestehenden Zustandes beschäftigen, und allseitig hat man in neuerer Zeit bei legislativen Arbeiten die Heranziehung und Berücksichtigung anderer Rechtssysteme als ein wichtiges Hülfsmittel anerkannt. Aber ganz abgesehen davon gestalten sich die Verhältnisse für die hier zu verfolgenden Tendenzen dadurch besonders günstig, daß der Grund, auf welchem das Preußische Landrecht und das Recht der neuerworbenen Provinzen ruht, derselbe ist. Wir sind glücklicherweise darüber hinaus, das Landrecht als etwas rein Willkürliches, in sich Abgeschlossenes zu betrachten, vielmehr kann nur diejenige Methode der Behandlung eines particulären Rechtes auf Billigung Anspruch machen, welche dasselbe mit seiner Quelle, dem gemeinen Recht, in Verbindung setzt, und umgekehrt hat man bei der Behandlung des gemeinen Rechtes sich ebenfalls daran gewöhnt, die modernen Gesetzgebungen mit in den Kreis der Betrachtung zu ziehen, theils um in ihnen die Manifestation bestimmter Rechtsanschauungen nachzuweisen, theils um von dem gewonnenen wissenschaftlichen Standpunkt aus Kritik an ihnen zu üben. Wie die Bearbeitungen einzelner Partikularrechte (z. B. K. S. Zachariä's französisches Civilrecht, Unger's österreichisches Privatrecht) nicht blos den Rechtskreis gefördert haben, für welchen sie zunächst bestimmt sind, so läßt sich einer großen Anzahl partikulärer Rechtsfragen auch eine allgemeinere nnd weiter tragende Bedeutung in der Behandlung abgewinnen. Die Redaction wird sich daher bemühen, nur solche Abhandlungen den Lesern darzubieten, welche diesen Standpunkt vertreten. Sie bemerkt gleichzeitig, daß sie zwar geneigt ist, die Entscheidungen interessanter Rechtsfälle ebenfalls in die Zeitschrift aufzunehmen, da aber neuerdings die Mittheilung von solchen in den verschiedenen juristischen Zeitschriften mehr als billig zunimmt, so wird sie, was zunächst die Auswahl betrifft, auch in dieser Hinsicht den eben erwähnten Maßstab anlegen und zugleich unter möglichster Beseitigung des Thatsächlichen nur die juristischen Ausführungen der erkennenden Gerichte veröffentlichen. Die vorliegende Zeitschrift erscheint, wie schon oben bemerkt, auf Veranlassung des Vereins der preußischen Rechtsanwälte und wird daher auch gleichzeitig den Interessen des Vereins und des Anwaltsstandes dienen. Der Verein ist mit der Redaktion der gleichen Ansicht, daß es keine so rein specifisch anwaltschaftlichen Sonder-Interessen giebt, daß dieselben den übrigen Juristenstand nicht berühren sollten. Abgesehen davon dürfen wir uns sowohl auf unsere Erfahrung während des fünfjährigen Bestehens der früheren Zeitung, wie auf die Bestätigung derselben durch den Charakter der Zeitschrift des Anwalts-Vereins für Baiern und der Zeitschrift der österreichischen Advocatur dafür berufen, daß eine so große Fülle ausschließlich auf die Advocatur bezüglichen Stoffes nicht existirt, daß durch die Benutzung der Zeitschrift als Organ des Anwaltsstandes die allgemeine juristische Bedeutung derselben beeinträchtigt werden könnte.

Berlin, im Januar 1867. **Die Herausgeber.**

Die „Zeitschrift für Gesetzgebung und Rechtswissenschaft in Preußen" erscheint in sechswöchentlichen Heften von 6—8 Druckbogen. Acht Hefte bilden einen Band zum Preise von 4 Thlrn. — Beiträge bittet man franco pr. Post an Herrn Justizrath **Dr. Hinschius** (Berlin, Niederlagstr. No. 6), sowie an die Verlagsbuchhandlung, welche dieselben gleich nach dem Abdruck mit — 12 Thlrn. für Abhandlungen und 10 Thlrn. für Rechtsfälle pro Druckbogen honoriren wird, einzusenden.

Verlag von J. Guttentag in Berlin,
Unterwasserstraße 8.

Wilhelm Gronau's Buchdruckerei in Berlin.

FSC
www.fsc.org
MIX
Papier | Fördert
gute Waldnutzung
FSC® C083411

Kolibri 360 GmbH
Ferdinand-Jühlke-Straße 7
99095 Erfurt, Deutschland
produktsicherheit@kolibri360.de